【 本 書 の 使 い 方 】

　本書は、法務省発表の「出題趣旨」「採点実感」をもとに、令和6年（2024年）司法試験・論文式試験の再現答案を徹底分析したものです。本試験問題を分析した、論文試験に向けて実力アップに役に立つ情報が満載で、「これ1冊で論文対策はパーフェクト」と自負できる内容となっています。

コンテンツその1　●問題文＆事実整理表●

　長い問題文の中で、解答のポイントとなる箇所にコメントを付記し、問題文のどこをどう読めばよいのかをアドバイスしています。また、事案を登場人物別や時系列でわかりやすく整理した「事実整理表」もあわせて掲載しています。

コンテンツその2　●答案構成例●

　出題趣旨と採点実感等から「出題者は、何をどう書くことを求めているか」を分析し、高評価答案をベースにして答案構成のかたちでまとめました。もっとも、これはあくまで答案構成の一例であり、「この構成でなければならない」という絶対的なものではありません。

コンテンツその3　●解説および採点基準表●

　「出題趣旨」と「採点実感」をもとに、各問題で書くことが求められている論点を洗い出し、「専任講師コメント」という形で辰已専任講師の解説を付しました。

　本試験の採点基準は公表されません。そこで、「出題趣旨」と「採点実感」をもとに、辰已独自の採点基準を作成しました。何がどれ位求められているのか確認したり、自分の答案を自己採点して弱点を把握したり等、得点するための書き方を研究してください。

コンテンツその4　●再現答案●

　1問あたり8通、全7問で合計56通の再現答案を掲載しています。A評価を受けたものをメインに、超上位合格答案から平均的な答案、合否ライン上の答案までを網羅的に選びました。様々なレベルの答案を、出題趣旨・採点実感の目線からコメントを付し講評していますので、本書を読めばどこが評価され、どこが評価されなかったのかが一目瞭然です。

　大切なことは、点数の良い答案を丸暗記しようとしないことです（もちろん、上手い表現方法は積極的に取り入れてください）。闇雲に丸暗記しても、試験の場では使えないか、事案と離れてしまう積極ミスの元となります。「答案のどこが、どのように評価されているのかをきちんと理解しながら表現方法を考える」という、一見遠回りで地道な作業こそが合格への一番の近道なのです。

　受験生の皆様が、本書の活用により司法試験に合格されることを、心より祈念申し上げます。

令和7年4月
辰已法律研究所

【 監修者プロフィール 】

公法系　辰已専任講師・弁護士　西口 竜司　（にしぐち　りゅうじ）

　同志社大学法学部卒業、甲南大学法科大学院修了。平成18年、第1回新司法試験合格。兵庫県弁護士会所属。中小企業診断士試験合格。兵庫県立大学会計研究科講師、高野山大学大学院講師。
　新司法試験世代のまさに第1期生として後進の受験指導に情熱を注ぐ。自身が実際に試験問題を解き、時間内でどこまでできるかを把握した上での抽象性を排除した具体的な指摘や指導が好評。受験生の読みそうな基本書・判例集は全て読む。その努力が受講者の圧倒的高評価を集める講義に活かされている。自身の受験時代を踏まえた温かい励ましのメッセージと「一緒に頑張ろう」という姿勢も、受験生の胸に熱く届く。司法試験受験界にニューウェーブを巻き起こす司法試験指導の第一人者。

民事系　辰已専任講師・弁護士　福田 俊彦　（ふくだ　としひこ）

　東京大学法学部卒業。慶應義塾大学大学院法務研究科（既修者コース）修了。旧司法試験時代の自己の数多くの失敗体験を踏まえ、司法試験に「絶対にすべらない」方法論を確立。その結果、平成20年、第3回（新）司法試験に受験1回で上位合格。「幅広い知識・深い理解」と「論文の方法論」の双方を兼ね備えた実力派講師。司法試験に合格するためには「何をどのように書くか」を考えることが大切というのが信条。ベストセラー「絶対にすべらない答案の書き方」シリーズで受験生の支持を受け、辰已が誇る人気講師に。スタンダード論文答練【福田クラス】は、その方法論を修得する場として人気が定着している。合格祝賀会でも毎年、感謝する多くの合格者に取り囲まれる。

刑事系　辰已専任講師・弁護士　本多 諭　（ほんだ　さとし）

　日本大学法学部卒、法政大学法科大学院既修者コース修了。平成21年弁護士登録。合格直後から自身の再現答案を素材に新司法試験時代の新しい合格答案像とその書き方を呈示。毎年、「本試験過去問講座」を担当し、司法試験過去問について最も熟知した講師の一人。講座ではオリジナルレジュメや論証例、講師作成答案等を受講生に配布するなどし、親身の指導は受講生に感銘を与えている。常にわかりやすさを心掛けており、生真面目。一般のパンフレットには掲載されていない「辰已の個人指導」も担当し、「絶対に合格したい」受験生にマンツーマンの指導を実施。各人の長所短所を見抜いて合格に導く。人あたり優しく、話しやすい頼れる人気講師。

【 目 次 】

公法系第1問 ＜憲法＞ ……………………………………………………………… 1
　　概説……………………………………………………………………………… 2
　　問題文…………………………………………………………………………… 3
　　事実整理表……………………………………………………………………… 8
　　答案構成例……………………………………………………………………… 10
　　解説……………………………………………………………………………… 17
　　再現答案………………………………………………………………………… 32

公法系第2問 ＜行政法＞ ……………………………………………………… 67
　　概説……………………………………………………………………………… 68
　　問題文…………………………………………………………………………… 69
　　事実整理表……………………………………………………………………… 80
　　答案構成例……………………………………………………………………… 82
　　解説……………………………………………………………………………… 87
　　再現答案………………………………………………………………………… 104

民事系第1問 ＜民法＞ ………………………………………………………… 137
　　概説……………………………………………………………………………… 138
　　問題文…………………………………………………………………………… 139
　　事実整理表……………………………………………………………………… 142
　　答案構成例……………………………………………………………………… 145
　　解説……………………………………………………………………………… 151
　　再現答案………………………………………………………………………… 177

民事系第2問 ＜商法＞ ………………………………………………………… 209
　　概説……………………………………………………………………………… 210
　　問題文…………………………………………………………………………… 211
　　事実整理表……………………………………………………………………… 216
　　答案構成例……………………………………………………………………… 219
　　解説……………………………………………………………………………… 225
　　再現答案………………………………………………………………………… 246

民事系第3問 ＜民事訴訟法＞ ………………………………………………… 273
　　概説……………………………………………………………………………… 274
　　問題文…………………………………………………………………………… 275
　　事実整理表……………………………………………………………………… 280
　　答案構成例……………………………………………………………………… 282
　　解説……………………………………………………………………………… 287
　　再現答案………………………………………………………………………… 305

iii

刑事系第1問 ＜刑法＞ 335

概説 336
問題文 337
事実整理表 340
答案構成例 342
解説 349
再現答案 369

刑事系第2問 ＜刑事訴訟法＞ 413

概説 414
問題文 415
事実整理表 418
答案構成例 420
解説 426
再現答案 442

公法系　第1問

憲　法

監　修　辰巳専任講師・弁護士　西口　竜司

憲　法	公法系の 点数	系別順位	科目別 評価	論文 総合順位
答案①	149.89	16	A	100
答案②	143.91	33	A	319
答案③	133.05	111	A	400
答案④	127.88	204	A	185
答案⑤	121.22	344	A	510
答案⑥	114.73	579	B	487
答案⑦	102.91	1,093	C	697
答案⑧	93.67	1,577	D	1,458

概　説

　令和6年の公法系科目第1問（憲法）は、職業の自由に対する規制と営利的表現に対する規制という基本論点をテーマとした事例問題であり、論点を外す受験生は少ないと思われる。

　形式面については、令和5年と同様に新制度案の憲法適合性について法令違憲の判断が求められている。また、令和5年と同様、同案について法律家甲とXの会話において、立法経緯や法案に対する意見などが示されている（いわゆる相談型）。問いの形式は、令和3年に近く、参考とすべき判例や自己の見解と異なる立場に言及しながら論述することが求められている。形式面においては最近の出題傾向に沿っているといえよう。

　内容面については、憲法上の権利が争点となる訴訟及びその学習において大きなウェイトを占める職業選択の自由、表現の自由からの出題であり、多くの受験生の学習が進んでいるテーマの出題である。権利の内容・重要性や規制の性質・重大性などについて、事案の具体的な事情を適切に評価して論述できるか問われていると思われる。参照すべき判例は、薬事法事件判決（最大判昭50.4.30、百選Ⅰ92事件）やあん摩師等法による灸の適応症広告事件判決（最大判昭36.2.15、百選Ⅰ54事件）である。これらの判例の知識は短答式試験において必須であり、特に前者は判旨の正確な理解を要するものであって、これらの判例への理解を示せれば高い評価が得られる出題であったと思われる。

　基本論点であるために型にはまった解答をする受験生も多数存在している。事案の個性を十分に考慮した記述をすれば、得点が伸びたと思われる。

2

公法系第1問＜憲法＞

問 題 文

〔第1問〕（配点：100）
　我が国におけるペット、取り分け、犬又は猫（以下「犬猫」という。）の関連総市場規模は拡大傾向にあり、ペットの種類が多様化する中、犬猫の飼養頭数割合は相対的に高いままで推移している。他方で、販売業者が、売れ残った犬猫を遺棄したり、安易に買取業者に引き渡し、結果として、犬猫が殺され山野に大量廃棄されたりしたことが大きな社会問題となった。また、飼い主が、十分な準備と覚悟のないまま犬猫を安易に購入した後、想定以上の手間、引っ越し、犬猫への興味の喪失等を理由に犬猫を遺棄することも大きな社会問題となった。さらに、各地方公共団体は、飼い主不明や飼養不可能になった犬猫を引き取り、一定期間経過後に殺処分としているが、それについても命を軽視しているとの批判が大きくなった。

　20＊＊年、A省では、犬猫の殺処分を禁止し、現在行われている民間団体での無償譲渡活動と地方公共団体での犬猫の引取りを統合した無償譲渡の仕組みを全国的に整えることが検討されている。具体的には、飼い主が飼養できなくなった犬猫を保護する「犬猫シェルター」を制度化するというものである①。これにより、保護された犬猫は飼養を希望する者に無償譲渡され、譲渡先の見つからなかった犬猫は、犬猫シェルターで終生飼養されることとなる。犬猫シェルターの設置・運営は民間団体が行い、各地方公共団体は必要な経費の一部を公費で助成する。もっとも、犬猫シェルターが制度化され、殺処分がなくなると、飼養できなくなった犬猫を手放す飼い主の心理的ハードルが下がる結果、犬猫シェルターに持ち込まれる犬猫の頭数が収容能力を大幅に超えることが懸念されている。

　このような背景から、飼い主や販売業者による犬猫の遺棄や、犬猫シェルターへの持込みの増加という問題への対応は、飼い主個人の意識改革だけでは限界があり、犬猫の販売については、販売業者を各地方公共団体に登録させる現行制度を改めるなど、規制全体を見直す必要があるとの声が国会議員の間で上がった②。そこで、A省による犬猫シェルターの制度の検討と並行して、超党派の国会議員は、「犬猫の販売業の適正化等に関する法律（仮称）」（以下「本件法案」という。）の制定を目指す議員連盟（以下「議連」という。）を発足させた。

　【別添資料】は、議連で検討されている本件法案の骨子である。特に問題になっているのは、本件法案骨子の第2と第4に挙げられた免許制の導入及び広告規制の実施であり、その内容は、次のとおりである。
規制①　犬猫の販売業を営もうとする者は、販売場ごとに、その販売場の所在地の都道府県知事から犬猫の販売業を営む免許（以下「犬猫販売業免許」という。）を受けなければならない③。

①本件法案の制定が検討される前提として、A省によって、「犬猫シェルター」の制度化が検討されている。

②本件法案の制定が検討される背景である。犬猫シェルターが制度化された際の持ち込み過剰という懸念に対応するためには、犬猫の飼い主個人だけではなく、販売業者についての制度全体を見直す必要があるとの声が上がっている。

③規制①は犬猫の販売業に免許制を導入するものであって、狭義の職業選択の自由の制限に該当すると言えそうである。しかし、規制対象は犬又は猫に限定されているため、職業＝「動物の販売」と捉えれば職業遂行の自由の制限と見ることも可能である（出題趣旨）。

3

犬猫販売業免許の申請に対して、都道府県知事は、販売場ごとに犬猫飼養施設（犬猫の飼養及び保管のための施設をいう。）に関する要件が満たされているかどうかを審査する。

加えて、都道府県知事は、当該都道府県内の需給均衡及び犬猫シェルター収容能力を考慮し、犬猫販売業免許の交付の許否を判断する。

規制②　犬猫販売業免許を受けた者（以下「犬猫販売業者」という。）は、犬猫の販売に関して広告するときは、犬猫のイラスト、写真及び動画を用いてはならない。

　議連の担当者Xは、本件法案について、法律家甲に相談した。その際の甲とXとのやり取りは、以下のとおりであった。

甲：本件法案は有償での犬猫の販売業についての規制ということですが、規制①及び規制②が必要と判断された背景には、犬猫が飼い主や販売業者によって遺棄されている現状や、犬猫シェルターへ持込みが増加する懸念があったということですね。

X：はい。本件法案は、犬猫の適正な取扱いのための犬猫飼養施設に対する規制にとどまらず、更に一歩踏み込んでいます。本件法案は、甲さんの挙げたそれらの問題が、供給過剰による売れ残りや、売れ残りを減らそうとする無理な販売により生じているという認識に基づいています。そこで、犬猫の販売業を免許制にして、犬猫の供給が過剰にならないように、犬猫の需給均衡の観点から免許発行数を限定することが必要だと判断しました。また、犬猫シェルターの収容能力に応じて、免許発行数を調整することも必要だと判断しました。それに加えて、購買意欲を著しく刺激し安易な購入につながるので、広告規制も必要だとの結論になりました。

甲：ということは、本件法案の目的は、犬猫の販売業の経営安定でも、犬猫由来の感染症等による健康被害の防止でもないのですね④。

X：はい。そのいずれでもありません。本件法案は、ペット全体についての動物取扱業や飼い主等に関する規制等を定めた「動物の愛護及び管理に関する法律」（以下「動物愛護管理法」という。）の特別法です。動物愛護管理法の目的は「人と動物の共生する社会の実現」であり、本件法案も、その目的を共有しています。

甲：規制①で満たさなければならない要件のうち、まず、犬猫飼養施設に関する要件は、どのようなものですか。

X：犬猫の販売業を営もうとする者は、犬猫販売業免許の申請の前提として、販売場ごとに、犬猫の販売頭数に応じた犬猫飼養施設を設けることが必要です⑤。各犬猫飼養施設につき、犬猫の体長・体高に合わせたケージ（檻）や運動スペースについての基準及び照明・温度設定についての基準がそれぞれ満たされる必要があります。飼養施設に関する基準は動物愛護管理法上の販売業者の登録制においても存在しますが、諸外国の制度や専門家の意見を踏まえて、現行の基準より厳しくなっています。

④本件法案の規制目的は、消極目的でも積極目的でもないことが示されている。

⑤職業選択の自由の制約は、職業を行う条件として一定の個人的な資質や能力を要求する場合（主観的制限）と、当該職業を行おうとする者の個人的な資質や能力には関わらない基準による場合（客観的制限）とに大別できる。学説には、後者は前者以上の審査密度の下で正当化されるべきであると唱えるものがある。本件法案骨子の第2のうち、1の要件は主観的制限に当たるものであり、この学説の考え方によれば、審査密度は相対的に低いもので足りる（出題趣旨）。

甲：ということは、それは国際的に認められている基準の範囲内ということ
　　ですね。

Ｘ：はい、そのように考えています。

甲：さらに、犬猫販売業免許の交付に当たっては犬猫の需給均衡も要件とす
　　るのですね⑥。

Ｘ：はい。需給均衡の要件については、都道府県ごとの人口に対する犬猫の
　　飼育頭数の割合や犬猫の取引量等を考慮して各都道府県が基準を定める
　　予定です。

甲：需給均衡の要件に対しては、規制すべきなのは、売れ残ること自体では
　　なく、売れ残った犬猫を適切に扱わないことであるという意見もあると思
　　いますが、いかがですか。

Ｘ：確かに、そうかもしれません。ですが、日本では生後２、３か月の子犬や
　　子猫の人気が高く、体の大きさがほぼ成体と同じになる生後６か月を過ぎ
　　ると値引きしても売れなくなるといわれています。したがって、犬猫の供給
　　が過剰になり、売れ残りが出ること自体を抑制すべきと判断しました。

甲：さらに、都道府県知事は、犬猫シェルターの収容能力も犬猫販売業免許
　　の交付に際して考慮するとのことですが、犬猫シェルターは、これまでの
　　地方公共団体による犬猫の引取りと同様に、犬猫販売業者からの引取りを
　　拒否できると規定する予定なのですよね。犬猫販売業者は、売れ残った犬
　　猫については終生飼養するか、自己に代わりそれを行う者を、責任を持っ
　　て探すことになりますね。そうすると、飼い主による持込みの増加が仮に
　　起こるとしても、それは、直接は犬猫販売業者のせいではないという意見
　　もあると思います⑦。この点はいかがですか。

Ｘ：確かにそうかもしれません。しかし、問題はそれだけでは解決しません。
　　売れ残りを減らそうとする犬猫販売業者による無理な販売も、飼い主によ
　　る犬猫シェルター持込み増加の要因となると認識しています。また、犬猫
　　シェルターを適正に運営するために、犬猫シェルターで収容する頭数が、
　　地方公共団体や民間団体で現在引き取っている頭数を超えないようにす
　　るための方策を検討してほしいとの要望が多くの都道府県から寄せられ
　　ています。そのため、犬猫シェルターの収容能力も免許交付の基準として
　　考慮することにしました。

甲：犬猫販売業免許の発行数を限定するとなると、新規参入者だけではなく、
　　既に犬猫を販売しているペットショップにも関係しますね。

Ｘ：はい。ですが、規制の対象は犬猫に限られていますので、それ以外の動
　　物、例えばうさぎや鳥、観賞魚等を販売して営業を続けることは可能です。
　　統計資料によれば、ペットとして動物を飼養している者のうち、犬を飼っ
　　ているのは３１パーセント、猫については２９パーセントですから、やは
　　り犬や猫の割合は多いといえます。ただし、犬猫以外の多種多様なペット
　　を飼う人も増加傾向にあり、現在その割合が５０パーセント近くになって
　　います⑧。犬猫販売業免許を取得できなかったとしても、ペットショップ

⑥犬猫の需給均衡を考慮
することは、犬猫の販売
業を営もうとする者の個
人的な資質や能力には関
わらない基準であるため、
客観的制限による規
制である。

⑦本件法案骨子の第２の
３は、本件法案骨子の第
２の２と異なり、犬猫の
販売業には直接関係のな
い要件である。その審査
に際して、いわゆるＬＲ
Ａの審査等の規制手段と
しての必要性を問題にし
て結論を出すだけではな
く、問題視されている社
会的状況と規制の不存在
との間に合理的な因果関
係があるといえるのかに
ついて、設定した審査基
準の審査密度に応じて論
じることにより論証を補
強することも考えられよ
う（出題趣旨）。

⑧本件の立法事実によれ
ば、規制対象となる犬又
は猫は、ペットとして飼
養されている動物の約半
数を占めている。そのた
め、職業遂行の自由の制
約であっても、制限の程
度が甚だしいとして審査
密度を上げるべきとの主
張をなすことが考えられ
る（出題趣旨）。

5

としての営業の継続は可能だと議連では考えています。

甲：規制②の内容はどのようなものですか。

Ｘ：犬猫の販売に関しては、犬猫のイラストや写真、動画を用いての広告を行うことができません。愛らしい犬猫の姿態を広告に用いることが安易な購入につながっているとの認識から、広告規制が必要であると判断しました。近年ではインターネット広告が増加していますので、ウェブサイトやソーシャルネットワーキングサービス（ＳＮＳ）にそれらを掲載することも当然禁止されます[9]。

甲：動画等の情報は、直ちに問題のある情報とはいえないので、これらを規制することは不要ではないかという意見もあると思いますが、いかがですか。

Ｘ：確かに、そうかもしれません。しかし、広告に際して、犬猫販売業者は、品種、月齢、性別、毛色、出生地等の情報は文字情報として用いることが可能です。品種等の文字情報に比べて、イラストや写真、動画は、視覚に訴える情報であり、購買意欲を著しく刺激し、十分な準備と覚悟がないままの購入につながるので、やはり規制が必要だと判断しました[10]。また、犬猫販売業者は、実際に販売する段階では、購入希望者に対面で適正な飼養に関する情報提供を行い、かつ現物を確認させることが、動物愛護管理法と同様に、義務付けられています。

甲：分かりました。憲法上の問題点については検討しましたか。

Ｘ：規制①及び規制②の憲法適合性の検討はこれからですので、この点について甲さんに判例を踏まえたご検討をお願いしたいと考えております。

〔設問〕

　あなたが検討を依頼された法律家甲であるとして、規制①及び規制②の憲法適合性について論じなさい。なお、その際には、必要に応じて、参考とすべき判例[11]や自己の見解と異なる立場に言及すること。既存業者の損失補償については、論じる必要がない。

【別添資料】
犬猫の販売業の適正化等に関する法律（仮称）の骨子

第1　目的

　この法律は、犬猫の販売業について、虐待及び遺棄の防止、犬猫の適正な取扱いその他犬猫の健康及び安全の保持等の動物の愛護に関する事項を定めて国民の間に動物を愛護する気風を招来するとともに、生命尊重、友愛及び平和の情操を涵養し、もって人と動物の共生する社会の実現を図ることを目的とする[12]。

第2　犬猫販売業免許

　犬猫の販売業を営もうとする者は、販売場ごとに、その販売場の所在地の

[9] 表現の自由は、一般には、いわゆる二重の基準論によってその規制の合憲性は厳格に審査しなければならないとされるが、営利表現の場合には、自己統治の価値との関連性が希薄であることや萎縮効果に乏しいこと、裁判所の審査能力の点から必ずしも厳格な審査を要求するものではないとする見解もある。（出題趣旨）

[10] イラストや写真、動画といった視覚に訴える情報の特徴について、甲とＸの発言を踏まえたうえで自分なりに評価をして結論を出すことが求められる。

[11] 参考とすべき判例として、薬事法事件（最大判昭50.4.30）等が考えられる。

[12] 本件法案の目的が明示されている。

都道府県知事から犬猫販売業免許を受けなければならない。次の各号のいずれかに該当するときは、都道府県知事は、犬猫販売業免許を与えないことができる。

1　販売場ごとに設けられた犬猫飼養施設の状況により、犬猫販売業免許を与えることが適当でないと認められるとき。

2　当該都道府県内の犬猫の需給均衡の観点から、犬猫販売業免許を与えることが適当でないと認められるとき。

3　当該都道府県内の犬猫シェルター収容能力の観点から、犬猫販売業免許を与えることが適当でないと認められるとき。

第3　販売に際しての情報提供

　　犬猫販売業者は、犬猫を販売する場合には、あらかじめ、当該犬猫を購入しようとする者に対し、販売場において、対面により適正な飼養のために必要な情報を提供するとともに、当該犬猫の現在の状態を直接見せなければならない。

第4　広告の規制

　　犬猫販売業者は、犬猫の販売に関して広告するときは、犬猫のイラスト、写真及び動画を用いてはならない。

（参照条文）動物の愛護及び管理に関する法律（昭和４８年法律第１０５号）

（目的）

第1条　この法律は、動物の虐待及び遺棄の防止、動物の適正な取扱いその他動物の健康及び安全の保持等の動物の愛護に関する事項を定めて国民の間に動物を愛護する気風を招来し、生命尊重、友愛及び平和の情操の涵養に資するとともに、動物の管理に関する事項を定めて動物による人の生命、身体及び財産に対する侵害並びに生活環境の保全上の支障を防止し、もつて人と動物の共生する社会の実現を図ることを目的とする。

事 実 整 理 表

＜主な登場人物＞

A省	犬猫の殺処分を禁止し、現在行われている民間団体での無償譲渡活動と地方公共団体での犬猫の引取りを統合した無償譲渡の仕組みを全国的に整えることを検討している省。
議連	A省による犬猫シェルターの制度の検討と並行して、「犬猫の販売業の適正化等に関する法律（仮称）」（「本件法案」）の制定を目指す、超党派の国会議員による議員連盟。
甲	Xから本件法案の検討を依頼された法律家。
X	議連の担当者。

＜本件法案に関する事実＞

【本件法案の骨子】

規制① （本件法案骨子の第2）	1　犬猫の販売業を営もうとする者は、販売場ごとに、その販売場の所在地の都道府県知事から犬猫販売業免許を受けなければならない。 2　犬猫販売業免許の申請に対して、都道府県知事は、販売場ごとに犬猫飼養施設に関する要件が満たされているかどうかを審査する。 3　都道府県知事は、当該都道府県内の需給均衡及び犬猫シェルター収容能力を考慮し、犬猫販売業免許の交付の許否を判断する。
規制② （本件法案骨子の第4）	犬猫販売業者は、犬猫の販売に関して広告するときは、犬猫のイラスト、写真及び動画を用いてはならない。
本件法案の目的	「人と動物の共生する社会の実現」。
本件法案の背景	犬猫が飼い主や販売業者によって遺棄されている現状や、犬猫シェルターへの持込みが増加する懸念。

【本件法案の問題点】

◆規制①

・犬猫飼養施設に関する要件について

問題点	現行の基準より厳しくなっている。
正当化	国際的に認められている基準の範囲内。

公法系第１問＜憲法＞

・犬猫の需給均衡の要件について

批判１	規制すべきなのは、売れ残ること自体ではなく、売れ残った犬猫を適切に扱わないことである。
批判１への反批判	日本では生後２、３か月の子犬や子猫の人気が高く、体の大きさがほぼ成体と同じになる生後６か月を過ぎると値引きしても売れなくなるといわれている。犬猫の供給が過剰になり、売れ残りが出ること自体を抑制すべき。

・犬猫シェルター収容能力の要件について

批判	犬猫シェルターは、これまでの地方公共団体による犬猫の引取りと同様に、犬猫販売業者からの引取りを拒否できると規定する予定。したがって、飼い主による持込みの増加が仮に起こるとしても、直接は犬猫販売業者のせいではない。
反批判１	売れ残りを減らそうとする犬猫販売業者による無理な販売も、飼い主による犬猫シェルター持込み増加の要因となる。
反批判２	犬猫シェルターを適正に運営するために、犬猫シェルターで収容する頭数が、地方公共団体や民間団体で現在引き取っている頭数を超えないようにするための方策を検討してほしいとの要望がある。

・免許制について

批判１	犬猫販売業免許の発行数を限定するとなると、新規参入者だけではなく、既に犬猫を販売しているペットショップにも関係する。
反批判	規制の対象は犬猫に限られているので、それ以外の動物、例えばうさぎや鳥、観賞魚等を販売して営業を続けることは可能。

◆規制②

問題点	犬猫の販売に関しては、犬猫のイラストや写真、動画を用いての広告を行うことができないこと。
根拠	愛らしい犬猫の姿態を広告に用いることが安易な購入につながっているとの認識から、広告規制が必要であると判断。
批判	動画等の情報は、直ちに問題のある情報とはいえない。
反批判１	品種等の文字情報に比べて、イラストや写真、動画は、視覚に訴える情報であり、購買意欲を著しく刺激し、十分な準備と覚悟がないままの購入につながる。
反批判２	犬猫販売業者は、実際に販売する段階では、購入希望者に対面で適正な飼養に関する情報提供を行い、かつ現物を確認させることが、動物愛護管理法と同様に、義務付けられている。

9

答案構成例 ～出題趣旨と採点実感等をもとに

第1　規制①について

1　規制①は、憲法22条1項によって保障される職業選択の自由①を侵害し、違憲となる可能性がある。

↓

2　審査基準の設定

(1)　憲法22条1項は、職業選択の自由を保障している。職業は人の生命を維持するのに必要な継続的活動であるとともに、社会的機能分担の価値を有し、個人の人格的価値と不可分の関連を有することから、憲法上特に重要な人権として保障を受ける。

↓

　　しかし、精神的自由と異なり、職業選択の自由は外部的行動を伴う権利であって他人の権利との調整のため少なからず公共の福祉の観点から制約を受けうる権利である。そして、どのような制約が許容されるかは、職業、規制目的、制約態様の多様性があることから立法裁量に委ねられているといえる。一方で、その裁量の範囲は事の性質上おのずから広狭があるとされるため、事の性質を踏まえて審査基準の厳格度を決すべきである。

↓

　　したがって、職業選択の自由の制約が許容されるか否かの判断基準は、その立法裁量を尊重し、規制の態様と権利の侵害される程度を比較衡量して決すべきであるが、事の性質を踏まえてその厳格度を決すると解する。事の性質については、規制対象、規制態様、規制目的を考慮し、立法裁量を尊重すべきかどうかを判断する②。

(2)ア　規制対象について

(ア)　22条1項はその保障趣旨からして、その職業の継続を当然の前提としていることから、職業の選択の自由を保障するのみならず職業遂行（営業）の自由をも保障しているといえる。そして、営業の自由が制約されているにとどまる場合、職業選択の自由そのものの制約によって職業への参入規制がなされる場合に比べ職業選択の自由の本質に対する制約の度合いは小さく、立法裁量を尊重すべきことになるといえる③。

↓

(イ)　規制①は、犬猫販売業を営もうとする者に対し犬猫販売業免許を受けることを要求する規制である（本件法案第2）。免許制は、原則として規制対象とする行為を禁止し、免許を受ける要件を満たした場合にのみ例外的にその行為をすることを可能にする制度である。

↓

　　そうすると、規制①は犬猫販売業を原則として禁止しているという点で実質的な参入規制であり、かつ既存の業者にも規制①が適用され

①対象となる人権について、狭義の職業選択の自由の問題なのか、それとも職業遂行の自由の問題なのかを示す。

②職業の自由に対する規制措置は多種多様な形をとることから、過去の裁判例では、規制の目的、必要性、内容、これによって制限される職業の自由の性質、内容及び制限の程度を検討し、比較考量した上で慎重に決定される必要があり、その検討を行うのは第一次的には立法府の権限と責務であるため、立法府の判断が合理的な裁量の範囲にとどまる限り、立法政策上の問題としてその判断を尊重すべきとし、裁判所は、具体的な規制の目的、対象、方法等の性質と内容に照らして、これを決定すべきとしてきた（出題趣旨）。

③規制①を狭義の職業選択の自由そのものに制約を課すものと見る場合、薬事法事件で示された、狭義の職業選択の自由の規制は「職業の自由に対する強力な制限であるから、その合憲性を肯定し得るためには、原則として、重要な公共の利益のために必要かつ合理的な措置であることを要」するとの枠組みを踏まえることがまずは求められる（出題趣旨）。

るという点で、職業選択の自由の本質に対する制約の度合いが大きい
と考えられる。
↓

　一方で、犬猫以外の多種多様なペットを飼う人が増加傾向にあり、
その割合は全体の50％近くになっていること、犬猫販売業免許を取
得できなかったとしても、それ以外のペットを販売することでペット
ショップとしての営業の継続は可能であることを踏まえると、既存業
者に対する制約はそれほど強くはないようにも思われる④。
↓

　しかし、ペットを飼っている者のうち犬猫を飼っているものは、併
せて約60％であることからすれば、未だ犬猫の人気は根強く、犬猫
の販売がペットショップの主要な収益源になっていたといえる⑤。そ
れに加えて、既存の犬猫販売業者が犬猫の販売をやめそれ以外のペッ
トを販売するためには多大な金銭的、時間的コストがかかることから
すれば、ペットショップとしての営業の継続はハードルが高いといえ
る。そのため、犬猫以外のペットを販売することでペットショップの
営業の継続が可能であることは、上記自由に対する制約を弱める要素
となりえず、なお制約の度合いは大きいといえる。
↓

(ウ)　したがって、対象を職業選択の自由にしているという点は、立法裁
量を狭める要素になりうるといえる。
↓

イ　規制態様について
(ア)　自らの努力によって解決することのできる主観的要件が課されて
いる場合、いつでも職業選択の自由の制約を免れることができるとい
う点でその制約の程度は弱く、立法裁量を尊重すべきことになる。こ
れに対し、自らの努力によっては解決することのできない客観的要件
が課されている場合、制約の度合いは強いといえ、立法裁量を狭める
要素になると解する⑥。
↓

(イ)　規制①は、犬猫販売業を営もうとする者に対し、販売場ごとに設け
る犬猫飼養施設の要件を課している（本件法案第2の1）。販売場ご
との犬猫飼養施設については販売業を営もうとする者の努力によっ
て設けることが可能であり、主観的制限に当たるものである。
↓

　もっとも、規制①は、犬猫販売業を営もうとする者に対し、犬猫の
需給均衡、都道府県内の犬猫シェルターの収容能力といった観点から
の要件をも課している（本件法案第2の2、3）。犬猫の需給均衡や
犬猫シェルターの収容能力は、一営業者の努力によっては満たすこと
のできない要件であるということができるため、客観的制限といえ
る。
↓

(ウ)　したがって、規制①は客観的要件を課しているという点で制約の

④薬事法事件判決に
基づけば、規制①によ
る権利制限の程度が、
その職業の遂行を不
可能にし、実質的に狭
義の職業選択の自由
を制限するほどの重
大な制限となってい
ないか見極める必要
がある。その際、犬猫
以外のペットは規制
①の対象外であり、そ
れらのシェアが50
パーセント近くまで
拡大している点を、こ
の解釈の手掛かりの
一つにしている答案
が一定数見られ、この
点は評価できる（採点
実感）。

⑤ペットとして動物
を飼養している者の
うち、犬猫を飼ってい
る者の比率という具
体的な事実を挙げ、そ
の事実に対して評価
を加える。

⑥職業選択の自由の
制約は、職業を行う条
件として一定の個人
的な資質や能力を要
求する場合（主観的制
限）と、当該職業を行
おうとする者の個人
的な資質や能力には
関わらない基準によ
る場合（客観的制限）
とに大別できる。学説
には、後者は前者以上
の審査密度の下で正
当化されるべきであ
ると唱えるものがあ
る（出題趣旨）。

度合いが強く、立法裁量を弱めるべき要素になるといえる。

ウ　規制目的について

(ア)　規制目的が積極目的である場合、その目的に効果があるのかという点について将来にわたる予測を伴うことになり、立法府の専門技術的判断に委ねざるを得ない。したがって、この場合には立法裁量を尊重すべきことになるといえる。一方で、規制目的が消極目的である場合、その目的に効果があるのかを過去の事実認定によって判断できる。したがって、積極目的の場合と比べて立法事実の把握が容易であって裁判所による審査がしやすいといえる。この場合には、立法裁量を狭めるべきであるといえる[7]。

(イ)　規制①を定めた本件法案は、動物愛護管理法の特別法に位置づけられ、その目的を共有している。同法１条によれば、「動物の管理に関する事項を定めて動物による人の生命身体及び財産に対する侵害並びに生活環境の保全上の支障を防止」することが目的とされており、規制①の目的もこれと同一であるとされる。したがって、犬猫の販売業の経営安定（積極目的）、犬猫由来の感染症等による健康被害の防止（消極目的）をその目的に据えておらず、上記目的のどちらでもないということができる。

(ウ)　薬事法判決は、職業選択の自由に対する規制であったこと、客観的要件による規制であったこと、消極目的による規制であったことを考慮し、重要な公共の利益のために必要かつ合理的な措置であるか否かによって合憲性を判断している。規制①は、職業選択の自由に対する規制である点、客観的要件による規制を課している点においては上記判例と共通しているが、消極目的でないという点については判例と共通しない[8]。

(3)　したがって、規制①の審査基準は、規制対象、規制態様、規制目的を考慮すると、薬事法判決の基準を一段階緩やかに解し、規制の目的が重要で、かつ目的と手段の実質的関連性があるか否かによるべきと解する[9]。

3　具体的検討

(1)　目的について

規制①の目的は、2(2)ウ(イ)で述べたとおりである。規制①が提案された当時、犬猫販売業者や飼い主による犬猫の大量遺棄が社会問題となり、その結果としての地方公共団体による殺処分についても批判されていた。そして、犬猫シェルターの導入によって殺処分がなくなれば、飼い主が犬猫を手放す心理的ハードルが下がる結果、犬猫シェルターに持ち込まれる犬猫の頭数が収容能力を大幅に超えることが懸念されていた[10]。

このような立法事実に照らすと、上記社会問題の解消および懸念の回避

[7]かつては規制目的に着目して審査基準を使い分ける規制目的二分論が有力であったが、本件法案の規制目的は消極目的でも積極目的でもないことから、規制目的のみに着目して審査基準を設定することはできない（出題趣旨）。

[8]薬事法事件判決（最大判昭50.4.30、百選Ｉ92事件）の判旨に言及する。

[9]規制①は先述のように消極目的規制や積極目的規制の枠に分類できないものであり、規制目的二分論の論理をそのまま用いることはできない。具体的に権利制限の重大性や規制の性質等に照らした判断が必要となる（出題趣旨）。

[10]問題文の立法事実を引用した上で、目的の重要性を論じる。

公法系第1問＜憲法＞

のために、犬猫の供給過剰による売れ残りや売れ残りを減らそうとする無理な販売を防止し、犬猫シェルターの収容能力に応じて免許発行数を調整するという規制①の目的は、重要であるということができる。

↓

(2) 手段について

ア　犬猫飼養施設の要件について

犬猫飼養施設の要件に関して、その要件が厳しすぎるとして手段必要性を欠くという反論が考えられる⑪。

↓

たしかに、飼養施設の要件はケージや運動スペース、照明・温度設定など細かく指定されていることから、その要件が厳しいとも思われる。

↓

しかし、新たに定められる基準は、諸外国の制度や専門家の意見を踏まえたものであり、国際的に認められている基準の範囲内である。また、売れ残った犬猫についても終生飼養する場所であって、遺棄や殺処分を防ぐという目的から考えると、犬猫が快適に暮らせる場所を提供する必要がある。そのため、より緩やかな要件によっては上記目的を十分に達成することができず、必要性があるといえる。

↓

イ　需給均衡の要件について

需給均衡の要件に関して、規制すべくは売れ残ること自体ではなく、売れ残った犬猫を適切に扱わないことであって、そのような要件を設けるとしても手段必要性に欠けるという反論が考えられる。

↓

たしかに、売れ残った犬猫を遺棄したり、買い取り業者に安易に引き渡したりしたことを原因として犬猫が山野に大量廃棄されていることからすれば、反論は妥当であるとも考えられる。

↓

しかし、日本においては体の大きさがほぼ成体と同じになる生後6箇月を過ぎると値引きしても売れなくなるという現状があることを踏まえると、犬猫の供給過剰による前記社会問題を根本的に解決するためには、そもそも売れ残りが生じないような規制をする必要があるといえる。

↓

したがって、手段適合性に欠けるという点では上記反論は失当である。

↓

ウ　犬猫シェルターの収容能力要件について

次に、犬猫シェルターの収容能力要件に関して、飼い主による持ち込みの増加が起こるとしても、直接は犬猫販売業者に帰責性はなく手段適合性に欠けるという反論が考えられる⑫。

↓

たしかに、犬猫シェルターの収容能力の限界突破の直接的な原因は飼

⑪問題文に、「自己の見解と異なる立場に言及すること」とあるように、反論とそれに対する再反論という構成を意識して答案を組み立てる。

⑫本件法案骨子の第2の3は、本件法案骨子の第2の2と異なり、犬猫の販売業には直接関係のない要件である。その審査に際して、いわゆるLRAの審査等の規制手段としての必要性を問題にして結論を出すだけではなく、問題視されている社会的状況と規制の不存在との間に合理的な因果関係があるといえるのかについて、設定した審査基準の審査密度に応じて論じることにより論証を補強することも考えられよう。これについても薬事法事件において、薬局開設の自由化により生じると主張された不良薬品の供給の危険性について、その因果関係が合理的に裏付けられるかについて検討されていたことが参考になる（出題趣旨）。

13

い主の持ち込みにあるといえる。

　　↓

　　しかし、売れ残りを減らそうとする犬猫販売業者による無理な販売も飼い主による持ち込み増加の要因となっていることからすれば、犬猫販売業者に帰責性が一切ないということはできない[13]。その上、多くの都道府県が犬猫シェルターで収用する頭数が地方公共団体や民間団体で現在引き取っている頭数を超えないようにするための方策を検討してほしいとの要望を寄せていることからすれば、収容能力の要件を設けることに適合性があるといえる。

　　↓

　　したがって、上記反論は失当である。

　　↓

　エ　以上のことからすれば、目的と手段に実質的関連性があるということができる。

　　↓

4　よって、規制①は、憲法22条1項に反せず合憲であるといえる。
第2　規制②について
1　規制②は、憲法21条1項の保障する表現の自由を侵害し、違憲となる可能性がある。

　　↓

2　審査基準の設定
　(1)　権利の重要性
　　　憲法21条1項は、表現の自由を保障している。表現の自由は、思想の自由市場を確保し自由な意見表明の場を用意することで、個人の人格の発展（自己実現）および政治的意見の表明による民主主義の発展（自己統治）の実現に寄与するという点で重要な意義を有する。したがって、表現の自由は憲法上重要な権利であるといえる。

　　↓

　　　規制②は犬猫の販売についての広告をSNS上に掲載することを規制するものであって、営利的表現の自由を制約するものであるといえる。営利的表現の自由は、憲法21条1項により憲法上保障を受け、表現の前提として憲法上当然に保障の対象となる、消費者の知る自由に資するという点で、重要性を認めることができる。

　　↓

　　　もっとも、屋外広告物条例事件は、広告物を掲載する行為は公共の福祉の下、合理的な制約を受けうることを示している[14]。
　　　また、営利的表現の自由は政治的意見表明の場合と比べ、自己統治の価値を有しないという点で、相対的にその重要性は低いといえる。加えて、営利的表現についての真偽の判断は容易であり、仮に真実の表現であったとしても過度に消費者の購買意欲を刺激する表現は問題になり得る。この点からも相対的に重要性は低いといえる[15]。

　　↓

　(2)　制約の程度

[13]犬猫販売業者の販売行為と犬猫収容シェルターの収容能力突破との因果関係について論じる。

[14]営利表現に関連する判例としては、屋外広告物条例事件（最大判昭43.12.18、百選I55事件）の他に、あん摩師等法による灸の適応症広告事件（最大判昭36.2.15、百選I54事件）が考えられる。

[15]表現の自由は、一般には、いわゆる二重の基準論によってその規制の合憲性は厳格に審査しなければならないとされるが、営利表現の場合には、自己統治の価値との関連性が希薄であることや萎縮効果に乏しいこと、裁判所の審査能力の点から必ずしも厳格な審査を要求するものではないとする見解もある（出題趣旨）。

規制②は、広告に犬猫の姿態を掲載することを一切禁止する強度な制約である。また、高度情報化社会である今日において、ウェブサイトやSNSにおけるインターネット広告は、犬猫販売に係る表現を簡易かつ広範に伝達することを可能にする重要なものであるから、インターネット広告においても掲載を禁止する点からも強度の制約といえる⑯。

↓

(3) 上記権利の重要性と制約の程度からすれば、屋外広告物条例事件が広告物を掲載する行為は公共の福祉の下合理的な制約を受けうることを示していることを踏まえてもなお、規制②が合憲であるか否かは、目的が重要で、かつ目的と手段が実質的関連性を有するか否かによって決すべきと解する。

↓

3 具体的検討
(1) 目的
規制①は、前記の犬猫の供給過剰が起こっている原因が犬猫販売業者による犬猫のイラストや写真、動画を用いた広告が、消費者の購買意欲を過剰に刺激していることにあることを前提に、その広告を規制することで購買意欲の過剰な刺激を防止し犬猫の供給過剰を防止することをその目的としていえる。

↓

供給過剰が前述の社会問題を引き起こしていることからすれば、上記目的は重要であるといえる。

↓

(2) 手段
ア 手段適合性について
文字情報に比べ、イラストや写真、動画は視覚に訴える情報であり、購買意欲を著しく刺激し、十分な準備と覚悟がないままの購入につながりやすいということから、そのような方法による広告を防止すれば過剰な購買意欲の刺激を防止し前記目的を達成することができるといえる。

↓

したがって、手段適合性があるといえる。

↓

イ 手段必要性について
犬猫販売業者としては、犬猫を販売するために犬猫の姿態を示し購買意欲を刺激することは重要な意義を有すること、購買意欲を刺激できなければ営業利益が減少しひいては職業選択の自由に対する制約にもなりかねないことから、手段必要性を欠くとの反論が考えられる。

↓

たしかに、イラストや写真、動画は、視覚に訴える情報である。真実の表現であったとしても、購買意欲を著しく刺激し、十分な準備と覚悟がないままの購入につながるおそれがある⑰。また、犬猫販売業者は、品種、月齢、性別、毛色、出生地等の情報は文字情報として用いることが可能であるため、イラストや写真、動画による広告を禁止しても、手

⑯Xの発言にある、「近年ではインターネット広告が増加」しているという事情を意識する。

⑰営利的表現においては、誇大広告のみならず、真実の表現であっても問題になり得る場合があることに言及する。

段必要性を欠くとはいえないようにも思われる。

↓

　しかし、その容姿やどういう動きをするのかは、購入希望者が犬猫を終生飼い続けるために重要な情報であり、その情報を知ることで逆に終生愛することができるかどうかの確認も可能となる。目的達成のためには、犬猫のイラスト等による広告を認めつつ、同時に犬猫のイラスト等に促された安易な購入に対する警告文等の記載を義務付ける手段で足りる。

↓

　また、犬猫販売業者は、実際に販売する段階では、購入希望者に対面で、適正な飼養に関する情報提供を行い、かつ現物を確認させることが義務付けられている（本件法案第3）。その段階で適切な説明を行い、飼い続ける覚悟の有無を確認することも可能である[18]。

↓

　これらのことからすれば、手段必要性を欠くといえ、上記反論は正当である。

↓

ウ　以上のことからすれば、目的と手段に実質関連性があるとはいえない。

↓

4　以上より、規制②は、憲法21条1項に反し違憲である。

以上

[18]犬猫販売業者には、犬猫の販売に際して、購入希望者に対する情報提供（本件法案骨子の第3）が義務付けられていることに言及する。

公法系第1問＜憲法＞

解　説

第1　全体について

1　専任講師コメント

　本年度の問題は、規制①に関しては職業選択の自由（職業遂行の自由）に対する制約の憲法適合性、規制②に関しては営利的表現の自由に対する制約の憲法適合性、について問う問題でした。

　規制①②の両方とも、問題となる憲法上の権利に関しては迷わず憲法22条1項と憲法21条1項を選択することができたかと思います。

　ただし、規制①につき、職業選択の自由の有無が問題となること、参照とすべき判例、権利の重要性、制約の態様、違憲審査基準の定立ができた方は少なかったといえます。

　これに対し、規制②に関する営利的表現の自由が憲法21条1項によって保障されるかどうかを明確に判断した最高裁判例は存在しませんが、どんな教科書等にも言及されていますので、議論の展開に困らず進めることができた方が多かったようです。そのため、本年度の問題は、規制①において薬事法判決を意識した形でいかに分析的に判断することができたかどうかが合否を分けたといえるでしょう。

　なお、再現答案を読んだ感想ですが、規制①で精緻な人権設定をした方、違憲審査基準について規制態様を踏まえて書けた方、手段を3つに区別して書けた方の点数は相対的に高くなりました。規制②については、本件表現の位置づけを具体的に書けると点数が相対的に高くなりました。司法試験は相対評価の試験です。今回の問題では過去問のリメイクということもあり多くの受験生が大枠では合っていました。そのため、各パーツでどれだけ他の受験生に差をつけることができるかがポイントになりました。過去問分析にあたって、相対評価の視点を意識し、他の受験生にどうやって差をつけることができるか検証しましょう。これは100点を取って欲しいということではなく、安定して60点を取って欲しいという思いで記載をさせて頂いております。

2　出題趣旨

　　本問は、架空の法律（原案）を素材に、職業選択の自由及び営利表現の自由の制約の憲法適合性について問うものである。いずれも憲法上の権利が争点となる訴訟及びその学習において大きなウェイトを占める権利であり、これらの権利の制約をめぐっては参考となり得る多くの事例が存在する。本問では、直接には、訴訟ではなく立法過程において憲法上の疑義を払拭し、より憲法適合的な法案とするための憲法論を展開することが求められているが、設問文で指示されているように「参照に値する事例」に言及する必要があり、それを踏まえて立論すべきである。

3　採点実感

(1)　職業の自由に対する規制と、営利的表現に対する規制という基本論点に関する出題であり、問題も規制ごとに論ずべき事柄を丁寧に示しているため、完全に論点を外して加点事由がほとんどないという答案は僅かであった。しかし、基本論点だからこそ、事案の個性を十分に

17

考慮せずに型にはまった解答をする答案が多かったため、全体としての出来は必ずしもよくなかった。とりわけ、規制①について、狭義の職業選択の自由に対する規制なのか、職業遂行の自由に対する規制なのかを十分に意識していない答案が多かったのは残念である。また、本問においては、許可制（免許制）それ自体の憲法適合性ではなく、許可要件ごとの憲法適合性の検討が求められている。これらの論点に関してしっかりとした記述をした答案のほとんどは、全体的に高得点となる内容のものであった。

(2) 規制①については、規制の対象となる人権の種類に基づいて審査基準を定立する際に、この規制がどのような性質をもち、どれくらい権利に重大な制限を課すのかを見極めるところに大きな比重をかけて解き明かすことが必要不可欠であった。

(3) 他方で、違憲審査基準の定立のための検討につき、目的の合理性、手段の相当性など基準定立後の当てはめの議論と見間違えると言わざるを得ないような、個別具体的な当てはめをして基準を導いているものが散見された。結果として、当てはめの部分は、同じ内容の書き直しか、「前記のとおり」で極めて簡易に終わってしまうものとなっており、評価が伸びないものとなった。こうした答案は、侵害される権利の一般的な性質・重要性や規制の類型といった規範定立のために検討すべき事項と、個別具体の事情として検討すべき要素を混同し、両者の区別ができていないと言わざるを得ない。

(4) 例年も同様の問題があるが、当てはめにおいて、単に問題文に記載された事実を列挙し、直ちに「重要である」とか、「合理的である」という結論を示しているものが多い。当てはめでは、当該規範の考慮要素に係る事項を摘示した上で、それをどう評価したかを示すことが高評価に結びつく。

　逆にそうした評価がなく結論のみ述べているものは、そうした評価過程が不明であり、得点に結びつかない。

(5) 「参考とすべき判例」に言及すべきことが問題文に明記されているにもかかわらず、判例又はその趣旨に関する言及のない答案は、参照の必要性を認識できなかったと解さざるを得ず、結果として、低い評価を与えざるを得なかった。薬事法事件判決（最大判昭和５０年４月３０日民集２９巻４号５７２頁）について言及している答案も、その判旨を正確に理解し、本問との関係・異同に着目しながら論じようとしていた答案はほとんどなく、判旨の各所に現れたキーワードをつまみ食いし、順序を独自に入れ替えて切り貼りしただけものとなっているものが大半であり、その結果、全体の論旨が不明瞭になっていたり、判例の理解が十分に示されているとは評価できないものとなっていたりするものが多かった。

4　解説

　本問は、職業選択の自由（規制①）及び営利表現の自由（規制②）の制約について規定する、本件法案の憲法適合性について論ずる問題である。本件法案は職業に対する許可制（免許制）が規定されているものの、許可制（免許制）それ自体の憲法適合性ではなく、許可要件ごとに着目した憲法適合性の検討が求められている。

　また、本問は、「参考とすべき判例」に言及すべきことが問題文に明記されている。具体的には、薬局等開設の許可基準の合憲性について判示した薬事法事件判決（最大判昭 50.4.30、百選Ⅰ92 事件）が挙げられる。その際には、単に当該判例のキーワードのみを示すのではなく、その判旨を正確に理解し、本問との関係・異同に着目しながら論ずることが求められる。

公法系第1問＜憲法＞

第2　規制①（狭義の職業選択の自由・職業遂行の自由について）

1　専任講師コメント

　規制①において、制限される権利を示すにあたっては、まず、職業の開始・継続・廃止を問題とする狭義の職業選択の自由の問題なのか、それとも、自己の従事する職業の遂行を問題とする営業の自由の問題なのかを論じる必要があります。

　この区別に関しては、平成26年や令和2年の過去問等の採点実感でも言及されているところなので、言及できなかった人は過去問の研究不足といえます。以後、このようなことがないようにするため、過去問を隈なく研究しましょう。過去問を検討することの意味は思考の追体験です。思考の追体験ができれば問題文を素早く読むことができ、他の受験生に差をつけるポイントも意識することができるようになります。過去問と同じ問題は出ませんが、過去問と同じ思考の問題が出ます。これが過去問を検討することの意味になります。

　個人的には、ペットを飼っている者のうち犬猫を飼っている者は計60％であるといった事情、未だ犬猫の人気は根強く、犬猫の販売がペットショップの主要な収益源になっているといった事情、既存の犬猫販売業者が犬猫の販売をやめそれ以外のペットを販売するためには多大な金銭的、時間的コストがかかるといった事情、等からすると、ペットショップを継続することは難しく職業選択の自由そのものに対する制約であるといえるとして議論を展開しようと考えています。

2　出題趣旨

　　規制①は、飼い主や販売業者等による犬猫の遺棄や、犬猫シェルターへのやむを得ない理由のない持込みの増加への懸念に対応するために、人と動物の共生する社会の実現という目的で、犬又は猫の販売業について、免許制を導入するものである。憲法第22条第1項の保障する職業選択の自由には狭義の職業選択の自由と職業遂行の自由とが含まれる（薬事法事件（最大判昭和50年4月30日民集29巻4号572頁））と解されるところ、規制①は犬猫の販売業に免許制を導入するものであって、狭義の職業選択の自由の制限に該当すると言えそうである。しかし、規制対象は犬又は猫に限定されているため、職業＝「動物の販売」と捉えれば職業遂行の自由の制限と見ることも可能である。

3　採点実感

(1)　規制①については、前述のとおり、そもそもこの規制が狭義の職業選択の自由の問題なのか、それとも職業遂行の自由の問題なのかを全く検討していない答案が少なからず見られたが、そうした答案は、事案の分析・検討を欠いた答案として低く評価せざるを得ない。他方で、犬猫をペットとして飼養している人の割合等に照らしてこの検討が丁寧になされている答案の評価は高くなった。いずれの立場を採るにせよ、薬事法事件判決に基づけば、規制①による権利制限の程度が、その職業の遂行を不可能にし、実質的に狭義の職業選択の自由を制限するほどの重大な制限となっていないか見極める必要がある。その際、犬猫以外のペットは規制①の対象外であり、それらのシェアが50パーセント近くまで拡大している点を、この解釈の手掛かりの一つにしている答案が一定数見られ、この点は評価できる。

(2) 判例によって憲法第２２条第１項の保障内容に狭義の職業選択の自由と職業遂行の自由とが含まれるとされていることは、多くの答案が適切に論述していた。しかし、狭義の職業選択の自由と職業遂行の自由とでは合憲性の推定の程度が異なることについて、適切な言及がなされている答案は少なく、それを具体的な違憲審査のレベルに反映できている答案となるとその数は更に減少する。具体的な審査の段階で適切に区別ができなければ、憲法第２２条第１項の保障範囲に２種類の自由が含まれると論じることの意義は大きく損なわれる。

(3) 新規参入業者と既存業者を区別して論じる答案も一定数あった。両者を区別することは、理論上は可能だが、具体的な検討内容に有意な差がない場合や、両者で合憲・違憲の結論を分けている際の理由付けに十分な説得力がない場合、答案作成者が想定する独立の「職業」の定義の観点からすると、両者を区別すること自体が不自然な立論になっている場合、そうした答案は高く評価することはできなかった。

(4) なお、過去の採点実感でも累次にわたり指摘されてきたところであるが、問題となる権利を細分化して設定するもの、すなわち「犬猫を販売する自由」や「イラスト・写真・動画等を用いて宣伝する自由」などと、当事者の具体的な行為ないしそれを類型化したものをそのまま権利内容として設定する答案が、なお相当数に上っている。だが、問題の所在を的確に把握した論述のためには、憲法第２２条第１項が保障する狭義の職業選択の自由や職業遂行の自由に犬猫の販売行為が含まれるかどうか、憲法第２１条第１項が保障する営利的表現の自由にイラスト・写真・動画等を用いた宣伝行為が含まれるかどうか、という形で、当事者の行為・状態が、憲法の規範内容として導出される権利・自由の内容に包摂される否か、という観点から論述することが必要であろう。

4 解説

まず、規制①によって制限される権利が、狭義の職業選択の自由と職業遂行の自由のいずれに当たるのかを検討したい。結論としてはどちらもあり得る。問題文中の甲とＸの会話の中では、犬猫がペットとして飼養されている割合の多さが述べられている。検討にあたっては、この事実を引用し、権利の制限の大きさを認定する手掛かりとすることが望ましい。

また、制限される権利の内容として、単に問題文中で述べられる具体的な行為をそのまま記載するのでは足りない。当該権利が、憲法のどの条文で保障されるどの権利に含まれるかという観点から論述することが必要である。

第3 規制①（狭義の職業選択の自由・職業遂行の自由に対する規制の合憲性について）

1 専任講師コメント

狭義の職業選択の自由又は職業遂行の自由に対する規制の合憲性については、薬事法判決を要約する形で一般的基準を示した上で、具体的な違憲審査基準を定立する方法が一番点数を取りやすい方策と言えます。

そこで、「職業の自由に対する規制措置は多種多様な形を取ることから、規制の目的、必要性、内容、これによって制限される職業の自由の性質、内容及び制限の程度を検討し、比較衡量した上で慎重に決定する必要がある。そして、その検討を行うにあたっては第一次的には立法府の権限と責務であることから、立法府の判断が合理的な裁量の範囲にとどまる限り、立法政策上の問題としてその判断を尊重すべきであ

る。ただし、立法裁量は、事の性質上広狭があることから、具体的な規制の対象、方法、目的等といった事の性質から比較衡量をどのように行うべきかを判断する」といった規範を示しましょう。

　その上で、問題文の事実から本件規制が職業選択の自由に対する規制であることや、客観的要件による規制であること、判例とは異なり消極目的規制ではないこと、等を導き、厳格な合理性の基準（規制目的が重要で、かつ、手段が当該目的との関係で実質的関連性が認められるか）によって判断すべきと示すと良いでしょう。

　なお、本年度の採点実感を読む限り、教科書等に記載されている一般的な記載が重要であることが分かりますので、違憲審査基準を導く一般論も抑えておくべきだと思います。直ぐに具体論に入らないのが得策ですね。

2　出題趣旨

　職業の自由に対する規制措置は多種多様な形をとることから、過去の裁判例では、規制の目的、必要性、内容、これによって制限される職業の自由の性質、内容及び制限の程度を検討し、比較考量した上で慎重に決定される必要があり、その検討を行うのは第一次的には立法府の権限と責務であるため、立法府の判断が合理的な裁量の範囲にとどまる限り、立法政策上の問題としてその判断を尊重すべきとし、裁判所は、具体的な規制の目的、対象、方法等の性質と内容に照らして、これを決定すべきとしてきた。かつては規制目的に着目して審査基準を使い分ける規制目的二分論が有力であったが、本件法案の規制目的は消極目的でも積極目的でもないことから、規制目的のみに着目して審査基準を設定することはできない。

　その上で、規制①を狭義の職業選択の自由そのものに制約を課すものと見る場合、薬事法事件で示された、狭義の職業選択の自由の規制は「職業の自由に対する強力な制限であるから、その合憲性を肯定し得るためには、原則として、重要な公共の利益のために必要かつ合理的な措置であることを要」するとの枠組みを踏まえることがまずは求められる。薬事法事件では、さらに、消極的・警察的措置であることを挙げて「よりゆるやかな制限……によつては……目的を十分に達成することができないと認められることを要する」との基準が示されたが、規制①は先述のように消極目的規制や積極目的規制の枠に分類できないものであり、規制目的二分論の論理をそのまま用いることはできない。具体的に権利制限の重大性や規制の性質等に照らした判断が必要となる。

　また、職業選択の自由の制約は、職業を行う条件として一定の個人的な資質や能力を要求する場合（主観的制限）と、当該職業を行おうとする者の個人的な資質や能力には関わらない基準による場合（客観的制限）とに大別できる。学説には、後者は前者以上の審査密度の下で正当化されるべきであると唱えるものがある。本件法案骨子の第2のうち、1の要件は主観的制限に当たるものであり、この学説の考え方によれば、審査密度は相対的に低いもので足りる。当該要件は、既存業者にとって、施設の改修・変更が必要となることから、その負担次第では廃業も選択肢に入るものであり、重い権利制限を伴う規制といい得るものの、諸外国や専門家の意見を踏まえて設定されており、犬猫の適正な取扱いとの関連性があることから、いずれも適合性・必要性を認めることは難しくない。

　これに対し、本件法案骨子の第2のうち、2及び3の要件は、需給均衡のため、ないし犬猫シェルターの安定的運営のために設けられた客観的制限による規制であり、前記学説によればその正当化はより厳密な審査の下でなされる必要がある。また、薬事法事件が前記のように厳密な手段審査を行ったことを距離制限が客観的制限であることと結び付けて理解する見方もあり、その立

場からすれば、本件法案骨子の第2のうち、2及び3の要件も同様の基準で審査されるべきと主張することが可能である。

これに対し、規制①を職業遂行の自由の制約と捉える場合には、合憲性の推定はより強く働く。しかし、本件の立法事実によれば、規制対象となる犬又は猫は、ペットとして飼養されている動物の約半数を占めている。そのため、職業遂行の自由の制約であっても、制限の程度が甚だしいとして審査密度を上げるべきとの主張をなすことが考えられる。この点、薬事法施行規則による医薬品インターネット販売規制に係る事件（最判平成25年1月11日民集67巻1号1頁）及び「医薬品、医療機器等の品質、有効性及び安全性の確保等に関する法律」による要指導医薬品の対面販売規制に係る事件（最判令和3年3月18日民集75巻3号552頁）が参考になるだろう。前者は施行規則が委任の範囲を逸脱した違法なものであると認定した判決であるが、その前提として、当該施行規則により新たにインターネットを通じた郵便等販売が禁止された医薬品が広範に及ぶことから、規制が「郵便等販売をその事業の柱としてきた者の職業活動の自由を相当程度制約する」としたのに対して、後者は、要指導医薬品の市場規模が1％に満たない僅かなものであることなどから「職業活動の内容及び態様に対する規制にとどまるものであることはもとより、その制限の程度が大きいということもできない」と断じている。

さらに、審査基準を設定した上での具体的検討に際しては、客観的制限といった特定の要素のみで結論を導出することなく、当該事例での制約の程度や権利の内容等を総合して審査することが求められよう。本件法案骨子の第2の3は、本件法案骨子の第2の2と異なり、犬猫の販売業には直接関係のない要件である。その審査に際して、いわゆるLRAの審査等の規制手段としての必要性を問題にして結論を出すだけではなく、問題視されている社会的状況と規制の不存在との間に合理的な因果関係があるといえるのかについて、設定した審査基準の審査密度に応じて論じることにより論証を補強することも考えられよう。これについても薬事法事件において、薬局開設の自由化により生じると主張された不良薬品の供給の危険性について、その因果関係が合理的に裏付けられるかについて検討されていたことが参考になる。

3　採点実感

(1)　判例への言及に関し、薬事法事件判決について言及している答案も、その大半は、いわゆる規制目的二分論の文脈で同判決に触れるのみであり、同判決が判断枠組みの構築に際し、その二分論（消極目的規制）に触れる前提として、下記のように出発点において立法裁量論や目的審査（公共の福祉に合致）、手段審査（必要性・合理性）の一般論に言及していたことや、許可制という規制の態様に言及していたことについて全く言及がない答案が多数に上っており、そうした答案は、重要基本判例についての知識・理解に難があるものとして評価できなかった。同判決は、職業への規制に際して必要となる衡量判断が「第一次的には立法府の権限と責務」であり「規制の目的が公共の福祉に合致するものと認められる以上、そのための規制措置の具体的内容及びその必要性と合理性」については立法裁量に委ねられるとしつつ、「許可制は、単なる職業活動の内容及び態様に対する規制を超えて、狭義における職業の選択の自由そのものに制約を課するもので、職業の自由に対する強力な制限であるから、その合憲性を肯定しうるためには、原則として、重要な公共の利益のために必要かつ合理的な措置であることを要」する、としている。もとより判例とは異なる見解を採用すること自体は差し支えないが、その場合でも、判例法理に明示的に言及し、その問題点を指摘した上で立論を構築することが求められる。

(2) 積極目的・消極目的いずれでもないことが問題文中で示唆されているにもかかわらず、無理に積極目的若しくは消極目的の規制であると解した上で、論述を展開する答案が相当数見られた。自分の知っている、若しくは書きやすい形に無理に落とし込むようなことはせず、素直に問題文から読み取れる規制の趣旨を踏まえて、違憲審査基準を定立すべきであった。

(3) 規制①に含まれる3つの要件には、主観的制限と分類し得るものと客観的制限と分類し得るものの双方が含まれる。客観的制限であることを理由として違憲審査の密度を上げる必要があることについては、少なくない答案が言及できていた。しかし、それにもかかわらず、具体的な審査の段階において、主観的制限とみるべき要件と客観的制限とみるべき要件とを区別して論じた答案は極めて少なかった。「客観的制限については審査密度を上げるべき」ことを知っていたとしても、それを具体的な審査段階で適切に実践できていない答案には、それほど高い評価を与えることはできない。逆に、要件を主観的制限と客観的制限とに適切に区別し、それぞれについて丁寧に論述が行われていた答案は、高く評価した。

(4) 問題文において、本件法案は動物の愛護及び管理に関する法律の特別法であるとして、その目的を共有する旨明示されているにもかかわらず、各規制の違憲審査の目的及び手段審査において、この点を看過したと考えられる答案があった。また、各規制がどのような目的によるものか具体的な検討を欠いたまま、表面的に手段審査を行って憲法適合性を結論付ける答案も見られた。例えば、手段審査に関して、本件法案骨子の第2の1の要件の規制目的は、法案の目的に照らし「適切な飼養の確保」にあると読み解くことが求められているところ、当該規制目的が需給均衡ないし供給制限にあるとして、第2の1の要件は目的との実質的関連性がないと結論付ける答案もあった。

(5) 本問で表れた具体的な事情を適切に評価しているものは多くなかった。例えば、規制対象が犬猫に限られ、それ以外の動物を販売することに規制がかかっていないことや犬猫の市場占有率について触れられていない答案が相当数見られたことは残念である。この点について、同じ動物とはいっても管理の仕方や必要な施設が異なることを指摘して、説得的な論述を展開している答案は高く評価できた。

4 解説

(1) 判例への言及

「参考とすべき判例」として薬事法事件判決に言及する際には、単に規制目的二分論に触れるだけでは足りない。薬事法事件判決が出発点において立法裁量論や目的審査（公共の福祉に合致）、手段審査（必要性・合理性）の一般論に言及していたことや、許可制という規制の態様に言及していたことについても触れるべきである。

(2) 本件法案の目的

本件法案は、動物愛護管理法の特別法であり、動物愛護管理法と目的を共通にしている。この目的は、積極目的・消極目的いずれでもないことが、問題文中で示唆されている。そのため、規制目的二分論に拘泥することなく、具体的に権利制限の重大性や規制の性質等に照らして違憲審査基準を定立すべきである。

(3) 主観的制限と客観的制限

職業選択の自由の制約は、職業を行う条件として一定の個人的な資質や能力を要求する場合（主観的制限）と、当該職業を行おうとする者の個人的な資質や能力には関わらない基準による場合（客観的制限）とに大別できるとされる。本件法案における許可の要件には、主観的制限と分類し得るもの（本件

法案骨子の第2の1）と、客観的制限と分類し得るもの（本件法案骨子のうち、第2の2及び3）の双方が含まれる。そのため、それらを区別して論ずることが望ましい。

そして、本問では、問題文中に具体的な事情がいくつも示されており、それらの具体的な事情を拾って適切に評価したいところである。

第4　規制②（営利広告に対する規制の合憲性について）

1　専任講師コメント

営利的表現の自由は、憲法21条1項により保障されるものの、政治的表現の自由に比べ自己統治の価値との関連性が希薄であることといえます。

また、営利的表現の自由は、単に国民が消費者として商品を選択するために必要な商品についての知る自由（知る権利）に資するにとどまるため、相対的に重要性は低いといえます。

他方、一例はありますが、当該規制②は、イラスト、写真、動画を用いた広告を制限しているにとどまり、広告をすることそのものを禁止するものではないことから思想の自由市場への登場を規制するものではないことや、政策批判を通じてその制定改廃に影響を及ぼすこと自体を封殺するものでもありません。

そこで、規制②が合憲であるといえるかどうかは、極めて重要とまではいえない権利に対して強いとまではいえない規制を施すものであることから、極めて慎重な判断までは要求されず、厳格な合理性の基準（規制目的が重要であり、手段が当該目的との間に実質的関連性があるかどうか）により判断すべきものと解する等として検討していくと良いでしょう。

2　出題趣旨

規制②は、犬猫の販売業における広告へのイラスト、写真及び動画の使用の禁止である。

規制②は典型的な営利広告の自由の規制である。規制②は、販売物の販売方法に関する規制とみれば憲法第22条第1項との適合性が問題となるが、広告を一種の表現とみれば、又は、販売場における写真等の掲出に着目すれば、表現の自由に対する規制と捉えることも可能である。

表現の自由は、一般には、いわゆる二重の基準論によってその規制の合憲性は厳格に審査しなければならないとされるが、営利表現の場合には、自己統治の価値との関連性が希薄であることや萎縮効果に乏しいこと、裁判所の審査能力の点から必ずしも厳格な審査を要求するものではないとする見解もある。先例としては、あん摩師等法による灸の適応症広告事件（最大判昭和36年2月15日刑集15巻2号347頁）が挙げられるが、ここでは誇大広告等による弊害を未然に防止するためにやむを得ない措置であるとして精緻な審査基準を示すことなく合憲の結論が導かれている。これに対し学説は、合法的活動に対する真実で誤解を生まない表現の場合には、主張される規制利益が実質的で、規制がその利益を直接促進しており、その利益を達成するために必要以上に広汎でないこと、という基準で審査すべきとするものが有力である。

灸の適応症広告事件は、広告掲載事項をごく限定したものであり、規制②の広告規制と共通点を持つが、同事件で規制目的とされた誇大広告等による弊害の防止は、実際に販売する犬又は猫の写真を含めて広告への掲載を禁止する規制②の規制目的とは異なる。そのため、真実の表現についての規制がどこまで正当化されるかを慎重に検討する必要がある。

公法系第１問＜憲法＞

3　採点実感

1　営利広告の自由について
(1)　職業の自由の問題としてのみ憲法適合性を検討し、営利的表現の自由が問題となり得ることについて全く触れられていない答案も散見された。
(2)　営利的表現を表現の自由として保護すべき理由として、消費者の知る権利に資することなどを適切に指摘できていない答案が一定数あった。
(3)　営利的表現の自由については、自己統治の価値が不在であること、純粋な表現の自由ほど高い審査密度を要しないことへの言及はよくできていた。他方で、営利的表現の制約の可否は、誇大広告や虚偽広告だけではなく真実の表現についても問題になることを理解している答案は極めて少なかった。
2　営利広告に対する規制の合憲性について
(1)　規制②に関しては、営利的表現の自由について、その特性等の基本的な事項が丁寧に説明され、それを踏まえて規制②の合憲性の判断基準が設定されていた答案は、営利的表現の自由に関する理解が伝わり、相対的に良い評価が付いたように思う。他方、規制②が内容規制か内容中立規制かという点について厚く論じている答案が相当数あったが、営利広告に関する規制にはそもそも内容規制が含まれており、内容規制・内容中立規制の二分論で審査密度が決まるものではないという理解に欠けているものと思われ、残念であった。
(2)　規制②を「事前規制」とする答案が相当数あったが、およそ法における一般的な行為強制・禁止規定などの全てが事前規制に当てはまるかのような書きぶりのものは評価できなかった。事前規制の典型は、許可留保が付された制度のように、私人の個々の行為の許否を当局の審査に係らしめる（その前提として審査のための種々の提出義務を行為前に課す）場面であろう。
(3)　営利的表現の自由の審査密度について、先例となり得るあん摩師等法による灸の適応症広告事件判決（最大判昭和３６年２月１５日刑集１５巻２号３４７頁）について言及できている答案は極めて少なかった。
(4)　飼い主等による犬猫シェルターへの持込み増加等の問題への対応は飼い主個人の意識改革だけでは限界があるという立法事実や、規制②の規制対象にＥＣサイトが含まれており、経済活動の自由の制約の側面が強く表れるということに言及できている答案は極めて少なかった。
(5)　目的審査については、規制②がパターナリスティックな側面を含むことについて言及できている答案はかなり少なかった。また、手段審査について、本件法案骨子の第３の存在（甲とＸとのやりとりにも言及あり）を検討していない答案がかなり多くあった。時間配分の問題かもしれないが、問題文及び検討する法案については、答案構想の段階で丁寧に検討をしてほしい。

4　解説
(1)　営利的表現の自由
　　規制②は、犬猫の販売業における広告へのイラスト、写真及び動画の使用を禁止するものであり、営利的表現の自由の規制である。営利的表現の自由は、自己統治の価値が不在であり、純粋な表現の自由ほど高い審査密度を要しない。また、消費者の知る権利に資すること等についても指摘したい。

25

⑵ 営利広告に対する規制の合憲性

　営利的表現の自由については、その特性等の基本的な事項を説明したうえで、審査基準を設定することが求められる。

　「参考とすべき判例」としては、あん摩師等法による灸の適応症広告事件判決（最大判昭 36.2.15、百選Ⅰ54 事件）が考えられる。もっとも、この判例は営利広告における誇大広告等による弊害が問題とされた事案である。一方、本件法案では、写真や動画等によるありのままの犬猫の姿態を広告に用いることが規制されている。そのため、営利的表現においては、内容が真実であっても問題となり得ることを意識したいところである。また、本問では、犬猫の販売の際には直接対面しての情報提供（本件法案骨子の第3）が求められていることにも注意したい。問題文及び検討する法案について、丁寧に検討したうえで答案を作成することが求められている。

公法系第1問＜憲法＞

採点基準表

※本試験の採点基準は公表されません。そこで、「出題趣旨」や「採点実感」等から辰已が独自に作成した採点基準を以下に掲載します。再現答案等とあわせ過去問学修にお役立てください。

	配点	あなたの得点
第1　規制①の憲法適合性【55点】		
1　問題提起	1	
2　保護範囲		
（1）　憲法22条1項の指摘	1	
（2）　判例（最大判昭50.4.30）によって憲法22条1項の保障内容に狭義の職業選択の自由と職業遂行の自由とが含まれているとされていることの指摘	2	
（3）　憲法22条1項が保障する狭義の職業選択の自由や職業遂行の自由に犬猫の販売行為が含まれることの指摘	2	
3　制約の存在		
・規制①が、狭義の職業選択の自由又は職業遂行の自由に対する制約のいずれかに当たることの指摘	2	
【加点事項】	加点評価	
※規制①が狭義の職業選択の問題なのか、それとも職業遂行の自由の問題なのかをしっかりと区別し、犬猫をペットとして飼養している人の割合等に照らして丁寧に検討を加えている場合には、加点する。	A・B・C	
4　審査基準の設定		
（1）　薬事法事件判決（最大判昭50.4.30）の判断枠組みの指摘	3	
【加点事項】	加点評価	
※薬事法事件判決（最大判昭50.4.30）について、その判旨の正確な理解を示すことができている場合には、加点する。	A・B・C	
（2）　規制①の目的の検討		
・規制①の目的（本件法案骨子第1）の指摘	1	
・規制①の目的は、積極目的・消極目的いずれにも当たらないことの指摘	2	
（3）　権利制限の重大性の検討	2	
（4）　規制の性質・態様の検討		
・本件法案骨子の第2のうち、1の要件は主観的制限による規制であることの指摘及び評価	1	
・本件法案骨子の第2のうち、2及び3の要件は、客観的制限による規制であることの指摘及び評価（審査密度を上げるべきか否かの検討）	2	
・規制①のその他性質・態様の検討	2	

27

(5) 審査基準の設定		
・「重要な公共の利益のために必要かつ合理的な措置であること」等、適切な審査基準を設定していること	3	
【加点事項】	加点評価	
※薬事法事件判決に照らし、規制①による権利制限の程度が、その職業の遂行を不可能にし、実質的に狭義の職業選択の自由を制限するほどの重大な制限となっていないかについて、規制目的のみならず、権利制限の重大性や規制の性質等から丁寧に検討した上で、審査基準を設定している場合には、加点する。	A・B・C	
※規制①を職業遂行の自由の制約と捉えた際には、規制対象となる犬や猫は、ペットとして飼養されている動物の約半数を占めていることから、制限の程度が甚だしいとして審査密度を上げるべきか否かについて、薬事法施行規則による医薬品インターネット販売規制に係る事件（最判平25.1.11）等関連判例に触れて検討している場合には、加点する。	A・B・C	
5　具体的検討		
(1)　本件法案骨子第2の1についての検討		
ア　目的の指摘及び評価	2	
イ　手段の適合性の検討	2	
ウ　手段の必要性の検討	2	
エ　検討中に、現行の基準よりも厳しくなっていることの指摘及び評価が含まれていること	1	
オ　検討中に、新たに定められる基準は、諸外国の制度や専門家の意見を踏まえたものであり、国際的に認められている基準の範囲内であることの指摘及び評価が含まれていること	2	
【加点事項】	加点評価	
※当該事例での制約の程度や権利の内容等を総合して、結論を出している場合には、加点する。	A・B・C	
(2)　本件法案骨子第2の2についての検討		
ア　目的の指摘及び評価	2	
イ　手段の適合性の検討	2	
ウ　手段の必要性の検討	2	
エ　検討中に、規制すべきなのは、売れ残ること自体ではなく、売れ残った犬猫を適切に扱わないことであるという意見についての指摘及び評価が含まれていること	2	
オ　検討中に、日本では生後2，3か月の子犬や子猫の人気が高く、体の大きさがほぼ成体と同じになる生後6か月を過ぎると値引きしても売れなくなることの指摘及び評価が含まれていること	2	

公法系第1問＜憲法＞

【加点事項】	加点評価
※当該事例での制約の程度や権利の内容等を総合して、結論を出している場合には、加点する。	A・B・C
⑶　本件法案骨子第2の3についての検討	
ア　目的の指摘及び評価	2
イ　手段の適合性の検討	2
ウ　手段の必要性の検討	2
エ　検討中に、飼い主による犬猫シェルターへの持込みの増加が仮に起こるとしても、それは、直接は犬猫販売業者のせいではないという意見についての指摘及び評価が含まれていること	2
オ　検討中に、犬猫販売業者による無理な販売も、飼い主による犬猫シェルター持込み増加の要因となること・都道府県から要望が寄せられていることについての指摘及び評価が含まれていること	2
【加点事項】	加点評価
※当該事例での制約の程度や権利の内容等を総合して審査して、結論を出している場合には、加点する。	A・B・C
6　結論	2

第2　規制②の憲法適合性【25点】	
1　問題提起	1
2　保護範囲	
・憲法21条1項の指摘	1
・憲法21条1項が保障する表現の自由に営利的表現の自由が含まれることの指摘及びその理由	2
・憲法21条1項が保障する営利的表現の自由にイラスト・写真・動画等を用いた宣伝行為が含まれることの指摘	2
3　制約の存在	
・規制②が、営利的表現の自由を制約していることの指摘	2
4　審査基準の設定	
・営利的表現の自由について、その特性等の基本的事項の指摘及び評価	2
・「目的が重要であり、手段が目的達成のために実質的関連性を有していること」等、適切な審査基準を設定していること	2
【加点事項】	加点評価
※あん摩師等法による灸の適応症広告事件判決（最大判昭36.2.15）について言及している場合には、加点する。	A・B・C

5　具体的検討		
（1）　立法事実（飼い主等による犬猫シェルターへの持込み増加等の問題への対応は飼い主個人の意識改革だけでは限界があること）の指摘	1	
（2）　目的の検討		
・目的の指摘及び評価	2	
・規制②がパターナリスティックな側面を含むことの指摘及び評価	1	
（3）　手段の検討		
・規制②では、ウェブサイトやSNSにイラスト等を用いた広告を掲載することも禁止されることの指摘及び評価	2	
・動画等の情報は直ちに問題のある情報とはいえないことの指摘及び評価	1	
・品種等の文字情報に比べて、イラストや写真、動画は、視覚に訴える情報であり、購買意欲を著しく刺激し、十分な準備と覚悟がないままの購入につながるということの指摘及び評価	1	
・本件法案骨子第3が存在することの指摘及び評価	2	
・その他の事実の指摘及び評価	1	
6　結論	2	
第3　【その他加点事項】	加点評価	
※上記【加点事項】以外でも、本問事案解決につき特記すべきものがある場合には、加点する。	A・B・C	

公法系第1問＜憲法＞

基本配点分	小計80点	
		点

加点評価点	小計10点	
添削シート中の【加点評価】を総合的に評価し点数を決めて下さい。目安はAが半数以上であれば10点、Bが半数程度であれば5点です。		点

基礎力評価点		小計10点	
以下の項目は、「司法試験の方式・内容等について」（令和5年11月22日司法試験考査委員会議申合せ事項）第4－2－(1)－エに掲載されている事項です。			
あなたの得点（0～2点で評価）			
事例解析能力			
論理的思考力			
法解釈・適用能力			
全体的な論理的構成力			
文書表現力			点

総合得点	合計100点	
		点

再 現 答 案

答案① (順位ランクA、149.89点、系別16位、論文総合100位)

規制①について

1　規制①は憲法22条1項によって保障される職業選択の自由を侵害し、違憲となる可能性がある。

2　憲法22条1項は職業選択の自由を保障している。職業は人の生命を維持するのに必要な継続的活動であるとともに、社会的機能分担の価値を有し、個人の人格的価値と不可分の関連を有することから憲法上特に重要な人権として保障を受ける。

　　しかし、精神的自由と異なり、職業選択の自由は外部的行動を伴う権利であって他人の権利との調整のため少なからず公共の福祉の観点から制約を受けうる権利である。そして、どのような制約が許容されるかは、職業、規制目的、制約態様の多様性があることから立法裁量に委ねられているといえる。一方で、その裁量の範囲は事の性質上おのずから広狭があるとされるため、事の性質を踏まえて審査基準の厳格度を決すべきである①。

　　したがって、職業選択の自由の制約が許容されるかは、その立法裁量を尊重し、規制の態様と権利の侵害される程度を比較衡量して決すべきであるが、事の性質を踏まえてその厳格度を決すると解する。事の性質については、規制対象、期制態様、規制目的を考慮し、立法裁量を尊重すべきかどうかを判断する。

3(1)　規制対象について

　　ア　22条1項はその保障趣旨からして、その職業の継続を当然の前提としていることから、職業の選択の自由を保障するのみならず職業遂行（営業）の自由をも保障しているといえる。そして、営業の自由が制約されているにとどまる場合、職業選択の自由そのものの制約によって職業への参入規制がなされる場合に比べ職業選択の自由の本質に対する制約の度合いは小さく、立法裁量を尊重すべきことになるといえる②。

　　イ　規制①は犬猫販売業を営もうとする者に対し犬猫販売業免許を受けることを要求する規制である（本件法案第2）。免許制は、原則として規制対象とする行為を禁止し免許を受ける要件を満たした場合にのみ例外的にその行為をすることを可能にする制度である。したがって、規制①は犬猫販売業を原則として禁止しているという点で実質的な参入規制であり、かつ既存の業者にも規制①が適用されるという点で、職業選択の自由の本質に対する制約の度合いが大きいと考えられる。

①職業選択の自由についての一般論を述べている。

②規制①を狭義の職業選択の自由そのものに制約を課すものと見る場合、薬事法事件で示された、狭義の職業選択の自由の規制は「職業の自由に対する強力な制限であるから、その合憲性を肯定し得るためには、原則として、重要な公共の利益のために必要かつ合理的な措置であることを要」するとの枠組みを踏まえることがまずは求められる（出題趣旨）。

一方で、犬猫以外の多種多様なペットを飼う人が増加傾向にありその割合は全体の50％近くになっていること、犬猫販売業免許を取得できなかったとしてもそれ以外のペットを販売することでペットショップとしての営業の継続は可能であることを踏まえると既存業者に対する制約はそれほど強くはないとも思われる。しかし、ペットを飼っている者のうち犬猫を飼っているものは計60％であることからすれば、未だ犬猫の人気は根強く、犬猫の販売がペットショップの主要な収益源になっていたといえる。それに加えて、既存の犬猫販売業者が犬猫の販売をやめそれ以外のペットを販売するためには多大な金銭的、時間的コストがかかることからすれば、ペットショップとしての営業の継続はハードルが高いといえる③。したがって、犬猫以外のペットを販売することでペットショップの営業の継続が可能であることは上記自由に対する制約を弱める要素となりえず、なお制約の度合いを大きいといえる。したがって、対象を職業選択の自由にしているという点は立法裁量を狭める要素になりうるといえる。

③規制①によって犬猫の販売が規制された場合のペットショップの販売方針転換の可否について、具体的に検討している。

(2)　規制態様について

　ア　自らの努力によって解決することのできる主観的要件が課されている場合、いつでも職業選択の自由の制約を免れることができるという点でその制約の程度は弱く、立法裁量を尊重すべきことになる。これに対し、自らの努力によっては解決することのできない客観的要件が課されている場合、制約の度合いは強いといえ、立法裁量を狭める要素になると解する④。

④規制①に含まれる３つの要件には、主観的制限と分類し得るものと客観的制限と分類し得るものの双方が含まれる。客観的制限であることを理由として違憲審査の密度を上げる必要があることについては、少なくない答案が言及できていた（採点実感）。

　イ　規制①は、販売場ごとに犬猫飼養施設を設けること、犬猫の需給均衡が保たれていること、都道府県内の犬猫シェルターの収容能力を要件として、犬猫販売業免許を与えることとしている（本件法案第2の1、2、3）。販売場ごとの犬猫飼養施設については販売業を営もうとする者の努力によって設けることが可能であるが、犬猫の需給均衡や犬猫シェルターの収容能力は一営業者の努力によっては満たすことのできない要件であるということができる⑤。したがって、規制①は客観的要件を課しているという点で制約の度合いが強く、立法裁量を弱めるべき要素になるといえる。

⑤本件法案第2の1は主観的制限、2及び3は客観的制限であることを指摘できている。

(3)　規制目的について

　ア　規制目的が積極目的である場合、その目的に効果があるのかという点について将来にわたる予測を伴うことになり、立法府の専門技術的判断に委ねざるを得ない。したがって、この場合には立法裁量を尊重すべきことになるといえる。一方で、規制目的が消極目的である場合、その目的に効果があるのかを過去の事実認定によって判断できる。したがって、積極目的の場合と比べて立法事実の把握が容易であって裁判所による審査がしやすいといえる。この場合には、立法裁量を狭めるべきであるといえる⑥。

⑥規制目的二分論を論じることができている。

イ　規制①を定めた本件法案は、動物愛護管理法の特別法に位置づけられ、その目的を共有している。同法1条によれば、「動物の管理に関する事項を定めて動物による人の生命身体及び財産に対する侵害並びに生活環境の保全上の支障を防止」することが目的とされており、規制①の目的もこれと同一であるとされる。したがって、犬猫の販売業の経営安定（積極目的）、犬猫由来の感染症等による健康被害の防止（消極目的）をその目的に据えておらず、上記目的のどちらでもないということができる。

4　薬事法判決は、職業選択の自由に対する規制であったこと、客観的要件による規制であったこと、消極目的による規制であったことを考慮し、重要な公共の利益のために必要かつ合理的な措置であるか否かによって合憲性を判断している[7]。規制①は、職業選択の自由に対する規制である点、客観的要件による規制である点においては上記判例と共通しているが、消極目的でないという点については判例と共通しない。したがって、規制①の審査基準は薬事法判決の基準を一段階緩やかに解し、規制の目的が重要で、かつ目的と手段の実質的関連性があるか否かによるべきと解する。

5(1)　目的について

　　規制①の目的は、3の(3)で述べたとおりである。規制①が提案された当時、犬猫販売業者が売れ残った犬猫を遺棄したり、安易に買い取り業者に引渡し、結果として犬猫が殺され山野に大量廃棄されたりしたことが社会問題となっていた。さらには、飼い主が十分な準備と覚悟のないまま犬猫を安易に購入した後、想定以上の手間、引っ越し、犬猫への興味の喪失等を理由に犬猫を遺棄することも社会問題となっていた。地方公共団体が飼い主から引き取った犬猫を殺処分していたことについても、命を軽視しているという批判が向けられていた。また、犬猫シェルターの導入によって殺処分がされることがなければ飼養できなくなった犬猫を手放す飼い主の心理的ハードルが下がる結果、犬猫シェルターに持ち込まれる犬猫の頭数が収容能力を大幅に超えることが懸念されていた。

　　このような立法事実に照らすと、上記社会問題の解消および懸念の回避のために、犬猫の供給過剰による売れ残りや売れ残りを減らそうとする無理な販売を防止し、犬猫シェルターの収容能力に応じて免許発行数を調整するという規制①の目的は、重要であるということができる[8]。

(2)　手段について

イ　犬猫飼養施設の要件に関して、その要件が厳しすぎるとして手段相当性を欠くという反論が考えられる。

　　たしかに飼養施設の要件はケージや運動スペース、照明・温度設定など細かく指定されていることからその要件が厳しいとも思われる。

イ　しかし、需給均衡の要件に関して、規制すべきは売れ残ること自体ではなく売れ残った犬猫を適切に扱わないことであって、そのような要件を設けるとしても手段適合性に欠けないという反論が考えられる。

[7]薬事法事件判決（最大判昭50.4.30、百選I 92事件）に言及できている。

[8]規制①の目的について、立法事実との関連で具体的に検討できている。

公法系第１問＜憲法＞

　　　　　たしかに売れ残った犬猫を遺棄したり、買い取り業者に安易に引き
　　　渡したりしたことを原因として犬猫が山野に大量廃棄されているこ
　　　とからすれば、反論は妥当であると考えられる。しかし、日本におい
　　　ては体の大きさがほぼ成体と同じになる生後６箇月を過ぎると値引
　　　きしても売れなくなるという現状があることを踏まえると、犬猫の供
　　　給過剰による前記社会問題を根本的に解決するためにはそもそも売
　　　れ残りが生じないような規制をする必要があるといえる。したがっ
　　　て、手段適合性に欠けるという点では上記反論は失当である。
　　ウ　次に、犬猫シェルターの収容能力要件に関して、飼い主による持ち
　　　込みの増加が起こるとしても、直接は犬猫販売業者に帰責性はなく手
　　　段相当性に欠けるという反論が考えられる。
　　　　　犬猫シェルターの収容能力の限界突破の直接的な原因は飼い主の
　　　持ち込みにあるといえる。しかし、売れ残りを減らそうとする犬猫販
　　　売業者による無理な販売も飼い主による持ち込み増加の要因となっ
　　　ていることからすれば犬猫販売業者に規制性が一切ないということ
　　　はできない。その上、多くの都道府県が犬猫シェルターで収用する頭
　　　数が地方公共団体や民間団体で現在引き取っている頭数を超えない
　　　ようにするための方策を検討してほしいとの要望を寄せていること
　　　からすれば、収容能力の要件を設けることに相当性があるといえる。
　　　したがって、上記反論は失当である。
　　エ　以上のことからすれば、目的と手段に実質的関連性があるというこ
　　　とができる。
６　よって、規制①は憲法22条１項に反せず合憲であるといえる。
第１　規制②について
１　規制②は、憲法21条１項の保障する表現の自由を侵害し、違憲となる可
　能性がある。
２　21条１項は表現の自由を保障している。表現の自由は、思想の自由市場
　を確保し自由な意見表明の場を用意することで、個人の人格の発展（自己
　実現）および政治的意見の表明による民主主義の発展（自己統治）の実現
　に寄与するという点で重要な意義を有する。したがって、表現の自由は憲
　法上重要な権利であるといえる。
　　規制②は犬猫の販売についての広告をＳＮＳ上に掲載することを規制
　するものであって、営利的表現の自由を制約するものであるといえる。営
　利的表現の自由は憲法21条１項により憲法上保障を受け、表現の前提と
　して憲法上当然に保障の対象となる知る自由に資するという点で重要性
　を認めることができる。しかし、営利的表現の自由は政治的意見表明の場
　合と比べ自己統治の価値を有しないという点で相対的にその重要性は低
　いといえる。加えて、営利的表現は単に国民が消費者として商品を選択す
　るために必要な商品についての知る自由に資するにとどまり、この点から
　も相対的に重要性は低いといえる⑨。

⑨営利的表現について
の一般論を述べてい
る。

35

3　前述のとおり、規制②は営利的表現の自由を制約するものである（本件法案第4）。規制②はイラスト、写真、動画を用いた広告を制限しているにとどまり、広告をすることそのものを禁止するものではなく内容中立規制にとどまっているといえる。加えて、営利広告は商品販売による利益を得るための誇大広告に流れやすく、消費者の知る自由を誇大広告から守るべく制約する必要性（内在的制約の必要性）が高いといえる。したがって、制約の程度はそこまで強いものであるとはいえない。

4　上記権利の重要性と制約の程度、屋外広告物条例事件が広告物を掲載する行為は公共の福祉の下合理的な制約を受けうることを示していることを踏まえれば、規制②が合憲であるか否かは、目的が正当で、かつ目的と手段が合理的関連性を有するか否かによって決すべきと解する。

5(1)　規制①は、前記の犬猫の供給過剰が起こっている原因が犬猫販売業者による犬猫のイラストや写真、動画を用いた広告が消費者の購買意欲を過剰に刺激していることにあることを前提に、その広告を規制することで購買意欲の過剰な刺激を防止し犬猫の供給過剰を防止することをその目的としていえる。供給過剰が前述の社会問題を引き起こしていることからすれば上記目的は正当であるといえる。

(2)ア　手段適合性について、文字情報に比べイラストや写真、動画は資格に訴える情報であり、購買意欲を著しく刺激し、十分な準備と覚悟がないままの購入につながりやすいということから、そのような方法による広告を防止すれば過剰な購買意欲の刺激を防止し前記目的を達成することができるといえる。したがって、手段適合性があるといえる。

イ　手段相当性について、犬猫販売業者としては、犬猫を販売するために犬猫の姿態を示し購買意欲を刺激することは重要な意義を有すること、購買意欲を刺激できなければ営業利益が減少しひいては職業選択の自由に対する制約にもなりかねないことから、手段相当性を欠くとの反論が考えられる。

この点につき、規制②は文字情報による広告を禁じていない。その上、実際に販売する段階では購入希望者に対面で適正な飼養に関する情報提供を行い、かつ現物を確認させることが本件法案第3によって義務づけられている⑩。これらのことからすれば、対面によって消費者に対し犬猫の姿態を示し購買意欲を刺激することは可能であって、手段相当性を欠くとまではいえない。したがって、上記反論は失当である。

6　以上より、規制②は憲法21条1項に反せず合憲である。

以上

（5,377字）

⑩本件法案骨子の第3の存在に言及することができている。

公法系第1問＜憲法＞

◆総評◆

　出題趣旨で挙げられている項目について、概ね検討することができている。問題文中の事実を拾って評価するのみならず、それに対して独自の分析を加えており、洞察力の深さをうかがわせる答案である。また、薬事法事件、屋外広告物条例事件といった判例に言及し、判例に対する理解を示すことができている。

答案② (順位ランクA、143.91点、系別33位、論文総合319位)

第1　規制①について

1　免許制自体の合憲性①

(1)　規制①は犬猫販売業者が犬猫を販売する自由（以下、「自由①」という。）を制約し、憲法22条1項の保障する職業選択の自由に反し、違憲とならないか。

(2)　犬猫販売業者が犬猫を販売する行為は職業選択の自由として憲法22条1項により保障される。

(3)　規制①は犬猫販売業者が販売場ごとにその所在地の都道府県知事から免許を受けなければその販売業を営むことができなくするものであるから、自由①を制約する。

(4)ア　職業とは、生計を維持する手段であるのみならず、社会的機能分担に寄与するものであり、各々の個性を全うする個人の人格に密接不可分の価値を有する重要なものである。

イ　上記免許制はそれを受けなければ犬猫の販売ができないから、開業自体の規制である。

　ここで、規制の対象は犬猫に限られており、それ以外の動物、例えばうさぎや鳥、観賞魚等を販売して営業を継続することは可能であるのだから、営業の自由の規制に過ぎないとして緩やかに審査すべきだという反論が考えられる。

　もっとも、統計資料によれば、ペットとして動物を飼養している者のうち、犬を飼っているのは31パーセント、猫は29パーセントだから、やはり犬猫の割合が多い。犬猫以外の多種多様なペットを飼う人も増加傾向にあり、現在その割合は50パーセント近くになっているとは言っても、やはり半数は犬猫なのだから犬猫人気は根強く、免許を受けなければ犬猫販売ができなくなることは職業の内容に対する規制ではなく、開業自体の規制である②。

ウ　また、上記免許制は、犬猫が飼い主や販売業者によって遺棄されている現状や犬猫シェルターへ持ち込みが増加する懸念があったこと、これらの問題は供給過剰による売れ残りや売れ残りを減らそうとする無理な販売により生じているという認識に基づいていることから、犬猫の供給が過剰にならないように犬猫の需給均衡の観点から免許発行数を限定することが必要と考えられたことによる。犬猫の供給過剰により販売業者が売れ残った犬猫を遺棄したり、安易に買取業者に引き渡し、結果として犬猫が殺され山野に大量廃棄されたりすることになること、飼い主が安易に購入した後犬猫を遺棄するという事態が頻出していること、各地方公共団体が飼い主不明や飼養不可能になった犬猫を引き取り、一定期間後に殺処分としていて命を軽視している

①本問においては、許可制（免許制）それ自体の憲法適合性ではなく、許可要件ごとの憲法適合性の検討が求められている（採点実感）。

②犬猫を飼養する者の比率が高いことについて、他のペットも増加傾向にあるこという反対方向の事実も述べた上で、説得的に論じることができている。

ことという大きな問題が引き起こされている。よって、免許制は犬猫の供給過剰を規制して犬猫の生命を守ることにあるといえ、これは自由な経済活動がもたらす社会の安全・秩序に対する弊害を防止するという消極目的に出たものである③。

ここで、犬猫の生命を保護することは社会の安全・秩序の維持とは関係がなく、積極目的であるとして、規制が著しく不合理であることが明白である場合に限って違憲とすべきであるとの反論が考えられる。

もっとも、無理な犬猫販売競争を放置すると「人と動物の共生する社会の実現」（動物愛護管理法）ができず、犬猫の生命の軽視につながり社会の秩序が乱れることになる。よって、反論は失当である。

以上から、免許制は開業自体の規制であって職業の内容及び態様に対する規制よりも強力な制限であるから、重要な公共利益のために必要かつ合理的な措置であること、それに加えて消極目的だから、より緩やかな職業の内容及び態様に対する規制ではその目的を十分に達することができないことの2つを満たす場合に合憲である。

(5)ア　上記の通り、免許制の目的は犬猫の生命の保護であり、重要な公共利益のためといえる。

イ　飼い主や販売業者による犬猫の遺棄や犬猫シェルターへの持ち込みの増加という問題への対応は、飼い主個人の意識改革だけでは限界があり、犬猫の販売について免許制を導入し犬猫の供給過剰を根本的に防止する必要があるし、合理的である。

また、個人の意識改革を推進するなど他の方法によっては上記目的を十分に達成することができない④。

(6)　以上から、免許制は合憲である。

2　犬猫飼養施設に関する要件（以下、「要件①」という。）の合憲性

(1)　免許制の要件も同様に第1(4)記載の2つの要件によりその合憲性を判断すべきである。後述の都道府県内の需給均衡要件（以下、「要件②」という。）や犬猫シェルター収容能力要件（以下、「要件③」という。）も同様に判断する。

(2)　目的は上記と同様であり、重要な公共利益のためである。

(3)　手段はどうか。この要件は犬猫販売業者が免許申請の前提として販売場ごとに犬猫の販売頭数に応じた犬猫飼養施設を設けること、各飼養施設につき犬猫の体長・体高に合わせたケージや運動スペースについての基準及び照明・温度設定についての基準がそれぞれ満たされることを要求するものである。

これらは犬猫の生命の保護という目的達成のため必要かつ合理的であるといえる。

また、飼養施設についての基準は動物愛護管理法上の販売業者の登録制においても存在し、諸外国の制度や専門家の意見を踏まえて、現行の

③積極目的・消極目的いずれでもないことが問題文中で示唆されているにもかかわらず、無理に積極目的若しくは消極目的の規制であると解した上で、論述を展開する答案が相当数見られた。自分の知っている、若しくは書きやすい形に無理に落とし込むようなことはせず、素直に問題文から読み取れる規制の趣旨を踏まえて、違憲審査基準を定立すべきであった（採点実感）。

④シェルターへの持ち込み増加という問題に対する対応策として、飼い主個人の意識改革だけでは限界があると論じており、説得的である。

基準より厳しくなっているが、これは国際的に認められている基準の範囲内であるから、より緩やかな要件によっては上記目的を十分に達成することができないといえる。

(4) 以上から、要件①は合憲である。

3 要件②の合憲性

(1) 目的は上記と同様である。

(2) 手段はどうか。要件②は都道府県ごとの人口に対する犬猫の飼育頭数の割合や犬猫の取引量などを考慮して各都道府県が基準を定める予定である。

ここで、規制すべきなのは売れ残ること自体ではなく、売れ残った犬猫を適切に扱わないことであるのだから、この要件は必要ではないという反論が考えられる⑤。

もっとも、日本では生後2、3ヶ月の子犬や子猫の人気が高く、体の大きさがほぼ成体と同じになる生後6ヶ月を過ぎると値引きしても売れなくなるといわれているから、犬猫の供給が過剰になり、売れ残りが出ること自体を抑制する必要があるし、これは合理的である。

また、より緩やかな要件では抜本的解決にはならないから上記目的を十分に達成することができない。

(3) 以上から、要件②は合憲である。

4 要件③の合憲性

(1) 目的は上記と同様である。

(2) 手段はどうか。

ここで、以下のような反論が考えられる。犬猫シェルターはこれまでの地方公共団体による犬猫の引き取りと同様に、犬猫販売業者からの引き取りを拒否できると規定する予定だから、犬猫販売業者は売れ残った犬猫について終生飼養するか、自己の代わりにそれを行う者を責任を持って探すことになる。そうすると、飼い主による持ち込みの増加が仮に起こるとしても、それは直接は犬猫販売業者のせいではないというものである。

もっとも、売れ残りを減らそうとする犬猫販売業者による無理な販売も飼い主による犬猫シェルター持ち込み増加の要因となるし、また犬猫シェルターを適正に運営するため犬猫シェルターで収容する頭数が地方公共団体や民間団体で現在引き取っている頭数を超えないようにする方策を検討してほしいとの要望が多くの都道府県から寄せられている。犬猫シェルターの収容能力を免許付与にあって考慮しなければ、収容能力を超える犬猫が来て犬猫シェルターが機能しなくなる結果、飼い主が使用できなくなった犬猫を保護するという犬猫シェルターの目的を果たせなくなり、犬猫の大量遺棄という現状の解決にならない⑥。よって、要件③は目的のため必要かつ合理的であり、より緩やかな要件によって目的は十分に達成できない。

⑤問題文中の甲とXとのやりとりの中の甲の発言を、反論として示している。

⑥シェルターの収容能力要件を考慮することの必要性について、論理的に説明できている。

公法系第1問＜憲法＞

(3) 以上から、要件③は合憲である。

第2 規制②について

1 規制②は犬猫販売業者が犬猫の販売に関して広告をするときに犬猫のイラスト、写真、動画を用いる自由（以下、「自由②」という。）を制約し、憲法21条1項が保障する表現の自由に反し、違憲とならないか。

2 犬猫販売業者が犬猫の販売広告に犬猫のイラスト等を用いることは営利的表現の自由として憲法21条1項で保障される。

3 規制②は犬猫販売業者が犬猫の販売広告に犬猫のイラスト等を用いることを全面禁止するものだから、自由②を制約する。

4(1) 営利的表現の自由は、表現によって自己の人格を形成・発展させる自己実現の価値はあるが、言論活動によって政治的意思決定に参加するという自己統治の価値はない。また、民主制の過程でその誤りは客観的に正すことが可能である。よって、権利の重要性は通常の表現の自由ほど高いとはいえない[7]。

⑦営利的表現の性質について、説明することができている。

(2) 規制②は犬猫の販売広告に犬猫のイラスト等を用いることを禁止するものであり、内容規制にあたる。

ここで、犬猫のイラスト等を用いる方法によって犬猫の販売広告を行うことを規制するものだから、内容中立規制にあたり、緩やかな審査をすべきとの反論が考えられる。

もっとも、広告に際して犬猫販売業者は品種・月齢・性別・経路・出生地等の情報は文字情報として用いることは可能であるとはいっても、文字情報よりもイラスト等視覚に訴える情報のほうが購買意欲を刺激するのに非常に効果的だから、イラスト等を規制することは広告の意味を失わせてしまうものといえる。よって、内容規制である[8]。

内容規制は、思想の自由市場を歪め、また公権力による恣意が入り込む可能性が高いから、厳格に審査すべきである。

⑧規制②が内容規制か内容中立規制かという点について厚く論じている答案が相当数あったが、営利広告に関する規制にはそもそも内容規制が含まれており、内容規制・内容中立規制の二分論で審査密度が決まるものではないという理解に欠けているものと思われ、残念であった（採点実感）。

(3) 以上から、規制②は目的が重要で、目的と手段との間に実質的関連性があるときに合憲である。

5(1) 目的はイラスト等による広告が視覚に訴え、購買意欲を著しく刺激し、十分な準備と覚悟のないままの購入につながることから、これを防止することにある。犬猫の安易な購入はその大量遺棄につながることから、犬猫の生命保護のためこの目的は重要といえる。

(2) 手段はどうか。

イラスト等により購買意欲が刺激されたとしても、実際に購入するかどうかの判断は個人に委ねられており、全てが購入につながるわけではない。また、犬猫販売業者は実際に販売する段階では購入希望者に対面で適切な使用に関する情報提供を行い、かつ現物を確認させることが義務付けられているから、このときに実際に犬猫を飼う大変さを学び、購入するかの決定をすることができる[9]。よって、販売広告をする段階でイラスト等を用いることと実際の購入とは関連性がないといえ、目的と手

⑨本件法案骨子の第3に言及し、その意義を論じることができている。

41

段の間に実質的関連性がない。

(3) 以上から、規制②は違憲である。

以上

(4,147 字)

◆総評◆

　出題趣旨で挙げられている項目について、概ね言及することができている。自己の見解と異なる立場について、反論として取り上げて言及しており、論理の流れが分かりやすい答案になっている。ところどころ、やや評価に疑問がある部分もあるものの、全体的によくできた答案であるといえる。

公法系第１問＜憲法＞

答案③（順位ランクＡ、133.05点、系別111位、論文総合400位）

第1　規制①の憲法適合性

1(1)　規制①は、犬猫販売業者の職業の自由（憲法（以下省略）22条１項）を侵害し、違憲ではないか。

(2)　同項は、職業選択の自由を保障している。職業は、それを遂行できなければ意味がないから、職業遂行の自由も、同項により保障される。犬猫販売業者が犬猫を販売する自由は、職業の遂行として、同項により保障される。また、同業者が、犬猫販売業を開始することも職業選択の自由として、同項により保障される。

　　犬猫販売業者は、法人である場合もあるが、法人であっても、法人に権利保障することにより、構成員の権利保障に資するから、上記自由は保障される。

(3)　規制①は、犬猫販売業について免許制とし、申請の際には、要件を充足する必要がある点で、上記自由に対する制約が認められる。

2(1)　職業の自由に対する保障は絶対無制限ではなく、公共の福祉（12条後段、13条後段）による制約に服する。では、規制①は、正当化されるか。

(2)ア　職業は、自己の生計を維持するために必要不可欠な活動である。また、職業活動を通じて、他者とコミュニケーションを図ることにより、自己の人格の形成・発展に資する側面がある。このような職業の意義に照らすと、職業の自由は重要な権利であるといえる。もっとも、職業は、社会的相互関連性ゆえに、公権力による規制の要請が強い。

イ　ここで、規制目的を積極目的と消極目的に分けて職業の自由に対する制約に関する審査基準を定立する、規制目的二分論という考えがある。しかし、規制目的は、審査基準定立のための一考慮要素に過ぎない。また、職業は多種多様であり、それに対する規制も千差万別であるから、規制目的を積極目的と消極目的に完全に分けることは困難である①。本件においても、後述のように、規制目的を分けることはできない。

ウ　したがって、規制の目的、必要性、内容、制限される権利の種類、性質、制限の程度等を考慮して、審査基準を定立すべきである。その判断の際には、立法府の判断を尊重する。

(3)ア　まず、規制目的について、本件法案の目的は、犬猫販売業の経営安定でも、犬猫由来の感染症等による健康被害の防止でもなく、「人と動物の共生する社会の実現」である。これは、積極目的、消極目的いずれにも当たらない②。ゆえに、規制目的によっては、審査基準を定立することはできない。

イ　次に、制限の程度や態様について検討する。規制①は、免許制を実施するものである。これは、申請をすればすべての業者が犬猫販売業

①規制目的二分論に言及できている。

②本件法案の目的について、積極目的にも消去目的にも当たらないことが認定できている。

43

を行えるわけではなく、登録制と比較して、職業の自由に対する一定の制限があると認められる。

　確かに、規制の対象は犬猫に限られるから、犬猫以外のペットを飼う人の割合が50％近くになっていることを踏まえると、犬猫販売免許を取得できなかったとしても、ペットショップとしての営業は継続できるとも思える。

　しかし、ペットショップにおいては、犬猫が販売されているのが一般的な認識となっている。そして、ペットとして動物を飼養している者のうち、犬を飼っているのは31％、猫については29％であることを踏まえると、犬猫の販売が犬猫販売業者の重要な収益になっているといえる。ゆえに、規制①による制約は大きいといえる③。

ウ　したがって、職業の自由の重要性を踏まえると、規制①の合憲性は、目的が重要で、手段に実質的関連性が認められるかにより判断すべきである。

3(1)　規制①の目的は、犬猫が遺棄されることを防止し、人と動物の共生する社会の実現である（動物愛護法１条、本件法案第１）。犬猫販売業者が、売れ残った犬猫を遺棄したり、安易に買収業者に引き渡されたりなど命を軽視するような事態が生じている。現代においてペットを飼養する者が増加傾向にあり、特に犬猫の飼養割合が高いことを踏まえると、人と動物が共生できる社会を構築することは、喫緊の課題である。したがって、上記目的は重要なものであるといえる。

(2)ア　手段について検討する。まず、犬猫飼養施設に関する要件（本件法案第２第１号）は、確かに、犬猫の販売頭数に応じた犬猫飼養施設を設けることは、犬猫販売業者に対する経済的負担が大きい。しかし、犬猫を販売する者として、同施設のような設備を設置することは、動物保護の観点から必要であるといえる。また、飼い主が犬猫を遺棄してしまう原因として、購入した犬猫の健康に問題があったことが想定されるところ、販売の時点で、犬猫の健康に配慮した施設を設置すべきである④。そして、飼養施設に関する基準は、現行の基準よりも厳しくなっているが、諸外国の制度や専門家の意見を踏まえており、国際的に認められている基準の範囲内であるから、施設の整備もやむを得ないといえる。

イ　次に、犬猫の需給均衡要件（同２号）について、確かに、規制すべきなのは、売れ残ること自体ではなく、売れ残った犬猫を適切に扱わないことであるとも思える。しかし、日本では生後２、３か月の子犬や子猫の人気が高く、生後６か月を過ぎると値引きしても売れなくなるは公知の事実といえる。そうすると、犬猫が遺棄される根本的な原因である、犬猫が犬猫販売業者に供給されないようにすることで、売れ残った犬猫を遺棄したり、安易に買取業者に引き渡されたりすることを阻止できるから、犬猫の遺棄等を防止し、人と動物が共生できる

③ペットとして飼養されている動物の比率という問題文中の事実を用いて、規制態様の強さを認定している。

④犬猫販売業者に飼養施設が必要とされる理由について、独自に考察を加えて検討できている。

社会の実現に資する。

　ウ　もっとも、犬猫シェルターの収容能力要件（同3号）については、犬猫販売業者にとってはどうすることもできない要件であり、これを要件に課すことは過剰であるといえる⑤。また、犬猫シェルターは、犬猫の需給均衡の調整が奏功しなかった結果として収容数が増加すると考えられる。そうだとすれば、犬猫シェルターの収容要件ではなく、上記の犬猫需給均衡要件のみを課せば、十分であるといえ、その点でも過剰な規制である。

　(3)　したがって、規制①は、目的は重要であるが、手段が実質的関連性を欠く。

4　よって、規制①は、22条1項に反し、違憲である。

第2　規制②の憲法適合性

1(1)　規制②は、犬猫販売業者の表現の自由（21条1項）を侵害し、違憲ではないか。

　(2)　同項は、表現の自由を保障している。「表現」とは、自己の意見・思想に加えて、自己の有する情報を外部に表明する行為をいう。本件において、同業者が犬猫のイラスト等を広告に用いることは、イラスト等という情報を広告に掲載し、外部に表明するものであるから、「表現」に当たる。

　　　したがって、同業者の犬猫イラスト等を広告に掲載する自由は、同項によって保障される。

　(3)　規制②は、同業者が、犬猫の販売に関して広告をするときは、犬猫のイラスト等を用いてはならないから、上記自由に対する制約となる。

2(1)　表現の自由による保障も絶対無制約ではなく、公共の福祉（12条後段、13条後段）による制約を受ける。では、規制②は正当されるか。

　(2)ア　表現の自由は、表現活動を通じて、自己の人格を形成・発展させる自己実現の価値と民主政に資する自己統治の価値を有する重要な権利である。もっとも、本件において、犬猫のイラストを広告に掲載することは、犬猫販売業者の人格を形成・発展させると言い難く、また、民主政に資するとはいえない⑥。ゆえに、上記自由は重要なものとまではいえない。

　　イ　規制②は、広告行為それ自体を禁止するものではなく、犬猫のイラスト等を掲載してはならないという方法に着目したものである。ゆえに、表現内容規制ではなく、表現内容中立規制である。

　　　　しかし、規制②は、ウェブサイトやSNSにおける広告も規制するものであり、制約の範囲が広範である。

　　ウ　したがって、規制②の合憲性は、目的が重要で、より制限的で他に選び得る手段がないか検討する。

3(1)　規制②の目的は、犬猫の安易な購入を防止することにあると解される。愛らしい犬猫の姿態を広告に用いることが安易な購入につながって

⑤問題文中のＸの発言「売れ残りを減らそうとする犬猫販売業者による無理な販売も、飼い主による犬猫シェルター持込み増加の要因となると認識しています。」も意識して検討したかった。

⑥営利的表現である点に言及できると良かった。

いるという状況があるから、犬猫の不当な遺棄等を防止するためにも、目的は重要である。

(2)　しかし、広告によって、犬猫を購入しようとする者が増えたとしても、それが直ちに安易な購入につながるとはいえない。犬猫販売業者は、犬猫を販売する場合には、あらかじめ、購入希望者に対して、対面により適正な飼養のために必要な情報を提供しなければならないから（本件法案第3）[7]、その段階で、購入するか否か判断する機会が与えられている。ゆえに、広告によって直ちに安易な購入が発生するとは言い難い。

　　　また、犬猫のイラスト等を一切掲載できないようにするのではなく、犬猫のイラスト数や大きさを制限したり、動画の時間の長さを制限することによっても、一定の効果はあると考えられる。仮に、効果が認められるか不安であるとしても、何らの段階的措置も採らずに、直ちにイラスト等の一律禁止をすることは過剰な規制である[8]。

(3)　したがって、規制②は、目的は重要であるが、より制限的で他に選び得る手段があるといえる。

4　よって、規制②は、21条1項に反し、違憲である。

以上
(3,632字)

[7]本件法案骨子の第3の存在に言及することができている。

[8]代替手段を挙げて、規制が過度であることを論じている。

◆総評◆

　　出題趣旨で挙げられている項目について、概ね言及することができている。規制①について、規制目的二分論に触れた上で、規制の目的や制限の程度を丁寧に分析し、判断基準を示すことができている。その上で、本件法案の条文に沿って、規制要件ごとに分けて丁寧に検討することができており、高く評価されたものと考えられる。

公法系第1問＜憲法＞

答案④ （順位ランクA、127.88点、系別204位、論文総合185位）

第1　規制①

1　規制①は犬猫販売業を営もうとする者の職業選択の自由（憲法（以下、法令名は省略する）22条1項）を侵害して違憲ではないか。

(1)　まず、犬猫販売業を営むことも、職業選択の自由の一環として、同項により保障される。

(2)　次に、規制①により免許を受けられなければ、犬猫販売業を営もうとする者がこれを断念せざるを得ないことになるから、上記自由への制約がある。また、既に犬猫販売業を営んでいる者には職業遂行の自由への制約に過ぎないとも思えるが、彼らも免許を受けられなければ犬猫販売業を辞めなければならないから、職業遂行の自由への制約とは言えない。

　　対して、ペットとして動物を飼う人のうち、犬猫以外のペットを飼う人の割合が50％近くになっていることから、上記免許がなくてもペットショップ経営は可能であり、職業選択の制約とは言えないとの反論があり得る。もっとも、未だ犬を飼う人の割合は31％、猫を飼う人の割合は29％にのぼり、最も人気なペットであるところ、犬猫専門のショップや、犬猫以外を販売する上で、その誘因となる看板商品として犬猫を取り扱いたいと考える者も容易に考えられるところ、やはり狭義の職業選択への制約があると考えるべきである[①]。

(3)　もっとも、職業の自由は「公共の福祉」（22条1項）による制約に服するところ、これにより正当化されないか。

　ア　職業は、社会的相互関連性が強く、制約の必要性が内在する活動だが、その内容・性質・態様が多岐にわたり、それに加えられる制約も目的・内容・態様が多岐にわたる。そして、それらを比較衡量して慎重に判断しなければならないところ、それは第一次的には立法府の責務である。

　　　裁判所としては、①立法府の判断が公共の福祉に合致する目的であれば、②その判断をできる限り尊重すべきであるが、その判断には性質上自ずと広狭があり得る（薬事法違憲判決に同旨）[②]。

　　　規制①は、上記の通り職業選択の自由への制約があるところ、このような重大な制約を正当化するには、重要な目的を要する（①）。他方、規制①の目的は、犬猫の保護により動物愛護の気風を将来し、生命尊重、友愛、平和の情操を涵養して人と動物の共生する社会を実現することにある。これは警察目的ではなく積極目的であるところ、裁判所の審査能力の観点から、立法府の裁量を尊重すべきである（②）[③]。本件法案は動物愛護法の特別法であり、動物愛護法は人の生命・身体や生活環境の保全をも保護法益としているが、特別法が一部の法益のみを担うことはありうることであり、積極目的の規制と考えてよい。

[①]薬事法事件判決に基づけば、規制①による権利制限の程度が、その職業の遂行を不可能にし、実質的に狭義の職業選択の自由を制限するほどの重大な制限となっていないか見極める必要がある。その際、犬猫以外のペットは規制①の対象外であり、それらのシェアが50パーセント近くまで拡大している点を、この解釈の手掛かりの一つにしている答案が一定数見られ、この点は評価できる（採点実感）。

[②]薬事法事件判決（最大判昭50.4.30、百選Ⅰ92事件）に触れることができている。

[③]積極目的・消極目的いずれでもないことが問題文中で示唆されているにもかかわらず、無理に積極目的若しくは消極目的の規制であると解した上で、論述を展開する答案が相当数見られた（採点実感）。

47

そこで、①重要な目的があり、②裁量権の逸脱・濫用がないかどうかで判断する④。

イ　本件では、販売業者による犬猫の遺棄・大量廃棄や、無責任な飼い主による遺棄、地方公共団体による犬猫の殺処分への批判が社会問題となっていた。このような状況を改善し、人と動物の共生する社会を作り出すことは、目的として重要といえる（①）。

他方、規制①は、犬猫販売業について、犬猫飼養施設要件、需給均衡、犬猫シェルターの収容能力を踏まえた免許制を導入するものである⑤。

犬猫飼養施設要件について。このような施設の整備は、犬猫の適切な飼育能力の有無と直結するものであると考えられ、より緩やかとはいえ動物愛護法もこのような要件を課している。また、専門家の意見を踏まえているほか、国際的に認められた基準の範囲内の要件であることからも、裁量権の逸脱・濫用があるとは言えない。

需給均衡要件について。これには、売れ残ること自体ではなく、売れ残った犬猫を適切に扱わないことを規制すべきであり他事考慮である、という反論があり得る。もっとも日本では、生後2〜3ヶ月の子犬や子猫の人気が高く、生後6ヶ月を過ぎるとほぼ売れ残ってしまうとされているところ、このような状況を根本から解消しなければ、結局業者の負担が増えて問題は解決しないため、売れ残りが出ること自体を減らすべきであるという考慮に基づいている⑥。このような考慮は一応合理的に説明でき、他事考慮ではなく、裁量権の逸脱・濫用があるとは言えない。

犬猫シェルター要件について。これに対し、飼い主による持ち込みの増加は、直接には犬猫販売業者のせいではないので他事考慮である、という反論があり得る。しかし、売れ残りを減らそうとする業者の無理な販売も、間接的には飼い主によるシェルターへの持ち込みを増加させる要因であるといえる。また実際に、多数の都道府県から、犬猫シェルターで収容する頭数を地方公共団体や民間団体で原罪引き取っている頭数を超えないような施策を検討して欲しいという要望が寄せられている。このような状況に照らすと、他事考慮とは言えず、裁量権の逸脱・濫用があるとは言えない。

したがって、裁量権の逸脱・濫用はない（②）。

2　よって、規制①は合憲である。

第2　規制②

1　規制②は、犬猫販売業者の表現の自由（21条1項）を侵害し、違憲ではないか。

(1)　まず、犬猫の販売に関して、広告に犬猫のイラスト、写真、動画を用いることも、表現の自由の一環として保障される。上記行為は職業遂行の自由としても保障されうるが、一般に表現の自由は自己実現・自己統

---

④裁量権の逸脱・濫用がないかという基準を用いている。

⑤免許制それ自体を個別に検討するのではなく、免許を付与する際の許可要件を検討するという姿勢を示している。

⑥受給要件の必要性について、論理的に説明できている。

治の価値を持つとして厳格に保護される傾向にあり、立法府としては表現の自由との関係で検討しておくべきである。

(2) 規制②により、犬猫販売業者は広告に犬猫のイラストや写真、動画を用いることができなくなり、上記自由が制約される。

(3) もっとも、公共の福祉（12条後段、13条後段）により正当化されないか。

ア 一般に表現の自由は、様々な言論に触れて自己の人格を成長させるという自己実現の価値、民主的政治過程に関与するという自己統治の価値があり、そのために重要な権利とされる。しかし、広告はこれらの価値が希薄であり、権利の重要性は高くない。また、規制②は広告の内容に着目するものではなく、一律に写真やイラスト、動画の使用を禁じる内容中立規制であり、物理的に行為を不可能にするわけではない事後規制である。

他方で、広告は国民に必要な情報を提供すると言う点で知る自由に資するものであり、その点から保障の必要性が高まる（閲読の自由について、よど号ハイジャック記事抹消事件に同旨）⑦。

⑦よど号ハイジャック記事抹消事件（最大判昭58.6.22、百選Ⅰ14事件）に言及している。

そこで、①規制目的が重要で、②手段が実質的関連性を有することが必要と解する。

イ そもそも、国民の経済活動は自由であるところ、飼い主の安易な購入を防ぐという目的は重要ではないとの疑いがある。もっとも、上記の社会問題が生じている状況は、安易な購入を抑制することが解決に繋がるので、目的はひとまず重要としてよい（①）。

他方で、以下の通り実質的関連性がない。

まず、犬猫のイラストや写真、広告は、犬猫の大きさや飼育状況などの具体的なイメージを伝える手段であるところ、これを禁止するとかえって適切に情報が伝わらない。実際の販売段階で購入希望者に対面での適切な飼養に関する情報提供を行い、現物を確認させるとしても、個々人が現地に出向いて確認できるペットの数には限りがあり、現地に行った者は、それを徒労に終わらせないように、よく考えずに購入に走る可能性がある⑧。そうすると、上記手段は安易な飼い主を抑制することに適合性がない。

⑧本件法案骨子の第3に言及した上で、その効果に限界があることについても触れている。

仮に適合性があるとしても、広告やイラスト、動画の使用を一律に禁止するのではなく、大きさが分かるように全身を写す、飼育環境も写すなど、いたずらに購買意欲を刺激する事の無いように、写真やイラスト、動画の規格を定めることで足りるはずであり、必要性がない。

そして、得られる利益に対して、上記のように国民の知る自由という失われる利益が大きいので、相当性もない。

ウ したがって、要件を満たさない。

2 よって、規制②は違憲である。

以上
（3,146字）

◆総評◆

　出題趣旨で挙げられている項目について、概ね触れつつ、コンパクトにまとめられた、読みやすい答案である。判例への理解も示しており、基礎知識の高さをうかがわせる。審査基準について、行政法のような裁量権の逸脱・濫用の枠組みで検討しているものの、個々の要件を丁寧に検討することができている。

公法系第1問＜憲法＞

答案⑤（順位ランクＡ、121.22点、系別344位、論文総合510位）

第1　規制①

1　規制①は、犬猫の販売業を営もうとする者は、犬猫販売業免許を受けなければならないとする。これは、犬猫販売業者の犬猫販売業を営む自由（憲法（以下略）22条1項）を制約するものであり、違憲とならないか。

2(1)　22条1項は職業選択の自由を保障するところ、職業は、人が社会生活上、生計の資本を獲得する手段であるのみならず、分業社会においては自己の個性を発揮し、その人格形成・発展に寄与するものである。かかる意義に照らせば、職業遂行の自由も22条1項により保障される。

(2)　規制①は、犬猫販売業を行うためには犬猫販売免許を受けなければならないとする。かかる規制は、ペットショップ事業という職業のうち、犬猫販売を行おうとする者に対するものであるので、職業遂行の自由に対する制約となる①。

(3)　では、上記自由に対する制約は許容されるか。

ア　職業は自己の生計維持のための継続的活動であるとともに、社会的機能の分担たる性質を有し、個人の人格的価値と密接不可分の関係にある重要な権利である。

犬猫販売業者は、業者自身の生計維持のほか、犬猫の関連総市場規模が拡大傾向にあり、ペットの種類が多様化する中でも犬猫の飼養頭数割合は相対的に高いままで推移していることから、ペット、特に犬猫を欲する者のニーズに応えることができるという点で社会的機能を分担し、事業者の人格的価値を高めることができるため、重要である②。

イ　犬猫販売業に対する免許制は、ペットショップ事業において、犬猫販売業という選択を困難ならしめるものである。

また、ペットショップ事業においては、犬猫以外の多種多様なペットを取り扱うこともできるが、ペットを飼養している者のうち、犬、猫を飼養している者が多いという統計資料が示すように、ペットの選択肢としては犬猫が人気である。そのため、ペットショップ事業のうち、特に犬猫を販売するという選択をすることも考えられるが、免許制という方法を採用すれば、要件不充足により犬猫販売業をすることが出来ないことになるから、ペットショップ事業自体を諦めるということにもなりかねない。そのため、免許制は職業遂行の自由のみならず、狭義の職業選択の自由に対する制約ともなりうるものである。

よって、規制態様は強い。

ウ　免許制の目的は、人と動物の共生する社会の実現を図ることにある（資料・第1）。

かかる目的は、犬猫由来の感染症等による健康被害の防止を目的と

①規制①で制約対象となる権利について、職業遂行の自由であると認定している。

②ペットの飼育頭数の割合について、分析できている。

③かつては規制目的に着目して審査基準を使い分ける規制目的二分論が有力であったが、本件法案の規制目的は消極目的でも積極目的でもないことから、規制目的のみに着目して審査基準を設定することはできない（出題趣旨）。

51

するものではないため、国民の健康、生命を守るという消極目的規制ではない。また、犬猫の販売業の経営安定を目的とするものでもないため、国民経済の発展等の積極目的規制でもない[3]。

エ　そして、職業選択の自由は経済的自由であり、社会相互関連性が強いので、公権力による規制の要請が強い。

オ　そこで、目的が重要で、手段が目的との間で実質的関連性を有するかにより、合憲性を判断する。

3(1)　目的

目的は、人と動物の共生する社会の実現を図ることにある（資料・第1）。

これは、販売業者が売れ残った犬猫を遺棄したり、安易に買取業者に引渡し、結果として、犬猫が殺され大量廃棄されたりしたことや、買主が安易に購入後、犬猫を遺棄することも社会問題となったという立法事実に基づくものである。そうすると、かかる目的は、動物愛護についての人格を養うことにつながり、ひいては他者の生命尊重（13条）にもつながるものであるため、重要である。

(2)　手段

規制①は手段として、免許制を用いており、免許の付与にあたっての要件として、施設要件、需要均衡要件、収容能力要件を定めている。以下、個別に検討する。

ア　免許制[4]

犬猫販売を免許制とすることによって、犬猫の供給を調整することができるから、供給過剰による売れ残りや、売れ残りを減らそうとする無理な販売を防止することができるため、目的適合性はある。

そして、犬猫の供給を調整するためには、販売業者を把握、管理する必要があるため、免許制という手段には必要性がある。

また、免許制が新規参入者のみならず、既存業者も対象としているため、負担が過剰であり、相当性を欠くとの主張が考えられる。しかし、新規参入者のみならず、既存業者をも免許制によって把握、管理の対象としなければ、犬猫の供給過剰という状態を真に解決することはできないため、やむを得ない負担であり、過剰とはいえない。よって、相当性も認められる。

イ　施設要件

犬猫の販売頭数に応じた犬猫飼養施設を設けることは、過剰な販売頭数を抱えることを防止し、適正な犬猫の販売数維持につながるから、目的と適合する。

そして、犬猫の供給過剰については、販売側のキャパシティーについても制限をかける必要性もある。

もっとも、この要件は既に現行の基準よりも厳しいため、事業者にとって過剰な負担を課すとの反論が考えられる。しかし、現行の基準

④免許制という手段に着目して、個別に検討している。

公法系第1問＜憲法＞

では達成できていない犬猫の供給過剰を防止するための手段であること、国際的に認められている基準の範囲内であることから、相当性を欠くものではない。

ウ　需給均衡要件

犬猫の需給均衡が崩れてしまうと、犬猫の売れ残り、売れ残りを減らそうとする無理な販売に繋がることになるため、犬猫の需給均衡を保つことは目的に適合する。

もっとも、規制すべきなのは売れ残ること自体ではなく、売れ残った犬猫を適切に扱わないことであるとして、規制の必要性を欠くとの反論が考えられる。

しかし、日本では生後2、3か月の子犬や子猫の人気が高く、体の大きさがほぼ成体と同じになる生後6か月を過ぎると値引きしても売れなくなるといわれている。値引きしても売れなくなるのであれば、それは無理な販売に繋がるのであるから、そもそも売れ残る子犬、子猫を出さないような適正な販売数を維持することが必要なのである。そのため、必要性が認められる。

また、需給均衡は販売事業者側にのみ負担を課すことになるため、相当性を欠くとの反論も考えられるが、需要に応じた供給をすることは、犬猫の売れ残りを防止し、無理な販売をも防止することになるため、過度に犬猫を抱える状況に陥ることもなくなるため、販売事業者側の利益ともなり得るから、相当性を欠くものではない。

エ　収容能力要件

犬猫シェルターは、飼い主が飼養できなくなった犬猫を保護するものであり、譲渡先の見つからなかった犬猫については終生飼養するというものである。これは、飼養できなくなった飼い主の代わりに飼養を引き受けるものであり、人と動物の共生を代替的に達成しようとするものであるから、目的に適合する。

もっとも、犬猫シェルターへ飼い主の持込みの増加が仮に起こるとしても、それは犬猫販売業者のせいではないとして、必要性を欠くとの反論が考えられる。

しかし、飼い主の持込みの増加には、犬猫販売業者の無理な販売も要因となり得るものであるため、販売業者側に規制をかける必要性はある。

また、販売業者側に規制をかけるとしても、無理な販売をさせないような状況の創出が必要なのであって、シェルター収容能力を要件とする必要性はないとの反論も考えられる。

しかし、犬猫がシェルターに引き取られるような状況に陥るのは無理な販売のみに起因するものではなく、飼い主の飼養状況の変化など様々な原因が考えられる。そのため、どのような施策をとったとしても、シェルターに引き取られる可能性のある犬猫の存在は無視できな

⑤シェルターの収容能力要件の必要性を論じる際の論理の流れが分かりにくい。

い。そして、飽和状態にあるシェルターでは、人と動物の共生が十分に図られているとはいえないため、シェルターの収容能力要件は必要性がある⑤。

そして、犬猫のシェルターへの収容については、販売業者と飼い主双方に原因が考えられるにもかかわらず、販売業者のみに不当に制約を課すものであるとの反論が考えられるが、供給側を調整することにより犬猫の全体数を抑えられるのであるから、不当な制約には当たらず、相当性を欠くものではない。

4　以上より、合憲である。

第2　規制②

1　規制②は、犬猫販売業者の犬猫のイラストや写真、動画を用いて広告をする自由（21条1項）に対する制約となり、違憲とならないか。

2(1)　「表現」とは、自己の思想や意見を外部に表明する行為をいうところ、犬猫販売業者の広告は、自己の取り扱う商品たる犬猫を掲載することによって、販売する意思があることを表明するものであるから「表現」にあたる。

そして、規制②により、犬猫のイラスト、写真、動画を用いて広告を行うことを禁止しているため、これらを用いた自己の望む表現ができないという点で制約がなされている。

(2)　そして、販売業者の広告は、商品についての情報を消費者に提示、周知させることができるという点で、自己実現の価値を有する。もっとも、販売業者の広告は、消費者の購買欲を誘う営利的表現であるから、政治関与の機会に乏しく、自己統治の価値は希薄である。

(3)　また、イラスト等の禁止は、表現方法に対する制約であり、規制態様は強いとはいえない。

(4)　そこで、目的が重要で、手段が目的との間で実質的関連性を有するかにより、合憲性を判断する⑥。

3(1)　目的

目的は規制①と共通であり、先述の通り、重要である。

(2)　手段

犬猫のイラスト等を用いて広告を行うことを禁止すれば、消費者の安易な購入を防ぐことに繋がり得るから、目的適合性はある、

そして、文字とは異なり、イラスト等は、視覚に訴える情報であるという性質上、購買意欲を著しく刺激し、十分な準備と覚悟がないままの購入に繋がるため、規制する必要がある⑦。

もっとも、イラスト、写真、動画全てを規制するのは相当性を欠くと考える。

イラストは、現実の犬猫とは異なる、虚構の入ったイラストを作成することが可能であるから、消費者の購買意欲を誤った形で刺激することになりかねない。他方、写真や動画は、現実の犬猫をそのまま写したも

⑥前述した権利の重要性と規制態様から導かれる審査基準としては、合理的関連性の基準の方が適切であるように思われる。

⑦簡単に適合性を認定してしまっており、論述が浅いように思われる。

⑧真実の表現であっても問題になり得ることに言及できればなお良かった。

のであるから、現物を確認するのと同等の効果が得られ、虚構は入らないため、消費者の購買意欲を正しく誘引することが可能である[8]。

そのため、写真、動画については相当性を欠く。

4　以上より、写真、動画を規制する点については、違憲である。

以上
(4,078字)

◆総評◆

　出題趣旨で挙げられている項目について、ある程度触れることができている。もっとも、残念ながら、随所に論理の流れが分かりにくい部分が見られる。また、規制①においては免許制という規制手段を個別に検討し、丁寧に検討しているものの、その分規制②の検討が薄くなってしまっている。

答案⑥（順位ランクB、114.73点、系別579位、論文総合487位）

1 規制①について

(1) 犬猫の販売業を営もうとする際には、犬猫販売業免許を受けなければいけないという規制①は、犬猫販売業者及びそれになろうとする者に対する職業選択の自由を侵害するものとして、憲法22条1項に反し違憲となるのではないか。

(2)ア 22条1項に言う「職業」とは、個人の生計維持を目的とする継続的活動を指す。本問における犬猫の販売業は、通常犬猫の販売を通じて自身の生計維持を目的とするものであるから、「職業」に該当することは明らかである。

イ この点、犬猫の販売業は免許を取得さえすれば販売業を営むことはできるものであり、一切の禁止がされているわけではない以上、職業選択の自由が制約されているとは必ずしも言えないとも思える。しかし、規制①は後述のように犬猫シェルターの収容能力や犬猫の需給均衡の観点といった自助努力によってどうにかできる範囲以外の要素によって免許の交付がされているという点において、強力な制約が有り、それは事実上職業選択の自由が制約されているものと同視できる①。従って、規制①は職業選択の自由を制約するものである。では、かかる制約は正当化されるか。

(3)ア まず、職業の自由は自己の個性を全うすべき場として、個人の人格的価値と不可分な結びつきを有するものとして、精神的自由たる側面も有する重要な権利であると言える。一方で、本質において職業は社会的経済的活動であるから、社会相互関連性が大きい。加えて、その種類性質等は様々であり、規制については目的や必要性といったものの利益衡量を要するものであり、これらを行うのは第一次的には立法府の裁量に委ねられているものと言える。このような点からすると、緩やかな基準によって判断すべきであるとも思える。

イ もっとも、規制①は犬猫の販売業免許の付与の条件について定めて（犬猫の販売業の適正化等に関する法律の骨子 第2 以下法とする）おり、その中には犬猫飼育施設の状況（1項）や犬猫の需給均衡（2項）、人猫シェルター収容能力（3項）といった自助努力脱却可能性のないものが要件として定められており、それが無ければ犬猫の販売業それ自体が出来なくなってしまう事から、かかる制約は強力なものであると評価できる。特に、犬猫というのは我が国のペットの大半を占めているものであり、これ以外の種のペットのみを販売するというのは、ペットショップの運営が立ち行かなくなる可能性があるものとしてやはり重大な制約と言える②。

ウ ここで、かかる規制①の目的について分析すると、我が国における

①規制①において、客観的制限が課されていることを指摘できている。

②規制対象となる犬又は猫がペットとして飼養されている比率が高いことを指摘し、規制態様が強いことを認定する方向の事情に用いている。

公法系第１問＜憲法＞

犬猫の関連総市場規模は拡大傾向にある一方で、販売業者が売れ残った犬猫を遺棄したり、安易に買い取り業者に引き渡す結果、犬猫が殺されたり、山野に大量に廃棄されたりすることが社会問題になっていた。この対策として犬猫シェルターの制度化が提案されたものの、買主の犬猫の安易な購入による犬猫シェルターに持ち込まれる犬猫の頭数が就労能力を大幅に超えることが懸念されていた。そのような点を考慮して規制①により犬猫の販売業を免許制にしたものである。従って、規制①の目的は犬猫シェルターのキャパシティオーバー及びそれに伴う犬猫の殺処分の禁止にあると考えられる。この点、かかる目的は積極とも消極とも捉えることが出来ない性質を有するものと言える③。以上の事を考慮すると、中間的な基準をもって判断すべきである。具体的には、①目的は重要なものであり、②目的と手段との関係において実質的関連性を有すると言える場合に認められると解する。

③規制目的二分論に触れるのであれば、ここで薬事法事件判決に言及できればなお良かったと思われる。

(4)　前述の通り、規制①の目的は犬猫シェルターのキャパシティオーバー及びそれに伴う犬猫の殺処分の禁止にあると考えられる。この点、犬猫シェルターのキャパシティがオーバーしてしまうと、その中に住む犬猫の待遇が悪化し、劣悪な環境で保護されたり、不正な方法などによって犬猫を逃がしてしまうとった行為を誘発する恐れがあり、それによって犬猫の生命が危険にさらされたり、場合によっては町の衛生環境が悪化される恐れがある。特に、犬猫の生命は不可逆的なものであり、動物愛護の観点や国民の間に動物を愛護する気風を招来し、生命尊重、友愛及び平和の情操の涵養といった観点から見ると重要な利益であると言える（動物の愛護及び管理に関する法律１条参照）④。

④目的の重要性について、丁寧に論じている。

(5)ア　まず、本規制では犬猫飼養施設に関する要件が定められており、具体的には犬猫の体長にあったケージや運動スペースの設置、照明や温度管理などの基準が定められる必要がある。かかる規定は、不相当な犬猫飼養施設の設置による犬猫の健康や生命を害する事を防止することが期待できるという点について目的達成との関係で役に立つものと言える。また、かかる基準は現行の基準よりも厳しくなってはいるものの、国際的に認められている基準の範囲内であるとして制約は著しいものでは無く、利益の均衡も保っていると言える。以上を踏まえると、かかる規制は目的達成との関係で実質的関連性を有するものと評価できる。

イ　次に、本規制には受給要件について定められている。具体的には、都道府県ごとの人口に対する犬猫の飼育頭数の割合や取引量等を考慮して定められるとされている。この点、かかる規制は犬猫の需給バランスが崩れることによって所謂「損切り」のような在庫処分のような形で犬猫が販売され、それによって犬猫の飼育につき責任感が不十分な者に犬猫が譲渡されることによって結果的に飼養できなくなっ

⑤受給要件の手段適合性について、独自の考察を加えることができている。

57

た犬猫を手放すといったことを誘発し、犬猫シェルターのキャパシ
ティオーバーや殺処分につながることを防止するという点において
目的達成との関係において役に立つものと言える⑤。確かに、規制すべ
きなのは売れ残った犬猫を適切に扱わない事であって、それを売れ残
ること自体ではないとして、目的達成との関係の不合理性を指摘する
事も考えられる。しかし、日本では生後2～3ヵ月の子犬や子犬の人
気が高く、体の大きさがほぼ成体と同じになる6ヵ月を過ぎると値引
きしても売れなくなるといわれている。その為、売れ残りそれ自体を
防止し、需給バランスを調整する事も目的達成との関係で役に立つも
のと言える。そのような関連性の強さから、利益の均衡を害している
とも評価できない。以上を踏まえると、かかる規制は目的達成との関
係で実質的関連性を有するものと評価できる。

ウ　最後に、本規制では犬猫シェルターの収容能力も犬猫販売業免許の
交付に際して考慮するとされている。確かに、犬猫シェルターのキャ
パシティのオーバーやそれに伴う殺処分の誘発は無責任な飼い主が
自身の犬猫を持ち込むことによってこそ起きるものであり、直接には
犬猫販売業者の責任ではない以上、目的達成との関係で役に立たない
規定であるとも解し得る。しかし、売れ残りを減らそうとして犬猫販
売業者による犬猫の無理な販売も、また無責任な飼い主に犬猫を譲渡
し、その為に犬猫シェルターに犬猫を持ち込むという事態を引き起こ
すきっかけになるものと言える。この点、薬事法判決は供給過熱によ
る不良医薬品の流通の恐れがほとんどありえないとしているものの、
本事例では売れなくなった犬猫は医薬品と異なり、容易に処分したり
できず、飼育コストもかかる事から、むやみな販売が行われる可能性
というのは十分観念できる⑥。従って、犬猫シェルターの収容能力を犬
猫販売業免許の交付に際して考慮することは、目的達成との関係で役
に立つものと言える。加えて、犬猫シェルターの適切な運営は、犬猫
の殺処分防止と密接関連する重要な事項であり、現に地方公共団体等
から現在引き取っている頭数を超えないようにするための方策を検
討してほしいとの要望が数多く上がっている事からも、かかる必要性
は相応に高いものであるといえる。以上を踏まえると、かかる規制は
目的達成との関係で実質的関連性を有するものと評価できる。

（6）　以上より、本規制は憲法に反しない。

2　規制②について

（1）　規制②は、犬猫販売業者が犬猫のイラストや写真を用いて広告をする
ことを禁止するものとして、犬猫販売業者の営業の自由※（22条1項）
を侵害するものとして違憲とならないか。

（2）　本問では、犬猫販売業が職業に当たることは明らかであるところ、犬
猫の販売にインターネット広告をはじめとしたプロモーションに犬猫
のイラストや写真を用いてはいけないという点につき営業方法の一態

⑥薬事法事件判決（最
大判昭50.4.30、百選
Ⅰ92事件）に言及した
上で、本問の事例との
差異を述べている。

※答案作成者のコメン
ト：営業の自由として
の制約もあり得そうで
すが、主戦場は表現の
自由のように思いま
す…大きなミスです。

⑦職業の自由の問題と
してのみ憲法適合性を
検討し、営利的表現の
自由が問題となり得る
ことについて全く触れ
られていない答案も散
見された（採点実感）。

公法系第１問＜憲法＞

様を制約するものとして営業の自由に対する制約が有るものと言える。なお、かかる制約を職業選択の自由として捉えるのは困難であると思われる[7]。

(3) では、正当化されるか。職業の性質というのは前述のとおりである。確かに、犬猫の写真等は犬猫の可愛さ等をアピールし、購買意欲を刺激させるという点においてもっとも効果的な宣伝方法の一つであることは否定できない。しかし、品種や性別等の基本的な情報は掲載できるのであるから、かかる制約は限定的なものである。また、本規制の目的は購入意欲を著しく刺激し、十分な準備と覚悟がないままの購入を防止させるという点にあるところ、かかる目的は積極消極何れにも該当しないものである。従って、緩やかな基準で判断すべきである。具体的には、目的が正当であり、目的と手段との関係において合理的関連性を有すれば足りると解する。

(4) 本問において、目的は前述のとおりであるところ、十分な準備がない状態での購入により、前述のような犬猫の殺処分や犬猫シェルターのキャパシティを圧迫させることにつながることから、それを防止することは正当な目的であると言える。

(5) そして、イラスト等は購入意欲を刺激させる最も簡易な方法の一つであるから、それを規制することは、目的達成との関係で役に立つものと言える。また、イラスト等を利用できなくとも、犬猫販売業者は、品種、月齢、性別、毛色、出生地等の情報は文字情報として用いることが可能であり、これらを駆使すれば必ずしも購買意欲が直ちに減少するものでは無いとも考えられる[8]。従って、利益の均衡を逸しているとも言えない。以上からすると、目的と手段の関係において合理的関連性を有する者と言える。

(6) 以上より、本規定は憲法に反しない。

以上
（4,120字）

[8]品種等の文字情報は用いることができることから、購買意欲は必ずしも直ちに減少するものではないとの結論を導いている。

◆総評◆

十分な文章量と表現力、思考能力をもって、本件法案の憲法適合性を論じることができている。もっとも、設問②において、制約されている権利を営利的表現の自由ではなく営業の自由として書くなど、本問で求められていた検討が不足してしまった部分があると考えられる。

答案⑦ （順位ランクC、102.91点、系別1,093位、論文総合697位）

第1　規制①について

1　①は、犬猫販売業者の犬猫を販売する自由を侵害し、違憲とならないか。

(1)　まず、22条1項が職業の選択の自由を保証している。また、自己の選択した職業を遂行できないと意味がないし、自己の生計を維持するものに不可欠なものであるし、自己の持つ個性を全うすべき場として重要なものである。そのため、営業の自由も同条によって保障される（薬事法判決）①。

①薬事法事件判決（最大判昭50.4.30、百選Ｉ92事件）に言及している。

(2)　次に、上記自由は免許制の導入により、自由に犬猫を販売することができなくなる点で、制約が観念できる。

(3)　もっとも、上記自由は公共の福祉（22条1項）や、社会的相互関連性の強い性質を持つから、これらの点からの制約を受けうる。また、公衆浴場事件や薬事法事件などの判例の流れから、規制態様を二分するという考え方もある。しかし、①の目的は経営安定でも健康被害防止のどちらでもなく、目的が併存することも多々あるから、単純な二分論は採用することができない②。そのため、規制の目的が専ら積極目的といえる場合に限り、立法府の裁量を尊重すべきであると考える。

②規制①の目的が積極目的、消極目的のいずれでもないことを指摘できている。

また、規制態様についてであるが、上記自由は免許を得ることは、自己の努力により誰でも可能なのであるから（司法書士法事件）、営業の自由の制約に過ぎないとも思える③。しかし、かかる免許を得るためにはシェルターなどの施設を充実させる必要があり、免許の発行数が限定されると新規参入を規制することとなり、職業選択の自由への制約となり、規制態様は強度である。

③主観的制限がなされている点に触れていると思われる。

そこで、①目的が重要で、②手段が目的との関係で実質的関連性を有する場合に合憲となると解する。

(4)　①の目的は、犬猫の供給の過剰を防止することにある。また、業者が犬猫を買い取った後、廃棄されたりするなど、動物愛護に触れる事態を防止することにあり、かかる原因が過剰供給にあるとされている。そのため、目的は重要である。

次に、手段についてであるが、犬猫を販売するためには施設を充実させる必要があり④、これが満たされない場合、免許が与えられない。生き物を販売することは、倫理観等からの問題もあり、施設等を充実させることによって犬猫を保護することが可能であるから、適合性がある。また、上記のような目的を達成するためには、免許制を導入することで、犬猫の過剰供給を防止することが可能であるから、必要性も認められる。

④飼養施設要件だけでなく、需給均衡及び犬猫シェルター収容能力の要件についても、言及したいところであった。

他方、確かに、①は動物愛護法の要件を加重したものであり、施設を容易する費用も高額であるから、手段の相当性を欠くとも思える。しかし、照明や温度設定はいずれも生き物を飼育する上では必要不可欠なも

公法系第1問＜憲法＞

のであり、国際的に認められた基準であるのだから、相当性を欠くとはいえない。

(5)　したがって、手段は目的との関係で実質的関連性を有するといえる。

2　よって、①は合憲である。

第2　②について

1　②は、犬猫の販売に際し、犬猫のイラストや写真などを用いて広告をする自由を侵害し違憲ではないか。

(1)　まず、21条1項が表現の自由を保障しているところ、上記自由は広告にあたるから、営利的表現にあたる。この点、<mark>営利的表現であっても消費者の知る自由に資するため、表現の自由の一類型として保障される</mark>⑤。

⑤営利的表現が、消費者の知る自由に資する点に言及できている。

(2)　次に、広告において自由な表現ができなくなっているから、上記自由に対する制約が観念できる。

(3)　もっとも、確かに、イラストや写真を使用できなくても広告自体はできるのであるから、内容中立規制に止まるとも思える。しかし、ペットの販売においてはペットのルックスは購入者が最も重視するものであり、販売者においてはいかにして購入者にペットの魅力を伝えることができるかという点は重要な意義を有する。そのため、本文の場合は上記のような内容規制にあたるものであるといえる。もっとも、<mark>営利的表現は、かかる表現を通じて自己の人格を発展させるという自己実現の価値を有するが、民主政の課程に資するものではないから、権利の重要性は政治的表現に比べて劣る</mark>⑥。

⑥営利的表現についての抽象論ではなく、規制②によって制約されている具体的な権利及び規制態様に触れられるとよかった。

そこで、目的が重要であり、手段が目的との関係で実質関連性を有する場合には合憲であると解する。

(4)　本問では、②の目的は広告による販売意欲を防止し、消費者の安易な購入を防止する点にある。これらを制限すれば、犬猫の遺棄防止にもつながるため、かかる目的は重要である。

次に、結局は消費者は直接犬猫をみるのであるから、購買意欲を高めることになり、手段の適合性を欠くとも思える。しかし、前述の通り、ペットを購入するには写真等を掲載することによって、まずは売り場に足を運んでもらい、そこから購入につながるケースがほとんどであるのだから、これを規制することによって、購入意欲を一定程度は軽減させることができるのであるから、必要性が肯定される。

もっとも、上記のような目的を達成するためには、購入する前などに定期的に動物の命の重要さについての講習会を開くことで、購入者に相応の覚悟を植え付けることが可能である。そのため、上記のような、販売業者にとって重要な方法を規制しなくとも、他の手段により目的を達成することが可能である

したがって、手段が目的との間で実質的関連性をかく。

2　よって、②は違憲である。

以上

(2,090字)

61

◆総評◆

　自分なりに考えようという姿勢は見られるものの、全体的に文章量が少ない。基準の定立、具体的検討の双方において、論述が簡潔すぎたがために、点数が伸びなかったものと考えられる。特に規制①の手段の検討においては、犬猫飼養施設要件のみならず、需給均衡及び犬猫シェルター収容能力も要件とされていることに言及できていなかった。

公法系第1問＜憲法＞

答案⑧（順位ランクD、93.67点、系別1,577位、論文総合1,458位）

第1　規制①

　規制①は、職業選択の自由（憲法（以下略）22条1項）を侵害し、違憲とならないか。

1　権利の保障

　22条1項は、「職業選択の自由」を保障しているところ、職業は、各人が自己のもつ個性を全うすべき場として、個人の人格的価値とも不可分の関連性を有するものである。かような職業の性格に照らすと、職業は、その選択において自由であるべきである。そのため、職業選択の自由は、22条1項によって保障される。

2　制約

　規制①は、犬猫の販売業を営もうとする者は犬猫販売業免許を受けなければならないことを定めていることから、上記自由に対する制約が認められる。

3　審査基準定立

　上記自由は、個人の人格的価値とも密接不可分の関係にあり、重要な権利である。

　もっとも、職業は、社会相互関連性が大きいものである。また、職業の種類、内容等は多種多様であるし、規制をする目的も積極的なものから消極的なものまで多種多様である①。そうすると、規制の目的、必要性、内容と、これによって制限される職業の自由の性質、内容及び制限の程度を検討し、これらを比較考量して制約の正当性を判断するほかない。そして、その判断をするのは第一次的には立法府の責務である。しかし、裁量の範囲については、事の性質上、おのずから広狭がありうるところである。

　本問では、免許制がとられており、上記自由に対する厳しい制約が課されており、規制態様は強いといえる②。

　そこで、厳格な合理性の基準で判断すべきである。具体的には、目的が重要であり、目的と手段との間に実質的関連性があるかどうかを判断すべきである。

4　具体的検討

(1)　本件法案の目的は、人と動物の共生する社会の実現を図る点にある。販売業者が売れ残った犬猫を遺棄したり、安易に買取業者に引き渡し、結果として、犬猫が殺され、山野に大量破棄されたりしたことが大きな社会問題となっている。また、飼主が犬猫を遺棄することも大きな社会問題となっており、各地方公共団体が犬猫を殺処分としていることについても命を軽視しているとの批判が大きくなっている③。これらの事情から、上記目的は重要であるといえる。

(2)　次に手段について検討する。

①規制目的二分論に言及しているのかどうか、判然としない。

②免許制であることを理由にして、規制態様が強いことを簡単に認定してしまっている。

③犬猫の大量遺棄が社会問題となっているという立法事実に言及している。

63

ア　犬猫飼養施設に関する要件について

　犬猫の販売業を営もうとする者は、犬猫販売業免許の申請の前提として、販売場ごとに犬猫の販売頭数に応じた犬猫飼養施設を設ける必要があり、各犬猫飼養施設につき、犬猫・体高に合わせたゲージに合わせたケージ（檻）や運動スペースについての基準及び照明・温度設定についての基準が満たされる必要があるが、この要件を充足することで犬猫の飼育・管理を適切に行うことができることから、適合性が認められる[④]。

　飼養施設に関する基準は動物愛護管理法上の販売業者の登録制においても存在するところ、現行の基準よりも厳しくなっているが、これは諸外国の制度や専門家の意見を踏まえて策定されたものであるから、過剰な規制とまではいえないから、必要性も認められる。

イ　犬猫の需給均衡に関する要件について

　確かに、規制すべきなのは、売れ残ること自体ではなく、売れ残った犬猫を適切に扱わないことであるから、適合性が認められないとも思える。しかし、日本では生後２、３か月の子犬や子猫の人気が高く、体の大きさがほぼ成体と同じになる生後６か月を過ぎると値引きをしても売れなくなるといわれており、犬猫の供給が過剰になることから、売れ残りが出ること自体を抑制すべきであり、適合性が認められる。

　また、犬猫の売れ残り自体を抑制し、犬猫の需給均衡を図ることは過剰な規制とはいえず、必要性が認められる。

ウ　犬猫シェルターの収容能力に関する要件について

　確かに、犬猫シェルターは、これまでの地方公共団体による犬猫の引取りと同様に、犬猫販売業者からの引取りを拒否できると規定する予定であり、犬猫販売業者は、売れ残った犬猫については終生飼養するか、自己に代わるそれを行う者を、責任を持って探すことになることから、飼い主による持込みの増加が仮に起こるとしても、それは、直接は犬猫販売業者のせいではないため、適合性が認められないとも思える。しかし、売れ残りを減らそうとする犬猫販売業者による無理な販売も、飼い主による犬猫シェルター持込み増加の要因となっており、犬猫シェルターを適正に運営するために犬猫シェルターで収容する頭数が、地方公共団体や民間団体で現在引き取っている頭数を超えないようにするための方策を検討してほしいとの要望が多くの都道府県から寄せられていることから、適合性が認められる。また、過剰な規制とはいえないため、必要性も認められる。

(3)　したがって、目的と手段との間に実質的関連性が認められる。

5　よって、規制①は、合憲である。

第2　規制②

　規制②は、表現の自由（憲法（以下略）21条１項）を侵害し、違憲となら

④飼養施設要件の適合性について、説得的に論じている。

公法系第1問＜憲法＞

ないか。

1　犬猫の販売に関して犬猫のイラストや写真、動画を用いて広告を行う自由は、表現の自由として保障される。

2　規制②は、犬猫販売業者が犬猫の販売に関して広告をするときは、犬猫のイラスト、写真及び動画を用いてはならないことを内容とするものであり、上記自由を制約するものである。

3　表現の自由は重要な権利であるが、営利的表現の自由については、あくまで真実の情報を流す必要性が大きく、重要性は下がる。

　　また、犬猫のイラストや写真、動画を用いて広告を行うという方法が規制されており、表現活動が規制されているにとどまり、内容中立規制である。そして、広告を行うこと自体やその内容について規制しているわけではないから、規制態様についてはさほど強くはない⑤。

　　そこで、厳格な合理性の基準で判断すべきである。具体的には、目的が重要であり、目的と手段との間に実質的関連性があるかどうかを判断すべきである。

4(1)　本件法案の目的は、人と動物の共生する社会の実現を図る点にあり、前述の通り重要である。

(2)　手段について検討する。

　　確かに、動画等の情報は、直ちに問題のある情報とはいえないので、これらを規制することは不要ではないかという意見もあるため、目的と手段との間に実質的関連性が認められないとも思える⑥。

　　しかし、広告に際して、犬猫販売業者は、品種、月齢、性別、毛色、出生地等の情報は文字情報として用いることが可能であり、品種等の文字情報に比べて、イラストや写真、動画は、視覚に訴える情報であり、購買意欲を著しく刺激し、十分な準備と覚悟がないままの購入につながるので、やはり規制が必要であり、適合性が認められる。また、犬猫販売業者は、実際に販売する段階では、購入希望者に対面で適正な飼養に関する情報提供を行い、かつ現物を確認させることが、動物愛護管理法と同様に、義務付けられているであるから、犬猫のイラストや写真、動画を用いて広告を行うことを規制することは過剰な規制とはいえない⑦。

(3)　したがって、目的と手段との間に実質的関連性が認められる。

5　よって、規制②は、合憲である。

以上

(2,833字)

◆総評◆

　本件法案の条文や、問題文中の甲とＸとのやり取りについて、丁寧に読み込もうという姿勢が見られた。具体的な検討に入る前の審査基準定立の段階で深く論じることができず、やや検討が足りなかったことから、点数が伸びなかったものと考えられる。

⑤規制②が内容規制か内容中立規制かという点について厚く論じている答案が相当数あったが、営利広告に関する規制にはそもそも内容規制が含まれており、内容規制・内容中立規制の二分論で審査密度が決まるものではないという理解に欠けているものと思われ、残念であった（採点実感）。

⑥実際の犬猫の写真や動画といった真実の表現を規制することについての問題点も指摘できると良かった。

⑦本件法案骨子の第3の存在に言及できている。

公法系　第2問

行　政　法

監　修　辰已専任講師・弁護士　西口　竜司

行政法	公法系の点数	系別順位	科目別評価	論文総合順位
答案①	149.89	16	A	100
答案②	143.91	33	A	319
答案③	133.05	111	A	400
答案④	127.88	204	A	185
答案⑤	121.22	344	A	510
答案⑥	109.46	770	B	622
答案⑦	100.43	1,201	C	545
答案⑧	92.63	1,620	D	1,557

概　説

　令和6年の公法系科目第2問（行政法）は、都市再開発法に基づく組合施行の第一種市街地再開発事業を巡る紛争に関して、第三者である隣接市S市の立場に立って、本件事業計画変更認可の処分性及びその違法性、本件事業計画変更認可と権利変換処分との間の違法性の承継等について検討させる出題がなされた。

　配点の割合は、〔設問1〕(1)、〔設問1〕(2)、〔設問2〕の順に〔35：35：30〕となっており、令和5年同様、訴訟要件の検討等の配点が増えている。

　〔設問1〕(1)は、受験生にとって馴染みのある土地区画整理事業計画決定の処分性を肯定した判例（最判昭60.12.17、百選Ⅱ147事件）とは異なり市街地再開発組合の事業計画の変更の認可の処分性を肯定する立論を求める問題であるが、かかる判例を手掛かりとすれば十分に書ける問題であると思われる。

　〔設問1〕(2)は、例年通り取消訴訟における違法事由の検討が求められていた。定型的に裁量の逸脱濫用を論じるのではなく、条文を丁寧に読んで解答することが求められる出題であったと思われる。

　〔設問2〕は違法性の承継の論点に関する出題であるが、問題文で提示された要件を踏まえて個別法の解釈を行う少し変わった出題であったと思われる。

　全体的な印象としては例年通りの難易度で解答しやすかったと思われるが、行政法を苦手とする受験生も多いことから印象は分かれるかもしれない。【S市都市計画課の会議録】を適宜参照しながら、論点や判例との比較を意識し、問題文に示された事実及び個別法の条文を丁寧に拾い上げることが求められていた。

公法系第２問＜行政法＞

問 題 文

〔第２問〕（配点：１００〔〔設問１〕(1)、〔設問１〕(2)、〔設問２〕の配点割合
は、３５：３５：３０〕）

　Ｑ県Ｒ市では、都市再開発法（以下「法」という。）に基づく第一種市街地
再開発事業の施行が目指されている。以下では、まず法に基づく【市街地再開
発事業の制度の概要】を説明した上で、【本件の事案の内容】を述べる[①]。

【市街地再開発事業の制度の概要】

　市街地再開発事業とは、都市計画法上の都市計画区域内で、細分化され
た敷地を共同化して、いわゆる再開発ビル（法上の「施設建築物」）を建
築し、同時に道路や公園等の公共施設の用地を生み出す事業であり、原則
として、都市計画において市街地開発事業の種類（本件の場合は後述する
第一種市街地再開発事業）、名称及び施行区域等が定められている場合に
実施される（都市計画法第１２条第１項第４号・第２項）。

　都市計画に定められた第一種市街地再開発事業の施行区域内の宅地に
ついて所有権又は借地権を有する者は、５人以上共同して、定款及び事業
計画を定め、都道府県知事の認可を受けることにより、市街地再開発組合
（以下「組合」という。）を設立することができる（法第１１条第１項）。
組合は、施行区域内の土地について、同事業を施行することができる（法
第２条の２第２項）。都市計画に定められた施行区域内の土地のうち、事
業計画において同事業が施行される土地として定められた地区を「施行地
区」といい（法第２条第３号）、施行地区内の宅地について所有権又は借
地権を有する者の全員が、強制的に組合の組合員とされる（法第２０条第
１項）。

　事業計画は、当該事業に関する都市計画に適合しないものであってはな
らない（法第１７条第３号）。事業計画においては、上述の施行地区のほ
か、設計の概要、事業施行期間及び資金計画を定めなければならない（法
第７条の１１第１項）。このうち設計の概要は、設計説明書及び設計図を
作成して定められる。設計説明書には、再開発ビル、その敷地及び公共施
設の概要等が記載される。設計図は５００分の１以上の縮尺で、再開発ビ
ルの各階について柱、外壁、廊下、階段及びエレベータの位置を示す平面
図、再開発ビルの床及び各階の天井の高さを示す断面図、再開発ビルの敷
地についてビルの位置や主要な給排水施設の位置等を示す平面図、並びに
公共施設の位置及び形状等を示す平面図等から成る。

　第一種市街地再開発事業においては、原則として、施行地区内の宅地の
所有者（以下では、借地権者には触れない。）に対し、それぞれの所有者
が有する宅地の価額の割合に応じて、再開発ビルの敷地の共有持分権が与
えられ、当該敷地には再開発ビルを建設するために地上権が設定されて、

①本問は、本問の具体的
な事案の詳細について述
べる前に、市街地再開発
事業の制度の説明がなさ
れている。

69

当該敷地の共有者には、地上権設定に対する補償として、再開発ビルの区分所有権（従前の所有権者に与えられた区分所有権に対応する再開発ビルの部分を一般に「権利床」という。）が与えられる。事業施行前における宅地の所有権が区分所有権等に変換されたという意味で、これを「権利変換」という。権利変換がなされた後、土地の明渡しを経て実際の工事が着手される。

施行地区内の宅地の所有者等のうち、権利変換を希望しない者は、都道府県知事による組合設立の認可（法第１１条第１項）の公告（法第１９条第１項）があった日から３０日以内に、権利変換に代えて自己の所有する宅地の資産の価額に相当する金銭の給付を希望する旨を申し出ることができる（法第７１条第１項）。事業計画が変更され、従前の施行地区に新たな施行地区が編入された場合、当該変更の認可（法第３８条第１項）の公告（同条第２項、第１９条第１項）があった日から３０日以内に、従前の施行地区内及び新たに編入された施行地区内のそれぞれの宅地の所有者は、従前の申出を撤回し、又は権利変換を希望しない旨の申出をすることができる（法第７１条第５項）。

【本件の事案の内容】

Ｑ県Ｒ市は、その区域の全域が都市計画法上の都市計画区域に指定されている。Ｒ市内にあるＡ駅東口地区のうち、Ｄの所有する宅地を含む約２万平方メートルの土地の区域（以下「Ｂ地区」という。）について、組合施行による第一種市街地再開発事業（以下「本件事業」という。）の実施が目指された。Ｒ市は、平成２７年中に、Ｂ地区を施行区域とする第一種市街地再開発事業に関する都市計画を決定した。Ｂ地区内の宅地の所有者らは、これによりＢ地区市街地再開発組合（以下「Ｂ地区組合」という。）の定款及び事業計画を定め、平成２８年３月１日、Ｑ県知事から組合設立認可（以下「平成２８年認可」という。）を受け、Ｂ地区組合が設立された②。同日、Ｑ県知事は、本件事業の施行地区等を公告した（法第１９条第１項）。

②この時点で、市街地再開発組合であるＢ地区組合の認可がなされている。

その後、本件事業が停滞している中、令和４年になって、Ｒ市は、Ｂ地区から見て河川を越えた対岸にある約２千平方メートルの空き地（以下「Ｃ地区」という。）を施行区域に編入するために、上記平成２７年に決定された都市計画を変更した（以下「本件都市計画変更」という。）。本件都市計画変更に際しては、Ｂ地区内の宅地の所有者としてＢ地区組合の組合員であり、かつ、Ｃ地区内の宅地を全て所有するＥが、Ｒ市長やＢ地区組合の理事らに対し、Ｃ地区を本件事業の施行地区に編入するよう働き掛けを行っていた。Ｃ地区は河川沿いの細長い形状の空き地であり、地区周辺の人通りも少なかった。また、Ｃ地区については、その周辺からＢ地区側へ橋が架かっていないためにＢ地区側からの人の流入も期待できず、Ａ駅方面へ行くにはかなりの遠回りをしなければならないという状況であった。そのため、ＥはＣ地区の土地の活用に長年苦慮していた③。

③Ｃ地区が、都市計画法１３条１項１３号及び都市再開発法３条４号に当てはまらないことを主張するために用いられる事情である。

70

本件都市計画変更を受けて、B地区組合は、平成28年認可に係る事業計画を変更すべく、Q県知事に対し、C地区を本件事業の施行地区に編入して公共施設である公園とする一方で、設計の概要のうち当該公園を新設すること以外は変更しないという内容で、事業計画の変更の認可を申請した（法第38条第1項）。Q県の担当部局は、この事業計画の変更が「軽微な変更」（同条第2項括弧書き）に当たると判断したため④、Q県知事はR市長に事業計画の縦覧及び意見書提出手続（法第16条）を実施させなかった。令和5年3月6日、Q県知事は、B地区組合の申請のとおりに事業計画の変更を認可し（以下「本件事業計画変更認可」という。）、同認可に係る施行地区等を公告した（法第38条第2項、第19条第1項）。

Dは、C地区がB地区と何ら一体性を持たず、また、空き地のまま放置されているにもかかわらず、突如として本件事業の施行地区に編入されたことに不審を覚えたが、この段階では、本件事業計画変更認可によっても自分に割り当てられる権利床の面積には影響がないと誤解していたこともあり、争訟の提起等は考えなかった。

同年9月上旬、権利変換計画の公告縦覧手続が行われ（法第83条第1項）、Eが多くの権利床を取得することが明らかになった。Dは、本件事業にとって無益と思われるC地区の編入により、権利床に変換されるべき宅地の総面積が増加した結果、自己が本来取得できたはずであった権利床が減少したことを知り、かかる事態を生じさせた本件事業計画変更認可に不満を持つに至った。

同年10月10日、Q県知事は、本件事業計画変更認可に係る施行地区について権利変換計画を認可した（法第72条第1項）。同日、B地区組合は同認可を受けた旨を公告し、Dを含めた組合員に関係事項を書面で通知することで（法第86条第1項）、権利変換に関する処分を行った（同条第2項。以下、この処分を「本件権利変換処分」という。）。これに対し、Dは、令和6年4月7日、B地区組合を被告として、本件権利変換処分の取消訴訟（以下「本件取消訴訟」という。）を提起した。

以上の事案について、R市に隣接するS市の職員は、S市でも法に基づく第一種市街地再開発事業の実施を検討中であることから、関係職員間で法的問題を検討することとした。

以下に示された【S市都市計画課の会議録】を踏まえて、都市計画課長からの相談と検討依頼を受けた法制課訟務係長（弁護士）の立場に立って、設問に答えなさい。

なお、関係法令の抜粋を【資料　関係法令】に掲げてあるので、適宜参照しなさい。

〔設問1〕
(1)　本件事業計画変更認可が取消訴訟の対象となる処分に当たることの論拠について、同認可が施行地区内の宅地の所有者等の権利義務又は法

④法第38条第2項によれば、事業計画変更認可申請の審査における縦覧・意見書提出手続を省略し得る場合としての「軽微な変更」は「政令」で定めることとされている。したがって、「軽微な変更」という文言がいかに不確定的であろうとも、いかなる変更が「軽微な変更」であるかは、「政令」の定めのみから判断されなければならない（採点実感）。

的地位に対して有する法的効果の内容を明らかにした上で検討しなさい。

(2) 本件事業計画変更認可が違法であることについて、Ｄはどのような主張をすることが考えられるか、検討しなさい。

〔設問２〕

Ｄは、本件取消訴訟において、本件事業計画変更認可の違法性を主張することができるか。実体法的観点及び手続法的観点の双方から、想定される被告Ｂ地区組合の反論を踏まえて、Ｄの立場から検討しなさい⑤。ただし、本件事業計画変更認可及び本件権利変換処分がいずれも取消訴訟の対象となる処分に当たることを前提としなさい。

【Ｓ市都市計画課の会議録】

課長：本市でも組合施行の第一種市街地再開発事業が計画されています。Ｒ市での訴訟と同種の訴訟が提起されるかもしれません。そこで、Ｒ市での訴訟について検討しておこうと思います。まず、平成２８年認可は取消訴訟の対象となるのでしょうか。

係長：最高裁判決（最高裁判所昭和６０年１２月１７日第三小法廷判決・民集３９巻８号１８２１頁）は、土地区画整理組合の設立認可について、それが事業施行権限を持つ強制加入団体の設立行為であることを根拠として、処分性を認めています。市街地再開発組合についても同様に考えることができるでしょう。

課長：なるほど。では、本件事業計画変更認可の処分性はどうでしょうか。本件事業計画変更認可によってもＢ地区組合の組合員には変更がないため、上記最高裁判決にいう強制加入団体の設立であることを根拠として処分性を肯定できるか、疑問があり得ます。しかし、実現されるべき事業の内容を示す事業計画が変更されれば、施行地区内の宅地の所有者等には何らかの影響が生じるはずです。組合設立認可を行うに当たっては事業計画も審査されますから、同認可には、強制加入団体の設立以外の、事業計画に関わる法的効果もあるものと考えられないでしょうか。

係長：では、本件事業計画変更認可の処分性を肯定する論拠について、強制加入団体の設立であるという点からではなく、同認可が施行地区内の宅地の所有者等の権利義務や法的地位に対してどのような法的効果を有しているかという点から検討して御報告します⑥。

課長：次に、本件事業計画変更認可の違法性ですが、第一に、変更認可の申請があった後、法第１６条が定める縦覧及び意見書提出手続が履践されていないようです⑦。これで問題はないのでしょうか。

係長：検討して御報告します。

課長：第二に、第一種市街地再開発事業の施行区域は都市計画として定められるため、「一体的に開発し、又は整備する必要がある土地の区域について

⑤本問で求められている「被告Ｂ地区組合の反論」について全く触れない答案や、結論として、Ｄの立場（違法性の承継肯定）ではなく、違法性の承継を否定する立場で結論を導く答案も存在した。設問に対する解答が求められていることを今一度意識してもらいたい（採点実感）。

⑥まずは、本件における事業計画が施行地区内の宅地所有者等の権利ないし法的地位に対して有する法的効果を手掛かりに組合設立認可に処分性を認めることができる。事業計画の変更の認可は、以上のようにして成立する施行地区内の宅地所有者等の権利ないし法的地位を、何らかの形で直接的に変動させるという意味で、直接的な（個別具体的な）法的効果を持つといえる（出題趣旨）。

⑦手続上の違法が問題になり得る。

⑧実体上の違法事由となり得る点が述べられている。

72

定めること」という都市計画基準（都市計画法第１３条第１項第１３号）を満たさなければなりません。加えて、法第３条各号が掲げる施行区域の要件をも満たさなければなりません。これらは、施行地区を変更する都市計画にも同様に適用されます。まず、Ｃ地区の立地条件からみて、上記の都市計画基準を満たしているといえるのか、さらに、Ｃ地区は公園として整備される予定ですが、そのようにすることで法第３条第４号に定める施行区域の要件が満たされることになるのか、それぞれ疑問があります[8]。

係長：本件都市計画変更の違法性の問題ですね。最高裁判決（最高裁判所昭和５９年７月１６日第二小法廷判決・判例地方自治９号５３頁）は第一種市街地再開発事業に関する都市計画決定の処分性を否定していますから、その違法性は後続の処分の違法事由として主張することになります。本件事業計画変更認可に処分性が認められると仮定して、お示しいただいた事情を具体的に考慮し、同認可の違法事由となるかどうか検討してみます。

課長：もっとも、本件事業計画変更認可については、処分性が認められたとしても既に認可の公告があった日から６か月以上経過しています。そのため、本件取消訴訟において同認可の違法性を主張することが考えられますが、可能でしょうか。

係長：いわゆる違法性の承継の問題ですね。この問題に関する最高裁判決（最高裁判所平成２１年１２月１７日第一小法廷判決・民集６３巻１０号２６３１頁）は違法性の承継の可否を検討する際の手掛かりとして、先行行為と後行行為が同一目的を達成するために行われ、両者が相結合して初めてその効果を発揮するものであるかという実体法的観点と、先行行為の適否を争うための手続的保障が十分に与えられているかという手続法的観点の二つを挙げています[9]。

課長：本件において被告Ｂ地区組合にとっては違法性の承継が否定される方が有利ですが、我々としては念のためにＤの立場から、あり得る反論を踏まえつつ検討した上で、上記の二つの観点のいずれからも違法性の承継が肯定されるという主張を考えてみましょう。

係長：検討して御報告します。

【資料　関係法令】

○　都市計画法（昭和４３年法律第１００号）（抜粋）
　（市街地開発事業）
第１２条　都市計画区域については、都市計画に、次に掲げる事業を定めることができる。
　一～三　（略）
　四　都市再開発法による市街地再開発事業
　五～七　（略）
２　市街地開発事業〔注・第１２条第１項各号に掲げる事業をいう。〕につい

[9]会議録において、違法性の承継の可否を判断する際に最高裁が手がかりとした点が掲げられているのであるから、その議論を踏まえた個別法の解釈を丁寧にしなくてはならない（採点実感）。

ては、都市計画に、市街地開発事業の種類、名称及び施行区域を定めるものとするとともに、施行区域の面積その他の政令で定める事項を定めるよう努めるものとする。

3〜6　（略）

（都市計画基準）

第13条　都市計画区域について定められる都市計画（中略）は、（中略）当該都市の特質を考慮して、次に掲げるところに従つて、土地利用、都市施設の整備及び市街地開発事業に関する事項で当該都市の健全な発展と秩序ある整備を図るため必要なものを、一体的かつ総合的に定めなければならない。（以下略）

一〜十二　（略）

十三　市街地開発事業は、市街化区域又は区域区分が定められていない都市計画区域内において、一体的に開発し、又は整備する必要がある土地の区域について定めること⑩。

十四〜二十　（略）

2〜6　（略）

○　都市再開発法（昭和44年法律第38号）（抜粋）

（定義）

第2条　この法律において、次の各号に掲げる用語の意義は、それぞれ当該各号に定めるところによる。

一　（略）

二　施行者　市街地再開発事業を施行する者をいう。

三　施行地区　市街地再開発事業を施行する土地の区域をいう。

四　公共施設　道路、公園、広場その他政令で定める公共の用に供する施設をいう。

五　宅地　公共施設の用に供されている国、地方公共団体その他政令で定める者の所有する土地以外の土地をいう。

六　施設建築物　市街地再開発事業によつて建築される建築物をいう。

七〜十三　（略）

（市街地再開発事業の施行）

第2条の2　（略）

2　市街地再開発組合は、第一種市街地再開発事業の施行区域内の土地について第一種市街地再開発事業を施行することができる。

3〜6　（略）

（第一種市街地再開発事業の施行区域）

第3条　都市計画法第12条第2項の規定により第一種市街地再開発事業について都市計画に定めるべき施行区域は、（中略）次に掲げる条件に該当する土地の区域でなければならない。

一〜三　（略）

⑩C地区は、都計画変更前の施行区域であるB地区とは河川で隔てられており、C地区周辺からB地区側へは橋が架かっておらず、変更に係る都市計画においても両地区の地理的な接続は予定されていないため、B地区と一体的に開発又は整備する必要があるということはできない（出題趣旨）。

四　当該区域内の土地の高度利用を図ることが、当該都市の機能の更新に貢献すること[11]。

（事業計画）

第7条の11　事業計画においては、国土交通省令で定めるところにより、施行地区（中略）、設計の概要、事業施行期間及び資金計画を定めなければならない。

2～6　（略）

（認可）

第11条　第一種市街地再開発事業の施行区域内の宅地について所有権又は借地権を有する者は、5人以上共同して、定款及び事業計画を定め、国土交通省令で定めるところにより、都道府県知事の認可を受けて組合〔注・市街地再開発組合〕を設立することができる。

2～5　（略）

（宅地の所有者及び借地権者の同意）

第14条　第11条第1項（中略）の規定による認可を申請しようとする者は、組合の設立について、施行地区となるべき区域内の宅地について所有権を有するすべての者及びその区域内の宅地について借地権を有するすべての者のそれぞれの3分の2以上の同意を得なければならない。この場合においては、同意した者が所有するその区域内の宅地の地積と同意した者のその区域内の借地の地積との合計が、その区域内の宅地の総地積と借地の総地積との合計の3分の2以上でなければならない。

2　（略）

（事業計画の縦覧及び意見書の処理）

第16条　都道府県知事は、第11条第1項（中略）の規定による認可の申請があつたときは、施行地区となるべき区域（中略）を管轄する市町村長に、当該事業計画を2週間公衆の縦覧に供させなければならない。（以下略）

2　当該第一種市街地再開発事業に関係のある土地（中略）について権利を有する者（中略）は、前項の規定により縦覧に供された事業計画について意見があるときは、縦覧期間満了の日の翌日から起算して2週間を経過する日までに、都道府県知事に意見書を提出することができる。（以下略）

3～5　（略）

（認可の基準）

第17条　都道府県知事は、第11条第1項（中略）の規定による認可の申請があつた場合において、次の各号のいずれにも該当しないと認めるときは、その認可をしなければならない。

　一、二　（略）

　三　事業計画（中略）の内容が当該第一種市街地再開発事業に関する都市計画に適合せず、又は事業施行期間が適切でないこと。

　四　（略）

（認可の公告等）

---

[11]現況が空き地であるC地区を公園として整備しても活発な利用を見込むことはできず、本件事業が施行される地区及びその周辺の都市機能の更新に貢献するということはできない。したがって、本件都市計画変更は、施行区域要件も満たしていないことになる（出題趣旨）。

第１９条　都道府県知事は、第１１条第１項（中略）の規定による認可をした
　　ときは、遅滞なく、国土交通省令で定めるところにより、組合の名称、事業
　　施行期間、施行地区（中略）その他国土交通省令で定める事項を公告し、か
　　つ、国土交通大臣及び関係市町村長に施行地区及び設計の概要を表示する図
　　書を送付しなければならない。
２〜４　（略）
　（組合員）
第２０条　組合が施行する第一種市街地再開発事業に係る施行地区内の宅地
　　について所有権又は借地権を有する者は、すべてその組合の組合員とする。
２　（略）
　（定款又は事業計画若しくは事業基本方針の変更）
第３８条　組合は、定款又は事業計画（中略）を変更しようとするときは、国
　　土交通省令で定めるところにより、都道府県知事の認可を受けなければなら
　　ない。
２　（中略）第１４条（中略）の規定は組合が事業計画（中略）を変更して新
　　たに施行地区に編入しようとする土地がある場合に、（中略）第１６条の規
　　定は事業計画の変更（政令で定める軽微な変更を除く。）の認可の申請があ
　　つた場合に、（中略）第１７条及び第１９条の規定は前項の規定による認可
　　について準用する⑫。この場合において、（中略）第１６条第１項中「施行地
　　区となるべき区域（中略）」とあるのは「施行地区及び新たに施行地区とな
　　るべき区域」と、（中略）第１９条第１項中「認可」とあるのは「認可に係
　　る定款又は事業計画についての変更の認可」と（中略）読み替えるものとす
　　る。
　（建築行為等の制限）
第６６条　第６０条第２項各号に掲げる公告〔注・組合が施行する第一種市街
　　地再開発事業にあっては、第１９条第１項の公告又は新たな施行地区の編入
　　に係る事業計画の変更の認可の公告〕があつた後は、施行地区内において、
　　第一種市街地再開発事業の施行の障害となるおそれがある土地の形質の変
　　更若しくは建築物その他の工作物の新築、改築若しくは増築を行い、又は政
　　令で定める移動の容易でない物件の設置若しくは堆積を行おうとする者は、
　　都道府県知事（市の区域内において（中略）組合（中略）が施行（中略）す
　　る第一種市街地再開発事業にあつては、当該市の長。（中略））の許可を受け
　　なければならない。
２〜９　（略）
　（権利変換を希望しない旨の申出等）
第７１条　（中略）第１９条第１項の規定による公告（中略）があつたときは、
　　施行地区内の宅地（中略）について所有権（中略）を有する者（中略）は、
　　その公告があつた日から起算して３０日以内に、施行者に対し、（中略）権
　　利の変換を希望せず、自己の有する宅地、借地権若しくは建築物に代えて金
　　銭の給付を希望し、又は自己の有する建築物を施行地区外に移転すべき旨を

⑫違法性の承継を否定す
る論拠として、手続保障
があったことを指摘する
ことが考えられる。

申し出ることができる。

2、3　（略）

4　第1項の期間経過後6月以内に第83条の規定による権利変換計画の縦覧の開始（中略）がされないときは、当該6月の期間経過後30日以内に、第1項（中略）の規定による申出を撤回し、又は新たに第1項（中略）の規定による申出をすることができる。（以下略）

5　事業計画を変更して従前の施行地区外の土地を新たに施行地区に編入した場合においては、前項前段中「第1項の期間経過後6月以内に第83条の規定による権利変換計画の縦覧の開始（中略）がされないときは、当該6月の期間経過後」とあるのは、「新たな施行地区の編入に係る事業計画の変更の公告又はその変更の認可の公告があつたときは、その公告があつた日から起算して」とする。

6～8　（略）

（権利変換計画の決定及び認可）

第72条　施行者は、前条の規定による手続に必要な期間の経過後、遅滞なく、施行地区ごとに権利変換計画を定めなければならない。この場合においては、（中略）組合（中略）にあつては都道府県知事の認可を受けなければならない。

2～5　（略）

（権利変換計画の縦覧等）

第83条　個人施行者以外の施行者は、権利変換計画を定めようとするときは、権利変換計画を2週間公衆の縦覧に供しなければならない。この場合においては、あらかじめ、縦覧の開始の日、縦覧の場所及び縦覧の時間を公告するとともに、施行地区内の土地又は土地に定着する物件に関し権利を有する者及び参加組合員又は特定事業参加者にこれらの事項を通知しなければならない。

2～5　（略）

（権利変換の処分）

第86条　施行者は、権利変換計画若しくはその変更の認可を受けたとき（中略）は、遅滞なく、国土交通省令で定めるところにより、その旨を公告し、及び関係権利者に関係事項を書面で通知しなければならない。

2　権利変換に関する処分は、前項の通知をすることによつて行なう。

3　（略）

○　都市再開発法施行令（昭和44年政令第232号）（抜粋）

（縦覧手続等を要しない事業計画等の変更）

第4条　事業計画の変更のうち法第38条第2項（中略）の政令で定める軽微な変更（中略）は、次に掲げるものとする。

一　都市計画の変更に伴う設計の概要の変更

二　施設建築物の設計の概要の変更で、最近の認可に係る当該施設建築物の

延べ面積の１０分の１をこえる延べ面積の増減を伴わないもの

三　事業施行期間の変更

四　資金計画の変更

五　その他第２号に掲げるものに準ずる軽微な設計の概要の変更で、国土交通省令〔注・施設建築敷地内の主要な給排水施設や消防用水利施設等の位置の変更等が挙げられている〕で定めるもの

２、３　（略）

○　都市再開発法施行規則（昭和４４年建設省令第５４号）（抜粋）

（組合施行に関する公告事項）

第１１条　（略）

２　（略）

３　法第３８条第２項において準用する法第１９条第１項（中略）の国土交通省令で定める事項は、次に掲げるものとする。

一　（略）

二　（中略）施行地区（中略）に関して変更がされたときは、その変更の内容

三、四　（略）

五　事業計画の変更により従前の施行地区外の土地が新たに施行地区に編入されたとき（中略）は、権利変換を希望しない旨の申出をすることができる期限

六　（略）

公法系第２問＜行政法＞

事 実 整 理 表

＜主な登場人物＞

Q県R市	その区域の全域が都市計画法上の都市計画区域に指定されている市。
R市長	R市の市長。
Q県	R市が所属する県。
Q県知事	Q県の知事。B地区組合設立を認可した者。
B地区組合	A駅東口地区のうち、Dの所有する宅地を含む約2万平方メートルの土地の区域（「B地区」）の市街地再開発組合。
D	R市内にあるA駅東口地区を所有する者。
E	B地区組合の組合員。B地区から見て河川を越えた対岸にある約2千平方メートルの空き地（「C地区」）内の宅地を全て所有する者。
S市	R市に隣接する市。
課長	S市都市計画課の課長。
係長	S市都市計画課の係長。

＜時系列＞

本件事業	A駅東口地区のうち、Dの所有する宅地を含む約2万平方メートルの土地の区域（以下「B地区」）について、組合施行による第一種市街地再開発事業（以下「本件事業」）の実施が目指される。
平成27年中	R市は、B地区を施行区域とする第一種市街地再開発事業に関する都市計画を決定。
平成28年3月1日	Q県知事から組合設立認可（「平成28年認可」）を受け、B地区組合が設立。同日、Q県知事は、本件事業の施行地区等を公告（法第19条第1項）。
その後	本件事業が停滞。
令和4年頃	R市は、B地区から見て河川を越えた対岸にある約2千平方メートルの空き地（「C地区」）を施行区域に編入するために、上記平成27年に決定された都市計画を変更（「本件都市計画変更」）。本件都市計画変更に際し、Eが、R市長やB地区組合の理事らに対し、C地区を本件事業の施行地区に編入するよう働き掛けを行う。

公法系第2問＜行政法＞

本件事業の事業計画の変更の認可の申請	本件都市計画変更を受けて、B地区組合は、平成28年認可に係る事業計画を変更すべく、Q県知事に対し、C地区を本件事業の施行地区に編入して公共施設である公園とする一方で、設計の概要のうち当該公園を新設すること以外は変更しないという内容で、事業計画の変更の認可を申請（法第38条第1項）。Q県の担当部局は、この事業計画の変更が「軽微な変更」（同条第2項括弧書き）に当たると判断。Q県知事はR市長に事業計画の縦覧及び意見書提出手続（法第16条）を実施させず。
令和5年3月6日	Q県知事は、B地区組合の申請のとおりに事業計画の変更を認可し（「本件事業計画変更認可」）、同認可に係る施行地区等を公告（法第38条第2項、第19条第1項）。Dは、本件事業計画変更認可によっても自分に割り当てられる権利床の面積には影響がないと誤解。
令和5年9月上旬	権利変換計画の公告縦覧手続が行われ（法第83条第1項）、Eが多くの権利床を取得することが明らかになる。
令和5年10月10日	Q県知事は、本件事業計画変更認可に係る施行地区について権利変換計画を認可（法第72条第1項）。B地区組合は同認可を受けた旨を公告し、Dを含めた組合員に関係事項を書面で通知することで（法第86条第1項）、権利変換に関する処分を行う（同条第2項。「本件権利変換処分」）。
令和6年4月7日	Dは、B地区組合を被告として、本件権利変換処分の取消訴訟（「本件取消訴訟」）を提起。

81

答案構成例 ～出題趣旨と採点実感等をもとに

第1　設問1(1)

1　抗告訴訟の対象となる「処分」とは、①公権力の主体たる国又は公共団体が行う行為のうち（公権力性）、②その行為によって直接国民の権利義務を形成し又はその範囲を確定することが法律上認められているもの（直接具体的法効果性）を意味する①。

　↓

2　①公権力性

　本件事業計画変更認可は法38条1項を根拠として行われており、法38条2項が準用する許可要件を満たした場合に都道府県知事が一方的に認可をすることと定められている。したがって、①は認められる。

　↓

3　②直接具体的法効果性

(1)　まず、市街地再開発事業は、法11条1項によって設立された組合が施行することとなっている（法2条の2第2項）。そして、その組合の設立に際しては事業計画を定めなければならないことになっており、その内容として施行地区（法2条3号）、設計の概要、事業施行期間、資金計画を定めること、内容が都市計画（都市計画法13条1項柱書）に適合するものでなければならないことが定められている②。そのような手続を踏んで事業計画が定められれば、組合の設立が認可され（法11条1項、17条3号）、事業が施行されることとなる。

　↓

　そして、それと同時に、原則として施工地区内の宅地の所有者は各所有者の有する宅地の価額に応じて再開発ビルの敷地の共有持分権が与えられ、当該敷地には再開発ビルを建設するために地上権が設定され、当該敷地の共有者には、地上権設定の補償として、再開発ビルの区分所有権（権利床）が与えられることになっている（権利変換）。施行地区内の宅地について所有権又は借地権を有する者の全員が強制的に組合の組合員とされること（法20条1項）、権利変換を希望しない者は組合設立の認可の公告（法19条1項）があった日から30日以内に権利変換に代えて自己の所有する宅地の資産の価額に相当する金銭の給付を希望する旨を申し出る必要があること（法71条1項）を踏まえると、再開発事業の施工地区内の宅地所有者等は希望しない旨の申出をしない限り、強制的に権利変換を受けるべき地位に立たされるものといえる③。それゆえに、組合設立認可については、②が認められ、処分性が認められることになる。

(2)　さらに、組合設立認可と同様の要件、方法によって、事業計画変更認可が下されることになっている（法38条2項）。したがって、事業計画の変更によって施工地区が変化した場合、変更後の施行地区内の宅地所有者等は希望しない旨の申出をしない限り（法71条5項）、強制的に権利変換を受けるべき地位に立たされるものといえ、組合設立認可と同様に②が

---

① 「処分」（行訴法3条2項）該当性について、大田区ごみ焼却場事件（最判昭39.10.29、百選Ⅱ143事件）の一般的な判断基準を示す。

② 事業計画において定められる（記載される）事項を確認する。

③ 本件における事業計画が施行地区内の宅地所有者等の権利ないし法的地位に対して有する法的効果を手掛かりに組合設立認可に処分性を認めることができる（出題趣旨）。

④ 事業計画の変更の認可は、以上のようにして成立する施行地区内の宅地所有者等の権利ないし法的地位を、何らかの形で直接的に変動させるという意味で、直接的な（個別具体的な）法的効果を持つといえる（出題趣旨）。

公法系第2問＜行政法＞

認められる④。

　　↓

　　また、変更認可の公告（法38条2項、法19条1項）があったときは、施行地区内の宅地について所有権を有する者は、その公告があった日から起算して30日以内に施行者に対して権利変換を希望せず、金銭の給付を希望するか（法71条5項、1項）、権利変換を受けるか（法86条1項、2項）の選択を余儀なくされることになる点からも、②が認められる⑤。

　　↓

4　以上の理由から、本件事業計画変更認可には「処分」性が認められる。
第2　設問1(2)
1　手続法上の瑕疵
　(1)　本件事業計画変更認可にあたっては、法38条2項が準用する法16条に基づく縦覧及び意見書提出手続が履践されていない。Dとしては、このような手続法上の瑕疵が取消事由になると主張すると考えられる。これが認められるか。

　　　　↓

　(2)ア　まず、手続法上の瑕疵があるといえるか。Q県の担当部局は本件事業計画変更が「軽微な変更」（法38条2項かっこ書き）にあたることを理由に上記手続を行わなかったとしている。本件事業計画変更は「軽微な変更」にあたるか。

　　　　　↓

　　イ　法38条2項かっこ書によると、法施行令4条に軽微な変更の例が掲げられている。施行地区の変更は「軽微な変更」として挙げられていないため、本件における事業計画の変更は、「軽微な変更」には当たらない。したがって、法16条の定める手続を履践しなければ、本件事業計画変更認可には手続的瑕疵があることになる⑥。

　　　　　↓

　(3)　では、上記手続の瑕疵が取消事由になり得るか。

　　　　↓

　　　手続法上の瑕疵が取消事由になるか否かは、手続規定の趣旨、目的や瑕疵の程度、内容を勘案し、瑕疵が処分を違法として取り消さなければならない程度か否かによって判断する。

　　　　↓

　　　前記の通り、上記手続が設けられた趣旨は施行地区内の権利者に不当な影響を及ぼすような計画変更がなされた場合に、当該権利者に対し対抗手段を講ずる機会を与えることにある。事業計画の縦覧や意見書提出手続が行われなければDは計画変更の効力を争うことができなかった。したがって、当該瑕疵は重大であって取消事由として取り消さなければならない程度のものであるといえる⑦。

　　　　↓

　　　よって、上記手続の瑕疵は、取消事由になるといえる。
2　実体法上の瑕疵

⑤新たな施行地区の編入を伴う事業計画の変更にあっては、同変更の認可が公告されると、法第71条第5項により、同条第1項の定める権利変換を希望しない旨の申出期間につき、同公告があった日が改めて当該期間の起算日となる点でも直接的な（個別具体的な）法的効果を認めることができる（出題趣旨）。

⑥法第38条第2項によれば、事業計画変更認可申請の審査における縦覧・意見書提出手続を省略し得る場合としての「軽微な変更」は「政令」で定めることとされている。したがって、「軽微な変更」という文言がいかに不確定的であろうとも、いかなる変更が「軽微な変更」であるかは、「政令」の定めのみから判断されなければならない（採点実感）。

⑦手続法上の瑕疵が重大であり、取消事由に当たることを認定する。

83

(1)　次に、Dとしては本件事業計画変更が都市計画基準（都市計画法13条1項13号）、施行区域の要件（法3条各号）の要件を満たしておらず、裁量権の逸脱・濫用（行訴法30条）にあたるとして取消事由になり得る旨主張すると考えられる[8]。これが認められるか。

　　都市計画は都市の特質も踏まえたうえで判断するものであり、専門性が高く、どの土地を施行地区内に組み込むかに関し、行政庁は裁量を有する。

(2)　都市計画基準について
　　まず、都市計画基準（都市計画法13条1項13号）を満たしているといえるか[9]。本件都市計画変更は、C地区からB地区への橋が架かっていないためにB地区側からの人の流入が期待できず、A駅方面に行くにはかなりの遠回りをしなければならない状況にあったことを背景に、そのような状況を改善するために行われた。このことからすれば、C地区をB地区と一体的に開発、整備する必要性があるとも思われる。

　　しかし、C地区はB地区から見て河川を越えた対岸にあり、河川沿いの細長い形状の空き地のまま放置されていた。C地区の人通りも少なかった。これらの事情からすれば、物理的にB地区とC地区は一体性を有する土地とはいえず、B地区とC地区を一体的に開発することが「健全な発展」（都市計画法13条柱書）につながるとは考えがたい。したがって、「一体的に開発し、又は整備する必要がある」とはいえず都市計画基準を満たさない。

　　よって、都市計画基準を満たさないにもかかわらず認可を行ったQ県知事には裁量権の逸脱濫用があるといえ、この点を取消事由として主張することができる。

(3)　施行区域の要件について
　　仮に都市計画基準を満たしたとして、本件事業計画変更認可は、法3条4号に定める施行区域の要件を満たしているといえるか[10]。

　　B地区とC地区を一体的に開発すれば、B地区側からC地区への人の流入が期待でき、A駅に行くのに遠回りをしなくてもよくなるということからすれば、C地区内の土地の所有者Eとしては本件事業計画変更認可が「都市の機能の更新」に役立つということができる。

　　しかし、C地区は再開発事業内で公園として整備されるにすぎない。本件事業は細分化された敷地を共同化して再開発ビルを建築することを主眼とした事業であって、その副産物として道路や公園等の公共施設の用地を生み出すことを目的としている。このことからすれば、C地区を単なる公園として設定するにすぎない本件事業計画変更認可は、本件事業の目的にそぐわないといえる。したがって、C地区を編入させたとしても「都市

[8]都市計画決定権者は都市計画を決定するについて一定の裁量権を有しているといい得るが、その裁量権は法令の定めに従って行使されなければならず、第一種市街地再開発事業の都市計画については、都市計画法第13条第1項第13号所定の都市計画基準、及び法第3条各号所定の施行区域の要件を満たす必要がある（出題趣旨）。

[9]「一体的に開発し、又は整備する必要がある土地の区域について定めること」という都市計画基準（都市計画法13条1項13号）を満たしているかどうかを検討する。

[10]「当該区域内の土地の高度利用を図ることが、当該都市の機能の更新に貢献すること」という施行区域の要件（法3条4号）を満たしているかどうかを検討する。

公法系第２問＜行政法＞

の機能の更新に貢献する」ということはできず、法３条４号の要件は満たさない。

↓

　よって、上記要件を満たさないにもかかわらず認可を行ったＱ県知事には、裁量権の逸脱濫用があるといえ、この点を取消事由として主張することができる。

第３　設問２

１　本件権利変換処分を取消対象とする本件取消訴訟内にて、本件事業計画変更認可の瑕疵を主張することが可能か。

↓

２　先行処分、後行処分の両方に処分性が認められる場合、原則として、後行処分の取消訴訟の段階で先行処分の違法性を主張することはできない。

↓

　しかしながら、実効的権利救済の観点から例外的に先行行為の違法性を後行行為の取消訴訟内で主張できるようにすべき場合も存在する。そこで、先行行為と後行行為が同一目的を達成するために行われ、両者が相結合して初めてその効果を発揮するものであって（実体法的観点）、先行行為の適否を争うための手続保障が十分に与えられていない（手続法的観点）場合には、違法性の承継が認められ先行行為の違法性を後行行為の取消訴訟内で主張できることになる⑪。

⑪最判平 21.12.17（百選Ⅰ81 事件）を手掛かりにして、違法性の承継の検討を行う。

３　実体法的観点
(1)　被告としては、本件事業計画変更認可はあくまで本件事業内容を変更し新たにＣ地区に公園を新設するために行われるものであって、本件権利変換処分は施行地区内の宅地所有者等に権利床を与えるために行われるものであるから、その目的が同一とはいえない旨反論すると考えられる⑫。

⑫実体法的観点に関しては、空間利用の態様の決定である事業計画と、その実現手法である権利変換は趣旨目的を異にしていることが否定論の論拠となろう（出題趣旨）。

↓

(2)　しかし、そもそも本件事業は前述のとおり、細分化された敷地を共同化し再開発ビルを建築することを主眼とする事業であって、その事業遂行上不利益を被る宅地所有者等に対する補償（権利変換）を当然に予定しているということができる。法律上、事業計画変更認可が行われれば遅滞なく施行地区ごとに権利変換計画を定めなければならないこととされていることからも明らかである（法 72 条１項）⑬。

⑬事業計画のうち設計の概要は再開発ビルの各階の平面図を含むなど、事業計画段階で事業の基本的内容が定められ、権利変換処分はそれを個々の組合員に適用するものであるから、両者は一体として、権利変換という法効果の実現に向けられている、との論拠により、実体法的観点から違法性の承継を肯定することが考えられる（出題趣旨）。

↓

(3)　したがって、本件事業計画変更認可と本件権利変換処分は同一目的であるといえる。

４　手続法的観点
(1)　被告としては、本件事業計画変更認可に先立って事業計画の同意（法 38 条２項、14 条１項）、縦覧及び意見書提出手続（法 38 条２項、16 条）が行われることが予定されており、認可がなされれば公告（法 38 条２項、19 条１項、都市再開発法施行規則 11 条３項２号）がなされることも予定されている⑭ことから、原告に対して本件事業計画変更認可を取り消す機会は十分に提供されたとして違法性の承継を認めない旨反論すると考えられる。

⑭想定される被告Ｂ地区組合の反論として、施行地区内の宅地所有者等の権利保護の観点から予定されている手続を挙げる。

85

(2) しかし、事業計画変更認可の段階では、まだ施行地区内の宅地の所有者等にどのような権利床が与えられるかは分からない。しかも、施行地区内の宅地の所有者等のうち、権利変換を希望しない者は、権利変換に変えて資産の価額に相当する金銭の給付を受け取ることも可能である。そのため、事業計画変更認可の段階で新たに施行地区内の宅地の所有者等に組み込まれたとしても、自身の権利床に影響がない可能性もあることになり、事業計画変更認可の段階でその適否を争うことは、実質的にできないといえる⑮。

(3) したがって、先行行為の適否を争うための手続的保障が十分に与えられているとはいえない。

5 以上より、違法性の承継は認められ、本件権利変換処分を取消対象とする本件取消訴訟内にて、本件事業計画変更認可の瑕疵を主張することは可能であるといえる。

以上

⑮Dの立場からの再反論として、手続保障が十分とはいえない理由を挙げる。

公法系第２問＜行政法＞

解　説

第１　全体について

1　専任講師コメント

　本年の行政法は、設問１(1)では処分性の問題、設問２では違法性の承継といった過去問の頻出の論点が問われました。もっとも、処分性の問題は、条文の仕組みをうまく解釈できず、意外と苦戦した人も多かったようです。

　また、設問１(2)における違法性の問題については、裁量が認められる問題であるにもかかわらず、文言に即して判断する問題であったことから、出題趣旨に乗れていない人も多かったようです。

　設問２で問われた違法性の承継の論点に関しては、誘導文の中に平成21年12月17日判例の規範が示されており、しかも、①実体法的観点と②手続法的観点の２つから検討すべきとの指示まであることから、ほとんどの人が何を書くかにつき迷った人はいなかったと考えられます。しかしながら、過去に違法性の承継について出題された令和元年の問題の出題趣旨や採点実感においては、上記①実体法的観点と②手続法的観点とを検討する際の考慮要素が示されていたにもかかわらず、そこまで勉強が及んでいた人は少なかったと考えられます。

　総じて、本年度の行政法の問題を難しいと感じた受験生も多かったことから、誘導に喰らいつき、問題文の事情を拾おうと努力したかどうかが合否をわけたといえるでしょう。過去問学習の重要性を痛感させられます。

2　出題趣旨

　　本問は、都市再開発法（以下「法」という。）に基づく組合施行の第一種市街地再開発事業を巡る紛争に関して、第三者である隣接市の立場に立って、本件事業計画変更認可の処分性（行政事件訴訟法第３条第２項）及びその違法性、並びに本件事業計画変更認可と権利変換処分との間の違法性の承継の各検討を求めるものである。

3　採点実感

　　採点に当たり重視している点は、例年と同じく、①分析力（問題文及び会議録中の指示に従って基本的な事実関係や関係法令の趣旨・構造を正確に分析・検討し、問いに対して的確に答えることができているか）、②基本的な理解及び応用力（基本的な判例や概念等の正確な理解に基づいて、相応に言及することができる応用力を有しているか）、③論理的な思考・表現力（事案を解決するに当たっての論理的な思考過程を、端的に分かりやすく整理・構成し、本件の具体的事情を踏まえた多面的で説得力のある法律論を展開することができているか）である。知識量には重点を置いていない。

87

第2　設問1⑴について

1　専任講師コメント

　設問1⑴は、処分性を聞く問題であり、冒頭は、ごみ焼却場判決（昭和39年10月29日）の規範を使った「処分」性の解釈を示してください。

　「処分」とは、公権力の主体たる国又は公共団体が行う行為のうち、その行為によって直接国民の権利義務を形成し又はその範囲を確定することが法律上認められているもののことをいう、とし、具体的には、①公権力性、及び、②具体的法効果性から判断する、と続けると良いでしょう。

　①の公権力性の当てはめを行った後、平成20年9月10日判決を意識した形で、②の具体的法効果性の当てはめを行いましょう。

　条文の構造を使って、本件事業計画変更認可が権利変換の一部を構成するような仕組みとなっており一連一体のものであることを示して下さい。その上で、本件事業計画変更認可がなされれば、直ちに、権利変換をすることにより所有権を失うという法的地位を取得することになり、法的地位に変動が生じることを示しましょう。さらに、自分なりに考えた実効的な権利救済の観点を加味した上で、②直接法効果性が認められると締めくくれば、高得点が期待できるでしょう。

　なお、再現答案を読む限り、判例を想起できなかった答案が散見されましたが、このような答案は総じて厳しい評価になったようです。処分性や原告適格については、過去問を縦に検討（縦解きといいます）すべきですし、深い理解を得るように努めましょう。

2　出題趣旨

　　〔設問1〕⑴は、市街地再開発組合の事業計画の変更の認可の処分性について、これを肯定する立論を求める問題である。定款と事業計画を対象とする市街地再開発組合の設立の認可（以下「組合設立認可」という。）については、事業施行権限を付与された強制加入団体を成立せしめる行為であることを理由に土地区画整理組合の設立の認可の処分性を肯定した最判昭和60年12月17日民集39巻8号1821頁と同様の考え方から処分性を肯定することができるものと考えられる。それに対して、本問では強制加入団体が既に設立されており、新たに加入させられる者もいない。そこで、組合設立認可が強制加入以外の点で国民の権利義務、法的地位にいかなる法的効果を及ぼすのか、次いで事業計画の変更の認可が国民の権利義務、法的地位にいかなる法的効果を及ぼすのかが問題となる。

　　最判平成4年11月26日民集46巻8号2658頁及び最判平成20年9月10日民集62巻8号2029頁は、いずれも地方公共団体が施行する第二種市街地再開発事業又は土地区画整理事業における事業計画決定の処分性を認めたものであり、本問で提示した事案とは異なる。しかし、両判例の事案における事業計画も、本問における事業計画も、一定の区域内の土地に対する権利を、換地であれ、権利変換であれ、強制的に異質なものに変化させるための事業の内容を示すものであり、このことが一連の事業プロセスの出発点となっている点では共通している。したがって、上記両判例を手掛かりにした論述が求められる。すなわち、①本件における事業計画は施行地区を定め、再開発ビルの設計を示すものであり、当該事業の施行によって施行地区内の宅地所有者等の権利にいかなる影響が及ぶかについて一定の限度で具体的に予測することが可能となること、②第一種市街地再開発事業に係る組合設立認可が公告されると権利変換手続が開始

公法系第２問＜行政法＞

され、権利変換を希望しない旨の申出をした者を除き、特段の事情のない限り、施行地区内の宅地所有者等に対して、権利変換処分が当然に行われることになること、さらに③施行地区内の宅地所有者等は、認可の公告の日から起算して３０日以内に、金銭の給付を受けて施行地区外へ転出するか、又は新たに建築される施設建築物等に関する権利を取得するかの選択を余儀なくされること、④したがって、施行地区内の宅地所有者等は、組合設立認可により、市街地再開発事業の手続に従って権利変換処分を受けるべき地位に立たされることとなり、その意味でその法的地位に直接的な影響が生じていることについて、論述が求められる。以上を根拠として、まずは、本件における事業計画が施行地区内の宅地所有者等の権利ないし法的地位に対して有する法的効果を手掛かりに組合設立認可に処分性を認めることができる。事業計画の変更の認可は、以上のようにして成立する施行地区内の宅地所有者等の権利ないし法的地位を、何らかの形で直接的に変動させるという意味で、直接的な（個別具体的な）法的効果を持つといえる。また、新たな施行地区の編入を伴う事業計画の変更にあっては、同変更の認可が公告されると、法第７１条第５項により、同条第１項の定める権利変換を希望しない旨の申出期間につき、同公告があった日が改めて当該期間の起算日となる点でも直接的な（個別具体的な）法的効果を認めることができる。本件事業にあっては再開発ビルの設計の概要の変更が伴わない形で施行地区が拡大されるため、個々の組合員に割り当て得る権利床の面積が変化することも、直接的な（個別具体的な）法的効果といえよう。以上の諸点から、本件事業計画変更認可にも処分性を認めることができる。

　なお、上記平成２０年最判は建築行為の制限にも言及しているが、判決の多数意見によれば、それは「具体的な事業の施行の障害となるおそれのある事態が生ずることを防ぐ」ための手段であるから、それ自体が処分性を肯定する論拠とされているわけではないとの指摘もある。したがって、建築制限の存在は、それが継続的に課され続けることにより市街地再開発事業の手続の進行がより確実なものとなるという意味で、本件事業計画変更認可が本件事業の施行地区内の宅地所有者等の法的地位に直接的な影響を及ぼすことを示す事情として言及することが望まれる。

3　採点実感

- 　行政事件訴訟法（以下「行訴法」という。）第３条第２項に規定する「処分」の該当性について、判例の一般的な判断基準あるいは法効果性等の各要素を指摘した上で、都市再開発法に基づく第二種市街地再開発事業の事業計画決定に関する最判平成４年１１月２６日民集４６巻８号２６５８頁、土地区画整理事業の事業計画決定に関する最判平成２０年９月１０日民集６２巻８号２０２９頁（以下「平成２０年判決」という。）を踏まえ、本件における事業計画が施行地区内の宅地所有者等の権利ないし法的地位に対して有する法的効果を手掛かりに組合設立認可に処分性を認めることができることを指摘し、本件事業計画変更認可が、そのような施行地区内の宅地所有者等の権利ないし法的地位を、何らかの形で直接的に変動させるという意味で、直接的な（個別具体的な）法的効果を持つといえることを示す答案は、一応の水準に達しているものと判断した。

- 　これに加えて、新たな施行地区の編入を伴う事業計画の変更があると、都市再開発法（以下、単に「法」という。）第７１条第５項により、同条第１項の定める権利変換を希望しない旨の申出期間につき、上記変更認可の公告があった日が改めて当該期間の起算日となることや、本件事業にあっては再開発ビルの設計の概要の変更が伴わない形で施行地区が拡大さ

89

れるため、個々の組合員に割り当て得る権利床の面積が変化することに触れながら、本件事業計画変更認可の処分性を肯定しているものは、良好な答案と判断した。

・　さらに、法第３８条第２項が、事業計画変更認可についても、原則として事業計画認可と同等の参加手続と公告を定めていることを指摘するものや、法第６６条が定める建築行為等の制限について、事業の実現の確実性と関連付けて言及しているものなどは、優秀な答案と判断した。

（全体について）

○　全体的に出来があまりよくなかった。論述すべき点が多数あるにもかかわらず、その一部しか論述できていない答案が多かった印象である。

○　問題・ものごとを順序立てて考えて答案にまとめる必要がある。本問の場合、議論の順序としては、①事業計画において定められる(記載される)事項を確認し、次に、②事業計画の策定とその認可により施行地区内の所有権者等の権利義務又は法的地位に対していかなる法的効果が生じたかを確認し、その上で、③当該事業計画の変更とその変更認可によって、当初の事業計画及びその認可により施行地区内の所有権者等に生じていた法的効果に対してどのような変化が生じたかを述べ、この法的効果の変化が処分性を基礎付けることを述べなくてはならないはずである。しかし、残念ながら、このような形で問題を明確に順序立てて、議論している答案はほとんどなかった。

（処分性の基準等について）

○　多くの答案は、処分性について、行訴法第３条第２項を引用の上、最判昭和３９年１０月２９日民集１８巻８号１８０９頁（以下「昭和３９年判決」という。）が示した基準を挙げることができていたが、ごく稀に、昭和３９年判決が示した基準及び処分性に係る要素のいずれも示さない答案もあった。

（平成２０年判決について）

○　平成２０年判決の多数意見からすると、本件においても、法第６６条が定める建築行為等の制限は、本件事業計画変更認可の処分性を肯定する直接の根拠とはならないものと解されるが、同制限のみを根拠として処分性を肯定する答案が散見された。

○　本件事業計画変更認可の処分性が肯定される根拠を、建築制限がなされることや、建築制限の対象が組合員に限定されていることのみに求めたり、あるいは、後続の権利変換処分の取消訴訟では実効的な権利救済が得られないことのみに求めたりするといった、平成２０年判決の理解が不十分であると思われる答案が多数見られた。

○　本件事業計画変更認可の処分性を肯定するに当たり、変換計画認可の対象が組合員に限られることのみから法的効果の直接性（個別具体性）を肯定するなど、平成２０年判決の理解が不十分であると思われる答案が多数見られた。

（本件事業計画変更認可の処分性を肯定する根拠について）

○　処分性を肯定する根拠として、法第６６条による建築行為等の制限を挙げる答案が多かったが、これを建築行為等の制限が「事業実施の確実性を高める」趣旨で正しく指摘している答案は少なかった。

○　本件事業計画変更認可の処分性を肯定するに当たっては、施行地区内の宅地所有者等が、認可の公告の日から起算して３０日以内に、金銭の給付を受けて施行地区外へ転出するか、又は新たに建築される施設建築物等に関する権利を取得するかの選択を余儀なくされることが重要となる。しかしながら、同認可により組合員は選択できる権利を得るといったような論調の答案が多かった。法第７１条第５項が前提とする同条第１項が「…　…　希望し、又は……申し

出ることができる」と定めているためかもしれないが、このような制度把握からは、処分性を的確に肯定することは難しいであろう。

○　本件事業計画変更認可の処分性を肯定するに当たり、権利変換処分が組合員の財産権に及ぼす影響を論じる答案が見られたが、これでは、本件事業計画変更認可の処分性を論じたことにはならない。

○　処分性を肯定するに当たり、「紛争の成熟性」や「実効的な権利救済」といった用語をお題目のように記載する答案も多かったが、その意味するところを本件に即して説得的に論じている答案はほとんどなかった。

○　処分性を肯定する論拠として、権利変換計画認可の取消訴訟を提起しても事情判決が出される可能性が高いことを指摘する答案が目立った。しかし、問題文中の【市街地再開発事業の制度の概要】で紹介があるように、実際の工事が着手されるのは、権利変換計画認可がなされた後、土地の明渡しを経てからである。この点で、平成２０年判決で問題となった土地区画整理事業計画とは異なる。したがって、権利変換計画認可の取消訴訟において事情判決が出される可能性の指摘は、同認可の処分性を肯定する論拠とならない。問題文を丁寧に読むことが求められる。

（処分性の検討の仕方について）

○　本件事業計画変更認可の処分性について、本件事案における固有の事情を検討して論じる答案が散見された。しかし、処分か否かは、基本的に、根拠法令の解釈によって決まるものであって、事案における個別事情の内容で左右されるものではない（ある法律に基づくある措置が、事案ごとに処分とされたりされなかったりということは基本的にない。）。このことは、平成２０年判決をはじめとした、処分性が争われた多くの最高裁判決から明らかなはずである。

4　解説

(1)　問題の所在

本問では、都市再開発法（「法」）に基づく市街地再開発組合の事業計画の変更の認可について、取消訴訟（行訴法３条２項）の対象である「処分」に当たるか否かが問われている。「処分」とは、「公権力の主体たる国又は公共団体が行う行為のうち、その行為によって、直接国民の権利義務を形成またはその範囲を確定することが法律上認められているもの」（最判昭 39.10.29, 百選Ⅱ143 事件）をいう。行政と国民の関係が多様化した現在においては、①公権力性、②法効果性、に加えて③実効的な権利救済の観点をも考慮して処分性の有無を判断すべきとされている。なお、③については、個別の事案に即して論じることを要する。

本問において問題となるのは法効果性である。土地区画整理組合の設立の認可の処分性を肯定した最判昭 60.12.17 とは異なり、本問では強制加入団体が既に設立されており、新たに加入させられる者もいない。そこで、組合設立認可が強制加入以外の点で有する法効果性から、事業計画の変更の認可が有する法効果性を検討することになる。

(2)　法効果性

本問では、①事業計画において定められる(記載される)事項、②事業計画の策定とその認可、③当該事業計画の変更とその変更認可、と分けて段階を踏んで、事業計画の変更の認可が有する法効果性を検討していくことになる。

最判平 4.11.26 及び最判平 20.9.10（百選Ⅱ147 事件）は、いずれも地方公共団体が施行する第二種市街地再開発事業又は土地区画整理事業における事業計画決定の処分性を認めた判例であり、本問で提示

した事案とは異なる。もっとも、段階的に進められる行政活動について処分性を認める判例の考え方は、本問の事例にも通じるため、両判例を手掛かりにして本問を検討することになる。具体的には、①本件における事業計画の決定によって施行地区内の宅地所有者等への影響が一定程度予測可能であり、②組合設立認可が公告されると権利変換手続が開始され、権利変換を希望しない旨の申出をした者を除き、特段の事情のない限り、施行地区内の宅地所有者等に対して、権利変換処分が当然に行われることになり、③施行地区内の宅地所有者等は、認可の公告の日から起算して30日以内に施行地区外への転出か、新たに建築される施設建築物等に関する権利の取得かの選択を余儀なくされる。④したがって、施行地区内の宅地所有者等は、組合設立認可により、市街地再開発事業の手続に従って権利変換処分を受けるべき地位に立たされることとなるから、組合設立認可によって宅地所有者等の法的地位に直接的な影響が生じるといえる。以上を根拠として、まずは、本件における事業計画が施行地区内の宅地所有者等の権利ないし法的地位に対して有する法的効果を手掛かりに、組合設立認可に処分性を認めることができる。そして、事業計画の変更の認可は、以上のようにして成立する施行地区内の宅地所有者等の権利ないし法的地位を、何らかの形で直接的に変動させるという意味で、直接的な（個別具体的な）法的効果を持つといえる。このようにして、事業計画の変更の認可の法効果性が肯定できる。

なお、最判平20.9.10の多数意見によれば、建築行為の制限は「具体的な事業の施行の障害となるおそれのある事態が生ずることを防ぐ」ための手段であるから、それ自体が処分性を肯定する論拠とされているわけではないことに注意すべきである。

第3　設問1⑵について

1　専任講師コメント

本件設問は、3つの問いに答える必要があります。

まず、①Q県の担当部局は本件事業計画変更が「軽微な変更」（法38条2項かっこ書）にあたることを理由に手続を省略していることから、本件事業計画変更が「軽微な変更」に当たるかが問題となります。この「軽微な変更」に当たるかは、難しい問題ですが、法が軽微な変更が行われる場合に当該手続を要しないとした趣旨は、施行区域内の権利者に不当な影響が及ぶ可能性は低く対抗手段を講ずる機会を用意する必要性が低い点にあり、権利者に対抗手段を講ずる機会を用意する必要性が高い場合には「軽微な変更」にあたる、といったでっち上げ規範を示した上であてはめを行う姿勢を示してください。また、手続違法が取消違法にあたるかについても軽くだけ検討しましょう。

②次に、本件事業計画変更が都市計画基準の「一体的に開発し、又は整備する必要がある土地の区域について定めること」（都計法13条1項13号）の要件を満たしておらず、裁量権の逸脱・濫用に当たるかどうかが問題となります。これについては、裁量権の逸脱・濫用の問題ですが、「C地区はB地区から見て河川を越えた対岸にあり、河川沿いの細長い形状の空地のまま放置されていた。また、C地区の人通りも少なかった。これらの事情からすれば、物理的にB地区とC地区は一体性を有する土地とはいえず」……「一体的に開発し、又は整備する必要がある土地」に該当しないといったあてはめを行い、裁量権の逸脱濫用があったと締めくくりましょう。

③さらに、本件事業計画変更認可は、法3条4号の「……都市の機能の更新に貢献すること」の要件を満たしておらず、裁量権の逸脱・濫用にあたるかが問題となります。これについても、「C地区を単なる公園として設定するに過ぎない本件事業計画変更認可は、本件事業の目的にそぐわない」といえ、「……都市の機能の更新に貢献すること」に該当しないといった当てはめを裁量権の逸脱・濫用があったと締めくくって下さい。

公法系第2問＜行政法＞

2　出題趣旨

　〔設問1〕(2)は、本件事業計画変更認可の違法性の検討を求めるものである。【S市都市計画課の会議録】において示唆したように、本件事業計画変更認可には手続的瑕疵がある。法第38条第2項によれば、事業計画の変更の認可の申請があった場合には法第16条が適用されるので、同条に従い事業計画の縦覧及び意見書提出手続が履践されなければならない。ただし、法第38条第2項括弧書きによれば、当該変更が「政令で定める軽微な変更」である場合には、上記の手続を行う必要はない。【本件の事案の内容】で示した事業計画の変更の内容は、公園の設置に係る設計の概要の変更、及び新たな土地の編入という形での施行地区の変更である。このように、本件における事業計画の変更は施行地区の変更を含んでいるところ、【資料　関係法令】で挙げた都市再開発法施行令第4条第1項各号に列挙された「軽微な変更」の内容を見ても、施行地区の変更は「軽微な変更」として挙げられていないため、本件における事業計画の変更は、「軽微な変更」には当たらない。したがって、法第16条の定める手続を履践しなければ、本件事業計画変更認可には手続的瑕疵があることになる。法第16条が定めている手続のうち、少なくとも意見書提出は「当該第一種市街地再開発事業に関係のある土地（中略）について権利を有する者」に認められていることから、それら手続は単なる情報収集にとどまらず、事業によって影響を受ける土地所有者等の権利保護をも目的としたものであるといえる。そのような趣旨の手続を全く履践しなかったという瑕疵は、本件事業計画変更認可を違法ならしめるものである。

　次に、【S市都市計画課の会議録】では、C地区を施行区域に編入する本件都市計画変更が違法であることが示唆されている。第一種市街地再開発事業の都市計画決定に処分性が認められないこと、したがって、その違法性は後続の処分の違法事由として主張し得ることも会議録中で示されているが、答案ではそのことを本件事業計画変更認可の違法性を検討するための問題の所在を明らかにするために明記した上で、本件都市計画変更の実体的な違法性を検討する必要がある。都市計画決定権者は都市計画を決定するについて一定の裁量権を有しているといい得るが、その裁量権は法令の定めに従って行使されなければならず、第一種市街地再開発事業の都市計画については、都市計画法第13条第1項第13号所定の都市計画基準、及び法第3条各号所定の施行区域の要件を満たす必要がある。本問においては、本件都市計画変更がこれら規定に違反していることを端的に指摘することが求められる。

　都市計画法第13条第1項第13号は、市街地開発事業に係る都市計画基準として、「一体的に開発し、又は整備する必要がある土地の区域」であることを求めているが、C地区は、都市計画変更前の施行区域であるB地区とは河川で隔てられており、C地区周辺からB地区側へは橋が架かっておらず、変更に係る都市計画においても両地区の地理的な接続は予定されていないため、B地区と一体的に開発又は整備する必要があるということはできない。また、法第3条は施行区域とすることができる土地の区域の要件を定めているが、同条第4号は、当該区域内の土地の高度利用を図ることが当該都市の機能の更新に貢献することを求めている。現況が空き地であるC地区を公園として整備しても活発な利用を見込むことはできず、本件事業が施行される地区及びその周辺の都市機能の更新に貢献するということはできない。したがって、本件都市計画変更は、施行区域要件も満たしていないことになる。

93

3　採点実感

- 手続法上の瑕疵につき、法第３８条第２項によれば、事業計画変更認可の申請があった場合には法第１６条が適用されるので、同条に従い事業計画の縦覧及び意見書提出手続が履践されなければならないとされていることを踏まえた上で、法第３８条第２項括弧書きによれば、当該変更が「政令で定める軽微な変更」である場合には、上記の手続を行う必要はないとされているが、本件事業計画変更認可に係る事業計画の変更は、都市再開発法施行令（以下「法施行令」という。）第４条第１項各号所定の「軽微な変更」には該当しないこと、また、実体法上の瑕疵のうち、都市計画基準（都市計画法第１３条第１項第１３号）違反については、新たに施行区域に編入されたＣ地区がＢ地区とは橋のない河川によって隔てられていることなどから、本件都市計画変更は、同号の「一体的に開発し、又は整備する必要」があるということはできないこと、施行区域要件（法第３条第４号）違反については、現況が空き地であり、Ｂ地区と機能的に関連付けることが困難なＣ地区を公園として整備しても、同号の「都市の機能の更新に貢献する」と評価することができないことを指摘するものは、一応の水準に達しているものと判断した。
- これに加えて、手続法上の瑕疵につき、手続法上の瑕疵と処分の違法性との関係についての検討をしており、また、実体法上の瑕疵につき、第一種市街地再開発事業を定める都市計画決定には処分性が認められないため、都市計画基準への適合性を事業計画変更認可の違法性として主張し得ることや、法第２条の２第２項により、都市計画決定された施行区域においてのみ市街地開発事業を実施し得るため、施行区域が違法に指定されていれば事業計画も違法になることを指摘するものは、良好な答案と判断した。
- さらに、手続法上の瑕疵につき、法第１６条第２項が意見書提出権者を事業に関係する権利を有する者に限定していることから、この手続は権利保護目的を持つことを指摘する答案や、「重要な手続に瑕疵がある」ことはそれだけで処分取消事由に該当すると指摘している答案は、優秀な答案と判断した。

（全体について）

○　会議録を読めば、法第１６条の手続違反、都市計画基準違反及び施行区域要件違反について検討する必要があることは容易に分かるはずであるのに、そのいずれかの検討を落としている答案が少なからず見受けられた。

（手続法上の瑕疵について）

○　手続の不履践が重大な違反であるとして不履践自体を違法事由とする答案が少なくなかった。本問が問うているのは何故不履践が違法であるかであるので、それが関係規定に違反することを論じなければならない。しかし、不履践自体が違法というのは結論のみを述べるもので、本問の求めるものとは異なるものである。重要な手続の瑕疵は、手続違法が処分を違法とすることの要件の一として捉えた上で、別途論ずべきものである。

（法第３８条第２項括弧書きの「政令で定める軽微な変更」について）

○　本件事業計画認可に係る事業計画の変更が「政令で定める軽微な変更」（法第３８条第２項、法施行令第４条第１項各号）に当たるか否かにつき、全く検討していない答案が散見された。問題文や会議録を読めば、その点についても検討を求められていることは明らかである。

○　法第３８条第２項によれば、事業計画変更認可申請の審査における縦覧・意見書提出手続を省略し得る場合としての「軽微な変更」は「政令」で定めることとされている。したがって、

公法系第2問＜行政法＞

「軽微な変更」という文言がいかに不確定的であろうとも、いかなる変更が「軽微な変更」であるかは、「政令」の定めのみから判断されなければならない。

「軽微な変更」について法施行令第4条第1項各号への適合性を検討するところまでは到達しながら、第5号「その他第2号に掲げる者に準ずる軽微な設計の概要の変更」が裁量を認める規定であるとして、本件での事業計画変更を個々に含まれないとして行政判断が裁量の逸脱濫用に当たるか否かを検討する答案が散見された。そもそも「設計の概要」の変更を対象にした条文であるため本件には適用し得ないことはおくとして、「第2号に準ずる」軽微な変更として国土交通省令（紙幅の制限により条文そのものは掲げ得なかったが主な内容は注記した。）に掲げるものとされており、法令で十分に具体的に定められているのであるから、端的に条文との関係を検討することで足りる。

○　法第38条第2項の「政令で定める軽微な変更」に当たるか否かの検討に当たり、法施行令第4条第1項第2号は、施設建築物の延べ面積が10分の1を超えるか否かを問題としており、施行地区の編入とは何ら関係がない規定であるにもかかわらず、B地区の面積が約2万平方メートルであること及びC地区の面積が約2千平方メートルであることを理由に、同号に該当し、「軽微な変更」に当たるとする答案が非常に多く見られた。答案作成に当たっては、条文をよく読み、落ち着いて解答することが求められる。

○　手続法上の瑕疵の当てはめについては、初見の条文であることから混乱した受験者も多いように思うが、本件のように権利床に影響を与えるような施行地区の編入がされたにもかかわらず、これが「軽微な変更」であるとして、影響を受ける者への手続保障がされていないというのは不合理であるというバランス感覚を有していれば、当てはめが多少粗かったとしても、答案の方向性自体を大きく誤ることはないため、平素の学習においては、結論の妥当性に関するバランス感覚も養ってもらいたい。

（法施行令第4条第1項の位置付け）

○　法施行令第4条第1項を、行政規則、とりわけ裁量基準であるかのように論じる答案が多かったことには驚いた。確かに、様々な局面で、様々な論拠に基づきながら、行政規則の外部化現象と呼ばれるものは生じている。しかし、法規命令と行政規則はまずは別物であり、法規命令が行政規則のようになっているわけではない。基本的学習がおろそかであると思われた。

○　法第38条第2項が定める「軽微な変更」に当たるか否かについて裁量が認められるとして裁量権濫用の有無を論じる答案が散見された。「軽微な変更」に該当するか否かの判断について行政庁に選択の余地がないことは、法施行令第4条第1項各号の定めから明らかである。条文を丁寧に読むことが求められる。

（手続法上の瑕疵と処分の違法性との関係）

○　法第16条、第38条第2項違反を肯定した上で、「このような手続的瑕疵（手続違法）は実体的瑕疵（実体違法）に当たるか」という問題設定をするという、処分手続の瑕疵の効果という論点を誤解していると思われる答案が散見された。

○　法第16条の手続を履践していないことが本件事業計画変更認可を違法とするか否かについて言及する答案は少なかった。他方で、少数ながら、この点に言及し、かつ、法第16条の手続が関係権利者の権利保護目的を有することや、重要な手続の瑕疵はそれだけで処分の取消事由に該当することなどを説得的に論じる答案もあった。

○　手続規定違反は、当然に処分取消事由となるわけではないため、本件での手続規定違反が事業計画変更認可の効力の帰趨にいかなる影響を及ぼすかを、手続規定違反とは別に検討する必要があるが、手続規定違反を肯定する答案では、比較的多くがその検討を行っていた。その際、

95

答案の大半が、重大な手続規定違反は処分取消事由となり得ることを指摘していたが、本件での手続規定違反が権利保護手続の完全な不実施であったことも重要である。

（都市計画基準違反と施行区域要件違反について）

○　都市計画決定の違法が、本件事業計画変更認可の違法事由となることにつき言及する答案はほとんどなかった。論理的には検討が必要なはずであり、答案作成の際には、順を追って論旨を展開することが求められる。

○　都市計画基準違反（都市計画法第13条第1項第13号）や施行区域要件違反（法第3条第4号）を論じる際に、裁量について長々と論じる答案が目立ったが、本問では、そのような論述は求められていない。解答に当たっては、出題趣旨を的確に把握した上で、問われたことに対し、端的に答えることが求められる。

○　本件事業計画変更認可の違法性を論じるに当たり、法令の規定の文言のみから裁量の存在を肯定した上で裁量権濫用の有無を論じるなど、裁量権濫用論を誤解していると思われる答案が散見された。

○　都市計画基準への適合性と施行区域要件への適合性との区別はおおむねついているものの、問題文で挙げられている具体的な事実をそのいずれかで論ずるかについて誤っている答案が少なくなかった。

○　都市計画基準への適合性と施行区域要件への適合性をまとめて判断する答案が目立った。両者は異なる定めによる異なる基準である以上、それぞれの基準への適合性の判断内容は当然に異なる。条文を丁寧に読むことが求められる。

4　解説

(1)　手続法上の違法

本件事業計画の認可は、法16条が定める事業計画の縦覧及び意見書提出手続を経ておらず、手続的な瑕疵がある。もっとも、法38条2項括弧書きによれば、当該変更が「政令で定める軽微な変更」である場合には、上記の手続を行う必要はない。

ここでは、法38条2項の文言に着目すべきである。法38条2項は「政令で定める軽微な変更を除く。」と規定しており、「軽微な変更」に当たるか否かはもっぱら「政令」で定めることとしている。つまり、「軽微な変更」といえるかどうかは、「政令」の定めのみから判断されなければならない。そして、当該「政令」である都市再開発法施行令4条1項各号は、施行地区の変更を「軽微な変更」として挙げていない。したがって、本件における事業計画の変更は、「軽微な変更」には当たらないとの結論を出すことが求められる。

なお、法施行令4条1項2号は、施設建築物の延べ面積が10分の1を超えるか否かを問題としており、施行地区の編入とは何ら関係がない規定であるため、本件事業計画の変更が「軽微な変更」に当たるとする論拠にはならないことに注意する。

(2)　実体法上の違法

ア　都市計画法13条1項13号

都市計画法13条1項13号は、第一種市街地再開発事業の施行区域について、「一体的に開発し、又は整備する必要」という基準を掲げている。本問では、新たに施行区域に編入されたC地区が、B地区とは橋のない河川によって隔てられていることなどから、本件都市計画変更は、法13条1項13号の基準を満たさないことを指摘する必要がある。

公法系第2問＜行政法＞

イ　法3条4号

　法3条4号は、「都市の機能の更新に貢献する」という基準を掲げている。本問では、現況が空き地であり、B地区と機能的に関連付けることが困難なC地区を公園として整備しても、法3条4号の基準を満たさないことを指摘する必要がある。

第4　設問2について

1　専任講師コメント

　本件設問は冒頭でも示しましたように、違法性の承継について回答する問題でした。違法性の承継は、平成28年、令和元年にも出題されていますし、本年度の問題に関しては、平成21年12月17日判決の規範まで誘導文に挙がっており、①実体法的観点と②手続法的観点の2つから違法性の承継を肯定する方向で検討すべきことまで示されていました。

　他方、令和元年度の司法試験の出題趣旨や採点実感に挙がっていました判例の規範の考慮要素まで抑えられている人は少数にとどまりましたので、それを踏まえながら少し以下で検討していきたいと思います。

　まず、違法性の承継の問題が出題された場合、行政事件訴訟法14条が出訴期間制度を設けた趣旨は行政行為の早期確定を図る点にあるため、原則として違法性の承継は認められないことを示しましょう。

　その上で、国民の権利利益の実効性を確保する観点から、①先行行為と後行行為が同一目的を達成するために行われ、両者が相結合して初めてその効果を発揮するものであるという実体法的観点と、②先行行為の適否を争うための手続的保障が十分に与えられているかという手続法的観点、の2つの要件を満たす場合には例外的に違法性の承継が認められることを示すことになります。

　そして、上記①の要件については、（ⅰ）先行行為と後行行為とが同一目的か（保護しようとしている利益が共通しているか）、（ⅱ）先行行為と後行行為とが段階的か（先行行為が後行行為の一部を構成しているか）、という考慮要素に従って当てはめを行うと締まったものになるでしょう。

　また、上記②の要件については、（ⅰ）先行行為を争うための手続保障が十分か、（ⅱ）後行行為の段階まで争わないことがあながち不合理とはいえないか、という考慮要素に従い当てはめると良いでしょう。具体的には、本件条文の構造をみると縦覧手続が必ずしも行われる仕組みになっていないこと（（ⅰ）のあてはめ）や、権利床の面積の減少という不利益が現実化するのは後行行為である権利変換処分であり、先行する事業計画変更認可を争わないことはあながち不合理ではないこと（（ⅱ）のあてはめ）等を示すと良いでしょう。

2　出題趣旨

　　〔設問2〕は、本件事業計画変更認可と本件権利変換処分の間の違法性の承継の検討を求める問題である。違法性の承継の検討は、最判平成21年12月17日民集63巻10号2631頁を手掛かりにして行うことになるが、そこでは違法性の承継を認める要素として、先行処分と後行処分が同一の目的を達成するために行われ、両者が相結合して初めてその効果を発揮するものであること（実体法的観点）と、先行処分の適否を争うための手続的保障がこれを争おうとする者に十分には与えられていないこと（手続法的観点）とが挙げられている。そこで、本問では、実体法的観点と手続法的観点の双方から、違法性の承継を否定する論拠と肯定する論拠とを列挙した上で、違法性の承継を肯定する立論を行うことが求められている。

97

実体法的観点に関しては、空間利用の態様の決定である事業計画と、その実現手法である権利変換は趣旨目的を異にしていることが否定論の論拠となろう。それに対して、【市街地再開発事業の制度の概要】で説明したように、事業計画のうち設計の概要は再開発ビルの各階の平面図を含むなど、事業計画段階で事業の基本的内容が定められ、権利変換処分はそれを個々の組合員に適用するものであるから、両者は一体として、権利変換という法効果の実現に向けられている、との論拠により、実体法的観点から違法性の承継を肯定することが考えられる。

　手続法的観点からは、違法性の承継を否定する論拠として、新たな事業地区の編入を伴う事業計画変更にあっては申請前に宅地所有者等の３分の２以上の同意を要するとされていること（法第３８条第２項、法第１４条第１項）や、事業計画変更の申請があった場合の事業計画の縦覧及び意見書提出手続といった手続保障がされていること（法第３８条第２項、法第１６条）、事業計画変更認可があると施行地区の変更内容が公告されること（法第３８条第２項、法第１９条第１項、都市再開発法施行規則第１１条第３項第２号）といった事情を指摘することが考えられる。それに対して、肯定論の論拠としては、問題文の【市街地再開発事業の制度の概要】での「設計の概要」に関する説明に示されているように、事業計画は事業内容を客観的に説明するものであって、それによって宅地所有者等に生じる権利変動の具体的内容は包括的には明らかになっているものの、なお、個々の宅地所有者等に与えられるべき権利床等の詳細は確定には至っていないことや、上記の事業計画の縦覧及び意見書提出手続並びに変更認可の公告のいずれも、施行区域内の宅地所有者等に個別に通知する制度ではないこと、そもそも権利侵害の重大性と比較すると、利害関係人に対する手続的保障は、後行処分の段階での先行処分の違法性の主張を排除するに十分であるとはいえないことといった事情を指摘することが考えられる。

　いずれの設問に関しても、資料として挙げられた関係法令の条文を正確に読み取ることが求められる。特に、読み替え規定や政省令への委任規定を正確に読み解き、どの条文が適用されるのかを正確に特定することが求められる。

3　採点実感

- ・　違法性の承継についての最判平成２１年１２月１７日民集６３巻１０号２６３１頁（以下「平成２１年判決」という。）を踏まえた上で、実体法的観点及び手続法的観点の両面からそれなりに本件事案に即した検討を加え、実体法的観点からも手続法的観点からも違法性の承継が肯定されるとの結論を導いている答案は、一応の水準に達しているものと判断した。
- ・　これに加えて、違法性の承継を否定する立場からの論拠を一定程度挙げた上で、実体法的観点及び手続法的観点の両面から違法性の承継が肯定される論拠を本件事案に即して的確に指摘している答案は、良好な答案と判断した。
- ・　さらに、違法性の承継が、個別的な事情に結論が左右される性質の論点ではなく、制度自体に内在する救済の必要性、許容性を論ずるものであり、事業計画変更認可の制度一般を前提に論ずる必要があることを踏まえた上で、全体として論理的かつ説得的な論述ができている答案は、優秀な答案と判断した。

（全体について）

○　違法性の承継の論点を論じる前提として、公定力や出訴期間制度の趣旨について長々と論じる答案が目立ったが、本問では、実体法的観点と手続法的観点の両面から違法性の承継を肯定する主張を検討することが求められているのであるから、端的に本論に入ることが肝要である。

公法系第２問＜行政法＞

また、Ｄが本件事業計画変更認可の取消訴訟の出訴期間を徒過していることにつき、問題文中の日付も引用して長々と論じる答案もあったが、本問では、Ｄが本件権利変換処分の取消訴訟を提起していることを前提に、違法性の承継が問われているのであるから、全く無用の記述である。

○　会議録において、違法性の承継の可否を判断する際に最高裁が手がかりとした点が掲げられているのであるから、その議論を踏まえた個別法の解釈を丁寧にしなくてはならない。時間の限界もあったのかもしれないが、極めていい加減であった。行政法の能力は、最後は、個別法の解釈をいかに丁寧にかつ適切に行えるかにおいて示される。一般論を再現するだけでは足りない。

○　本問で求められている「被告Ｂ地区組合の反論」について全く触れない答案や、結論として、Ｄの立場（違法性の承継肯定）ではなく、違法性の承継を否定する立場で結論を導く答案も存在した。設問に対する解答が求められていることを今一度意識してもらいたい。

（実体法的観点からの検討について）

○　実体法的観点からの検討で問題とされるべき同一目的・同一効果について、本件の事案に即して具体的な論述ができている答案は皆無に近く、曖昧にこれを指摘する答案ばかりであった。

○　事業計画変更認可と権利変換計画認可の処分庁が同じかどうかを論じるといった、平成２１年判決の理解が不十分である答案が散見された。

（手続法的観点からの検討について）

○　本件事業計画変更認可に当たって、施行地区内の宅地所有者等の権利保護の観点から予定されている手続として、同意（法第３８条第２項、第１４条第１項）、縦覧及び意見書提出手続（法第３８条第２項、第１６条）、公告（法第３８条第２項、第１９条第１項、都市再開発法施行規則第１１条第３項第２号）があり、これらについて手続保障の観点から十分といえるかどうかを検討する必要があるところ、これらのうち二つ以上を挙げることができた答案は１割にも満たなかった。

○　手続法的観点に関し、違法性の承継は、制度的・類型的に考察すべきものであるのに、本件においてＤが不利益を認識できたかどうかなどの個別的事情を論じている答案が相当数あった。

○　手続法的観点から違法性の承継を肯定する論拠として、Ｄが事業計画変更認可の取消訴訟を提起できたことを挙げる答案が散見された。しかし、ここで論じられるべきは、取消訴訟を提起する機会を保障する手続が制度化されているかどうかである。

○　手続法的観点からの検討に当たっては、先行行為である事業計画変更認可を争う機会を保障する手続が制度化されているか否かを検討しなければならないところ、この点を肯定する論拠として、施行地区内の宅地所有権者等は、施行者に対し、権利変換を希望せず、金銭の給付を希望するか、施行地区外に移転すべき旨を申し出ることができるという、法第７１条第１項が定める手続を挙げる答案が目立った。しかし、この手続が、上記事業計画変更認可の違法を争うための手続に該当しないことは明らかである。条文を丁寧に読むことが求められる。

99

4　解説

⑴　問題の所在

　　本件事業計画変更認可と本件権利変換処分の間の違法性の承継が認められるか否かが問題となる。な
お、本問においては、違法性の承継が認められると主張する側から論述を行い、さらに、違法性の承継
を否定する立場からの反論も述べるべきことに注意する必要がある。

　　違法性の承継の検討は、最判平 21.12.17（百選Ⅰ81 事件）を手掛かりにして行うことになる。そこで
は違法性の承継を認める要素として、①先行処分と後行処分が同一の目的を達成するために行われ、両
者が相結合して初めてその効果を発揮するものであること（実体法的観点）と、②先行処分の適否を争
うための手続的保障がこれを争おうとする者に十分には与えられていないこと（手続法的観点）とが挙
げられており、この枠組みに沿って論じる。

⑵　実体法的観点

　　実体法的観点からは、空間利用の態様の決定である事業計画と、その実現手法である権利変換は趣旨
目的を異にしていることが否定論の論拠となる。それに対し、両者は一体として、権利変換という法効
果の実現に向けられている、との論拠により違法性の承継を肯定することが考えられる。

⑶　手続法的観点

　　手続法的観点からは、法が予定している手続が、手続保障の観点から十分といえるかどうかを制度的・
類型的に検討する必要がある。

　　違法性の承継を否定する論拠として、新たな事業地区の編入を伴う事業計画変更の際の宅地所有者等
の３分の２以上の同意の必要（法 38 条２項、法 14 条１項）や、事業計画の縦覧及び意見書提出手続と
いった手続保障（法 38 条２項、法 16 条）、事業計画変更認可があった際の施行地区の変更内容の公告
（法 38 条２項、法 19 条１項、都市再開発法施行規則第１１条第３項第２号）が考えられる。それに対
し、違法性の承継を肯定する論拠としては、事業計画は事業内容を客観的に説明するものでありそれに
よっては個々の宅地所有者等に与えられるべき権利床等の詳細は確定には至っていないことや、事業計
画の縦覧及び意見書提出手続並びに変更認可の公告のいずれも施行区域内の宅地所有者等に個別に通知
する制度ではないこと、権利侵害の重大性と比較すると利害関係人に対する手続的保障は後行処分の段
階での先行処分の違法性の主張を排除するに十分とはいえないこと、といった事情が考えられる。

100

公法系第2問＜行政法＞

採点基準表

※本試験の採点基準は公表されません。そこで、「出題趣旨」や「採点実感」等から辰已が独自に作成した採点基準を以下に掲載します。再現答案等とあわせ過去問学修にお役立てください。

	配点	あなたの得点
第1　設問1小問(1)　【18点】		
1　問題の所在		
・本件事業計画変更認可の処分性の有無が問題となること	1	
2　規範定立		
(1)　「処分その他公権力の行使」（行政事件訴訟法3条2項）の指摘	2	
(2)　「直接国民の権利義務を形成しまたはその範囲を確定することが法律上認められているもの」（最判昭39.10.29）という規範を定立していること	2	
3　具体的検討		
(1)　規範に照らし、都市再開発法の仕組みを検討していること	2	
(2)　公告による効果	4	
・都市再開発法66条1項の指摘		
(3)　公告による地位	6	
・都市再開発法71条、86条の指摘		
4　結論	1	
第2　設問1小問(2)　【32点】		
1　前提	1	
2　手続上の違法（都市再開発法16条違反）		
(1)　都市再開発法16条括弧書きに基づき本件は「軽微な変更」に該当するか		
・「軽微な変更」（都市再開発法施行令4条）の指摘	3	
・C地区編入による効果を検討していること	6	
(2)　都市再開発法16条違反が違法事由となるか		
・都市再開発法16条の性質	4	
【加点事項】	加点評価	
※都市再開発法16条2項が意見書提出権者を事業に関係する権利を有する者に限定している点から当該規定が権利保護目的によることを指摘している場合や「重要な手続に瑕疵がある」ことのみをもって処分取消事由に該当すると指摘している場合には加点	A・B・C	
(3)　結論	1	
3　実体法上の違法		
(1)　裁量権の逸脱濫用（行政事件訴訟法30条）	1	
・都市計画の裁量の性質	2	

(2) 裁量権の逸脱濫用に該当するか		
ア 都市計画法 13 条 1 項 13 号の指摘	3	
・C 地区の性質	4	
イ 都市再開発法 3 条 4 号の指摘	2	
・C 地区の性質	4	
ウ 結論 1	1	

第3　設問2　【30点】

1 前提		
・処分は原則として、その違法性は後行の処分には承継されず、後行処分の取消事由として主張することができないことの指摘	1	
・先行行為と後行行為が同一目的を達成するために行われ、両者が相結合して初めてその効果を発揮するものであるかという実体法的観点と、先行行為の適否を争うための手続的保障が十分に与えられているかという手続法的観点の 2 つを満たす場合には例外的に違法性の承継を認める（最判平 21.12.17）との規範を定立する。	2	
2 実体法的観点について		
(1) D の反論	2	
(2) 「先行行為と後行行為が同一目的を達成するために行われ、両者が相結合して初めてその効果を発揮するものである」との規範を定立する	2	
(3) 認可後の手続		
・権利変換を希望しない旨の申出等（都市再開発法 71 条）の指摘	2	
・権利変換計画の策定についての指摘	3	
・権利変換計画による効果（都市再開発法 72 条及び 86 条）の指摘	3	
・事業計画変更認可及び権利変換の目的の指摘	2	
(4) 結論	1	
3 手続法的観点について		
(1) D の反論		
・新たな事業地区の編入を伴う事業計画変更にあっては申請前に宅地所有者等の 3 分の 2 以上の同意を要するとされていること（都市再開発法 38 条 2 項、14 条 1 項）		
・事業計画変更の申請があった場合の事業計画の縦覧及び意見書提出手続といった手続保障がされていること（都市再開発法 38 条 2 項、16 条）	2	
・事業計画変更認可があると施行地区の変更内容が公告されること（都市再開発法 38 条 2 項、19 条 1 項、都市再開発法施行規則 11 条 3 項 2 号）などの事情を挙げ、D の反論を構成する。	2	

(2) 事業計画変更認可段階の事情		
・事業計画変更認可段階では、施行地区内の宅地の所有者等にどのような権利床が与えられるか不明であること	2	
・権利変換を希望しない者が権利変換に代えて資産の価額相当の金銭給付を受け得ること	2	
・変更認可を経ても自身の権利床に影響がない可能性があること	2	
(3) 結論	1	
4 結論	1	

基本配点分	小計 80 点	点
加点評価点	小計 10 点	
添削シート中の【加点評価】を総合的に評価し点数を決めて下さい。目安はＡが半数以上であれば 10 点、Ｂが半数程度であれば 5 点です。		点
基礎力評価点	小計 10 点	
以下の項目は、「司法試験の方式・内容等について」（令和 5 年 11 月 22 日司法試験考査委員会議申合せ事項）第 4 － 2 －(1)－エに掲載されている事項です。		
あなたの得点（0 ～ 2 点で評価）		
事例解析能力		
論理的思考力		
法解釈・適用能力		
全体的な論理的構成力		
文書表現力		点
総合得点	合計 100 点	点

再 現 答 案

答案① (順位ランクA、149.89点、系別16位、論文総合100位)

第1　設問1(1)

1　抗告訴訟の対象となる「処分」とは、①公権力の主体たる国又は公共団体が行う行為のうち（公権力性）、②その行為によって直接国民の権利義務を形成し又はその範囲を確定することが法律上認められているもの（直接具体的法効果性）を意味する①。本件事業計画変更認可は以下の理由により、「処分」にあたる。

2　まず①について、本件事業計画変更認可は法38条1項を根拠として行われており、法38条2項が準用する許可要件を満たした場合に都道府県知事が一方的に認可をすることと定められている。したがって、①は認められる。

3(1)　次に②についてはどうか。まず、市街地再開発事業は法11条1項によって設立された組合が施行することとなっている（法2条の2第2項）。そして、組合は同事業を施行するにあたって事業計画を定めなければならないことになっており、その内容として施行地区（法2条3号）、設計の概要、事業施行期間、資金計画を定めること、内容が都市計画（都計法13条1項柱書）に適合するものでなければならないことが定められている。そのような手続を踏んで事業計画が定められれば、組合の設立が認可され（法11条1項、17条3号）、事業が施行されることとなる②。

　　そしてそれと同時に、原則として施行地区内の宅地の所有者は各所有者の有する宅地の価額に応じて再開発ビルの敷地の共有持分権が与えられ、当該敷地には再開発ビルを建設するために地上権が設定され、当該敷地の共有者には、地上権設定の補償として、再開発ビルの区分所有権（権利床）が与えられることになっている（権利変換）。施行地区内の宅地について所有権又は借地権を有する者の全員が強制的に組合の組合員とされること（法20条1項）、権利変換を希望しない者は組合設立の認可の公告（法19条1項）があった日から30日以内に権利変換に代えて自己の所有する宅地の資産の価額に相当する金銭の給付を希望する旨を申し出る必要があること（法71条1項）を踏まえると、再開発事業の施工地区内の宅地所有者等は希望しない旨の申出をしない限り、強制的に権利変換を受けるべき地位に立たされるものといえる。それゆえに、組合設立認可については②が認められ処分性が認められることになる③。

(2)　法38条2項に基づき法27条、19条が準用され、組合設立認可と同様

① 「処分」（行訴法3条2項）について、大田区ごみ焼却場事件（最判昭39.10.29、百選Ⅱ143事件）の判断基準を示している。

②最判平4.11.26及び最判平20.9.10（百選Ⅱ147事件）を足掛かりにして、段階を踏んで法効果性を検討しようとしている。

③まずは、本件における事業計画が施行地区内の宅地所有者等の権利ないし法的地位に対して有する法的効果を手掛かりに組合設立認可に処分性を認めることができる（出題趣旨）。

公法系第2問＜行政法＞

の要件、方法によって事業計画変更認可が下されることになっている。したがって、事業計画の変更によって施工地区が変化した場合、変更後の施行地区内の宅地所有者等は希望しない旨の申出をしない限り（法71条5項）、強制的に権利変換を受けるべき地位に立たされるものといえ、組合設立認可と同様に②が認められる④。また、法38条2項で準用される法19条1項の公告がなされた場合施行地区内において建築制限が発生すること、施工地区はある程度限定された範囲であることからしても、施行地区内の宅地所有者に対する②を認定することができる。

4　最後に実効的権利救済の観点から「処分」性を認める必要性があるといえるか。

　後行する権利変換計画の決定がなされた場合（法72条1項）その決定の効力を争えば権利変換を免れる可能性が残されていること、権利変換計画が決定されるとその計画は公衆の縦覧に供され（法83条1項）その段階で権利変換を免れるための策を講ずる機会が用意されていることを根拠に、事業計画変更認可に「処分」性を認める必要はないとの反論も考えられる。しかし、法律に関して素人である国民が権利変換計画の縦覧によって抗告訴訟を提起するという対抗手段を思いつくのは困難である。したがって、実効的権利救済の観点から、権利変換計画の決定に先行する事業計画変更認可の段階で「処分」性を認めその効力を争えるようにする必要があるといえる。

5　以上の理由から、本件事業計画変更認可には「処分」性が認められる。

第2　設問1(2)

1　本件事業計画変更認可は法38条1項に基づいて行われる。そして、法38条2項が準用する法17条に掲げられた事項が認可の要件になるとされている。法17条3号は事業計画の内容が第一種市街地再開発事業に関する都市計画に適合すること、事業施行期間が適切であることをその要件としている。都市計画に適合するか否かは、「都市の健全な発展と秩序ある整備を図るために必要なものを、一体的かつ総合的に定め」たといえるか（都計法13条1項柱書）、「一体的に開発し、又は整備する必要がある土地の区域について定められている」かどうか（同条13号）、施行区域が「当該区域内の土地の高度利用を図ることが、当該都市の機能の更新に貢献する」かどうか（法3条4号）によって判断されることになっている。

　都市の健全な発展や都市の機能への貢献など抽象的な文言が用いられていること、健全な発展や都市の機能への貢献の有無はR市内の土地の利用状況に精通するQ県知事の専門技術的判断に委ねざるを得ないことからして、本件事業計画変更認可には要件裁量があるといえる。なお、17条各号のいずれにも該当しない場合、都道府県知事は認可をしなければならないこととされているため（法17条柱書）、効果裁量は存在しないと考えるべきである。

2　したがって、当該裁量権の逸脱濫用があったといえる場合に本件事業計

④事業計画の変更の認可は、以上のようにして成立する施行地区内の宅地所有者等の権利ないし法的地位を、何らかの形で直接的に変動させるという意味で、直接的な（個別具体的な）法的効果を持つといえる（出題趣旨）。

105

画変更認可は違法になると解する（行訴法30条）。裁量権の逸脱濫用の有無は、社会通念に照らし著しく妥当性を欠いているといえるかどうかによって判断する。

3(1) 本件事業計画変更認可にあたっては、法38条2項が準用する法16条に基づく縦覧及び意見書提出手続が履践されていない。Dとしては、このような取扱いが裁量権の逸脱濫用に当たり、取消事由になると主張すると考えられる。これが認められるか。

(2)ア まず裁量権の逸脱濫用があるといえるか。Q県の担当部局は本件事業計画変更が「軽微な変更」（法38条2項かっこ書き）にあたることを理由に上記手続を行わなかったとしている。本件事業計画変更は「軽微な変更」にあたるか。

法38条2項かっこ書によると、法施行令4条に軽微な変更の例が掲げられている。本件事業計画変更は、当初施工地区だったB地区に加えてC地区を本件事業の施工地区に編入し公共施設である公園にする一方でそれ以外は変更しないことを内容としていた。B地区は約2万㎡の広さを有しC地区は約2千㎡の広さを有していたことからすれば、本件事業計画変更は法施行令4条2号の場合に当たるといえる。したがって、本件事業計画変更は原則として「軽微な変更」にあたるといえる⑤。

イ しかしながら、裁量基準に従い機械的に基準を適用した場合にかえって妥当性を欠く場合、基準が想定していないような事態が発生した場合にはその基準に従った判断をするべきではない。そのような場合には、行政庁は個別事情を考慮し法の趣旨に沿った判断を下すべきである。

法が軽微な変更が行われる場合に上記手続を要しないとした趣旨は、そのような変更にとどまる場合、施行地区内の権利者に不当な影響が及ぶ可能性は低く対抗手段を講ずる機会を用意する必要性が低いことにある。本件において、当該地区の編入により権利床に変換されるべき宅地の総面積が増加した結果、B地区内の宅地所有者たるDが本来取得できたはずの権利床が減少している。Dにこのような不利益が生じていることに鑑みれば、Q県知事はDらに対して対抗手段を講ずる機会を提供する必要性があったといえる。よって、本件事業計画変更は例外的に「軽微な変更」にあたらないと解すべきである。

(3) では、上記手続の瑕疵が取消事由になり得るか。

手続上の瑕疵が取消事由になるか否かは、手続規定の趣旨、目的や瑕疵の程度、内容を勘案し、瑕疵が処分を違法として取り消さなければならない程度か否かによって判断する。

前記の通り、上記手続が設けられた趣旨は施行地区内の権利者に不当な影響を及ぼすような計画変更がなされた場合に、当該権利者に対し対抗手段を講ずる機会を与えることにある。事業計画の縦覧や意見書提出

⑤本件における事業計画の変更は施行地区の変更を含んでいるところ、【資料 関係法令】で挙げた都市再開発法施行令第4条第1項各号に列挙された「軽微な変更」の内容を見ても、施行地区の変更は「軽微な変更」として挙げられていないため、本件における事業計画の変更は、「軽微な変更」には当たらない（出題趣旨）。

⑥手続規定違反は、当然に処分取消事由となるわけではないため、本件での手続規定違反が事業計画変更認可の効力の帰趨にいかなる影響を及ぼすかを、手続規定違反とは別に検討する必要があるが、手続規定違反を肯定する答案では、比較的多くがその検討を行っていた（採点実感）。

公法系第2問＜行政法＞

手続が行われなければDは計画変更の効力を争うことができなかった。したがって、当該瑕疵は重大であって取消事由として取り消さなければならない程度のものであるといえる[6]。

よって、上記手続の瑕疵は裁量権の逸脱濫用に当たり、取消事由になるといえる。

4(1) 次に、Dとしては本件事業計画変更が都市計画基準（都計法13条1項13号）、施行区域の要件（法3条各号）の要件を満たしておらず、裁量権の逸脱濫用にあたり取消事由になり得る旨主張すると考えられる。これが認められるか。

(2) まず都市計画基準を満たしているといえるか。本件都市計画変更は、C地区からB地区への橋が架かっていないためにB地区側からの人の流入が期待できず、A駅方面に行くにはかなりの遠回りをしなければならない状況にあったことを背景に、そのような状況を改善するために行われた。このことからすれば、C地区をB地区と一体的に開発、整備する必要性があるとも思われる。

しかし、C地区はB地区から見て河川を越えた対岸にあり、河川沿いの細長い形状の空き地のまま放置されていた。C地区の人通りも少なかった。これらの事情からすれば、物理的にB地区とC地区は一体性を有する土地とはいえず、B地区とC地区を一体的に開発することが「健全な発展」（都計法13条柱書）につながるとは考えがたい。したがって、「一体的に開発し、又は整備する必要がある」とはいえず都市計画基準を満たさない[7]。

よって、都市計画基準を満たさないにもかかわらず認可を行ったQ県知事には裁量権の逸脱濫用があるといえ、この点を取消事由として主張することができる。

(3) 仮に都市計画基準を満たしたとして、本件事業計画変更認可は法3条4号の要件を満たしているといえるか。

B地区とC地区を一体的に開発すれば、B地区側からC地区への人の流入が期待でき、A駅に行くのに遠回りをしなくてもよくなるということからすれば、C地区内の土地の所有者Eとしては本件事業計画変更認可が「都市の機能の更新」に役立つということができる。しかし、C地区は再開発事業内で公園として整備されるにすぎない。本件事業は細分化された敷地を共同化して再開発ビルを建築することを主眼とした事業であって、その副産物として道路や公園等の公共施設の用地を生み出すことを目的としている。このことからすれば、C地区を単なる公園として設定するにすぎない本件事業計画変更認可は、本件事業の目的にそぐわないといえる[8]。したがって、C地区を編入させたとしても「都市の機能の更新に貢献する」ということはできず、法3条4号の要件は満たさない。

よって、上記要件を満たさないにもかかわらず認可を行ったQ県知事

[7]都市計画法第13条第1項第13号は、市街地開発事業に係る都市計画基準として、「一体的に開発し、又は整備する必要がある土地の区域」であることを求めているが、C地区は、都市計画変更前の施行区域であるB地区とは河川で隔てられており、C地区周辺からB地区側へは橋が架かっておらず、変更に係る都市計画においても両地区の地理的な接続は予定されていないため、B地区と一体的に開発又は整備する必要があるということはできない（出題趣旨）。

[8]現況が空き地であるC地区を公園として整備しても活発な利用を見込むことはできず、本件事業が施行される地区及びその周辺の都市機能の更新に貢献するということはできない。したがって、本件都市計画変更は、施行区域要件も満たしていないことになる（出題趣旨）。

には裁量権の逸脱濫用があるといえ、この点を取消事由として主張することができる。

第2　設問2

1　本件権利変換処分を取消対象とする本件取消訴訟内にて、本件事業計画変更認可の瑕疵を主張することが可能か。

2　原則として先行処分、後行処分の両方に処分性が認められる場合、後行処分の取消訴訟の段階で先行処分の違法性を主張することはできない。その根拠は、行政行為には行政行為の安定性確保、取消訴訟の排他的管轄の観点から公定力が生じていることにある。

　しかしながら、実効的権利救済の観点から例外的に先行行為の違法性を後行行為の取消訴訟内で主張できるようにすべき場合も存在する。そこで、先行行為と後行行為が同一目的を達成するために行われ、両者が相結合して初めてその効果を発揮するものであって（実体法的観点）、先行行為の適否を争うための手続保障が十分に与えられていなかった（手続法的観点）場合には、違法性の承継が認められ先行行為の違法性を後行行為の取消訴訟内で主張できることになる⑨。

3　実体法的観点

⑴　被告としては、本件事業計画変更認可はあくまで本件事業内容を変更し新たにC地区に公園を新設するために行われるものであって、本件権利変換処分は施行地区内の宅地所有者等に権利床を与えるために行われるものであるからその目的が同一とはいえない旨反論すると考えられる。

⑵　しかし、そもそも本件事業は前述のとおり、細分化された敷地を共同化し再開発ビルを建築することを主眼とする事業であって、その事業遂行上不利益を被る宅地所有者等に対する補償（権利変換）を当然に予定しているということができる。法律上、事業計画変更認可が行われれば遅滞なく施工地区ごとに権利変換計画を定めなければならないこととされていることからも明らかである（法72条1項）。したがって、本件事業計画変更認可と本件権利変換処分は同一目的であるといえる。

4　手続法的観点

⑴　被告としては、本件事業計画変更認可に先立って事業計画の縦覧、意見書提出手続が行われることが予定されており、認可がなされれば公告（法38条2項、19条1項）がなされることも予定されていることから、原告に対して本件事業計画変更認可を取り消す機会は十分に提供されたとして違法性の承継を認めない旨反論すると考えられる。

⑵　しかし、本件においては縦覧、意見書提出手続は行われておらず、一般国民が事前に認可がなされることを知ることはできなかったといえる。また、本件では確かに公告がなされているが、公告がなされたことをもって本件事業計画変更認可を取り消すという行動を取ることは法律の素人たる国民にとって困難であるといえる。したがって、本件事業

⑨違法性の承継について、原則論を踏まえた上で、判例（最判平21.12.17、百選Ⅰ81事件）の判断要素を示すことができている。

⑩本件における個別事情ではなく、法の条文を根拠に手続保障を論じることが求められていた。

公法系第2問＜行政法＞

計画変更認可を取り消すための手続が十分に行われたとはいえない[10]。

5　以上より、違法性の承継は認められ、本件権利変換処分を取消対象とする本件取消訴訟内にて、本件事業計画変更認可の瑕疵を主張することは可能であるといえる。

以上

(5,570 字)

◆総評◆

出題趣旨で挙げられている項目について、概ね的確に検討することができている。とりわけ設問1の小問(1)において、市街地再開発事業の制度の概要に基づき、順序立てて考え、答案に示すことができている点が素晴らしい。細部に難点はあるものの、いずれの設問においても、基本的に出題趣旨の求める論述の流れに沿った検討ができており、高く評価されたものと考えられる。

109

答案② (順位ランクA、143.91点、系別33位、論文総合319位)

第1　設問1(1)

1　「処分」(行政事件訴訟法3条2項)とは、公権力の主体たる国または公共団体が行う行為のうち(①公権力性)、その行為によって直接国民の権利義務を形成しまたはその範囲を確定することが法律上認められているもの(②直接・具体的法効果性)をいう。

加えて、今日の行政行為は多岐にわたることから、③国民の実効的権利救済の観点も踏まえるべきである①。

2(1)　事業計画変更認可は、Q県知事が法38条1項を根拠としてその優越的地位に基づいてする一方的意思表示であるから①を満たす。

(2)　事業計画変更認可がされると、施行地区内の宅地の所有者等は建築行為等の制限を受ける(法66条1項)②。

また、所有者のうち権利変換を希望しない者はその旨の申出ができるようになる(法71条1項)。

そして、施工者が権利変更計画の認可を受け、所有者等は権利変換の処分を受けるべき地位に立たされる(法86条1項)。よって、②を満たす。

(3)　さらに、権利変換の処分を受ける段階では、すでにその計画が決定し認可もされているから(法72条1項)、権利変換の処分の取消訴訟をしても事情判決(行政事件訴訟法31条)がされ、国民の実効的権利救済ができない。よって、③を満たす。

(4)　以上から、本件事業計画変更認可は「処分」にあたる。

第2　設問1(2)

1(1)　本件事業計画変更は「軽微な変更」(法38条2項、法施行令4条1項)にあたるか。

本件事業計画変更は「施設建築物の設計の概要の変更」にあたる。

また、B地区は2万平方キロメートルであり、C地区は2千平方キロメートルだから「最近の認可に係る当該施設建築物の延べ面積の10分の1をこえる延べ面積の増減を伴わないもの」にあたる。

よって、法施行令4条1項2号にあたるようにも思える。

もっとも、同項5号は2号に準ずるものとして施設建築敷地内の主要な給排水施設や消防用水理施設等の位置の変更等が挙げられているから、2号に該当するのは施設建築物の生活維持のため不可欠な施設の位置の変更に限るものと解釈すべきである。

C地区は公園とする予定であり、生活のため不可欠とはいえず、2号にはあたらない。

以上から、法施行令4条1項各号にあたらず、本件事業計画変更認可は「軽微な変更」にあたらない③。

①処分性について、大田区ごみ焼却場事件(最判昭39.10.29、百選Ⅱ143事件)の規範を示している。

②本問の場合、議論の順序としては、①事業計画において定められる(記載される)事項を確認し、次に、②事業計画の策定とその認可により施行地区内の所有権者等の権利義務又は法的地位に対していかなる法的効果が生じたかを確認し、その上で、③当該事業計画の変更とその変更認可によって、当初の事業計画及びその認可により施行地区内の所有権者等に生じていた法的効果に対してどのような変化が生じたかを述べ、この法的効果の変化が処分性を基礎付けることを述べなくてはならないはずである(採点実感)。

③本件における事業計画の変更は施行地区の変更を含んでいるところ、【資料 関係法令】で挙げた都市再開発法施行令第4条第1項各号に列挙された「軽微な変更」の内容を見ても、施行地区の変更は「軽微な変更」として挙げられていないため、本件における事業計画の変更は、「軽微な変更」には当たらない(出題趣旨)。

110

にもかかわらず、Q県は「軽微な変更」にあたるとして縦覧等をしなかったから法16条、38条2項に反し違法である。

(2) 手続の違法が処分の違法事由となるか。

手続をやり直しても結果が変わらない場合は処分をやり直しても意味がないから、重大な手続の違法といえる場合に処分の違法を導く。

事業計画の縦覧がなければ、権利者はその意見を提出する機会（法16条2項）を奪われるから、違法は重大である④。

④手続の違法の重大性について、端的に認定している。

2 都市計画法13条1項13号を満たしているか。

(1) 同号の趣旨は「当該都市の健全な発展と秩序ある整備を図る」（同項柱書）観点から「一体的に開発し、又は整備する」土地を再開発することを定めたものである。

C地区はB地区から見て河川を越えた対岸にあり、物理的に「一体的に開発」する必要はない。また、C地区の所有者EがR市長やB地区組合の理事らに対し、C地区を本件事業の施行地区に編入するように働きかけを行ってその編入が実現したこと、C地区は河川沿いの細長い形状の空き地であり、地区周辺の人通りも少なかったこと、その周辺からB地区側へ橋がかかっていないためにB地区からの人の流入も期待できず、A駅方面へ行くのにはかなりの遠回りをしなければならないという状況であったことから、機能的にもB地区と「一体的に開発」する必要があったとはいえない⑤。

⑤都市計画法13条1項13号の都市計画基準について、条文の文言に沿って検討できている。

よって、同号を満たしていない。

(2) 以上から、都市計画法13条1項13号を満たさない。

3 法3条4号を満たしているか。

(1) 同号の趣旨は、「都市の健全な発展と秩序ある整備を図る」ため再開発の対象とすべき土地を定めたものである。とすると、「都市の機能の更新に貢献する」とは再開発事業によって土地がより有益になることをいう。

C地区は上述のように人通りも少なく、A駅へのアクセスも不便な土地であるから、公園を建設したとしても人の利用は期待できない。よって、C地区の再開発がより有益な土地利用になるとはいえず、「都市の機能の更新に貢献する」とはいえない⑥。

⑥法3条4号の施行区域の要件についても、条文の文言に沿って検討できている。

(2) 以上から、法3条4号を満たさない。

4 以上から、本件事業計画認可は違法である。

第3 設問2

1 本件取消訴訟において、本件事業計画変更認可の違法性を主張できるか。

(1) 本件権利変換処分も本件事業計画変更認可も「処分」である。

「処分」は公定力が働き、出訴期間（行政事件訴訟法14条1項）経過後は不可争力が働くから、原則として処分の違法性を主張することができなくなる。もっとも、①先行処分と後行処分が同一の目的・効果の実

111

現を目指しているかという実体法的観点、②先行処分の段階で十分な手続保障が与えられていたかという手続法的観点からこれらを満たし、後行処分において先行処分の違法性の主張を許すことが相当と認められる場合には例外的に違法性の承継が認められる⑦。

(2) ①について

事業計画変更認可は権利変更処分により土地所有権を得ることが目的であるから、権利変換処分と同一目的である⑧。

また、権利変更処分は事業計画が定められていることが前提だから、事業計画変更認可がその要件となっているといえる。

よって、事業計画変更認可は権利変換処分と結合して土地所有権を得るという目的・効果を実現できるから、①を満たす。

(3) ②について

事業計画変更認可のあとは、所有者はその同意が求められ（法14条1項）、また公告がされること（法19条1項）により、やがて自身が土地の所有権を失うかもしれないことを知ることができるから、十分な手続保障が与えられているとも思える。B地区組合はこのように反論する⑨。

もっとも、宅地所有者に個別の通知が来るわけではないから十分な手続保障があったとはいえない。

加えて、事業計画変更認可の段階では未だ所有権を失うことが確定しているわけではないからその取消訴訟を提起せず⑩、権利変換処分の通知がされた段階で（法86条1項、2項）初めて不利益が現実化したことを知り、権利変更処分の取消訴訟を提起することになってもあながち不合理とはいえない。

よって、②を満たす。

(4) 以上から、Dは本件取消訴訟において本件事業計画変更認可の違法性を主張できる。

以上

(2,578字)

⑦違法性の承継について、判例（最判平21.12.17、百選Ⅰ81事件）の判断要素を示すことができている。

⑧目的の同一性について、想定される被告B地区組合の反論に言及せず、簡単に肯定してしまっている。

⑨手続保障については、想定される被告B地区組合の反論に言及できている。

⑩事業計画変更認可の段階では、個々の宅地所有者等に与えられるべき権利床等の詳細は確定には至っていないことを指摘できている。

◆総評◆

全体的に、出題趣旨によって求められている要点を押さえ、筋道立てて書かれた読みやすい答案である。設問1の小問(1)など、出題趣旨から外れている部分もあるものの、法の趣旨や条文の文言を理解し、過不足なく構成された文章が評価されたものと考えられる。

公法系第２問＜行政法＞

答案③（順位ランクＡ、133.05点、系別111位、論文総合400位）

第１　設問１小問(1)

1　本件事業計画変更認可が「処分」（行訴法３条２項）に当たるか。

2　「処分」とは、公権力の主体たる国または公共団体が行う行為のうち、その行為によって直接国民の権利義務を形成し、その範囲を確定することが法律上認められるものをいう。

3(1)　本件事業計画変更認可は、法38条１項を根拠に、都道府県知事が一方的行使するものであるから、公権力性が認められる。

(2)ア　また、上記認可は、事業計画を変更して新たに施行地区に編入しようとする土地がある場合には、施行地区内の宅地の所有者等の３分の２以上の同意を必要としている（法38条２項、法14条１項）。また、上記認可には、都市計画に適合していることが必要であり（法38条２項、法17条３号）、上記認可がされた際には、公告や図書の送付ことが規定されている（法38条２項、法19条１項）①。

　　　これらの手続規定があるのは、上記認可によって施行地区内の宅地の所有者等に何らかの権利義務または法的地位の変動があり得るからであると解される。

イ　では、どのような内容の権利義務または法的地位の変動があるのか。施行地区内の宅地の所有者等は、建築行為等の制限が課される（法66条１項）。また、事業計画が変更され、従前の施行地区に新たな施行地区が編入された場合、従前の施行地区内の宅地の所有者は、権利変換を希望しない旨の申出をすることができる（法71条５項）。これは、施行地区内に新たな施行地区が編入されることにより、権利床に返還されるべき宅地の総面積が増加した結果、従来の宅地所有者等が本来取得できたはずであった権利床が減少してしまうという事態が生じるため、そのような不利益に対して申出をできる機会を付与するものである。

　　　そうすると、上記認可によって、施行地区内の宅地の所有者等は、本来取得できたはずであった権利床が減少するという法的地位の変動が認められる。

　　　したがって、上記認可は、前述の法的地位を変動させる点で、直接国民の権利義務を形成するといえる。

(3)　そして、本件権利変換処分がなされてから、同処分に対する取消訴訟を提起するという考えもある。しかし、同処分がなされてしまうと、権利床の減少が現に生じてしまっており、その段階で取消訴訟を提起しても、事情判決（行訴法31条）がなされる可能性がある。

　　　したがって、実効的な権利救済の観点からも、上記認可の処分性を肯定すべきである②。

①法効果性について、事業計画変更の認可の検討から始めてしまっている。

②処分性を肯定する論拠として、権利変換計画認可の取消訴訟を提起しても事情判決が出される可能性が高いことを指摘する答案が目立った。しかし、問題文中の【市街地再開発事業の制度の概要】で紹介があるように、実際の工事が着手されるのは、権利変換計画認可がなされた後、土地の明渡しを経てからである。この点で、平成20年判決で問題となった土地区画整理事業計画とは異なる。したがって、権利変換計画認可の取消訴訟において事情判決が出される可能性の指摘は、同認可の処分性を肯定する論拠とならない（採点実感）。

113

4　よって、上記認可は、「処分」に当たる。

第2　設問1小問(1)

1(1)　Dとしては、変更認可の申請があった後、法16条が定める手続が履践
されていないことは、違法であると主張することが考えられる。これに
対して、Q県としては、本件事業計画の変更は、「軽微な変更」(法38条
2項かっこ書)に当たるから、上記手続は不要であると反論することが
考えられる。

(2)　事業計画変更のうち法38条2項の定める「軽微な変更」に当たるもの
は、法施行令4条各号に掲げられている。

　　本件事業計画変更は、新たな施行地区を編入させるものであるから、
「設計の概要の変更」にはとどまらないから、同条1号、2号には該当
しない。また、事業施行期間の変更(同3号)、資金計画の変更(同4号)
にも当たらない。そして、本件計画変更は、主要な給排水施設や消防用
水利施設等の位置の変更等(同5号かっこ書)にも当たらない。

(3)　したがって、「軽微な変更」には当たらないから、法16条の手続を履
践しなかった点に違法事由が認められる③。

③本件事業計画変更
が、法38条2項の定
める「軽微な変更」には
当たらないことを、端
的に指摘できている。

2(1)　また、Dとしては、上記認可は、都計法13条1項13号および法3条
4号に掲げる要件を充足しないという違法事由があると主張すること
が考えられる。

(2)　新たに編入されるC地区は、その周辺にB地区側へ橋が架かっていな
いためにB地区側からの人の流入も期待できないから、C地区はB地区
と何ら一体性を持っていないから、「一体的に開発し、又は整備する必要
がある土地の区域」(都計法13条1項13号)に当たらない。

　　また、C地区は公園として整備される予定であるが、公園は、「区域内
の土地の高度利用を図る」(法3条4号)とは言い難い④。

④問題文中の具体的な
事実がそれぞれ、都市
計画基準と施行区域要
件のいずれの適合性の
点で問題となるのか
を、区別して書くこと
ができている。

(3)　したがって、上記認可は、前述した要件に該当せず、違法事由が認め
られる。

3　よって、Dとしては、上記内容を、違法事由として主張することが考え
られる。

第3　設問2

1　Dは、後行処分である本件権利変換処分の取消訴訟において、先行処分
である上記認可の違法性を主張することができるか。違法性の承継が問題
となる。

2　先行処分と後行処分は本来、別個独立した行為である。また、先行処分
の違法は、当該処分の取消訴訟においてのみ取り消すことができるという
取消訴訟の排他的管轄や出訴期間制度(行訴法14条)と抵触する。した
がって、先行処分の違法は、後行処分の取消訴訟で争うことは原則として
できない。

　　もっとも、Ⓐ先行処分と後行処分が同一の目的を達成するために結合し
てはじめて効果を発揮するものであり、かつ、Ⓑ先行処分の適否を争うた

114

公法系第2問＜行政法＞

めの手続的保障が十分に与えられていない場合には、例外的に、違法性の承継が認められ、先行処分の違法を後行処分で争うことができる⑤。

3　Ⓐについて

　B地区組合としては、先行処分である上記認可と後行処分である本件権利変換処分は、本来別個独立の行為であり、法の規定上、両者が結合するものとは読み取れないと反論することが考えられる。

　しかし、両者はともに、第一種市街地再開発事業（法2条の2）を施行するために設けられているものであるから、同一の目的を達成するために規定されているといえる。また、上記認可の後に本件権利変換処分を実施し、権利変換がなされた後、土地の明渡しを経て実際の工事が着手される流れになっている。上記認可と本件権利変換処分がなされてはじめて工事に着手でき、上記再開発事業を開始できるから、両者が結合してはじめて効果を発揮するといえる。

4　上記認可に関する公告（法38条2項、法19条1項）には、事業計画の変更により従前の施行地区外の土地が新たに施行地区に編入されたときは、権利変換を希望しない旨の申出をできる期限を定めることが求められている（法施行規則11条3項5号）。B地区組合としては、上記の期限が設けられていることから、先行処分である上記認可について争う機会が付与されているとして、手続的保障がされていると反論することが考えられる。

　しかし、上記の期限は、申出の期限を定めるものであり、関係者に具体的な不利益が生じるのかは認可の公告の段階ではわからない。権利床が減少するといった具体的な不利益が関係者に明らかになるのは、権利変換計画の公告縦覧手続（法83条1項）が行われてからである⑥。

　したがって、手続的保障が十分であるとはいえない。

　なお、Dは、認可の公告段階では、上記認可によって自分に割り当てられる権利床の面積には影響がないと誤解していたが、違法性の承継は、法規定の解釈から、ⒶⒷが認められるかを検討するものであり、個別の事情を考慮すべきでない。

5　よって、違法性の承継が肯定され、Dは、本件取消訴訟において、上記認可の違法性を主張することができる。

以上

（2,883字）

⑤違法性の承継について、最判平21.12.17（百選Ⅰ81事件）の判断要素を示している。

⑥認可に関する抗告の段階では、個々の宅地所有者等に与えられるべき権利床等の詳細は、確定には至っていないことを指摘できている。

◆総評◆

　簡潔な答案ではあるものの、全体的に要点を押さえて書くことができている。設問1の小問(1)の処分性の検討はやや外してしまったものの、それ以外の部分では、出題趣旨で挙げられている項目について、概ね言及することができている。

115

答案④ （順位ランクA、127.88点、系別204位、論文総合185位）

設問1(1)

1　取消訴訟の対象となる「処分」（行政事件訴訟法（以下、「行訴法」とする）3条2項）とは、①公権力の主体たる国または地方公共団体の行う行為のうち、②その行為によって直接国民の権利義務を形成し、またはその範囲を確定することが法律上認められたものをいう。

2　まず、本件事業計画変更認可は、法38条1項に基づき、Q県知事が公権力の行使として一方的に行う行為である（①）。

　　次に、昭和60年12月17日判例は土地区画整理組合の設立認可について、事業施行権限を持つ強制加入団体の設立行為であることを理由に処分性を認めているところ、市街地再開発組合についてもこの理由は妥当すると思われる①。

　　もっとも、本件事業計画変更認可は新たに土地を編入させるものにすぎず、上記理由は妥当しない。しかしながら、本件では新たに編入された土地の所有者が既に組合員だったものの、そうでなかった場合には所有者を新たに組合員とすることになる。また、組合員の変動はなかったとしても、組合員が得られる権利床は、それぞれが有する宅地の価格の割合に応じたものであるから、施工地区に新たに土地が編入されれば、既存の組合員の権利床の割当てを変動させるという意味で、組合員の権利義務に影響を生じるという法的効果を有する（②）②。

3　よって、処分性が認められる。なお、本件事業計画変更認可にあたり、法38条2項が組合設立に関する手続を準用していることも、法が本件事業計画変更認可を処分と捉えていることを示す根拠になる。

設問1(2)

1　法16条の縦覧手続の履践が無いこと

(1)　本件事業計画変更認可にあたっては、原則として、市町村長に事業計画を公共の縦覧に供させなければならないところ（法38条2項、16条1項）、「軽微な変更」であればこれをせずともよい。

　　「軽微な変更」の内容は、法38条2項を受けた同法施行令4条各号に列挙されているところ、施工地区への新たな土地の編入は明示されていない。また、「都市計画の変更に伴う設計の概要の変更」（1号）にあたる可能性もあるが、必ずしも明確ではない③。

(2)　ここで、法38条2項の準用する法19条1項を受けた都市再開発法施行規則11条3項2号・5号は、施行地区の変更の内容と、事業計画の変更により施行地区外の土地が新たに施工地区に編入されたときは、権利変換を希望しない旨の申出をする事ができる期限を公告しなければならないとする。これは、施工地区への新たな土地の編入が組合員の法的地位に大きな変動を及ぼすことから、これを関係者に知らしめるべきと

①【S市都市計画課の会議録】で示されている、最判昭60.12.17に言及できている。

②事業計画の変更の認可が、施行地区内の宅地所有者等の権利ないし法的地位を変動させるという点に着目することができている。

③施行地区の変更が、都市再開発法施行令第4条第1項各号に列挙されていないことを、端的に指摘できている。

の趣旨によるものである。

(3) そうすると、法16条についても、本件事業計画変更認可を「軽微な変更」として法が縦覧をしなくてよいものとしているとは考えがたい。したがって、「軽微な変更」ではないにもかかわらず、法の解釈を誤って手続を履践していないといえ、違法である。

2 ⑦都市計画基準（都市計画法13条1項13号）、④施行区域の要件（法3条4号）を満たしていないこと

(1) ⑦について。施行区域は都市計画として定められるところ、都市計画基準に適合する必要がある。具体的には、C地区が「一体的に開発し、又は整備する必要がある土地の区域」にあたる必要がある。

C地区は、B地区からみて河川を越えた対岸にある細長い空き地であり、B地区側への橋が架かっていないためにB地区からの人の流入は期待できず、A駅方面へ行くにはかなりの遠回りをしなければならない。また、地区周辺の人通りも少ない。そうすると、このようなC地区をB地区と一体的に開発し、又は整備しなければならない事情があるとは到底いえない④。

したがって、上記要件を満たさない。

(2) ④について。施行区域は法3条の要件を満たす必要があるところ、具体的にはC地区の「高度利用を図ることが、当該都市の機能の更新に貢献する」（4号）ことが必要である。

上記のような状況に照らすと、C地区を公園として開発したとしても利用者は見込めず、R市の機能の更新に貢献するとは言いがたい⑤。

したがって、この要件も満たさない。

3 よって、上記の違法がある。

設問2

1 先行行為と後行行為が各々処分に該当する場合、先行処分の違法は先行処分の取消訴訟で主張しなければならないのが原則である。

2 もっとも判例は、いわゆる違法性の承継として、例外的に先行処分の違法を後行処分の取消訴訟で主張することを許している。具体的には、⑦先行行為と後行行為が同一目的を達成するために行われ、両者が相結合して初めてその効果を発揮するものであり、④先行行為の適否を争うための手続保障が十分か、という観点で判断する⑥。

(1) ⑦については、先行処分たる本件事業計画変更認可は、都市計画をより適切な形へと変更することを目的とする処分であるのに対し、後行処分たる本件権利変換処分は、施行地区内の土地所有者に対し、権利床を与えるものであり、同一目的を有し相結合して初めて効果を発揮するものとはいえない、との反論があり得る。

しかし、本件事業計画変更認可が上記の通り施行区域内の土地所有者の権利床の割当てを変動させ、また法38条2項・19条1項・施行規則11条3項5号は、新たに土地が施行区域に編入された場合に権利変換を

④都市計画法第13条第1項第13号は、市街地開発事業に係る都市計画基準として、「一体的に開発し、又は整備する必要がある土地の区域」であることを求めているが、C地区は、都市計画変更前の施行区域であるB地区とは河川で隔てられており、C地区周辺からB地区側へは橋が架かっておらず、変更に係る都市計画においても両地区の地理的な接続は予定されていないため、B地区と一体的に開発又は整備する必要があるということはできない（出題趣旨）。

⑤法第3条は施行区域とすることができる土地の区域の要件を定めているが、同条第4号は、当該区域内の土地の高度利用を図ることが当該都市の機能の更新に貢献することを求めている。現況が空き地であるC地区を公園として整備しても活発な利用を見込むことはできず、本件事業が施行される地区及びその周辺の都市機能の更新に貢献するということはできない。したがって、本件都市計画変更は、施行区域要件も満たしていないことになる（出題趣旨）。

⑥最判平21.12.17（百選Ｉ81事件）の判断要素を示すことができている。

希望しない旨の申出をすることができる期限の公告を要求している。そうすると法は、事業計画変更があった場合は、宅地所有者の権利に変動があることから、その変動を踏まえて権利床を取得するか否かを選択させた上で、最終的に適切な権利変換を目指しているといえる。そうすると、両者は同一目的に向けられ、両者が相結合して初めてその効果を発揮するというべきである（⑦）。

(2)　①については、本件事業計画変更認可に伴う公告はされており、手続保障は済んでいる、との反論があり得る。

　　しかし、宅地所有者が実際上興味を有しているのは、権利変換後の権利床の割合であるところ、事業計画変更の内容が公告されても、直ちに自らの権利床の割合に変動が起こることは把握しがたいと思われる。自らの権利床は、権利変換計画の縦覧手続があって初めて具体的に把握できるのであり⑦、このときまで十分な手続保障があったとは言えない（①）。

(3)　したがって、上記の要件を満たす。

3　よって、Dは違法を主張することができる。

以上

(2,542字)

⑦事業計画は事業内容を客観的に説明するものであって、それによって個々の宅地所有者等に与えられるべき権利床等の詳細は確定には至っていないことを、指摘できている。

◆総評◆

　　出題趣旨で挙げられている項目について、概ね言及することができている。簡潔な答案ではあるものの、全体的には、本問において求められている流れに沿って書くことができている。具体的な条文を丁寧に指摘する姿勢を見せれば、より高く評価されたものと考えられる。

公法系第2問＜行政法＞

答案⑤（順位ランクA、121.22点、系別344位、論文総合510位）

設問1

1　小問1

⑴　本件事業計画変更認可は「処分」（行政事件訴訟法（以下、行訴法）3条2項）にあたるか。

⑵　「処分」とは、公権力の主体たる国または公共団体の行為のうち、直接国民の権利義務を形成しまたはその範囲を確定することが法律上認められているものをいう。

⑶ア　本件事業計画変更認可は、都市再開発法（以下、法）38条1項に基づき、公権力の主体たるQ県知事が組合に対して一方的になすものであるから、法律上の根拠及び公権力性がある。

　イ　では、法効果性は認められるか。

　　昭和60年判決は、土地区画整理組合の設立認可について、事業施行権限を持つ強制加入団体の設立行為であることを根拠として処分性が認められるとしている。

　　しかし、事業計画変更認可によってもB地区組合の組合員には変更がないため、同様に考えることはできない①。

　　もっとも、事業計画変更認可がなされると、法17条3号を満たすことが求められ、変更認可についても公告（法19条1項）をなすことが要求される（法38条2項、法施行規則11条3項2号）。そして、公告がなされると、施行地区内について建築制限がかけられる（法66条1項）。そのため、施行地区内の宅地所有者に対し、この段階で、一般的・抽象的な法効果ではなく、個別・具体的な法効果を生じさせているものである。

　　また、第一種市街地再開発事業においては、原則として、施行地区内の宅地の所有者に対し、それぞれの所有者が有する宅地の価額の割合に応じて、再開発ビルの敷地の共有持分権が設定され、再開発ビルの建設後、その割合に応じた再開発ビルの区分所有権が与えられる（法86条）。そして、権利変換を希望しない者は、変更の公告（法38条1項、2項、19条1項）があった日から30日以内に、権利変換を希望しない旨の申出をすることができる（法71条1項）。そのため、施行地区内の宅地所有者は、それぞれの所有者が有する宅地の価額の割合に応じて、再開発ビルの区分所有権を取得することができる地位にたつのである。そして、事業計画変更認可により、施行地区の範囲に変更があれば、再開発ビルの区分所有権が割合的に付与されることに伴い、かかる地位にも変動が生じ得る②。そのため、施行地区内の宅地所有者の権利義務に変動を来たすものである。

　　以上より、法効果性が認められる。

①昭和60年判決に言及した上で、本問の事案との違いに言及している。

②新たな施行地区の編入を伴う事業計画の変更があると、都市再開発法（以下、単に「法」という。）第71条第5項により、同条第1項の定める権利変換を希望しない旨の申出期間につき、上記変更認可の公告があった日が改めて当該期間の起算日となることや、本件事業にあっては再開発ビルの設計の概要の変更が伴わない形で施行地区が拡大されるため、個々の組合員に割り当て得る権利床の面積が変化することに触れながら、本件事業計画変更認可の処分性を肯定しているものは、良好な答案と判断した（採点実感）。

119

(4) よって、本件事業計画認可は「処分」にあたる。

2 小問(2)

(1) 法16条違反

Dは、事業計画変更認可の申請があった後、縦覧及び意見書提出手続がなされなかったことについて、法16条違反を主張することが考えられる。

法16条の規定は、法施行令4条に規定する「軽微な変更」にあたる場合には適用されない（法38条2項括弧書）。

本件事業は、約2万平方メートルの面積を有するB地区を対象としているところ、本件事業計画変更認可は、約2千平方メートルのC地区を施行区域に編入するものである。そして、本件事業計画変更認可に伴い、公共施設たる公園（法2条4号）を新設することとなるため、当該公園は施設建築物（同6号）である。そのため、本件事業計画変更認可は「施設建築物の設計の概要の変更」にあたる（法施行令4条1項2号）。

そして、「最近の認可」である平成28年認可では、約2万平方メートルの施行地域であったのに対し、編入するのは約2千平方メートルであるから、「延べ面積の10分の1をこえる面積の増減を伴わないもの」である。

よって、違法事由とはならない③。

(2) 都市計画基準の不充足

Dは、本件事業計画変更認可は、都市計画基準（都市計画法（以下、都計法）13条1項13号）を満たすものではないとの主張をすることが考えられる。

都計法13条1項13号は、市街地開発事業は、「一体的に開発し、または整備する必要がある土地の区域」について定めることを求める。

本件事業計画変更認可によって新たに編入されたC地区は、B地区から見て河川を越えた対岸にある土地であり、河川沿いの細長い形状の空き地であり、周辺の人通りも少ない。また、その周辺からB地区側への橋がかかっていないためにB地区側からの人の流入も期待できず、A駅方面へ行くにはかなりの遠回りをしなければならないという立地条件下にある。

そのため、人の流れやA駅方面への導線という点からみると、B地区とC地区は分断されているといえ、開発、整備したとしてもこれらが改善されるとは考えにくいから、「一体的に開発し、または整備する必要がある土地の区域」とはいえない。

よって、都市計画基準を満たすものではなく、違法事由となる。

(3) 法3条4号違反

Dは、法3条各号が掲げる施行区域の要件を充足しておらず、違法であるとの主張をすることが考えられる。

法3条4号は、施行区域は「土地の高度利用を図ることが、当該都市

③法第38条第2項の「政令で定める軽微な変更」に当たるか否かの検討に当たり、法施行令第4条第1項第2号は、施設建築物の延べ面積が10分の1を超えるか否かを問題としており、施行地区の編入とは何ら関係がない規定であるにもかかわらず、B地区の面積が約2万平方メートルであること及びC地区の面積が約2千平方メートルであることを理由に、同号に該当し、「軽微な変更」に当たるとする答案が非常に多く見られた（採点実感）。

公法系第2問＜行政法＞

の機能の更新に貢献する」ことを要求する。

　　C地区の立地条件は先述の通りであるところ、C地区は従前空き地であり、土地利用がされていなかったものである。そして、仮に施行区域に編入したとしても、利便性は悪く、高度利用を図ることはできず、また、都市機能の更新に貢献するものではない④。

　　よって、法3条4号の要件をみたすものではなく、違法事由となる。

設問2

1　違法性の承継が肯定されるためには、①実体法的観点と②手続法的観点を考慮する必要があるが、本件では、いずれからも違法性の承継が肯定される⑤。以下、詳述する。

2　①実体法的観点

　　本件事業計画変更認可（法38条1項）がなされれば、施行地区内の宅地所有者が権利変換を希望しない旨の申出等（法71条）をしない限り、権利変換の処分（86条）がなされた後、土地の明渡しを経て、実際の工事が着手されることとなる。このような一連の流れをみると、本件事業計画変更認可と本件権利変換処分は、工事という最終目的に至る段階でなされる一部分にすぎず、両者が相結合して初めて効果を発揮するとはいえないとの反論が考えられる。

　　しかし、両処分共、工事という最終目的のために必要な処分であることは間違いない。また、事業計画変更認可は、権利変換の前提となる（法38条1項、19条1項、71条1項）ことからすると、全体の流れとしては、本件事業計画変更認可と本件権利変換処分は工事を行うという同一目的を達成するための一連の処分といえる⑥。

3　②手続法的観点

　　本件事業計画変更認可の時点で公告（法19条1項）がなされていたのだから、Dはこの時点で争うことができ、手続保障としては十分であったとの反論が考えられる。

　　しかし、事業計画変更認可がなされ、これが公告されたとしても、権利変換対象者に個別的に通知がなされるものではない⑦。また、事業計画変更認可がなされても、今後また変更されることもあり得るし、実際に権利床の割り当てを求めるか、金銭給付（法71条1項、4項）の途もあり得るため、自己がどの程度の割り当てを受けられるかは不明である。そのため、自己の割り当て分が確定した時点で争うこととしても不合理とはいえない。

　　さらに、Dは、本件事業計画変更認可によっても自分に割り当てられる権利床の面積に影響がないと思っていたため、主観的にも、本件事業計画変更認可の時点で争うことをしなかったことも不合理とはいえない⑧。

4　よって、違法性の承継が肯定され、本件取消訴訟において、本件事業計画変更認可の違法性を主張することができる。

以上
（2,973字）

④C地区を公園とすることについても言及したかった。

⑤最判平 21.12.17（百選Ⅰ81事件）が示した判断要素を挙げている。

⑥両者は一体として、権利変換という法効果の実現に向けられていることが、説明できている。

⑦事業計画の縦覧及び意見書提出手続並びに変更認可の公告のいずれも、施行区域内の宅地所有者等に個別に通知する制度ではないことが説明できている。

⑧手続法的観点に関し、違法性の承継は、制度的・類型的に考察すべきものであるのに、本件においてDが不利益を認識できたかどうかなどの個別的事情を論じている答案が相当数あった（採点実感）。

121

◆総評◆

　判例を意識し、論理的に検討しようという姿勢が見られる。もっとも、設問1の小問(2)において手続上の違法を否定する、設問2においてDの個別事情を考慮するなど、出題趣旨の求める要素を外してしまっている部分が多かった。

公法系第2問＜行政法＞

答案⑥（順位ランクB、109.46点、系別770位、論文総合622位）

第1　設問1

1　本件事業計画変更認可（以下「本件変更認可」）が取消訴訟（行政事件訴訟法（以下法名略）3条2項）の処分にあたることの論拠

(1)　「処分」（3条2項）とは、公権力の主体たる国または公共団体の行為のうち、その行為によって、直接、国民の権利義務を形成し、またはその範囲を確定することが法律上認められているものをいう。具体的には、公権力性、法効果性に紛争の成熟性の観点も加味して検討する。

(2)　本件事業計画変更認可は、都市再開発法（以下「法」）第38条1項、2項に基づき、公権力の主体たるQ県知事が、その優越的な地位に基づき、一方的に行うものであり公権力性を有する。

(3)　次に、法効果性について、本件変更認可が施行地区内の宅地所有者等の権利義務または法的地位に対して有する法的効果について、検討する。

ア　本件事業計画はB地区を施行区域とする第一種市街地再開発事業である。そして、本件変更認可は、施行区域にEの有するC地区を編入するという計画変更に対するものである。

そもそも第一種市街地再開発事業においては、原則として、施行地区内の宅地の所有者に対し、それぞれの所有者が有する土地の価額の割合に応じて、再開発ビルの敷地の共有持分権が与えられ、当該敷地には再開発ビルを建設するために地上権が設定されて、当該敷地の共有者には、地上権設定に対する補償として、再開発ビルの区分所有権（「権利床」）が与えられる。そして、権利変換がなされた後、土地の明渡しを経て実際の工事が着手される。そして、施行地区内の宅地の所有者等らは権利変換処分を受けうる地位に立たされ、権利変換を希望しない者は、都道府県知事による組合設立の認可（法11条1項）の公告（法19条第1項）があった日から30日以内に、権利変換に代えて自己の所有する宅地の資産の価額に相当する金銭の給付を希望する旨を申し出ることとされている。また、公告後は、法66条により知事の許可を受けなければ、施行区域内における建築物その他の工作物の新築、改築等土地の形質の変更等を行うことができないと定められ、具体的な私権の制限を受ける①。

事業計画の決定以降は、施行区域内の宅地の所有者は、宅地の所有権の代わりにその価額に応じた敷地の共有持分権を取得し、敷地の地上権設定に対応して再開発ビルの区分所有権が与えられる、という形でその財産権に変動が生じるとともに、許可を受けなければ建築物の新築、改築等ができないという制限が課され、かつ、30日以内に権利変換か、金銭賠償かを選択しなければならない地位に立たされる。

そして、本件変更認可は、施行地区にC地区が編入するものであり、

①事業計画の決定につき、市街地再開発事業の制度の概要の説明を行っている。

123

従来の施行地区の宅地の価額に応じて割り当てられていた共有持分権をC地区の価額を加えて再計算することとなるため、認可の時点で算出された共有持分権の割合に変動が生じることとなる。これにより、区分所有権（権利床）の割合も変わるため、変更認可は、組合員の有する区分所有権という財産権に変動を生じさせるという効果を有する②。

　　また、事業計画が変更され、従前の施行地区に新たな施行地区が編入された場合、変更の認可の公告があった日から30日以内に、従前の施行地区内及び新たに編入された施行地区内のそれぞれの宅地の所有者は、従前の申出を撤回し、又は権利変換を希望しない旨の申出をすることができるとされており（法第71条第5項）、30日以内に申出をしなければならない地位に立たされる③。

　　よって、本件変更認可は組合員の財産権に変動を生じさせ、宅地の所有者等は権利変換か金銭賠償かを選択しなければならない地位に立たされるという法的効果を有する。

　　そして、変更認可の公告から30日以内に申出の撤回か権利変換を希望しない旨の申出をしなければならず、認可の効力につき現時点で取消訴訟によって争わせる必要があり、実効的権利救済の観点からは紛争の成熟性も認められる。

(4)　以上より、本件変更認可は取消訴訟の対象となる「処分」にあたる。

第2　設問1(2)

　Dは本件事業計画変更認可には、Q県知事の裁量権の逸脱・濫用（30条）という違法があると主張する。具体的には、以下を違法事由として主張する。

(1)　「軽微な変更」（法38条第2条かっこ書き）に当たると判断し、法16条の定める縦覧および意見書提出手続を履践しなかったことに、裁量権の逸脱・濫用がある。

　ア　「軽微な変更」に該当するかの判断にQ県の裁量が認められるか。

　　裁量権の有無は、法令の文言、判断の性質、処分の性質等をもとに判断する。

　　38条第2条かっこ書きの政令とは、都市再開発法施行令（以下「法施行令」）4条のことであり、本件は第1号の「設計の概要の変更」および2号「10分の1をこえる…伴わないもの」について判断されたと考えられる。

　　「軽微な変更」や「概要の変更」という表現は抽象的である。また軽微か否かは、計画の全体像をふまえた専門技術的な知見に基づき判断することを要するため、法はQ県に要件裁量を認めているといえる④。

　イ　しかし、裁量が認められる場合も、行政庁の判断の過程及び結果について、重要な事実の基礎を欠くか、社会通念上著しく妥当性を欠く場合、裁量権の逸脱・濫用として違法となる。

　　B地区はDの所有する宅地を含む約2万平方メートルの土地であ

②事業計画の変更の認可は、以上のようにして成立する施行地区内の宅地所有者等の権利ないし法的地位を、何らかの形で直接的に変動させるという意味で、直接的な（個別具体的な）法的効果を持つといえる（出題趣旨）。

③新たな施行地区の編入を伴う事業計画の変更にあっては、同変更の認可が公告されると、法第71条第5項により、同条第1項の定める権利変換を希望しない旨の申出期間につき、同公告があった日が改めて当該期間の起算日となる点でも直接的な（個別具体的な）法的効果を認めることができる（出題趣旨）。

④法第38条第2項によれば、事業計画変更認可申請の審査における縦覧・意見書提出手続を省略し得る場合としての「軽微な変更」は「政令」で定めることとされている。したがって、「軽微な変更」という文言がいかに不確定的であろうとも、いかなる変更が「軽微な変更」であるかは、「政令」の定めのみから判断されなければならない（採点実感）。

124

公法系第２問＜行政法＞

り、Ｃ地区は約２千平方メートルの土地のため、新たに編入する土地は従前の土地の 10 分の１を明らかにこえるものではない。よって２号には該当しうる。

一方、1 号については、Ｃ地区を公共施設である公園とし、これを新設する以外は設計の概要を変更しないことから、これも満たすとも思える。しかし、Ｃ地区はＢ地区から見て河川を超えて対岸にあり、Ｂ地区の 10 分の１の広さを持つ場所である。従前の土地と一体性がない広大な土地を編入し、これに新たに公共施設を設置することは、設計の概要の変更に留まるとは解されず、軽微な変更と評価したことは、判断に明白な合理性の欠如があり、社会通念上著しく妥当性を欠く⑤。

ウ　よって「軽微な変更」との判断には裁量権の逸脱・濫用が認められ、本件変更認可の違法事由となる。

エ　また、軽微な変更ではないにもかかわらず、縦覧及び意見書提出手続きという法に定めのある重要な手続きを履践しなかった点も違法事由となる。

(2)　都市計画法（以下「計画法」）上の都市計画基準（13 条第 1 項第 13 号）を満たすとの判断に裁量権の逸脱・乱用という違法がある。

ア　Ｑ県知事の裁量権が認められるか。

計画法 13 条第 1 項 13 号は「市街地開発事業は…一体的に開発し、又は整備する必要がある土地の区域について定めること」としており、この文言は抽象的である。また、第 1 項本文も都市計画につき「都市の健全な発展と秩序ある整備を図るため必要なものを、一体的かつ総合的に定めなければならない」という抽象的な文言を用いている。そして、このような判断は土地の形状や利用状況、将来予測もふまえた専門技術的判断を要するものである。よって法はＱ県知事に要件裁量を認めているといえる。

イ　では、裁量権の逸脱・濫用があるか。

この点につき、Ｃ地区はＢ地区から見て河川を超えた対岸にあり、立地上一体性を有しているとはいえない。また、Ｃ地区周辺からＢ地区側へ橋が架かっていないために、Ｂ地区からの人の流入も期待できず、構造上の一体性も欠く。両者を一体的に開発・整備する必要性はなく、都市の健全な発展に資するとも評価しえない。

そもそもＣ地区が施行地区に編入されたのは、上記のような立地状況からＣ地区の土地活用に長年苦慮してきたＥがＲ市長やＢ地区組合の理事らに働きかけを行った結果であり、一体的総合的に開発・整備する必要から編入されたわけではない。

そうであれば、13 号該当性を裏付ける具体的事実に乏しいといえ、Ｑ県知事の判断には明白な合理性の欠如があり、著しく妥当性を欠く。

ウ　よって都市計画基準を満たすとの判断には裁量権の逸脱・濫用が認められ、本件変更認可の違法事由となる。

⑤「軽微な変更」について法施行令第４条第１項各号への適合性を検討するところまでは到達しながら、第５号「その他第２号に掲げる者に準ずる軽微な設計の概要の変更」が裁量を認める規定であるとして、本件での事業計画変更を個々に含まれないとして行政判断が裁量の逸脱濫用に当たるか否かを検討する答案が散見された（採点実感）。

(3) C地区が公園として整備されることで法第3条第4号に定める施行区域の要件が満たされるとの判断に裁量権の逸脱・濫用という違法がある。

ア　Q県知事に裁量権が認められるか。

法3条4号は第一種市街地再開発事業について都市計画に定める施行区域の要件として、「当該区域内の土地の高度利用を図ることが、当該都市の機能の更新に貢献すること」と定める。「都市の機能の更新に貢献」との文言は抽象的であり、かつこの判断は、都市計画の全体像や地域の経済や生活状況をふまえた専門技術的知見を要する。よって法はQ県知事に要件裁量を認めている。

イ　では、裁量権の逸脱・濫用があるか。

上記の通り、C地区とB地区は立地上も構造上も一体性を欠き、公園を設置した場合も、B地区側からの人の流入は見込めない。また、C地区はそもそも河川沿いの細長い形状の空き地であり、地区周辺の人通りは少ないうえ、A駅方面へ行くにはかなりの遠回りをしなければならず、A駅を使ってC地区に人が流入する可能性も低い。このような状況下で公園を設置したとしても、多くの人々に利用される可能性は低く、また、公園を中心としたコミュニティの形成などによって地域が発展する可能性も低い。C地区の具体的な状況に鑑みれば、C地区の高度利用を図ったとしてもR市の都市機能の更新に貢献するとは解されず、4号の要件を満たすとの判断には、明白な合理性の欠如があり、著しく妥当性を欠く。

ウ　よって施行区域の要件を満たすとの判断には裁量権の逸脱・濫用が認められ、本件変更認可の違法事由となる。

(4) 以上より、Dは上記を違法事由として主張することが考えられる。

第3　設問2

Dは本件権利変換処分の取消訴訟において、本件変更認可の違法性を主張することができるか。

そもそも、行政行為の早期安定の観点から、取消訴訟には厳格な出訴期限が定められていることからも、先行の処分の違法を後行の処分の取消訴訟で争えないのが原則である[6]。しかし、以下の実体法的観点および手続法的観点をともに満たす場合、例外的に違法性の承継が認められ、後行処分の取消訴訟において先行処分の違法事由を主張することができる。

(1) 実体法的観点

先行行為と後行行為が同一目的を達成するために行われ、両者が相結合してはじめてその効果を発揮するという実体法的観点の検討に際しては、処分の主体が同一か、同一の目的を有するか、先行の手続が後行の手続の前提となるなどの関連性があるか、を考慮する[7]。

ア　先行処分たる本件変更認可と、後行処分たる本件権利変換処分の主体はともにQ県知事である。そして、両処分ともに、市街地再開発事業の実施という同一目的を有する。そして、上記のように権利変換処

[6]違法性の承継は、原則として認められないことを述べている。

[7]最判平 21.12.17（百選I 81 事件）の判断基準を示している。

公法系第2問＜行政法＞

　　　分は、宅地の所有権が、計画の認可や変更認可によって共有持分権お
　　　よびこれに基づく区分所有権に変換される、という処分であり、変更
　　　認可は権利変換処分の前提となる処分である。そして、権利変換処分
　　　後、土地の明け渡しを経て実際の工事に着手するという順序で事業が
　　　進む。

　　イ　以上のように、先行行為と後行行為が同一目的を達成するために行
　　　われ、両者が相結合して初めて効果を発揮するという関係にある。
　　　よって実体法的観点から、違法性の承継を認めうる。

　(2)　手続法的観点
　　　先行行為の適否を争うための手続的保障が十分に与えられていると
　　いえるか。

　　ア　この点につき、そもそも市街地再開発事業は施行地区内の宅地の価
　　　額等で共有持分権や区分所有権が決定されるという制度である以上、
　　　施行地区の変動によって自己の共有持分権や区分所有権も変動しう
　　　ることは推知可能であり、先行処分の段階で取消訴訟を争うことがで
　　　きた以上、手続保障に欠けるところはない、との見解が考えうる。

　　　　確かに、施行地区の変動によって自己の権利床に何らかの変動が生
　　　じることは予想できるといえる。しかし、通常一般人にとって、その
　　　時点では具体的にどの程度自己の権利床が変動するかは明確でなく、
　　　具体的な権利床が判明する権利変換決定の段階まで訴訟の提起を待
　　　つとの判断もあながち不合理なものとは言えず、先行処分の段階で十
　　　分な手続き保障が及んでいたとは言えない。

　　イ　本件でもDは先行処分の段階では権利床に変更はないだろうと誤
　　　解しており、争訟の提起は考えていない。そしてDが権利床の具体的
　　　な変動を知ったのは権利変換計画が公告されてからであり、この時点
　　　で初めて争訟の提起を考えるに至っている。Dには先行処分の段階で
　　　十分な手続保障が及んでいたとはいえず、手続法的観点からも違法性
　　　の承継が認めうる⑧。

　(3)　よって、Dは本件取消訴訟において、本件変更認可の違法性を主張で
　　きる。

以上

(5,125字)

⑧手続法的観点に関
し、違法性の承継は、制
度的・類型的に考察す
べきものであるのに、
本件においてDが不利
益を認識できたかどう
かなどの個別的事情を
論じている答案が相当
数あった（採点実感）。

◆総評◆

　設問1の小問(1)は、市街地再開発事業の制度に基づいて処分性を検討し
ており、出題趣旨に沿っている。一方で、小問(2)において、裁量を論じる
べきでないところで裁量を長々と論じてしまっており、点数を下げてし
まったものと考えられる。

127

答案⑦ （順位ランクＣ、100.43点、系別1,201位、論文総合545位）

第1　設問1小問(1)

1　「処分」（行政事件訴訟法（以下、行訴法という。）3条2項）とは、公権力の主体たる国又は公共団体が行う行為のうち、直接国民の権利義務を形成し、その範囲を確定することが法律上認められているものをいう。
　　具体的には、①公権力性、②直接具体的法効果性を中心として、③実効的権利救済の点も加味して判断する①。

①大田区ごみ焼却場事件（最判昭39.10.29、百選Ⅱ143事件）の判断基準を示すことができている。

2　事業計画変更認可は、法38条に基づき、都道府県知事が優越的地位に基づいて一方的に行うものであるから、①公権力性が認められる。

3(1)　本件事業計画変更認可が施行地区内の宅地の所有者等に対してどのような法的効果を及ぼすかを検討する前提として、組合設立の認可（法11条）の法的効果について検討する②。

②まずは組合設立の認可の法効果性から検討することができている。

(2)ア　都市計画（都市計画法12条1項）に定められた第一種市街地再開発事業の施行区域内の宅地について所有権又は借地権を有する者は、5人以上共同して、定款及び事業計画を定め、都道府県知事の認可を得ることにより、組合を設立することができる（法11条1項）。

イ　事業計画を策定するにあたっては、施行地区のほか、設計の概要、事業施行期間及び資金計画を定める必要がある（法7条の11第1項）。設計説明書には、再開発ビル、その敷地及び公共施設の概要等が記載される。設計図は500分の1以上というかなり細かな縮尺で記載され、再開発ビルの各階について柱、外壁、廊下、階段及びエレベーターの位置を示す平面図、断面図等からなる。

ウ　施行地区内の宅地について所有権又は借地権を有する者の全員が強制的に組合員とされることとなる（法20条1項）。そして、第一種市街地再開発事業では、原則として所有者が有する宅地の割合に応じて、再開発ビルの敷地の共有持分権が与えられ、最終的に権利床として再開発ビルの区分所有権が与えられることとなる。

エ　上記のような権利変換がなされた後に工事が行われることとなる。権利変換により権利床を得るのではなく、自己の所有する宅地の資産の価額に相当する金銭の給付を希望する場合は、組合設立の認可のその旨を申し出ることができる（法71条5項）。

オ　以上のように、組合設立の認可がなされた場合、施行地区内の宅地について所有権又は借地権を有する者の全員について、現在所有している宅地に居住し続けることはできず、権利床を得るか、自己の所有する宅地の資産の価額に相当する金銭の給付を得るかの二者択一を迫られることとなる。

カ　現在の宅地に居住し続けることができなくなるという多大な影響が及ぶため、法11条1項の規定による認可を申請する場合には、区域

公法系第2問＜行政法＞

内の宅地について所有権・借地権を有する者の3分の2という多数の同意を要することとされている（法14条1項）。

　細かな縮尺の設計図を要することとされているのも、どの部分が権利床として割り当てられるかが権利変換をするか、自己の所有する宅地の資産の価額に相当する金銭の給付を得るかを判断する上で重要であるためである。

　以上のように、その法的地位に重大な影響があることから、組合設立の認可の申請（法11条1項）があった際には計画が公衆の縦覧に供されることとなっており（法16条1項）、第一種市街地再開発事業に関係のある土地について権利を有する者は、都道府県知事に意見書を提出することができることとされている（同条2項）。

　キ　組合の認可には上記のような法的効果があるといえる。

(3)　そして、事業計画変更は、法14条の同意を得た後に事業計画の施行地区や事業計画を変更するものである。事業計画が変更されれば、施行地区内の宅地について所有権又は借地権を有する者に対して割当てられる権利床に変化が生じることとなる③。

　よって、本件事業計画変更は、施行地区内の宅地について所有権又は借地権を有する者に対して直接具体的な法効果を生じさせるものといえる（②充足）。

4　そして、権利変換は、「手続に必要な期間の経過後、遅滞なく」行われることとなっている（法82条）。工事や権利変換の後ではもはや事業計画の内容の適否を争うことは不可能であるから、本件事業計画変更が認可された段階で争うことを認めることが③実効的権利救済に資するといえる。

5　よって、本件事業計画変更認可は取消訴訟の対象となる処分にあたる。

第2　設問1(2)

1　まず、Dとしては、法16条に基づく縦覧及び意見書提出の手続が履行されていない点が違法であると主張する。

　本件都市計画変更では、施行地区や組合員に割り当てられる権利床の面積に変更が生じている。B地区が約2万平方メートルであるのに対して、追加されるC地区は約2千平方メートルであることから、「面積の10分の1をこえる延べ面積の増減を伴わないもの」（都市再開発法施行令4条2号）にも当たらない。そのため、「政令で定める軽微な変更」（法38条2項括弧書き）には当たらず、法16条に基づく縦覧及び意見書提出の手続が行われるべきであった。にもかかわらず、これが行われなかったことは違法である④。

2(1)　また、本件事業計画変更認可は都市計画法13条1項13号および法3条4号の要件を満たしていないため、違法となる。

(2)ア　「都市の健全な発展と秩序ある整備を図るため必要なものを、一体的かつ総合的に定めなければならない。」（都市計画法13条1項13号）、「当該区域内の土地の高度利用を図ることが、当該都市の機能の

③本件事業にあっては再開発ビルの設計の概要の変更が伴わない形で施行地区が拡大されるため、個々の組合員に割り当て得る権利床の面積が変化することも、直接的な（個別具体的な）法的効果といえよう（出題趣旨）。

④法施行令第4条第1項第2号は、施設建築物の延べ面積が10分の1を超えるか否かを問題としており、施行地区の編入とは何ら関係がない規定である。

⑤都市計画基準への適合性と施行区域要件への適合性をまとめて判断する答案が目立った。両者は異なる定めによる異なる基準である以上、それぞれの基準への適合性の判断内容は当然に異なる。条文を丁寧に読むことが求められる（採点実感）。

更新に貢献すること」（法3条4号）という要件は抽象的なものであり、都市の発展や土地の高度利用は、人口や道路の交通状況といった複雑多岐にわたる事項を考慮する必要があり、専門技術的な判断を要する事項であるから、これにあたるか否かについては都道府県知事に裁量があるものといえる⑤。

イ　もっとも、C地区は、全てCが所有する細長い形状の空き地であり、地区周辺の人通りも少なかった。C地区の周辺からB地区側へは橋もかかっておらず、B地区方の人の流入もなかった。そのため、B地区とC地区は「一体的かつ総合的」な都市計画を行うべく一体として扱われるべき土地ではない。加えて、空き地であり橋も架かっておらず人の往来もないC地区を都市計画に加えることがB地区の土地の「高度利用」や「機能の更新に貢献」するとは考えられない。現に、EはC地区の土地の活用に長年苦慮している。

にもかかわらず、C地区が事業計画に加えられることとなったのは、C地区内の宅地をすべて所有するEがR市長やB地区組合の理事らに対して働きかけを行ったためである。

ウ　よって、本件事業計画変更認可の判断は、重要な事実の基礎を欠き、社会通念に照らして著しく妥当性を欠くため、違法である。

第3　設問2

1　違法性の承継が認められるためには、①先行行為と後行行為が同一目的を達成するために行われ、両者が合わさってはじめて効果を発揮するものであり、②先行行為について手続保障が与えられておらず、後行行為において先行行為の違法性を争うことが適切であると認められることが必要である。

2　本件取消訴訟では、本件権利変換処分の取消が争われている。本件事業計画変更認可は、事業計画の変更に対して都道府県知事が認可を行うものであり、本件事業計画認可も本件権利変換処分も現在の宅地の所有権を失わせ、都市計画を実現させるという同一の目的を達成するために行われるものである⑥。本件事業計画変更認可によって変更された内容に基づいて本件権利変換処分がなされなければ、都市計画に基づく再開発は完了しないため、両者が合わさってはじめて効果を発揮するものであるといえる（①充足）

3　本件事業計画変更認可については、その変更内容が縦覧（法38条2項、16条1項）に供されていない。そのため、Dは変更後に付与される権利床について知る機会がなかったものといえ、自己に割り当てられる権利床の面積には影響がないと誤解したとしても無理からぬものがある⑦。

したがって、先行行為である本件事業計画変更認可について争う機会が保障されていなかったといえる。したがって、後行行為である本件権利変換処分において本件事業計画変更認可の違法性を争うことが適切であるといえる。

⑥同一目的について、想定される被告B地区組合の反論を挙げることなく、簡単に肯定してしまっている。

⑦違法性の承継は、個別的な事情に結論が左右される性質の論点ではなく、制度自体に内在する救済の必要性、許容性を論ずるものである。

公法系第２問＜行政法＞

4　よって、違法性の承継が認められる。

以上
(3,300字)

◆総評◆

　設問１の小問(1)については、段階を踏んで処分性を検討することができている。このような検討ができている答案が少ない中、よくできているといえる。一方、設問１の小問(2)や設問２で、問題文の要請に答えられていない部分があり、点数を下げてしまったものと考えられる。

答案⑧ （順位ランクD、92.63点、系別1,620位、論文総合1,557位）

第1　設問1小問(1)

1　「処分」（行政事件訴訟法（以下「行訴法」という。）3条2項括弧書）とは、国又は公共団体が行う行為のうち、国民の権利関係を形成し、又はその範囲を確定することが法律上認められているものをいう。具体的には、①公権力性②直接具体的法効果性が認められる場合をいう。

(1)　①公権力性について

公権力性は、当該行政行為が法律に基づき、一方的に行われるものをいう。

本件事業計画変更認可は、法38条2項、19条1項に基づき、都道府県知事が一方的に行われる行政行為である。よって、本件事業計画変更認可には①公権力性が認められる。

(2)　②直接具体的法効果性について

ア　直接具体的法効果性は、当該行政行為により、特定の国民の具体的な権利義務法律関係が直接変動すると評価できる場合に認められる。

たしかに、本件事業計画変更認可によっても、B地区組合員に変更はないので、同認可による、同組合員への権利義務、法律関係への具体的な変更は直接にはないとも思える。

イ　しかし、本件事業計画変更認可により、C地区が本件事業の施工地区に編入することが決定し、従前の計画より、権利床に変換されるべき宅地の総面積が増加した結果、Dが本来取得できるはずであった権利床の量が減少している。このことから、本件事業計画変更認可により、同認可前後のDに割り当てられる権利床という権利関係に具体的な変更が直接生じているといえる①。

ウ　また、法の仕組みを検討するに、法38条1項は組合（法11条1項）による事業計画の変更が行われ得ることを規定している。そして、法38条2項は事業計画変更認可にあたり、法19条1項を準用し、同変更認可の公告を求めている。さらに、法38条2項が準用する法19条1項注意書による公告が行われると、施工地区内の建築制限が再度かけられる。また、同公告がなされると、施工地区内に所有権を有する者は、公告があった日から起算して30日以内に、施工者に対して、再度権利変換を希望しない場合には金銭を希望することができる機会が与えられる（法71条1項）。これらの規定が、事業計画認可（法11条1項）の場合だけでなく、同変更認可（法38条1項）の場合にもあえて適用されるように明記されていることに照らせば、同変更認可の場合にも、上記イで述べたような既存組合員の権利床という権利関係に直接具体的な変動が生じることを法自体が当然前提にしていると解される。

①本件事業計画変更認可の処分性について、本件事案における固有の事情を検討して論じる答案が散見された。しかし、処分か否かは、基本的に、根拠法令の解釈によって決まるものであって、事案における個別事情の内容で左右されるものではない（ある法律に基づくある措置が、事案ごとに処分とされたりされなかったりということは基本的にない。）。このことは、平成20年判決をはじめとした、処分性が争われた多くの最高裁判決から明らかなはずである（採点実感）。

公法系第2問＜行政法＞

　　　　このことから、法38条1項による事業計画変更認可には、②直接具
　　　体的法効果性が認められる。
2　以上のことから、本件事業計画変更認可は「処分」にあたる。
第2　設問1小問(2)
1　Dは本件事業計画変更認可の違法性に関して、以下の主張をすると考え
　られる。
2　本件事業計画変更認可申請があった後、法16条が定める縦覧及び意見
　書提出手続きが履践されていないことについて。
　(1)　法38条2項括弧書は、「軽微な変更」(都市再開発法施行令(以下「法
　　施行令」とする。) 4条1項)の場合には法16条の適用が排除されてい
　　る。そこで、本件事業計画変更認可が「軽微な変更」に当たるかが問題
　　となる②。

②「軽微な変更」に当たるかどうかの問題提起を行っている。

　(2)　法施行令4条1項1号は、都市計画の変更に伴う設計の概要の変更の
　　場合には、同2号の場合を除き、「軽微な変更」にあたると定める。
　　　　本件事業計画変更では、設計の概要のうち、当該公園を新設すること
　　以外は変更していない。したがって、本件事業計画変更は「都市計画の
　　変更に伴う設計の概要の変更」(法施行令4条1項1号)にあたる。
　　　　もっとも、B地区は約2万平方メートルの土地の区域である。そして、
　　本件事業計画変更により新たに施工地区に編入されるC地区は約2千
　　平方メートルの空き地である。B地区の厳密な面積が2万平方メートル
　　を割り込み、C地区の厳密な面積が2千平方メートル丁度かそれ以上で
　　ある場合、「10分の1をこえる延べ面積の増減を伴わないもの」(同2号)
　　にはあたらない③。
　(3)　したがって、この場合には、本件事業計画変更は「軽微な変更」には
　　あたらず、法32条2項括弧書の法16条の適用排除がなされない。
　　　　以上より、本件事業計画変更認可には、法所定の手続きを履践してい
　　ないという違法事由が存在する。

③本件における事業計画の変更は施行地区の変更を含んでいるところ、【資料 関係法令】で挙げた都市再開発法施行令第4条第1項各号に列挙された「軽微な変更」の内容を見ても、施行地区の変更は「軽微な変更」として挙げられていないため、本件における事業計画の変更は、「軽微な変更」には当たらない(出題趣旨)。

3　本件事業計画変更が都市計画基準(都市計画法(以下「都計法」とする。)
　13条1項13号)を満たさないことについて。
　(1)　同号は、市街地開発事業は、市街化区域、区域区分が定められていな
　　い都市計画区域内を一体的に開発し、又は整備する必要がある土地の区
　　域について定めることを規定している。
　　　　同号の趣旨は、計画対象区域の特質に合った開発事業を行うことで、
　　特定の地域のみが発展し、開発事業の対象から外れた地区が衰退するこ
　　とのないように調和のとれた発展を目指す点にあると解する(都計法13
　　条1項柱書)。
　　　　そうであるとすれば、「一体的に開発し、又は整備する必要がある土地
　　の区域」(同項13号)にあたるか否かの判断は、対象区域毎の立地条件、
　　一体的開発による人の流動性の効率化が図れるか否か等の点を考慮し
　　て判断すべきである。

133

(2) C地区はB地区と河川を挟む形で立地している。そして、この河川には橋が架かっていない。これらのことから、C地区B地区は物理的距離がある立地条件となっている。加えて、この立地条件もあって、仮にC地区とB地区を一体的に開発したとしても、B地区C地区間で人の往来が盛んになるとも考えられない。このことから、C地区とB地区は、一体的開発による人の流動性の効率化が図れる関係にあるとも言えない。

(3) したがって、C地区は「一体的に開発し、又は整備する必要がある土地の区域」にあたらない。

4 本件事業計画変更が法3条4号を満たさないとDは主張すると考えられるものの、以下の理由により、かかる主張は認められない。

(1) DはC地区を公園として整備するという内容で本件事業計画に編入することが「当該都市の機能の更新に貢献すること」(同号) にはあたらない、と主張することが考えられる。

(2) もっとも、市街地再開発事業とは、都市計画法上の都市計画区域内で、細分化された敷地を共同化して施設建設物を建築し、同時に道路や公園等の公共施設の用地を生み出すことを目的とする事業である。

C地区は公園として整備される予定であることから、C地区をB地区再開発事業に編入することは、道路や公園等の公共施設の用地を生み出すという市街地再開発事業の目的に沿う。

したがって、C地区を公園として整備するという内容で本件事業計画に編入することは「当該都市の機能の更新に貢献すること」(同号) にはあたる④。

④設問1の小問(2)では、本件事業計画変更認可が違法であることについて、Dの立場からの主張を示すことが求められている。

(3) よってDの上記主張は認められない。

第3 設問2

1 Dは、①本件事業計画変更認可 (以下「本件先行処分」とする。)、本件権利変換処分 (以下「本件後行処分」とする。) が同一目的達成のために行われ、両者が相結合して初めてその効果を発揮するものであり、②本件先行処分の適否を争うための手続きが十分ではなかったとして、本件先行処分の違法事由を本件後行処分の違法事由として主張できる、と主張することが考えられる⑤。

⑤Dの立場からの主張と、違法性の承継の判断基準が混然としており、分かりにくくなっている。

(1) ①について、想定される被告からの反論と私見について⑥

ア 反論

本件先行処分の目的はあくまでも事業計画が法 17 条等所定の認可基準を満たしているか否かの判断結果を示すものである。また、同認可の効果は、市街地再開発組合を結成できること (法 11 条 1 項)、同認可公告を加味しても、計画対象土地等の物権に制限がかかるに過ぎない (法 66 条 1 項)。

これに対して、本件後行処分の目的は、権利変換完了であり、その効果は対象物権の権利変動である (法 86 条 2 項)。

このことから、本件先行処分と本件後行処分はその目的と効果を異

⑥本問はあくまでDの立場 (違法性の承継肯定) から書くものなので、私見という言葉選びは適切ではないと思われる。

公法系第2問＜行政法＞

にする。

　イ　私見

　　事業計画変更認可後、同認可公告がなされ（法38条2項、19条1項）、権利変換を希望しない者のための申出期間（法71条各項）経過後、施工者は遅滞なく権利変換計画の決定認可を受けることが義務付けられている（法72条1項）。加えて、施工者は、法71条1項の認可を受けた後、遅滞なくその旨の公告、通知をすることが義務付けられている（法86条1項）。そして、かかる通知により、権利変換処分は完了する（同2項）。権利変換処分は事業計画の内容どおりに組合員の所有権等を権利床に変換するものと考えると、事業計画変更認可の上記目的・効果は、共に権利変換処分を確実かつ正確に実行するための手続であると考えられる。加えて、法72条1項、法86条1項が、事業計画変更認可後、権利変換処分は遅滞なく手続の進行を施工者に義務付けていることからも事業計画変更認可は権利変換処分という最終目的・効果のための処分であると考えられる。

　　したがって、本件先行処分と本件後行処分は①を満たす。

⑵　②について、想定される被告からの反論と私見について。

　ア　反論

　　本件事業計画変更認可に処分性が認められ、Dは同認可後、同認可の存在を知っていたのであるから、同認可の取消訴訟（行訴法3条2項）を提起し、同認可処分の違法性を争う機会があったのであるから、②は満たされない、との反論が考えられる[7]。

　イ　私見

　　たしかに、Dは偶然、本件事業計画変更認可の存在について知っていた。しかし、Dは本件事業計画変更認可によってDに割り当てられる権利床の面積に変更はないと誤信していたのであるから、Dに権利変動がない以上、Dが本件事業計画変更認可処分の違法性を争う必要がないと判断したことは何ら不合理ではない。よって事実上、Dに本件先行処分の違法性を争う機会が保障されていたとは言えない。

　　また、そもそも、要件②の手続保障の充分性を、処分の存在を知っていたか否かという個人の偶然の事情により判断することは、手続保障という制度趣旨からして妥当ではない。

　　そこで、要件②は、あくまでも処分の根拠法規を含む法全体の仕組みに照らして判断すべきである。

　　本件事業計画変更認可はQ県担当部局が「軽微な変更」（法38条2項括弧書）にあたると判断し、法16条1項の事業計画の縦覧及び意見書の処理手続を経ていない。同手続は、当該事業計画に意見がある計画地の権利者に意見提出の機会をあたえ与える規定である（同2項）。この規定の目的は、当該事業計画に関して、疑義を有する権利者のために、情報収集や、不服申立の機会を保障する趣旨を含むと解する。

⑦手続法的観点に関し、違法性の承継は、制度的・類型的に考察すべきものであるのに、本件においてDが不利益を認識できたかどうかなどの個別的事情を論じている答案が相当数あった（採点実感）。

そうであるとすれば、同手続を欠く場合には、事業計画変更認可処分を争うための機会が充分に保障されていたとは言えない。
　　したがって、同手続を経ていない本件事業計画変更認可処分に関し、Dに同処分の取消訴訟提起の手続保障がなされていたとは言えず、②を満たす。
2　以上より、Dは本件取消訴訟において、本件事業計画変更認可の違法事由を主張できる。

以上

（4,335字）

◆総評◆

　　設問1の小問(2)は、「本件事業計画変更認可が違法であることについて、Dはどのような主張をすることが考えられるか、検討しなさい。」とあるように、あくまでDの立場からすべき主張を検討することが求められていたのであり、その主張の当否を書く必要はない。問題文の問いかけに正面から答える姿勢が足りなかったものと考えられる。

民事系　第1問

民　法

監　修　辰已専任講師・弁護士　福田　俊彦

民　法	民事系の点数	系別順位	科目別評価	論文総合順位
答案①	213.08	33	A	97
答案②	201.70	89	A	8
答案③	195.79	139	A	108
答案④	191.66	199	A	358
答案⑤	175.56	498	A	580
答案⑥	171.86	583	B	622
答案⑦	159.31	930	C	766
答案⑧	158.10	961	D	510

概　説

　令和6年の民事系科目第1問（民法）は、オーソドックスな出題がなされた。債権法・物権法の典型論点から民法総則に関するテーマまで問われ、民法全般における理解が求められている。

　令和5年の出題と共通するのは、民法全般の知識がバランスよく出題されている点である。設問1(1)では、①他人物賃貸借の賃貸人を真の賃貸人が相続した場合における賃借人の賃借権主張の可否②留置権の成否を論じることが求められていた。①は、所有者が他人物売主を相続した事案（最大判昭49.9.4、百選I32事件解説）、②では損害賠償請求権を被担保債権とする留置権を否定した事案（最判昭51.6.17、百選I75事件解説）を踏まえた検討が期待される。設問1(2)では、賃貸借契約に関する典型論点が出題されている。設問2では、錯誤において意思表示が無効になる余地を認めた判例（最判平元.9.14、百選I22事件解説）や平成29年改正後に発表された判例（最判平28.1.12、百選I22事件）等を踏まえた検討が求められていた。

　設問1(1)及び設問2では判例を参考にすることで深い検討を行う事ができる問題が出題されており、論点及び判例の深い理解が必要とされている。事前に準備した論証パターンを書きだすだけでは問題文に即した解答にならないため、事例問題の演習等を通じて、判例の射程や論証の使い方、ひいては民法の理解を深めていくことが重要であると思われる。

民事系第１問＜民法＞

問 題 文

〔第１問〕（配点：１００〔設問１〕及び〔設問２〕の配点は、５０：５０〕）
　次の各文章を読んで、後記の〔設問１(1)・(2)〕及び〔設問２〕に答えなさい。
　なお、解答に当たっては、文中において特定されている日時にかかわらず、
令和６年１月１日現在において施行されている法令に基づいて答えなさい。

【事実】
　１．Ａは、遠方に、空き地である甲土地を所有しており、甲土地の所有権
　　　の登記名義人はＡである。
　２．令和２年４月１日、Ａの子Ｂは、Ａの了承を得ないまま、甲土地につ
　　　いて、Ｃとの間で、賃料月額５万円、賃貸期間３０年間、建物所有目的
　　　との約定による賃貸借契約（以下「契約①」という。）をＢの名におい
　　　て締結し、同日、甲土地をＣに引き渡した①。契約①の締結に当たり、
　　　Ｃが、Ｂに対し、甲土地の所有権の登記名義人がＡである理由を尋ねた
　　　ところ、Ｂは、「Ａは父であり、甲土地は既にＡから贈与してもらった
　　　ものだから、心配はいらない。」と言い繕った。Ｃがなお不安がったこ
　　　とから、契約①には、甲土地の使用及び収益が不可能になった場合につ
　　　いて、損害賠償額を３００万円と予定する旨の特約が付された。
　３．令和２年７月１日、Ｃは、甲土地上に居住用建物（以下「乙建物」と
　　　いう。）を築造し、乙建物について所有権保存登記を備えた。Ｃは、乙
　　　建物に居住している。
　４．令和３年７月１０日、Ｂが急死した。Ｂは、遺言をしておらず、また、
　　　Ｂの相続人は、Ａのみである②。Ｃは、Ｂの相続人が誰であるか分から
　　　なかったことから、Ｂの死亡後、甲土地の賃料を供託している。
　５．令和４年４月１５日、Ａは、甲土地をＣが利用していることに気付き、
　　　Ｃに対し、甲土地の所有権に基づき、乙建物を収去して甲土地を明け渡
　　　すよう請求した（以下「請求１」という。）。これに対して、Ｃは、「⑦
　　　私は、契約①に基づいて甲土地を占有する権利を有している。仮にその
　　　ような権利がないとしても、④３００万円の損害賠償を受けるまでは甲
　　　土地を占有する権利がある。」と反論した。

〔設問１(1)〕
　【事実】１から５までを前提として、次のア及びイの問いに答えなさい。
　ア　Ｃは、下線部⑦の反論に基づいて請求１を拒むことができるかどうか
　　　を論じなさい③。
　イ　下線部⑦の反論が認められない場合に、Ｃが下線部④の反論に基づい
　　　て請求１を拒むことができるかどうかを論じなさい④。

①契約①は、Ａの名では
なくＢの名において行わ
れていることから、無権
代理ではなく他人物賃貸
借となる。

②判例は、他人の権利の
売主が死亡し、その権利
者において売主を相続し
た場合につき、権利者は、
相続によって売主の義務
を承継しても、相続前と
同様その権利の移転につ
き諾否の自由を有し、信
義則に反すると認められ
るような特別の事情がな
い限り、売主としての履
行義務を拒否することが
できるとする（最大判昭
和４９年９月４日民集
２８巻６号１６９頁）。本
問についても、当該判例
で示された考え方を踏ま
えた検討が期待されてい
る（出題趣旨）。

③Ｃは、下線部⑦におい
て契約①に基づく賃借権
を主張しているものと解
される（出題趣旨）。

④Ｃは、下線部④におい
て３００万円の損害賠償
債権を被担保債権とする
留置権（民法第２９５条）
を主張しているものと考
えられる（出題趣旨）。

139

【事実】

6. 【事実】5の後、AとCとの間で交渉が持たれ、令和4年6月1日、Cは、乙建物を代金280万円でAに売却し、同日、乙建物をAに引き渡した。その後、乙建物について、CからAへの所有権移転登記がされた。

7. 令和4年6月15日、Aは、乙建物について、Dとの間で、賃料月額12万円、賃料前月末日払、賃貸期間2年間との約定による賃貸借契約（以下「契約②」という。）を締結し、同年7月1日、乙建物をDに引き渡した。

   Dは、令和4年7月分から9月分までの賃料を、それぞれ約定どおりAに支払った。

8. 令和4年9月初めから雨が降り続く中、同月11日、乙建物の一室（以下「丙室」という。）で雨漏りが発生し、同日以後、丙室は使用することができなくなった⑤。その後の調査によれば、丙室の雨漏りは、契約②が締結される前から存在した原因によるものであった。

9. 令和4年9月13日、Dは、Aに何らの通知もしないまま、建設業者Eに丙室の雨漏りの修繕工事を依頼した⑥。Eは、雨漏りの状態を確認した上で、同月20日、この依頼を報酬30万円で引き受け、同月24日から30日まで丙室の雨漏りの修繕工事（以下「本件工事」という。）を行った。Dは、Eに30万円の報酬を支払い、同年10月1日から丙室の使用を再開した。

   令和4年9月30日、Dは、翌日から丙室の使用が可能となったため、Aに令和4年10月分の賃料を支払った。

10. 令和4年10月10日、Dは、Aに対して、同年8月31日に支払った令和4年9月分の賃料の一部を返還するよう請求する（以下「請求2」という。）とともに、DがEに報酬として支払った30万円を直ちに償還するよう請求した（以下「請求3」という。）。Aは、この時に初めて、丙室に雨漏りが発生した事実とDがEに本件工事を行わせた事実とを知った。

   Aは、請求2及び請求3を拒み、Dに対し、「特に修繕工事を急ぐべき事情はなかったのだから、Dは、そもそも、丙室の雨漏りを無断で修繕する権利を有していなかったはずだ。しかも、DがEに支払った報酬30万円は高すぎる。私が一般の建設業者に依頼していれば20万円で足りたはずだ。」と反論した。

〔設問1(2)〕

   【事実】1から10までを前提として、次のア及びイの問いに答えなさい。

   ア　請求2が認められるかどうかを論じなさい。

   イ　請求3が認められるかどうかを論じなさい。なお、本件工事の実施について急迫の事情はなく、また、本件工事と同じ内容及び工期の工事に対する適正な報酬額は20万円であるものとする。

⑤賃借物の一部の使用収益の不能による賃料減額（民法第611条第1項）の成否についての検討が必要である（出題趣旨）。

⑥本件工事には「急迫の事情」がなく、また、Aに対する事前の「通知」もないため、本件工事はDの修繕権（民法第607条の2）に基づくものとは言えない。しかし、民法第607条の2の規定は、同法第608条1項と接続されておらず、また、同条の趣旨は、専ら、賃借人による賃借物の修繕を賃貸人に対する債務不履行・不法行為でなくするところにある。したがって、修繕権に基づかない修繕である場合にも、そのことを理由に、必要費償還請求権が排除され、または償還額が制限されることにはならない（出題趣旨）。

民事系第１問＜民法＞

【事実】

11. 令和５年９月１５日、Ｆは、Ｇに無断で、Ｇが所有する丁土地を駐車場として使用し始めた。Ｇは、Ｆとは知らない仲ではなかったことや、Ｇ自身は丁土地を使用する予定がなかったことから、Ｆに対し、口頭で抗議をする以外のことをしなかった。

12. 令和５年１２月５日、Ｇは、配偶者であるＨと協議により離婚し、Ｈとの間で離婚に伴う財産分与について協議をした。Ｇは、丁土地以外の財産をほとんど持っておらず、また、失職中で収入がなかった。Ｇは、Ｈに対し、Ｇの財産及び収入の状況を伝えるとともに、丁土地はＦが無断で使用しているだけなので、いつでもＦから返してもらえるはずであると説明した。

13 令和５年１２月６日、ＧとＨとの間で、離婚に伴う財産分与として、Ｇが丁土地をＨに譲渡する契約（以下「契約③」という。）が締結された。その際、Ｇは、ＧではなくＨに課税されることを心配して、そのことを気遣う発言をしたのに対し、Ｈは、「私に課税される税金は、何とかするから大丈夫。」と応じた。Ｈは、Ｈにのみ課税されるものと理解していた。同月１１日、丁土地について、ＧからＨへの所有権移転登記がされた⑦。

> ⑦契約③の基礎事情の錯誤（動機の錯誤。95条1項2項）が問題になり得ることを示唆する事情である。

14. 令和６年１月１０日、ＨとＩとの間で、Ｈが丁土地を代金２０００万円でＩに売る契約（以下「契約④」という。）が締結された。Ｈは、Ｉに対し、丁土地の使用に係る事情について、ＨがＧから受けた説明のとおりに説明した。同日、Ｉは、Ｈに対し、契約④の代金を支払った。丁土地について、ＨからＩへの所有権移転登記は、されなかった⑧。

> ⑧契約④について、ＨからＩへの所有権移転登記はなされていない。

15. 令和６年１月１５日、Ｇは、税理士である友人から、課税されるのは財産分与をした側であるＧであり、その額はおおよそ３００万円であるとの指摘を受けた。Ｇは、契約③に係る課税についての誤解に基づきＨとの間で契約③を締結したことに気付いたため、同日、Ｈに対し、契約③をなかったこととする旨を伝えた。Ｉは、Ｇが契約③に係る課税について誤解していたことを契約④の締結時に知らず、そのことについて過失がなかった⑨。

> ⑨Ｉが 95 条4項の「第三者」に当たるとすれば、Ｇは契約③の錯誤取消しをＩに対抗することができないのではないかが問題となる。

16. 令和６年１月１８日、Ｇは、丁土地を駐車場として使用しているＦに対し、丁土地を買わないかと持ち掛けた。Ｇは、丁土地の所有権の登記名義人がＨとなっていることについては、ＧとＨとの間で契約③が締結されたものの、Ｇが契約③に係る課税について誤解していたため、契約③は既になかったこととなっているとＦに説明した。同月２５日、ＧとＦとの間で、Ｇが丁土地を代金２０００万円でＦに売る契約（以下「契約⑤」という。）が締結された。同日、Ｆは、Ｇに対し、契約⑤の代金を支払った。

〔設問２〕

【事実】11 から 16 までを前提として、次の問いに答えなさい。

令和６年１月３０日、Ｉは、丁土地を占有するＦに対し、丁土地を明け渡すよう請求した（以下「請求４」という。）。請求４が認められるかどうかを論じなさい⑩。

> ⑩丁土地について、Ｇ→Ｈ→Ｉというルートでの所有権移転とＧ→Ｆというルートの所有権移転とがあることを踏まえて、ＩとＦとの関係を論ずる必要がある。その検討に当たっては、所有権の登記名義人がＨであることを踏まえることが必要である（採点実感）。

141

事 実 整 理 表

＜主な登場人物＞

A	甲土地の所有者。
B	Aの子。Aの了承を得ないまま、Cとの間で、甲土地についての賃貸借契約（「契約①」）を、Bの名において締結。
C	Bとの間で、契約①を締結した者。甲土地上に乙建物を建築し、居住。
D	Aとの間で、乙建物について、賃貸借契約（「契約②」）を締結した者。
E	建設業者。Dから依頼を受け、乙建物の丙室の雨漏りの修繕工事を行う。
F	Gに無断で、Gが所有する丁土地を駐車場として使用し始めた者。
G	丁土地の所有者。Hとの間で、離婚に伴う財産分与として、Gが丁土地をHに譲渡する契約（「契約③」）を締結。Fとの間で、Gが丁土地をFに売る契約（「契約⑤」）を締結。
H	Gの配偶者。Gと協議により離婚。
I	Hとの間で、Hが丁土地をIに売る契約（「契約④」）を締結した者。

＜時系列＞

設問1(1)

令和2年4月1日	Aの子Bは、Aの了承を得ないまま、甲土地について、Cとの間で、賃料月額5万円、賃貸期間30年間、建物所有目的との約定による賃貸借契約（「契約①」）をBの名において締結。契約①には、甲土地の使用及び収益が不可能になった場合について、損害賠償額を300万円と予定する旨の特約が付される。同日、甲土地をCに引き渡す。
令和2年7月1日	Cは、甲土地上に居住用建物（「乙建物」）を築造し、乙建物について所有権保存登記を備える。Cは、乙建物に居住。
令和3年7月10日	Bが急死。Bは遺言をしておらず、Bの相続人はAのみ。
令和4年4月15日	Aは、甲土地をCが利用していることに気付き、Cに対し、甲土地の所有権に基づき、乙建物を収去して甲土地を明け渡すよう請求（「請求1」）。

設問1(2)

令和4年6月1日	Cは、乙建物を代金280万円でAに売却。同日、乙建物をAに引き渡す。その後、乙建物について、CからAへの所有権移転登記。
令和4年6月15日	Aは、乙建物について、Dとの間で、賃料月額12万円、賃料前月末日払、賃貸期間2年間との約定による賃貸借契約（「契約②」）を締結。

142

民事系第1問＜民法＞

令和4年7月1日	Aは、乙建物をDに引き渡す。
令和4年6月末～8月末	Dは、令和4年7月分から9月分までの賃料を、それぞれ約定どおりAに支払う。
令和4年9月初めから	雨が降り続く。
令和4年9月11日	乙建物の一室（「丙室」）で雨漏りが発生。同日以後、丙室は使用することができなくなる。
令和4年9月13日	Dは、Aに何らの通知もしないまま、建設業者Eに丙室の雨漏りの修繕工事を依頼。
令和4年9月20日	Eは、雨漏りの状態を確認した上で、Dの依頼を報酬30万円で引き受ける。
令和4年9月24日から30日まで	Eは、丙室の雨漏りの修繕工事（「本件工事」）を行う。
令和4年9月30日	Dは、翌日から丙室の使用が可能となったため、Aに令和4年10月分の賃料を支払う。
令和4年10月1日	Dは、丙室の使用を再開。
令和4年10月10日	Dは、Aに対して、同年8月31日に支払った令和4年9月分の賃料の一部を返還するよう請求する（「請求2」）とともに、DがEに報酬として支払った30万円を直ちに償還するよう請求（「請求3」）。

設問2

令和5年9月15日	Fは、Gに無断で、Gが所有する丁土地を駐車場として使用開始。
令和5年12月5日	Gは、配偶者であるHと協議により離婚し、Hとの間で離婚に伴う財産分与について協議。Gは、丁土地以外の財産をほとんど持っておらず、また、失職中で収入なし。Gは、Hに対し、Gの財産及び収入の状況を伝えるとともに、丁土地はFが無断で使用しているだけなのでいつでもFから返してもらえるはずであると説明。
令和5年12月6日	GとHとの間で、離婚に伴う財産分与として、Gが丁土地をHに譲渡する契約（「契約③」）が締結。その際、Gは、GではなくHに課税されることを心配し、そのことを気遣う発言をする。Hは、「私に課税される税金は、何とかするから大丈夫。」と応じる。Hは、Hにのみ課税されるものとの理解。
令和5年12月11日	丁土地について、GからHへの所有権移転登記。

143

令和6年1月10日	HとIとの間で、Hが丁土地を代金2000万円でIに売る契約（「契約④」）が締結。Hは、Iに対し、丁土地の使用に係る事情につき、HがGから受けた説明のとおりに説明。Iは、Gが契約③に係る課税について誤解していたことを契約④の締結時に知らず、そのことについて過失なし。同日、Iは、Hに対し、契約④の代金を支払う。丁土地について、HからIへの所有権移転登記はされず。
令和6年1月15日	Gは、税理士である友人から、課税されるのは財産分与をした側であるGであり、その額はおおよそ300万円であるとの指摘を受ける。Gは、契約③に係る課税についての誤解に基づきHとの間で契約③を締結したことに気付いたため、同日、Hに対し、契約③をなかったこととする旨を伝える。
令和6年1月18日	Gは、Fに対し、丁土地を買わないかと持ち掛ける。Gは、丁土地の所有権の登記名義人がHとなっていることにつき、GとHとの間で契約③が締結されたものの、Gが契約③に係る課税について誤解していたため、契約③は既になかったこととなっていると、Fに説明。
令和6年1月25日	GとFとの間で、Gが丁土地を代金2000万円でFに売る契約（「契約⑤」）が締結。同日、Fは、Gに対し、契約⑤の代金を支払う。
令和6年1月30日	Iは、Fに対し、丁土地を明け渡すよう請求（「請求4」）。

民事系第1問＜民法＞

答案構成例 ～出題趣旨と採点実感等をもとに

［設問1］

第1　小問(1)

1　問アについて

(1)　請求1の根拠

　　請求1は、甲土地の所有権に基づく返還請求権としての建物収去土地明渡請求である。Aは、甲土地を所有しており、対して、Cが乙建物を所有して同土地を占有している、とする。

　↓

(2)　Cの反論⑦

　　これに対して、Cは、反論⑦として、ＢＣ間の賃貸借契約（契約①）に基づく賃借権、すなわち占有権原の抗弁を主張する。しかし、これには理由がない①。

　↓

ア　前提として、Bは、直接自己の名前で取引している。これは、自己のためにしたものと考えられる（100条本文参照）。契約①は、何らの処分権限を有しないBによる他人物賃貸借であり（601条、559条、561条）、無権利の法理によって当然には有効にならない。

　↓

イ　もっとも、Bは死亡し、Aが単独で同人を相続している。相続人は、被相続人の一切の権利義務を承継する（896条）ところ、賃借権を設定する債務が当然に有効にならないか②。

　↓

　　結論として、これも否定される。なぜなら、相手方は、本来有効とならない行為につき、相続という偶然の契機により望外の利益を得ることになる一方、相続人に過大な不利益を課すことになるためである。相続開始後も、Aにおいては、甲土地の所有者としての地位と、Bから承継した賃貸人としての地位が、融合することなく併存する③。

　↓

　　また、相続開始前、Aは、甲土地の所有者として、Bに賃貸権限を与えるか否かを自由に決することができたところ、相続開始後も、Aは、所有者としての地位において、賃貸権限に基づいて甲土地を使用収益させるというBから承継した債務の履行を拒むことができると解される④。

　↓

(3)　したがって、反論⑦には理由がなく、Cは請求1を拒むことができない。

2　問イについて

(1)　Cの反論⑦は、契約①の特約に基づく300万円の損害賠償請求権を被担保債権とした留置権（295条1項）を根拠とする⑤。

　↓

ア　Cは、Aという「他人」の「物」である甲土地を、Bより引渡しを受

①Bの死亡により相続が開始する前には、契約①による賃借権は甲土地の占有権原とならないことを、論じることが求められる（出題趣旨）。

②相続の開始によりAがBの賃貸借契約上の地位や債務を承継した場合にも、この点に変わりがないかを、検討することが求められる（出題趣旨）。

③Aが、相続により、Bのどのような地位・債務を承継したかを分析することが必要である（出題趣旨）。

④Aに甲土地の所有者としての地位と賃借人としての地位が併存する結果、どうなるかを述べる。

⑤反論⑦の根拠が、留置権であることを示す。

145

け、また建物を所有することで「占有」している。

↓

イ 「その物に関して生じた債権」とは、留置権の趣旨が、所有者を犠牲
にしても公平の見地から債権者を保護することにあるところ、債権がそ
の物自体から生じた場合を含む。

↓

本件につき、契約①には、甲土地の使用収益不可を要件とする 300
万円の賠償額の予定（420 条）の特約がある。真の権利者Aが、Cに
対して明渡請求を行うことで、およそ賃借権を設定する債務は不能にな
るため、これを満たす。そのため、債務不履行による損害賠償請求権
（415 条 1 項）が生じている。なお、同債権は「弁済期」にある（295
条 1 項ただし書、412 条 3 項）⑥。

↓

もっとも、契約①の債務者はBであり、甲土地の所有者はAである。
他人物の賃貸人は、自らの債務が履行不能となっても、目的物の返還を
賃借人に請求し得る関係にないため、Cが目的物の返還を拒絶すること
によって、Bの負う賠償債務の履行を間接に強制するという関係が生じ
ない。そのため、賠償債請求権は、甲土地自体から生じたものとはいえ
ない⑦。

↓

ウ また、AはBを相続しているものの、相続の開始という事情は、Aに
おいて所有者としての地位と賃貸人としての地位が併存するものと解
する限り、「その物に関して生じた債権」であるかには影響しない⑧。

↓

エ したがって、同債権は、「その物に関して生じた債権」であるとはい
えない。

↓

(2) よって、留置権は成立せず、反論④に理由はないため、Cは請求１を拒
むことができない。

第１ 小問(2)

１ 問アについて

(1) 請求２の根拠

Dの請求２は、既払いの９月分賃料の一部に対する不当利得返還請求
（703 条）である⑨。

↓

(2) 検討

まず、９月分賃料は、611 条 1 項に照らし減額されるべきものである。
すなわち、賃借目的物である乙建物の「一部」である丙室は、雨漏りとい
う「…その他の事由により使用及び収益」できなくなっている。この雨漏
りは、連日の雨と契約②締結以前に存在した原因によるところ、賃借人D
は関与しえない事情であり、「賃借人の責めに帰することができない事由
による」ものといえる⑩。

↓

---

⑥CがAに対して被担
保債権を有すること、
被担保債権が弁済期に
あることを指摘する。

⑦他人物売買における
売主の債務の履行不能
による損害賠償債権に
ついての牽連関係を否
定した判例（最判昭
51.6.17）を踏まえ
て、本問を検討する。

⑧地位併存説からの帰
結である。

⑨賃料の減額を賃貸人
に対する請求権につな
げるには、減額された
結果、賃料を支払う必
要がなかったことにな
るから、弁済として支
払った金銭の一部が不
当利得（民法第 703 条
（及び第 704 条）又
は第 121 条の 2 第 1
項）に当たるとして返
還を請求すると構成す
る必要がある（採点実
感）。

⑩賃借物の一部の使用
収益の不能による賃料
減額（民法第 611 条
第 1 項）の成否につい
ての検討が必要である
（出題趣旨）。

146

民事系第１問＜民法＞

　　よって、雨漏りにより用益不可となる９月 11 日から修繕完了の９月
30 日の間、丙室の用益不可部分の割合に応じた分が、賃料 12 万円から
当然に減額されることとなる。
　　　　　↓
　　ところが、契約②は、賃料前月末日払の前払特約があり、上記期間に相
応する９月分賃料は、８月末日に約定どおりＡに支払済みである。
　　　　　↓
　　それゆえ、Ａは、減額されるべき額につき、上のとおり「法律上の原因
なく」「利得を得」、これに「よって」Ｄには「損失」が生じている。
　　　　　↓
（3）　結論
　　以上から、請求２は認められる。
２　問イについて
（1）　請求３の根拠
　　Ｄの請求３は、賃貸借契約に基づく必要費償還請求（608 条１項）で
ある。Ｄは、自己がＥに依頼した雨漏り修繕工事の報酬に要した 30 万円
を請求している⑪。
　　　　　↓

⑪請求３の根拠が、必
要費償還請求権（608
条１項）であることを
示す。

（2）　検討
　ア　賃貸目的物の修繕義務は、本来的に使用収益させる義務を負う賃貸人
　　が負う（606 条１項本文）。
　　　　　↓
　　もっとも、607 条の２は、各号に該当する場合に賃借人による修繕
　　を認める。
　　　　　↓
　　本件につき、工事の実施に急迫の事情はなく（同条２号）、また、Ｄ
　は修繕を要する旨の通知を行っておらず（１号）、いずれの要件も満た
　さない⑫。
　　　　　↓

⑫本件工事はＡに無断
でされたから、当該事
情が何らかの意味を持
ち得るかの検討が必要
となる（出題趣旨）。

　　しかし、条文上、607 条の２第１号所定の通知は、必要費償還請求
　権の成立要件とされていない。また、必要費償還請求権の法的性質は不
　当利得返還請求権であるから、通知がされなくても不当利得は成立す
　る。
　　　　　↓
　　したがって、賃借人は、上記通知を怠って修繕をした場合でも、必要
　費の償還請求をすることができる。
　　　　　↓
　イ　では、請求３は、Ｄが支出した 30 万円全額について求められるか⑬。
　　　　　↓
　　この点について、必要費とは、目的物の現状を保持する費用及び現状
　を回復する費用に加え、通常の用法に適する状態において目的物を保存
　するために支出した費用を含むと解する。そのため、修繕に通常要する
　額を超える部分は、「賃貸人の負担に属する必要費」に当たらないと解

⑬本件では、Ｄが支出
した費用が相当な報酬
額よりも多額であるた
め、その全額の償還請
求を認めてよいかも検
討しなければならない
（出題趣旨）。

147

される。

↓

　　本問では、本件工事と同じ内容及び工期の工事に対する適正な報酬額
は20万円である。

↓

　　したがって、賃借人自ら修繕したために要した額を転嫁することにな
る30万円での請求は認められない⑭。

↓

(3)　よって、請求3は、20万円の限度で認められる。

［設問2］

第1　根拠

　請求4は、Iの丁土地の所有権に基づく返還請求権としての土地明渡請求で
ある⑮。

　Iは、丁土地もと所有者GとH間での離婚に伴う財産分与としての譲渡（契
約③）を経て、HとI間での売買（契約④）により同土地所有権を取得してい
る。一方で、Fが同土地を駐車場として利用し占有している、と主張する。

↓

第2　検討

1　問題の所在

　　対して、Fは、契約③がGにより錯誤取消し（95条1項）されており、
Iは所有権を有しない旨を主張しうる。結論として、以下のとおり、取消し
は認められるが、Iは、取消前の第三者として保護される結果、Fの主張に
は理由がない。

↓

2　錯誤取消しの可否

(1)　契約③は、財産分与という親族法上の行為（768条1項）である。

↓

　　しかし、意思表示を内容とし、かつその実質は財産権を移転する性質を
有することから、錯誤取消しに係る規律を適用できる⑯。

↓

(2)　Gは、契約③にあたり、分与の際の課税主体が、真実は贈与者Gである
のに、受贈者Hになると誤信しており、基礎事情の認識が真実に反する錯
誤（95条1項2号）がある。

↓

　　基礎事情は、「法律行為の基礎とされていることが表示され」、契約の内
容になっていることを要する⑰。基礎事情の錯誤による不利益は、本来は
表意者が負担すべきであると解する。そのため、表示の要件を満たすため
には、表意者が動機となった事情を相手方に一方的に表示しただけでは足
りず、その事情がなければその内容の意思表示の効力は否定されることに
ついて、相手方の了解があったことが必要であると解する。

↓

　　契約③の際、Gが財産を有しない状況において、Hに課税されることを
心配しており、Gからの表示があったといえる。これに対し、Hは自己に

⑭通常の額を超える部
分は「賃貸人の負担に
属する必要費」に当た
らないと解されるの
で、Dの必要費償還請
求権は、相当な報酬額
20万円を限度とする
という結論に至る（出
題趣旨）。

⑮請求4の根拠を示
す。

⑯離婚に伴う財産分与
を内容とする契約③の
意思表示も、売買契約
の意思表示等と同じよ
うに、民法第95条第
1項の規定の適用を受
ける（出題趣旨）。

⑰基礎事情の表示の有
無について，筋道立て
論述する。

148

負担がかかることを厭わない旨の返事をしていることから、Hからの黙示の了解もあったといえる。したがって、課税主体が誰かが基礎となる旨が表示され、かつ双方Hに課税されるものと認識して、契約の内容になっていたものとみえる。

↓

　Gは、Gに課税がされるのであれば契約③の意思表示をしなかったため、「錯誤に基づ」（95条1項柱書）いて意思表示がされたといえる。

↓

　そして、Gの財産及び収入の状況が悪かった一方で、実際にGに課税される額は300万円程度と高額であったことを踏まえると、当該事実は「法律行為の目的及び取引上の社会通念に照らして重要なもの」（同項柱書）であるといえる⑱。

⑱問題文中の事情を引用して、契約③におけるGの錯誤が、「法律行為の目的及び取引上の社会通念に照らして重要なものである」（95条1項柱書）であることを示す。

↓

　なお、GとHとの双方が、Gに課税がされないとの同一の錯誤に陥っていたものと考えられる。そのため、Gの錯誤がGの重大な過失によるものであったかどうかにかかわらず、Gは、錯誤により契約③の意思表示を取り消し得る（95条3項2号）。

↓

　そして、Gは、Hに、1月15日、契約③を取り消す旨の意思表示をしている（120条）。

↓

3　95条4項の「第三者」

(1)　もっとも、錯誤による意思表示の取消しは、「善意でかつ過失がない第三者」に対抗することができない（95条4項）⑲。この規定は、取消しによる遡及効（121条）によって害される第三者を保護するものであるから、第三者は、取消前に出現する必要がある。

⑲Gによる錯誤取消しが認められることを前提として、これを第三者であるIに対して主張することができるかどうかを検討する必要がある（採点実感）。

↓

　本件につき、Iは、Gが契約③を取り消す前の1月10日に契約④を締結し、新たに法律上の利害関係を有するに至っている。また、Iは、契約④の際、Gに錯誤があることにつき善意かつ無過失であった。

↓

(2)　さらに、Iは所有権移転登記を備えていないことから、権利保護資格要件としての登記の要否が問題になる。

↓

　95条4項は、錯誤による意思表示をした者に対し、その意思表示の取消権を与えることによって救済を図るとともに、その取消しの効果を善意無過失の「第三者」との関係において制限することにより、当該意思表示の有効なことを信頼して新たに利害関係を有するに至った者の地位を保護しようとする趣旨の規定であると解する。そのため、「第三者」の範囲は、同項の立法趣旨に照らして合理的に画定されるべきであり、「第三者」には、権利保護資格要件としての登記は不要であると解する。

↓

　よって、Iは所有権移転登記を備えていないものの、95条4項の「第

三者」に当たる。
　　↓
(3)　したがって、錯誤による取消しは、Ｉに対抗できない。
　　↓

4　表意者からの物権取得原因を有する者との関係
(1)　一方、Ｆは、Ｇが契約③を取り消した後の1月18日に、契約⑤によってＧから丁土地を買い受けている[20]。

(2)　もっとも、錯誤による取消しがＩに対抗できないことの効果として、上述の機序のとおり、契約③によってＧからＨへ、契約④によってＨからＩへの、所有権の移転が観念できる。
　　↓
　　そして、Ｈが、登記を備えたことにより、丁土地の所有権を確定的に取得している。
　　↓
　　そのため、契約⑤は、上述の物権変動の結果、無権利者Ｇによる譲渡となる。
　　↓
(3)　したがって、無権利者からの譲受人Ｆは、177条にいう「第三者」に当たらないため、Ｉは、登記無くして自己の所有権を主張できる。
　　↓

第3　結論
　　よって、請求4は認められる。

以上

[20]丁土地について、Ｇ→Ｈ→Ｉというルートでの所有権移転とＧ→Ｆというルートの所有権移転とがあることを踏まえて、ＩとＦとの関係を論ずる必要がある（採点実感）。

民事系第1問＜民法＞

解　説

第1　全体について

1　専任講師コメント

前注：鍵括弧は、出題趣旨又は採点実感の引用です。そして、出題趣旨及び採点実感で私が重要と判断した
　　　箇所に、下線を引きました。コメントの重複をできる限り避けるためですので、コメントと共に参考に
　　　してください。

　令和6年も、広範な民法の中からできる限り広い分野の基本的な知識及びそのあてはめを網羅的に問う
問題が出題されました。問題文の事実関係を踏まえて民法の条文を適切に指摘し、その解釈論を展開し、
具体的事実を摘示してあてはめをすることができるか否かが問われています。

　大切なことは、①目の前で問題になっている民事紛争を解決するために必要な民法の条文を目次から探
し出して指摘すること→②当該条文の要件及び効果を明らかにすること→③民事紛争を解決するのに必
要な限度で当該要件及び効果の解釈論を展開すること→④解釈論を展開する際に、判例がある場合には、
判例を指摘すること（もちろん、判例の立場に反対してもよいです。しかし、その場合には、判例を指摘
して批判した上で自説を述べませんと、判例を知らないと評価されてしまうことに注意してください。）→
⑤解釈論の結果として導いた規範に、問題文の具体的事実を当てはめて結論を出すことです。

　そして、令和6年の採点実感ではなく、令和5年の採点実感になりますが、考査委員が、答案を見て特
に感じたこととして、以下の4点を述べていることを押さえてほしいです。

　第1点が、「特定の法律効果の発生の有無を検討することが求められているのに、その法律要件が全て満
たされているかどうかを検討せず、自己が主要な論点と考える部分のみを論ずるものが散見されたこと」。

　第2点が、「結論の妥当性に留意しないものが散見されたこと」。

　第3点が、「法解釈の基本である、特定の規定の特定の文言についての解釈が問題であることを意識しな
いで論述を行うものが散見されたこと」。

　第4点が、「判例を参考にすることで深い検討を行うことができる問題が出題されているが、法律実務に
おける判例の理解・検討の重要性を再認識して」ほしいこと。

　この4点は、民法はもちろん、他の科目でも有益な内容ですので、銘記してください。

　司法試験受験生である貴方は、短答式試験対策と論文式試験対策がほぼ変わらないことを十分に理解し
た上で、民法の勉強の中心を、具体的な問題を解くこと、その際には、民法の目次を使って条文を探し出
し、その条文を読む（音読する、又は素読する。）ことに置いてください。そして、当該条文の趣旨から要
件及び効果を解釈し（判例がある場合には、その判例を指摘し、判例に即して論じてほしいです。）、その
解釈に問題文の事実を当てはめられるように訓練してください。

151

2 出題趣旨

令和6年の出題趣旨は、民事系第1問（民法）全体についての言及はなかった。

3 採点実感

　　採点は、従来と同様、受験者の能力を多面的に測ることを目標とした。
　　具体的には、民法上の問題についての基礎的な理解を確認し、その応用を的確に行うことができるかどうかを問うこととし、当事者間の利害関係を法的な観点から分析し構成する能力、様々な法的主張の意義及び法律問題相互の関係を正確に理解し、それに即して論旨を展開する能力などを試そうとするものである。
　　その際、単に知識を確認するにとどまらず、掘り下げた考察をしてそれを明確に表現する能力、論理的に一貫した考察を行う能力及び具体的事実を注意深く分析し、法的な観点から適切に評価する能力を確かめることとした。これらを実現するために、一つの設問に複数の採点項目を設け、採点項目ごとに、必要な考察が行われているかどうか、その考察がどの程度適切なものかに応じて点を与えることとしたことも、従来と異ならない。
　　さらに、複数の論点に表面的に言及する答案よりも、特に深い考察が求められている問題点について緻密な検討をし、それらの問題点の相互関係に意を払う答案が、優れた法的思考能力を示していると考えられることが多い。そのため、採点項目ごとの評価に加えて、答案を全体として評価し、論述の緻密さの程度や構成の適切さの程度に応じても点を与えることとした。答案全体を評価すればある設問について高い法的思考能力が示されているといえる答案には、別の設問について必要な検討の一部がなく、知識や理解が一部不足することがうかがわれるときでも、そのことから直ちに答案の全体が低い評価を受けることにならないようにした。また、反対に、論理的に矛盾する論述や構成をするなど、法的思考能力に問題があることがうかがわれる答案は、低く評価することとした。さらに、全体として適切な得点分布が実現されるよう努めた。以上の点も、従来と同様である。

第2　設問1⑴について

1　専任講師コメント

　設問1⑴は、他人物の賃貸借契約である契約①において、他人物賃貸人Bが死亡して目的物の所有者であるAがBを単独で相続した事例に基づき、賃借人Cが、Bの地位を相続したAに対し、占有権原として賃借権を主張することの可否についての検討（ア）とともに、賃借人Cが留置権を行使して賃借物である甲土地の返還を拒むことの可否についての検討（イ）を求めるものです。
　アでは、「結論として、相続の開始後も、Cは、契約①による賃借権を甲土地の占有権原として主張することができない」ことは、短答式試験で足切りを突破できる人ならば、分かるはずです。ポイントは、その結論を目指して、どれだけ適切に論理を踏めるかです。「2　出題趣旨」(2)を検討し、どのような勉強をしたら、適切に論理を踏めるようになるかを考えてください。出題趣旨に記載されている判例に言及できなくても、また出題趣旨に記載されているレベルの緻密な内容を答案に書けなくても、枠組みがおおよそ正しければ、絶対にすべらない答案になります。
　イでは、発生根拠を明示した上で被担保債権を特定すれば、あとは、留置権の要件を検討すればよいです。留置権の要件のうちで問題になるものが、物と債権との牽連関係であることは分かるでしょう。その要件については、留置権の制度趣旨から規範を定立し、あてはめをして、結論を出すという法的三段論法

民事系第1問＜民法＞

を踏んだ答案を作成してください。考査委員は、参考になる判例等の考え方を踏まえて、物と債権との牽連関係を否定し、留置権の主張ができないという結論を正解と考えています。私も、それが妥当であると思います。しかし、受験生の再現答案を読むと、合格者の中でも肯定する結論が多かったです。そのような答案は、判例等の理解が不足していると評価されるでしょう。しかし、受験生の多くが肯定しているわけですから、それだけで落ちることはありません。自分なりに筋を通した答案を書くことこそ大切でしょう。

2　出題趣旨

(1)　設問1(1)は、他人物の賃貸借契約において、賃貸人が死亡して目的物の所有者が賃貸人を単独で相続した事例に基づき、賃借人が、賃貸人の地位を相続した所有者に対し、占有権原として賃借権を主張することの可否についての検討とともに、賃借人が留置権を行使して賃借物の返還を拒むことの可否についての検討を求めるものである。

設問1(2)は、賃貸借の目的である建物に雨漏りが生じた事例に基づき、賃借物の一部の使用収益が不能であることを理由とする賃料減額についての検討とともに、賃借人が修繕権に基づかずに賃借建物の修繕工事を行い、通常の必要費を超える支出をした場合における必要費償還請求権の成否及び額についての検討を求めるものである。

(2)　設問1(1)アでは、Cは、下線部㋐において契約①に基づく賃借権を主張しているものと解される。

ア　最初に、Bの死亡により相続が開始する前には、契約①による賃借権は甲土地の占有権原とならないことを、論じることが求められる。契約①は、Bが賃料の支払を受けてA所有の甲土地をCに使用収益させる契約であって、他人物賃貸借に当たる。そのため、Cは、Bに対して賃借権を主張することができても、甲土地の所有者Aに対しては、賃借権を占有権原として主張することができない。

イ　次に、相続の開始によりAがBの賃貸借契約上の地位や債務を承継した場合にも、この点に変わりがないかを、検討することが求められる。判例は、他人の権利の売主が死亡し、その権利者において売主を相続した場合につき、権利者は、相続によって売主の義務を承継しても、相続前と同様その権利の移転につき諾否の自由を有し、信義則に反すると認められるような特別の事情がない限り、売主としての履行義務を拒否することができるとする（最大判昭和49年9月4日民集28巻6号169頁）。本問についても、当該判例で示された考え方を踏まえた検討が期待されている。

まず、Aが、相続により、Bのどのような地位・債務を承継したかを分析することが必要である。Bは、契約①に基づき、他人物の賃貸人として、Cに対し、甲土地の所有者Aからその賃貸権限を取得し、賃貸権限に基づいて甲土地を使用収益させる債務を負う（民法第601条、第559条による第561条準用）ところ、Aは、このようなBの地位・債務を相続により承継した（民法第896条）。

次に問われるのは、Aの所有者としての地位との関係である。相続開始後も、Aにおいては、甲土地の所有者としての地位と（Bから承継した）賃貸人としての地位が、融合することなく併存する。また、相続開始前、Aは、甲土地の所有者として、Bに賃貸権限を与えるか否かを自由に決することができたところ、相続開始後も、Aは、所有者としての地位において、Bから承継した債務の履行（甲土地の使用収益を賃貸権限に基づくものとすること）を拒むことができると解される。相続という偶然の事由によってAが前記の自由を奪われるべき理由はなく、また、Aの拒否によってCが不測の損害を受けることもないからである。

153

結論として、相続の開始後も、Cは、契約①による賃借権を甲土地の占有権原として主張することができない。

(3) 設問1(1)イでは、Cは、下線部④において３００万円の損害賠償債権を被担保債権とする留置権（民法第２９５条）を主張しているものと考えられる。

ア　まず、被担保債権については、AがCに甲土地の明渡しを請求したことにより、AがBから承継した賃貸人としての債務が履行不能になったこと、契約①には賠償額の予定（民法第４２０条）があること、したがって、Cは、Aに対して、債務不履行による損害賠償（民法第４１５条第１項）として３００万円の被担保債権を有することを、述べることが求められる。

イ　次に、物と債権との牽連関係の要件については、その重要性に応じた丁寧な検討が求められる。判例は、他人の物の売買における買主は、所有者の目的物返還請求に対し、所有権を移転すべき売主の債務の履行不能による損害賠償債権を被担保債権とする留置権を主張することは許されないとし、物と債権との牽連関係を否定する（最判昭和５１年６月１７日民集３０巻６号６１６頁）。本問についても、当該判例を踏まえた検討が期待されている。

他人物の賃貸借における賃借人が、賃借物の所有者から返還請求を受けた場合に、賃貸人の債務の履行不能による損害賠償債権については、物と債権の牽連関係を否定すべきものと考えられる。例えば、前記の判例（前掲・最判昭和５１年６月１７日）を参照すれば、他人物の賃貸人は、自らの債務が履行不能となっても、目的物の返還を賃借人に請求し得る関係になく、そのため、賃借人が目的物の返還を拒絶することによって損害賠償債務の履行を間接に強制するという関係が生じないことをもって、牽連関係を否定する論拠となし得る。また、仮に牽連関係が肯定されるとすれば、賃貸権限のない第三者が目的物を賃貸した行為によって当該目的物の上に留置権が成立することになり、目的物の所有者の地位と衝突してしまう。

なお、設例では、相続により賃貸人Bと所有者Aの地位が同一人に帰した後における留置権の成否が問われている。しかし、相続の開始という事情は、Aにおいて所有者としての地位と賃貸人としての地位が併存するものと解する限り、留置権の成否（物と債権の牽連関係の存否）には影響しない。

3　採点実感

設問1(1)において論ずべき事項は、大別して、①賃借権の主張の可否、②留置権の主張の可否である。

①については、まず、BC間の賃貸借契約はAの土地を目的とする他人物賃貸借であり、Bの死亡前には、Cは甲土地の賃借権を占有権原としてBに対して主張することができないことを論ずる必要がある。この点については多くの答案が正しく指摘していたが、一部には、Bが代理権なく賃貸借契約を締結した無権代理行為であると論ずる答案も見られた。

しかし、BはAの代理人として賃貸借契約を締結したのではなく（すなわち、Aが賃貸人になるのではなく）、B自身が賃貸人として契約を締結しているから、Bの行為は無権代理行為ではない。また、民法第９４条第２項の類推適用を論ずる答案も見られた。しかし、本問においては、甲土地の所有権の登記名義人はAであり、Cもそのことを認識していたのであるから、虚偽の外観が存在しない。このため、本問において民法第９４条第２項の類推適用を考えるのは困難である。このほか、Cが甲土地上の登記されている建物の所有という借地借家法上の賃貸借の対抗要件（借地借家法第１０条第１項※）を具備していることを理由に、Aに対しても借地権を主張す

民事系第１問＜民法＞

ることができるとするものも見られた。しかし、本問においては、Bには甲土地を賃貸する権限がなく、そもそも有効な占有権原が成立していないから、その第三者への対抗も問題にならない。

次に、Bの死亡によってBについて相続が開始し（民法第８９６条）、AがBの地位を承継しているため、これによってCはAの明渡請求を拒むことができるようになるのかを論ずる必要がある。この点については多くの答案が検討し、結論的に、甲土地の所有者としての地位と相続によって承継した賃貸人の地位とが融合するのではなく、併存しているとしていた。もっとも、地位が併存しているとみるのか融合しているとみるのかなど、その結論を導く構成については明確にしていないものも少なくなかった。また、結論の根拠についても、Cが明渡しを拒むことができるとするとAにとって酷であるというにとどまり、A及びCの利益状況を具体的に検討したり、無権代理人の地位を本人が承継した場合についての判例法理との比較などについて言及したりするものは少数にとどまった。

②については、まず、Cが留置権（民法第２９５条第１項）の主張をしていることを正確に指摘する必要がある。少数であるが、Cが同時履行の抗弁を主張していると指摘するものが見られた。しかし、同時履行の抗弁は、双務契約の当事者の一方が、相手方が当該双務契約に基づく債務の履行を提供するまで、自己の債務の履行を拒むことができるというものである。本問においては、Aは所有権に基づいて明渡しを請求しており、Cが主張しているのは賃貸借契約上の債務の不履行に基づく損害賠償請求権であるから、Cは同時履行の抗弁を主張することができない。

本問においてCが主張する留置権の被担保債権は、債務不履行（履行不能）に基づく損害賠償請求権（民法第４１５条第１項）である。ここでは、Aが甲土地を使用収益させるというBの債務を承継していること、これが社会通念上不能となっていること等を指摘する必要があるが、これらの点について丁寧に論じた答案は比較的少なかった。また、Aが甲土地の所有者としての地位に基づいてCによる使用収益を拒絶することができる一方で、Bの債務の不履行について責任を負うことの整合性について何らかの言及をした答案は極めて少数であった。

本問における留置権の成否については、目的物と被担保債権の牽連関係が問題になる。この点については、牽連関係があるとする答案が圧倒的に多かった。その理由については簡単に触れたに過ぎないものが多かったが、被担保債権が甲土地の賃貸借契約の不履行により生じたものであること、Bについて相続が開始した結果としてAが損害賠償債務を負担していることから、留置によってAが間接的に損害賠償債務の履行を強制されることを挙げるものが比較的多かった。しかし、Aの損害賠償債務は甲土地自体から生じたもの（典型例としては、物の瑕疵が原因となってその占有者に損害が発生した場合における、物の所有者の損害賠償債務や、占有者が物について費用を支出した場合における物の所有者の費用償還債務が挙げられる。）とはいえない。また、被担保債権の履行を強制するという点についても、AがCに対して損害賠償債務を負っているという状況はBが死亡したなどの偶然の事情によって生じたものであるため、牽連関係の有無を検討するに当たってこの状況を考慮することは妥当ではないと解される。

留置権の成否については、Cが占有を始めるに当たって過失があったとして、その占有が不法行為によって始まった（民法第２９５条第２項）とするものも少数ながら見られた。

※辰已注：「採点実感」では「民法第１０条第１項」と表記されている。

155

4 解説

(1) 設問1(1)アについて

ア アでは、Cは、下線部⑦において契約①に基づく賃借権を主張していると考えられる。

イ 占有権原の成立の有無

契約①は、Bが自己の名において締結しているため、他人物賃貸借である。顕名がないため無権代理ではない点に注意したい。甲土地の所有者ではないBには甲土地を賃貸する権限がないため、甲土地についてCには有効な占有権原が成立していない。

ウ 売主としての履行義務の有無

(ア) 貸主の義務の相続

もっとも、Bが死亡し、Bの唯一の相続人であるAが、Bを相続（896条）している。そこで、AがBの貸主としての義務を相続するかどうかが問題になる。判例（最大判昭49.9.4）は、他人物売買については、売主が死亡し、真の権利者が売主を相続した場合につき、権利者は相続によって売主の義務を承継しても、相続前と同様にその権利の移転につき諾否の自由を有し、信義則に反すると認められるような特別の事情がない限り、売主としての履行義務を拒否することができるとする。本問のような他人物賃貸借についても、当該判例と同様の論理で考えることができる。

(イ) 本問の場合

まず、Bは、契約①に基づき、他人物の賃貸人として、Cに対し、甲土地の所有者Aからその賃貸権限を取得し、賃貸権限に基づいて甲土地を使用収益させる債務を負う（601条、559条による561条準用）。Aは、相続により、このようなBの地位・債務を承継した。

そして、相続開始後のAにおいて、甲土地の所有者としての地位とBから承継した賃貸人としての地位が融合することなく併存する。Aは、相続開始前は甲土地の所有者としてBに賃貸権限を与えるか否かを自由に決することができたところ、相続という偶然の事由によってAがかかる自由を奪われるべき理由はなく、また、Aの拒否によってCが不測の損害を受けることもないからである。そこで、相続開始後も、Aは、所有者としての地位において、Bから承継した債務の履行を拒むことができると解される。

したがって、Cは、相続の開始後も、契約①による賃借権を甲土地の占有権原として主張することができない。

(2) 設問1(1)イについて

ア イでは、Cは、下線部④において契約①の特約に基づく300万円の損害賠償債権を被担保債権とする留置権（295条）を主張しているものと考えられる。

イ 留置権の成立

(ア) 留置権の成立要件

留置権の成立要件は、①「他人の物」を「占有」していること（295条1項本文）、②「その物に関して生じた債権を有する」こと（牽連関係）、③その「債権が弁済期」にあること（同項但書）、④「占有が不法行為によって始まった」のではないこと（同条2項）、である。

(イ) 牽連関係の存否

本問において問題となるのは、牽連関係である。AがCに甲土地の明渡しを請求したことにより、AがBから承継した賃貸人としての債務が履行不能になっている。契約①には賠償額の予定（420条）があるため、Cは、Aに対して、債務不履行による損害賠償（415条1項）として300万円の被担保債権を有する。牽連関係についての判例（最判昭51.6.17）は、他人物売買における買主は、所有者の目的物返還請求に対し、所有権を移転すべき売主の債務の履行不能による損害賠償債権を被担保

民事系第1問＜民法＞

債権とする留置権を主張することは許されないとし、物と債権との牽連関係を否定している。本問についても、当該判例を踏まえた検討が期待される。

　本問では、相続により賃貸人Bと所有者Aの地位が同一人に帰した後での留置権の成否が問われているものの、相続の開始という事情は、Aにおいて所有者としての地位と賃貸人としての地位が併存するものと解する限り、留置権の成否（物と債権の牽連関係の存否）には影響しない。

　したがって、留置権は成立せず、Cは請求1を拒むことができない。

第3　設問1⑵について

1　専任講師コメント

⑴　アについて

　「Dは、丙室の使用収益の不能により令和4年9月分の賃料債権が当然減額されたことを理由に、既に支払った同月分の賃料の一部について不当利得返還を請求しているものと考えられ」ます。賃借物の一部の使用収益の不能による賃料減額（611条1項）のみを主張しても、既に支払った賃料の一部返還請求することはできませんから、請求2の法的根拠として、不当利得返還請求（703条（及び704条）又は第121条の2第1項）を挙げる必要があります。不当利得返還請求の請求原因を検討する中で、611条1項の要件を検討することができたかが、ポイントになります。

　また、その前提として、民法の目次から、第3編、第2章、第1節、第2款「賃貸借の効力（605条～616条）」を見つけ出し、各条の見出しをざっと見ながら、「611条（賃借物の一部滅失等による賃料の減額等）」を早く確実に見つけることが大切です。そのためには、短答式試験と論文式試験の問題演習をしながら、条文を探す訓練をするのがよいです。

⑵　イについて

　アで探した「賃貸借の効力（605条～616条）」の見出しをざっと見れば、請求3が「608条（賃借人による費用の償還請求）」のうちの必要費償還請求権（同条1項）に基づくものであることが分かります。また、Aの反論の第1文を読めば、賃借人の修繕権が問題になっていることが分かりますから、607条の2に基づく賃借人の修繕権の有無について検討することができるでしょう。さらに、設問のなお書きに、「本件工事の実施について急迫の事情はなく」と明記されていますから、具体的に問題になる条文は、607条の2の柱書と第1号になることが特定できます。あとは、その要件を検討すればよいです。

　また、Aの反論の第2文を読めば、本問においては、賃借人Dの修繕権の有無が必要費償還請求権の額にどのように影響するかを論ずるかが求められることが、分かるはずです。そして、結論として、Dが実際に支出した額である30万円ではなく、適正な報酬額である20万円の限度で償還請求が認められるとすべきことは、容易でしょう。もっとも、その理由付けを607条の2の趣旨に遡って検討することができた受験生は、ほとんどいなかったとのことです。緻密な内容を書ける必要はありませんが、具体的な正義である衡平の観点から607条の2の趣旨を検討すれば、合格水準を優に超える答案を書けたであろうことは押さえておいてください。

157

2　出題趣旨

設問1(2)アでは、Dは、丙室の使用収益の不能により令和4年9月分の賃料債権が当然減額されたことを理由に、既に支払った同月分の賃料の一部について不当利得返還を請求しているものと考えられる。

まず、賃借物の一部の使用収益の不能による賃料減額（民法第611条第1項）の成否についての検討が必要である。Dは、Aから賃借した乙建物のうちの丙室につき、令和4年9月11日から同月30日までの20日間、雨漏りのために使用収益することができなかった。したがって、令和4年9月分の賃料は、民法第611条第1項により、丙室が乙建物の使用収益に占める割合及び使用収益を妨げられた日数に応じて当然に減額されることになる。

続いて、不当利得返還請求権の成立を論じることが求められる。令和4年9月分の賃料につき、Aは、賃料債権が当然減額されるにもかかわらず全額の支払を受けているのであるから、不当利得（給付利得）が成立する。したがって、Dは、Aに対し、減額分に対応する賃料の返還を請求することができる。

(5)　設問1(2)イでは、Dは、必要費償還請求権（民法第608条第1項）に基づき、本件工事のために支出した報酬額30万円の償還を請求しているものと考えられる。

ア　本件工事は、雨漏りの修繕工事であるから、その報酬の支払は必要費の支出に該当する。もっとも、本件工事はAに無断でされたから、当該事情が何らかの意味を持ち得るかの検討が必要となる。本件工事には「急迫の事情」がなく、また、Aに対する事前の「通知」もないため、本件工事はDの修繕権（民法第607条の2）に基づくものとは言えない。しかし、民法第607条の2の規定は、同法第608条1項と接続されておらず、また、同条の趣旨は、専ら、賃借人による賃借物の修繕を賃貸人に対する債務不履行・不法行為でなくするところにある。したがって、修繕権に基づかない修繕である場合にも、そのことを理由に、必要費償還請求権が排除され、または償還額が制限されることにはならない。

イ　また、本件では、Dが支出した費用が相当な報酬額よりも多額であるため、その全額の償還請求を認めてよいかも検討しなければならない。通常の額を超える部分は「賃貸人の負担に属する必要費」に当たらないと解されるので、Dの必要費償還請求権は、相当な報酬額20万円を限度とするという結論に至る。

ウ　民法第607条の2の趣旨については、上記アに述べた理解のほか、賃貸人が自ら修繕する利益の保護にあるとする理解も成り立つ。この立場からは、賃借人が修繕権に基づかないで修繕を行った場合には、賃借人の必要費償還請求権は賃借人が自ら修繕を行ったと仮定した場合の支出額を限度とするものと解される。

3　採点実感

設問1(2)アについては、まず、請求2の法的性質について正確に理解することが必要である。この点について、請求2が民法第611条に基づく請求であるとする答案が散見された。しかし、同条の効果は賃料が減額されるというものであり、それ自体が賃貸人に対する何らかの請求権を直接に基礎付けるものではない。賃料の減額を賃貸人に対する請求権につなげるには、減額された結果、賃料を支払う必要がなかったことになるから、弁済として支払った金銭の一部が不当利得（民法第703条（及び第704条）又は第121条の2第1項）に当たるとして返還を請求すると構成する必要がある。

民事系第１問＜民法＞

このほか、請求２の法的性質については、賃貸人は目的物を賃借人の使用収益に適した状態に置く債務を負っていることを指摘した上で、請求２はその債務不履行に基づく損害賠償請求権であるとする答案も、散見された。しかし、問題文においては、「支払った令和４年９月分の賃料の一部を返還するよう請求する」とされているのであるから、請求２を損害賠償請求権であるとみるのは困難である。

上記のとおり、請求２の成否を検討するに当たっては、民法第６１１条の要件が満たされているかどうかを検討し、その結果を踏まえて不当利得の成否を検討する必要がある。多くの答案が同条の要件について検討した上で減額を認めていた一方、不当利得の要件について丁寧に検討したものは少なく、全く検討していない答案（同条に基づく減額が認められることから直ちに返還請求が認められるという結論を導く答案）も目立った。

設問１⑵イにおいては、多くの答案が、請求３が必要費償還請求権（民法第６０８条第１項）に基づくものであることを指摘した上で、民法第６０７条の２に基づく修繕権の有無について検討していた（なお、修繕権の成否に関連して、本件において急迫の事情があると判断したものが幾つか見られたが、この点の判断に迷わないよう、問題文において「急迫の事情はなく」と記載しているので、問題文を注意深く読んでいただきたい。）。

本問においては、修繕権の有無が必要費償還請求権の額にどのように影響するかを論ずることが求められる。結論的には、支出した額である３０万円ではなく適正な額である２０万円の限度で償還請求が認められるとするものが多かった。この結論自体は妥当なものと考えられるが、その理由付けを民法第６０７条の２の趣旨に遡って検討するものは極めて少数であった。

修繕権がないことから必要費償還請求権を全額否定する一方、有益費償還請求権として適正価額２０万円を認めるという答案も、散見された。しかし、使用収益をするために必要なものであれば必要費と言わざるを得ないと思われる。また、賃借人が修繕しなければ結局賃貸人が負担しなければならない費用であるから、全額について償還請求を否定するのは適当ではない。有益費であれば、賃貸借契約終了時に価格の増加が残存している必要がある（民法第６０８条第２項，第１９６条第２項）ため、支出時における適正額である２０万円が償還の対象となるとも限らない。したがって、必要費であることを否定して有益費の償還として２０万円を認めるという結論は、不適当である。

4　解説

⑴　設問１⑵アについて

アでは、Ｄは、丙室の使用収益の不能により令和４年９月分の賃料債権が当然減額されたことを理由に、既に支払った同月分の賃料の一部について不当利得返還請求（703条又は121条の２第１項）しているものと考えられる。611条の効果は、賃料の減額にすぎず、それ自体が賃貸人に対する何らかの請求権を直接に基礎付けるものではない。したがって、請求２の法的性質は、過分に支払った賃料についての不当利得返還請求であることに注意したい。

まず、Ｄは、Ａから賃借した乙建物のうちの丙室につき、令和４年９月11日から同月30日までの20日間、雨漏りのために使用収益できなかった。そのため、令和４年９月分の賃料は、611条１項により当然に減額される。

次に、令和４年９月分の賃料につき、Ａは、賃料債権が当然減額されるにもかかわらず全額の支払を受けている。そのため、不当利得（給付利得）が成立する。

よって、Ｄは、Ａに対し、減額分に対応する賃料の返還を請求することができる。

159

⑵ 設問1⑵イについて

イでは、Dは、賃借人の必要費償還請求権（608条1項）に基づき、本件工事のために支出した報酬額30万円の償還を請求しているものと考えられる。

本件工事には「急迫の事情」がなく（607条の2第2号）、また、DからAに対する事前の「通知」もないため（同条1号）、本件工事はDの修繕権に基づくものとはいえない。しかし、607条の2の規定は、608条1項と接続されていない。また、607条の2の趣旨は、専ら、賃借人による賃借物の修繕が賃貸人に対する債務不履行・不法行為にあたらないようにする点にある。したがって、修繕権に基づかない修繕である場合にも、そのことを理由に、必要費償還請求権が排除され又は償還額が制限されることにはならない。

そして、本件工事と同じ内容及び工期の工事に対する適正な報酬額は20万円であり、Dが支出した費用は、相当な報酬額よりも多額である。そのため、その全額の償還請求を認めてよいかを検討すると、通常の額を超える部分は「賃貸人の負担に属する必要費」に当たらないと解される。

よって、Dの必要費償還請求権は、20万円を限度にして認められる。

第4 設問2について

1 専任講師コメント

「2 出題趣旨」⑴の下線部分の論理展開を確実に理解し、答案に示してほしいです。それができれば、基礎事情の錯誤（95条1項2号）の要件を検討できます。「2 出題趣旨」⑴イ、ウ及びエを読んでください。基礎事情の表示の要件は、本番直前の辰已法律研究所の公開模試でも出ていたことから、分かるでしょう。貴方は、自分なりに理由を書いて、要件を定立し、具体的事実を当てはめてください。本問では、Gによる錯誤取消しが認められるという結論になります。ここまでの話は、基本です。必ず書けなければなりません。

設問2で差がつくのは、その後の「2 出題趣旨」⑵及び⑶でしょう。詳しくは、「3 採点実感」⑦及び⑷を検討してください。

請求4の主体がIであること、及び、丁土地の所有権の登記名義人はHであり、Iではないことが分かれば、方向性は見えてくるはずです。私自身は、本問で問われている債権関係改正で新設された95条4項の「第三者」については考えたことがありませんでしたが、債権関係改正前から存在する94条2項の「第三者」の問題点を検討したことはありましたので、それを踏まえて考えました。出題趣旨及び採点実感を見る限り、そのような思考方法が求められていたようです。そして、この思考方法は、旧司法試験及び予備試験の論文式試験の過去問を勉強していた人であれば、できたのではないでしょうか。私は、設問2を検討した時に、旧司法試験及び予備試験の論文式試験の過去問に近い問題であると感じましたし、司法試験の勉強としても、それらを検討する意味はあるでしょう。

2 出題趣旨

設問2は、不動産の所有権の取得をめぐる争いを素材として、基礎事情の錯誤（動機の錯誤、事実の錯誤ともいう。以下同じ。）による離婚に伴う財産分与の意思表示の取消しの可否や、錯誤による意思表示の取消しと第三者の保護といった基本的な問題について正確な理解をすることができているかどうかを問うとともに、錯誤による意思表示の取消し前の第三者が保護を受けるための要件としての登記の要否、その第三者と表意者から物権の取得をする原因を有する者との

160

民事系第１問＜民法＞

関係といった応用的な問題について相応の対処をすることができるかどうかを問い、あわせて、問題相互の関係を適切に把握する能力や具体的事実を法的な観点から適切に評価する能力等を確かめようとするものである。

(1) 請求４は、Ｉが所有権に基づく返還請求権としての土地明渡請求権を行使するものである。したがって、請求４が認められるためには、Ｉが丁土地の所有者である必要がある。もっとも、Ｇは、錯誤により丁土地の所有権移転原因である契約③の意思表示を取り消す（民法第９５条第１項）こととしている（【事実】15）。このことが認められれば、契約③は、それにより遡って無効となる（民法第１２１条）。無権利者Ｈからの取得者Ｉは、原則として、丁土地の所有権を取得することができない。

そこで、Ｇの錯誤による契約③の意思表示の取消しが認められるかどうかが問題となる。この問題に関連する判例として、最判平成元年９月１４日家月４１巻１１号７５頁がある。

ア　離婚に伴う財産分与を内容とする契約③の意思表示も、売買契約の意思表示等と同じように、民法第９５条第１項の規定の適用を受ける。

イ　本問では、Ｇは、離婚に伴う財産分与として丁土地をＨに譲渡することを内容とする契約③の意思表示を、これに対応する意思をもってしている。そのため、Ｇの錯誤は、民法第９５条第１項第１号の定める錯誤に当たらない。

もっとも、Ｇは、真実に反して、Ｇに課税がされないと認識していた（【事実】13及び15）。さらに、Ｇは、財産及び収入の状況が悪かった（【事実】12）一方で、実際にＧに課税される額は、３００万円程度であった（【事実】15）。このことを踏まえれば、民法第９５条第１項第２号の「表意者が法律行為の基礎とした事情」の意義については解釈の余地があるものの、いずれにせよ、Ｇの錯誤は、同号の定める錯誤、つまり基礎事情の錯誤に当たるものと考えられる。

ウ　では、Ｇは、錯誤による契約③の意思表示の取消しをすることができるのか。

(ｱ)　基礎事情の錯誤による意思表示の取消しは、「その事情が法律行為の基礎とされていることが表示されていたとき」（以下「基礎事情の表示の要件」という。）に限り、これをすることができる（民法第９５条第２項）。平成２９年法律第４４号による改正前の民法の下での動機の錯誤に関する判例（最判平成２８年１月１２日民集７０巻１号１頁等）の理解の仕方については、争いがあった。

基礎事情の表示の要件については、さまざまな考え方が示されている。例えば、基礎事情の錯誤による不利益は、本来は表意者が負担すべきであるという観点を基礎に据えつつ、同要件を満たすためには、表意者が動機となった事情を相手方に一方的に表示しただけでは足りず、その事情がなければその内容の意思表示の効力は否定されることについて相手方の了解があったことが必要であるとする見解がある。本問では、実際にＧに課税される額は、３００万円程度であったこと（【事実】15）を踏まえつつ、ＧがＨに対し、Ｇの財産及び収入の状況が悪いことを伝えた（【事実】12）上で、Ｈに課税されることを気遣う発言をした（【事実】13）こと、これに対し、ＨがＨに課税されるとの理解の下で「私に課税される税金は、何とかするから大丈夫。」と応じたこと（【事実】13）を考慮すれば、前記の意味でのＨの了解まで黙示的にあったものと評価することができる。

解答に当たっては、首尾一貫した論述をしていれば、どの考え方を採ってもよい。本問においては、いずれにせよ、基礎事情の表示の要件を満たすものと考えられる。

(ｲ)　本問では、①Ｇは、Ｇに課税がされるのであれば契約③の意思表示をしなかった（【事実】15）ため、「錯誤に基づ」（民法第９５条第１項柱書）いて意思表示がされたこと

161

の要件（主観的因果関係）を満たす。また、②Gは、財産及び収入の状況が悪かった（【事実】12）一方で、実際にGに課税される額は、３００万円程度であった（【事実】15）ことを考慮すれば、その錯誤が「法律行為の目的及び取引上の社会通念に照らして重要なものである」（同柱書）ことの要件（客観的重要性）を満たすものと考えられる。

　　これらの要件について、基礎事情の表示の要件（前記(ア)）を踏まえた検討がされているものについては、高い評価が与えられる。例えば、前記(ア)で示した考え方によれば、両要件は、実際には重なるところがあるようにみえるため、両要件の関係について検討を行うことが望まれる。

　エ　本問では、GとHとの双方が、Gに課税がされないとの同一の錯誤に陥っていたものと考えられる（【事実】13及び15）。したがって、Gの錯誤がGの重大な過失によるものであったかどうかにかかわらず、Gは、錯誤により契約③の意思表示を取り消すことができる（民法第９５条第３項第２号）。

(2)　本問では、Gが錯誤による契約③の意思表示の取消しをしたことによって、Iは、丁土地の所有権を取得することができないのが原則である（前記(1)）。もっとも、Gは、民法第９５条第４項の規定により、その取消しをIに対抗することができないのではないか。

　ア　民法第９５条第４項の規定は、(ア)取消しの遡及効（民法第１２１条）によって害される第三者、つまり取消し前の第三者についてしか適用されない（詐欺による意思表示の取消しに関する大判昭和１７年９月３０日民集２１巻９１１頁を参照）。また、同項の「第三者」とは、(イ)錯誤の当事者及びその包括承継人以外の者であって、錯誤による意思表示によって生じた法律関係について、新たに法律上の利害関係を有するに至ったものをいう（詐欺による意思表示の取消しに関する最判昭和４９年９月２６日民集２８巻６号１２１３頁を参照）。さらに、同項の「第三者」は、(ウ)錯誤による意思表示であることについて、善意無過失でなければならない。

　　本問において、Iは、(ア)取消し前に（【事実】14及び15）、(イ)Hから丁土地の所有権を取得する原因を有するに至っていた（【事実】13）。また、Iは、(ウ)契約③の意思表示がGの錯誤によるものであることについて、善意無過失であった（【事実】15）。

　イ　もっとも、本問では、Iは、丁土地について、HからIへの所有権移転登記を備えていない（【事実】14及び16）。そこで、民法第９５条第４項の「第三者」は、明文にはないものの、同項の規定により保護を受けるための要件としての登記、つまり権利保護資格要件としての登記を備える必要があるかどうかが問題となる。

　　(ア)　詐欺による意思表示の取消しに関する前掲最判昭和４９年９月２６日は、平成２９年法律第４４号による改正前の民法第９６条第３項の規定について、同項の「第三者」を「対抗要件を備えた者に限定しなければならない理由は、見出し難い。」としていた。

　　　もっとも、この判例が扱った事案は、特殊なものであったため、この判例が権利保護資格要件としての登記を不要としたものであると理解すべきかどうかについては、争いがある。

　　(イ)　錯誤による意思表示の取消しについては、まだ議論が十分にされていない。解答に当たっては、首尾一貫した論述をしていれば、不要説を採っても、必要説を採ってもよい。

　　　たとえば、錯誤に陥った表意者のほうが欺罔された表意者よりも帰責性が大きい点を考慮するならば、民法第９６条第３項の「第三者」について不要説を採るときはもちろん、必要説を採るときであっても、民法第９５条第４項の「第三者」については、不要説を採ることが考えられる。

民事系第1問＜民法＞

　　　他方で、前記の点を考慮したとしても、この点は取消しの要件のレベルで考慮されていると捉えるならば、民法第96条第3項の「第三者」について必要説を採るときは、民法第95条第4項の「第三者」についても必要説を採ることが考えられる。

　　(ｳ)　本問では、請求4の相手方は、表意者であるGではない。そのため、表意者との関係において対抗要件としての登記を備えるべきであるかどうかという問題は、本問では論ずる必要がない。

⑶　民法第95条第4項の「第三者」について不要説を採るときは、Ⅰは、同項の「第三者」としての保護を受ける。本問では、丁土地についてGからHへの所有権移転登記がされている（【事実】13及び16）。この場合において、請求4が認められるのか。

　ア　この問題については、(1)Ⅰが民法第95条第4項の「第三者」としての保護を受けるときは、錯誤による意思表示の取消しをⅠに対抗することができなくなる結果、丁土地の所有権は、G→H→Ⅰと移転すると捉える見解と、(2)この場合であっても、GとHとの間で締結された契約③が有効になるわけではないとして、丁土地の所有権は、G→Ⅰと直接に移転すると捉える見解とが考えられる。

　　　(1)のうち、(1-1)Hが登記を備えたことによって丁土地の所有権を確定的に取得するため、Fは、Gから丁土地の所有権を取得することができず、無権利になると理解するならば、請求4は、認められる。これに対し、(1)のうち、(1-2)H自身が登記を備えたことによって丁土地の所有権を確定的に取得したとFに主張することができない以上、ⅠもそのことをFに主張することができないと理解するか、又は(2)を採るならば、Ⅰは、登記を備えなければ、丁土地の所有権を取得したことを民法第177条の「第三者」であるFに対抗することができない。そのため、請求4は、同条の「第三者」であるFが、登記を備えるまで丁土地の所有権を取得したことを認めないと主張したときは、認められない。

　　　(1-1)を採るときは、その根拠として、所有権の登記名義人でないGとの間で契約⑤を締結したFは、保護に値しないことを指摘することが考えられる。

　　　他方で、(1-2)又は(2)を採るときは、その根拠として、契約④はGにより取り消されている以上、Fが保護に値しないとはいえないことや、(1-1)によれば、Gから丁土地を買おうとする者が現れなくなり、不動産の流通が著しく阻害されることを指摘することが考えられる。

　イ　前記アは、民法第94条第2項の「第三者」の解釈を参考として、考え方の方向性を示したものである。同項の規定に関する最判昭和42年10月31日民集21巻8号2232頁は、(2)に準ずる見解を採るものであるとされることがある。解答にあたっては、首尾一貫した論述をしていれば、どの考え方を採ってもよい。また、無効の対抗不能と取消しの対抗不能との違いを意識した上で、民法第94条第2項の解釈と民法第95条第4項の解釈との関係を検討しているものは、その検討が説得的なものであれば、高い評価が与えられる。

3　採点実感

⑺　請求4が認められるためには、Ⅰが丁土地の所有者であることが必要である。丁土地の所有権は、G→H→Ⅰと移転したはずであるが、GがHとの間の売買契約を取り消しているため、これが認められれば、G→Hの所有権移転は遡及的に無効になる（民法第121条）。このような原則に従って考えると、Ⅰは無権利であったHから丁土地の所有権の移転を受けたことに

163

なるため、丁土地の所有権を取得することができないのではないかが問題になる。まずはこのような基本的な構造を理解することが、その後の検討の出発点になる。しかし、この点を丁寧に明示している答案は必ずしも多くはなかった。

以上のように問題を把握した上で、設問2において論ずべき事項は、①錯誤による意思表示の取消しの可否、②錯誤による意思表示の取消しと第三者との関係、③民法第95条第4項の保護を受ける第三者と、表意者からの物権取得原因を有する者との関係である。

(イ) ①については、まず、民法第95条第1項の適用範囲として、離婚に伴う財産分与を内容とする契約についても錯誤が問題になり得ることを論ずる必要がある。この点について明示的に議論していた答案は極めて少数であった。

次に、本件の事案に即して、民法第95条の要件を検討し、錯誤取消しが認められるかどうかを検討する必要がある。本件におけるGの錯誤が基礎事情の錯誤であること、基礎事情の錯誤を主張するためには当該事情が法律行為の基礎とされていることが表示されていたことが必要であることなどについては、多くの答案が適切に論じていた。また、本問の事実関係の当てはめに関しても、Gの認識の内容や、その客観的重要性、主観的因果性等について、GとHとの会話の内容、Gの経済状況等を丁寧に指摘し、民法第95条第1項の要件の具備を検討した答案が多かった。

ある事情が法律行為の基礎とされていることが表示されていたことがどのような意味であるかについては、学説上も争いがある。このため、表示の有無を論ずるに当たっては、表示の意味についてどのような立場を採るのかを明確にしておく必要がある。この点については、当該事情が法律行為の内容になっているということを意味するなどと述べた上で、Hの発言内容を引用して表示があったという結論を導くなど、丁寧に論じている答案も少なくなかった。他方で、特段の立場を示さず、表示があるとの結論のみを示すものも散見された。

Gが錯誤取消しを主張することができるかどうかについては、Gに重過失があったかどうかも影響を与える。この点については、Hの発言内容から、Gだけでなく意思表示の相手方であるHも同様の錯誤に陥っていたことを指摘し、共通錯誤に当たることを根拠として、民法第95条第3項柱書による取消しの制限を受けない（同項第2号）とするものが多かった。このほか、Gが必ずしも税の専門家ではないことを根拠として、重過失を否定する答案も少なくなかった。

結論的には、多くの答案が、本問においてGによる錯誤取消しが認められるという結論に至っており、妥当な結論が導かれていた。

(ウ) ②においては、Gによる錯誤取消しが認められることを前提として、これを第三者であるIに対して主張することができるかどうかを検討する必要がある。民法第95条第4項が問題になること、同項にいう第三者とは取消前の第三者であること、HとIとの売買契約が結ばれた時期からIが同項の第三者に該当することなどは、多くの答案が正しく論じていた。少数ながら、Iが無過失であったかどうかを論ずる答案が見られた。Iの主観的事情については事実15において明らかにしているので、問題文を注意深く読んでいただきたい。

本問において更に問題となるのは、Iに対して丁土地の所有権移転登記がされていないこと（所有権の登記名義人はHのままであること）が、民法第95条第4項による保護の有無に影響するかどうかである。Iは所有権移転登記を具備しないで同項の第三者として保護されるか、すなわち、同項による保護を受けるためには権利保護資格要件としての登記を要するのかどうかが問題になる。民法第96条第3項の第三者として保護されるために登記を要するかどうかについては判例（最判昭和49年9月26日民集28巻6号1213頁）があるため、これを参照して論ずることなどが考えられる。しかし、この論点について論じた答案は極めて少なかっ

た。他方で、対抗要件としての登記の要否を論ずる答案が少数ながら見られた。GとIは前主後主の関係にあるため、Gに対する関係では、Iが民法第95条第4項の第三者として保護される場合に、対抗要件としての登記を要しないことには特段問題がなく、この点についてあえて論ずる必要はなかった。

少数であるが、権利保護資格要件としての登記が必要であるとして、Iが第三者として保護されないとする答案が見られた。ありえない結論ではないと考えられるが、民法第96条第3項の第三者として保護されるための要件としても権利保護資格要件としての登記を要しないとする見解と対比すると、上記の結論は、錯誤に陥った者を詐欺による意思表示をした者より厚く保護することになる。したがって、このような結論を導くのであれば、詐欺の場合との比較を踏まえた上で自説について説得的な議論をすることが必要になる。

結論としては、Iは民法第95条第4項の第三者として保護されるとするものが多かった。同項の第三者に当たる場合には、③について検討することが必要になる。

(エ) ③においては、丁土地について、G→H→Iというルートでの所有権移転とG→Fというルートの所有権移転とがあることを踏まえて、IとFとの関係を論ずる必要がある。その検討に当たっては、所有権の登記名義人がHであることを踏まえることが必要である。

この点については、明確に論じていない答案も多かった。論じている答案は、IとFとが対抗関係にあるため、Iは、登記を具備するまではFに対して丁土地の明渡しを請求しても認められないとする立場と、民法第95条第4項によりGはIに対して錯誤取消しを主張することができないため、Fに対して丁土地を売った時点でGは無権利であったことを理由に、Fは無権利者であるからIは丁土地の明渡しを請求することができるとする立場とのいずれかを採るものが多かった。しかし、そのいずれを採るかについて詳細な理由を述べる答案や、反対説の存在を意識して記載したと思われる答案は、極めて少なかった。民法第95条第4項（民法第94条第2項など、意思表示の瑕疵等があった場合におけるその他の第三者保護規定も同様である。）によって取消しを第三者に対抗することができない場合に、所有権がどのように移転するかについては、複数の考え方がある。すなわち、本件に即して言えば、GからIへと直接移転するという考え方と、GからH、HからIへと順次移転するという考え方である。そのいずれを採るかによって、IとFとの関係をどのように考えるかが異なってくる。対抗問題とする立場も、無権利の問題であるとする立場も、民法第95条第4項の第三者が保護される場合の所有権の移転の経路に関する一定の立場を踏まえて根拠付けられるべきものであるから、本問においては、Iが同項によって保護される場合の所有権移転の構成について検討することが求められていたものといえる。

4 解説

(1) 請求の根拠

請求4は、Iが所有権に基づく返還請求権としての土地明渡請求権を行使するものである。そのため、請求4が認められるためには、Iが丁土地の所有権を有している必要がある。

(2) 錯誤による意思表示の取消しの可否

丁土地の所有権は、G→H（契約③）、H→I（契約④）と移転しているところ、Gが契約③の意思表示を取り消している。これが認められれば、G→Hの所有権移転は遡及的に無効となり（121条）、Iは無権利者Hから丁土地を買い受けたことになるため、丁土地の所有権を取得できないのではないかが問題になる。そのため、丁土地についてのIの所有権を論じる前提として、Gによる錯誤取消しの可否が問題となる。

165

ア　錯誤に基づく意思表示

まず、離婚に伴う財産分与を内容とする契約③の意思表示も、売買契約の意思表示等と同じように、95条1項の規定の適用を受ける（最判平元.9.14）。

(ア)　基礎事情の錯誤

契約③の際のGの認識、Gの財産及び収入状況、実際の課税対象及び課税額を踏まえれば、Gの錯誤は、95条1項2号の定める「表意者が法律行為の基礎とした事情」すなわち基礎事情の錯誤に当たるものと考えられる。

(イ)　基礎事情の表示

基礎事情の錯誤による意思表示の取消しは、「その事情が法律行為の基礎とされていることが表示されていたとき」に限り、これをすることができる（95条2項）。平成29年改正前の民法下での判例（最判平28.1.12、百選Ⅰ22事件）は、理解のされ方について争いがあり、基礎事情の表示の要件については様々な考え方が示されている。基礎事情の表示の要件を示した上で、本問の事情を拾って評価することが求められる。

(ウ)　主観的因果関係

Gは、Gに課税されるのであれば契約③の意思表示をしなかったため、「錯誤に基づ」（95条1項柱書）いて意思表示がされたことの要件（主観的因果関係）を満たす。

(エ)　客観的重要性

実際にGに課税される額は300万円程度であったことを考慮すれば、その錯誤が「法律行為の目的及び取引上の社会通念に照らして重要なものである」（95条1項柱書）ことの要件（客観的重要性）を満たす。

イ　同一の錯誤

GとHは双方が、Gに課税がされないとの同一の錯誤に陥っていたものと考えられる。そのため、Gの錯誤がGの重大な過失（95項3項柱書）によるものであったかどうかにかかわらず、Gは、錯誤により契約③の意思表示を取り消すことができる（95条3項2号）。

(3)　錯誤による意思表示の取消しと第三者との関係

ア　95条4項の「第三者」

もっとも、錯誤取消しは、善意無過失の「第三者」（95条4項）には対抗できない。95条4項の規定は、㋐取消しの遡及効（121条）によって害される第三者、つまり取消し前の第三者についてしか適用されない。また、同項の「第三者」とは、㋑錯誤の当事者及びその包括承継人以外の者であって、錯誤による意思表示によって生じた法律関係について、新たに法律上の利害関係を有するに至ったものをいう。さらに、同項の「第三者」は、㋒錯誤による意思表示であることについて、善意無過失でなければならない。

本問では、Ⅰは、㋐取消し前に、㋑Hから丁土地の所有権を取得する原因を有するに至っており、㋒Gが契約③に係る課税について誤解していたことについて、契約④の締結時において善意無過失であったといえる。

イ　登記の要否

95条4項の「第三者」は、明文にはないものの、権利保護資格要件としての登記を備える必要があるかどうかが問題となる。Ⅰの請求4の相手方はGではなくFであるから、Gとの関係は問題にならないことに注意する。首尾一貫した論述をしていれば、登記必要説・不要説のどちらでもよい。

(4)　95条4項の「第三者」と表意者からの物権取得原因を有する者との関係

95条4項の「第三者」について登記不要説を採ると、Ⅰは、同項の「第三者」としての保護を受ける。

民事系第1問＜民法＞

丁土地についてGからHへの所有権移転登記がされているところ、請求4は認められるか。首尾一貫した論述をしていれば、どの考え方を採ってもよい。

ア　物権変動についての考え方

　契約③が錯誤取消しされた場合の丁土地の所有権について、(1)G→H→Iと移転すると捉える見解と、(2)G→Iと直接に移転すると捉える見解とが考えられる。

イ　各見解からの帰結

(ア)　(1)G→H→Iと移転すると捉える見解

　(1)には、(1-1)Hが登記を備えたことによって丁土地の所有権を確定的に取得するため、Fは、Gから丁土地の所有権を取得できず無権利になると理解する立場と(1-2)H自身が登記を備えたことによって丁土地の所有権を確定的に取得したとFに主張できない以上、IもそのことをFに主張できないと理解する立場がある。

　(1-1)の場合には請求4は認められる。(1-2)の場合には、Iは、登記を備えなければ、丁土地の所有権を取得したことを177条の「第三者」であるFに対抗できず、請求4は認められない。

(イ)　(2)G→Iと直接に移転すると捉える見解

　Iは、登記を備えなければ、丁土地の所有権の取得を、177条の「第三者」であるFに対抗できない。そのため、請求4は、Fが、Iが登記を備えるまで丁土地の所有権を取得したことを認めないと主張したときは認められない。

167

《福田先生監修答案》

第1　設問1(1)

1　アの問い

(1)　下線部㋐の反論は、Cが、契約①に基づく賃借権により甲土地の占有権原を有するというものである。Cは、この反論に基づいて、Aによる甲土地の所有権に基づく返還請求としての甲土地明渡請求である請求1を拒むことができるか。

(2)　契約①は、BがCとの間で、甲土地所有者であるAに無断で、Bの名において締結した甲土地賃貸借契約であるから、他人物賃貸借である。

　　他人物賃貸借は、有効であるものの（民法（以下、省略する。）559条、561条）、所有者との関係で占有権原が認められることはないから、所有者は、目的物を使用している賃借人に対し、所有権に基づく返還請求をすることができる。

(3)　もっとも、Cは、甲土地所有者Aが他人物賃貸人Bを相続したこと（896条）から、Bの賃貸借契約上の賃貸人たる地位を承継したと主張して、甲土地の占有権原を主張することができないか。

　　他人物の賃貸人が死亡し、その所有者が他人物の賃貸人たる地位を相続した場合、所有者は、賃貸人の賃貸借契約上の義務ないし地位を承継するが、所有者自身が賃貸借契約を締結したことになるわけではない。また、所有者は、一方で、相続人として承継した賃貸人の義務を直ちに履行することができるが、他方で、所有者として諾否の自由を保有している。この諾否の自由は、相続による賃貸人の義務の承継という偶然の事由によって左右されるべきではない。さらに、所有者が拒否したからといって、賃借人が不測の不利益を受けるわけでもない。したがって、所有者は、相続によって賃貸人の義務ないし地位を承継しても、相続前と同様、諾否の自由を保有し、信義則（1条2項）に反すると認められる特段の事情のない限り、賃貸借契約の賃貸人としての義務を拒否することができると解する。

　　本問では、Aは、甲土地の所有権に基づいて請求1をしていることから、契約①の賃貸人としての義務を拒否しているし、それが信義則に反すると認められる特段の事情もない。

(4)　よって、Cは、下線部㋐の反論に基づいて請求1を拒むことができない。

2　イの問い

(1)　下線部㋑の反論は、CのBに対する300万円の損害賠償請求権を被担保債権とする留置権（295条）の抗弁である。Cは、この反論に基づいて請求1を拒むことができるか。

(2)　留置権が成立するためには、295条1項及び同条2項により、①他人の物を占有していること、②「その物に関して生じた債権を有する」こと（物と債権との牽連性）、③「その債権が弁済期にないとき」ではないこと、④「占有が不法行為によって始まった場合」ではないことが必要である。

(3)ア　本問では、Cは、甲土地を占有しており（①）、Aから請求1を受けたことにより甲土地の使用収益が不可能になったといえるから、契約①に付された特約に基づき300万円の損害賠償請求権は弁済期にあるといえる（③）。また、上述したように、他人物賃貸借は有効であるから、Cの占有は不法行為によって始まったとはいえない（④）。

　　イ　では、②物と債権との牽連性は認められるか。Aは、BのCに対する債務不履行に基づく損害賠償債務（415条1項）を相続していることから、問題となる。

　　　②物と債権との牽連性は、一般的に、債権が物自体から生じた場合又は債権が物の返還義務と

民事系第1問＜民法＞

　　同一の法律関係若しくは生活関係から生じた場合に認められる。

　　　他人物賃貸借において、賃借人が賃貸人に対して目的物の使用収益が不可能になったことによる損害賠償請求ができる場合、賃借人は、賃貸人に対しては留置権を主張できると解すべきであるが、所有者に対しては物的支配を主張しうる地位にない以上、目的物と債権の牽連性は否定される。そして、これは、所有者が他人物賃貸人を相続した場合も、異ならない。なぜなら、上述したように、相続による賃貸人の義務の承継という偶然の事由によって左右されるべきではないからである。

　　　したがって、②甲土地と300万円の損害賠償請求権との牽連性は認められない。

(4)　よって、Cが下線部④の反論に基づいて請求1を拒むことはできない。

第2　設問1(2)

1　アの問い

(1)　DのAに対する令和4年9月分の賃料の一部返還請求である請求2は、同年9月11日から同月30日まで、雨漏りにより丙室を使用することができなくなったことによる賃料の減額（611条1項）を根拠として、既に支払った同年9月分の賃料の一部について不当利得返還請求（703条）をするものと考えられる。

(2)　611条1項の趣旨は、賃貸借契約では、賃借物の使用収益と賃料とが対価関係にあることから、賃借物の一部滅失等により使用収益不能な部分が生じたときは、賃料もその不能部分に対応する割合で当然に発生しないものとすることにある。

(3)　本問では、丙室という賃借物の一部が、雨漏りにより使用することができなくなっている。丙室の雨漏りは、契約②が締結される前から存在した原因によるものであり、賃借人Dの責めに帰することができない事由によるものといえる。したがって、賃料は、使用収益をすることができない部分の割合に応じて減額される。

(4)　よって、請求2は認められる。

2　イの問い

(1)　DのAに対する30万円の償還請求である請求3は、賃借人の賃貸人に対する必要費償還請求（608条1項）を根拠とするものと考えられる。

(2)　賃貸人には賃貸物の使用収益に必要な修繕義務が課せられており（606条1項本文）、賃借人が賃貸人の負担に属する修繕をした場合には、賃貸人は、その費用を賃借人に償還すべきである。そのうち、賃借人が必要費を支出した場合には、直ちにその償還を賃貸人に請求することができる（608条1項）。

　　　もっとも、賃借物の所有権者は賃貸人であるから、賃借人が無断で修繕をすることは、賃貸人の所有権に対する侵害にもなる。このため、賃借物の修繕が必要な場合にも、原則として賃借人は賃貸人に修繕が必要である旨を通知しなければならず、それにもかかわらず、賃貸人が相当の期間内に必要な修繕をしない場合にはじめて、賃借人は修繕をすることができる（607条の2第1号）。ただし、賃借物に修繕が必要であることを賃貸人が既に知っていたときは、賃借人は、上記通知をしなくても、賃貸人がこのことを知った時から相当の期間内に必要な修繕をしないときは、修繕をすることができる（同号）。

(3)　本問では、丙室の雨漏りは、契約②が締結される前から存在した原因によるものであり、賃借人Dの責めに帰すべき事由によって修繕が必要となったものではない（606条1項ただし書）。また、

169

雨漏りの修繕は、乙建物の必要費に当たる。

　　もっとも、Dは、修繕をするに当たり、賃貸人Aに何らの通知もしていない。Aは、Dから請求3を受けた時に初めて雨漏りの事実と修繕の事実を知ったので、賃貸人が既に知っていたとはいえず、また、本件工事の実施について急迫の事情もなかったことから、Dには修繕権が認められない。

(4)　では、賃借人が607条の2第1号所定の通知を怠って修繕をした場合にも、608条1項に基づく必要費償還請求をすることができるか。

　　条文上、607条の2第1号所定の通知は、必要費償還請求権の成立要件とされていない。また、必要費償還請求権の法的性質は不当利得返還請求権であるから、通知がされなくても不当利得は成立する。したがって、賃借人は、上記通知を怠って修繕をした場合でも、必要費の償還請求をすることができる。ただし、通知がされていれば賃貸人がより少額の費用で修繕を行っていたという事情がある場合には、当事者間の衡平の観点から、賃借人は、賃貸人に対し、その費用を超える額については償還請求をすることはできないと解する。

　　本問では、本件工事と同じ内容及び工期の工事に対する適正な評価額は20万円であることから、Aの反論にあるように、通知がされていればAはより少額の費用で修繕を行っていたといえる。

　　よって、Dは、Aに対し、20万円を超える額について償還請求をすることができない。

(5)　以上より、Dは、Aに対し、20万円の限度で直ちに償還請求をすることができる。

第3　設問2

1　Iは、Fに対し、丁土地の所有権に基づく返還請求権としての丁土地明渡請求である請求4をしている。請求4の請求原因は、Iが丁土地を所有していること及びFが丁土地を占有していることである。後者は、問題なく認められる。

　　では、前者が認められるか。丁土地は、GがHに対し離婚に伴う財産分与として譲渡し（契約③）、HがIに対し売買により譲渡し（契約④）、その後、Gにより契約③がなかったこととされたことから問題となる。

2　Gは、契約③に係る課税についての誤解すなわち法律行為の基礎事情についての錯誤を理由として契約③を取り消しているが、これは認められる（95条1項2号）。以下、その理由を述べる。

(1)　①意思表示が基礎事情の錯誤に基づくこと（95条1項2号）

　　基礎事情の錯誤とは、内心的効果意思と表示の間に不一致はないが、表意者が法律行為の基礎とした事情について、その認識に錯誤があった場合をいう。

　　離婚に伴う財産分与として夫婦の一方がその特有財産である不動産を他方に譲渡した場合において、分与者に譲渡所得が生じたときは、分与者に課税される。しかし、契約③の際、Gは、GではなくHに課税されると思っていたから、財産分与に伴う課税についてその認識に錯誤があったといえる。

(2)　②その錯誤が法律行為の目的及び取引上の社会通念に照らして重要なものであること（95条1項柱書）

　　これは、取引の安全を重視して、その錯誤がなければ、通常一般人は意思表示をしなかったであろうことを意味する。

　　契約③の際、Gは、GではなくHに課税されることを心配して、そのことを気遣う発言をしていることから、Gにおいて、財産分与に伴う課税の点を重視していたといえる。また、課税額はおお

民事系第 1 問＜民法＞

よそ 300 万円であるから、丁土地以外に財産をほとんど持っておらず、失職中で収入もない G であれば、上記錯誤がなければ、通常一般人も意思表示をしなかったといえる。

(3) ③当該事情が法律行為の基礎とされていることが表示されていたこと（95 条 2 項）

これは、「表示」を要求することによって、予期しない取消しの主張から相手方を保護するものであるから、意思表示の内容になっていたことと解する。そして、「表示」には、明示にされる場合のほか、黙示にされる場合も含む。

契約③の際、G は、G ではなく H に課税されることを心配して、そのことを気遣う発言をし、また、H も、H のみに課税されるものと理解していることから、G は、自己に課税されないことを黙示的に表示していたといえるし、そのことが意思表示の内容になっていたといえる。

(4) ④表意者に重大な過失がないこと（95 条 3 項）

「重大な過失」とは、錯誤に陥ったことにつき、当該事情のもとで通常人に期待される注意を著しく欠いていることをいう。

離婚に伴う財産分与の際の課税については、専門的な知識が必要といえるから、それについて錯誤に陥ったことにつき通常人に期待される注意を著しく欠いているとはいえず、G に「重大な過失」はないといえる。

仮に、G に「重大な過失」が認められたとしても、相手方 H も同一の錯誤に陥っているから、意思表示の効力を維持して保護すべき利益を H がもっているとはいえず、G は、錯誤による取消しを主張できる（95 条 3 項 2 号）。

(5) したがって、G は、法律行為の基礎事情についての錯誤に基づき、契約③を取り消すことができる。

3 もっとも、G は 95 条 4 項の規定により、契約③の取消しを I に対抗することができないのではないか。

(1) 同条項は、取消しによる遡及効（121 条）によって害される第三者を保護するものであるから、「第三者」は、取消前に出現する必要がある。

本問では、I は、G による取消前の第三者であり、また、G の錯誤について「善意でかつ過失がない」から、G は、契約③の錯誤取消しを I に対抗することができない。

(2) もっとも、本問では、I は、丁土地について、H から I への所有権移転登記を備えていない。そこで、95 条 4 項の「第三者」である I は、明文にはないものの、同項の規定により保護を受けるための要件としての登記を備える必要がないか。

判例は、96 条 3 項の「第三者」について、不要説を採用している。錯誤に陥った表意者の方が欺罔された表意者よりも帰責性が大きいことから、95 条 4 項の「第三者」については、不要説が一層妥当すべきである。

したがって、I は、95 条 4 項の「第三者」として保護される。

4 しかし、丁土地について、I は所有権移転登記を具備しておらず、G から H への所有権移転登記がされているにとどまる。この場合に、請求 4 が認められるのか。

I が 95 条 4 項の「第三者」として保護される場合には、G は錯誤による意思表示の取消しを I に対抗できなくなる結果、丁土地の所有権は、G から H に、また H から I に順次承継取得されるという見解もある。

しかし、95 条 4 項は、善意かつ無過失の第三者が権利を取得する可能性を基礎づけるのみであり、

171

契約③を有効にするものではないから、丁土地の所有権は、直接 G から I に法定承継取得されると解すべきである。

　したがって、I は、乙土地の所有権移転登記を備えなければ、丁土地の所有権を取得したことを 177 条の「第三者」である F に対抗することができない。

5　よって、請求 4 は、F が、乙土地の所有権移転登記を備えるまで丁土地の所有権を取得したことを認めないと主張したときは、認められない。

以上

(5,514 字)

民事系第1問＜民法＞

採点基準表

※本試験の採点基準は公表されません。そこで、「出題趣旨」や「採点実感」等から辰已が独自に作成した採点基準を以下に掲載します。再現答案等とあわせ過去問学修にお役立てください。

	配点	あなたの得点
第1　設問1(1)小問ア　【11点】		
1　下線部㋐の反論の法的根拠	1	
2　請求1の可否		
（1）　契約①が他人物賃貸借契約であることの指摘	2	
（2）　相続により賃貸借契約上の賃貸人たる地位を承継したことの指摘		
・賃貸人たる地位の相続により、賃貸借契約上の賃貸人の義務ないし地位を承継することの指摘	1	
・所有者の権利を考慮し、所有者に諾否の自由が認められることの指摘	2	
・特段の事情のない限り、原則として所有者が諾否の自由を有していることの指摘	2	
・本問では、Aに特段の事情が認められないことの指摘	2	
（3）　結論	1	
【加点事項】	加点評価	
※Aが契約①に基づき請求1をしているわけではなく、甲土地の所有権に基づいて請求しているのであり、契約①の賃貸人としての義務を拒否していることに気が付けば加点。	A・B・C	
第2　設問1(1)小問イ　【10点】		
1　下線部㋑の反論の法的根拠	1	
・CのBに対する300万円の損害賠償請求権を被担保債権とする留置権の抗弁であることを指摘		
2(1)　留置権の要件検討	3	
（2）　物と債権の牽連性が特に問題となることを指摘		
ア　牽連性の趣旨について指摘	1	
イ　他人物賃貸借において牽連性は認められないことを指摘	2	
ウ　所有権者が相続をした場合でも牽連性が否定されることに変わりはないことを指摘	2	
（3）　結論	1	
第3　設問1(2)小問ア　【5点】		
1　請求の法的根拠		
・611条とそれに基づく不当利得返還請求であることを指摘	1	
2(1)　611条の趣旨を指摘	2	
（2）　611条の本件への適用を検討	1	

173

(3) 結論	1	

第4　設問1⑵小問イ　【14点】

1　請求の法的根拠	1	
・賃借人の賃貸人に対する必要費償還請求（608条1項）を根拠とするものであることを指摘		
2⑴　賃貸人に賃貸物の使用収益に必要な修繕義務があることを指摘（606条1項）	1	
⑵　賃貸人の必要費の償還義務について		
ア　608条1項の指摘	1	
イ　607条の2第1号の指摘	1	
ウ　607条の2第2号の指摘	1	
エ　606条1項但し書きを指摘	1	
オ　雨漏りの修繕費が必要費にあたることの指摘	1	
⑶　Dの修繕権の有無		
本件では、賃貸人Aに何らの通知もしていないこと、賃貸人が修繕の事実についてすでに知っていたわけではないこと、急迫の事情が認められないことが認められることを指摘し、Dに修繕権が認められないのが原則であることを指摘	1	
⑷　賃借人が607条の2第1号所定の通知を怠って修繕した場合にも、608条1項に基づく必要費請求をすることができるか検討		
ア　条文上、607条の2第1号所定の通知が、必要費償還請求権の成立要件とされていないことを指摘	1	
イ　必要費償還請求権の法的性質は不当利得返還請求権であり、通知がされなくても不当利得は成立することを指摘	2	
ウ　通知がされていないことに加え、当時者の衡平の観点から、賃貸借人は賃貸人に対し、その費用を超える額については償還請求をすることはできないとすることを指摘	1	
エ　本問についての検討	1	
⑸　結論	1	

第5　設問2　【40点】

1　請求の法的根拠		
・所有権に基づく返還請求であることを指摘	1	
・原告所有、被告占有が必要であることを指摘	2	
2　錯誤取消によるⅠの所有権の有無		
⑴　契約③、契約④のうち、契約③が取り消されたために問題となることを指摘	1	
⑵　契約③の錯誤取消（95条1項2号）について検討	2	
⑶　法律行為の基礎事情の錯誤による取消の要件の適示	4	

民事系第1問＜民法＞

【加点事項】	加点評価	
※要件を最初にまとめて列挙する必要はなく、随所でそれぞれについて検討をしていれば点を与える。	A・B・C	
ア・意思表示が基礎事情の錯誤に基づくことについて、基礎事情の錯誤の解釈	2	
・本問での検討	1	
イ・錯誤が重要なものであることの解釈	2	
・本問での検討	2	
ウ・当該事情が法律行為の基礎とされていることが表示されていることの解釈	2	
・本問での検討	2	
エ・「重大な過失」の解釈	2	
・本問での検討	2	
(3) 錯誤による意思表示の取消は「善意でかつ過失がない第三者」（95条4項）に対抗することができないことの指摘	1	
(4) 95条4項の「第三者」が取消前の第三者に限ることを指摘	2	
ア Ｉはその第三者にあたることを指摘	1	
イ 錯誤取消をＩに対抗することができないという結論を指摘	1	
(5) ＩとＦの対抗関係（177条）		
ア Ｉが94条4項の第三者であることから、ＧＨ間の譲渡が有効となり、Ｇを起点とする二重譲渡が観念されることを指摘	2	
イ Ｆは登記を取得したＨに対抗することができないので、そのＨから丁土地を取得したＩに対しても対抗することができず、Ｉは登記をなくして取所有権をＦに対抗することができるとの説を指摘	2	
ウ イの説の評価	1	
エ 95条4項の第三者Ｉの出現によりＧから直接Ｉへの法定承継取得が生じ、Ｇを起点とするＩとＦへの二重譲渡を観念することができ、ＩとＦの優劣は対抗要件の具備の先後で決まることを指摘	3	
オ Ｉは登記を具備しなければＦに対して所有権の取得を対抗することができないことの指摘	1	
(6) 結論	1	

基本配点分	小計 80 点	
		点
加点評価点	小計 10 点	
添削シート中の【加点評価】を総合的に評価し点数を決めて下さい。目安はAが半数以上であれば10点、Bが半数程度であれば5点です。		点

基礎力評価点		小計 10 点	
以下の項目は、「司法試験の方式・内容等について」（令和5年11月22日司法試験考査委員会議申合せ事項）第4－2－(1)－エに掲載されている事項です。			
あなたの得点（0～2点で評価）			
事例解析能力			
論理的思考力			
法解釈・適用能力			
全体的な論理的構成力			
文書表現力			点

総合得点	合計 100 点	
		点

民事系第1問＜民法＞

再 現 答 案

答案① （順位ランクA、213.08点、系別33位、論文総合97位）

［設問1］

（小問1）

第1　請求の根拠

　請求1は、甲土地の所有権に基づく返還請求権としての建物収去土地明渡請求である。Aは、甲土地を所有しており、対して、Cが乙建物を所有して同土地を占有している、とする。

第2　Cの反論①（問ア）

1　これに対して、Cは、BC間の賃貸借契約（契約①）に基づく賃借権、すなわち占有権原の抗弁を主張する。しかし、これには理由がない。

2　前提として、Bは、直接自己の名前で取引している。これは、自己のためにしたものと考えられる（100条本文参照）。契約①は、何らの処分権限を有しないBによる他人物賃貸借であり（601条、559条、561条）、無権利の法理によって当然には有効にならない。

3　もっとも、Bは死亡し、Aが単独で同人を相続している。相続人は、被相続人の一切の権利義務を承継する（896条）ところ、賃借権を設定する債務が当然に有効にならないか。結論として、これも否定される①。なぜなら、相手方は、本来有効とならない行為につき、相続という偶然の契機により望外の利益を得ることになる一方、相続人に過大な不利益を課すことになるためである。

4　したがって、反論①には理由がなく、請求1は拒めない。

第3　Cの反論②（問イ）

1　反論②は、契約①の特約に基づく300万円の損害賠償請求権を被担保債権とした留置権（295条1項）を根拠とする。

2　Cは、「他人」Aの「物」である甲土地を、Bより引渡しを受け、また建物を所有することで「占有」している。

　「その物に関して生じた債権」とは、留置権の趣旨が、所有者を犠牲にしても公平の見地から債権者を保護することにあるところ、債権がその物自体から生じた場合を含む。本件につき、契約①には、甲土地の使用収益不可を要件とする賠償の予定がある。真の権利者Aが、Cに明渡請求を行うことで、およそ賃借権を設定する債務は不能になるため、これを満たし、賠償請求権は生じている。同債権は、まさに甲土地という物自体から生じた債権であり②、相続人Aは、これを承継したこととなる（896条）。なお、同債権は「弁済期」にある（295条1項ただし書、412条3項）。

①相続開始後も、Aにおいては、甲土地の所有者としての地位と（Bから承継した）賃貸人としての地位が、融合することなく併存する。また、相続開始前、Aは、甲土地の所有者として、Bに賃貸権限を与えるか否かを自由に決することができたところ、相続開始後も、Aは、所有者としての地位において、Bから承継した債務の履行（甲土地の使用収益を賃貸権限に基づくものとすること）を拒むことができると解される（出題趣旨）。

②Aの損害賠償債務は甲土地自体から生じたもの（典型例としては、物の瑕疵が原因となってその占有者に損害が発生した場合における、物の所有者の損害賠償債務や、占有者が物について費用を支出した場合における物の所有者の費用償還債務が挙げられる。）とはいえない（採点実感）。

177

3　しかし、留置権は「占有が不法行為によって始まった場合」には成立しない（295条2項）。文言上、不法行為とあるが、前記留置権の趣旨にみれば、占有が過失によって始まった場合にも、公平の見地から、留置権の成立を否定すべき場合がある。

　　本件につき、Cが引渡しを受けたとき、土地の所有権名義が他人Aである、という不審事由があった。Bは、Aが自身の父にあたり、土地の贈与を受けた旨を説明している。このとき、Aに確認する等の措置を講じれば、効力が不安定になることはなかった。にも拘らず、不安を感じるのみで賠償額を予定しかしなかった点は、有効な占有権原を得られるかにつき適切な処置をしないものであり、Cは過失によって占有を始めたものといえる。

4　よって、留置権は成立せず、反論②に理由はないため、請求1は拒めない。

（小問2）

第1　請求2について（問ア）

1　根拠

　　請求2は、既払いの9月分賃料に対する不当利得返還請求（703条）である③。

③Dの請求の根拠を指摘できている。

2　検討

⑴　まず、9月分賃料は、611条1項に照らし減額されるべきものである。すなわち、賃借目的物である乙建物の「一部」である丙室は、雨漏りという「…その他の事由により使用及び収益」できなくなっている。この雨漏りは、連日の雨と契約②締結以前に存在した原因によるところ、賃借人Dは関与しえない事情であり、「賃借人の責めに帰することができない事由による」ものといえる。よって、雨漏りにより用益不可となる9月11日から修繕完了の9月30日の間、丙室の用益不可部分の割合に応じた分が、賃料12万円から減額されることとなる。

⑵　ところが、契約②は、賃料前月末日払の前払特約があり、上記期間に相応する9月分賃料は8月末日に支払済みである。それゆえ、Aは、減額されるべき額につき、上のとおり「法律上の原因なく」「利得を得」、これに「よって」他方Dは「損失」が生じている④。

④不法利得の要件について丁寧に検討できている。

3　結論

　　以上から、請求2は認められる。

第2　請求3について（問イ）

1　根拠

　　請求3は、賃貸借契約に基づく必要費償還請求（608条1項）である。Dは、自己が依頼した雨漏り修繕工事の報酬に要した30万円としている。

2　検討

⑴　賃貸目的物の修繕は、本来的に使用収益させる義務を負う賃貸人が負う（606条1項本文）。しかし、607条の2は、各号に該当する場合に賃借人による修繕を認める。同条の趣旨は、賃貸人による修繕を期待できない、あるいは期待することが不合理な各号に定める場合に、賃借人の

⑤607条の2の趣旨を示すことができている。

178

民事系第1問＜民法＞

費用による肩代わりの修繕を許容し、かつ、その支出を必要費として転嫁することを認めるものである⑤。

　本件につき、工事の実施に急迫の事情はなく（同条2号）、また、Dは修繕を要する旨の通知を行っておらず（1号）いずれの要件も満たさない。

　よって、賃借人自ら修繕したために要した額を転嫁することになる30万円での請求は認められない。

⑵　しかし、607条の2は、賃借人による修繕の一切を否定するわけでない。そして、いずれにせよ修繕の工事自体は、行われなければならないもので、その費用は、建物の使用収益に通常必要な費用にかかるものといえる。

　そのため、修繕工事に要する適正な価格の限りにおいて、必要費償還請求は認められる。本件では、その額が20万円になる。

3　よって、請求3は、20万円の限度で認められる。

［設問2］

第1　根拠

　請求4は、丁土地の所有権に基づく返還請求権としての土地明渡請求である。

　Ⅰは、丁土地もと所有者GとH間での離婚に伴う財産分与としての譲渡（契約③）および、HとⅠ間での売買（契約④）により同土地所有権を取得しており、一方で、Fが同土地を駐車場として利用し占有している、と主張する。

第2　検討

1　問題の所在

　対して、Fは、契約③がGにより錯誤取消し（95条1項）されており、Ⅰは所有権を有しない旨を主張しうる。結論として、以下のとおり、取消しは認められるが、Ⅰは、取消前の第三者として保護される結果、Fの主張には理由がない。

2　錯誤取消しの可否

⑴　契約③は、財産分与という親族法上の行為（768条1項）である。しかし、意思表示を内容とし、かつその実質は財産権を移転する性質を有することから、錯誤取消しに係る規律を適用できる。

⑵　Hは、契約③にあたり、分与の際の課税主体が、真実は贈与者Gであるのに、受贈者Hになると誤信しており、基礎事情の認識が真実に反する錯誤（95条1項2号）がある。基礎事情は、「法律行為の基礎とされていることが表示され」、契約の内容になっていることを要する。契約③の際、Gが財産を有しない状況であり、Hに課税されることを心配していたこと、これに対し、Hは自己に負担がかかることを厭わない旨の返事をしていることから、課税主体が誰かが基礎となる旨が表示され、かつ双方Hに課税されるものと認識して契約の内容になっていたものと

179

みえる。そして、一般に、不動産に対する課税は高額になること、また、主観的にもGの財産状態から課税負担を受けがたいことを踏まえると、当該事実は「社会通念上重要なもの」（同項柱書）である、といえる。

なお、課税主体が誰かは、税法が複雑で、現にそうであるように税理士等に指摘されなければ気づきにくいものである。錯誤につき、表意者Gに重大な過失があるとまでいえない。

そして、Gは、Hに、1月15日、契約③を取り消す旨の意思表示をしている（120条）。

（3）取消前の第三者

取消しの効果は、契約の遡及的無効（121条）であり、Iは所有権を取得しないようにみえる。しかし、この遡及効を制限するために、取消しは善意・無過失の第三者、すなわち取消された法律関係につき新たに独立の利害関係を有するに至った者に対抗できない。

本件につき、Iは、③の取消前である1月10日に契約④を締結した、「第三者」にあたる。この際、Iは、Gに錯誤があることにつき善意かつ無過失であった。

そのため、錯誤による取消しは、Iに対抗できない。この効果として、上述の機序のとおり契約③・④にて、GからHそしてIへの所有権の移転が観念できる⑥。

（4）所有権の帰属、対抗の可否

一方、Fは、③・④、および③の取消し後の1月18日、Gとの間で丁を買っている。しかし、この売買は、上述の物権変動の結果、無権利者Gによる譲渡となる。したがって、Iは、契約④による所有権取得につき登記を具備していないものの、無権利者からの譲受人は、177条にいう「第三者」にあたらないため、登記無くして自己の所有権を主張できる⑦。

第3　結論

よって、請求4は認められる。

以上

（3,496字）

⑥Iが同項で保護される場合の所有権移転の構成について検討することができている。

⑦所有権移転の構成について G→H→I と移転すると捉える見解に立つ場合、H自身が登記を備えたことによって丁土地の所有権を確定的に取得したとFに主張することができない以上、IもそのことをFに主張することができないと理解するならば、Iは、登記を備えなければ、丁土地の所有権を取得したことを民法第177条の「第三者」であるFに対抗することができない（出題趣旨）。

◆総評◆

出題趣旨で挙げられている項目について、概ね言及し、的確な検討を加えることができている。また、趣旨に遡って考えることにより、法的思考能力を示すことができている。設問1の小問(1)のイの留置権における牽連関係については、「この点については、牽連関係があるとする答案が圧倒的に多かった。」（採点実感）とある通り、多くの答案が肯定しており、点数に大きな差は付かなかったものと考えられる。

民事系第１問＜民法＞

答案② （順位ランクＡ、201.70点、系別89位、論文総合8位）

第１　設問１(1)について

1　ＡはＣに対して所有権（民法（以下略）206条）に基づく返還請求権としての乙建物収去土地明渡請求（請求１）をする。甲土地はＡの所有であり、乙は甲土地上の乙建物を所有していて甲土地を占有している。

2　これに対して、ＣはＢとの間の賃貸借契約（601条）たる契約①により甲土地の賃借権という正当な占有正権原を有していると反論する（反論⑦）。なお、賃借権が有効に成立していればＣは乙建物を所有し登記を有していることから、対抗要件は具備している（借地借家法10条1項）①。

　(1)　甲土地はＡの所有であり、契約①はＢを当事者として締結されているから他人物賃貸借（559条本文、601条、561条）となる。そして、賃貸人たるＢは所有者たるＡから甲土地の使用収益権を授権されていない以上、賃貸人Ｂの使用収益権に依存するＣの賃借権についても認められないことになる。

　(2)　もっとも、本件ではＢの親であるＡが、Ｂの唯一の相続人（889条1項1号本文）として、相続（882条）によりＢの法的地位を包括承継している（896条本文）ところ、Ｃの賃借権が認められる余地はないか。

　　ア　契約①の賃貸人たる地位については相続によりＢからＡに承継されるところ、甲土地について使用収益権を有するＡが賃貸人になった以上、契約①は通常の賃貸借類似となり、Ｃの賃借権も有効に認められるように思える。

　　　しかし、相続という偶然の事情によって相続人が他人物賃貸人としての不利益を受けるのは妥当ではないし、各地位ごとの利益状況を踏まえる必要性もある②。そこで、Ａにおいては、契約①を離れた所有者という地位と賃貸人という地位が併存していると考えるべきである。

　　イ　したがって、Ａが追認（116条本文類推適用）しない限りは契約①は他人物賃貸借であり、Ｃの賃借権は有効ではない。

　(3)　以上より、反論⑦は認められない。

3　次に、Ｃは300万円の損害賠償請求権を被担保債権として甲土地に関する留置権（295条1項本文）を有するため、甲土地を占有できると反論する（反論④）。なお、請求１は契約①に基づくものではないから同時履行の抗弁（533条本文）の余地はない。

　(1)　まず、前述のようにＡは契約①における賃貸人の地位を相続によりＢから承継している。そして、契約①には甲土地の使用収益が不可能になった場合に損害賠償額を300万円とする特約（420条1項）があるところ、ＣはＡに対して債務不履行に基づく損害賠償請求権（415条1項本文）を有している。なお、ＡはＢの賃貸人としての包括承継している以上、自己の締結していない特約であっても法的に拘束される。

①本問においては、Ｂには甲土地を賃貸する権限がなく、そもそも有効な占有権原が成立していないから、その第三者への対抗も問題にならない（採点実感）。

②地位が併存しているという結論を導く構成を明確にしている。

(2) それでは、留置権は有効に成立しているか。

　ア　甲土地は「他人」たるＡの所有物であり「他人の物」である。そして、Ｃは甲土地の「占有者」といえる。

　イ　「その物に関して生じた債権」といえるかは、目的物を留置することで被担保債権の弁済が促されるという牽連性があるかで判断する。

　　この点、判例は他人物売買の事案において返還請求権者と被担保債権の債務者が異なる場合においては、目的物の留置が弁済を促す関係にないとして牽連性を否定している③。

　　もっとも、本件では、相続により返還請求権者と債務者が同一人物になっている。確かに、相続開始前については留置権が成立しないといえるが、相続開始後については留置によりＡに弁済を促す関係になる以上牽連性を肯定するべきである④。この点は、留置がＡへの不利益ではあるものの、Ａが負担する債務との関係でＡＣ間の均衡を図る観点からも肯定できる。

　ウ　弁済期についても、Ａの請求１によりＡが契約①を追認する可能性がなくなったといえるから、弁済期にあるといえる（295 条１項但書）。

　エ　また、確かにＣは正当な占有正権原に基づき甲土地の占有を始めたわけではないものの、295 条２項が占有者と債務者の均衡を図る点にあることからすれば、後にＡが賃貸人となる契約①に基づく占有開始である以上、特にＡとの関係で同項を適用するべきではない。この点は、Ｃが甲土地がＢの所有物でないことにつき善意であったことからも肯定できる。

(3) 以上より、Ｃによる反論④は認められる。なお、Ｃは契約①に基づく賃料を供託（494 条２項本文、１項柱書前段）をしている以上、Ａによる契約①の解除（540 条１項）もできない。

第２　設問１(2)について

１　ＤはＡに対して、不当利得返還請求権（704 条前段、703 条）に基づき令和４年９月分の賃料の一部の返還を請求する（請求２）⑤。すなわち、同月分については 12 万円の賃料債務が発生していない旨主張する。

(1) 賃貸人であるＡは契約②に基づきＤに乙建物を使用収益させる債務を負う（601 条）ところ、本件では丙室が雨漏りにより使用収益できなくなっている。そして、雨漏りについては契約②以前の事由を原因として、「賃借人」たるＤの「責めに帰することができない事由によるもの」といえるから、賃料は減額されることになる（611 条１項）。なお、本件では丙室の雨漏りの事実についてＤはＡに「通知」（615 条本文）しておらず、減額を求める意思表示をしていないが、賃貸借における賃料債務は賃借物の使用収益という前提に立ち返れば、特段の意思表示なく当然に 611 条１項は適用されることになる。

(2) したがって、ＤのＡに対する 12 万円の支払いのうち、丙室に対応する減額分は「法律上の原因」ない利得となり、請求２は認められる。

③他人物売買における留置権の成否に関する最判昭 51.6.17 の判例法理に触れている。

④相続の開始という事情は、Ａにおいて所有者としての地位と賃貸人としての地位が併存するものと解する限り、留置権の成否（物と債権の牽連関係の存否）には影響しない（出題趣旨）。

⑤Ｄの請求の根拠を指摘できている。

民事系第1問＜民法＞

2　DはAに対して、本件工事のEの報酬30万円につき、契約②に基づき必要費償還請求（608条1項）をする（請求3）。

　(1)　乙建物については雨漏りにより使用収益できなくなっている。そして、本件工事は丙室を使用収益するにあたって必要不可欠なものであるから、「賃貸物の使用及び収益に必要な修繕」（606条1項本文）として、「賃貸人の負担に属する必要費」といえる。

　(2)　これに対して、Dは607条の2柱書に基づき丙室を修繕する権利を有しないところ、本件工事の報酬をDはAに対して請求できないとAは反論する。

　　ア　Dは丙室の修繕が必要な旨をAに「通知」（615条本文）しておらず、また賃貸人たるAはそのような状況を認識していない（同項但書）から、607条の2第1号にあたらない。また、「急迫の事情」もないから同条2号の適用もない。

　　イ　それでは、Dに丙室を修繕する権利がない以上請求3は認められないのか。

　　　(ｱ)　607条の2の趣旨は、賃借人は目的物に関して用法順守義務（616条、594条1項）を負うところ、目的物の修繕が債務不履行となることを防ぐ規定と分析できる。そうだとすれば、608条1項に基づく請求とは別個のものといえる。この点は、目的物必要費として修繕の効果があれば、賃貸人としても所有者としてもAには利益がある点からも肯定できる。

　　　(ｲ)　したがって、Aの反論は認められない。

　(3)　それでは、30万円全額請求できるか。この点、608条1項は、債務不履行に基づく損害賠償請求権（415条1項本文）に関する特別な場合を規定しているといえる。そうだとすれば、賃借人が適正金額に比べて過失により多く支出した額については、過失相殺に関する418条を類推適用して請求は認められないとするべきである⑥。

　(4)　以上より、20万円の限度において請求3は認められる。

第3　設問2

1　IはFに対して所有権に基づく返還請求権としての丁土地明渡請求（請求4）をする。

　(1)　丁土地はGのもと所有である。そして、GからHに対して財産分与（768条1項）としての契約③により所有権が移転し、その後契約④によりHからIに移転している（176条）。そして、丁土地についてはFが占有している。

　(2)　したがって、Iは請求原因を満たす。

2　これに対して、GのHに対する錯誤取消し（95条1項柱書）の意思表示（123条）により契約③は遡及的に無効となり（121条）、その結果契約④によりIが所有権を取得することもないとFは反論する⑦。なお、登記がHに移転した時点でHの所有権取得が確定するから177条による対抗要件の

⑥20万円の限度で償還請求が認められる根拠は、607条の2の趣旨から導きたい。

⑦Fの反論の構造を明示できている。

183

抗弁の余地はない。

(1) 「表意者」（95条1項2号）たるGは、丁土地以外のめぼしい財産がないものの、財産分与による課税は譲受人たるHに対してのみされるという「認識」であった。そして、このような「認識」が「法律行為」たる契約③の「基礎となる事情」としてGは契約③を締結している。もっとも、現実には、Hではなく譲渡人たるGに課税されることになるから「その認識が真実に反する錯誤」があるといえる。

(2) ではHにのみ課税されるという「事情」は「表示」（同条2項）されていたといえるか。表意者の認識について相手方が了知し認識していたことが必要になる。

本件では、GがHに対してのみ課税されることを心配する発言をしたところ、「私に課税される税金は、何とかするから大丈夫」と発言しており、同様にHにのみ課税されると認識しているところ、「表示」されていたといえる。

(3) 本件錯誤の「重要」性（95条1項柱書）についても、Gは失業中で丁土地以外にめぼしい財産がなく、仮に丁土地を譲渡してしまえば税金を払えないという金銭状況にあることを踏まえれば、本件錯誤が泣ければ契約③を締結していなかったと客観的にも認められ、本件錯誤は「重要」といえる。

(4) 以上より、契約③に関するGによる錯誤取消しは有効であり、Fの反論は認められる。

3 このようなFの反論に対して、Iは自らは善意無過失の「第三者」であるから、Gによる錯誤取消しを対抗できない（95条4項）とIは反論する。

(1) 「第三者」とは、当事者及びその包括承継人以外の者で、錯誤に基づく法律関係をもとに新たに法律上の利害関係を有するに至ったものをいう。Iは契約③の後、契約④を締結したことで丁土地に関する利害関係を有することになったから「第三者」にあたる。

(2) そして、IはGが契約③の締結について錯誤に陥っていたことにつき、善意無過失である。

(3) したがって、Iは善意無過失の「第三者」となるため、GはIに錯誤取消しを対抗できない。もっとも、FとIは対抗関係にあるところ、このような両者の関係においては対抗要件として登記具備は必要であるから、IはFとの関係では登記が必要である。

(4) 以上より、Iは登記を具備していない以上Iの反論は認められない[8]。

4 上記の点を踏まえれば、請求4は認められない。

以上

（4,136字）

[8]本問においては、Iが同項によって保護される場合の所有権移転の構成について検討することが求められていたものといえる（採点実感）。

民事系第1問＜民法＞

◆総評◆
　出題趣旨で挙げられている項目について、概ね的確に検討することがで
きている。それぞれの問題につき、請求原因とそれに対する反論という構
造を意識し、論理的にまとめられた答案である。判例を意識した論述もで
きており、高く評価されたものと考えられる。

答案③ （順位ランクＡ、195.79点、系別139位、論文総合108位）

第1　設問1(1)ア

1　ＡはＣに対し、所有権に基づく甲土地の返還請求として甲土地の明渡請求をしている。これに対して、Ｃは契約①により甲土地についての賃借権を有しており、これが甲土地の占有権原の抗弁となると反論する。これが下線部アの反論の内容である①。

2　上記の反論は認められるか。

　Ｂは甲土地を所有する者ではないため、無権利者により契約①は締結されている（民法（以下、略）559条、561条参照）。そのため、原則としてＣは有効な占有権原を有さない。

　しかし、本人であるＡが他人物賃貸人であるＢを相続していることから、Ａは契約①の追認（116条類推適用）を信義則上強制させられるのではないか②。

　相続により他人物賃貸人と本人の地位は融合するとの見解があるが、相続という偶然の事情により相手方が利するのは不当であるから、地位は併存するとすべきである③。

　そして、他人物賃貸人を本人が相続する場合、何ら帰責性の無い本人が不利益を被るのは不当であるから、本人は追認を拒絶できると考えるべきである。

　よって、Ａは契約①の追認を拒絶でき、Ｃは契約①により賃借権という有効な占有権原を有するとは言えない。

3　以上から、上記反論は認められない。

第2　設問1(1)イ

1　下線部イの反論は、300万円の債務不履行に基づく損害賠償請求権（415条）を被保全債権とする留置権（295条1項）の主張である。これは認められるか。

2　契約①は無権利者Ｂにより締結されている。第一の通り、本人たるＡは他人物賃貸人であるＢを相続しているのであり、地位は併存する。第12のとおり、Ｂは契約①の追認を強制させられることはない。しかし、Ａは他人物賃貸人の地位を相続していることに変わりはないから、債務不履行責任は負うこととなる。よって、「債権」があるといえる。

　留置権のその他の要件も満たすので、上記留置権の反論は認められる④。

第3　設問1(2)ア

1　請求2は、不当利得返還請求（703条）である。

2　Ａは令和4年9月11日から9月30日までの丙室の使用を前提とした乙建物の賃料を受けて取っているため、利得がある。また、Ｄは上記賃料を支払っているため損失がある。そして、上記利得と損失には当然相当因果関係があるため、因果関係が認められる。

①Ａの請求1の根拠及びＣの下線部㋐の反論について、分かりやすく明示できている。

②契約①の追認という理論付けを採っていることで、出題の趣旨とはややずれてしまっている。

③Ｂを相続したＡにおいて、甲土地の所有者としての地位と賃貸人としての地位が併存するとの結論を示すことができている。

④留置権の成否について、牽連関係の存否を丁寧に検討すべきであるところ、簡単に要件を満たすとしてしまっている。

186

民事系第1問＜民法＞

3　では、法律上の原因がないといえるか。

　　丙室が利用できなくなっているため、「賃借物の一部が……その他の事由により使用及び収益をすることができなくなった」⑤といえる。

　　これは「賃借人の責めに帰することができない事由によるもの」といえるか。丙室の雨漏りは契約②が締結される前から存在した原因によるものであったのだから、上記事由によるものといえる。したがって、「使用及び収益をすることができなくなった部分の割合に応じて」賃料は「減額される」。したがって、Aの利得には法律上の原因がないといえる。

4　以上から請求2は認められる。

第4　設問1(2)イ

1　請求3は、必要費の償還請求（608条1項）である。

2　DがEに報酬として支払った30万円は「必要」費といえるか。

　　DはEを利用して自ら修繕をしている（607条の2）。雨漏りにより丙室が使用できなくなっているため、「賃借物の修繕が必要」といえる。

　　本件工事の実施については急迫の事情はなかったのだから同条2号の要件は認められない。では、1号の要件は認められるか。

　　DはAに何らの通知もしないままEに丙室の雨漏りの修繕工事を依頼している。また、Aは請求2と請求③を受けたときに初めて丙室に雨漏りが発生した事実とDがEに本件工事を行わせた事実を知った。よって、「賃借人が賃貸人に修繕が必要である旨を通知し、又は賃貸人がその旨を知ったにもかかわらず、賃貸人が相当の期間内に必要な修繕をしな」かったとはいえない。したがって、1号の要件も認められない⑥。

　　よって、請求3は認められない。

　　仮に請求3が認められ得るとしても、20万円の範囲でしか認められないのではないか。本件工事と同じ内容及び後期の工事に対する適正な報酬額は20万円である。しかし、賃借人は善管注意義務を負うものとして賃借物を利用し修繕する者であるところ、20万円と30万円ではそこまで大きな差があるとは言えないし、善管注意義務に反したとみられる事情もない。よって、請求通り30万円の範囲で請求は認められ得る。

第5　設問2

1　請求4は、Iが所有権に基づき返還請求として丁土地の明渡請求をするものである。

　　これに対して、Fとしては、契約③が錯誤（95条1項柱書）を理由として取り消されたことによりGからHへの丁土地の所有権の移転は遡及的に無効（121条）となり、よって契約④によるHからIへの所有権の移転も無効となることから、I所有が認められないと反論する⑦。

2　GはHに財産分与に際して課税がなされると思っているから基礎事情錯誤がある（95条1項2号）。

　　「表示」（同条2項）とは、法律行為の基礎とした事情に関する表意者の認識が相手方に示され了解されて法律行為の内容となっていたことをい

⑤611条1項の条文を引用しているものの、611条1項であることを示していない。

⑥Dが支出した30万円が、「賃貸人の負担に属する必要費」（608条1項）に当たるかという観点からの検討を行っている。

⑦Iの請求4の根拠とFの反論について、端的に示すことができている。

う。GがHへの課税を気遣う発言をしたのに対し、Hは、「私に課税される
税金は、何とかするから大丈夫。」と応じ、Hは、Hにのみ課税されるもの
と理解していた。したがって、「表示」があったといえる。

「重要」（同条柱書）とは一般人ならその錯誤がなければ意思表示をしな
いことを意味する。土地の財産分与に際しての課税は多額に及び、現に300
万円ほどの課税がなされている。よって「重要」といえる。

3　重過失（同条3項柱書）がGにあったとも思えるが、Hは、Hにのみ課
税されるものと理解していた。よって共通錯誤（同項2号）にあったとい
え、取消しは認められる。

4　しかし、Ｉは「第三者」にあたり取消しをＩに対抗することができない
のではないか（同条4項）。ＩはGが契約③に係る課税について誤解してい
たことを契約④の締結時に知らず、そのことについて過失がなかったのだか
ら、善意無過失である。「第三者」について、取消しの遡及効を制限すること
によりこれにより特に害される第三者を保護しようとするものである。した
がってその意義は錯誤による法律行為を基礎として新たに独立の法律上の
利害関係を有するに至った者、すなわち、取消前の第三者をいう[8]。

ＨＩ間の契約④は取消しの前に締結されているから、Ｉは取消前の第三
者である。よって、Ｉは「第三者」にあたり、取消しをＩに対抗すること
はできない。1のＦの反論は認められない。

5　しかし、Gを起点としたGＩ、GＦの二重譲渡があったものとして、Ｆ
が「第三者」（177条）に当たり、Ｉは登記無くして自己に所有権の取得を
対抗できないと反論することが考えられる[9]。

「第三者」とは、当事者及び包括承継人以外の者で、登記の欠缺を主張
するにつき正当な利益を有する者をいう。

Ｆは、Gから、丁土地の所有権の登記名義人がHとなっていることについ
てはGとHとの間で契約③が締結されたものの、Gが契約③に係る課税につ
いて誤解していたため、契約③は既になかったこととなっていると説明を受
けている。よって、Ｆは善意無過失の者であり、「第三者」にあたる[10]。

以上から請求4は認められない。

以上
（2,884字）

⑧95条4項の「第三者」について、同項の趣旨から基準を示している。

⑨Ｉについて、丁土地の所有権が、錯誤による意思表示の取消しをＩに対抗することができなくなる結果、G→Ｉと直接に移転すると捉える見解を採っている。

⑩Ｆが177条の「第三者」に当たるかどうかについて、過失の有無を検討しているものの、背信的悪意者に当たる場合は別として、単なる悪意や有過失は177条の第三者性を否定する根拠にならない。

◆総評◆

各設問につき、それぞれの請求の根拠と反論を明示した上で論述を組み
立てており、読みやすく分かりやすい答案になっている。民法の条文に引
き付けて丁寧に検討する姿勢も、高く評価されたものと考えられる。もっ
とも、出題趣旨の求める構成や結論とは、ややずれてしまっている部分が
ある。基本的な条文解釈や判例の理解を深めれば、より点数が伸びたと思
われる。

民事系第1問＜民法＞

答案④（順位ランクＡ、191.66、系別199位、論文総合358位）

第1　設問1(1)

1　小問ア

(1)　ＡはＣに対し所有権に基づく返還請求として乙建物の収去および甲
土地の明け渡しを請求している。Ａは甲土地を所有しＣは甲土地を占有
している。これに対しＣは占有権原の抗弁として契約①に基づき甲土地
の占有権を取得したと主張する。Ｃの反論は認められるか。

(2)　契約①はＢＣ間の甲土地の賃貸借契約（民法（以下略記）601条）を
内容とするところ、甲土地はＡが所有するものであるから契約①は他人
物賃貸借である。他人物賃貸借は契約として有効である（561条、559条）。
そしてＣは対抗要件を具備している（借地借家法10条）。そこで、Ｃは
Ａに対し賃借権を対抗できるとも思われる。もっとも、所有者Ａとの関
係でＢは無権利者であり、Ｃは不法占有者となる①。

(3)　Ｂは令和3年7月10日に死亡し、ＡがＢを単独相続している（882条、
889条1項1号）。したがって、ＡはＢの賃貸人の地位を相続する。よっ
て、賃貸人としての地位と所有者としての地位は併存するから、Ａは賃
貸人としてＣに明渡請求ができないとも思われる。しかし、Ａは甲土地
の所有者であり、相続によって明渡請求ができないとすると不当であ
る。よってＡはなお甲土地の所有者としてＣに対し明渡請求ができると
解する。

以上よりＣは請求1を拒むことができない。

2　小問イ

(1)　Ａの請求1に対し、Ｃとしては同時履行の抗弁（533条）または留置
権（295条1項）として300万円の損害賠償を受けるまで甲土地の明渡
しを拒むことができると反論している②。Ｃの反論は認められるか。

(2)　300万円の賠償はＣＢ間の特約によるものである。かかる特約は損害
賠償の予定額を定めるものであり公序良俗（90条）に反するものではな
いから有効である。

Ｃの反論㋐が認められない場合、契約①は履行不能となるからＢはＣ
に対し損害賠償義務を負う（415条2項1号）。そして損害賠償支払いと
明渡は同時履行となる。ＡはＢＣ間の契約の当事者でないため、ＣはＡ
に対し同時履行の抗弁を主張できないとも思われる。しかし、上述の通
りＡは相続によってＢの地位を承継しており、債権者に対して有してい
た固有の抗弁を承継人に対し主張できないとすると公平の観点から不
当である。よってＣはＡに対し同時履行の抗弁を主張できると解する③。

(3)　さらに、仮に同時履行の抗弁が認められないとしても、留置権（295条
1項）が成立する。Ｃの損害賠償債権は甲土地の明渡しを請求したこと
から生じており、牽連性が認められる。

①まず、ＢＣ間の賃貸
借契約はＡの土地を目
的とする他人物賃貸借
であり、Ｂの死亡前に
は、Ｃは甲土地の賃借
権を占有権原としてＢ
に対して主張すること
ができないことを論ず
る必要がある（採点実
感）。

②下線部㋐のＣの反論
の根拠として、同時履
行の抗弁（533条）ま
たは留置権（295条1
項）を挙げているが、留
置権（295条1項）の
みを挙げるべきであっ
た。

③同時履行の抗弁は、
双務契約の当事者の一
方が、相手方が当該双
務契約に基づく債務の
履行を提供するまで、
自己の債務の履行を拒
むことができるという
ものである。本問にお
いては、Ａは所有権に
基づいて明渡しを請求
しており、Ｃが主張し
ているのは賃貸借契約
上の債務の不履行に基
づく損害賠償請求権で
あるから、Ｃは同時履
行の抗弁を主張するこ
とができない（採点実
感）。

189

(4) 以上よりCはAの請求1を拒むことができる。

第2　設問1(2)

1　小問ア

(1) DはAに対し703条に基づき賃料の返還を求めている④。請求2は認められるか。703条の要件は「法律上の原因なく……利益」を得ていること、「損失」が生じていること、そして因果関係である。

(2) AとDは乙建物につき賃貸借契約（契約②）を請求している。令和4年9月による雨漏りにより、丙室は使用することができなくなっており、「賃借物の一部が滅失その他の事由により使用及び収益をすることができなく」なっている。そして丙室の雨漏は契約②が締結される前の原因に基づくものであるから「賃借人の責めに帰することができない事由」によるものであるといえる。よって611条1項により雨漏り以後の令和4年9月11日分から修復までの9月30日分の賃料の一部が減額される。そうであるにもかかわらずAは令和4年9月分の賃料全額を受け取っている。したがってAは「法律上の原因なく……利益」を得ているといえる。そしてDは同額分の「損失」を受けており、因果関係も認められる。

(3) 以上より請求2は認められる。

2　小問イ

(1) DはAに対し608条1項、607条2項2号に基づきEに支払った30万円の償還を請求している。これに対しAとしてDはAに修繕の「通知」をしていない（607条の2第1号）し、修繕を行う「急迫の事情」（同条2号）があるともいえないから、賃借人による修繕は認められず、608条1項に基づく償還請求も認められないと反論することが考えられる。

(2) 賃借物に雨漏が生じると賃借物は使用収益できなくなるから、雨漏りの修繕にかかる費用は「必要費」にあたる。Aの反論の通り、DはAに通知していないし、本件工事の実施に急迫の事情はないから、Aの反論が認められるとも思われる。しかし、賃貸人は賃借人に賃借物を使用収益をさせる義務を負うから、賃借物を使用収益するために必要な修繕を行うことは本来賃貸人の義務であり、費用償還が一切認められないとすると不当である。よって費用償還請求は認められるべきであると解する⑤。もっとも、公平の観点から償還の額は適正な額に限られる。

　本件工事の適正な報酬額は20万円であるから、費用償還は20万円の限度で認められる。

(3) 以上より、請求3は20万円の限度で認められる。

第3　設問2

1　IはFに対して所有権に基づく返還請求として丁土地の明渡しを求めている。IはHとの契約④による売買契約（555条）によって丁土地の所有権を取得しており、Fは丁土地を占有している。そこでFとしては、Gは錯誤により契約③を取り消しており（95条1項柱書）、かかる契約は無

---

④請求2が、不当利得返還請求（703条）であることを示すことができている。

⑤賃貸人の義務という観点から、607条の2各号の要件を満たさない場合であっても、608条1項に基づく償還請求が認められることを導いている。

効（121条）であるから、Hは無権利者であり、Iは所有権を取得しないと反論することが考えられる。

2 錯誤による取消が認められる要件は①「表意者が法律行為の基礎とした事情」に錯誤があること（95条1項2号）、②その錯誤が重要であること（同条柱書）、③その事情が法律行為の基礎として表示されていること（同条2項）である。

① 契約③は離婚に伴う財産分与（768条1項）としてGがHに丁土地を譲っている。Gは丁土地以外の財産をほとんど持っていなかったところ、丁土地に関する課税は譲受人であるHにされるとの認識によってHに譲っている。しかし実際に課税されるのは財産分与した側のGであり、法律行為の基礎とした事情に錯誤がある。

② Gは丁土地以外に財産をほとんどもっておらず、また失職中で収入もない。また、不動産契約において通常どちらが税金を支払うのかは当事者にとって重要な事項であるといえる。以上より錯誤が重要であるといえる⑥。

③ GはHに課税されることを心配しそのことを気遣う旨の発言をしており、Hも税金は何とかするから大丈夫と返信しており、H自身も自己に課税されると考えていた。よってHに課税されるものとの共通認識ができており、それを前提に丁土地がHに譲渡されているのであるから、その事情が法律行為の基礎として表示されているといえる。

以上より、契約③は錯誤によって取り消される。

3 そこで、Iは「第三者」（95条4項）にあたると主張する。「第三者」とは当事者及び包括承継人以外の者で錯誤によって生じた法律関係につき別個独立に利害関係を有するにいたった者をいう。IはHから契約④に基づき丁土地を購入しており、別個独立の利害関係を有しているといえる。そしてIはGの錯誤について知らず、知らないことについて過失がなかったから善意・無過失である。以上よりIは取消前の第三者にあたり⑦、登記なくして対抗することができる。

4 しかし、Iは第三者にあたるのはGとの関係であり、Fとの関係においてはGからI、GからFと二重譲渡されており、両者は対抗関係（177条）にたつ。したがってIは対抗要件たる登記を有していない以上、Fに対抗することができない⑧。

以上より、Fの反論が認められ、請求4は認められない。

以上
（2,998字）

⑥問題文中の事情を指摘して、錯誤の重要性を導いている。

⑦Iが、取消前の第三者である点に触れている。

⑧丁土地の所有権について、錯誤による意思表示の取消しを「第三者」であるIに対抗できないとしても、GとHとの間で締結された契約③が有効になるわけではないとして、G→Iと直接に移転すると捉える見解を採っている。

◆総評◆

出題趣旨で挙げられている項目について、概ね触れることができている。文章も簡潔にまとめられて読みやすく、参考になる答案である。同時履行の抗弁権の発生要件など、基礎的な知識を固めておけば、より完成度の高い答案になったと考えられる。

答案⑤ （順位ランクＡ、175.56点、系別498位、論文総合580位）

第１　設問１(1)　（以下民法について法名省略）

１　アについて

(1)　ＡはＣに対して、所有権に基づく返還請求として請求①を行っていると考えられる。同請求の要件は①Ａの甲土地所有及び②Ｃの甲土地占有であるところ、同要件充足性は本件では明らかである。

(2)　これに対して、Ｃは占有正権原の抗弁として反論アを主張していると考えられる。

　　ＢとＣは賃貸借契約（601条）として甲土地を賃料月額５万円、賃貸期間30年間で契約①を締結し、ＣはＢから契約①に基づき甲土地の引渡しを受けている。しかし、上記契約時点で甲土地の所有者はＡであるから、契約①は他人物賃貸借（559条、561条）に該当する。そして、他人物賃貸借は物権的に無効であり、追認すれば遡って物権的に有効になるものと解される。しかしながら、Ａは請求１を行なっており追認する様子は認められない。ゆえに契約①は物権的に無効であり、占有正権原にはならないと思われる。

(3)　もっとも、Ｂが死亡し（882条）、Ａが当事者たるＢを相続（889条１号）している。判例は、無権代理について、本人が無権代理人を相続した場合でも、本人が追認（115条）を拒絶することは何ら信義則に反せず許されるとしている。所有者と他人物賃貸人の関係もかかる本人及び無権代理人と類似の関係になるから、同様のことがいえ、他人物賃貸人を相続した所有者は追認を拒絶することが可能であると考えられる①。

　　甲土地所有者Ａは契約①の賃貸人たるＢを相続したものである。したがって、Ａは契約①の追認拒絶が可能である。

　　よって、Ａが追認拒絶しているため、Ｃにおいて占有正権原の抗弁を主張できない。以上より、反論アに基づき請求１を拒むことはできない。

２　イについて

(1)　Ｃは、反論イをもって留置権の抗弁（295条１項）を主張しているものと思われる。

　　ア　Ａは「他人の物」たる甲土地を占有している。

　　イ　Ａの主張する損害賠償請求権は「物に関して生じた債権」といえるか②。

　　　　留置権は留置的効力により債務の弁済を事実上促進する趣旨である。そこで、留置権成立時に債権者が引渡請求権を有しない場合には留置的効力が機能せず、物の引渡請求権を有する第三者に対して「その物に関して生じた債権」であるとはいえないと考える。

　　　　本件特約は、甲土地の使用収益が不可能になった場合について、損害賠償額を300万円とする旨を内容とするものである。そして、Ｂの

①本人の無権代理人相続に関する判例（最判昭37.4.30、百選Ｉ32事件）を参考にしながら検討している。

②問題の所在が、物と債権との牽連関係の存否にあることを、示すことができている。

③ここでは、Ａが甲土地を使用収益させるというＢの債務を承継していること、これが社会通念上不能となっていること等を指摘する必要があるが、これらの点について丁寧に論じた答案は比較的少なかった（採点実感）。

民事系第１問＜民法＞

Cに対する使用収益させる債務は、所有者であるAがCに返還請求を行った時点で履行不能になっている。そのため、CのBに損害賠償請求権は同時点で発生したといえる③。しかし。この時点において、Bは他人物賃貸人であり所有権に基づく引渡請求権はない。

　もっとも、返還請求時点でAはBを相続しており、この時点でAが契約主体であると同時に所有権に基づく引渡請求権を有しているとも思える。しかし、前述の通り、Aは他人物賃貸人たる地位を相続しているものの、追認の拒絶が可能である一方で特約の存在等については相続により拘束されるのは妥当性を欠くというべきである④。そこで、このようなAとの関係では、特約に拘束される契約者たる地位はAに帰属していないと考えるべきである。

　よって、Aとの関係では「物に関して生じた債権」であるとは言えない。

　ウ　ゆえにCは反論イに基づいて請求１を拒むことができない。

第２　設問１⑵

１　アについて

DはAに対して不当利得返還請求（703 条）として請求２を行っていると思われる⑤。

　ADは乙建物について、賃料月額12万円、期間を２年間とする約定で賃貸借契約としての契約②を締結（601 条）している。そして、DはAに対し令和４年９月分の賃料として12万円を支払っている。そうだとすると、かかる12万円についてAに「利得」があり、Dに「損失」があるといえ、両者の間に因果関係が認められる。

　そして、令和４年９月初めからの大雨で、同月11日に乙建物の「一部」である丙室で雨漏りが発生し、同日以降30日まで丙室の「使用及び収益をすることができなくな」っている。かかる大雨による雨漏りは、D「の責めに帰することができない」事情であるといえる。そうだとすると、令和４年９月分の賃料は、丙室が使用収益できなくなった分の割合に応じて当然に減額（611 条）される。したがって、減額分についてはDの上記支払いは「法律上の原因」がないものといえる。

　よって請求２は認められる。

２　イについて

　DはAに対し、608 条１項に基づく必要費償還請求として請求３を行っていると思われる。

⑴　「必要費」とは、目的物の使用収益において不可欠となる維持等のための費用をいうところ、607 条の２に反する修繕により支出した費用は「必要費」に含まれるといえるか。

　同条項の趣旨は、修繕の時期や方法などについては、第一次的には管理処分権を有する賃貸人の意思を尊重する点にある。そこで、同条に反する修繕により支出した費用は「必要費」には含まれないと考える⑥。

④Aの利益を考慮した論述ができている。

⑤Dの請求２の根拠が不当利得返還請求（703 条）であることを示すことができている。

⑥「必要費」（608 条１項）の意義について、自分なりに分析している。

本件では、丙室の雨漏りをDが修繕しているところ、かかる修繕は乙建物の使用収益において必要不可欠なものである。しかし、DはAに対し「修繕が必要である旨を通知」せず、令和4年9月13日に本件工事をEに依頼している。その上、Aは請求3がなされて初めて雨漏りが発生した事実及びDがEに本件工事を依頼した事実を知ったものである。そうだとすると、607の2条1項を充足していない。また、本件工事の実施において急迫の事情は認められないから、同条2号も不充足である。

　したがって、本件工事のために支払った30万円は「必要費」には当たらない。

(2)　Dは、Aに対し、不当利得返還請求を行うことが考えられる。

　608条は賃貸借契約における196条の特則であり、その196条は不動産の占有の場合における703条の特則である。そのため608条と703条で整合性を図る必要がある。そこで、608条で認められない必要費の不当利得返還請求については、賃借人が現に利益を得ている限度で不当利得返還請求を認めるべきである。

　DはEに対して本件工事の報酬として30万円を支払っている一方で、適正な報酬額は20万円である。そうだとすると、20万円についてAに「利得」がある一方で、30万円につきDに「損失」が生じたといえる。また、両者の間には因果関係が認められる。そして、かかる20万円については「法律上の原因」はないといえる。

　よって20万円の限度で請求3が認められる。

第3　設問2

　Iは、Fに対し、所有権に基づく返還請求としての請求4を行っていると考えられる。その要件は①Iの丁土地所有及び②Fの丁土地占有であるところ、本件では②は明らかである。

(1)　以下、①について検討する。

　ア　GはHに対し、令和5年12月6日に離婚に伴う財産分与（768条）として契約③を締結している。これにより丁土地所有権がHに移転し、その後契約③に基づく登記も具備されている。さらに、HI間で令和6年1月10日に売買契約（555条）として契約④が締結されている。

　イ　Fは、令和6年1月15日にGが契約③を錯誤取消し（95条1項1号）した旨反論することが想定される。

(7)　そもそも、財産分与は、婚姻中に形成された財産の清算という側面がある。そうだとすると、財産分与に伴う課税対象が誰であるかは、法律行為の目的及び取引上の社会通念に照らして重要なものであるといえる（判例に同旨）⑦。

　　Gは、契約③により課税されるのは贈与者Gであるにもかかわらず、受贈者Hであると認識していた。そうだとすると、Gには「法律行為の基礎とした事情についてのその認識が真実に反する錯誤」があるといえ、またかかる錯誤は「重要なもの」といえる。

⑦離婚に伴う財産分与の錯誤取消しに関する判例（最判平元.9.14）を指しているものと考えられる。

民事系第１問＜民法＞

(イ)　Gは、課税対象がHであるとの錯誤に基づいて、Hに対し気遣う発言をしている。これに対し、Hは「大丈夫…」と了承する旨発言している。かかるやりとりを踏まえると、契約③において課税対象がHであることにつき、法律行為の基礎とされていることが表示されている（95条2項）といえる。

(ウ)　しかし、Iは「第三者」（95条4項）にあたり、錯誤取消しを対抗できないのではないか。

　同条項の「第三者」とは、取消し前に当該法律行為を基礎として新たに独立の法律関係を有するに至った者をいう⑧。そして、IはFによる取消しに先立つ令和6年1月10日に契約④を締結しているから、「第三者」にあたる。

　このようなIは、契約③にかかる課税についてGが誤解していたことを契約④の締結時に知らず、かつそのことについて過失はなかった。そうだとすると、Iは「善意でかつ過失がない第三者」にあたる。

　したがって、Iに対してはGの錯誤取消しは対抗することができない（95条4項）。

(2)　Fは、対抗要件の抗弁を主張することが考えられる。

　Fは「第三者」として登記がないIの所有権取得の主張に対して上記抗弁を主張できるか。

　「第三者」とは、登記の欠缺を主張する正当な利益のある者をいうところ、不法占有者はこれに当たらないと考える。

　占有の性質は占有開始時に定まるところ、Fは当初Gに無断で丁土地を占有しているから、不法占有にあたる。そうだとすると、Iとの関係ではFは不法占有者であり「第三者」には当たらない。したがって抗弁は認められない⑨。

(3)　よって請求4は認められる。

以上
(3,717字)

⑧95条4項の「第三者」が、取消し前の第三者に限られることを指摘できている。

⑨本問においては、契約⑤によるFの所有権原の存否を検討すべきであった。

◆総評◆

　全体的に、判例を意識した上で、問題文中の事実を拾い、筋道立てて検討していこうという姿勢が見られる。出題趣旨の求める論述の流れとは異なる点も随所にあるものの、自分なりに工夫し、分析して論述しており、評価されたものと考えられる。

195

答案⑥ （順位ランクB、171.86点、系別583位、論文総合622位）

第1　設問1(1)

1　㋐について

　CはBC間の賃貸借契約（契約①）に基づき、適法な占有権限を有するとして、請求1を拒んでいると考えられる。

(1)　甲土地はA所有であり、Bに所有権はないため、契約①は他人物賃貸借にあたる。

　　Bは、真実はA所有物であるにもかかわらず、贈与によりAから譲り受けたと説明してCと契約しており、94条2項の類推適用により、本人Aに契約の効果が帰属するとの主張が考えうる。しかし、94条2項の趣旨は権利外観法理にあるところ、本人Aに外観作出の責任はなく、一方、Cは登記上Aが所有者であることにつき、Bの言葉を信じるのみでAに確認するなどの注意義務を尽くしておらず、Bが所有者であると信じたことにつき過失がある。よって94条2項を類推適用して本人Aに契約①の効果を帰属させることはできない①。

(2)　他人物賃貸借も当事者間では有効であり（600条、559条、560条）、貸主はその債務として、所有者本人の追認を得て、借主に適法な賃借権を与える義務を負う。一方、本人はこの賃貸借につき、追認または追認拒絶の権限を有する。よって、本件では、他人物賃貸借の貸主たるBは本人Aの追認を得てCに適法な賃借権を与える義務を負う一方、Aは追認または追認拒絶の権限を有する。

(3)　では、他人物賃貸借の貸主の地位を本人が相続した場合、本人は当然に追認することとなるか。

　　この点、そもそも相続は包括承継（896条本文）であり、相続人は被相続人が締結していた契約上の地位も相続することとなる。よって、他人物賃貸借の貸主としての地位も承継し、本人から適法な賃借権を得る義務を負うため、本人は追認を拒絶することはできないとも思える。しかし、本人は追認するか否か決定する自由を有しているところ、相続という偶然の事情で、これが失われるとするのは妥当ではない。よって他人物賃貸借の貸主たる地位と本人の地位は併存し、本人が追認を拒絶することも、信義則に反しない限り許されると考える②。

　　本件では、AはBの地位も承継するが、BC間の賃貸借につき不知であり、またBは贈与という虚偽の事実を伝えてCと契約しており、Aに帰責性はない。よって、Aは本人たる地位で追認を拒絶することが可能であり、これは信義則に反するものではない。そして、請求1をしている点からも、追認を拒絶する意思が明らかである。よって、契約①は本人Aとの関係では無効であり、Cは適法な占有権限を有しないため、㋐に基づいて請求1を拒むことはできない。

①本問においては、甲土地の所有権の登記名義人はAであり、Cもそのことを認識していたのであるから、虚偽の外観が存在しない。このため、本問において民法第94条第2項の類推適用を考えるのは困難である（採点実感）。

②相続によって、所有者の地位と他人物賃貸借の賃貸人の地位が併存するとの論述ができている。

196

民事系第1問＜民法＞

2 ④について

(1) 上記のように相続は包括承継であり、相続人は被相続人が締結していた契約上の地位も相続する。そして、契約不履行による損害賠償責任も当然に承継し、その責任を免れることは出来ないのが原則である。これは上記のように相続人が本人として追認拒絶権を有する場合も同様である。

本件では、ＢＣは契約①の際、甲土地の使用及び収益が不可能になった場合について損害賠償額を 300 万円とする特約を結んでいる。Ａの請求１によってＣは甲土地の使用及び収益が不可能になっていることから、Ｃに損害賠償請求権が発生しているところ、ＡはＢ死亡により、Ｂの契約上の地位も相続し、この 300 万円の損害賠償債務も負うこととなる。

(2) そして、④の主張は、Ｃがこの 300 万円の損害賠償請求権を被担保債権として留置権（295 条）を行使するものと考えられる③。Ｃは「他人の物」たる甲土地の「占有者」である。そして、この 300 万円は甲土地という「物」に関する賃貸借契約の契約不履行により「生じた債権」であり、弁済期も到来しており、留置権の発生要件を満たすため、Ｃは反論④を主張して、請求１を拒むことができる。

③Ｃの下線部④の反論が留置権の主張であることについては、早い段階で書いておくべきであったと考えられる。

第2 設問1(2)

1 請求２について

Ｄは乙建物の一室である丙室が雨漏りによって使用できなくなったことから、611 条１項に基づき、使用をすることができなくなった割合に応じた減額を請求していると考えられる。

(1) ＡＤ間で乙建物の賃貸借契約（契約②）が締結され、Ｄに引き渡されているところ、その「一部」（611 条１項）たる丙室が雨漏りという「その他の事由により使用…できなくな」っている。そして、この雨漏りは契約②が締結される前から存在した原因によるものであり、「賃借人」たるＤの「責めに帰することができない事由」である。そして、令和４年９月 11 日から本件工事が終わって翌日から丙室が使用可能となる９月 30 日までの期間は、雨漏りによって「使用することができなくなった部分」にあたり、この期間に応じて賃料が減額されることとなる。

(2) 契約②は賃料前月払いであり、９月分の賃料は８月 31 日に支払い済みのため、ＤはＡに対し、上記期間の賃料の返還を請求することができ、請求②は認められる。

この場合に、Ｄは上記期間分の賃料はＡが「法律上の原因なく」Ｄの財産によって利益を得、そのためにＤに「損失を及ぼした」にあたるとして、703 条の不当利得返還請求として請求②をすることが考えられ、これは認められる④。

④Ｄの請求２が不当利得返還請求であることについて、最後の段階になって言及しているため、分かりにくくなっている。

2 請求３について

Ｄは、本件工事に要した 30 万円は、賃貸人の負担に属する必要費にあた

197

り、これをＤが支出したとして、608条に基づき、費用の償還請求をしていると考えられる。これに対し、Ａは、Ｄによる修繕は607条の2の定める「賃借人は、その修繕をすることができる」要件を満たしていない以上、Ａに対し償還請求することはできない、と反論することが考えられる⑤。

(1) 606条は賃貸人が賃貸物の使用に必要な修繕をする義務を負うことを定めている。丙室の雨漏りの修繕は、使用に必要な修繕にあたるため、賃貸人たるＡが修繕する義務を負う。本件では雨漏りの発生につきＤに帰責性はない（606条但書）。

そして、上記の通り、Ｄが本件工事費用を支出しており、「賃貸人の負担に属する必要費を支出」（608条1項）しているため、Ｄは必要費償還請求権を取得しているとも思える。

(2) しかし、本件工事の実施について急迫の事情（607条の2第2号）はない。また、ＤはＡに何等の通知もしないまま、建築業者Ｅに修繕工事を依頼しており、「修繕が必要である旨を通知し」ていない（同第1号）。また、ＡはＤによる請求2、3の時点で初めて丙室に雨漏りが発生した事実とＤがＥに工事を行わせた事実を知ったのであり、「賃貸人がその旨を知ったにもかかわらず…必要な修繕をしないとき」（同第1号）にもあたらない。

よって、Ｄは自ら修繕をすることができる場合でないにもかかわらず、本件工事を行ったのであり、一方、Ｄが通知しなかったことにより、Ａは賃貸人としての義務を履行することができなくなったといえるため、Ｄによる請求3は認められないと考える⑥。

第3　設問2

1　Ｉは令和6年1月10日に締結されたＨＩ間の丁土地売買契約（契約④）によって丁土地の所有権を取得したとして、丁土地を駐車場として使用し占有するＦに対し、所有権に基づく妨害排除請求権としての土地明渡請求（請求4）をしている。

これに対し、Ｆは、ＧＨ間の丁土地の贈与契約（契約③）は令和6年1月15日にＧの錯誤を理由として取消されており（95条1項）、契約③は遡及的に無効となるため、契約④は無権利者による売買となり、Ｉは所有権を取得しえないと反論する。また、Ｆは契約③の取り消し後の令和6年1月25日、所有権者たるＧと丁土地売買契約（契約⑤）を締結しており、丁土地の所有権をＦが有効に取得していると主張することが考えられる。

(1) Ｉが丁土地の所有権を有しているといえるか。この点につき、Ｇによる錯誤取り消しの効力及び第三者Ｉに対抗しうるか、の検討を要する。

ア　ＧＨ間の契約は離婚に伴う財産分与であり、Ｇは贈与者には課税されないと誤信していたことを理由に錯誤取り消しを主張している。

贈与者には課税されないという認識は「表意者」（95条1項1号）Ｇにとって、贈与するか否かという「法律行為の基礎とした事情」であり、この認識は「真実に反する錯誤」である。そして、不動産贈

⑤Ｄの請求3の根拠とそれに対するＡの反論、という形で書けている。

⑥修繕権に基づかない修繕である場合にも、そのことを理由に、必要費償還請求権が排除され、または償還額が制限されることにはならない（出題趣旨）。

民事系第1問＜民法＞

にかかる贈与税は通常高額であり、本件でもおよそ300万円かかるところ、これを賦課されるか否かは、取引上の社会通念に照らして重要なものといえる。さらに、GH間の財産分与の話し合いの中で、GはHに課税されることを心配して、そのことを気遣う発言をしたのに対し、Hは「私に課税される税金は何とかするから大丈夫」と応じており、誰に課税されるかという事情が契約③の基礎とされていることをGH共に了解しており、「表示されていた」（95条2項）といえる⑦。

　更に、通常、離婚に伴う財産分与で誰に課税されるかは、弁護士に問い合わせるなどして容易に知りうる事項であり、Gが自身に課税されることはないと誤解していたことには重大な過失がある（95条3項本文）。しかし、「相手方」たるHも、GではなくHに課税されると誤信しており、「同一の錯誤に陥っていた」（3項2号）ため、Gは契約③につき、錯誤取り消しをすることができる。よって、GH間の契約③の取り消しは有効である。

イ　もっとも、取り消しに先立ってHI間で契約④が締結されている。契約④の当時、IはGが契約③にかかる課税について誤解していたことを知らず、またこのことについて過失がない。Gはこの錯誤取り消しを善意無過失の第三者Iに対抗できない（95条4項）ため、Iは契約④により有効に丁土地所有権を取得する。

(2)　一方、Gは錯誤取り消しをIに対抗できず、丁土地所有権を失うため、GF間の契約⑤は他人物売買にあたる。よって、Fは丁土地所有権を取得しえない以上、IではなくFに所有権があると主張して請求4を拒むことはできない。

(3)　次に、Fは、GF間で黙示の土地利用の合意がありFは適法な占有権原を有するとして、Fは177条の「第三者」にあたり、土地の所有権登記を欠くIは自己の所有権をFに対抗できないと反論することも考えられる⑧。

ア　確かに、丁土地の所有権の登記名義人はHであり、Iはいまだ登記を具備していない。しかし、177条の「第三者」とは登記の欠缺を主張する正当な利益を有する者をいう。本件でFはGに無断で丁土地を駐車場として使用し始めており、GはFと知らない仲でなかったことや、G自身に使用する予定がなかったことから、口頭で抗議する以外のことをしなかっただけであり、Fの占有に同意したわけではない。Fは不法に占有を開始し、これを継続しているにすぎず、登記の欠缺を主張する正当な利益を有する者とは言えない。

イ　また、GF間での契約⑤により、Gがこの不法な占有を事後的に適法なものあるいは有効なものと追認したとの主張も考えうるが、契約⑤の時点でGは無権利者であり、無権利者Gによる追認によって現在のFの占有が適法になるものではない。よってFは177条の「第三者」にはあたらず、Fによる対抗要件欠缺の抗弁は認められない。

⑦基礎事情の表示について、Gからの意思表示のみならずHからの了解もある点に着目できている。

⑧この検討をせず、専ら契約⑤によるFへの所有権の移転について検討すべきだったと思われる。

199

ウ　以上より、Fは請求4を拒むことはできず、Iによる請求4は認められる。

以上
（4,404字）

◆総評◆

　出題趣旨で挙げられている項目について、ある程度は触れることができている。もっとも、設問1の小問(1)のイにおいて留置権の成立を簡単に肯定するなど、本来であれば深く論じるべき点について、あまり論じられていない部分があった。答案の構成についても、請求の根拠を後れて示すなど、やや分かりにくいところがあったように思われる。

民事系第1問＜民法＞

答案⑦ （順位ランクC、159.31点、系別930位、論文総合766位）

第1　設問1(1)

1　ア

(1)　AはCに対し、所有権（民法（以下略）206条）に基づく妨害排除請求権としての建物収去土地明渡請求権を主張すると考えられる。

Aは甲土地を所有しており、Cは乙建物を所有して甲土地を占有している。

(2)ア　Cは反論として、契約①を根拠に、Cには占有権限があると主張すると考えられる（㋐の主張）。

しかし、契約①はBが所有者Aの了承を得ないままCと締結したものであり、他人賃貸借（559条、561条）であるから、Aに効果が帰属しないのが原則である。

イ　では、AがBを相続（882条、889条1項1号）したことにより、Aが契約①の貸主の地位を承継するか①。

①相続については、896条も示せるとなお良かった。

この点、相続は包括承継であるから地位が融合するとも思われる。しかし、帰責性のない真の権利者に契約を帰属させるのは不合理である。また、判例は無権代理において、無権代理人を本人が相続しても当然には地位融合しないとしており、他人物賃貸借にも同じ趣旨があてはまると考えられる。

よって、Aは貸主の地位を承継せず、契約①の効力はAに帰属しない。

(3)　よって、Cの㋐の主張は認められない。

2　イ

(1)　次にCは、特約に基づく損害賠償請求権を被担保債権として留置権（295条1項）を行使し、請求1を拒むことが考えられる（㋑の主張）。

(2)　留置権の要件は、①他人の物を占有していること、②被担保債権がその物について生じた債権であることである②。そして、留置権は物を留置することにより債権の弁済を促す担保物件であるから、目的物の所有者と被担保債権の債務者は原則として同一である必要がある。

②留置権の要件としては、この他に、③債権が弁済期にあること（295条1項ただし書）、④占有が不法行為によって始まったのではないこと（同条2項）、も挙げられる。

(3)ア　CはAの所有する甲土地を占有している（①充足）。また、Cは甲土地を目的物とする賃貸借契約である契約①の特約に基づく損害賠償請求権を有しており、②も充足するとも思われる。しかし、Aは契約①賃借人の地位を承継しないから、損害賠償請求権の債務者はAではなく、甲土地の所有者と同一とはいえないのではないか。

イ　この点、契約①は無権利者Bを賃貸人とするものであるから原始的に履行不能（412条の2第1項）であり、AがBを相続した時点ですでに損害賠償請求権は発生していたといえる③。そうであるならば、Aは賃借人の地位の承継にかかわらず、損害賠償請求権を相続したとい

③他人物賃貸借であっても所有者から同意を得て適法に使用収益させることは可能であるため、原始的に履行不能であるとはいえない。

201

うことができる。よって、損害賠償請求権の債務者はAであるから、甲土地の所有者と同一である。

(4) 以上より、Cは留置権を行使することができるといえ、④の主張は認められる。

第2　設問1(2)

1　ア

(1) Dは、賃借物の一部滅失等による減額請求（611条）をすると考えられる④。

賃借物の一部滅失等による減額請求の要件は、①賃借物の一部が使用収益ができないこと②賃借人に帰責性がないことである。

(2) 乙建物の一室である丙室は、令和4年9月11日に発生した雨漏りにより使用ができなくなった（①充足）。丙室の雨漏りは、契約②が締結される前から存在した原因によるものであったから、賃借人Dに帰責性はない（②充足）。

(3) よって、Dの請求2は認められる。

2　イ

(1)ア　DはAに対し、本件工事に係る費用償還請求権（608条1項）として、30万円を請求すると考えられる。

費用償還請求権の要件は、賃借人が賃貸物について賃貸人の負担に属する必要費を支出したことである。

イ　ここで、賃貸借の目的物の修繕は原則として賃貸人の義務であり（606条1項）、賃借人は、賃借人が修繕が必要である旨を通知したにもかかわらず賃貸人が相当の期間内に修繕をしないとき（607条の2第1号）または急迫の事情があるとき（同条2号）にのみ、修繕をすることができる。

ウ　Dは、本件工事を行うにあたり、Aに何らの通知もしていない（同条1号不該当）。また、本件工事の実施について急迫の事情はない（同条2号不該当）。そうであるならば、本件工事はDが無権限で依頼したものであり、「賃借人の負担に属する」といえない⑤。

エ　よって、費用償還請求権は認められない。

(2)ア　そうであるとしても、Dは不当利得返還請求権（703条）に基づき、Aに30万円の支払いを請求できないか⑥。

イ　不当利得返還請求権の要件は、①法律上の原因がないこと、②他人の財産又は労務によって利益を受けたこと、③他人に損害が発生したこと、④②と③の因果関係である。

ウ　法律上の原因がないとは、利得を正当化する根拠がないことをいう。本件においてAは何らの費用を負担しておらず、利得を正当化する根拠がないから、法律上の原因がないといえる（①充足）

Aは丙室の雨漏りの修繕という利益を得ている（②充足）。

Cは本件工事の費用として30万円を支払っているから損害が発生

④請求2の成否を検討するに当たっては、民法第611条の要件が満たされているかどうかを検討し、その結果を踏まえて不当利得の成否を検討する必要がある（採点実感）。

⑤修繕権に基づかない修繕である場合にも、そのことを理由に、必要費償還請求権が排除され、または償還額が制限されることにはならない（出題趣旨）。

⑥608条1項に基づく必要費償還請求を否定してもなお、妥当な結論を図ろうとする姿勢が見られる。

202

民事系第1問＜民法＞

しており（③充足）、Aの利得との間に因果関係も認められる（④充足）。

エ　不当利得を受けたものは、「利益の現存する限度において」返還する義務を負う。

　　本件工事と同様の工事に対する適正な報酬額は20万円であるから、現存利益は20万円であるといえ、Aはこれを返還する義務を負う。

(3)　以上より、請求3は20万円の範囲で認められる。

第3　設問2

1　IはFに対し、所有権に基づく妨害排除請求権としての土地明渡請求権を主張すると考えられる。

　　Iは契約④により丁土地を取得して所有しており、Fは丁土地を占有している。

2(1)　これに対しFは、対抗要件（177条）の抗弁、すなわち、Iは丁土地の登記を有していないから所有権をFに対抗できないことと主張すると考えられる。では、Fは177条の「第三者」にあたるか。

(2)　177条の「第三者」とは、当事者および承継人以外の者で、登記の欠缺を主張するにつき正当な利益を有する者を指す。

　　ここで、FはGから丁土地を購入したのであるが、Gが無権利者であればFも無権利者となり、登記の欠缺を主張するにつき正当な利益を有する者とはいえない。そこで、契約⑤の時点でGが丁土地の所有権を有していたといえるかが問題となる。

(3)ア　GはHに丁土地を譲渡したものの、錯誤により取り消している（95条1項2号）。まず、この取消が有効か。

イ　基礎事情についての錯誤の要件は、①基礎事情についての錯誤があること（95条1項2号）、②その錯誤が法律行為の目的及び取引上の社会通念に照らして重要なものであること（同項柱書）、③その事情が法律行為の基礎とされていることが表示されていたこと（同条2項）である[7]。

⑦基礎事情の錯誤に基づく錯誤取消しの要件を挙げている。

ウ　Gは財産分与後の丁土地に係る課税はHのみにされると考え、それを前提に契約③を締結したが、実際にはGに対し300万円が課税されるのであったから、契約③の基礎とした事情についての認識が真実と反する錯誤があったといえる（①充足）

　　Gは丁土地以外の財産をほとんど持っておらず、失業中で収入がなかったのであるから、300万円もの税金の負担が発生すると分かっていれば丁土地をHに譲渡しなかったと考えらえる。よって、錯誤は法律行為の目的及び取引上の社会通念に照らして重要なものであるといえる（②充足）。

　　Gは契約③にあたりHに対して課税について発言しており、これに対しHは「私に課税される税金は何とかするから大丈夫。」と応じていたのであるから、課税についての事情が契約③の基礎とされていることが

203

とが表示されていたといえる（③充足）。よって、契約③は有効に取り消されたといえる。

(4)ア　しかし、錯誤による取消は善意無過失の第三者に対抗することができない（95条4項）。95条4項の「第三者」とは、取り消される法律行為によって形成された法律関係に基づき取引関係に入った者、すなわち取消前の第三者をいうと解する⑧。

イ　本件においてIは、契約③の取消前にHとの間で契約④を締結し、丁土地を購入しているから、取消前の第三者にあたる。そして、Iは契約④の締結時に、Gが契約③に係る課税について誤解していたことを知らず、また知らないことにつき過失もなかったから、善意無過失である。

ウ　よって、Gは錯誤による取消をIに対抗できない結果、丁土地の所有権はIに帰属し、Gは無権利者となる。

(5)　以上より、無権利者Gから丁土地を承継取得したFも無権利者なので177条の「第三者」にあたらない。よって、Fの対抗要件の抗弁は認められない。

3(1)　次に、FはGF間に黙示の使用貸借契約（587条）が成立していたとして占有権限の抗弁を主張すると考えられる⑨。

(2)　Fが丁土地を無断で駐車場として使用し始めたのに対し、Gは口頭で抗議をする以外のことをしなかったから、Fによる使用を黙認していたといえ、GF間に黙示の使用貸借が成立するとも考えられる。

(3)　そして、使用貸借は貸主の変更により終了しない（597条3項参照）ことから、丁土地の所有権がIに移転してもなお使用貸借契約は存続しているかにも思われる。そうであるとしても、使用貸借の貸主はいつでも契約の解除が可能であるから（598条2項）、Iは解除の意思表示をして、Fに丁土地の返還を求めることができる。

4　以上より、請求4は認められる。

以上

(3,573字)

⑧95条4項の「第三者」は、取消前の第三者に限られることを指摘できている。

⑨ここは、GF間の売買契約（契約⑤）によるFへの所有権移転の可能性について検討すれば良かった。

◆総評◆

　出題趣旨で挙げられている項目について、ある程度は触れることができている。ナンバリングや接続詞を的確に利用して答案を構成しており、文章量は多いものの、読みやすくまとめられている。設問2においてGF間の売買契約が契約⑤として指定されていることなどといった、問題文からの誘導に素直に従う姿勢があれば、なお良かったと思われる。

民事系第１問＜民法＞

答案⑧（順位ランクD、158.10点、系別961位、論文総合510位）

設問１(1)

1　反論㋐について

(1)　Aは、Cに対し、所有権（民法（以下略）206条）に基づく返還請求権としての建物収去土地明渡請求をしている。かかる請求が認められるためには、①Aの甲土地所有、②Cの甲土地占有が必要となるが、①Aは甲土地を所有しており、②Cは乙建物を所有することによって、甲土地を占有している。

(2)ア　これに対し、Cの反論㋐は、契約①に基づいて甲土地の占有正権原を有する旨の主張である。

　　契約①は、ＢＣ間でなされた甲土地賃貸借契約（601条）である。そして、甲土地の所有者はAであるから、かかる契約は他人物賃貸借であるが、このような契約も当事者間においては有効である（561条参照）①。

イ　もっとも、他人物賃貸人であるBは死亡し、Bの親であり、唯一の相続人であるAが相続するに至っている（896条、889条1項1号）。そのため、AはBの他人物賃貸人たる地位をも相続したといえないか。

　　Bは、Aの代理人として行動したものではなく、Aの所有する甲土地を目的物とした他人物賃貸借契約を締結したにすぎないが、本人の知らないところで、他人が本人の財産を目的とする契約を締結したという点で無権代理（113条）と類似の状況にある。そこで、Aは、無断で締結された契約①の追認拒絶権（116条類推適用）を有すると解する。

　　そして、本人が無権代理人を相続した場合、無権代理人の責任をも相続するが、信義則上、追認拒絶権の行使は制限されない。なお、無権代理人の責任としては、損害賠償責任の範囲にとどまり、特定物の給付義務まで認めることは、相続という偶然の事情によって、本人に対して過度な負担を強いるものであるため認められない②。

ウ　本件では、Aは116条類推適用により、契約①の追認を拒絶することができるため、Cが占有正権原を有するものではなく、反論㋐は認められない。

(3)　よって、Cは反論㋐に基づいて請求１を拒むことはできない。

2　反論㋑について

(1)　反論㋑は、Aに対する損害賠償請求権（415条1項）と甲土地返還債務との同時履行の抗弁権（533条）を主張するものである③。

(2)　Cの主張する300万円の損害賠償は、甲土地を使用収益させる義務が履行不能となった場合に備え、損害賠償額を300万円と予定する旨の特

①Cの下線部㋐の反論の根拠を示すことができている。

②出題趣旨とは異なり、無権代理の規定の類推適用という構成を採ってはいるものの、所有者Aの負担を考慮して妥当な結論を図る姿勢を示すことができている。

③Cの下線部㋑の反論の根拠として、留置権ではなく、同時履行の抗弁権としてしまっている。

205

約に基づくものである。そして、AはBの地位を包括承継しているため、かかる特約はAにも及ぶ。

そして、Aからの明渡請求は、その時点から履行不能（412条の2）となり、以後の甲土地の使用収益を不可能ならしめるものであるため、損害賠償債務が発生している。

特約に基づく損害賠償債務は、甲土地の使用収益という「債務の履行に代わる損害賠償の債務」（533条括弧書）であるから、Cは、300万円の損害賠償を受けるまでは、「自己の債務」たる甲土地返還債務の「履行を拒むことができる」。

(3) よって、Cは同時履行の抗弁権を主張することができるため、反論①は認められる。

設問1(2)

1 請求2について

(1) Aは、契約不適合責任を理由とする損害賠償請求をすることが考えられる。

(2) AとDは、契約②を締結し、乙建物を賃貸するに至っているが、通常、賃貸借契約当事者間においては、使用に適した状態であることを前提としているから、雨漏りの原因が存するような建物は「契約の内容に適合しない」ものといえる（559条、562条1項）。

したがって、契約不適合責任が認められる。

(3) そして、契約不適合責任が認められる場合、損害賠償請求をすることも可能である（564条）④。

賃貸人Aが、雨漏りのしない建物を賃貸するという債務を履行しないことにより丙室の使用ができなくなったにもかかわらず、丙室の賃料相当額を支払ったことは、不必要な支出を伴うものであるため、「損害」にあたる。よって、債務不履行に基づく損害賠償請求が可能となる（415条1項）。

(4) よって、損害賠償請求により、丙室賃料相当額について返還を求めることができる。

2 請求3について

(1) Aは、608条1項に基づき必要費償還請求をすることが考えられる。

(2) 本件工事は、丙室の雨漏りの修繕工事であるところ、賃貸物の使用収益に必要な修繕については賃貸人が義務を負うため（606条1項）、原則としてAに修繕義務がある。そして、賃借人たるDはAに何らの通知もせず、また、急迫の事情もないため、607条の2により、例外的に賃借人が修繕することができる場合にはあたらない。

そのため、本件工事費用は賃貸人の負担に属する費用である。

(3) そして、「必要費」（608条1項）とは、賃貸物の使用収益に適する状態にするために要した費用をいうところ、算定においては、恣意的な請求を防ぐためにも客観的な相場を基準とする。

④問題文においては、「支払った令和4年9月分の賃料の一部を返還するよう請求する」とされているのであるから、請求2を損害賠償請求権であるとみるのは困難である（採点実感）。

⑤通常の額を超える部分は「賃貸人の負担に属する必要費」に当たらないと解されるので、Dの必要費償還請求権は、相当な報酬額20万円を限度とするという結論に至る（出題趣旨）。

民事系第1問＜民法＞

　　本件では、Dは本件工事の報酬として30万円を支払っているところ、本件工事と同じ内容、工期の工事に対する適正な報酬額は20万円であったのだから、客観的な相場を基準とすると「必要費」は20万円である⑤。

(4)　よって、20万円の範囲で認められる。

設問2

1　請求4は、Iが、Fに対し、所有権に基づく返還請求として丁土地明渡請求をするものである。そこで、丁土地所有権が誰に帰属するかが問題となる⑥。

2(1)　Gは、丁土地を所有していたが、令和5年12月6日、Hに対し、離婚に伴う財産分与（768条）として本件土地を譲渡している（契約③）。その後、Hは、Iに対し、令和6年1月10日、丁土地を2000万円で売却している（契約④）。もっとも、契約③は、令和6年1月15日、Gが契約③に係る課税について誤解があったことを理由に、契約③をなかったこととする旨を伝えているため、錯誤取消し（95条1項）が認められないか。

(2)　Gは、財産分与にあたり、GではなくHに課税されると考えていたが、実際は、Gに課税されるものであった。そのため、「表意者」たるGは、「法律行為」たる財産分与にあたって、Hに課税されることを「基礎とし」ているが、真実はGに課税されるものであるため、「真実に反」している（95条1項2号）⑦。

　　そして、財産分与において、どちらに課税されるかは全体的な財産分与額の参考となるものであるから、課税についての錯誤は、「取引上の社会通念に照らして重要」（95条1項柱書）である。

　　もっとも、基礎事情についての錯誤は、「その事情が法律行為の基礎とされていることが表示されていたときに限り」取り消すことができる（同条2項）⑧。

　　Gは、財産分与の際、GではなくHに課税されることを心配して、そのことを気遣う発言をしているため、Hに課税されるという錯誤について「表示」があったといえる。よって、取り消すことができる。

　　また、Hは、「私に課税される税金は、何とかするから大丈夫」と応じており、HはHにのみ課税されると理解していたため、仮に、当該錯誤が「重大な過失」に基づく場合においても、「相手方」Hは「表意者」Gと同様、Gに課税されるという「同一の錯誤に陥っていた」ため、取消しが制限される場合にはあたらない（同条3項）。

(3)　よって、錯誤取消しが認められる。

3(1)　もっとも、Iが「第三者」（95条4項）にあたるとして保護されないか。

(2)　同項は、取消しの遡及効（121条）によって不測の損害を被る者を保護しようとしたものであるから、「第三者」とは、当事者及びその包括承継人以外の者で、錯誤取消前に新たに独立した利害関係を有するに至った者をいうと解する⑨。

⑥問題の所在を示すことができている。

⑦Gの錯誤が、95条1項2号の定める基礎事情の錯誤に当たることを認定できている。

⑧基礎事情の表示の要件について、丁寧に検討できている。

⑨95条4項の「第三者」の意義について、的確に示すことができている。

207

本件では、Hは、Iに対し、令和6年1月10日、契約④を締結しているため、取消しがなされた令和6年1月15日より前に丁土地を取得したものである。そして、Iは、Gが契約③に係る課税について誤解していたことを契約④の締結時に知らず、そのことについて過失がなかったため、「善意でかつ過失がない第三者」にあたる。

(3)　よって、Iは「第三者」として保護される。

4　そして、Iが「第三者」として保護される結果、Gは錯誤取消しの効力をIに対抗できない。

　もっとも、丁土地は、契約③の取消し後にGF間売買契約（契約⑤）がなされているところ、上記効力は相対的なものであるからFには及ばない上、Gを起点とした二重譲渡関係が生じたのと同視できる。そこで、IF間の優劣は、登記の先後によって決すべきである（177条）。

　本件では、丁土地登記は依然としてHのもとにある。そのため、Iは自己の所有権をFに対抗することができない⑩。

5　よって、請求4は認められない。

以上
（3,359字）

⑩Gを起点とした二重譲渡の構成を採った上で、登記がHにあることを指摘できている。

◆総評◆

　設問1の小問(1)のイで留置権ではなく同時履行の抗弁権を用いる、小問(2)のアで不当利得返還請求ではなく契約不適合責任に基づく損害賠償請求とするなど、出題趣旨の求める法律構成から外れている部分が多かった。その結果、検討すべき点のいくつかを検討できていなかったため、あまり点数が伸びなかったものと考えられる。

民事系 第2問

商 法

監 修　辰巳専任講師・弁護士　福田 俊彦

商 法	民事系の点数	系別順位	科目別評価	論文総合順位
答案①	213.08	33	A	97
答案②	201.70	89	A	8
答案③	195.79	139	A	108
答案④	191.66	199	A	358
答案⑤	175.56	498	A	580
答案⑥	170.54	610	B	834
答案⑦	150.22	1,220	C	1,001
答案⑧	134.56	1,748	D	1,557

概　説

　令和6年の民事系科目第2問（商法）は、条文をそのまま適用して解答できる問題にとどまらず類推適用等を要する出題がなされており、例年よりも難易度が高く、解答に苦しんだ受験生も多いと思われる。

　設問1の小問1は、監査役として少数株主による違法行為の差止めを請求するための会社法上の手段を問うものであり、会社法385条1項の適用又は類推適用の可否の検討が求められていた。

　設問1の小問2は、株主総会決議の取消しの訴えで主張すべき株主総会決議取消事由の有無を検討することになる。その中で、会社法831条1項1号事由として会社法120条1項の適用又は類推適用の可否など、典型論点をそのまま論じるのでは足りない出題がなされた。

　設問2は、株式併合の効力を争うための会社法上の手段についての出題である。株式併合は会社の組織に関する行為の無効の訴え（会社法828条）の対象となっていないことから、株式併合のための株主総会決議（会社法180条2項）の効力を否定することにより、株式併合が無効となることを主張する等、柔軟な検討が求められていた。

　未知の論点や既存の論点とは似て非なるものに遭遇した場合には、自らが知っている論点に引き付けて、関係する条文を適切に引用してその文言を丁寧に検討する姿勢が重要である。今後も同様の出題がなされた場合には、このような姿勢を意識して解答することが求められると思われる。

　なお、設問2については、令和6年司法試験全国公開模試（辰已法律研究所）にて出題された論点であり、同模試の受験生の多くはポイントを押さえた論述ができたと思われる。

民事系第２問＜商法＞

問 題 文

〔第２問〕（配点：１００〔設問１〕及び〔設問２〕の配点の割合は、６０：
４０〕）
　次の文章を読んで、後記の〔設問１〕及び〔設問２〕に答えなさい。

1. 甲株式会社（以下「甲社」という。）は、建築設備機器の製造及び販売
　等を目的とする会社法上の公開会社である取締役会設置会社であり、種類
　株式発行会社ではない。甲社の発行済株式の総数は５００万株であり、株
　主数は１０００名であった。甲社には、Ａ、Ｂ及びＣ（以下、Ａ、Ｂ及び
　Ｃを総称して「Ａら」という。）の３名の取締役並びにＤほか２名の計３
　名の監査役がおり、Ａが代表取締役を務めていた。なお、甲社の取締役で
　あるＡらは甲社の株式を保有していたが、甲社の監査役であるＤほか２名
　は甲社の株式を保有していなかった。
　　乙株式会社（以下「乙社」という。）は、住宅の建設及び売買等を目的
　とする株式会社であり、甲社の発行済株式の総数の２０％に相当する１０
　０万株を保有する甲社の筆頭株主であった。

2. 甲社の近年の業績が悪化していたことから、乙社は、令和３年７月２０
　日、甲社に対し、①取締役３名の解任の件、②監査役３名の解任の件、③
　取締役３名の選任の件、④監査役３名の選任の件（以下、これらを総称し
　て「本件各議題」という。）を目的とする株主総会の招集を請求した。し
　かし、甲社は、株主総会の招集通知を発しなかった。

3. そこで、乙社は、令和３年９月２７日、裁判所の許可を得て、甲社の株主
　に対し、本件各議題を目的とする臨時株主総会（以下「本件臨時株主総会１」
　という。）を開催するため、必要事項を記載した招集通知を発した①。当該招
　集通知が入った封書には、議決権行使書面及び株主総会参考書類のほか
　「議決権の行使のお願い」と題する書面（以下「本件書面」という。）が
　同封されていた。本件書面には、「甲社の改革の実現に御協力をお願い申
　し上げます。株主総会参考書類に記載した乙社提案の各議案のいずれにも
　賛成していただいた方には、後日、１０００円相当の商品券を郵送にて贈
　呈させていただきます。全ての議案について同封した議決権行使書面の
　『賛』の欄に○印を付けて御返送ください。」との記載がされていた②。な
　お、甲社においては、過去の定時株主総会に際して、甲社又は甲社の役員
　若しくは株主が一定の内容の議決権の行使又は議決権の行使自体を条件
　として商品券等を提供したことはなかった。

4. 令和３年１０月２０日、本件臨時株主総会１が開催され、本件各議題に
　ついての乙社提案の各議案は、いずれも出席した株主の議決権の約７５％
　の賛成により可決した（以下「本件決議１」という。）。本件臨時株主総会

①「株主」たる乙社の株主
総会招集請求の後、甲社
が遅滞なく召集の手続を
行わなかったため（会社
法２９７条４項１号）、乙
社は、「裁判所の許可」（同
項柱書）を得て、株主総会
の招集通知を発してい
る。

②会社法第１２０条第１
項は、「株式会社」による
「当該株式会社又はその
子会社の計算においてす
る」利益供与を禁止して
おり、少数株主が自らの
負担によって行う行為を
直接の対象とはしていな
い。まずは、そのことを指
摘した上で、少数株主の
行為に同項を適用又は類
推適用することの可否を
検討することが必要とな
る（出題趣旨）。

211

1においては、出席した株主の議決権の数は、例年の定時株主総会よりも約30％増加し、行使された議決権のうち議案に賛成したものの割合も、例年の定時株主総会において行使された議決権のうち甲社が提案した議案（いずれも可決された。）に賛成したものの割合よりも高いものであった。なお、本件臨時株主総会1において、甲社の株主が返送した議決権行使書面には、賛否の欄に記入をしていない白票は存在しなかった。

5．乙社は、令和3年11月15日、本件各議題についての乙社提案の各議案のいずれにも賛成した甲社の株主全員に対し、一人当たり1000円相当の商品券を送付した。これらの商品券の取得や送付に要した費用については、乙社が全て負担した。

〔設問1〕

　下記の小問に答えなさい。

〔小問1〕

　上記3の時点で、甲社の監査役Dは、本件臨時株主総会1の招集通知と本件書面を見て、本件臨時株主総会1の開催には法令違反があり、監査役として何らかの対応をする必要があるのではないかと考えた。Dほか2名の甲社の監査役3名が協議した結果、仮に本件臨時株主総会1の開催に法令違反があったとしても、本件臨時株主総会1の開催をやめるように求める手段の有無が別途問題となることが判明したため、Dは、弁護士に相談することとした。Dの相談を受けた弁護士は、Dが会社法に基づいて本件臨時株主総会1の開催をやめるように求める手段の有無についてどのように回答すべきか、論じなさい[③]。なお、本件臨時株主総会1の開催に法令違反があるかどうかについては、論じなくてよい。

〔小問2〕

　上記5の時点で、本件各議題についての乙社提案の各議案に反対した甲社の株主Eが、本件決議1に至った経緯に不満を抱き、株主総会決議の取消しの訴えを提起した場合に、Eの立場において考えられる主張及びその主張の当否について、論じなさい。

　下記6以下においては、上記2から5までの事実は存在しないことを前提として、〔設問2〕に答えなさい。

6．乙社は、甲社の業績が長期的に悪化していたため、Aらに対して不満を持っていた。これに対し、Aらは、考え方が大きく異なる乙社が筆頭株主のままでは甲社の意思決定を円滑に行うことができないし、乙社のような株主が存在するのは甲社が会社法上の公開会社であるからであり、今後は甲社を会社法上の公開会社でない株式会社にすべきであると考えていた。また、Aらは、1000名もの株主が存在していることも機動的な意思決

③監査役による違法行為の差止めについては会社法第385条第1項に規定されているが、同項は、取締役の行為を対象としていることから、少数株主が裁判所の許可を得て株主総会を招集する場合にそのまま直接適用することは難しい。まずは、その点を指摘した上で、同項の適用又は類推適用の可否を検討することが必要となる（出題趣旨）。

定の妨げになるものと考えていた。そこで、Ａらは、令和３年１２月、甲社の再建を支援してくれる丙株式会社（以下「丙社」という。）とともに、株式の併合をするなどして甲社の買収を行うこととした。

その結果、令和３年１２月の時点で、甲社の発行済株式の総数は６００株（全て普通株式である。）となり、丙社が２００株を、Ａが２００株を、Ｂが１００株を、Ｃが１００株を、それぞれ保有することとなった。また、甲社の定款には、譲渡による甲社の株式の取得について株主総会の承認を要する旨、株式取得者が甲社の株主である場合には甲社はその取得を承認したものとみなす旨が定められた④。そして、甲社は、引き続き取締役会を置くこととし、その取締役は、Ａらに加えて、丙社から派遣されたＦの４名となり、引き続きＡが代表取締役を務めることとなった。また、甲社の監査役は、従前と同様、Ｄほか２名の計３名となった。なお、これらの手続は、全て適法に行われた。

④ここで、甲社は公開会社から非公開会社に変わっていることに注意する。

7．丙社は、建築関係の中小規模の株式会社数社について、その株式の全てを保有したり、甲社や下記8の丁株式会社（以下「丁社」という。）のように、その株式の一部を少数株主として保有したりしていた。丙社は、甲社に対し、Ｆを取締役として派遣したり、取引先を紹介したりするなどしてその再建に協力した⑤。

⑤丙社が甲社の債権を支援するために、具体的にどのようなことを行ったのかが述べられている。

8．甲社は、その製造する機器の品質に定評があったことに加え、建築設備機器に対する需要の増加、丙社の協力及びＡらの努力により、急速に業績を回復することができ、令和５年６月にはその経営が安定してきた。丙社は、甲社の再建はめどがついたと考え、今度は、甲社の営業範囲と隣接する地域で建築設備機器の製造及び販売等を行う丁社の再建に注力するようになった。その一環として、Ｆは、Ａらに対し、甲社の持つ技術やライセンスを丁社に提供するように求めるなどしたため、ＦとＡらとの間に見解の相違が見られるようになった。

9．Ａらは、令和５年１０月、丙社の本社を訪れ、丙社の代表取締役であるＧと面会した。Ａらは、Ｇに対して、「甲社の再建に水を差すようなことはしないでほしい。」と伝えたところ、Ｇは、「甲社の再建のために協力したのだから、今度は甲社が協力する番ではないか。甲社は、その技術とライセンスを丁社に提供し、実際の生産は丁社に任せる方向で業務提携をしてはどうか。」などと提案し、両者の見解は一致しなかった。Ｇは、これを機に、甲社を丙社の完全子会社とした上で将来的には丁社と合併させる方がうまくいくのではないかと考えるようになった。

10．Ａは、令和５年１１月１日、上記9の甲社を丙社の完全子会社にするというＧの意向をＦから聞かされて驚がくし、Ｂ及びＣと対応策を協議した。その結果、Ａらで甲社の発行済株式の総数の３分の２を保有していることから、甲社と競合関係にある丁社のために経営に介入されることを防ぎ、甲社の独立を維持するために、丙社を締め出すべきであるとの結論に達した。そして、下記11の計画を実現するために、Ｂは、同月６日、Ａ

に対し、甲社の株式１００株を譲渡した。

Gが考えていた甲社を丙社の完全子会社にする案も、Aらが決定した甲社の独立を維持するために丙社を締め出すという案も、甲社の企業価値との関係では、客観的にいずれか一方が他方よりも優れているとは言い難く、見解の分かれる問題であった⑥。Bは、Aよりも前にGの案を聞いており、当初はGの案もあながちおかしなものではないと考えていたが、Aが甲社の独立を維持する必要があると強く主張し、Cもこれに賛同したことから、最終的にはAらの案を支持することにした。

11. 甲社の取締役会は、令和５年１１月１５日、適法な決議を経て、次の①から③までの事項を一連のものとして行う計画（以下「本件計画」という。）を決定した。

① 甲社の株式について、３００株を１株とする株式の併合（以下「本件株式併合」という。）を行うこととし、そのために臨時株主総会（以下「本件臨時株主総会２」という。）を招集する。なお、本件株式併合により１株に満たない端数となる株式については、甲社が、同月１４日に専門家から取得した株式価値算定書に基づいた価格で買い取ることとする。

② 本件株式併合の効力発生後遅滞なく、１株を２００株に分割する株式の分割（以下「本件株式分割」という。）を行う。

③ 本件株式分割の効力発生後遅滞なく、B及びCに対する募集株式の第三者割当て（甲社が上記①で買い取った甲社の株式であって本件株式分割後の２００株の自己株式を処分するというものである。）を行うこととし、そのために臨時株主総会を招集する。この募集株式の第三者割当ては、Bに１００株を、Cに１００株を、それぞれ割り当てるものである。

これらを行うことにより、甲社の発行済株式の総数は４００株となり、Aが２００株を、Bが１００株を、Cが１００株を、それぞれ保有することとなる。

Fは、甲社のような株式会社において特定の株主を狙い撃ちにして締め出すことは許されないと主張して本件計画に反対した。しかし、Aらが賛成したことにより本件計画が可決された⑦。

12. 甲社は、令和５年１２月１１日、適法な招集手続を経て、本件臨時株主総会２を開催した。本件臨時株主総会２では、全ての株主が出席し、Aが上記８及び９の丙社による提案等を説明した上で、甲社と競合関係にある丁社のために経営に介入されることを防ぎ、甲社の独立を維持するために、丙社を締め出す必要があるとして、本件株式併合が必要な理由を説明した。なお、本件株式併合により１株に満たない端数となる株式の買取価格は、公正な価格と認められるものであった⑧。

本件臨時株主総会２に出席したGは、「金額の問題ではなく、信義の問題だ。なぜ再建に協力した我々だけを排除するのか。このようなものは到

⑥丙社の案もAらの案も、甲社の企業価値との関係では、客観的にいずれか一方が他方よりも優れているとは言い難く、見解の分かれる問題であることから、多角的な論述が求められることが分かる。

⑦例えば、会社法上の公開会社でない株式会社においては、少数株主の有する利益は当該株式の金銭的価値に尽きず、それを保護する必要があるから、株式併合には正当な事業目的が要求されるというような形で、本設問の特質を捉えることを可能にする一般論をとりつつ、本問の事実関係を適切に評価する答案については、高い評価が与えられた（採点実感）。

⑧本件株式併合の効力を争う際に用いることができる事情である。丙社が経済的な補償を得て、甲社の経営から撤退できる条件が整えられていることが分かる。

底容認できない。」と述べたところ、Aは、「御社とは甲社の経営について深刻な見解の相違があるため、我々経営陣が退くのでなければ、最終的には退出していただくほかない。」と回答した。本件株式併合に関する事項を定める件については、丙社が反対したものの、他の株主全ての賛成により、甲社提案のとおり可決された（以下「本件決議２」という。）。

13. 本件株式併合の効力は、本件決議２によって効力発生日として定められた日に発生した。なお、本件株式併合に際して行うべき株主への通知及び本件株式併合に関する書面等の備置き等は、全て適法に行われた。

〔設問２〕

上記13の時点で、丙社は、本件株式併合の効力を争うことを検討している。丙社が採ることができる会社法上の手段に関し、丙社の立場において考えられる主張及びその主張の当否について、論じなさい[9]。

[9]株式併合の効力を争うための会社法上の手段については、会社の組織に関する行為の無効の訴え（会社法第828条）の対象となっていないことから、このような訴えを提起するのではなく、株式併合をするための株主総会決議（会社法第180条第２項）の効力を否定することにより、株式併合が無効となることを主張することが考えられる（出題趣旨）。

事 実 整 理 表

＜主な登場人物＞

甲株式会社 （甲社）	建築設備機器の製造及び販売等を目的とする会社法上の公開会社である取締役会設置会社。発行済株式の総数は 500 万株であり、株主数は 1000 名。
A	甲社の代表取締役。甲社の株式を保有。
B	甲社の取締役。甲社の株式を保有。
C	甲社の取締役。甲社の株式を保有。
D	甲社の監査役3名のうちの1人。甲社の株式を保有せず。
乙株式会社 （乙社）	住宅の建設及び売買等を目的とする株式会社。甲社の発行済株式の総数の 20％に相当する 100 万株を保有する甲社の筆頭株主。
E	甲社の株主。
丙株式会社 （丙社）	建築関係の中小規模の株式会社数社について、その株式の全てないし一部を保有する会社。甲社の再建を支援。
F	丙社から派遣された甲社の取締役。
丁株式会社 （丁社）	甲社の営業範囲と隣接する地域で建築設備機器の製造及び販売等を行う会社。
G	丙社の代表取締役。

＜時系列＞

設問1

令和3年7月20日	乙社は、甲社に対し、①取締役3名の解任の件、②監査役3名の解任の件、③取締役3名の選任の件、④監査役3名の選任の件（総称して「本件各議題」）を目的とする株主総会の招集を請求。甲社は、株主総会の招集通知を発せず。
令和3年9月27日	乙社は、裁判所の許可を得て、甲社の株主に対し、本件各議題を目的とする臨時株主総会（「本件臨時株主総会1」）を開催するため、必要事項を記載した招集通知を発送。当該招集通知が入った封書には、議決権行使書面及び株主総会参考書類のほか「議決権の行使のお願い」と題する書面（「本件書面」）が同封。本件書面には、「甲社の改革の実現に御協力をお願い申し上げます。株主総会参考書類に記載した乙社提案の各議案のいずれにも賛成していただいた方には、後日、1000 円相当の商品券を郵送にて贈呈させていただきます。全ての議案について同封した議決権行使書面の『賛』の欄に○印を付けて御返送ください。」との記載。

民事系第2問＜商法＞

| 令和3年10月20日 | 本件臨時株主総会1が開催。本件各議題についての乙社提案の各議案は、いずれも出席した株主の議決権の約75％の賛成により可決（「本件決議1」）。 |
| 令和3年11月15日 | 乙社は、本件各議題についての乙社提案の各議案のいずれにも賛成した甲社の株主全員に対し、一人当たり1000円相当の商品券を送付。これらの商品券の取得や送付に要した費用につき、乙社が全て負担。 |

設問2

令和3年12月	Aらは、甲社の再建を支援する丙株式会社（「丙社」）とともに、株式の併合をするなどして甲社の買収を行うこととする。
令和3年12月の時点	甲社の発行済株式の総数は600株（全て普通株式）となり、丙社が200株を、Aが200株を、Bが100株を、Cが100株を、それぞれ保有。甲社の定款には、譲渡による甲社の株式の取得について株主総会の承認を要する旨、株式取得者が甲社の株主である場合には甲社はその取得を承認したものとみなす旨が規定。甲社は、引き続き取締役会を置くこととし、取締役はAらに加え、丙社から派遣されたFの4名となり、引き続きAが代表取締役を務める。甲社の監査役は、従前と同様、Dほか2名の計3名。
令和5年6月	甲社の経営が安定。丙社は、甲社の再建はめどがついたと考え、今度は、甲社の営業範囲と隣接する地域で建築設備機器の製造及び販売等を行う丁社の再建に注力。その一環として、Fは、Aらに対し、甲社の持つ技術やライセンスを丁社に提供するように求めるなどしたため、FとAらとの間に見解の相違。
令和5年10月	Aらが、丙社の本社を訪れ、代表取締役Gと面会。Aらは、Gに対し、「甲社の再建に水を差すようなことはしないでほしい。」と伝える。Gは、「甲社の再建のために協力したのだから、今度は甲社が協力する番ではないか。甲社は、その技術とライセンスを丁社に提供し、実際の生産は丁社に任せる方向で業務提携をしてはどうか。」などと提案、両者の見解は一致せず。Gは、これを機に、甲社を丙社の完全子会社とした上で将来的には丁社と合併させる方がうまくいくのではないかと考える。
令和5年11月1日	Aは、甲社を丙社の完全子会社にするというGの意向をFから聞かされて驚がくし、B及びCと対応策を協議。その結果、Aらで甲社の発行済株式の総数の3分の2を保有していることから、甲社と競合関係にある丁社のために経営に介入されることを防ぎ、甲社の独立を維持するために、丙社を締め出すべきとの結論に達する。
令和5年11月6日	Bは、Aに対し、下記の本件計画を実現するために、甲社の株式100株を譲渡。Bは、Aよりも前にGの案を聞いており、当初はGの案もあながちおかしなものではないと考えていたが、Aが甲社の独立を維持する必要があると強く主張し、Cもこれに賛同したことから、最終的にはAらの案を支持。

217

令和5年11月15日	甲社の取締役会は、適法な決議を経て、次の①から③までの事項を一連のものとして行う計画（「本件計画」）を決定。① 甲社の株式について、300株を1株とする株式の併合（「本件株式併合」）を行うこととし、そのために臨時株主総会（「本件臨時株主総会2」）を招集。本件株式併合により1株に満たない端数となる株式については、甲社が、同月14日に専門家から取得した株式価値算定書に基づいた価格で買い取ることとする。② 本件株式併合の効力発生後遅滞なく、1株を200株に分割する株式の分割（「本件株式分割」）を行う。③ 本件株式分割の効力発生後遅滞なく、B及びCに対する募集株式の第三者割当て（甲社が上記①で買い取った甲社の株式であって本件株式分割後の200株の自己株式を処分するというもの。）を行うこととし、そのために臨時株主総会を招集する。この募集株式の第三者割当ては、Bに100株を、Cに100株を、それぞれ割り当てるものである。これらを行うことにより、甲社の発行済株式の総数は400株となり、Aが200株を、Bが100株を、Cが100株を、それぞれ保有することとなる。Aらの賛成により本件計画が可決。
令和5年12月11日	甲社は、適法な招集手続を経て、本件臨時株主総会2を開催。全ての株主が出席。Aが丙社による提案等を説明した上で、本件株式併合が必要な理由を説明。本件株式併合に関する事項を定める件につき、丙社が反対したものの、他の株主全ての賛成により、甲社提案のとおり可決（「本件決議2」）。
本件決議2によって効力発生日として定められた日	本件株式併合の効力が発生。

218

民事系第2問＜商法＞

答案構成例 ～出題趣旨と採点実感等をもとに

設問1
第1　小問1
1　手段
　　株主総会の開催を差し止める旨の明文規定は存在しない。

　　↓

　　また、本件臨時株主総会1は、甲社の株主である乙社により招集されるものである（会社法（以下、省略する。）297条4項1号）。そのため、甲社の株主ではない、甲社の監査役Dが会社法に基づいて本件臨時株主総会1の開催をやめるよう求める手段として、385条1項の直接適用はできない①。

　　そこで、385条1項の類推適用による方法が考えられる。
2　385条1項類推適用の可否
　(1)　385条1項の趣旨
　　　　監査役による取締役の行為の差止めが認められる趣旨は、会社において重要な地位にある取締役の行為の適法性を確保することを通じて、会社及び株主共同の利益を保護することにある②。

　　　　↓

　(2)　招集株主の地位
　　　　297条4項に基づき株主が株主総会を招集する場合には、当該株主総会を招集する株主（以下「招集株主」という。）は、株主総会招集手続に限り、取締役と同様の地位にあるものと認められる（298条1項柱書括弧書）。そうすると、招集株主は、単なる株主としての地位にとどまらず、当該株主総会における決議が831条1項1号所定の取消原因に該当する瑕疵を帯びることのないように株主総会を開催すべき善管注意義務を負うと解される③。

　　　　↓

　(3)　したがって、招集株主の株主総会招集手続に対しては385条1項の趣旨が及ぶので、招集株主の行為については、385条1項の類推適用が認められる。

　　　　↓

3　よって、Dの相談を受けた弁護士は、Dには、385条1項の類推適用による監査役の招集株主に対する違法行為差止請求権に基づき、本件臨時株主総会1の開催の禁止を求める旨の訴えを本案として、本件臨時株主総会1の開催を禁止する旨の仮処分命令（民事保全法23条2項）を求める手段があると回答すべきである④。
第2　小問2
1　考えられる主張
　　甲社「株主」Eは、本件決議1の日（10月20日）から「3カ月以内」（831条1項柱書）に、甲社を被告（834条17号）として、本件決議1

①監査役による違法行為の差止めについては会社法第385条第1項に規定されているが、同項は、取締役の行為を対象としていることから、少数株主が裁判所の許可を得て株主総会を招集する場合にそのまま直接適用することは難しい。まずは、その点を指摘した上で、同項の適用又は類推適用の可否を検討することが必要となる（出題趣旨）。

②会社法385条1項の趣旨を論じる。

③会社法385条1項の趣旨から、少数株主は、個人の利益のためにではなく、株式会社のために株主総会を招集する権限を付与されているという意味において取締役に準ずる立場にあり、取締役と同様、適法に株主総会を招集する義務を負っていると考える。

④被保全権利を明らかにした上で、仮の地位を定める仮処分命令（民事保全法23条2項）の申立てをするという手段を挙げる。

219

の取消訴訟を提起する。

　Eは、取消事由として、決議方法に利益供与（120条1項）の法令違反（831条1項1号）があること（主張①）、また、決議方法の著しい不公正（同号）があること（主張②）を主張する。

2　検討

(1)　主張①　利益供与

　ア　取締役や取締役会は、会社の所有者である株主の信任に基づいて、その運営にあたる執行機関である。その取締役が、会社の負担において、株主の権利行使に影響を及ぼす趣旨で利益供与を行うことを許容することは、機関の権限分配の適正に反し、会社財産の浪費をもたらし得る。そうすると、利益供与規制の趣旨は、会社財産の浪費を防止すること及び取締役が株主の意思を歪めることの防止にあると解する⑤。
　　　↓
　イ　少数株主により招集される株主総会における株主の権利行使について、招集株主が自らの負担において他の株主に利益を供与する行為には、会社財産の浪費のおそれは存在しない。したがって、裁判所による株主総会招集許可に基づいて株主総会を招集した少数株主について、利益供与規制を適用又は類推適用することはできない⑥。
　　　↓
　　　また、商品券贈呈を表明する本件書面が招集通知と同じ封筒で送付されたとしても、本件臨時総会1の招集手続又はその一部として行われたものではないから、その招集手続それ自体が法令に違反するものではない。
　　　↓
　ウ　よって、Eの主張①は認められない。

(2)　主張②　決議方法の著しい不公正

　ア　もっとも、少数株主により招集される株主総会における株主の権利行使についても、株主の意思を歪めるような利益供与が禁止されるべきであるという点は、利益供与規制の上記趣旨が及ぶ⑦。
　　　↓
　　　そこで、招集株主が、他の株主に対して、株主総会における権利行使に先立って、財物の贈与を行うことを表明し、又はそれを実行した場合において、贈与の目的、その条件、その財産的価値、議決権行使に係る議案の内容等に照らし、それが株主の権利行使に不当な影響を及ぼすと認められるときは、当該株主総会における決議の方法が「著しく不公正」なものに当たることになると解する⑧。
　　　↓
　イ　本件では、乙社は、甲社の株主に対し、株主総会の招集通知に関する書面と併せて本件書面を送付しているところ、同書面には「乙社提案の各議案のいずれにも賛成していただいた方には」商品券1000円分を贈呈する旨の記載があり、当該贈与と乙社提案の議案への賛意が強く結びつく。乙社提案の各議案とは、甲社の取締役3名及び監査役3名を入れ替えるもの（本件各議題）であり、甲社の運営において重要な事項に

⑤まず、Eとしては、乙社の行為が「株主の権利の行使に関し、財産上の利益を供与」するものに該当し（会社法第120条第1項）、株主総会の招集の手続又は決議の方法が法令に違反するものであった（会社法第831条第1項第1号）と主張することが考えられる（出題趣旨）。

⑥会社法第120条第1項は、「株式会社」による「当該株式会社又はその子会社の計算においてする」利益供与を禁止しており、少数株主が自らの負担によって行う行為を直接の対象とはしていない。まずは、そのことを指摘した上で、少数株主の行為に同項を適用又は類推適用することの可否を検討することが必要となる（出題趣旨）。

⑦次に、Eとしては、前記の点に加えて、株主総会の招集の手続又は決議の方法が「著しく不公正」であった（会社法第831条第1項第1号）と主張することが考えられる（出題趣旨）。

⑧株主による議決権の行使が株主として株式会社から受ける経済的な利益とは異なる要因によって左右されるような状況で行われた株主総会決議が「著しく不公正」であったといい得ることを指摘した上で、本問の事実関係の下で具体的な検討をすることが考えられる（出題趣旨）。

民事系第2問＜商法＞

係るものである。そうすると、贈与される商品券の1000円という金額が、乙社提案の各議案への賛成票を募るという目的を達成する手段として、高額とはいえないことを考慮しても、本件書面の記載及び乙社による商品券送付行為は、甲社の株主の権利行使に不当な影響を及ぼすと認められる。
↓
実際に、例年の議決権数と比較し、30％増加があった。加えて、従前の可決案よりも賛成割合が高い。具体的に乙社提案は、75％と非常に高い賛成を得た。これらのことを考えると、上の誘引力により、決議が乙社に賛成する方向で歪められているといえる。なお、返送された議決権行使書面の賛否欄に白票がなかった点も、少なからぬ株主が商品券を得るために、賛成に投じたことを示すものであると考えられる。
↓
ウ　よって、Eの主張②は認められる。
↓
3　結論
以上から、本件決議の取消訴訟に係るEの主張は認められる。
設問2
第1　採ることができる会社法上の手段
本件株式併合は、既に効力が生じている（180条2号、182条1項）。株式併合には、事前の差止め規定（182条の3）があるが、事後に効力を争う方法が法定されていない。これは、株式買取請求権（182条の4）が法定され、一応、株主の投下資本回収の機会が与えられていることによるものと考えられる。
↓
しかし、このことから、直ちに事後に効力を争うことを否定する趣旨とまでは解し難い。そのため、株式併合の承認決議（180条2項、309条2項4号）に無効または取消事由がある場合は、重大な手続瑕疵があるものとして、当然に無効となるものと解される[9]。
↓
そこで、丙社は、①本件決議2が特別利害関係を有する株主の議決権の行使による「著しく不当な決議」に当たると主張して、本件決議2の取消しの訴え（831条1項3号）を提起し、また、②本件決議2が株主平等原則（109条1項）に違反すると主張して、本件決議2の無効確認の訴え（830条2項）を提起する[10]。
第2　考えられる主張
1　丙社の主張①の当否
(1)　訴訟要件
株主総会決議取消しの訴えは、株主総会の決議の日から「三箇月以内」（831条1項柱書前段）に、当該決議の取消しにより「株主…となる者」（同項柱書後段）も提起できる。本件決議2に基づく本件株式併合により、丙社は、株主としての地位を奪われている。もっとも、本件決議2が取り消され遡及的に無効となれば、本件株式併合は、重大な手続の瑕疵がある

[9]まず、株式併合の効力を争うための会社法上の手段については、会社の組織に関する行為の無効の訴え（会社法第828条）の対象となっていないことから、このような訴えを提起するのではなく、株式併合をするための株主総会決議（会社法第180条第2項）の効力を否定することにより、株式併合が無効となることを主張することが考えられる（出題趣旨）。

[10]株主総会決議の効力を否定するための会社法上の手段としては、①特別の利害関係を有する者が議決権を行使したことによって著しく不当な決議がされたとして、株主総会決議の取消しの訴えを提起すること（会社法第831条第1項第3号）、②決議の内容が法令に違反することを理由として株主総会決議の無効の確認の訴えを提起すること（会社法第830条第2項）等が考えられる（なお、①の場合には、丙社が本件決議2の取消しによって株主となる者に該当すること（会社法第831条第1項後段）についても言及することができると、なお望ましい。）（出題趣旨）。

221

ものとして無効となるものと解されるから、丙社は、本件決議2の取消しにより「株主…となる者」に当たる。

当該訴えの被告は甲社である（834条17号）。

本件決議2は、令和5年12月11日になされている。現在がそれから「三箇月以内」であれば、提訴期間の要件を満たす。

↓

したがって、訴訟要件は満たす。

(2)　本案

ア(ア)　831条1項3号の取消事由があるというためには、当該決議について「特別の利害関係を有する者」が、「議決権を行使したこと」が要件となる。同号の趣旨が資本多数決の濫用から少数株主を保護することにあることから、「特別の利害関係を有する者」とは、当該決議により他の株主と共通しない特殊な利益を獲得し、又は不利益を免れる株主と解する⑪。

↓

(イ)　本件では、本件決議2の結果、Aのみが甲社の株主としての地位を有し続けることになる。しかし、本件株式併合について定める本件計画②及び③の内容に照らせば、令和5年11月6日時点の株主構成比と比較したとき、丙社のみが株主としての地位を奪われるという実質がある。そうすると、本件株式併合により丙社以外の株主であるA及びCは、甲社に対する支配権を強化することになるため、丙社と共通しない特殊な利益を獲得するといえ、本件決議2について「特別の利害関係を有する者」に当たる。

↓

イ(ア)　831条1項3号の取消事由があるというためには、当該決議が「著しく不当な決議」といえることが要件となる。上記同号の趣旨から、社会通念上の対価関係から著しく逸脱した取引によって一部の株主が利得する決議と解する。特に、会社法上の公開会社でない株式会社においては、少数株主の有する利益は当該株式の金銭的価値に尽きず、それを保護する必要があるから、株式併合には正当な事業目的が要求されると解する⑫。

↓

(イ)　本件では、令和3年12月当時、経営が落ち込んでいた甲社について、Aら及び丙社により買収が行われ、丙社の助けもあって、令和5年6月頃には甲社の経営は安定した。他方、甲社再建に力を入れてきた丙社は、甲社経営が安定したことから、今度は、甲社の営業範囲と隣接する地域で、甲社と同じ内容の事業を営む丁社再建に力を入れるようになり、甲社に対し丁社への技術協力を求めるなど、甲社にとって経営が不安定になるような方針へと転換した。そして、丙社代表取締役Gは、甲社を買収した後丁社との合併を計画するようになった。そうすると、丙社が将来、甲社の円滑な意思決定を妨げ、その安定的な会社経営を阻害するのではないかとAが考えたことも、不合理とはいえない。

⑪会社法831条1項3号の趣旨から、どのような場合に、「特別の利害関係を有する者」といえるのかについて、規範を立てる。

⑫「著しく不当な決議」の意義についても、規範を立てる。その際には、甲社が会社法上の公開会社ではない株式会社であることを意識する。

民事系第2問＜商法＞

↓

　　そのため、本件株式併合は、会社経営の転換期を迎えた甲社におい
　て、その意思決定を円滑かつ迅速に進めるため、丙社を株主から排除
　し、安定した株主による会社の支配を確立することを目的として行わ
　れたといえる。この目的は、正当な事業目的ではないとはいえず、社
　会通念上の対価関係から著しく逸脱した取引には当たらないように
　も思われる。

↓

　(ウ)　他方、上記ア(イ)のとおり、本件決議2は、本件株式併合の効力発
　　生直後の株式分割（本件計画②）と募集株式の第三者割当て（同③）
　　を行うことを通じて、令和5年11月6日時点の株主構成比と比較し
　　たとき、Ａ・Ｂ・Ｃの持ち株数はそのままに、丙社のみ、株主として
　　の地位を奪うという実質を有する[13]。令和5年11月15日の甲社の
　　取締役会にて、本件株式併合（本件計画①）に加えて、本件株式分割
　　（同②）及び第三者割当て（同③）を一連の行為として行うことを内
　　容とする本件計画を、取締役でありかつ株主でもあるＡ・Ｂ・Ｃが決
　　定していた。

↓

　　これらの事情に照らすと、丙社が甲社円滑な意思決定を妨げ、その
　安定的な経営を阻害するというＡの不安が不合理でないとしても、本
　件株式分割と募集株式の第三者割当てを同時に行うという本件株式
　併合の態様からは、丙社のみを殊更に甲社株主から排除する意思が読
　み取れ、このような目的は正当な事業目的には当たらない。そうする
　と、本件決議2は、社会通念上の対価関係から著しく逸脱した取引に
　あたる。

↓

　(エ)　したがって、本件決議2は、「著しく不当な決議」にあたる。

↓

(3)　よって、本件決議2には取消事由が認められ、丙社の主張①は、認めら
　れる。

2　丙社の主張②の当否

(1)　株主総会の決議の無効事由は、決議内容の法令違反に限られる（830
　条2項）。株主平等原則とは、株式会社において、株主を「その有する株
　式の内容及び数に応じて」（109条1項）、平等に取り扱わなければなら
　ないというものである。同原則は会社法上の規定に基づくから、同原則違
　反は上記無効事由に当たる。そこで、本件決議2に株主平等原則違反があ
　るかを検討する[14]。

(2)　本件決議2は、本件株式併合の実施をその内容とし、本件株式併合は、
　甲社の発行済株式300株を1株に併合するものである。甲社の株主構成
　を見ると、Ａが300株、Ｃが100株、丙社が200株を保有している。
　本件株式併合が実施されれば、その構成は、Ａが1株、Ｃが0株、丙社が
　0株となり、Ａのみが株主としての地位を有し続けることになる。このこ

[13]丙社の締め出しが問
題となることについ
て、言及する。

[14]「決議の内容が法令
に違反する」といえる
か否かを検討する場合
においては、法令違反
の根拠についても触れ
る必要があり、この点
については、例えば、い
わゆる株主平等原則に
違反すること（会社法
第109条第1項）、権
利の濫用に該当するこ
と（民法第1条第3項）
などを指摘することが
考えられるであろう
（出題趣旨）。

223

とから、本件株式併合の実施に係る本件決議2は、多数決の濫用を防止し、少数株主を保護しようとする109条1項の趣旨に照らし、株主平等原則違反に当たるようにも思える。

↓

しかし、本件決議2による本件株式併合は、全ての甲社株式について一律に一定の割合で併合の対象としている。その効果は、全ての株主に生じるから、「その有する株式の内容及び数に応じて」平等に取り扱っているといえる。

↓

また、株式の併合について、会社法は、株式の併合をすることを必要とする理由を株主総会において説明しなければならないと規定する（180条4項）のみであり、併合の理由の内容、当否等については、何ら制限が設けられていない。そして、会社法は、事前開示手続（182条の2）、事後開示手続（182条の6）、株主による差止請求の制度（182条の3）及び反対株主による株式買取請求の制度（182条の4）を設けている。これらの制度の趣旨は、締め出される少数株主の保護を図ることで、株主間の公平性を担保することにある。そうすると、株式の併合により少数株主の持株数が1株に満たなくなり、株主としての地位を失うという結果が生じること自体は、会社法が予定していると解されるから、株式の併合が少数株主の締め出しを目的としているからといって、直ちに会社法の趣旨に反するとはいえない。

↓

したがって、本件株式併合は、株主平等原則に違反しない。

↓

(3) よって、本件決議2の内容に法令違反はなく、無効事由は存在しないから、丙社の主張②は、認められない。

以上

民事系第2問＜商法＞

解　説

第1　全体について

1　専任講師コメント

前注：鍵括弧は、出題趣旨又は採点実感の引用です。そして、出題趣旨及び採点実感で私が重要と判断した
箇所に、下線を引きました。コメントの重複をできる限り避けるためですので、コメントと共に参考に
してください。

　令和6年民事系科目第2問（商法）は、設問1も設問2も難問でした。どちらの設問についても必要十
分な答案を書けた受験生は、存在しないはずです。そのくらいの難しさです。したがって、最も重要なこ
とは、難問が出た場合の現場対応を司法試験本番でどこまでできたかです。それができるようになるため
には、答練及び公開模試などで訓練することが不可欠でしょう。

　出題趣旨及び採点実感のいずれにも記載がありませんが、設問1にも設問2にも素材裁判例が存在しま
す。設問1は、東京高決令和2年11月2日金判1607-38であり、設問2は、札幌地判令和3年6月11日
金判1624-24です。この素材裁判例から、いずれの設問も、近時の会社法実務の問題意識を反映した実務
的な問題であることが分かります。司法試験受験生が難しく感じたのは、当然です。

　設問2の素材裁判例を元ネタにした問題は、辰已法律研究所の2024年全国公開模試設問1でも出てお
り、完全に的中しました。また、司法試験直前に改訂された黒沼悦郎編著『Law　Practice商法』（商事法
務、第5版、2024）P.311〜316にも、同じ裁判例を元ネタにした問題が新設されています。このことから
も、辰已法律研究所の答練及び公開模試を受験すること並びに黒沼悦郎編著『Law　Practice商法』を使
うことが、司法試験の合格に有益といえるでしょう。

2　出題趣旨

　設問1は、会社法上の公開会社である取締役会設置会社において、少数株主が裁判所の許可を得
て取締役の解任等を目的とする株主総会を招集するに当たり、議決権行使書面及び株主総会参考書
類のほかに、自らが提案する議案に賛成した株主には商品券を贈呈する旨の書面を株主に交付した
場合に生じ得る会社法上の問題についての検討を求めるものである。小問1は、株主総会の開催に
法令違反があると考えた監査役が株主総会の開催前に採ることができる会社法上の手段の有無の検
討を、小問2は、株主総会を招集した少数株主が提案した議案に反対した他の株主がこれを可決し
た株主総会決議の取消しの訴えを提起した場合において、当該他の株主の立場において考えられる
主張及びその主張の当否の検討を、それぞれ求めるものである。

　設問2は、会社法上の公開会社でない取締役会設置会社において、特定の株主を締め出すために
行われた株式併合について、当該特定の株主がその効力を争うために採ることができる会社法上の
手段に関し、その立場において考えられる主張及びその当否の検討を求めるものである。

225

3　採点実感等

　民事系科目第2問は、商法分野からの出題である。事実関係を分析し、会社法上の論点を的確に抽出して各設問に答えるという過程を通じ、事例解析能力、論理的思考力、会社法に関する基本的な理解並びに法令の解釈及び適用の能力等を確認するものである。会社法に関する基本的な理解を前提に関係する条文を探し出し、その条文の文言を丁寧に検討するという姿勢がうかがわれる答案には、高い評価が与えられた。これに対し、条文の引用が不正確であったり、条文の文言を丁寧に検討するという姿勢を欠いていたりする答案は、知っている論点に引き付けて検討しようとしているせいか、問題の所在を的確に把握することができていないものが多く、結果的に低い評価にとどまるものが多かった。

　（中略）

⑷　第2問全体について

　全ての設問及び小問についてポイントを押さえた論述をすることができているものは、当然のことではあるが、高く評価された。昨年と同様、必ずしも文字数と比例するものではなく、ポイントを押さえていたものは、多くはない分量でも高得点を得ていた。もっとも、全ての設問及び小問において高い評価を得ることができたものは少数にとどまり、設問1において高い評価を得たものであっても、設問2においては高い評価を得られなかったものや、設問2において高い評価を得たものであっても、設問1においては高い評価を得られなかったものが比較的多かったように思われる。

　全体として高い評価を得ることができた答案に共通する要素としては、次の2点を挙げることができる。

　一つ目は、会社法の基本的な理解を前提に関係する条文を適切に引用し、その文言を丁寧に検討する姿勢が見られたということである。設問1の小問1であれば、会社法の基本的な理解を前提に関係する条文を探していけば、会社法第385条第1項が問題となることに気が付くはずであり、その文言を丁寧に検討すれば、同項が取締役の行為を対象としており、少数株主の行為を対象としているものではないという点が問題になることにも気が付くであろう。その上で、少数株主による株主総会の招集に同項を適用又は類推適用することを肯定するのか、否定するのかについては、いずれでもよいのであるから、自分なりに検討すればよいのであるが、いずれの結論を採るにしても、上記なような枠組みで検討していれば、相対的に上位の評価となったところ、このような検討をすることができたか否かは、条文の文言を丁寧に検討する姿勢の有無にかかっていたように思われる。また、設問1の小問2についても、会社法を一通り学習した者であれば、利益供与が問題となり得ることには気が付いたはずである（実際に多くの答案がこの点について言及していた。）。もっとも、会社法第120条第1項が「株式会社」による「当該株式会社又はその子会社の計算においてする」利益供与を禁止しているという点についての検討が十分ではないものが多かった。その中には、これらの要件の充足を論じないまま、過度に抽象化した公正といった趣旨との関係のみを論ずるものも相当数あった。同項を適用又は類推適用するか否かについてはいずれの結論であってもよいが、まずは、同項の文言を丁寧に検討するという姿勢で臨む必要があるところ、上記のような解答は、条文の文言を軽視しているのではないかと思われる。また、文言を丁寧に検討するという姿勢で臨めば、同項の趣旨を丁寧に検討することなく、同項の類推適用を簡単に肯定することができるような問題ではないことは明らかであり、この検討が十分ではないものは、条文の趣旨を踏まえた類推適用についての理解も不十分なものと思われる。また、設問2についても、株式併合の効力をどのような手段で争うのかを考えると、直接規定した条文はないのであるから、株主総会決議の

民事系第２問＜商法＞

効力を争うことになることはわかるはずである。その上で、株主総会決議の効力を争うための会社法上の手段に関する条文を探せば、会社法第８３０条第２項や第８３１条第１項第３号が問題となり得ることがわかるはずであり、その要件に沿って検討していくことになろう。第２問は、全体として決して容易な問題ではなく、全ての設問及び小問についてポイントを押さえた論述をすることは困難かもしれないが、会社法の基本的な理解を前提に関係する条文を適切に引用し、その文言を丁寧に検討する姿勢で臨めば、全ての設問及び小問において、問題構造を的確に把握することができるはずであり、それができただけでも相対的に上位の評価を得ることができた。

　二つ目は、例年指摘していることであるが、問われていることに正面から向き合うということである。例えば、設問１の小問１において、株主総会の開催をやめることにつながらないことを延々と述べても全く評価はされない。また、設問１の小問２及び設問２においては、E又は丙社の立場からの検討が求められているのであるが、その点に配慮しておらず、その結果、表面的な検討にとどまっているものが多かったように見受けられる。E又は丙社の立場からの検討が求められている以上、それらの訴訟代理人になったつもりで、それらの者の利害関係を具体的に検討してほしい。そうすることによってより深い検討をすることがつながるはずであり、より高い評価が得られることにもなろう。また、設問１の小問１においては、少数ではあったが、「法令違反があるかどうかについては、論じなくてよい」とされているにもかかわらず、法令違反の有無について詳細に検討している答案があったが、何が問われているのかについては特に注意をして問題文を読んでほしい（なお、設問１においては、小問１の回答として法令違反について検討されているものであっても、その内容によっては小問２の回答として評価している。）。

第２　設問１⑴について

1　専任講師コメント

　令和５年司法試験の設問１の専任講師コメントで述べたことと敢えて同じことを書きます。本設問は、会社法の実務と理論を架橋する良問と考えますが、司法試験の問題としては難易度が高かったといわざるを得ません。試験問題としては、失敗でした。

　内容としては、出題趣旨にある「小問１においては、Dが監査役として少数株主により行われた違法行為の差止めを請求するための会社法上の手段の有無が問われている（なお、小問１においては、少数株主の行為の違法性の有無自体について論ずることは求められていない。）。監査役による違法行為の差止めについては会社法第385条第１項に規定されているが、同項は、取締役の行為を対象としていることから、少数株主が裁判所の許可を得て株主総会を招集する場合にそのまま直接適用することは難しい。まずは、その点を指摘した上で、同項の適用又は類推適用の可否を検討することが必要となる」ということが全てでしょう。

　385条１項は取締役の行為を対象としていることから、本問ではそもそも問題になり得ないと判断し、385条１項については一切書かず、他の事項をがんばって書いた司法試験受験生も一定数いたようです。結果論としては、それでもやむを得ないでしょうが、司法試験予備校講師としては、385条１項には言及してほしかったです。この点については、上記第１、３⑷の一つ目を精読してください。

　そして、本問では、「条文（385条１項）を直接適用することはできない。→条文を類推適用ができないか？→自分なりに考えて条文の趣旨を明示する。→条文を拡張して適用させる必要性と条文の趣旨という許容性から、どのような場合であれば類推適用できるかという規範を定立する。→本問の具体的事実を摘

227

示して当てはめる。→類推適用ができる、又はできないという結論を出す。」という手順さえ踏まえられれば、現場で法的三段論法を示すことができ、絶対にすべらない答案になります。

2 出題趣旨

(1) 小問1について

小問1においては、Dが監査役として少数株主により行われた違法行為の差止めを請求するための会社法上の手段の有無が問われている（なお、小問1においては、少数株主の行為の違法性の有無自体について論ずることは求められていない。）。監査役による違法行為の差止めについては会社法第385条第1項に規定されているが、同項は、取締役の行為を対象としていることから、少数株主が裁判所の許可を得て株主総会を招集する場合にそのまま直接適用することは難しい。まずは、その点を指摘した上で、同項の適用又は類推適用の可否を検討することが必要となる。この点については、例えば、少数株主は、株式会社のために株主総会を招集する権限を付与されているのであって個人の利益のためにその権限を付与されているわけではないという意味において取締役に準ずる立場にあり、取締役と同様、適法に株主総会を招集する義務を負っていると考えられることに加え、同項の適用又は類推適用を認めなければ、適法性を監査するという監査役の任務を全うすることができないことなどを指摘して、同項の適用又は類推適用を肯定するということも考えられるであろう。これに対し、少数株主と取締役とでは立場が異なることや少数株主による違法な株主総会の招集を差し止められないことになってもやむを得ないことなどを指摘して、同項の適用又は類推適用を否定することも考えられるであろうが、いずれにしても、少数株主に株主総会を招集する権限が付与されていることや、少数株主による違法な株主総会の招集を監査役が差し止めることの必要性などについて、広く考慮した上で、Dから相談を受けた弁護士としての回答を検討することが求められる。

なお、そのほかにも、別の被保全権利の存在を指摘して仮の地位を定める仮処分命令（民事保全法第23条第2項）の申立てをするということも考えられないではない。例えば、監査役の少数株主に対する妨害排除請求権や株主総会決議の取消しの訴えを本案とする仮の地位を定める仮処分命令を求めることなどを検討することが考えられるであろうが、前者であれば、そのような権利が存在することを説得的に論ずることが求められるし、後者であれば、仮処分が認められてしまうと本案の対象となる株主総会決議が存在しないこととなり、そのような方法が許容されるのかも含めて説得的に論ずることが求められることとなる。

3 採点実感等

(7) 設問1の小問1は、会社法上の公開会社である取締役会設置会社において、少数株主が裁判所の許可を得て取締役の解任等を目的とする株主総会を招集するに当たり、議決権行使書面及び株主総会参考書類のほかに、自らが提案する議案に賛成した株主には商品券を贈呈する旨の書面を株主に交付した場合において、監査役として少数株主による違法行為の差止めを請求するための会社法上の手段の有無を問うものである。

監査役による違法行為の差止めについては会社法第385条第1項に規定されているが、同項は、取締役の行為を対象としていることから、少数株主が裁判所の許可を得て株主総会を招集する場合にそのまま適用することは難しい。まずは、そのことを指摘した上で、同項の適用又は類推適用の可否を検討することが必要となる。

228

民事系第2問＜商法＞

　　その上で、例えば、少数株主は、個人の利益のためではなく株式会社のために株主総会を招集する権限を付与されているのであって、その意味において取締役に準ずる立場にあり、取締役と同様、適法に株主総会を招集する義務を負っていると考えられることに加え、同項の適用又は類推適用を認めなければ、適法性を監査するという監査役の任務を全うすることができないことなどを指摘して、同項の適用又は類推適用を肯定するということも考えられるであろう。

　　これに対し、少数株主と取締役とでは立場が異なることや、少数株主による違法な株主総会の招集を差し止められないことになってもやむを得ないことなどを指摘して、同項の適用又は類推適用を否定することも考えられるであろう。

　　いずれにしても、少数株主に株主総会を招集する権限が付与されていることや、少数株主による違法な株主総会の招集を監査役が差し止めることの必要性などについて、広く考慮した上で、Dから相談を受けた弁護士としての回答を検討することが求められる。

(イ)　多くの答案が、会社法第385条第1項が問題となり得ることに気が付いていた（極めて少数ではあるが、会社法第360条第1項に言及する答案があったが、Dは株主ではないため、同項は問題となり得ない。）。この点については、法科大学院における実務教育の成果が出ているものと評価することができるように思われる。

　　これに対し、本小問において検討することが求められているのは「会社法に基づいて本件臨時株主総会1の開催をやめるように求める手段の有無」であるから、本件臨時株主総会1の開催をやめることに結び付かない手段について論じても評価されることはない。この点については、少数ではあるものの、会社法第306条第1項の株主総会の招集手続等に関する検査役の選任を論ずるものや、少数株主による株主総会の招集に関する会社法第297条所定の要件を満たしているか否かを検討するものなどがあったが、これでは問われていることに答えたことにはならない。

　　会社法第385条第1項の適用又は類推適用を肯定するのか否かについては、いずれの立場を採ることも考えられるが、上記(ア)のような検討をすることができた答案は、当然のことながら、高く評価された。また、同項の類推適用を肯定する立場に立ちつつも、Dから相談を受けた弁護士としては、それが否定されるリスクがあることも含めて回答すべきであると指摘する答案もあったが、問われたことに正面から論ずる姿勢が好印象であった。

　　これに対し、会社法第385条第1項が問題となり得ることに気が付いたにもかかわらず、不良に該当する答案も相当数あった。

　　例えば、少数株主からの請求に対して取締役が株主総会の招集をしないという不作為を問題とし、同項によりその不作為を差し止めるとする答案もあった。このような答案は、同項が問題となることには気が付いており、同項が取締役の行為を対象としており、少数株主の行為を直接の対象としていないことにも気が付いているため、その限りにおいては評価することができるが、不作為の差止めというのは、現実的には困難であることはさておくとしても、そもそも本件臨時株主総会1の開催をやめる手段にならないため、問われたことに答えたことにならない。

　　また、少数株主が株主総会を招集する場合であっても、株主総会の目的である事項を定めたり、招集の通知を発したりするのは取締役であることを前提に、そのような取締役の行為を同項により差し止めることができるとする答案もあったが、このような答案は、少数株主が株主総会を招集する場合の手続を誤解するものである。

229

さらに、差止めの対象となる行為自体は正しく捉えていても、同項が取締役の行為を対象としていることに言及することなく、漫然と少数株主の行為にも同項が適用されるとする答案もあったが、このような答案は、同項に気が付いたという以上の評価は与えられない。

なお、そのほかにも、会社法第３８５条第１項とは別の被保全権利の存在を指摘して仮の地位を定める仮処分命令（民事保全法第２３条第２項）の申立てをするということも考えられないではない。例えば、監査役の少数株主に対する妨害排除請求権や株主総会決議の取消しの訴えを本案とする仮の地位を定める仮処分命令を求めることなどを検討することが考えられるであろうが、前者であれば、そのような権利が存在することを説得的に論ずることが求められるし、後者であれば、仮処分が認められてしまうと本案の対象となる株主総会決議が存在しないこととなり、そのような方法が許容されるのかも含めて説得的に論ずることが求められることとなる。もっとも、会社法第３８５条第１項とは別の被保全権利の内容について説得力のある論述をする答案はほとんどなかった。

4　解説

(1)　会社法 385 条 1 項の規定

監査役による違法行為の差止めを定めた会社法 385 条 1 項の規定は、取締役の行為に対する規定であるため、本問のような少数株主による行為にそのまま適用することは難しい。そのことを指摘した上で、同項の適用又は類推適用の可否を検討する。

(2)　同項の適用又は類推適用の可否

ア　肯定論の論拠

少数株主は株式会社のために株主総会を招集する権限を付与されているのであって個人の利益のためにその権限を付与されているわけではないという意味において取締役に準ずる立場にあり、取締役と同様、適法に株主総会を招集する義務を負っていると考えられることに加え、同項の適用又は類推適用を認めなければ、適法性を監査するという監査役の任務を全うすることができないことなどが考えられる。

イ　否定論の論拠

少数株主と取締役とでは立場が異なることや、少数株主による違法な株主総会の招集を差し止められないことになってもやむを得ないことなどが考えられる。

第3　設問 1 (2)について

1　専任講師コメント

本問では、本件決議 1 について株主総会決議の取消しの訴えを提起した E の立場において考えられる主張をどのように構成するのかが問われていますから、本件決議 1 が 831 条 1 項各号のいずれに該当するかを明示して、株主総会決議取消事由の有無を検討することが求められていることが分かります。

第 1 に、本問で利益供与（120 条 1 項）が問題になることは、分かるでしょう。そうすれば、「E としては、乙社の行為が『株主の権利の行使に関し、財産上の利益を供与』するものに該当し（会社法第 120 条第 1 項）、株主総会の招集の手続又は決議の方法が法令に違反するものであった（会社法第 831 条第 1 項第 1 号）と主張することが考えられ」ます。もっとも、「会社法第 120 条第 1 項は、『株式会社』による『当該株式会社又はその子会社の計算においてする』利益供与を禁止しており、少数株主が自らの負担によっ

230

て行う行為を直接の対象とはしてい」ません。そうすれば、少数株主の行為には、120条1項を直接適用できないので、同項を類推適用することの可否を検討することになります。あとは、第2、1で述べたのと同じ方法で答案を作成します。

第2に、「Eとしては、前記の点に加えて、株主総会の招集の手続又は決議の方法が『著しく不公正』であった（会社法第831条第1項第1号）と主張することが考えられ」ます。この点については、「株主による議決権の行使が株主として株式会社から受ける経済的な利益とは異なる要因によって左右されるような状況で行われた株主総会決議が『著しく不公正』であったといい得ることを指摘した上で、本問の事実関係の下で具体的な検討をすること」ができるとよかったです。しかし、この問題を論じられなかったとしても、司法試験にすべるとは思いません。

第3に、「Eとしては、上記の各点に加えて、特別の利害関係を有する者が議決権を行使したことによって『著しく不当な決議がされた』（会社法第831条第1項第3号）と主張することもあり得」ます。司法試験受験生でしたら、第2の問題より、第3の問題の方が書きやすいかもしれません。それならば、第2を書かずに、第3を書くのでもよいでしょう。これは、基本的な事項を厚く書くということの実践です。

2　出題趣旨

(2)　小問2について

小問2においては、本件決議1について株主総会決議の取消しの訴えを提起したEの立場において考えられる主張をどのように構成するのかが問われている。具体的には、本件臨時株主総会1を招集した少数株主である乙社が自らの提案する議案に賛成した株主には商品券を贈呈する旨の本件書面を株主に交付したことなどを踏まえ、本件決議1が会社法第831条第1項各号に掲げる場合のいずれに該当するのかを明示して、株主総会決議取消事由の有無を検討することが求められる。

まず、Eとしては、乙社の行為が「株主の権利の行使に関し、財産上の利益を供与」するものに該当し（会社法第120条第1項）、株主総会の招集の手続又は決議の方法が法令に違反するものであった（会社法第831条第1項第1号）と主張することが考えられる。もっとも、会社法第120条第1項は、「株式会社」による「当該株式会社又はその子会社の計算においてする」利益供与を禁止しており、少数株主が自らの負担によって行う行為を直接の対象とはしていない。まずは、そのことを指摘した上で、少数株主の行為に同項を適用又は類推適用することの可否を検討することが必要となる。この点については、例えば、同項は、会社財産の浪費を防止するものであり、株主によって意思決定がされるべき株式会社が株主の議決権の行使に影響を与えることを禁ずるものであると考えるのであれば、少数株主が、自らの負担によって商品券を贈与することにより、他の株主の議決権の行使に影響を与えることには問題はないということとなり、同項の適用又は類推適用を否定することになろう。これに対し、同項は、株式会社の公正な運営を確保するものであると考えるのであれば、株式会社による利益供与だけでなく株主総会を招集する少数株主による利益供与も株式会社の公正な運営を害し得ること、また、そのような問題は当該株式会社等の計算においてされたものであるか否かを問わずに生じ得ることなどを指摘し、同項の適用又は類推適用を肯定することもあり得る。

次に、Eとしては、前記の点に加えて、株主総会の招集の手続又は決議の方法が「著しく不公正」であった（会社法第831条第1項第1号）と主張することが考えられる。この点については、株主による議決権の行使が株主として株式会社から受ける経済的な利益とは異なる要因によって左右されるような状況で行われた株主総会決議が「著しく不公正」であったといい得ることを指摘した上で、本問の事実関係の下で具体的な検討をすることが考えられる。前者

231

については、前記のような状況で行われた株主総会決議が「著しく不公正」であったといい得る理論的な根拠を自分なりに考察することが求められる。また、後者については、例えば、乙社が提案する議案に賛成した株主にのみ商品券が贈呈されること、乙社には当該議案を可決させることに強い利害関係があると認められること、例年の定時株主総会における結果との比較から乙社による商品券の贈呈が株主の議決権の行使に影響を与えた可能性が高いことなどを指摘した上で、「著しく不公正」であったといえるとすることも考えられるであろうし、商品券の額が少額であること、乙社が提案する議案に反対する議決権の行使をすることが殊更妨害されたわけではないこと、甲社の業績悪化や筆頭株主である乙社との間で対立が生じているという点で例年とは状況が異なり、例年の定時株主総会における結果との比較は重要ではないことなどを指摘した上で、「著しく不公正」であったとまではいえないとすることも考えられるであろう。また、そもそも、株主総会を招集する少数株主であっても、株式会社ではない以上、自らの資金で他の株主の議決権の行使に影響を与えることとなったとしても「著しく不公正」とはいえないとの考え方を採用し、その理論的な根拠を自分なりに考察するということも考えられるであろう。なお、株主総会の招集の手続又は決議の方法が「著しく不公正」な場合には、決議への影響の有無にかかわらず、裁量棄却の対象にはならない（会社法第８３１条第２項参照）。

3 採点実感等

(7) 設問１の小問２は、本件決議１について株主総会決議の取消しの訴えを提起したＥの立場において考えられる主張をどのように構成するのかを問うものである。具体的には、本件臨時株主総会１を招集した少数株主である乙社が自らの提案する議案に賛成した株主には商品券を贈呈する旨の本件書面を株主に交付したことなどを踏まえ、本件決議１が会社法第８３１条第１項各号に掲げる場合のいずれに該当するのかを明示して、株主総会決議取消事由の有無を検討することが求められる。

　本件決議１が会社法第８３１条第１項各号に掲げる場合のいずれに該当するのかについては、まず、Ｅとしては、乙社の行為に会社法第１２０条第１項が適用又は類推適用されることから株主総会の招集の手続又は決議の方法が法令に違反するものであった（会社法第８３１条第１項第１号）と主張することが考えられる。もっとも、会社法第１２０条第１項は、「株式会社」による「当該株式会社又はその子会社の計算においてする」利益供与を禁止しており、少数株主が自らの負担によって行う行為を直接の対象とはしていない。まずは、そのことを指摘した上で、少数株主の行為に同項を適用又は類推適用することの可否を検討することが必要となる。

　この点については、例えば、同項は、会社財産の浪費を防止するものであり、株式会社がその財産を用いて株主の議決権の行使に影響を与えることを禁ずるものであると考えるのであれば、少数株主が、自らの負担によって商品券を贈与することにより、他の株主の議決権の行使に影響を与えることには問題はないということとなり、同項の適用又は類推適用を否定することになろう。

　これに対し、同項は、株式会社の公正な運営を確保するものであると考えるのであれば、株式会社による利益供与だけでなく株主総会を招集する少数株主による利益供与も株式会社の公正な運営を害し得ること、また、そのような問題は当該株式会社等の計算においてされたも

のであるか否かを問わずに生じ得ることなどを指摘し、同項の適用又は類推適用を肯定することもあり得る。

そして、同項は、会社財産の浪費と株式会社の公正な運営の確保の双方の趣旨を含むものと考えるなら、いずれを重視するのか、いずれか一方を欠く場合であっても適用又は類推適用できるのかを検討することになろう。

また、Ｅとしては、上記の点に加えて、株主総会の招集の手続又は決議の方法が「著しく不公正」であった（会社法第８３１条第１項第１号）と主張することが考えられる。この点については、株主による議決権の行使が株主として株式会社から受ける経済的な利益とは異なる要因によって左右されるような状況で行われた株主総会決議が「著しく不公正」であったといい得ることを指摘した上で、本問の事実関係の下で具体的な検討をすることが考えられる。

前者については、上記のような状況で行われた株主総会決議が「著しく不公正」であったといい得る理論的な根拠を自分なりに考察することが求められる。

また、後者については、例えば、乙社が提案する議案に賛成した株主にのみ商品券が贈呈されること、乙社には当該議案を可決させることに強い利害関係があると認められること、例年の定時株主総会における結果との比較から乙社による商品券の贈呈が株主の議決権の行使に影響を与えた可能性が高いことなどを指摘した上で、「著しく不公正」であったといえるとすることも考えられるであろう（。）

（それに対して）、商品券の額が少額であること、乙社が提案する議案に反対する議決権の行使をすることが殊更妨害されたわけではないこと、甲社の業績悪化や筆頭株主である乙社との間で対立が生じているという点で例年とは状況が異なり、例年の定時株主総会における結果との比較は重要ではないことなどを指摘した上で、「著しく不公正」であったとまではいえないとすることも考えられるであろう。

また、そもそも、株主総会を招集する少数株主であっても、株式会社ではない以上、自らの資金で他の株主の議決権の行使に影響を与えることとなったとしても「著しく不公正」とはいえないとの考え方を採用し、その理論的な根拠を自分なりに考察するということも考えられるであろう。

さらに、Ｅとしては、上記の各点に加えて、特別の利害関係を有する者が議決権を行使したことによって「著しく不当な決議がされた」（会社法第８３１条第１項第３号）と主張することもあり得るであろう。その場合には、乙社は、株主総会を招集して議案を提案したものの、自らを取締役に選任するといった決議がされたわけではないことから、そのような観点から特別の利害関係の有無を検討するのではなく、むしろ、賛成の議決権を行使した株主には商品券が贈呈されるという関係に着目して特別の利害関係の有無を検討するのが適切であろう。このような観点から検討すると、賛成の議決権を行使することによって商品券を贈呈される関係にある株主について、特別の利害関係の有無が問題となり得るが、議案に対して賛成の議決権の行使さえすれば、当該議案が否決されたとしても、商品券が贈呈されるのであるから、決議について特別の利害関係があるとはいえないと考えることもできるであろう。

(イ) 本小問においては、乙社が提案する議案に賛成した株主には商品券を贈呈されるという点が問題となるということについては、ほとんどの答案が検討することができていた。

次に、会社法第１２０条第１項の適用又は類推適用を肯定して株主総会の招集の手続又は決議の方法が法令に違反するものであったとするのか否か、株主総会の招集の手続又は決議の方法が「著しく不公正」であったとするのか否かについては、いずれの立場から論じても構わないが、上記(ア)のような検討をすることができた答案は、当然のことながら、高く評価された。

もっとも、会社法第１２０条第１項の適用又は類推適用を肯定する答案の多くが、同項が「株式会社」による「当該株式会社又はその子会社の計算においてする」利益供与を禁止している点についての十分な検討をすることができず、その結果、高い評価を得るには至らなかった。

　例えば、会社法第１２０条第１項の趣旨を公正な会社運営と会社財産の浪費防止にあるとしながら、本小問においては後者の要素が欠けることについて何ら論ずることなく同項を適用又は類推適用する答案が相当数あった。このような答案は、本小問の基本的な問題構造は理解していると評価することができるものの、同項が「会社又はその子会社の計算において」することを要件としている点を見逃していることに加え、本小問の状況について深い考察をするには至っていないものと評価せざるを得ない。特に、このような答案の多くが、株主総会の招集の手続又は決議の方法が「著しく不公正」であったといえるか否かについては全く触れていなかった。同項を適用又は類推適用すること自体はあり得るところではあるが、同項が規定する要件に照らすと、そのような主張が当然に認められるというものではない。そうすると、Ｅとしては、同項の適用又は類推適用を肯定して株主総会の招集の手続又は決議の方法が法令に違反するものであったとの主張が採用されない可能性にも配慮した上で、株主総会の招集の手続又は決議の方法が「著しく不公正」であったとの主張についても検討すべきであろう。

　また、会社法第１２０条第１項の類推適用をするに当たって、例年の定時株主総会における結果と比較して議案に賛成するものの割合が上がったということを、「株主の権利の行使に関し」という要件への当てはめとして言及する答案も多かったが、株主の権利行使に対して現実に影響を与えたかどうかは同項の要件であるとはいえないので、そのような当てはめをする答案には高い評価は与えられなかった。

　次に、会社法第１２０条第１項が行為主体を「株式会社」としていることや「会社の計算において」という要件については触れることなく、又はこれらについて十分な検討をすることなく、下級審裁判例（東京地判平成１９年１２月６日判タ１２５８号６９頁）を参考にして利益供与の該当性を検討する答案も相当数あった。このような答案は、本小問では同項の要件の一部が満たされていないことが問題になっており、同裁判例とは異なる状況であることを看過していることに加え、少数株主による行為であるという本小問における最も重要な点を見落としたか、又は軽視したものと評価せざるを得ない。自らが知っている論点に引き付けて検討しようとした結果、問題の本質を見誤ってしまったのであるとすれば、そのような学習態度は改められるべきである。

　さらに、乙社が「株式会社」であることを理由に、会社法第１２０条第１項の適用を認める答案も、残念ながら相当数あった。このような答案は、条文の基本的な読み方が身に付いていないものと評価せざるを得ない。

　また、株主総会の招集の手続又は決議の方法が「著しく不公正」であった（会社法第８３１条第１項第１号）と主張することが考えられることを検討した答案の中には、会社法第１２０条第１項は、「株式会社」による「当該株式会社又はその子会社の計算においてする」利益供与を禁止しており、少数株主が自らの負担によって行う行為を直接の対象とはしていないという点を丁寧に検討した上で、株主による議決権の行使が株主として株式会社から受ける経済的な利益とは異なる要因によって左右されるような状況で行われた株主総会決議が「著しく不公正」であったといい得ることを指摘し、本問の事実関係の下で具体的な検討をすることができたものは、高く評価された（このような答案の多くが、会社法第１２０条第１項の適用又は類推適用を否定していたが、同項の適用又は類推適用を肯定しつつ、更にこの点を論ずるというものもあり、いずれであっても高く評価された。）。

民事系第２問＜商法＞

　これに対し、株主総会の招集の手続又は決議の方法が「著しく不公正」であった（会社法第
８３１条第１項第１号）と主張することが考えられることを検討した答案の中には、どのよう
な行為がどのような理由で「著しく不公正」となるのかについての分析をせず、ただ問題文の
事実関係を羅列して「著しく不公正」であると結論付けるものも相当数あった。例年指摘して
いることであるが、問題文の事実関係を評価することなく並べ立てて、「よって、著しく不公
正であった」などと述べても、説得力のある論述とは評価されない。
　また、特別の利害関係を有する者が議決権を行使したことによって「著しく不当な決議がさ
れた」（会社法第８３１条第１項第３号）と主張することが考えられることを検討した答案も、
少数ながら見受けられた。その中でも、乙社が株主総会を招集して議案を提案していることか
ら特別の利害関係を有する者に当たるというものが多かったが、適切な検討がされたものとは
評価されなかった。これに対し、賛成の議決権を行使した株主には商品券が贈呈されるという
関係に着目して特別の利害関係の有無を検討するものは、少数にとどまったものの、この部分
の評価としては相応のものとなった。本小問においては、Ｅの立場において考えられる主張と
その当否が問われているのであるから、会社法第１２０条第１項の適用又は類推適用を肯定し
て株主総会の招集の手続又は決議の方法が法令に違反するものであったとするのか否か、株主
総会の招集の手続又は決議の方法が「著しく不公正」であったとするのか否かといった問題に
付加して適切に検討していたものについては、設問１の小問２全体として相対的に高い評価を
得るに至った。
　なお、裁量棄却について詳細に論ずる答案が相当数あったが、会社法第１２０条第１項の適
用又は類推適用を肯定して株主総会の招集の手続又は決議の方法が法令に違反するものであっ
たとする場合には、違反する事実が重大でないとはいい難いのであるから、大きく取り上げる
必要はない。さらに、株主総会の招集の手続又は決議の方法が「著しく不公正」であったとす
る場合や特別の利害関係を有する者が議決権を行使したことによって「著しく不当な決議がさ
れた」とする場合には、そもそも裁量棄却は問題とはならないのであるから、これらのみを決
議の瑕疵として論じつつ、裁量棄却の可否について論ずるのは会社法第８３１条第２項を理解
していないものとして評価せざるを得ない。当然のことではあるが、株主総会決議の取消しの
訴えが問題となる場合には、裁量棄却を必ず主要な論点として論じなければならないというわ
けではない。

4　解説

(1)　「株主総会」の「召集の手続又は決議の方法」の法令違反（会社法 831 条 1 項 1 号）

　まず、株主Ｅとしては、乙社の行為が「株主の権利の行使に関し、財産上の利益を供与」するものに
該当し（会社法 120 条 1 項）、株主総会の招集の手続又は決議の方法が法令に違反するものであった（会
社法 831 条 1 項 1 号）と主張することが考えられる。
　もっとも、会社法 120 条 1 項は、「株式会社」による「当該株式会社又はその子会社の計算においてす
る」利益供与を禁止しており、少数株主が自らの負担によって行う行為を直接の対象としていない。そ
のことを指摘した上で、少数株主の行為に同項を適用又は類推適用することの可否を検討することが必
要となる。
　例えば、同項は、会社財産の浪費を防止するものであり、株主によって意思決定がされるべき株式会
社が株主の議決権の行使に影響を与えることを禁ずるものであると考えるのであれば、同項の適用又は
類推適用を否定することになろう。
　これに対し、同項は、株式会社の公正な運営を確保するものであると考えるのであれば、同項の適用
又は類推適用を肯定することもあり得る。

235

⑵　「著しく不公正」（会社法831条1項1号）

　次に、Eとしては、前記の点に加えて、株主総会の招集の手続又は決議の方法が「著しく不公正」であった（会社法831条1項1号）と主張することが考えられる。

　まず、株主による議決権の行使が株主として株式会社から受ける経済的な利益とは異なる要因によって左右されるような状況で行われた株主総会決議が、「著しく不公正」であったといい得ることを指摘する。その際には、「著しく不公正」であったといい得る理論的な根拠を、自分なりに考察することが求められる。

　次に、本問の事実関係の下で具体的な検討をする。例えば、乙社提案の議案に賛成した株主にのみ商品券が贈呈されること、乙社には当該議案を可決させることに強い利害関係があると認められること、例年の定時株主総会における結果との比較から乙社による商品券の贈呈が株主の議決権の行使に影響を与えた可能性が高いことなどを指摘した上で、「著しく不公正」であったといえるとすることも考えられる。

　それに対し、商品券の額が少額であること、乙社提案の議案に反対する議決権の行使が殊更妨害されたわけではないこと、甲社の業績悪化や筆頭株主である乙社との対立が生じているという点で例年とは状況が異なり、例年の定時株主総会における結果との比較は重要ではないことなどを指摘した上で、「著しく不公正」であったとまではいえないとすることも考えられる。

第4　設問2について

1　専任講師コメント

　「本問は、会社法に明文の規定がない問題を素材に思考力を問う」設問です。そのため、結論は、「本件株式併合の効力を否定する方向、肯定する方向のいずれであっても構」いません。

　最初に重要なのは、「株式併合の効力を争うための会社法上の手段については、会社の組織に関する行為の無効の訴え（会社法第828条）の対象となっていないことから、このような訴えを提起するのではなく、株式併合をするための株主総会決議（会社法第180条第2項）の効力を否定することにより、株式併合が無効となることを主張すること」を丙社の立場として考えることです。828条1項各号に列挙されている行為をざっと見れば、この方向性で検討できたと思います。

　次に、株主総会決議の効力を否定するための会社法上の手段としては、「①特別の利害関係を有する者が議決権を行使したことによって著しく不当な決議がされたとして株主総会決議の取消しの訴えを提起すること（会社法第831条第1項第3号）、②決議の内容が法令に違反することを理由として株主総会決議の無効の確認の訴えを提起すること（会社法第830条第2項）」が考えられます。①又は②のどちらかが書けていれば、合格レベルの答案になります。司法試験予備校講師である私は、答練でも出てくるという理由で、②よりも①の方が書きやすいと思います。

　①については、「著しく不当な決議」又は「決議の内容が法令に違反する」といえるのかについて、理由を伴う規範を定立して、あてはめをしてほしいです。また、②については、「法令」違反としてどのような法令が考えられるかを検討してほしいです。

　「3　採点実感」の下から3段目（「この点について、」から始まる段落です。）の内容は、司法試験受験生にとって参考になる内容ですから、下線部分を精読してください。

民事系第２問＜商法＞

2 出題趣旨

(1) 設問２は、発行済株式の総数の３分の１に相当する２００株を保有する丙社から再建のための支援を受けていた甲社が、再建のめどがついてきた頃から丙社との間で見解の相違がみられるようになったことなどから、丙社との間の資本関係を断つために本件株式併合とそれに続く本件株式分割及び募集株式の第三者割当てを計画したという事例において、締め出される丙社の立場から、本件株式併合の効力を争うために採ることができる会社法上の手段に関し、その立場において考えられる主張及びその主張の当否の検討を求めるものである。

(2) まず、株式併合の効力を争うための会社法上の手段については、会社の組織に関する行為の無効の訴え（会社法第８２８条）の対象となっていないことから、このような訴えを提起するのではなく、株式併合をするための株主総会決議（会社法第１８０条第２項）の効力を否定することにより、株式併合が無効となることを主張することが考えられる。そして、株主総会決議の効力を否定するための会社法上の手段としては、①特別の利害関係を有する者が議決権を行使したことによって著しく不当な決議がされたとして、株主総会決議の取消しの訴えを提起すること（会社法第８３１条第１項第３号）、②決議の内容が法令に違反することを理由として株主総会決議の無効の確認の訴えを提起すること（会社法第８３０条第２項）等が考えられる（なお、①の場合には、丙社が本件決議２の取消しによって株主となる者に該当すること（会社法第８３１条第１項後段）についても言及することができると、なお望ましい。）。会社の組織に関する行為の無効の訴えに関する会社法第８２８条の規定を類推適用するということも考えられるであろう。いずれにしても、株式併合に関する会社法の規定を正しく理解した上で、その効力を争うための会社法上の手段を検討することが求められる。

(3) 次に、前記の各手段のうち、前記(2)①の手段による場合であれば、Ａ又はＣが特別の利害関係を有する者であることや「著しく不当な決議」がされたといえるか否かが問題となるし、前記(2)②の手段による場合であれば、「決議の内容が法令に違反する」といえるか否かが問題となる。

　まず、どのような場合に「著しく不当な決議」又は「決議の内容が法令に違反する」といえるのかについて、自分なりの基準を立てる必要があり、なぜそのような基準を採用するのかについても、理論的な根拠を自分なりに考察する必要がある。

　また、「決議の内容が法令に違反する」といえるか否かを検討する場合においては、法令違反の根拠についても触れる必要があり、この点については、例えば、いわゆる株主平等原則に違反すること（会社法第１０９条第１項）、権利の濫用に該当すること（民法第１条第３項）などを指摘することが考えられるであろう。

　その上で、本問の事実関係全体（例えば、丙社の案もＡらの案も、甲社の企業価値との関係では、客観的にいずれか一方が他方よりも優れているとは言い難く、見解の分かれる問題であったことや、本件株式併合により１株に満たない端数となる株式の買取価格が公正な価格と認められるものであったことなど）について、多面的に、かつ、適切に評価するなどして、「著しく不当な決議」又は「決議の内容が法令に違反する」といえるか否かについての結論を示す必要がある。

　本問は、会社法に明文の規定がない問題を素材に思考力を問うものであり、本件株式併合の効力を否定する方向、肯定する方向のいずれであっても構わない。

237

例えば、会社法上の公開会社でない株式会社においては、少数株主の有する利益は当該株式の金銭的価値に尽きず、それを保護する必要があるから、株式併合には正当な事業目的が要求されるという一般論を採りつつ、本問の事実関係の下では、正当な事業目的を欠くため本件株式併合の効力を否定する方向で検討することも、正当な事業目的が認められるため本件株式併合の効力を肯定する方向で検討することも考えられるであろう。

　また、会社法上、株式併合の目的は制限されていないことなどから、特定の少数株主を締め出すために行われた株式併合も許容されるとして、本件株式併合の効力を肯定することも考えられるであろうが、いずれの立場であっても、説得的に論ずることが求められる。

なお、本問では、本件株式併合の効力を争う丙社の立場において考えられる主張及びその主張の当否を検討することが求められるものであることから、最終的に本件株式併合の効力を肯定するとしても、それを否定する立場からの立論とその当否について検討する姿勢が求められる。

3　採点実感等

(7)　設問2は、発行済株式の総数の3分の1に相当する200株を保有する丙社から再建のための支援を受けていた甲社が、再建のめどがついてきた頃から丙社との間で見解の相違がみられるようになったことなどから、丙社との間の資本関係を断つために本件株式併合とそれに続く本件株式分割及び募集株式の第三者割当てを計画したという事例において、締め出される丙社の立場から、本件株式併合の効力を争うために採ることができる会社法上の手段に関し、その立場において考えられる主張及びその主張の当否の検討を求めるのである。

(イ)　設問2においては、まずは、株式併合の効力を争うための会社法上の手段について、検討しなければならない。この点については、株式併合については会社の組織に関する行為の無効の訴え（会社法第828条）の対象となっていないことから、このような訴えを提起するのではなく、株式併合をするための株主総会決議（会社法第180条第2項）の効力を否定することにより、株式併合が無効となることを主張することが考えられる。

　そして、株主総会決議の効力を否定するための会社法上の手段としては、①特別の利害関係を有する者が議決権を行使したことによって著しく不当な決議がされたとして株主総会決議の取消しの訴えを提起すること（会社法第831条第1項第3号）、②決議の内容が法令に違反することを理由として株主総会決議の無効の確認の訴えを提起すること（会社法第830条第2項）が考えられる（なお、①の場合には、丙社が本件決議2の取消しによって株主となる者に該当すること（会社法第831条第1項後段）についても言及することができると、なお望ましい。）。また、会社の組織に関する行為の無効の訴えに関する会社法第828条の規定を類推適用するということも考えられるであろう。いずれにしても、株式併合に関する会社法の規定を正しく理解した上で、その効力を争うための会社法上の手段を検討することが求められる。

　この点については、多くの答案が上記①又は②のいずれかの手段について検討することができていた。内容面においても、上記のような検討をすることができたものも相当数あり、当然のことながら、高く評価された（その中でも、上記①の手段について検討するに際し、丙社が本件決議2の取消しによって株主となる者に該当すること（会社法第831条第1項後段）についても言及することができたものも一定数あったが、条文の文言を丁寧に検討する姿勢が見られ、好印象であった。）。他方で、株式併合については会社の組織に関する行為の無効の訴え（会社法第828条）の対象となっていないことや、株式併合をするための株主総会決議（会

社法第１８０条第２項）の効力を否定することによって株式併合が無効となるということに全く言及することなく、いきなり上記①又は②を検討するものもあったが、それでは株式併合の効力を争うための会社法上の手段を十分に検討したものと評価することはできない。

　また、株式併合の効力を争うための会社法上の手段の有無を検討しないで、当然のように株式併合の無効の訴えを提起することができることを前提とする答案もあったが、このような答案も、株式併合の効力を争うための会社法上の手段を十分に検討したものと評価することはできない。

　さらに、株式併合の差止め（会社法第１８２条の３）、本件株式併合に続く自己株式の処分の差止め（会社法第２１０条）やその無効（会社法第８２８条第１項第３号）について検討するものも相当数あった。本設問においては、本件株式併合の効力は発生しているのであるから、差止めは問題にはならないはずであるし、自己株式の処分の差止めやその無効を論じても、本件株式併合の効力を争う手段について論じたことにはならない。

　なお、少数ではあったが、招集の手続又は決議の方法が著しく不公正（会社法第８３１条第１項第１号）であるか否かが問題となるとした上で、その中で丙社の締め出しの当否を検討するものもあった。しかしながら、丙社を締め出すというのは決議の内容であるから、招集の手続又は決議の方法が問題となるものではない。

(ウ)　次に、上記(イ)①及び②の各手段のうち、上記(イ)①の手段による場合であれば、A又はCが特別の利害関係を有する者であることや「著しく不当な決議」がされたといえるか否かが問題となる。これに対し、上記(イ)②の手段による場合であれば、「決議の内容が法令に違反する」といえるか否かが問題となるところ、法令違反の根拠については、例えば、いわゆる株主平等原則に違反すること（会社法第１０９条第１項）、権利の濫用に該当すること（民法第１条第３項）などを指摘することが考えられるであろう。そして、どのような場合に「著しく不当な決議」又は「決議の内容が法令に違反する」といえるのかについて、自分なりの規範を立てる必要があり、なぜそのような規範を採用するのかについても、理論的な根拠を自分なりに考察する必要がある。その上で、本問の事実関係全体（例えば、丙社の案もAらの案も、甲社の企業価値との関係では、客観的にいずれか一方が他方よりも優れているとは言い難く、見解の分かれる問題であったことや、本件株式併合により１株に満たない端数となる株式の買取価格が公正な価格と認められるものであったことなど）について、多面的に、かつ、適切に評価して、「著しく不当な決議」又は「決議の内容が法令に違反する」といえるか否かについての結論を示す必要がある。本設問は、会社法に明文の規定がない問題を素材に思考力を問うものであり、本件株式併合の効力を否定する方向、肯定する方向のいずれを採用しても構わない。

　例えば、会社法上の公開会社でない株式会社においては、少数株主の有する利益は当該株式の金銭的価値に尽きず、それを保護する必要があるから、株式併合には正当な事業目的が要求されるという一般論をとった上で、本問の事実関係の下では、正当な事業目的を欠くため本件株式併合の効力を否定する方向で検討することも、正当な事業目的が認められるため本件株式併合の効力を肯定する方向で検討することも考えられるであろう。

　また、会社法上、株式併合の目的は制限されていないことなどから、特定の少数株主を締め出すために行われた株式併合も許容されるとして、本件株式併合の効力を肯定することも考えられるであろうが、いずれの立場であっても、説得的に論ずることが求められる。

　また、本設問では、本件株式併合の効力を争う丙社の立場において考えられる主張及びその主張の当否を検討することが求められるものであることから、最終的に本件株式併合の効力を肯定するとしても、それを否定する立場からの立論とその当否について検討する姿勢が求められる。

この点について、ほとんどの答案が丙社の締め出しが問題となることについて言及することができていた。しかしながら、会社法上の公開会社でない株式会社における少数株主の締め出しであるという点に着目して、自分なりに規範を立てて本問の事実関係を適切に評価して説得的に論ずることができていたものは極めて少数であった。例えば、会社法上の公開会社でない株式会社においては、少数株主の有する利益は当該株式の金銭的価値に尽きず、それを保護する必要があるから、株式併合には正当な事業目的が要求されるというような形で、本設問の特質を捉えることを可能にする一般論をとりつつ、本問の事実関係を適切に評価する答案については、高い評価が与えられた（なお、会社法上の公開会社でない株式会社においては、取締役が株主となる者を選別することができるなどと述べて締め出しが広く許容されるとするものもあったが、新たに株主となろうとする者がいる場合と既存の株主を締め出す場合とを混同したものと考えられる。）。これに対し、多くの答案が、会社法上の公開会社でない株式会社における少数株主の締め出しであるという点に着目することができていなかった。これらの答案においては、どのような場合に「著しく不当な決議」又は株主平等原則等の法令違反に該当するのかについて、その判断基準や枠組みを示すことができているか否か、本問の事実関係を適切に評価することによって結論を導くことができているか否かで評価に差が付いた。「著しく不当な決議」又は株主平等原則等の法令違反の該当性に関する判断基準や枠組みを示すことなく、ただ問題文の事実関係を羅列して結論を導く答案は、相対的に低く評価され、どのような場合に「著しく不当な決議」又は株主平等原則等の法令違反に該当し、どのような場合にこれらに該当しないのかを意識した上で自分なりの規範を立てつつ、問題文の事実関係をただ羅列するだけでなく、適切に評価をした上で、結論を導き出そうとする答案については、相対的に高く評価された。

なお、上場会社における買収防衛策と同様に考えようとする答案が比較的多く見られた。本設問の状況に合わせてその考え方を参照することを試みるものについては、自分なりの規範を立てて事実関係を評価しようとする限りで一定の評価をすることができるものの、会社法上の公開会社でない株式会社における少数株主の締め出しであるという点を見落としていることに加え、本設問では丙社がＡらの意向に反して甲社を買収することはできないので、上場会社における買収防衛策に関する議論をそのまま参照することは難しいと思われる。

また、少数ではあったが、Ａ又はＣが特別の利害関係を有する者であることから直ちに「著しく不当な決議」に該当すると結論付けたり、決議方法の法令違反として取締役の説明義務違反の有無のみを検討したりするものもあったが、これらの答案は、高い評価は得られなかった。

4　解説

(1)　株式併合の効力を争うための会社法上の手段

まずは、株式併合の効力発生後において効力を争うための手段を挙げる。本問では、効力発生後における手段が問われているので、株式併合の差止め（会社法 182 条の 3）等の効力発生前に行う手段は不適切である。そして、株式併合については会社の組織に関する行為の無効の訴え（会社法 828 条）の対象となっていないため、このような訴えを提起するのではなく、株式併合をするための株主総会決議（会社法 180 条 2 項）の効力を否定することにより、株式併合が無効となることを主張することが考えられる。

具体的な手段としては、①特別の利害関係を有する者が議決権を行使したことによって著しく不当な決議がされたとして株主総会決議の取消しの訴えを提起すること（会社法 831 条 1 項 3 号）、②決議の内容が法令に違反するとして株主総会決議の無効の確認の訴えを提起すること（会社法 830 条 2 項）のいずれかが考えられる。

民事系第2問＜商法＞

(2) 主張及びその主張の当否

ア 基準の定立

①、②のいずれの構成をとった場合でも、まず、どのような場合に「著しく不当な決議」（会社法831条1項3号）又は「決議の内容が法令に違反する」（会社法830条2項）といえるのかにつき、自分なりの基準を立てる。

「決議の内容が法令に違反する」といえるか否かを検討する場合（上記(1)②）においては、法令違反の根拠についても触れる必要がある。例えば、いわゆる株主平等原則に違反すること（会社法109条1項）、権利の濫用に該当すること（民法1条3項）などが考えられる。

イ 具体的な検討

本問の事実関係全体について、多面的に、かつ、適切に評価するなどして、「著しく不当な決議」又は「決議の内容が法令に違反する」といえるか否かについての結論を示す必要がある。

例えば、丙社の案もAらの案も、甲社の企業価値との関係では、客観的にいずれか一方が他方よりも優れているとは言い難く、見解の分かれる問題であったことや、本件株式併合により1株に満たない端数となる株式の買取価格が公正な価格と認められるものであったことなどを考慮したい。

本件株式併合の効力を否定する方向、肯定する方向のいずれを採用しても構わない。例えば、会社法上の公開会社でない株式会社においては、少数株主の有する利益は当該株式の金銭的価値に尽きず、それを保護する必要があるから、株式併合には正当な事業目的が要求されるといった一般論がある。そうした一般論を採りつつ、本問の事実関係の下で、正当な事業目的の有無については肯定否定どちらの認定をすることも考えられる。また、会社法上、株式併合の目的は制限されていないことなどから、特定の少数株主を締め出すために行われた株式併合も許容されるとして、本件株式併合の効力を肯定することも考えられる。

241

採点基準表

※本試験の採点基準は公表されません。そこで、「出題趣旨」や「採点実感」等から辰已が独自に作成した採点基準を以下に掲載します。再現答案等とあわせ過去問学修にお役立てください。

	配点	あなたの得点
第1　設問1　【40点】		
1　小問1		
(1)　385条1項類推適用が手段として考えられることの指摘	1	
(2)　385条1項類推適用の可否について		
ア　385条1項の趣旨の指摘	3	
イ　招集株主の地位の指摘と法的評価	3	
ウ　類推適用ができるか否かの結論	1	
(3)　結論	1	
2　小問2		
(1)　Eの立場において考えられる主張について		
・乙社の行為が利益供与に当たり、本件臨時株主総会1の招集手続の法令違反（831条1項1号）が問題となることの指摘	1	
・本件書面の記載及び商品券送付行為によって、本件決議1の方法が「著しく不公正なとき」(831条1項1号) に当たるとの指摘	1	
(2)　訴訟要件検討		
「株主」にあたるか、「3箇月」以内といえるか（831条1項柱書）、被告が甲社であること（834条17号）等の訴訟要件該当性の検討	3	
(3)　主張1の当否について		
ア　利益供与規制の趣旨	3	
イ・少数株主により招集される株主総会における株主の権利行使において、会社財産消費のおそれは存在しないことの指摘と法的評価	3	
・本件書面が招集通知と同じ封筒で送付されたとしても、招集手続自体は法令に違反しないとの指摘	3	
ウ　結論	1	
(4)　主張2の当否について		
ア　規範定立		
・利益供与規制の趣旨	2	
・少数株主により招集される株主総会における株主の権利行使に利益供与規制の趣旨が及ぶことの指摘	2	
・いかなる場合に決議の方法が著しく不公正といえるかの指摘	2	

イ			
	・乙社が送付した本件書面に「乙社提案の各議案のいずれにも賛成していただいた方には」商品券 1000 円分を贈呈する旨の記載があったことの指摘と評価	3	
	・乙社提案の各議案の内容の指摘と評価	3	
ウ	「決議の方法が…著しく不公正なとき」にあたるかの結論	1	
エ	裁量棄却が認められるか	2	
オ	Eの主張の当否	1	

第2　設問2　【40点】

1　丙社の立場において考えられる主張		
・本件決議2が株主平等原則に違反すると主張して、無効確認の訴えを提起することの指摘	1	
・本件決議2が特別利害関係を有する株式の議決権の行使による「著しく不当な決議」に当たると主張して、取消しの訴えを提起することの指摘	1	
2　丙社の主張①の当否について		
（1）問題提起		
平等原則違反が問題になることの指摘	2	
（2）あてはめ		
・本件株式併合が実施されれば、Aのみが株主としての地位を有し続けることの指摘と評価	3	
・本件株式併合が、全ての甲社株式について一律に一定の割合で併合の対象にしていることの指摘と評価	3	
・会社法は、株式の併合をすることを必要とする理由を株主総会において説明しなければならないと規定しているだけで、併合の理由の内容、当否等は何ら制限が設けられていないことの指摘と評価	3	
・会社法は、事前開示手続・事後開示手続・株主による差止請求の制度・反対株主による株主買取請求制度等を設けていることの指摘と評価	3	
【加点事項】	加点評価	
※より充実したあてはめがされていれば、加点する。	A・B・C	
（3）本件株式併合が平等違反に違反するかの結論	1	
（4）丙社の主張が認められるかの結論	1	
3　丙社の主張②の当否		
（1）訴訟要件該当性		
「3箇月以内」（831 条 1 項柱書前段）、「株主…となる者」（同項柱書後段）、被告（834 条 17 号）の指摘	3	

243

(2) 取消事由の存否		
ア 「特別の利害関係を有する者」について		
(ｱ) 規範定立	3	
(ｲ) あてはめ		
本件決議2の結果、Aのみが株主としての地位を有し続ける一方で、丙社のみが株主たる地位を奪われることの指摘と評価	3	
(ｳ) 結論	1	
イ 「著しく不当な決議」について		
(ｱ) 規範定立	3	
(ｲ)		
・甲社は、丙社の助けで経営が安定したものの、丙社が甲社の経営が不安定になるような政策に転換し、甲社と丁社の合併を計画した経緯の指摘と評価	3	
・本件株式併合の目的の指摘と評価	3	
【加点事項】	加点評価	
※より充実したあてはめがされていれば、加点する。	A・B・C	
(ｳ) 「著しく不当な決議」に当たるかの結論	1	
ウ 本件決議2に取消事由があるかの結論	1	
(3) 主張②が認められるかの結論	1	
第3 【その他加点事項】	加点評価	
※上記【加点事項】以外でも本問事案解決につき特記すべきものがある場合には、加点する。	A・B・C	

244

民事系第2問＜商法＞

基本配点分	小計 80 点	
		点
加点評価点	小計 10 点	
添削シート中の【加点評価】を総合的に評価し点数を決めて下さい。目安はＡが半数以上であれば 10 点、Ｂが半数程度であれば 5 点です。		点
基礎力評価点	小計 10 点	
以下の項目は、「司法試験の方式・内容等について」（令和 5 年 11 月 22 日司法試験考査委員会議申合せ事項）第 4 － 2 －(1)－エに掲載されている事項です。		

あなたの得点（0～2点で評価）		
事例解析能力		
論理的思考力		
法解釈・適用能力		
全体的な論理的構成力		
文書表現力		点

総合得点	合計 100 点	
		点

再 現 答 案

答案①（順位ランクA、213.08点、系別33位、論文総合97位）

［設問1］
［小問1］
第1　意見の要旨
　総会1の開催をやめるよう求める手段は、明文の規定がなく、解釈上も認
められるか判然としないため、存在しないものと回答する①。
第2　理由
1　株主による総会の召集
　　本件臨時株主総会1は、「6ヶ月」より従前から筆頭株主として20%、
つまり「3/100以上の議決権」を保有する株主乙が招集請求（297条1項）
をしたのに対し、甲が所定の期間に対応をしなかった（297条4項1号・
2号）ため、乙が裁判所の許可を経て、招集するものである（297条4項）。
　　株主による招集は、株主自らの費用負担で、自己のイニシアティブで招
集する制度である。
2　明文の定めがないこと
　　これをとめる手段の手がかりとして、385条1項は、違法行為の差止請求
権を規定する。しかし、違法行為を行う主語は、「取締役」である。本件は、
株主が違法とみられる招集を行うため、文理上、同条は適用できない②。な
お、他に、開催をやめるよう求める手段は法定されていない。
3　解釈
　　もっとも、取締役が本来行うべき招集を株主が代替する点に着目して、
同条を読み替えて、あるいは類推して適用する、との見解がありうる。し
かし、理由がない。
　　監査役の職務は、取締役の業務の適法性監査（381条）であり、各種手
段はその職務を実効的に行うことができるように定められたものである。
そのため、株主の行為まで監査することとなると、法の採用する職分・機
関設計を害することになる③。
　　なお、事後に決議取消訴訟を提起すること等は否定されず、一定の救済
の道も存在する。
4　以上から、上の結論となる。
［小問2］
第1　考えられる主張
　甲社「株主」Eは、決議の日（10月20日）から「3カ月以内」（831条1
項柱書）に、甲を被告（834条17号）として、決議取消訴訟を提起する。

①本件臨時株主総会1
の開催をやめるよう求
める明文の規定がない
ことを指摘できてい
る。

②会社法385条1項
による差止めの対象が
「取締役」の行為であ
ることを指摘できてい
る。

③監査役の業務に基づ
いて、会社法385条
1項類推適用の可否を
検討している。

246

民事系第2問＜商法＞

取消事由として、決議方法に利益供与（120条1項）の法令違反（831条1項1号）があること、また、決議方法の著しい不公正（同号）があることを主張する④。

第2　検討

1　利益供与にあたるか

　利益供与規定の趣旨は、会社財産の健全な運営、会社の公平な運営にある。この趣旨から、120条1項は、「株式会社が」「会社の計算において」、「株主の権利の行使に関し」すなわち権利行使に影響を与える趣旨で、財産上の利益を供与することを禁じる⑤。

　本件は、乙が、自社の提案する役員選任案に賛成票を投じさせる、という議決権行使に影響を与える趣旨で、商品券という財産上の利益を提供（供与）しているようにみえる。しかし、あくまで、「株主（乙）が」「株主の計算において」行うものである。上の趣旨および文理に照らし、決議方法に120条1項の法令違反があるとはいえない。

2　決議方法の著しい不公正

　もっとも、乙の行為は、次のとおり「決議方法の著しい不公正」にあたる。

　まず、招集の態様をみると、招集にあたり法定の書類（301条1項）に加え、自社提案の3議案全てに賛成するよう求める本件書面を同封している。賛成した者のみに贈られる1000円の商品券は、従前議決権行使に際し、このような特典がなかったこと、またその額が決して少額でないことを踏まえると、株主らに強い賛成を促す経済的誘引となるといえる。

　実際に、例年の議決権数と比較し、30％増加があったこと、加えて、従前の可決案よりも賛成割合が高いこと、具体的に乙社提案は、75％と非常に高い賛成を得たことにみると、上の誘引力により、決議が乙社に賛成する方向で歪められている。なお、返送された議決権行使書面の賛否欄に白票がなかった点も、少なからぬ株主は商品券を得るために、賛成に投じたことを示すものである⑥。

　なお、決議方法の不公正の場合、裁量棄却の余地はない（831条2項）

第3　結論

　以上から、本件決議の取消訴訟に係るEの主張は認められる。

〔設問2〕

第1　採ることができる手法

　本件株式併合は、既に効力が生じている（180条2項2号、182条1項）。株式併合には、事前の差止め規定（182条の3）があるが、事後に効力を争う方法が法定されていない。これは、株式買取請求権（182条の4）が法定され、一応、株主の投下資本回収の機会が与えられていることによるものと考えられる。

　しかし、このことから、直ちに事後に効力を争うことを否定する趣旨とまでは解し難い。株式併合の承認決議（180条2項、309条2項4号）に無効ま

④本件決議1が、会社法831条1項各号に掲げる場合のいずれに該当するのかを明示できている。

⑤会社法第120条第1項は、「株式会社」による「当該株式会社又はその子会社の計算においてする」利益供与を禁止しており、少数株主が自らの負担によって行う行為を直接の対象とはしていない（出題趣旨）。

⑥議決権行使書面の賛否欄に白票が存在しなかったという事実を指摘し、その意味を評価できている。

たは取消事由がある場合は、重大な手続瑕疵があるものとして、当然に無効
となるものと解される。なお、無効であることを確認の訴えをもって判決で
確定させることができる。

第2　検討

1　丙社は、承認決議につき、決議内容が株主平等原則（109 条1項）の違
反として無効事由（830 条2項）にあたり、または、Aら特別利害関係の
議決権行使による不当決議（831 条1項3号）として取消事由がある、と
する[7]。

2　決議の無効

(1)　109 条1項は、「株式の数及び内容」に応じた平等取扱いを求める。株
式併合は、一定の割合（180 条2項2号）を定め、全ての株主の全株式
につき、つまり一律でその数を変動させるものであり、形式上、別異取
扱いは存在しないようにみえる。

(2)　しかし、併合の割合を特定の株主のみを狙い撃ちし、端数が生じる形
に設定するとすれば、実質的に、その株主を排斥するために、合理的な
理由のない別異取扱いが生じるおそれが生じる。本件では、Aが1株、
丙・Cは端数株主となる 300 株を1株とする割合で株式併合をした後
（①）、1株を 200 株に株式分割し（②）、併合時の買取分をB・Cに第
三者割当てすること（③）で、丙のみ排斥する本件計画がある[8]。株式併
合は、一連の計画もみると、丙を端数株主にして、排斥する設定といえ
る。

(3)　ただし、特定株主の締め出しを目的とする場合でも、その是非は第一
義的に会社所有者たる株主の判断が尊重される。そこで、かかる扱いに
株主共同の利益を確保するための必要性があり、かつ、手段として相当
性がある場合には、平等原則に反しない。

本件につき、上の計画が出た契機は、従前甲の再建に協力してきた丙
が、再建に成功するや否や自身の子会社丁への技術・ライセンスの提供・
業務提携を求めてAらと対立したこと、また、その末に、丙に完全子会
社化される案が示したことにある。丙の上の提案は甲の企業価値を毀損
するか否か両論あるものの、丁への援助が甲への負担になること等も踏
まえると、非公開会社化（2条5号参照）して閉鎖性の高い甲において、
自社の独立性を維持するという判断は、Aら株主共同の利益を確保する
目的に出たもの、といえる[9]。

また、本件株式併合で、端数株が生じる場合、専門家の適正な評価に
基づく株式の買取を受けることができる点で丙に経済的補償もあり、相
当性を欠くといえない。

(4)　よって、決議は平等原則に反しておらず、無効事由はない。

3　決議の取消し

(1)　訴訟要件

丙は、甲社株主である[10]。決議の日から3ヶ月以内に、甲を被告として

[7]本件決議2につい
て、無効事由と取消事
由の両方を指摘できて
いる。

[8]丙社という特定の株
主のみを締め出すこと
を指摘できている。

[9]丙社の提案が甲社に
与えるであろう効果に
加えて、甲社を非公開
会社としたことの意義
を、説得的に述べるこ
とができている。

[10]丙社は、本件決議2
の取消しによって株主
となる者（会社法831
条1項後段）である。

訴えを提起する。

(2) 本案

本件の承認決議の内容は、Aが1株、丙・Cは端数株主となるものである。決議それ自体をみたとき、上述のとおり、一律に割合が設定されるのであるから、AないしCのみが他の株主と共通しない利益を得る「特別の利害関係を有する者」にはあたない。

よって、取消事由はない。

第3 結論

以上から、丙による効力を争う旨の主張は認められない。

以上

(2,928字)

◆総評◆

出題趣旨で挙げられている項目について、概ね的確に検討することができている。問題文中の事実が持つ意味について、深く考察を加えることができており、高く評価されたものと考えられる。答案全体の構成も、項目立てて分かりやすくまとめてあり、答案作成の参考になると思われる。

答案②（順位ランクＡ、201.70点、系別89位、論文総合8位）

第1　設問1小問1について

1　本件臨時株主総会1の招集については、甲社株主である乙社が招集している（会社法（以下略）297条1項、4項柱書）ところ、Dは開催をやめるように求めることはできないか。

(1)　監査役であるDには取締役の行為を差し止める権限がある（385条1項）ものの、株主の行為については規定されていないため、同項を直接適用することはできない。もっとも、取締役会の招集は本来取締役の権限であるところ（296条3項）、同項を類推適用することはできないか。

ア　同項の趣旨は、会社の業務執行者たる取締役が定款法令に反する業務執行をした場合に会社に損害が発生することを防止する点にある。そうだとすれば、たとえ行為主体が取締役でなくとも、会社の業務執行として会社の財産に影響する行為といえる場合については同項の類推適用を肯定するべきである①。この点は、監査役の職務が取締役の職務執行の監査（381条1項前段）であっても、監査の究極の目的が会社の遵法及び利益保護（355条参照）にあることを踏まえれば影響しない。

イ　株主による株主総会の招集が例外的に許容されているのは、会社の最終意思決定機関である株主総会の開催が取締役により恣意的に妨害されることを防ぐためであるが②、296条3項を無意味なものにしないためにも、株主による招集は297条4項各号事由と裁判所の許可（同項柱書）が必要な限定的なものである。そうだとすれば、株主による招集は、取締役の業務執行たる招集を限定的に代替するものと解するべきであり、会社の業務執行行為といえる。

そして、招集に関する事務費用や総会の決議内容によっては、会社財産へ影響するともいえる。

(2)　以上のことを踏まえれば、385条1項を類推適用して、Dは開催をやめるように求める手段を有するといえる。

第2　設問1小問2について

1　Eは甲社に対して本件決議1に関する決議取消しの訴え（831条1項柱書前段）を提起する。Eは甲社株主で「株主等」（828条2項1号）として原告適格を有し、甲社も被告適格を有する（834条17号）。したがって、「決議の日」たる令和3年10月20日から「三箇月以内」たる令和4年1月20日までに提起すれば訴訟要件を具備する。

2　それでは、取消事由は存在するか。乙社が本件書面の条件に基づき商品券を交付したことが問題となる。

(1)　まず、利益供与（120条1項）として、「招集の手続…が法令…違反」（831条1項1号）にならないか。利益供与は、「会社…の計算において」

①会社法385条1項の趣旨から、同項を類推適用できる場合について論じることができている。

②株主による株主総会の招集が例外的に許容されていることの趣旨を述べている。

③本件臨時株主総会1において利益供与を行ったのが甲社ではなく、乙社という株主であることを指摘できている。

（120 条 1 項括弧書）認定されるところ、本件では商品券の取得や送付に要した費用の全額を甲社ではなく乙社負担しており、甲社の金銭的支出はない以上、利益供与は認められない[3]。

(2)　もっとも、商品券の提供により例年の総会と比べて少なからず決議への影響が認められるところ、「決議の方法が…著しく不公正」だとEは主張する[4]。

ア　同要件については、法令定款違反はないものの、当該決議方法により株主全体の意思が健全に総会決議に反映されないおそれがあると認められる場合を意味する。

イ　商品券交付の条件は、乙社提案議案へ賛成の議決権行使書面を作成することである（311 条 1 項）。そして、同書面により議決権を行使した株主の議決権についても出席した株主の議決権に参入されるところ（311 条 2 項）、本件臨時株主総会 1 については議決権の数が 30％以上も増加すると共に、例年の甲社提案議案よりも賛成数の割合が多いことからも商品券の交付が決議に影響したことは否定できない。

　　もっとも、乙社は甲社発行株式の 20％を保有する筆頭株主であり甲社の改革を訴えているところ、総会招集の一連の経緯からもわかるように甲社の現取締役とは対立関係にあるといえる。そうした中で、乙社が役員を一新する本件各議題を通すために他の株主に対して働きかけることは、革新派株主が総会決議に向けて行う多数派工作の一環であり妥当性を欠くものとはいえない。加えて、交付する商品券の額も 1000 円と比較的少額であり、商品券欲しさに株主の意思が大きく歪んだというよりかは、元々乙社の考えに否定的ではなかった株主が賛成票を投じたにすぎないと評価できる[5]。この点は、甲社が公開会社で株主が 1000 人いる議決権行使書面の交付義務がある（298 条 2 項本文）比較的大きな会社であり、一般的に経営への関心がない株主が多いといえることからも肯定できる。

　　さらに、乙社は総会を招集する株主として乙社提案議案に反対する株主の議決権行使を何か妨害しているわけではなく、現実に 25％の議決権については反対を投じている。

ウ　以上のことを踏まえれば、商品券の交付により株主全体の意思が健全に総会決議に反映されないおそれがあるとは認められず、「決議の方法が…著しく不公正」とはいえない。

3　以上より、Eの主張は認められない。

第3　設問2

1　丙社はまずどのような手段で本件株式併合の効力を争うことができるか。なお、本件株式併合の効力はすでに発生している（182 条 1 項）ところ、株式併合差止請求（182 条の 2）の余地はない。

(1)　まず、明文で株式併合無効の訴えは法定されていない（828 条 1 項各号参照）。そして、株式併合（180 条 1 項）は株主の地位に大きく関わる

④株主による議決権の行使が株主として株式会社から受ける経済的な利益とは異なる要因によって左右されるような状況で行われた株主総会決議が「著しく不公正」であったといい得ることを指摘した上で、本問の事実関係の下で具体的な検討をすることが考えられる（出題趣旨）。

⑤商品券の額についての評価から、商品券の交付が及ぼした影響の多寡についての評価を、論理的に導いている。

行為であり、株主の意思に基づくものでなければならない。そうだとすれば、株式併合にかかる株主総会（180条2項柱書）の効力が否定された場合には、重大な瑕疵ある株式併合として当然に無効になると解するべきである⑥。

(2)　したがって、丙社としては本件決議2の効力を争うことで、結果として本件株式併合の効力を否定することになる。

2　丙社は甲社に対して、本件決議2についての決議取消しの訴え（831条1項柱書前段）を提起する。なお、本件決議2については明確に法令違反はない以上、訴訟要件を広く解し本案要件を限定的に解する決議無効確認の訴え（830条2項）の提起はできない。

(1)　甲社株式を200株のみ保有する丙社は、300株を1株とする本件株式併合により株式を失うから甲社株主ではなくなっている。もっとも、本件決議2が取り消され、本件株式併合の効力が否定されれば丙社は甲社の株主に復帰するところ、「当該決議の取消しにより株主…となる者」（831条1項柱書後段）にあたる⑦。したがって、丙社は原告適格を有する。また、甲社も被告適格を有する（834条17号）から、丙社が令和5年12月11日から「三箇月以内」の令和6年3月11日までに訴えを提起すれば、出訴機関を含めて訴訟要件をすべて満たすことになる。

(2)　それでは、取消自由は認められるか。丙社はAの議決権行使は831条1項3号の事由にあたると主張する。

　ア　まず、「決議について特別の利害関係を有する者」とは、他の株主とは異なる性質の利益状況にある者をいう⑧。

　　　本件決議2の時点で、甲社株式は丙社が200株、Aが300株、Cが100株という状況である。そして、本件株式併合は300株を1株とするものあるところ、本件株式併合が行われれば丙社とCは株主としての地位を失い、一時的とはいえ甲社はAの一人会社となる。このような本件株式併合の特質を踏まえれば、Aは他の株主とは異なる性質の利益を有し、「決議について特別の利害関係を有する者」といえる。

　イ　「著しく不当な決議」については、特別利害関係人が議決権を行使した結果、その者の利益のみが追求され会社及び他の株主の利益が損なわれるような場合をいう。そして、株主総会における議決権行使は株主の地位の核となる権利（105条1項3号）であることを踏まえれば、特別利害関係人が議決権行使を委縮しないよう、同要件は限定的に解するべきである⑨。

　ウ　本件株式併合については、取締役会で決定された本件計画の存在を踏まえるに丙社を株主として排除する意図でなされたことは明らかである。そして、丙社は甲社の再建を支援してくれた株主でありその支援により甲社は業績を回復できたのであるから、そのような丙社を排除することは甲社の今後の経営が不安定になる可能性が高く甲社の利益に影響を与えうるものである⑩。加えて、丙社ないしGが丙社を

⑥株式併合をするための株主総会決議（会社法第180条第2項）の効力を否定することにより、株式併合が無効となることを主張することが考えられる（出題趣旨）。

⑦丙社が本件決議2の取消しによって株主となる者に該当すること（会社法831条1項後段）についても、言及できている。

⑧「決議について特別の利害関係を有する者」（会社法831条1項3号）の意義を示すことができている。

⑨株主の権利行使の重要性という視点から、規範を導いている。

⑩丙社が甲社の再建を支援したという事情に触れた上で、丙社を排除することの効果について説得的に論じることができている。

甲社の完全子会社とする意向があることから、Aが現在の甲社代表取締役という地位を保身するための意図を有していたことも否定できない。

　以上のことを踏まえるに、本件決議2はAの利益のみが追及される側面はあるといえる。

エ　しかし、丙社による完全子会社化と丙社の排除は、共に客観的に企業価値との関係で優劣がつけづらい計画であり、どちらの計画を採用するかは最終的に甲社株主にゆだねられるべき問題といえる。そして、本件では、丙社を除く株主であるA、B、Cが丙社の締め出しに最終的に合意をしており、そのような株主判断を前提とすれば本件株式併合が直ちに甲社の不利益となるものではない。なお、Bは本件計画の実現のため一度Aに株式を譲渡しているため株主としてBの意思も尊重されるべきであると共に、Bが本件計画を支持した経緯も確かにAによる強い働きかけはあるものの、Cの賛同も含めて最終的にはBが自由意思により判断したといえるから、合意に瑕疵はない。

　加えて、甲社の業績回復については丙社の支援の他にもAらの業務執行や努力も必要不可欠であったといえ、Aの代表取締役の継続についても甲社に利益をもたらす可能性は大いにあるといえる。

　以上のことを踏まえれば、Aの議決権行使がAのみの利益を追求するもので、甲社および他の株主の損害につながるとはいえず、「著しく不当な決議」とはいえない。

(3)　以上より、丙社の主張は認めれない。

以上

(3,838字)

◆総評◆

　どの問題についても、制度の趣旨から考えた上で規範を導き出すことができており、会社法に対する理解の深さがうかがえる。また、本問の具体的な事案に対する考察も論理的で分かりやすく、レベルの高い答案であるといえる。

答案③ （順位ランクＡ、195.79点、系別139位、論文総合108位）

第1　設問1小問1

1　監査役は取締役が法令違反の行為をし、又はするおそれがある場合には会社法（以下、略）385条1項によって差止請求をすることができる。本件では、本件臨時株主総会1は甲社の株主である乙社により開催されており、取締役によってなされているわけではない。よって385条1項の直接適用はできない①。

2　しかし、監査役の職務は取締役の職務の執行の監査であるところ（381条1項）、これは会社の業務執行を行う者を監査することを意味するのであり、特に取締役による執行に限定する趣旨ではない。また、株主総会の招集は原則として取締役が行うのであり（296条3項）、例外的に株主が行う場合もあるというだけであり（297条参照）、たまたま株主により招集がなされたからといって監査役により差止請求が認められなくなるとするのは不当である②。したがって、本件の場合であっても385条1項の類推適用により、株主である乙社による本件臨時株主総会1の開催に対しての差止請求をしうる。

第2　設問1小問2

1　Ｅは株主総会決議取消しの訴えを提起する（831条1項柱書）。Ｅは甲社の「株主」である。Ｅは令和3年11月15日の時点で上記訴えを提起しているから、決議の日である令和3年10月20日から3ヶ月以内である。

2　利益供与（120条1項）があり、決議方法の法令違反があるとして取消事由があるといえるか。

　　利益供与は「株式会社」が主体となってするものであるから、本件のように株主が主体となる場合には利益供与に当たらないのが原則である。しかし、120条1項の趣旨は株主の権利行使に影響を及ぼす目的で会社が利益供与を行うことは健全な会社運営を害するのでこれを防止する点にある。とすれば、主体が会社であるときのみにあらず、株主である時にも類推の基礎があるといえる。よって120条1項類推適用ができる③。

　　本件書面には、「甲社の改革の実現に御協力をお願い申し上げます。株主総会参考書類に記載した乙社提案の各議案のいずれにも賛成していただいた方には、後日、1000円相当の商品券を郵送にて贈呈させていただきます。全ての議案について同封した議決権行使書面の『賛』の欄に○印を付けて御返送ください。」と記されており、本件各議題についての乙社提案の各議案のいずれにも賛成した甲社の株主全員に対し、一人当たり1000円相当の商品券を送付している。よって、利益供与があったといえる。

3　しかし、慣行上の要請から利益供与を認めるべき場合がある。そこで、株主の権利行使に影響を及ぼすおそれがない正当な目的に基づき供与される場合（目的の正当性）で、供与額が社会通念上許容される範囲である

①株主である乙社による本件臨時株主総会1の招集に対して会社法385条1項を直接適用することはできないことを、指摘できている。

②株主総会の招集の機能から、差止め請求の必要性を説得的に論じている。

③会社法第120条第1項は、「株式会社」による「当該株式会社又はその子会社の計算においてする」利益供与を禁止しており、少数株主が自らの負担によって行う行為を直接の対象とはしていない。まずは、そのことを指摘した上で、少数株主の行為に同項を適用又は類推適用することの可否を検討することが必要となる（出題趣旨）。

④目的の正当性、金額の相当性という独自の規範を立てている。

254

民事系第2問＜商法＞

場合（金額の相当性）には利益供与を認めるべきである④。

上記本件書面の記載、本件臨時株主総会1においては、出席した株主の議決権の数は、例年の定時株主総会よりも約30％増加し、行使された議決権のうち議案に賛成したものの割合も、例年の定時株主総会において行使された議決権のうち甲社が提案した議案（いずれも可決された。）に賛成したものの割合よりも高いものであったこと、本件臨時株主総会1において、甲社の株主が返送した議決権行使書面には、賛否の欄に記入をしていない白票は存在しなかったことからして、株主の権利行使に影響を及ぼすおそれがあったといえ、目的の正当性は認められない。また、1000円という金額は十分に大きな金額であること、これらの商品券の取得や送付に要した費用については、乙社が全て負担したしたことから金額の相当性も認められる。よって、利益供与を認めるべきではない。

4 以上から決議方法の法令違反があり、取消事由があるといえる。

第3 設問2

1 丙社は本件株式併合の無効を主張する。無効事由については明文がないものの、株式併合を決定した株主総会決議の取消事由があれば重大な法令違反として株式併合も無効となる⑤。

2 では、本件臨時株主総会2に取消事由があるか（831条1項柱書）⑥。

「特別利害関係人」（同項3号）とは決議により他の株主と共通しない利益を取得し又は不利益を免れる者をいう。本件株式併合等により、丙は株主として排除される反面、ＡＢＣらは株主として残るのであるから、ＡＢＣは他の株主と共通しない利益を取得し又は不利益を免れる者といえる。よって「特別利害関係人」にあたる。

「著しく不当な決議」とは特別利害関係株主以外の株主が著しい不利益を受ける決議をいう。たしかに丙は本件株式併合等により株主でなくなるという不利益を被る。しかし、Ｇが考えていた甲社を丙社の完全子会社にする案も、Ａらが決定した甲社の独立を維持するために丙社を締め出すという案も、甲社の企業価値との関係では、客観的にいずれか一方が他方よりも優れているとは言い難く、見解の分かれる問題であった。また、Ａは甲社と競合関係にある丁社のために経営に介入されることを防ぎ、甲社の独立を維持するために、丙社を締め出す必要があるとして、本件株式併合が必要な理由を説明した。さらに本件株式併合により1株に満たない端数となる株式の買取価格は、公正な価格と認められるものであった。よって、丙を締め出すことについて正当な理由があるといえ「著しく不当な決議」とはいえない。

よって、831条1項3号取消事由は認められない。

3 また、決議内容の法令違反（830条2項）があるとして本件臨時株主総会2の決議は無効ではないか。

本件株式併合による丙の締め出しは株主平等原則（109条参照）に違反するのではないか。しかし、上記のとおり、決議内容には正当な理由があ

⑤まず、株式併合の効力を争うための会社法上の手段については、会社の組織に関する行為の無効の訴え（会社法第828条）の対象となっていないことから、このような訴えを提起するのではなく、株式併合をするための株主総会決議（会社法第180条第2項）の効力を否定することにより、株式併合が無効となることを主張することが考えられる（出題趣旨）。

⑥取消事由として、会社法831条1項3号の「株主総会等の決議について特別の利害関係を有する者が議決権を行使したことによって、著しく不当な決議がされたとき」を主張しているものと考えられる。

⑦株主平等原則には反しないことについて、具体的な検討ができればなお良かった。

255

るからこれは株主平等原則には反しない⑦。よって、決議が無効にもならない。

以上
（2,290字）

◆総評◆

　やや簡潔ではあるものの、出題趣旨に挙げられたポイントを押さえてまとめられた答案である。設問2における株主平等原則について、もう少し丁寧に検討できれば、なお良かったものと考えられる。

民事系第2問＜商法＞

答案④（順位ランクA、191.66、系別199位、論文総合358位）

第1　設問1小問1

1　Dは会社法（以下略記）385条1項に基づき本件臨時株主総会1の開催をやめるように求めることができるか。

　　本件臨時株主総会は297条1項、4項に基づいて乙社が招集しているものである。乙社は甲社株20％と「100分の3」以上の議決権を「6箇月前」から保有している「株主」である。そして「裁判所の許可」を得ている。

　　385条1項の対象は取締役の行為であり、本件株主総会は株主が招集するものであるから、385条1項は適用されない①。

2　また、仮に適用されるとしても、本件臨時株主総会1は役員の解任及び選任の決議であり、それによって直ちに会社に損害が生じるとはいえないから、「著しい損害」が認められない。

　　以上より、Dは本件臨時株主総会1の開催をやめるように求める手段はない。

第2　設問1小問2

1　Eは831条1項1号に基づき株主総会決議の取消の訴えを提起することが考えられる。Eは甲社の「株主」である。

2　まず、乙社が議案に賛成した株主に1000円相当の商品券を郵送した行為が利益供与（120条1項）にあたり、「決議の方法が法令……に違反」するのではないか②。かかる行為は議決権の行使という「株主の権利の行使」に関し商品券1000円という「財産上の利益」を供与するものである。

　　しかし供与される額が社会通念上許容される範囲のものであれば例外的に許容される。この点、商品券の金額は一人1000円と社会通念に照らして高額であるとはいえない。

　　また、商品券の取得や送付に要した費用はすべて乙社が負担したものであり、甲社が行ったとはいえない③。よって利益供与にあたらない。

3　次に、本件株主総会は監査役の選任を内容とするところ、かかる監査役の選任において監査役の同意を得ていない（343条1項）。よって「法令に違反」している。

4　最後に、乙社が議決権の行使に際し1000円の商品券を送付したことが「著しく不公正」にあたらないか。甲社は今まで議決権を行使した株主に対して商品券を提供したことはない。本件臨時株主総会1では例年の定時株主総会よりも30％増加しており、議案に賛成したものの割合も例年の定時株主総会に比べて高い。これは乙社が賛成した者に対し商品券を贈与する旨を事前に約束していたからであるといえる④。したがって商品券のために賛成した者がいるといえ、決議の方法が「著しく不公正」であるといえる。

5　以上よりEの主張が認められる。

①会社法385条1項が直接適用されないのはその通りであるが、類推適用を検討することなく即座に否定してしまっている。

②会社法120条1項が利益供与を禁止している主体は「株式会社」であり、乙社はあくまで甲社の株主であるという問題点を指摘できていない。

③この点については、問題提起した上で論じることが望ましい。

④「例年の定時株主総会における結果との比較から乙社による商品券の贈呈が株主の議決権の行使に影響を与えた可能性が高いことなどを指摘」（出題趣旨）している。

257

第3　設問2

1　株式併合には無効の訴えが存在しない。そこで丙社としては本件決議2の取消の訴え（831条1項3号）または株主総会不存在の訴え（830条1項）を主張することが考えられる⑤。本件決議が取り消された場合には丙社は甲社の「株主」となる。

2　「特別利害関係を有する者」とは、他の株主と共通しない独自の利害関係を有している者をいう。本件決議2は本件株式併合（180条1項、2項）を内容とするものであるところ、本件株式併合の目的は甲社の独立を維持するために丙社を締め出すためであると説明している（同条4項）。本件株式併合によってAは株主としての地位を失うものではないが、A以外のすべての株主が株主としての地位を失うことになる⑥。よって他の株主と共通しない利益を有しているといえ、Aは特別利害関係人にあたる。よってAが決議に参加しているから「著しく不当な決議」がされたといえる。

3　次に、株主総会の不存在とは物理的に存在しない場合または瑕疵が著しいために存在することが認められない場合をいう。

本件株式併合は甲社の独立を維持するためにされたものであり、買収防衛策であるといえる。しかし甲社を丙社の子会社とする案も、丙社を締め出し甲社の独立を維持することは甲社の企業価値との関係では客観的にいずれか一方が他方より優れているとは言い難い⑦。したがって買収防衛を行う必要性及び相当性が認められるとはいえない。そうであるにも関わらず買収防衛を行うことは瑕疵が著しいといえる。

4　以上より丙社の主張が認められる。

以上

（1,610字）

⑤本件株式併合の効力を争う手段を指摘できている。

⑥Aのみならず、Cも「特別利害関係を有する者」に当たるといえる。

⑦丙社の案もAらの案も、甲社の企業価値との関係では、客観的にいずれか一方が他方よりも優れているとは言い難く、見解の分かれる問題であったことを指摘できている。

◆総評◆

論述の基本的な流れは出題趣旨に沿っており、基本的な流れを押さえることができている。もっとも、各論点について、深く検討を重ねることなく簡単に認定してしまっている部分が多い。より丁寧に検討していれば、さらに点数が伸びたものと考えられる。

民事系第2問＜商法＞

答案⑤（順位ランクＡ、175.56点、系別498位、論文総合580位）

第1　設問1小問(1)　（以下会社法について法名を省略する）
1　Ｄがとりうる手段
　　甲社の監査役であるＤは、取締役の行為の差止請求（385条）及び差止め仮処分の申立て（民事保全法23条）を行うことが考えられる。
(1)　甲社の株主である乙社が株主総会の招集請求を行っている（297条1項）。そして甲社がこれに応じないことから、乙社が裁判所からの許可を経て招集している（297条4項1号）。これを受けて取締役が招集するところ当該行為について①「法令…に違反する行為」であるとして差止めができないかが問題となる。

> ①本件臨時株主総会1を招集したのは甲社の取締役ではなく、株主である乙社である。

(2)　「重大な損害」が生じるかどうかが問題になる。
　　　重大な損害とは、行為を差し止めてでも防ぐべき損害を指す。株主総会の議題は、取締役・監査役の選解任を内容とするものであり、それ自体が直ちに会社に損害をもたらすものではない。もっとも、乙社が議案に賛成した株主に商品券を贈呈する旨記載した本件書面を送付している。しかし、甲社株主全員に配ったとしても総額1000000円であるものの、甲社にとって多額とは言い切れない上に、そもそも甲社が出捐するのかも不明である②。そうだとすると、特段の事情がない限り本件において重要な損害を認定することは困難であると言わざるを得ない。

> ②本件書面を送付したのが乙社である以上、乙社が出捐すると考えるのが自然である。

2　結論
　　弁護士としては、上記手段が存在するが、重大な損害を基礎付ける特段の事情がない限りかかる方法をとることはできないと答えるべきである。
第2　設問1小問(2)
1　Ｅの主張
　　Ｅとしては、本件臨時総会決議1について、決議の方法が①法令違反である（831条1項1号）、または②著しく不公正であると主張することが考えられる③。

> ③本件臨時総会決議1の取消事由を指摘できている。

2　主張①
(1)　乙社が本件書面を交付した行為は120条違反に当たらないかが問題となる。
　　　120条の趣旨は、株主の平等を確保するとともに、会社財産の濫費を防止する点にある。そして、株式会社の株主には他の株主を平等に取り扱う要請はなく、かつ会社財産の濫費をしうる立場にない。そこで、会社株主による利益供与は120条1項違反には当たらないと考える④。

> ④小問(1)とは異なり、小問(2)においては、行為の主体が株主であることの問題点を的確に指摘できている。

　　　本件では、本件書面により商品券を交付する旨通知しているところ、賛成票を投じることで商品券交付がなされる仕組みであった。ゆえに、甲社株主において、「株主の権利の行使に関」する利益供与であるということができる。しかしながら、本件書面を交付し、かつ商品券を負担し

259

たのは乙社である。すなわち、株式会社である甲社ではなくその株主による利益供与にすぎない。

したがって120条1項に対する「法令違反」は認められない。

3　主張②

上述の通り、120条の趣旨は確かに会社に宛てたものである。しかし、株主への利益誘導が無制限になされると、株主の議決権行使が歪められ、会社運営の適正・公正を欠く結果、株主の利益が害されかねない。そこで、正当な目的に基づいて相当と認められる限度の利益供与ではない場合に、「著しく不公正」な決議方法にあたると考える。

本件における乙社の目的は、近年業績が悪化していた甲社の人事を刷新し経営改善を図ることにあり、そのために本件各議題を目的とする株主総会の招集を自ら請求している。そして、甲社の経営改善は乙社のみならず他の株主にとっても利益になる。よって、目的は正当なものといえる。

そして、本件利益供与の内容は1000円相当の商品券であり、その額は比較的低廉である。さらに、利益供与については提案した乙社自らが負担しているしかしながら、甲社では従来より甲社又は甲社役員もしくは株主が一定の内容の議決権の行使または議決権の行使自体を条件として商品券等を提供したことはなかった。かかる経緯を踏まえると、甲社及びその株主との間では、利益誘導を行わず株主総会を運営することへの合意が暗黙のうちに醸成されていたというべきである。そうだとすると、甲社において過去に前例がない中で自らの提案した議案を可決すべく利益誘導を行なった乙社の行為はそれ自体が相当性を欠くものと言わざるを得ない。

したがって、乙社の行為が介在した本件決議1は決議の方法が「著しく不公正」であるといえる。

なお、本件臨時株主総会1において現に行使された議決権の数は、例年の定時株主総会より約30％多くなっている。さらに、行使された議決権のうち議案に賛成したものの割合も、例年の株主総会において公社が提案した議案に対するそれより高いものであった。以上を踏まえると、乙社による利益供与が決議に影響を及ぼしているといえるから、裁量棄却（831条2項）は認められない[5]。

第3　設問2

1　丙社の立場において考えられる主張

丙社としては、本件決議2の取消しの訴えを提起し、決議について特別の利害関係を有する者が議決権を行使したことによって、著しく不当な決議がなされた（831条1項3号）と主張することが考えられる。

2　上記主張の当否

(1)　「特別の利害関係を有する者」とは、株主としての地位を離れ、これに反する個人的な利害関係を有する者をいう。

　　A及びCは甲社の取締役であり、会社における進退にも関わる個人的な地位を有する。さらに、両者ともに自ら募集株式の第三者割当てを受

⑤「株主総会の招集の手続又は決議の方法が「著しく不公正」な場合には、決議への影響の有無にかかわらず、裁量棄却の対象にはならない（会社法第831条第2項参照）」（出題趣旨）ため、この検討は不要である。

けるという地位にもある。ゆえに株主としての地位を離れこれに反しう
る個人的な利害関係を有しているといえる。

(2) そもそも、会社の支配権維持を目的とした決議は、被選任者にすぎな
い経営陣が選任者たる株主構成を動かそうとするものであり、権限分配
を定めた法の趣旨に反する。そこで、会社の支配権維持を目的とした決
議は原則として「著しく不当な決議」にあたると考える。もっとも、会
社利益を守ることが株主の利益につながりうることを踏まえ、例外的
に、会社の利益を保護するため正当といえる場合には、「著しく不当」と
はいえないと考える。

本件では、甲社の発行済株式600株のうち200株を有する丙社が甲社
をその完全子会社化しようとしている一方でAらはこれに抗おうとし
ており、会社支配権に争いがあるといえる。Aらは本件決議2に基づく
本件株式併合及び本件株式分割等により丙社を甲社から締め出し、その
独立を図ろうとしているから、Aらの目的は会社支配権維持にあるとい
うことができる。もっとも、丙社は甲社の再建に目処が付いたとして甲
社の営業範囲と隣接する地域で建築設備機器の製造及び販売等を行う
丁社の再建に注力していた一方で、丙社は丁社に対する技術提供等を甲
社へ要求していた。すなわち、市場における甲社の強みが失われ、結果
として甲社が不利益を被るおそれが生じうる状況にあったといえる[6]。
確かに、甲社が独立を維持するか、丙社の完全子会社になるかどうかは
見解の分かれる問題であり、甲社の企業価値との関係では客観的にいず
れか一方が他方より優れているとは言い難いものであった。しかしなが
ら、Gの意向をFから聞かされたのち、当時非公開会社となっていた甲
社の株主であったA、B、Cが一堂に会して話し合う機会を設けている。
かかる機会においては、BはすでにGの案も聞いており、一定の合理性
を理解していた上で、当該話し合いにおけるA及びCの主張を踏まえて
最終的に自らAらの案を支持するに至っている。そうだとすると、甲社
株主において、自ら判断しその意思を表明する機会が保障されていたと
いえる。

したがって、このような株主の判断のもと会社の利益を守るべく行わ
れた本件決議は正当なものの範囲を逸脱したとはいえない。すなわち
「著しく不当」とはいえない。

(3) 株式の併合は、株主平等を前提として行われるものであるから、株主
平等原則（109条）の趣旨が及ぶと考えられる。そこで、同条違反の場
合には、少なくとも「著しく不当」な決議がなされたものといえる。もっ
とも、会社利益が害されると、ひいては株主平等も害されることになる。
そこで、会社の利益を保護するために正当な行為であるといえれば、例
外的に「著しく不当」なものには当たらないと考える。

本件では、株主であるA、C、丙社のうち丙社にのみ第三者割当てが
なされない。ゆえに109条に反するというべきである。もっとも、前述

⑥丙社の提案が甲社の
経営に与える影響につ
いて、分析できている。

の通り、甲社の利益を守るべくやむを得ない結果であると同時に、株主
の合意を形成した上での判断であり正当なものといえる。よって「著し
く不当」とは言えない

(4)　以上より、丙社の上記主張は認められない。

以上

(3,334 字)

◆総評◆

　出題趣旨で挙げられている項目について、ある程度は触れることができ
ている。もっとも、問題文中の事実について、誤認していると思われる箇
所があった。問題文を丁寧に読み込んで検討する姿勢を見せていれば、よ
り高く評価されたものと考えられる。

民事系第２問＜商法＞

答案⑥（順位ランクＢ、170.54点、系別610位、論文総合834位）

設問１

第１　小問１

1　Ｄは385条１項に基づいて、本件臨時株主総会１の開催を差し止めることが考えられる①。

2　乙社は、297条４項に基づいて株主総会を招集していると考えられるが、株主総会の通知に関する299条は、298条４項に対応する規定を置いていないため、株主招集の株主総会であっても、招集通知は取締役会が行うこととなると考えられる②。

　　また、株主総会を招集するのは株主であっても、会場設営等、総会を開催するのはなお取締役会の役割であると考えられる。

3　よって、Ｄは取締役のこれらの行為についての差止を求めることが考えられる。

4　そのためには、かかる行為によって「会社に著しい損害が生ずるおそれがある」必要がある。

　　これを本件についてみると、株主総会の招集通知の発送や、株主総会の設営には、膨大な経費がかかるのであって、「著しい損害」が生じると認められる。

5　よって、Ｄは同条によって取締役の上記の行為の差し止めを求めることができるものと考える。

第２　小問２

1　Ｅは、本件決議１が、「著しく不公正」な方法によってされたものとして、その取消しを求めることが考えられる。

2　本件決議１では、乙社が、乙社提案の各議案のいずれにも賛成した甲社の株主全員に対し、一人当たり1000円相当の商品券を贈呈する旨の申出をしているところ、かかる申出があったことが、「著しく不公正」な方法といえるか。

3(1)　120条は、会社の株主に対する利益供与を禁止している。

　　これは本来、総会屋と呼ばれる者たちによって、株主総会の場が荒らされ、これを防ぐために会社の取締役らが総会屋に利益を供与し、もって会社財産を不当に害されることがあったことから、これを禁止するために制定された。

　　もっとも、今日の120条には、かかる立法経緯を超えた、より広い意義が認められると考える。

　　すなわち、複雑化する現代社会においては、株主の一人一人が、その会社につき、いかなる形態・内容の事業を展開し、また発展していくかを自由に想像し、これに沿った経営を株主総会において求めることが、非常に重要な関心事となっていると考えられる。

①監査役による違法行為の差止めについては会社法第385条第１項に規定されているが、同項は、取締役の行為を対象としていることから、少数株主が裁判所の許可を得て株主総会を招集する場合にそのまま直接適用することは難しい。まずは、その点を指摘した上で、同項の適用又は類推適用の可否を検討することが必要となる（出題趣旨）。

②会社法298条１項柱書は、「取締役（前条第４項の規定により株主が株主総会を招集する場合にあっては、当該株主。次項本文及び次条から第302条までにおいて同じ。）は、株主総会を招集する場合には、次に掲げる事項を定めなければならない。」と規定しており、ここでいう「次条」は299条を指すため、株主が株主総会を招集する場合の規定は299条にも適用される。

263

そうすると、株主は、会社や取締役のみならず、他の株主からの不当な介入にも晒されることなく、各人が求める会社の形態の実現を希求する利益が認められ、これを害してされた決議は、「著しく不公正」な方法でされたものと認められると考える③。

(2) これを本件についてみると、本件書面には、「株主総会参考書類に記載した乙社提案の各議案のいずれにも賛成していただいた方には、後日、1000円相当の商品券を郵送にて贈呈させていただきます。」との記載がされており、乙社の不当な利益提供が示唆されているといえ、乙社の他の株主への不当な介入が認められる④。

また、本件臨時株主総会1は、出席した株主の議決権の約75％の賛成により可決されているところ、過去の定時株主総会に際して、甲社又は甲社の役員若しくは株主が一定の内容の議決権の行使又は議決権の行使自体を条件として商品券等を提供したことはなかったこと、本件臨時株主総会1においては、出席した株主の議決権の数は、例年の定時株主総会よりも約30％増加し、行使された議決権のうち議案に賛成したものの割合も、例年の定時株主総会において行使された議決権のうち甲社が提案した議案に賛成したものの割合よりも高いものであったことから、乙社の利益提供の示唆の結果として、本件決議1がされたものといえる。

(3) 以上から、本件決議1は、「著しく不公正」な方法によってされたものとして、取消し事由が認められるから、Eの主張は認められる。

設問2

1　まず、株式併合については、これを直接的に争う方法（株式併合無効確認の訴え等）は会社法上明文をもっては用意されていない。

そこで、丙社は、株式併合に必要となる株主総会決議（180条2項、309条2項4号）が、特別利害関係人による「著しく不公正」な決議（831条1項3号）として取消しの対象となり、または、株主平等原則（109条1項）に反するものとして、決議が無効であること（830条2項）を主張することが考えられる⑤。

2　では、本件決議2に取消事由（831条1項3号）は認められるか。

(1) 特別利害関係人とは、他の株主や会社の利益と共通しない利益を有し、会社に対する忠実義務（355条）に違反する類型的なおそれのある者をいう。

これを本件についてみると、Aは、本件決議2によって実行される株式併合によって、会社の支配権を確実かつ排他的に獲得する者であり、他の株主と共通しない特別の利害関係を有するといえる。

よって、Aは特別利害関係人にあたる。

(2) では、本件決議2が「著しく不公正」なものといえるか。

まず、いわゆる対価の柔軟化によって、現行会社法は、対価が適正であれば、金銭によって株主の地位をはく奪することを許容していると考

③「株式会社」（会社法120条1項）である甲社ではなく、乙社という株主が商品券の送付を行っていることに言及しているものと考えられるが、直接的な問題提起がないため、文章が分かりにくい。

④乙社提案に賛成した株主のみに商品券が送付されることを、指摘できている。

⑤本件株式併合の効力を争う方法について、丙社の立場において考えられる主張を指摘できている。

⑥第三者増資についての判例（東京高決平16.8.4、会社法百選96事件）における主要目的ルールを参考にしているものと思われる。

えられるから、単に金銭によって一定の株主が会社から締め出されたと
しても、これをもって「著しく不公正」な決議がされたとはいえない。

　　もっとも、取締役は、会社の支配権を維持強化することが法的に認め
られているものでなく、これを主たる目的としてされた決議は、「著しく
不公正」な決議と認められる[6]。

　　これを本件についてみると、本件決議2は、甲社と競合関係にある丁
社のために経営に介入されることを防ぎ、甲社の独立を維持し、Aらの
甲社に対する支配権を維持強化するために、丙社を締め出すことを目的
とするものである。

　　よって、本件決議2の主要目的は、Aらの甲社に対する支配権の維持
強化にあると認められる。

　　そして、Gの案も、Aの案も、甲社の企業価値との関係では、客観的
にいずれか一方が他方よりも優れているとは言い難いことから、Gがグ
リーンメイラーであって、Aのかかる不当な目的を正当化するような事
情が本件で存したとも認められない[7]。

(3)　以上から、本件決議2は、特別利害関係人たるAによってされた「著
しく不公正」な決議として取消しの対象となる。

3　なお、本件計画は、株主毎に異なる取扱いを定めるものでないため、株
主平等原則には反することなく、法令違反は認められないから、無効事由
は認められない。

以上
（2,488字）

◆総評◆

　　基本的には出題趣旨の想定する流れに沿っているものの、条文の理解が
不足している部分があった。「自らが知っている論点に引き付けて検討し
ようとし、関係する条文を適切に引用してその文言を丁寧に検討する姿勢
が身に付いていないと思われる答案」（採点実感）と評価されてしまった可
能性がある。また、やや文章の流れが分かりにくい箇所があり、文章の構
成を工夫すれば、より点数が伸びたものと考えられる。

[7] Gがグリーンメー
ラーでないことに言及
していることから、お
そらくは「上場会社に
おける買収防衛策と同
様に考えようとする答
案」（採点実感）になっ
ていると思われる。

答案⑦ （順位ランクC、150.22点、系別1,220位、論文総合1,001位）

第1　設問1　小問1

1　Dが会社法に基づいて本件臨時株主総会1の開催をやめるように求める手段としては、会社法（以下略）385条1項による差止請求が考えられる。同項は「取締役が…目的の範囲外の行為その他法令若しくは定款に違反する行為をし、又はこれらの行為をするおそれがある場合」に認められるところ、本件臨時株主総会1は株主である乙社が裁判所の許可を得て招集したものとなっており（297条4項）、取締役による行為は想定されていない。そのような場合でも、385条1項を適用することは認められるか。

(1)　そもそも、同項の趣旨は、会社に対して大きな影響力を有する取締役による法令等の逸脱行為がある場合に、事前にその行為を差し止めることによって会社に著しい損害が生じるのを避けることにある。そこで、取締役が現実に行為を行なっていない場合でも、本来取締役の権限とされている行為によって、会社に著しい損害が生じるならば、同項の類推適用は認められる①。

(2)　本件をみるに、株主総会は本来、取締役が主体となって招集するものであり（297条1項）、それを株主が主体となって行うとしても、会社にとって重大な影響を及ぼしうる。

(3)　また、本件臨時株主総会1の開催を差し止めなければ、決議によって役員が変わり、会社に著しい損害が生じるといえる。

2　よって、Dが会社法に基づいて本件臨時株主総会1の開催をやめるように求める手段は有ると回答すべきである。

第2　設問1　小問2

1　まず、Eは本件書面によって、議案のいずれにも賛成した者に対して、商品券を郵送したことは利益供与（120条2項前段）に当たるものとして、「株主総会等の…決議の方法が法令に違反」（831条1項）すると主張する。

(1)　まず、本件書面により議決権の行使自体を誘導することは委任状勧誘と同様に適法である。もっとも、甲社が「特定の株主」たる議案のいずれにも賛成した者について、無償で1000円相当の商品券を提供しているので「利益の供与」があったと推定される②。

(2)　そうだとしても、利益供与が必要なものとして例外的に推定が覆滅しないか。

ア　そもそも、利益供与が違法となるのは、会社財産の減少により株主等が不利益を被るおそれがあることを防止することにある。そうだとすれば、このような趣旨に反するようなことがない場合には、必要性及び合理性の認められる範囲で推定は覆る。

イ　本件をみるに、確かに、甲社は過去の定時株主総会に際して、甲社又は甲社の役員若しくは株主が一定の内容の議決権の行使又は議決

①会社法385条1項の趣旨から、類推適用を検討することができている。

②議案のいずれにも賛成した者に対して1000円相当の商品券を提供したのは、甲社ではなく乙社である。

民事系第2問＜商法＞

権の行使自体を条件として商品券等を提供したことはなく、今回も商
品券を配布しなければならない必要性はなかったとも思える。しか
し、甲社は近年の業績が悪化していたにも関わらず、本件各議題を目
的とする株主総会の招集通知を発しない劣悪な態度をとっており、早
急に役員等を交代して会社の一新を図る必要があった。そのため、本
件各議題を可決させるために商品券を郵送することは必要な利益の
供与であったといえる。

　　　また、商品券の取得や送付に要した費用は乙社が全額負担している
ので、甲社に対して損害は生じていない。配布される商品券の額も1
人あたり1000円と少額なものに対して、総額も株主数1000名を掛け
た100万円となっているので、相当な範囲に収まっているといえる③。

　ウ　したがって、推定は覆る。

⑶　したがって、Eの上記主張は認められない。

2　次に、議案のいずれにも賛成した者に対してのみ、商品券を配布したの
で株主平等原則（109条1項）違反があるとして、「株主総会等の…決議の
方法が法令に違反」すると主張する。

⑴　そもそも、株主平等原則は、株主が株式の保有割合に応じて平等な取
り扱いを受ける原則であり、株主の利益の最大化のため相対的なもので
ある。そこで、株主平等原則に反するような場合にも必要性と相当性が
認められる場合には、株主平等原則違反とはならない。

⑵　本件をみるに、利益供与と同様に必要性と相当性は認められる。

⑶　したがって、Eの上記主張は認められない。

第3　設問2

1　事実13の時点では既に本件株式併合はなされているので、差止請求（182
条の3）は認められない。また、828条1項各号において明文の規定はな
い。そうだとしても、丙社を保護することはできないか。

⑴　本件株主併合は、丙社の保有株式を0にし、株主から締め出すものと
なっている。これは、募集株式の発行において、自己の持株比率が低下
することと同様の不利益を被るものであるといえる。そこで、828条1
項2号括弧書の類推適用が認められうる④。

⑵　では、同号の無効事由について明文の規定はないところ、いかなる事
由が無効原因となるか。

　ア　株式の募集発行を無効にすると、取引の安全が損なわれ、法的安定
性を害するおそれがあるから、重大な法令・定款違反に限定すべきで
ある。

　イ　以下、このような法令・定款違反があるかを検討する。

　　⑺　まず、丙社を締め出すことを目的としてなされた本件株式併合
は、「著しく不公正な方法」によってなされたものとして、差止事由
があったにも関わらずなされたものとして許されないのではない
か⑤。

③商品券の額と、費用
を乙社が全額負担した
ことについて、事実を
指摘して評価すること
ができている。

④会社の組織に関する
行為の無効の訴えに関
する会社法第828条
の規定を類推適用する
ということも考えられ
るであろう（出題趣
旨）。

⑤「著しく不公正な方
法」は、株式併合をやめ
ることの請求を定めた
会社法182条の3では
なく、210条の条文
であると思われる。

267

著しく不公正な方法とは、株式を併合し会社の便宜を図る目的よりも取締役の支配権限を拡大させるような目的が主であることをいう⑥。

本件をみるに、Gが考えていた甲社を丙社の完全子会社にする案も、Aらが決定した甲社の独立を維持するために丙社を締め出すという案も、甲社の企業価値との関係では、客観的にいずれか一方が他方よりも優れているとは言い難く、見解の分かれる問題であった。そのため、本件株式併合により、取締役の支配権限を拡大させるような目的が主であったとは言えない。

したがって、重大な法令・定款違反はない。

(イ)　本件株主併合は、丙社のみを締め出すものであるから、株主の中でも一部の者のみが不利益を被る不公正発行（201条1項・199条3項）に当たり、許されないのではないかが問題となるが⑦、本件臨時株主総会2は全ての株主が出席し、甲社と競合関係にある丁社のために経営に介入されることを防ぎ、甲社の独立を維持するために、丙社を締め出す必要があるとして、本件株式併合が必要な理由を説明していた。そのため、このような株式併合を行うことにつき、理由の説明はあったといえる（199条3項）⑧。また、本件決議2は株主全員の賛成により可決されているので特別決議もなされたといえる。

したがって、重大な法令・定款違反はない。

(ウ)　また、本件株主総会2に出席したGからの質問に対しても、平均的な株主が合理的に理解できる程度の回答を行なっている（314条本文）。本件株式併合により1株に満たない端数となる株式の買取価格は、公正な価格と認められるものだったので、株主平等原則に違反するような事実もない。

したがって、重大な法令・定款違反はない。

(3)　よって、828条1項2号括弧書の類推適用が認めることはできない。

2　以上より、丙社の主張は認められない。

以上

(2,811字)

◆総評◆

基本的には出題趣旨の想定する流れに沿っていたものの、一部に事実誤認が見られた。また、適用する条文がはっきりしていない箇所がいくつかあり、「自らが知っている論点に引き付けて検討しようとし、関係する条文を適切に引用してその文言を丁寧に検討する姿勢が身に付いていないと思われる答案」（採点実感）になってしまっているように思われる。

⑥上場会社における買収防衛策と同様に考えようとする答案が比較的多く見られた（採点実感）。

⑦会社法201条・199条3項は、株式の併合ではなく、募集株式の発行に関する条文である。

⑧株式の併合の際の説明について定めているのは、会社法180条4項である。

民事系第2問＜商法＞

答案⑧（順位ランクD、134.56点、系別1,748位、論文総合1,557位）

第1　設問1　小問1

1　会社法（以下「法」とする。）に基づいて本件臨時株主総会1の開催をやめるように求める手段としては、法385条1項を類推適用し、裁判所に対して、乙社の当該法令違反行為の差止を求めることが考えられる。

(1)　法385条1項が直接適用できないことについて

　　法385条1項は、「取締役が…法令…に違反する行為をし」と規定しているところ、Dらの差止の相手方は甲社株主である乙社であるので、条文の文言に該当せず、よって、同行を直接適用することはできない①。

①株主の行為に会社法385条1項を直接適用できないことを指摘できている。

(2)　法385条1項が類推適用できることについて

　　法385条1項の趣旨は、監査権原に基づき会社に関する行為を監査することで、会社ないしその所有者たる株主の利益を保護する点にあると解する。同項がその監査対象を「取締役」としているのは、法令違反行為により株主の利益を害するのは一般的には「取締役」が想定されるからであり、「取締役」以外の例えば株主を排除する趣旨ではないと解することができる。また、一部の株主による法令違反行為により、他の株主の利益が害され得る場合には、当該加害株主の行為を監査し、同加害行為を差止める権原を監査役に与える必要性がある。また、この考えは、上記法385条1項の趣旨には反せず、許容性も認められる。

2　したがって、株主による法令違反行為の場合にも、法385条1項類推適用により、監査役は当該行為の差止を裁判所に求めることができる②。

②株主による行為一般のみならず、少数株主が裁判所の許可を得て株主総会を招集する場合という、本件臨時株主総会1に特有の行為についても指摘できればよかった。

第2　設問1　小問2

1　甲社株主である乙社が、他の甲社株主に対して、本件書面を送付し、1,000円相当の商品券を引き換えに、本件臨時株主総会1における乙社提案に賛成することを勧誘した行為（以下「乙の利益供与」とする。）利益供与（法120条1項）にあたり「決議の方法が法令…に反し」（法831条1項1号）にあたるかについて。

(1)　法120条1項は、その主体を「株式会社」に限定している。ここでの「株式会社」とは法人としての株式会社一般をいうのではなく、利益供与により権利を害される株主が有するその各株式の発行主体たる株式会社をいう。したがって、乙社は甲社株主であることから、文言上は直ちには「株式会社」にあたらず、同項を直接適用することはできない③。

③会社法120条1項は、「株式会社」による利益供与を禁止しており、株主による行為には直接適用できないことを指摘できている。

(2)　法120条1項の趣旨は、会社から委任を受けて会社の業務執行を行う取締役等の役員（法330条、民法643条参照）が、当該会社の所有者たる株主の構成に影響を与えることが、法の予定する機関分配に反するので、これを防止する点にある。

　　したがって、当該会社の株主による利益供与には法120条1項の趣旨が及ばない。ゆえに、同項を乙の利益供与に類推適用することはでき

269

ない。

(3) 以上より、乙の利益供与は利益供与（法120条1項）にあたらず、「決議の方法が法令…に反し」（法831条1項1号）にもあたらない。

2 乙の利益供与が、「決議の方法が…著しく不公正」（法831条1項1号）に該当しないか。

(1) 「決議の方法が…著しく不公正」とは、株主総会の決議方法が法の趣旨に反しるような方法で行われることをいうと解する。

(2) 確かに、乙の利益供与は、法120条1項の利益供与には当たらない。しかし、株主総会の趣旨は、会社の所有者たる株主に会社の主要事項について自由意思に基づき判断することで、会社に株主の意思の反映を図る点にある。そうであるとすれば、乙の利益供与は、金銭交付により他の株主の意思決定を乙の有利な方に誘導する行為であるから、上記株主総会の趣旨に反する④。また、甲社においては、過去の定時株主総会に際して、甲社又は甲社の役員若しくは株主が一定の内容の議決権の行使又は議決権の行使自体を条件として商品券等を提供したことはなかった。そして、本件臨時株主総会1においては、出席した株主の議決権の数は、例年の定時株主総会よりも約30%増加し、行使された議決権のうち議案に賛成したものの割合も、例年の定時株主総会において行使された議決権のうち甲社が提案した議案（いずれも可決された。）に賛成したものの割合よりも高いものであった。このことから、乙の利益供与により、実際に、甲社株主の意思決定が乙社提案可決に有利に誘導されたと評価できる。したがって、乙の利益供与は、法が予定する株主総会の趣旨に反する。

(3) よって、乙の利益供与は「決議の方法が…著しく不公正」にあたる。

第3 設問2

1 本件株式併合の効力が既に発生しているところ、会社法は株式併合の効力事後的に争う手段を明文で規定していない。そのため、いかなる手段に基づきその効力を争うことができるかが問題となる。

(1) 本件株式併合は効力が発生しているところ、本件決議2を取消すことによって、決議の効力は遡及的に無効（法839条反対解釈）となる。決議の取消しにより当該株式併合は遡及的に無効となり丙社は併合前の株主たる地位を回復できる。このことから、本件決議2の取消しを法831条1項に基づき提訴すべきである⑤。

(2) 法831条1項3号該当性について

「特別の利害関係を有する者」とは、他の株主と共通しない利益を得、または不利益を免れる者をいう。

本件決議2は丙社以外の他の全株主の賛成により可決されたところ、決議時の株式保有率は丙社が200株、Aが300株、Cが100株であったので、本件決議2にはAが議決権を行使している。本件決議2で可決された甲社提案は、甲社の経営支配者から丙社を排斥し、Aらで独占する

④乙社による利益供与が、株主総会の趣旨に反することを論じている。

⑤まず、株式併合の効力を争うための会社法上の手段については、会社の組織に関する行為の無効の訴え（会社法第828条）の対象となっていないことから、このような訴えを提起するのではなく、株式併合をするための株主総会決議（会社法第180条第2項）の効力を否定することにより、株式併合が無効となることを主張することが考えられる（出題趣旨）。

270

民事系第２問＜商法＞

ことを内容とする。このことから、Ａは本件決議２に関して、他の株主である丙社と共通しない利益を得る者にあたり、「特別の利害関係を有する者」にあたる。

　「著しく不当な決議」とは、専ら当該会社の取締役等が会社の支配権維持目的で当該決議を行うなど、法が取締役等に会社経営権を付与した趣旨に反する場合をいう⑥。

　確かに、Ａらは甲社支配権を丙社から奪い、Ａらによる経営権支配維持目的で本件決議２がなされている⑦。しかし、令和３年12月時点で甲社の定款には、譲渡による甲社の株式の取得について株主総会の承認を要する旨、株式取得者が甲社の株主である場合には甲社はその取得を承認したものとみなす旨が定められ、甲社は種類株式発行会社ではないので、甲社は非公開会社になっていた。非公開会社では株主が会社経営に強い関心を有するという性質上、会社支配権が誰に帰属するかについても、多数株主の意見が反映されることがその性質に合致する。

　また、Ｇが考えていた甲社を丙社の完全子会社にする案も、Ａらが決定した甲社の独立を維持するために丙社を締め出すという案も、甲社の企業価値との関係では、客観的にいずれか一方が他方よりも優れているとは言い難く、見解の分かれる問題であったのであるから、Ａの案を実現するために丙社を甲社株主から排除することが、甲社にとって不利益になるわけではない⑧。このことから、本件決議２は、法が予定していない取締役等による会社支配権維持のための決議にはあたらない。

　よって、本件決議２は「著しく不当な決議」にあたらない。

2　以上より、本件決議２を取消訴訟により取消す旨の丙社の主張は認められない。

以上
（2,848字）

◆総評◆

　出題趣旨で挙げられている項目について、ある程度は触れることができている。設問２においては買収防衛策と同様に考えてしまったことにより、本問独自の事情に対する丙社の立場からの検討が不足してしまったものと考えられる。

⑥なお、上場会社における買収防衛策と同様に考えようとする答案が比較的多く見られた。本設問の状況に合わせてその考え方を参照することを試みるものについては、自分なりの規範を立てて事実関係を評価しようとする限りで一定の評価をすることができるものの、会社法上の公開会社でない株式会社における少数株主の締め出しであるという点を見落としていることに加え、本設問では丙社がＡらの意向に反して甲社を買収することはできないので、上場会社における買収防衛策に関する議論をそのまま参照することは難しいと思われる（採点実感）。

⑦即座に支配維持目的を認定してしまっている。

⑧設問１の小問２及び設問２においては、Ｅ又は丙社の立場からの検討が求められているのであるが、その点に配慮しておらず、その結果、表面的な検討にとどまっているものが多かったように見受けられる（採点実感）。

271

民事系 第3問

民事訴訟法

監 修　辰已専任講師・弁護士　福田　俊彦

民　訴	民事系の点数	系別順位	科目別評価	論文総合順位
答案①	213.08	33	A	97
答案②	201.70	89	A	8
答案③	195.79	139	A	108
答案④	191.66	199	A	358
答案⑤	175.56	498	A	580
答案⑥	155.88	1,065	B	1,307
答案⑦	147.15	1,312	C	1,035
答案⑧	133.00	1,779	D	1,158

概　説

　令和6年の民事系科目第3問（民事訴訟法）は、建物賃貸借契約の終了に基づく本件建物の明渡請求訴訟を提起したという事案を題材として、任意的訴訟担当、自白の成立及び撤回、確定判決の既判力等幅広い民事訴訟法の理解を問う出題がされた。

　設問1は、任意的訴訟担当に関する出題である。判例（最判昭45.11.11、百選12事件）の要件を過不足なく指摘して具体的事実を当てはめる必要がある。

　設問2は、裁判上の自白に関する出題である。本問の中心論点ではない自白の対象事実に関する論述をする解答をする受験生も多かったことから、問いに対して答えるという意識が求められる。

　設問3は、多くの受験生が時間を割いて学習していると思われる既判力に関する出題である。既判力の定義や条文等の基本的な概念に立ち返った説明をし、自説の根拠を説得的に論述して必要な当てはめをすれば、他の受験生に差がつけられたと思われる。

　全体的な印象としては、いずれの設問も典型論点からの出題であって、例年通りの難易度で解答しやすかったように思えるが、民事訴訟法が苦手な受験生にとっては印象が異なるかもしれない。採点では、提示された問題意識や事案の具体的内容を踏まえつつ論理的で一貫した思考の下で端的に検討結果を表現されているかが留意されることから、日頃から意識して学習しておきたい。

民事系第３問＜民事訴訟法＞

問 題 文

〔第３問〕（配点：１００〔〔設問１〕から〔設問３〕までの配点の割合は、３５：３５：３０〕）

次の文章を読んで、後記の〔設問１〕から〔設問３〕までに答えなさい。なお、解答に当たっては、文中において特定されている日時にかかわらず、令和６年１月１日現在において施行されている法令に基づいて答えなさい。

【事　例】

1．Ａは、令和２年４月１日、その所有する建物（以下「本件建物」という。）をＹに対して賃貸する旨の契約を締結し（以下「本件契約」という。）、本件契約に基づき本件建物をＹに引き渡した。本件契約では、賃貸期間を契約日から３年間とすること、賃料は月額６万円を前月末日までに支払うこと、Ｙは本件建物を居住用建物として使用し、他の目的での使用はしないこと、Ｙが賃料の支払を怠ったとき又は前記使用目的に違反したときは、Ａは催告を要することなく本件契約を解除することができることが定められた①。

①本件契約には、無催告解除特約が定められている。

2．その後、Ａは令和３年７月に死亡し、その子であるＸ１、Ｘ２及びＸ３（以下、併せて「Ｘら」という。）が遺産分割協議をした。その結果、本件建物については、Ｘらがそれぞれ３分の１の持分で共有すること、本件契約については、Ｘら全員が賃貸人となること、本件契約の更新、賃料の徴収及び受領、本件建物の明渡しに関する訴訟上あるいは訴訟外の業務についてはＸ１が自己の名で行うことが取り決められた。

3．これを受けて、Ｘ１は、同年９月に本件契約の現状について調べたところ、同年６月から８月までの３か月分の賃料が支払われていないことが判明したことから、Ｘ１は、本件契約を解除して本件建物の明渡しを求める訴訟を提起しようと考え、Ｘ２及びＸ３にその旨を相談した。これに対し、Ｘ２及びＸ３は、Ｙに対して本件建物の明渡しを求めるとのＸ１の意向には賛成したが、自らが当事者となることは時間的・経済的負担が大きいことを理由に、Ｘ１単独で訴訟を提起してほしいと述べた。

以下は、Ｘ１から相談を受けた弁護士Ｌ１と司法修習生Ｐとの間の会話である。

Ｌ１：Ｘ１としては、できればＸ２及びＸ３と共同で訴訟を提起したいとの気持ちがあるようですが、それが難しいようなら、自分一人で訴訟を提起することもやむを得ないということでした。そこで、Ｘ１のみが原告となって訴訟を提起する方法について検討してみましょう。

Ｐ：本件建物の明渡しについて、賃貸借契約の終了に基づく明渡請求権を

275

訴訟物とした場合は、Ｘ１単独で訴訟を提起することができるのではないかと思います。

Ｌ１：固有必要的共同訴訟ではないということですね。それ以外に何かありませんか。

Ｐ：Ｘ１が自らの請求権について当事者となるだけでなく、Ｘ２及びＸ３の訴訟担当者としても関与するということでしょうか。本件では、Ｘ２やＸ３からの選定行為はないので、Ｘ１は選定当事者になることはできませんが、明文なき任意的訴訟担当とすることが考えられると思います②。

Ｌ１：なるほど。それでは、まず、任意的訴訟担当の意義及びそれが明文なくして認められるための要件を説明してもらえますか。その要件の説明に当たっては、民法上の組合契約に基づいて結成された共同事業体を契約当事者とする訴訟について当該共同事業体の代表者である組合員の任意的訴訟担当を認めた最高裁判所昭和４５年１１月１１日大法廷判決・民集２４巻１２号１８５４頁を踏まえるようにしてください③。これを「課題１」とします。その上で、課題１における意義及び要件の説明を踏まえ、本件においてＸ１による訴訟担当が明文なき任意的訴訟担当として認められるかについて、検討してください。その際、本件と前記最高裁判例の事案との異同に留意するようにしてください。これを「課題２」とします。

〔設問１〕

あなたが司法修習生Ｐであるとして、Ｌ１から与えられた課題１及び課題２について答えなさい。なお、以下に掲げる【事例（続き・その１）】及び【事例（続き・その２）】に記載されている事実関係は考慮しなくてよい。

【事　例（続き・その１）】

4．Ｘ２及びＸ３はＸ１の説得に応じ、Ｘらはそろって弁護士Ｌ１にＹに対する訴訟の提起等を委任した。これを受けて、Ｌ１は、令和４年１月２４日、令和３年６月から８月までの３か月分の賃料の支払がないとして、催告することなく、同日をもって本件契約を解除する旨を内容証明郵便にてＹに送付した。さらに、Ｌ１は、Ｘらを原告、Ｙを被告として、本件契約の終了に基づく本件建物の明渡しを求める訴え（以下、この訴えに係る訴訟を「本件訴訟」という。）を提起した。

5．これに対し、Ｙは、弁護士Ｌ２に訴訟委任をした上、本件訴訟の第１回口頭弁論期日において、「未払とされる賃料は全額支払済みである。無催告解除が認められるに足りる信頼関係の破壊の事実はない。」と主張してＸらの請求を争った。

6．裁判所は、本件訴訟に係る事件を弁論準備手続に付すこととした。その際、前記３か月分の賃料の支払を示す書証が提出されていなかったことか

②ここでは、Ｘ１による明文なき任意的訴訟担当の可否を検討すべきであることが明示されている。

③任意的訴訟担当の意義については、権利義務の主体が訴訟追行権を第三者に授与し、第三者がその授権に基づいて当事者適格を取得する場合をいうことを明らかにした上で、明文なき任意的訴訟担当を認める問題点を簡潔に述べた答案は高く評価された（採点実感）。

④ここで、本件訴訟において第１回弁論準備手続を行う目的が具体的に示されている。

ら、裁判官の示唆により、第１回弁論準備手続期日においては、賃料不払による無催告解除の可否に関して当事者間の信頼関係の破壊を基礎付ける事実関係の存否につき、当事者双方が口頭で自由に議論し、その結果を踏まえ、第２回弁論準備手続期日以降に準備書面を提出して具体的な争点を確定することとされた④。

7. 第１回弁論準備手続期日において、Ｙは、「令和３年１０月以降、自分の妻が、本件建物において何回か料理教室を無償で開いたことがあった。Ｘ１は夫婦でその料理教室に毎回参加していたが、賃料の話など一切出なかった。」と話したところ（以下、Ｙのこの発言を「本件陳述」という。）⑤、第２回弁論準備手続期日の前に、Ｌ１から、「Ｙによる本件建物の使用は本件契約において定められた使用目的に違反するものであり、賃料不払とは別の解除原因を構成するものであるところ、Ｙはかかる請求原因事実を自白したものであり、Ｘらはこれを援用する。」と記載された準備書面が裁判所に提出された。

⑤本件陳述は、Ｙの先行自白になり得る。

以下は、第２回弁論準備手続期日の前にされた、Ｌ２と司法修習生Ｑとの間の会話である。

Ｌ２：Ｙは、本件陳述はＸらとの間の信頼関係が破壊されていないことを裏付ける事実として述べたにすぎないのに、このような形でＸらが主張してきたのは心外であると怒っていました。

Ｑ：私も、このような揚げ足取りの主張は許されないと思います。

Ｌ２：そうですね。第２回弁論準備手続期日においてＸらの準備書面を陳述させるべきでないと主張することが考えられますが、裁判所が陳述を許すことも想定しておく必要があります。そこで、次善の策として、裁判上の自白は成立しない、又はこれが成立するとしても撤回が許されるとの主張を準備しておきましょう。この点について検討してもらえますか。検討に当たっては、まず裁判上の自白の意義及び要件に触れ、それを前提に、本件陳述がされた場面や当該手続の目的等を踏まえ、本件陳述について裁判上の自白が成立しないとの立場又はこれが成立するとしても撤回が許されるとの立場のいずれかを選択して論じてください。これを「課題」とします。

〔設問２〕
　あなたが司法修習生Ｑであるとして、Ｌ２から与えられた課題について答えなさい。なお、以下に掲げる【事例（続き・その２）】に記載されている事実関係は考慮しなくてよい。

　後記８以下においては、前記６及び７の事実は存在しないことを前提として、〔設問３〕に答えなさい。

【事 例（続き・その2）】

8. 裁判所は、本件訴訟につき、令和5年4月に口頭弁論を終結し、Yが主張する賃料の支払は認められないものの、未払の期間及び本件契約の解除に至る経緯等からすれば、信頼関係が破壊されたとまでは認められないとして、Xらの請求を棄却するとの判決（以下「本件判決」という。）をし、本件判決は確定した⑥。

9. その後、Yが、令和3年1月から令和5年1月までの間、本件建物において、株式投資に関するセミナー（以下「本件セミナー」という。）を有料で月一、二回の割合で開催していたことが判明した。そこで、Xらは、これが用法遵守義務違反に該当するとして本件契約を解除することができないかと考えるに至り、L1に相談した。

以下は、L1と司法修習生Rとの間の会話である。

L1：Xらとしては、本件訴訟では敗訴したが、本件訴訟とは異なる前記9の用法遵守義務違反を理由として本件契約を解除し、再度本件建物の明渡しを求める訴え（以下、この訴えに係る訴訟を「後訴」という。）を提起したいと考えているようです。所有権に基づく明渡請求権を訴訟物とすることも考えられますが、ここでは、賃貸借契約終了に基づく明渡請求権を訴訟物とすることを前提に検討してみましょう。

R：本件訴訟の訴訟物は賃貸借契約終了に基づく明渡請求権ですから、後訴も同一の訴訟物になります。そして、本件セミナーの開催は、いずれも本件訴訟の事実審の口頭弁論終結時（以下「基準時」という。）より前の事実であり、基準時後は開催されていないとのことですから、確定した本件判決の既判力が後訴に作用し、後訴は請求棄却となるように思います。また、解除権の行使は基準時後にされていますが、学説では、基準時後の解除権の行使の主張が既判力により遮断されないとするのは難しいとする説が強いということを授業で聞きました。

L1：そうですか。それでは、別の観点から検討してみましょう⑦。Xらによれば、XらがYによる本件セミナーの開催に気付いたのは本件判決の確定後であったとのことですから、用法遵守義務違反を理由とする解除権の行使の主張は本件判決の既判力によっては遮断されないと考えることはできないでしょうか。

R：確かに、本件判決の既判力によって主張を制限してしまうのは、Xらにやや酷な気もします。

L1：ただ、Xらに酷というだけでは裁判所は受け入れてくれないと思いますので、そのための理論構成を考える必要があります。まず、既判力によって基準時前の事由に関する主張が遮断される根拠を考えてみましょう⑧。そして、それを踏まえ、本件の具体的な事実関係に照らし、本件判決の既判力によって解除権行使の主張を遮断することが相当かどうかを検討してください。これを「課題」とします。なお、結論はど

⑥本件訴訟の判決は確定している。

⑦いわゆる「前訴基準時後における形成権行使の可否」という論点との関係で検討することも考えられるが、問題文中の会話においてこのアプローチは採らないことが明らかになっていることに留意が必要である（出題趣旨）。

⑧まずは、原則論として、確定判決に既判力の遮断効（消極的作用）が生じる根拠を論じることが求められている。

民事系第３問＜民事訴訟法＞

ちらでも構いませんが、検討に当たっては、自説と反対の結論を採る見
解にも留意するようにしてください。

〔設問３〕
　あなたが司法修習生Ｒであるとして、Ｌ１から与えられた課題について
答えなさい。なお、【事例（続き・その１）】に記載されている６及び７の
事実関係は考慮しなくてよい。

事 実 整 理 表

＜主な登場人物＞

A	本件建物の所有者。本件建物をＹに対して賃貸する旨の契約（「本件契約」）を締結。
Y	本件建物をＡから賃借した者。
X1	Ａの子（X2、X3と併せて「Xら」）。
X2	Ａの子（X1、X3と併せて「Xら」）。
X3	Ａの子（X1、X2と併せて「Xら」）。
L1	XらがＹに対する訴訟の提起等を委任した弁護士。
L2	Ｙが訴訟委任をした弁護士。

＜時系列＞

【設問1】

令和2年4月1日	Ａは、その所有する建物（「本件建物」）をＹに対して賃貸する旨の契約を締結（「本件契約」）。本件契約に基づき本件建物をＹに引き渡す。
令和3年7月	Ａが死亡。X1、X2及びX3（「Xら」）が遺産分割協議。本件建物については、Xらがそれぞれ3分の1の持分で共有すること、本件契約については、Xら全員が賃貸人となること、本件契約の更新、賃料の徴収及び受領、本件建物の明渡しに関する訴訟上あるいは訴訟外の業務についてはX1が自己の名で行うことが取り決められる。
令和3年9月	X1が本件契約の現状について調べたところ、令和3年6月から8月までの3か月分の賃料が支払われていないことが判明。X1は、本件契約を解除して本件建物の明渡しを求める訴訟を提起しようと考え、X2及びX3にその旨を相談。

【設問2】

令和4年1月24日	L1は、令和3年6月から8月までの3か月分の賃料の支払がないとして、催告することなく、同日をもって本件契約を解除する旨を内容証明郵便にてＹに送付。L1は、Xらを原告、Ｙを被告として、本件契約の終了に基づく本件建物の明渡しを求める訴え（「本件訴訟」）を提起。
本件訴訟の第1回口頭弁論期日	Ｙは、「未払とされる賃料は全額支払済みである。無催告解除が認められるに足りる信頼関係の破壊の事実はない。」と主張し、Xらの請求を争う。

民事系第3問＜民事訴訟法＞

第1回弁論準備手続期日	Yは、「令和3年10月以降、自分の妻が、本件建物において何回か料理教室を無償で開いたことがあった。X1は夫婦でその料理教室に毎回参加していたが、賃料の話など一切出なかった。」と話す（「本件陳述」）。
第2回弁論準備手続期日の前	L1は、裁判所に、「Yによる本件建物の使用は本件契約において定められた使用目的に違反するものであり、賃料不払とは別の解除原因を構成するものであるところ、Yはかかる請求原因事実を自白したものであり、Xらはこれを援用する。」と記載された準備書面を提出。

【設問3】

令和5年4月	裁判所は、本件訴訟につき、口頭弁論を終結。
本件判決	裁判所は、本件訴訟につき、Yが主張する賃料の支払は認められないものの、未払の期間及び本件契約の解除に至る経緯等からすれば、信頼関係が破壊されたとまでは認められないとして、Xらの請求を棄却するとの判決（「本件判決」）をする。
本件判決の確定	本件判決が確定。
その後	Yが、令和3年1月から令和5年1月までの間、本件建物において、株式投資に関するセミナー（「本件セミナー」）を有料で月一、二回の割合で開催していたことが判明。Xらは、これが用法遵守義務違反に該当するとして本件契約を解除することができないかと考えるに至り、L1に相談。

答案構成例 ～出題趣旨と採点実感等をもとに

[設問1]

第1　課題1

1　任意的訴訟担当の意義

訴訟の当事者適格、すなわち、特定の訴訟物との関係で訴訟を追行し、判決の名宛人となる資格は、本来的に当該訴訟物の権利義務・法律関係の帰属主体に認められる。ただ、一定の場合には、当該帰属主体の者以外に当事者適格が肯定され、任意的訴訟担当は、本来の当事者適格者からの授権を基礎に、それを認めるものである①。

2　明文なき任意的訴訟担当が認められるための要件

明文の規定のない任意的訴訟担当を肯定する場合、三百代言による訴訟不経済・依頼者の不利益を回避する趣旨である弁護士代理の原則（民事訴訟法（以下、省略する。）54条1項本文）、また、訴訟信託禁止（信託法10条1項）に反するおそれがある。

↓

そのため、最大判昭和45年は、上のように⑦授権があることを前提に、①弁護士代理の原則・訴訟信託の禁止を潜脱せず、⑦これを認める合理的必要性がある場合を要件として、任意的訴訟担当を認める②。

第2　課題2

1　授権の有無（⑦）

以下、上に照らし、本件を検討する。

↓

まず、授権の有無につき、X1がYへの建物明渡訴訟の提起を検討している旨をX2・X3に相談したところ、提起に賛成するものの、X1単独で行ってほしい旨述べられている。これ自体は、直接的に授権する文言にみえない。しかし、A死亡後になされた遺産分割協議の中で、AY間の本件建物の賃貸借契約（本件契約）については、X1が賃料収受、訴訟上の業務を行うこととする取決めがなされており、上の賛成と併せることで、X1への授権があるといえる③。

↓

この点に関し、最大判昭和45年は、組合契約に係る事案であり、財産所有形態（民法687条）、規約で業務執行者等が定められている（同670条1項）といった点での組合契約の特殊性から、授権を基礎付けたものと考えられる。もっとも、遺産共有の場合でも、共有（同249条1項以下）である点は変わらず、取決めも規約に準じて存在するといえる。

↓

よって、判例と同様に、授権が基礎づけられる。

2　非潜脱・合理的必要性（①・⑦）

(1)ア　最大判昭和45年が非潜脱要件を満たすとしたのは、当該業務執行組合員が単なる訴訟代理権だけではなく、実体上の管理権も併せ持ってい

---

①任意的訴訟担当の意義については、権利義務の主体が訴訟追行権を第三者に授与し、第三者がその授権に基づいて当事者適格を取得する場合をいうことを明らかにした上で、明文なき任意的訴訟担当を認める問題点を簡潔に述べた答案は高く評価された（採点実感）。

②問題文記載の判例（最大判昭和45年11月11日民集24巻12号1854頁）から、それが明文なくして許容されるための要件、すなわち弁護士代理原則（民事訴訟法第54条第1項）及び訴訟信託の禁止の潜脱とならず（以下「非潜脱要件」という。）、かつ、訴訟担当を認める合理的必要があること（以下「合理的必要性」という。）を的確に示すことが期待される（出題趣旨）。

③授権について、「遺産分割協議及びXらの取決めの具体的事実に言及」（採点実感）し、検討する。

民事系第3問＜民事訴訟法＞

たという点を主な理由としている。
↓

イ　本件のＸらは、賃料不払により不利益を被っているから、本件契約を解除して建物明渡を求めるという共通の利害を有している。また、本件建物の明渡しに関する訴訟外の業務についても、Ｘ１が自己の名で行うことが取り決められている。このような点に照らすと、Ｘ１には単に訴訟追行権のみが授与されたものではなく、実体上の管理権、対外的業務執行権とともに訴訟追行権が授与されており、適切な訴訟追行が期待できるといえる④。
↓

そのため、弁護士代理・訴訟信託禁止の趣旨に照らし、これを潜脱するものとはいえない（イ）。
↓

(2)　そして、本件では、Ｘ１は、本件契約の賃貸人の一人であるところ、Ｘ２・Ｘ３は、自身らの時間的・経済的負担の大きさを理由に訴訟追行を渋っている。Ｘ１が訴訟担当となることにより、訴訟当事者として訴訟を追行する意思の無いＸ２・Ｘ３の時間的経済的負担を軽減することができる。また、ＸらはＡの子として共同で本件建物を相続しており、組合員と同様もしくはそれ以上に共通の利益・利害関係を有するから、Ｘ１はＸら全員の利益のために訴訟行為を行うことが予見される⑤。
↓

そのため、Ｘ１による訴訟追行を認める合理的必要があるといえる（ウ）。
↓

3　よって、Ｘ１による訴訟担当は、明文なき任意的訴訟担当として認められる。

［設問2］

第1　裁判上の自白の意義及び要件

裁判上の自白（179条）とは、口頭弁論期日又は弁論準備手続期日における、相手方の主張と一致する、自己に不利益な事実の陳述をいう⑥。

ここにいう「不利益」とは、基準の明確性から、相手方が証明責任を負うことと解する。

また、「事実」とは、権利義務の発生、消滅、変更という法律効果の判断に直接必要な事実である主要事実に限られる。なぜなら、間接事実と補助事実は、証拠と同様の機能を有するため、これに裁判上の自白の拘束力を認めると、裁判官に不自由な事実認定を強いることになり、自由心証主義（247条）に反するおそれがあるからである。
↓

そして、一方当事者が自ら進んで自己に不利益な事実を陳述し、相手方当事者がその後にそれを援用した場合にも、先行自白として、裁判上の自白が成立する。

第2　本件についての検討

1　本件陳述について裁判上の自白が成立すること

④弁護士代理原則の潜脱の有無については、前記判例の判示内容に照らし、どのような点が認められれば潜脱とならないのか、その要素（実体上の管理権の有無）に言及しつつ検討することが期待される（出題趣旨）。

⑤合理的必要性の有無について、前記判例が、非潜脱要件を満たす場合には特段の事情がない限り合理的必要性を欠くものとはいえないと判示していることを踏まえつつ、本問の具体的事情（……）から、前記判例との異同を踏まえつつ、合理的必要性の有無について具体的に検討することが期待される（出題趣旨）。

⑥裁判上の自白の意義について、従来からの通説のように、当事者が、その訴訟の口頭弁論又は弁論準備手続においてする、相手方の主張と一致する自己に不利益な事実の陳述であること、又は有力説のように、相手方の主張する自己に不利益な事実を争わない旨の意思を表明する、弁論としての陳述であることを簡潔に述べることが期待される（採点実感）。

283

本件訴訟の訴訟物は、賃貸借契約の終了に基づく目的物返還請求権としての建物明渡請求権である。Xらは、本件契約の終了原因について、目的物の目的外使用による無催告解除を追加している。これは、賃貸借契約の終了原因は本件訴訟の訴訟物を構成せず、単に攻撃防御方法の一つに過ぎないことから、許容される。賃貸借契約の終了原因として目的物の目的外使用による無催告解除を主張する場合の要件事実には、賃借人Yによる目的物の目的外使用の事実が含まれる。そして、本件陳述は、賃借人Yによる本件建物の本件契約の目的外使用の事実に係るものであるから、本件訴訟の訴訟物との関係で主要事実に当たり、「事実」に当たる。

↓

本件陳述は、第1回弁論準備手続期日におけるものであり、かつ、その内容は請求原因事実に係るものであることから、Xらが証明責任を負う事実といえ、Yに「不利益」なものである。そして、Yは、自ら進んで本件陳述をし、その後Xらがこれを援用している[7]。

↓

したがって、本件陳述には、裁判上の自白が成立する。

2 裁判上の自白の撤回が許されること

(1) 裁判上の自白が成立すると、裁判所に対し審理排除効及び判断拘束効が生じ（弁論主義第2テーゼ）、当事者に対し証明不要効が生じる（179条）。これらの効力が生じること及び訴訟上の信義則（2条）の観点から、裁判上の自白をした当事者は、原則として、当該自白を撤回できない（撤回制限効）。撤回制限効は訴訟上の信義則という相手方を保護する観点から認められるものであるから、裁判上の自白の撤回が許されるのは、裁判上の自白の撤回が訴訟上の信義則に反せず、かつ、相手方を保護する必要がない場合に限られる[8]。

↓

(2) 本件陳述について裁判上の自白が成立するのは、本件陳述後、Xらが準備書面において唐突に、本件契約の終了原因の主張を追加したためである。Xらの従前の主張では、本件契約の終了原因はYの賃料不払による無催告解除であったことから、本件陳述にかかる事実のうち、Yによる目的物の目的外使用にかかる部分は主要事実ではなかった。そうすると、Yは、本件陳述をした時点において、本件陳述にかかる事実の不利益性について認識しておらず、かつ、認識の可能性もなかった。そのため、Yにおいて、本件陳述にかかる事実について自白が成立することの予測可能性はなかったといえる。

↓

しかも、本件陳述がされた場面である第1回弁論準備手続期日は、裁判官の示唆により、賃料不払による無催告解除の可否に関して当事者間の信頼関係の破壊を基礎付ける事実関係の存否につき、当事者双方が口頭で自由に議論することを目的としていた[9]から、当該期日における本件陳述を先行自白として裁判上の自白を成立させた上で、撤回制限効を課すのは、自由な議論という当該手続の目的を没却する。

↓

[7]裁判上の自白の意義につき、従来からの通説のように「当事者が、その訴訟の口頭弁論又は弁論準備手続においてする、相手方の主張と一致する自己に不利益な事実の陳述」と定義づけた場合、相互の事実認識の一致が要素になり、当事者の意思的要素は捨象されることになるので、本問のY陳述は、自己に不利益な事実を先行自白し、これが弁論準備手続において援用されることによって自白となると考えられる（出題趣旨）。

[8]「自白事実についてはいわゆる不要証効が生じ（民事訴訟法第179条）、自白の相手方は当該事実について自白がされれば、それにつき証明不要との期待ないし信頼を有するに至るところ、これを撤回するのはかかる信頼を裏切るもので、禁反言（信義則）に抵触するという点から撤回が原則として制限される」（出題趣旨）とする立場で書いている。

[9]「本件陳述は、第1回弁論準備手続期日のテーマ（賃料不払解除に関する信頼関係破壊の有無について、それを基礎付けあるいは阻害する具体的事実について自由に討議する）に沿った形で主張されたものであること（法的には、賃料不払いに関する信頼関係破壊の評価障害事実（自己に有利な事実）として陳述されたものであること）」（出題趣旨）を念頭に置いている。

民事系第３問＜民事訴訟法＞

以上のような本件陳述に至る経過に照らすと、Ｙによる本件陳述を奇貨として、Ｘらが攻撃防御方法を不意打ち的に追加した上で、本件陳述を援用した訴訟活動こそ、訴訟上の信義則に反するといえる。Ｙによる本件陳述の不利益を負担させることは、弁論主義第２テーゼの趣旨である私的自治の訴訟法上の反映という観点から検討しても、原告と被告との衡平を著しく害する。

↓

したがって、Ｙによる本件陳述によってＸらに生じる利益は法的保護に値せず、本件陳述の撤回は、Ｘらとの関係で信義則に反しない⑩。

↓

(3) よって、Ｙは、本件陳述を撤回することで裁判上の自白を撤回することが許される。

［設問３］

第１　基準時前の事由に関する主張が遮断される根拠

既判力は、前訴確定判決の判断内容が有する拘束力であり、後訴裁判所はその判断を基準に審判し、当事者もその判断に矛盾・抵触する主張はできなくなる。既判力は、当事者への手続保障を根拠として、紛争の蒸し返しを趣旨とする。ここで拘束力が生じる判断は、基準時つまり事実審の口頭弁論終結時のものとされる。その根拠は、同時点まで、当事者は自由に攻撃防御の提出ができ、また、裁判所も同時点までの裁判資料をもとに判決を行う（247条）ことにある⑪。

第２　本件について

１　自己の立場

主張は遮断される、とする立場を採る。

本件判決は、ＸらのＹに対する、賃貸借契約終了に基づく明渡請求権を訴訟物とする請求について請求棄却を内容とする。基準時（令和５年４月）において、同請求権が存在しない旨の判断に既判力が生じている（114条１項）⑫。

↓

これに対し、Ｘらが後訴で主張しようとする本件セミナー開催という用法遵守義務違反の事実は、相続（令和３年７月）ないし訴訟提起以前（令和４年１月12日）の令和３年１月から、弁論終結時以前の令和５年１月までに存在した事実である。そのため、Ｘらは前訴において十分な主張立証の機会が与えられていたにもかかわらず、これを行使しなかったといえる。そうすると、基準時前の事由で、上記判断に抵触しており、基本的に主張は遮断されるようにみえる。

↓

２　反対の立場からの検討

これに対し、基準時前の事由が既判力の遮断効により全て遮断されるのは行き過ぎであり、基準時前の事由は前訴の基準時までに存在したが、その提出をおよそ期待できなかった場合にまでこれを排斥するのは、手続保障を欠くことになるので、その提出を認めるべきであるという反論が考えられる⑬。

↓

⑩裁判上の自白の撤回が訴訟上の信義則に反せず、かつ、相手方を保護する必要がない場合に当たるという結論を出す。

⑪「まず、既判力の基準時が口頭弁論終結時であることを根拠とともに簡潔に説明」（出題趣旨）する。

⑫本問の具体的事実関係に照らした、本件訴えに係る確定判決（本件判決）の既判力によって解除権行使の主張を遮断することが相当かどうかの検討については、本件訴えと後訴の訴訟物が同一であること、本件訴えの確定判決の既判力により、基準時前の用法遵守義務違反の主張が遮断されると通常考えられることを前提とし、後訴での主張の可否に関する理論構成を、反対の立場を踏まえて論じていくことが求められる（採点実感）。

⑬遮断効につき、前記のとおり法的安定性の確保や勝訴者の地位の安定といった制度的効力を基礎としつつも、前訴において十分に主張立証の機会が与えられていたにもかかわらず、これを行使しなかったことに対する自己責任の観点からすれば、前訴における主張立証がおよそ期待できなかった事実については前訴確定判決の既判力による遮断効は生じないと解する説（期待可能性説）を挙げることが期待される（出題趣旨）。

285

本件では、上記用法遵守義務違反の事実が判明したのは、判決確定後である。自由に攻撃防御が提出できた、という上の根拠に照らせば、基準時後に判明した事実は、基準時以前に主張することの期待可能性がないため、手続保障もない。

また、前訴の争点は、専ら賃料不払の事実・信頼関係破壊の有無にあって、用法遵守義務は争いにすらならなかった。解除原因は多様であり、その内実も異なるにも拘らず、用法遵守義務に係る主張が遮断されることになれば、Xには酷である。他方で、Yにおいて用法遵守義務違反の紛争まで解決されたとの認識まではないため、蒸し返しにならず、特段不利益にならないので、遮断されない。

↓

3　結論

(1)　しかし、上の主張には理由がない。

期待可能性をどのような基準で判断するかについて一般的な基準を立てられないこと、紛争解決についての相手方の利益をも考慮しなければならないこと、既判力の制度を救済する制度として再審（338条）が設けられており、再審事由は限定されていることから、このような主張を認めるためには慎重な態度が要請されるべきである⑭。

↓

(2)ア　本件においては、事実判明の経緯は不明であるが、X１は訴訟提起以前の令和３年９月に本件契約の現状を調査している⑮。解除を主張するとき、予備的にでも複数の解除原因を主張することは可能である。このような観点から、調査を含めて、解除事由を網羅的に発見する機会があった以上、事実を主張することの期待可能性がないとまではいえない。

↓

イ　また、上の解釈には紛争の捉え方に問題がある。既判力は、制度的な効力であり、基本的に訴訟物に対する判断に拘束力が生じるものとして、その限りで紛争は解決されたものと国民一般、こと相手方は信頼する。にもかかわらず、賃貸借契約の解除の場面で、解除原因ごとに拘束力が生じない余地を認めれば、相手方の紛争解決に対する期待が害されることとなる。

本件でも、Yに明渡を巡る一連の紛争解決の期待が生じており、これを保護する必要がある。他方、制度的な拘束を前提にXに主張可能性があったことを踏まえると、Xに酷な点はない。

↓

(3)　よって、Xによる解除権行使の主張は遮断される。

以上

⑭期待可能性なしとされる場合を厳格に解し、結果として本問では期待可能性がないとはいえないとしている。

⑮「問題文から読み取れない事実を当てはめに供」（採点実感）さないように注意を払う。

民事系第3問＜民事訴訟法＞

解　説

第1　全体について

1　専任講師コメント

前注：鍵括弧は、出題趣旨又は採点実感の引用です。そして、出題趣旨及び採点実感で私が重要と判断した
箇所に、下線を引きました。コメントの重複をできる限り避けるためですので、コメントと共に参考に
してください。

　　令和5年の問題は難問でしたが、それと比べると、令和6年は典型的な論点が出題されましたので、穏
当な難易度になったと思われます。
　　「3　採点実感」の下線部分は、例年とほぼ同じ記述です。しかし、民事訴訟法の答案を作成する際、
また民事訴訟法を勉強する際に注意すべき重要な事項が書かれていますので、精読してください。

2　出題趣旨

　　　　本問は、XらがYに対し、建物賃貸借契約の終了（賃料不払による債務不履行解除）に基づく
　　本件建物の明渡請求訴訟（本件訴え）を提起したという事案を素材として、①X1がいわゆる任
　　意的訴訟担当（者）として本件訴えを提起することの可否（設問1）、②本件訴えの弁論準備手
　　続でYがした陳述が自白に該当するか、また、自白に該当するとしても撤回が可能か（設問2）、
　　③本件訴えにおいてXらの請求を棄却する判決が確定したのち、本件訴えの基準時前に存在した
　　別の事由（用法遵守義務違反）により、再度Yに対して賃貸借契約の終了（用法遵守義務違反に
　　よる債務不履行解除）に基づき本件建物の明渡しを求める訴えを提起した場合の問題点（設問3）
　　のそれぞれにつき検討を求めるものである。

3　採点実感等

　　　　本問においては、例年と同様、受験者が、①民事訴訟の基礎的な原理、原則や概念を正しく理解
　　し、基礎的な知識を習得しているか、②それらを前提として、設問で問われている課題を的確に把
　　握し、それに正面から答えているか、③抽象論に終始せず、設問の事案に即して具体的に掘り下げ
　　た分析及び考察をしているかといった点を評価することを狙いとしている。答案の採点に当たって
　　は、基本的に上記①から③までの観点を重視することとしている。
　　　　本年においても、問題文中の登場人物の発言等において、受験者が検討し、解答すべき事項が具
　　体的に示されている。そのため、答案の作成に当たっては、問題文において示されている検討すべ
　　き事項を適切に分析し、そこに含まれている論点を論理的に整理した上で、論述すべき順序や相互
　　の関係も考慮することが必要である。そして、事前に準備していた論証パターンをそのまま答案用
　　紙に書き出したり、理由を述べることなく結論のみを記載したりするのではなく、提示された問題
　　意識や事案の具体的内容を踏まえつつ、論理的で一貫した思考の下で端的に検討結果を表現しなけ

287

ればならない。採点に当たっては、受験者がこのような意識を持っているかどうかという点についても留意している。 本問は、XらがYに対し、建物賃貸借契約の終了（賃料不払による債務不履行解除）に基づく本件建物の明渡請求訴訟（本件訴え）を提起したという事案を題材として、第一審における手続や判決効と、幅広く民事訴訟法の理解を問うものである。

　本年の問題では、例年同様、具体的な事案を提示し、登場人物の発言等において受験者が検討すべき事項を明らかにした上で、任意的訴訟担当、自白の成立及び撤回、確定判決の既判力等の民事訴訟の基礎的な概念や仕組みに対する受験者の理解を問うとともに、事案への当てはめを適切に行うことができるかを試している。

　全体としては、時間内に論述が完成していない答案は少数にとどまった。しかし、答案作成の時間配分に失敗し、一部の設問で詳細な検討をしていながら、最後に解答したと思われる設問で検討が不十分であるものも散見された。これは、余事記載が多いことが一因であるように思われる。なお、乱雑又は極めて小さい文字や略字を用いていて判読が困難なもの、特に修文のために一行に無理して字句を挿入するものなど、第三者が読むことに対する意識が十分ではない答案、刑事訴訟の用語と混同し「口頭弁論期日」を「公判期日」と、「被告」を「被告人」と、「代理人」を「弁護人」と記載するなど基本的用語を誤っている答案、日本語として違和感を覚える表現や初等教育で学ぶ漢字を平仮名又は片仮名で記載する答案や漢字の誤りも一定数見られた。以上については、例年、指摘されているところであるが、これらは、解答者の法律家としての素養を疑わせ得るものであり、本年においても、改めて注意を促すとともに、強く改善を求めたい。

第2　設問1について

1　専任講師コメント

　設問1は、任意的訴訟担当という重要論点について、概念、規範、あてはめを問う問題です。

　すなわち、課題①は、任意的訴訟担当の意義を述べた上で、それが明文なくして許容されるための要件を問う問題です。任意的訴訟担当に関するリーディングケースである昭和45年判例を踏まえて2つの要件（非潜脱要件と合理的必要性）を定立することが求められます。また、課題②は、課題①で定立した2つの要件に、問題文記載の具体的事実を当てはめさせる問題です。

　「3　採点実感」の下線部分を検討すれば、規範とあてはめのどこで差がつくかが分かりますから、精読してください。特に、昭和45年判例のような重要基本判例の理解がどこまであるかで差がつくことを理解し、これからの勉強に活かしてください（なお、これは、近時の行政法でも同じです）。

2　出題趣旨

　設問1の課題①は、任意的訴訟担当の意義を述べた上、訴訟担当が認められる前提要件として担当者に対する授権が必要であることを明らかにし、さらに、問題文記載の判例（最大判昭和45年11月11日民集24巻12号1854頁）から、それが明文なくして許容されるための要件、すなわち弁護士代理原則（民事訴訟法第54条第1項）及び訴訟信託の禁止の潜脱とならず（以下「非潜脱要件」という。）、かつ、訴訟担当を認める合理的必要があること（以下「合理的必要性」という。）を的確に示すことが期待される。なお、任意的訴訟担当が許容される要件については学説上様々な見解があるが、ここではそれについて言及することまでは求めていない。そして、課題②においては、問題文記載の具体的事実から前記前提要件及び許容されるための要

288

民事系第３問＜民事訴訟法＞

件充足の有無について検討していくことになるが、弁護士代理原則の潜脱の有無については、前記判例の判示内容に照らし、どのような点が認められれば潜脱とならないのか、その要素（実体上の管理権の有無）に言及しつつ検討することが期待される。具体的には、前記判例が非潜脱要件を満たすとしたのは、当該業務執行組合員が単なる訴訟代理権だけではなく実体上の管理権も併せ有していたという点を主な理由としていることから、本問でもＸ１への授権により同じような事実関係が認められるかを検討していくことになる。

　そして、合理的必要性の有無について、前記判例が、非潜脱要件を満たす場合には特段の事情がない限り合理的必要性を欠くものとはいえないと判示していることを踏まえつつ、本問の具体的事情（例えば、Ｘ１が本件賃貸借契約についての賃貸人の１人であること、Ｘ１単独の訴え提起による目的達成の可能性、問題文に現れているＸ２及びＸ３の意向が合理的必要性を基礎付ける事情となり得るか、Ｘらが３名と比較的少数であることから、任意的訴訟担当によらず、選定当事者制度の利用やＸらが弁護士代理人に委任することで足りるのではないか等々）から、前記判例との異同を踏まえつつ、合理的必要性の有無について具体的に検討することが期待される。その他、前記判例においては、団体の目的遂行のための業務上の必要性があったという点や、当該訴訟追行に係る権利が、業務執行組合員を含む構成員共同の利益に関するものであったという点が、任意的訴訟担当の合理的必要性を肯定する一つの根拠になったとの指摘もあることから、本問でもこれに類するような事情が認められるかにつき検討することも考えられる。

3　採点実感等

ア　課題１の採点実感

　設問１の課題１では、任意的訴訟担当の意義及びそれが明文なくして認められるための要件を問うものである。任意的訴訟担当の意義を述べた上で、訴訟担当が認められる前提要件として担当者に対する授権が必要であることを明らかにし、さらに、問題文記載の判例（最大判昭和４５年１１月１１日民集２４巻１２号１８５４頁）から、それが明文なくして許容されるための要件、すなわち弁護士代理原則（民事訴訟法第５４条第１項）及び訴訟信託の禁止の潜脱とならず（以下「非潜脱要件」という。）、かつ、訴訟担当を認める合理的必要があること（以下「合理的必要性」という。）を的確に示すことが期待される。

　任意的訴訟担当の意義については、権利義務の主体が訴訟追行権を第三者に授与し、第三者がその授権に基づいて当事者適格を取得する場合をいうことを明らかにした上で、明文なき任意的訴訟担当を認める問題点を簡潔に述べた答案は高く評価された。他方で、（権利主体からの）授権に基づく点を明示できないなど、任意的訴訟担当の意義について十分に述べることができていない答案も多く、選定当事者についての民事訴訟法（以下「法」という。）第３０条の規定から、無理に一般的な意義を導こうとするもの、明文なき任意的訴訟担当と選定当事者を区別できていないものも散見され、これらの答案は低い評価にとどまった。さらに、訴訟担当と訴訟上の代理、訴訟委任と訴訟信託を区別せず、弁護士代理原則の根拠条文として弁護士法第７２条を挙げるなど基本的な用語・概念の理解が不十分な答案も散見された。任意的訴訟担当が明文なくして認められるための要件については、非潜脱要件を挙げた答案は多かったが、授権の存在を前提（要件）とすることを挙げた答案は少なかった。合理的必要性の要件については、挙げている答案と挙げていない答案とに分かれた。

イ　課題２の採点実感

　課題２では、問題文記載の具体的事実から前記前提要件及び許容されるための要件充足の有無について検討することを問うものである。非潜脱要件については、前記判例の判示内容に照

289

らし、どのような点が認められれば潜脱とならないのか、その要素（実体上の管理権の有無）に言及しつつ検討することが、合理的必要性については、前記判例が、非潜脱要件を満たす場合には特段の事情がない限り合理的必要性を欠くものとはいえないと判示していることを踏まえつつ、本問の具体的事情から、前記判例との異同を指摘し、合理的必要性の有無について具体的に検討することが期待される。

授権について、要件として挙げている答案が少なかったことは前記のとおりであるが、挙げている答案でも、遺産分割協議及びＸらの取決めの具体的事実に言及することなく、簡単に授権の存在を認めている答案も多かった。

非潜脱要件について、要件として挙げていた答案は多かったものの、問題文記載の具体的事実への当てはめにおいて、具体的に考慮すべき事情が把握できておらず、前記判例との異同を的確に示すことができていない答案も多かった。単に訴訟追行権のみが授与されたのではなく、訴訟物に関連する実体上の管理権や対外的な業務執行権とともに訴訟追行権が授与されていることがポイントになるという点を理解できていれば、解答は困難でなかったと思われる。

合理的必要性について、要件として挙げた答案でも、前記判例の事案においてなぜ合理的必要性が問題なく肯定されているかという点を理解できていないため、当てはめにおいて混乱している答案が見られた。重要判例については、抽象的な要件ないし規範を暗記するだけで事足りるとするのではなく、どのような具体的判断基準や考慮要素を定立しているのか、それをどのように用いて結論に至っているかを丁寧に理解することが重要である。そこまで理解して初めて、具体的事案での適用が説得的なものになるということに留意してほしい。また、本件訴えに係る訴訟（本件訴訟）が固有必要的共同訴訟に当たらないことが問題文で指摘されているにもかかわらず、これを無視する答案が散見された。

ウ　設問1のまとめ

設問1の課題1は、任意的訴訟担当の意義、それが明文なくして許容されるための要件を問うもので、任意的訴訟担当の意義を、明文なき任意的訴訟担当を認める場合の問題点にも言及しながら述べた上で、前記判例を踏まえて、要件を簡潔に論じた答案は、高く評価されたが、任意的訴訟担当の意義について十分に述べることができていない答案も多かった。

課題2は、問題文記載の具体的事実につき、任意的訴訟担当が明文なくして許容されるための要件充足の有無について検討することを問うもので、前記判例を踏まえた要件につき、どのような具体的判断基準や考慮要素が定立されているのか、前記判例においてどのように要件が当てはめられ結論に至ったかを理解できていれば、解答は困難でなかったはずであるが、実力の差が明瞭にあらわれていた。

「優秀」に該当する答案は、課題1及び課題2のいずれについても、出題趣旨を正しく理解した上で、過不足のない論述をするものである。「良好」に該当する答案は、出題趣旨をおおむね正しく理解しているが、課題1で十分な論述をしつつ、課題2では、当てはめにおいてポイントとなる事情に意識が向いていないものなどである。「一応の水準」に該当する答案は、課題1及び課題2のいずれについても、出題趣旨を理解していることが読み取れるものの、課題1において、意義及び要件を十分に論述できておらず、課題2において、当てはめに際し、指摘すべき問題文記載の具体的事実を取り上げられていないものなどである。これに対し、課題1や課題2を通じ、出題趣旨を正しく理解しないものや、総じて基礎的事項の理解が不足している答案は「不良」と評価される。

民事系第3問＜民事訴訟法＞

4　解説

(1)　課題1について

　　まず、任意的訴訟担当の意義を述べた上で、訴訟担当が認められる前提要件として担当者に対する授権が必要であることを明らかにする。さらに、問題文記載の判例（最大判昭45.11.11、百選12事件）が示す任意的訴訟担当が認められる要件である、①弁護士代理原則（54条1項）及び訴訟信託の禁止（信託法10条）の潜脱とならず（以下「非潜脱要件」という。）、かつ、②訴訟担当を認める合理的必要があること（以下「合理的必要性」という。）を的確に示す。

(2)　課題2について

　　問題文記載の具体的事実から、前記前提要件及び許容されるための要件①及び要件②の充足について検討する。その際には、本件と前記判例の事案との異同に留意する。

ア　前提要件

　　本問において、X2及びX3から担当者X1に対する授権は認められる。

イ　①非潜脱要件について

　　前記判例の判示内容に照らし、どのような点が認められれば潜脱とならないのか、その要素（実体上の管理権の有無）に言及しつつ検討する。

　　具体的には、前記判例が非潜脱要件を満たすとしたのは、当該業務執行組合員が単なる訴訟代理権だけではなく実体上の管理権も併せ有していたという点を主な理由としていることから、本問でも、X1への授権により同じような事実関係が認められるかを検討する。

ウ　②合理的必要性について

　　前記判例が、非潜脱要件を満たす場合には特段の事情がない限り合理的必要性を欠くものとはいえないと判示していることを踏まえつつ、本問の具体的事情から、前記判例との異同を意識しながら、合理的必要性の有無について具体的に検討する。

　　例えば、X1が本件賃貸借契約についての賃貸人の1人であること、X1単独の訴え提起による目的達成の可能性、問題文に現れているX2及びX3の意向が合理的必要性を基礎付ける事情となり得るか、Xらが3名と比較的少数であることから、任意的訴訟担当によらず、選定当事者制度の利用や弁護士代理人への委任で足りるのではないか等々の事情を考慮する。

第3　設問2について

1　専任講師コメント

　　①裁判上の自白の意義と要件、②裁判上の自白の撤回が認められる要件、③弁論準備手続の趣旨・目的について理解を示して規範を定立し、問題文の具体的事実を踏まえたあてはめをし、結論を出すという法的三段論法を踏まえた答案を書ければ、合格レベルになります。「2　出題趣旨」及び「3　採点実感」に詳しく書かれていますので、下線部分を検討してください。

　　①と②は、司法試験の過去問でも出ており、過去問検討の重要性を感じさせられます。

　　また、採点実感を読むと、③弁論準備手続の理解が不十分な答案が多かったとのことです。しかし、実務では頻繁に利用される手続であり、重要です。再度の出題が強く予想されますから、ぜひ勉強しておいてください。

291

2 出題趣旨

　設問2は、Yのした本件陳述がいわゆる先行自白に該当し得ることを前提に、これが裁判上の自白に該当しない、あるいは裁判上の自白が成立したとしても撤回ができることにつき、Yの立場からの検討を求めるものである。その際、本件陳述がされた第1回弁論準備手続期日の目的、裁判上の自白の意義及び要件並びに撤回が認められる要件と関連付けながらの検討が求められている。したがって、自白の効果一般や撤回が認められる要件一般について冗長に検討している答案や、自白の対象事実に間接事実が含まれるかといった論点について、本問との関連性を意識せずに漫然と検討している答案は評価されない。また、特に説得的根拠もなく、料理教室開催の事実を信頼関係破壊に関する間接事実とした上、自白の対象にならないとして済ませている答案も、本問が先行自白に関する問題であり、弁論準備手続の目的等からの検討も求めている本問の題意から外れるものであり、同じく評価されない。

　まず、裁判上の自白の意義につき、従来からの通説のように「当事者が、その訴訟の口頭弁論又は弁論準備手続においてする、相手方の主張と一致する自己に不利益な事実の陳述」と定義づけた場合、相互の事実認識の一致が要素になり、当事者の意思的要素は捨象されることになるので、本問のY陳述は、自己に不利益な事実を先行自白し、これが弁論準備手続において援用されることによって自白となると考えられる。したがって、この説に立った場合は、裁判上の自白に該当するという方向と親和性を有することになるが、先行自白の持つ問題点（不意打ちの危険）などから、本問のような場合は相手方が主張する事実との一致が認められないから自白に該当しない、とする立論も可能である。

　これに対し、裁判上の自白を「相手方の主張する自己に不利益な事実を争わない旨の意思を表明する、弁論としての陳述」と定義づけた場合、上記「争わない旨の意思を表明」とはどのようなものであるかを明らかにした上、これがあったとはいえない、あるいは、不利益性についての認識があったとはいえないとして自白の成立要件を欠く、と構成することが考えられる。

　次に、本問では、以上のような自白の意義から検討するというアプローチだけではなく、本件陳述がされた第1回弁論準備手続期日の目的や実施方法に着目して、自白該当性や撤回可能性について検討するというアプローチも求められている。これにつき、一つの考え方として、同期日での発言内容について自白とは扱わない、あるいは撤回を容易に認めることにつき、裁判所と当事者間において何らかの合意等があったと構成することが考えられる。例えば、弁論準備手続の中でされた陳述にも自白が成立し得ると一般的に解されるとしても、争点に関する当事者間の自由な議論を促進するという弁論準備手続の目的ないし趣旨、本件での第1回弁論準備手続期日でのテーマ設定からすれば、争点整理手続中に自白がされても、争点整理作業が完了するまでは、それを自白とは確定的に扱わない、あるいは自白と扱うとしても、その撤回は柔軟に認められると解すべきところ、同期日での発言内容については自白又は不利益な陳述として扱わない旨の事前の黙示的合意があったとすることが考えられる。あるいは、一般に自白の撤回は相手方の同意があれば許容されることの応用ないし延長として、同期日において自白に該当する陳述がそれぞれからされたとしても、これを撤回自由とすることについて事前に黙示的に同意ないし合意がされていた、といった構成をとることも考えられる。なお、自白の撤回が認められる場合として、自白が真実に反しかつ錯誤による場合が挙げられるが、本問の場合にこれに該当すると構成するのは困難ではないかと思われる。

　以上のほか、自白が原則撤回できないとする根拠ないし趣旨から、本件陳述を撤回することはその趣旨に反しない、と構成することも考えられる。例えば、自白事実についてはいわゆる不要証効が生じ（民事訴訟法第179条）、自白の相手方は当該事実について自白がされれば、それ

民事系第3問＜民事訴訟法＞

につき証明不要との期待ないし信頼を有するに至るところ、これを撤回するのはかかる信頼を裏切るもので、禁反言（信義則）に抵触するという点から撤回が原則として制限されると解される。本件陳述は、第1回弁論準備手続期日のテーマ（賃料不払解除に関する信頼関係破壊の有無について、それを基礎付けあるいは阻害する具体的事実について自由に討議する）に沿った形で主張されたものであること（法的には、賃料不払いに関する信頼関係破壊の評価障害事実（自己に有利な事実）として陳述されたものであること）、これに対し、Ｘらによる先行自白との主張は、上記テーマとは反するものであり、援用を認めることは禁反言（信義則）の見地から問題であることからすれば、不要証との相手方の信頼はそもそも働いておらず、これを撤回したとしても、自白の撤回を原則認めないとする趣旨には抵触しない、と構成することが考えられる（ただし、このようなアプローチを採用する場合は、従来承認されてきた自白の撤回が認められる要件と乖離することになるので、その点についての検討が求められよう。）。

これに対し、本問の第1回弁論準備手続期日では争点に対する自由な討議が予定されていたということから一足飛びに、同期日では自白はおよそ成立しない、あるいは撤回が自由であったという結論に至ってしまうのは理論的検討が不十分と評価される。これと同様に、本問をいわゆる争点整理手続におけるノンコミットメントルール（確定的な定義はないが、争点整理手続において当事者から口頭で述べられた事項については自白が成立せず、その発言が後に不利益に援用されることはないという訴訟運営上のルールとされている。）の問題であるとして、かかるルールからすれば自白は成立しない、又は撤回は自由であると早急に結論付けることも題意に沿ったものとはいえず、評価されない。本問は、ノンコミットメントルールそれ自体の知識を問うものではなく、弁論準備手続の趣旨や目的、弁論準備手続で相手方の主張を認める陳述の持つ意味、本問での第1回弁論準備手続期日の目的等を的確に分析し、それを自白の要件又は撤回要件にどのように説得的に結び付けられているかがポイントになる。

3　採点実感等

ア　設問2の採点実感

設問2は、Ｙのした本件陳述がいわゆる先行自白に該当し得ることを前提に、これが裁判上の自白に該当しない、あるいは裁判上の自白が成立したとしても撤回ができることにつき、Ｙの立場からの検討を求めるものである。

裁判上の自白の意義について、従来からの通説のように、当事者が、その訴訟の口頭弁論又は弁論準備手続においてする、相手方の主張と一致する自己に不利益な事実の陳述であること、又は有力説のように、相手方の主張する自己に不利益な事実を争わない旨の意思を表明する、弁論としての陳述であることを簡潔に述べることが期待される。

自白の意義及び要件については、比較的よく書けている答案が多かったが、相手方の主張と一致すること又は相手方が主張することという要素を欠くものや、弁論準備手続での陳述が含まれないとする答案も相当程度見られた。自白には訴訟での争点を圧縮する機能があるところ、弁論準備手続は争点を整理し絞り込むことを目的とするものであるから、弁論準備手続における陳述も自白に含まれるとするのが一般である。また、意義と要件は重複する部分もあるがその双方について論述することが期待されているところ、片方についてしか論述していない答案も少なくなかった。

Ｙのした本件陳述が、裁判上の自白に該当しない、あるいは裁判上の自白が成立したとしても撤回ができることの検討については、本件陳述がされた第1回弁論準備手続期日の目的や、

293

裁判上の自白の意義及び要件並びに撤回が認められる要件と関連付けながらの検討が求められている。

本問では中心的論点とはいえない点、例えば、自白の対象事実に間接事実が含まれるか、不利益性の要件をどのような基準で判断するかといった点に重点を置いて論述している答案も多かったが、前者は、本件陳述が主要事実となるのであれば検討の必要がない論点であり、後者も、学説によって大きく帰結が分かれるところではないから、簡潔に指摘すれば足りると考えられる。弁論主義の意義や趣旨などを冗長に述べる答案も見られたが、そのような論述は求められていない。自分の知っている論点を書くのではなく、問いに答える上で何が必要な論点かをよく吟味し、ポイントを押さえた論述を心掛ける必要がある。このような中心的論点以外の点に重点を置いていた答案は、多くの場合、本問で問われていた点に対する検討が不十分になっており、得点が伸びなかった。

本問では、以上のような自白の意義から検討するというアプローチだけではなく、本件陳述がされた第1回弁論準備手続期日の目的や実施方法に着目して、自白該当性や撤回可能性について検討するというアプローチも求められているが、弁論準備手続の趣旨・目的について、全く解答できていない答案、記述があっても理解不十分な答案が多かった（例えば、訴訟の迅速化だけを目的として挙げるもの、弁論準備手続は口頭弁論よりも重要性が劣る旨、さしたる根拠もなく述べるものなど）。法科大学院の在学中受験者も含め、受験者の多くがこのような訴訟実務に関する重要な制度や、争点整理の重要性についてきちんと学修できていないのではないか、民事訴訟法と訴訟実務基礎の学修について相互連携ができていないのではないか、手続についての具体的イメージの涵養ができていないのではないかとの懸念がある。

また、信頼関係破壊の有無についての自由な議論が予定されていたという本問の具体的事実関係を漫然と引用して、そのことから一足飛びに本件陳述は自白に該当しない、あるいは撤回が許されると結論付ける答案が多かった。これまで判例・学説等で十分に論じられてこなかった論点であり、限られた時間の中でその場で説得的な論理展開をすることは難しかったとは思うが、せめて自白のどの要件を欠くことになるのか、撤回の可否に関する既存の枠組みの中でどのような位置付けになるのかだけでも明らかにできるとよかったのではないかと思われる。

本件陳述とその援用が先行自白に該当し得ることを的確に指摘できている答案は多くなかった。

自白に該当しないとする答案の中には、「本件陳述が自己に不利益でないから」とか、「別の争点に関する陳述だから」といった理由を述べているものがあったが、先行自白の意味が理解できておらず、当然評価はされない。本件陳述が間接事実の自白であるとしている答案少なからず見られたが、仮に本件陳述が信頼関係破壊の点に関する間接事実と解したとしても、それを相手方が先行自白として援用した場合には、当然には間接事実として自白不成立とされるとは限らないと考えられることからすれば、理論構成としては評価できない。

自白の撤回が制限される根拠（信義則・禁反言）を挙げた上、本問ではかかる禁反言に該当する事情はないという流れで検討する答案は多かったが、その論理展開においてやや粗いものがあったように感じられた（なお、根拠を挙げることなく「不意打ちになり酷だから撤回できる。」といったレベルの検討では評価されない。）。また、錯誤と反真実という要件から検討しようとしていた答案も少数ながらあったが、いずれも説得的な論理を展開できているとは言い難いものであった。他方で、少数ではあるが、自白成立の要件を満たしても撤回を認めることの合意があったとみなすことができるとして、撤回可能性を認める答案もあり、しっかりと分析、論証ができていると感じた。

イ　設問2のまとめ

設問2では、裁判上の自白の意義及び要件を踏まえ、Yのした本件陳述がいわゆる先行自白に該当し得ることを前提に、これが裁判上の自白に該当しない、あるいは裁判上の自白が成立したとしても撤回ができることにつき、本件陳述がされた第1回弁論準備手続期日の目的や実施方法にも着目して、Yの立場からの検討を求めるものであり、<u>自白の意義及び要件については、比較的よく書けている答案が多かったが、本件陳述がされた第1回弁論準備手続期日の目的や実施方法に着目して、自白該当性や撤回可能性について十分に検討できていた答案は、それほど多くなかった。</u>

　「優秀」に該当する答案は、出題趣旨を正しく理解した上で、意義及び要件を適切に述べ、Yの本件陳述が裁判上の自白に該当しない、あるいは裁判上の自白が成立したとしても撤回ができることにつき適切な論述をするものである。「良好」に該当する答案は、出題趣旨をおおむね正しく理解しているが、自白該当性や撤回可能性について、本件陳述がされた第1回弁論準備手続期日の目的や実施方法に着目した検討が十分でないものなどである。<u>「一応の水準」に該当する答案は、出題趣旨を理解していることが読み取れるものの、意義及び要件の論述が不正確であり、本件陳述に係る事実について、十分な検討を経ることなく間接事実と位置付けたりするものなどである。</u>これに対し、出題趣旨を正しく理解せず、単に弁論準備手続においては自白が成立しないなどとして、自白該当性や撤回可能性についての具体的な論述を欠くような答案は「不良」と評価される。

4　解説

(1)　裁判上の自白の意義及び要件

　まず、裁判上の自白の意義を述べる。従来からの通説のように「当事者が、その訴訟の口頭弁論又は弁論準備手続においてする、相手方の主張と一致する自己に不利益な事実の陳述」と、又は有力説のように「相手方の主張する自己に不利益な事実を争わない旨の意思を表明する、弁論としての陳述」と、簡潔に述べる。

(2)　本件陳述について

　次に、本件陳述について、①裁判上の自白が成立しないとの立場又は②これが成立するとしても撤回が許されるとの立場のいずれかを選択して論じることになる。どちらか片方の立場を選択して論ずることが求められており、両方の立場を並列して書くべきではないことに注意する。

ア　本件陳述に裁判上の自白が成立するかどうか

(ｱ)　従来からの通説のように定義づけた場合

　従来からの通説のように「当事者が、その訴訟の口頭弁論又は弁論準備手続においてする、相手方の主張と一致する自己に不利益な事実の陳述」と定義づけた場合、裁判上の自白が成立するためには相互の主張の一致が要素になる。そのため、先行自白がなされても、相手方が援用するまでは相互の主張の一致がなく自白の効果が生じない。本件陳述はYによる自己に不利益な事実の先行自白にあたるが、L1が弁論準備手続においてこれを援用したことで相互の主張の一致が認められ、自白の効果が生じていると考えられる。

　したがって、この説に立った場合は、本件陳述が裁判上の自白に該当するという方向と親和性を有する。もっとも、先行自白の持つ問題点（不意打ちの危険）などから、本問のような場合は相手方が主張する事実との一致が認められないから自白に該当しない、とする立論も可能である。

(ｲ)　有力説のように定義づけた場合

　有力説のように、裁判上の自白を「相手方の主張する自己に不利益な事実を争わない旨の意思を表明する、弁論としての陳述」と定義づけた場合、上記「争わない旨の意思を表明」とはどのよう

なものであるかを明らかにする。その上で、それがあったとはいえない、あるいは、不利益性についての認識があったとはいえないとして自白の成立要件を欠く、と構成することが考えられる。

(ウ) 本件陳述がされた第1回弁論準備手続期日の目的や実施方法への着目

本問では、以上のような自白の意義からの検討だけではなく、本件陳述がされた第1回弁論準備手続期日の目的や実施方法に着目して、自白該当性や撤回可能性について検討するというアプローチも求められている。

この点について、一つの考え方として、同期日での発言内容について自白とは扱わない、あるいは撤回を容易に認めることにつき、裁判所と当事者間において何らかの合意等があったと構成することが考えられる。

イ 自白の撤回が許されること

本件陳述に裁判上の自白が成立するとした場合、続いて、本件陳述において自白の撤回が許されることを論じることになる。

(ア) 第1回弁論準備手続期日の目的や実施方法への着目

前述のように、本件陳述がされた第1回弁論準備手続期日の目的や実施方法に着目して、自白撤回可能性について検討することが考えられる。

(イ) 自白が原則撤回できないとする根拠ないし趣旨

自白が原則撤回できないとする根拠ないし趣旨から、本件陳述を撤回することはその趣旨に反しない、と構成することも考えられる。例えば、自白事実についてはいわゆる不要証効が生じ（179条）、自白の相手方は当該事実について自白がされれば、それにつき証明不要との期待ないし信頼を有するに至るところ、これを撤回するのはかかる信頼を裏切るもので、禁反言（信義則）に抵触するという点から、撤回が原則として制限されると解される。

本件陳述は、第1回弁論準備手続期日のテーマ（賃料不払による無催告解除の可否に関して信頼関係の破壊を基礎付ける事実関係の存否につき自由に討議する）に沿った形で主張されたものである。これに対し、Xらによる先行自白との主張は、上記テーマとは反するものであり、援用を認めることは禁反言（信義則）の見地から問題であることからすれば、不要証との相手方の信頼はそもそも働いておらず、これを撤回したとしても、自白の撤回を原則認めないとする趣旨には抵触しない、と構成することが考えられる。ただし、このようなアプローチを採用する場合は、従来承認されてきた自白の撤回が認められる要件と乖離することになるので、その点についての検討が求められる。

第4 設問3について

1 専任講師コメント

2年続けて既判力に関する出題がされました。本問は、既判力の遮断効（消極的作用）について論じる問題です。既判力の定義、趣旨、正当化根拠を正確に述べて、本問の具体的事実に当てはめられれば、合格レベルになります。

既判力が制度的効力であること及び既判力の生ずる判断は再審事由がない限り蒸し返すことはできないことを強調すれば、遮断効を肯定することになります。判例は、おそらくそのような立場と思われます。

それに対して、遮断効を否定する見解としては、問題文に記載されている「XらがYによる本件セミナーの開催に気付いたのは本件判決の確定後であったとの」事実から遮断効を否定することを考えると、新堂幸司先生や高橋宏志先生らが支持する見解である期待可能性説を述べてほしかったのでしょうし、出題趣旨及び採点実感にもその旨の記載があります。たしかに、私のように高橋宏志『民事訴訟法概論』（有斐閣、

民事系第３問＜民事訴訟法＞

2016 年）を愛読している人ならば論じられるかもしれませんし、辰巳法律研究所の答練でも出題されたこ
とはあります。しかし、司法試験受験生が当然にできるレベルとは思えません。少なくとも、それができ
なければ合格できないということはありません。遮断効を否定する見解として他のことを書くことは、考
査委員の出題意図に反するでしょうが、答案に何も書かないわけにはいきませんから、やむを得ませんし、
それでよかったと思います。

　考査委員は、出来が良くなかったと考えています。したがって、既判力に関する問題は再度出ると予想
して、よく勉強しておきましょう。

2　出題趣旨

　　設問３は、本件訴えの基準時前の事由である用法遵守義務違反を理由とする解除による建物賃
貸借契約の終了に基づき、後訴において建物明渡を求めることができるかが問われている。そし
て、解答に当たっては、本件訴えと後訴の訴訟物が同一であること、本件訴えの確定判決の既判
力により、基準時前の用法遵守義務違反の主張が遮断されることが前提とされている。また、本
問に関しては、いわゆる「前訴基準時後における形成権行使の可否」という論点との関係で検討
することも考えられるが、問題文中の会話においてこのアプローチは採らないことが明らかに
なっていることに留意が必要である。以上を前提に、課題①において、既判力の遮断効（消極的
作用）の根拠論を述べ、課題②において、課題①を踏まえながら、後訴の可否に関する理論構成
を、反対の立場を踏まえて論じていくことが求められている。

　　まず、既判力の基準時が口頭弁論終結時であることを根拠とともに簡潔に説明し、その上で、
既判力の作用からの理論的説明として、遮断効（消極的作用）については、後訴の裁判所に対す
る拘束力（積極的作用）を前提として認められるものであること、基準時前に存在した事実につ
いては、後訴での蒸返し防止（勝訴者の紛争解決に対する合理的期待の保護、法的安定性の確保
等）の観点から後訴で主張することはできないといった制度的効力を挙げた上、さらに実質的根
拠（正当化の根拠）として、前訴において十分な主張立証の機会が与えられていたにもかかわら
ず、これを行使しなかった場合は後訴においてかかる主張が遮断されてもやむを得ない、といっ
た点を述べていくことが期待される。

　　そして、その上で、遮断を否定するアプローチとして、遮断効につき、前記のとおり法的安定
性の確保や勝訴者の地位の安定といった制度的効力を基礎としつつも、前訴において十分に主張
立証の機会が与えられていたにもかかわらず、これを行使しなかったことに対する自己責任の観
点からすれば、前訴における主張立証がおよそ期待できなかった事実については前訴確定判決の
既判力による遮断効は生じないと解する説（期待可能性説）を挙げることが期待される。この説
に対しては、前記既判力の制度的効力からすると、このような主張を認めるのは慎重な態度が要
請される、再審事由に関する民事訴訟法第３３８条第１項第５号からすれば、刑事罰が科される
ような他人の行為によった場合であっても既判力が作用するとされているのであり、単なる期待
可能性の欠如をもって既判力が作用しないとすることは再審と既判力の作用との境界をあいまい
にするものであって不当である、あるいは、期待可能性の有無について後訴裁判所が審理判断す
ることになり、後訴の審理負担が不当に重くなる懸念がある、といった批判がされているところ
である。期待可能性説に立つ場合は、これらの批判を示しつつ、自己の立場を説得的に展開し、
判断基準を定立することが期待される（その上で、本問への当てはめにおいて、期待可能性があっ
たとすることも考えられる。）。

　　これに対し、遮断効の根拠につき、前記制度的効力の点を重視する立場に立った場合は、前記
期待可能性説に対する批判を加えつつ、前訴の基準時前に生じていた事由であれば例外なく遮断

297

するという方向で検討することが考えられるが、その場合には、問題文の具体的事実関係から遮断するのが相当とされる根拠を丁寧に示していくことが期待される。

　なお、遮断効を否定する立場に立つ場合、既判力による遮断効の正当化根拠を手続保障と自己責任であるとしか指摘せず、本問の事実関係からは用法遵守義務違反の事実について手続保障がされたとはいえないから遮断されないと解すべき、といった程度の大雑把な検討に終始している答案は、既判力の遮断効に関する説明が不十分と評価されるだけでなく、遮断効に例外を認める理論構成や根拠を適切かつ十分に検討したものとは評価できない（「手続保障及び自己責任の観点から本問では特段の事情がある」といった程度の記述にとどまっている答案も同様である。）。

　また、前記したとおり、本問においては、いわゆる「基準時後の形成権行使の可否」という点からのアプローチは明示的に排除している。したがって、このようなアプローチをとったと思われる答案、例えば、「解除権は前訴確定判決の判断に内在付着する瑕疵である（ない）から」といった点から遮断の可否を論じている答案や、反対説についてこのような趣旨で言及しているとみられる答案については、問題文の指示を無視したものとして評価されない。

　また、期待可能性説以外のアプローチ、例えば、釈明義務違反や法的観点指摘義務違反に基づいて既判力が縮小するという構成も考えられなくはないが、前訴である本件訴えの手続経過からは、かかる釈明義務違反や法的観点指摘義務違反を基礎付けるような事実関係は見当たらないので、これを採用するのは難しいと思われる。

　その他、判決理由中の判断の拘束力（信義則等）を検討している答案は、既判力が作用するという本問の前提に反するので、当然のことながら評価されない。

3　採点実感等

ア　設問3の採点実感

　設問3では、本件訴えに係る訴訟の口頭弁論終結時（基準時）前の事由である用法遵守義務違反を理由とする解除による建物賃貸借契約の終了に基づき、後訴において建物明渡しを求めることができるかを問うものである。

　既判力によって基準時前の事由に関する主張が遮断される根拠について、既判力の作用（消極的作用）と結び付けて検討できていた答案は少なく、また、蒸し返し防止といった制度的効力（法的安定性の確保、勝訴当事者の権利関係保護等）を挙げている答案も多くはなく、既判力が「確定」判決の効力であることに言及できていない答案も少なくなかった。多くの答案は、実質的な正当化根拠である手続保障とその結果としての自己責任という点からだけ根拠付けていた。また、このようなマジックワードだけ示して内容について説明していない答案も相当数見られた。マジックワードだけ示すということは、その内容の解釈を読み手に完全に委ねてしまうことになり、また自らの理解が不十分であることを示唆する面も否定できず、極めてリスクの高い論述手法であることを認識する必要がある。「紛争の実効的解決の確保」、「紛争の一回的解決」などの抽象的ワードだけで説明しているものも同様である。

　遮断効の根拠論は既判力論の一内容となるが、重複する訴えの提起の禁止（法第142条）と混同しているのではないかと疑われる答案が少なからずあった（具体的には「矛盾判断の防止」「訴訟経済」「被告の応訴負担」などを根拠して挙げているもの）。基本概念の理解を欠き、区別がついていない証左であると言わざるを得ない。

　本問の具体的事実関係に照らした、本件訴えに係る確定判決（本件判決）の既判力によって解除権行使の主張を遮断することが相当かどうかの検討については、本件訴えと後訴の訴訟物

が同一であること、本件訴えの確定判決の既判力により、基準時前の用法遵守義務違反の主張が遮断されると通常考えられることを前提とし、後訴での主張の可否に関する理論構成を、反対の立場を踏まえて論じていくことが求められる。

遮断を否定するアプローチとして、前訴における主張立証がおよそ期待できなかった事実については前訴確定判決の既判力による遮断効は生じないと解する説（期待可能性説）を挙げることが期待されるが、用法遵守義務違反の主張が遮断されないとする根拠として、期待可能性説を挙げている答案は少数にとどまり、多くは、用法遵守義務違反について前訴では手続保障がされておらず自己責任を問うことができないという表面的な検討に終始しているものであった。既判力の縮減は、既判力の制度的効力（蒸し返しの防止、勝訴当事者の権利関係の安定、紛争解決に対する合理的期待の保護等）と鋭い緊張関係をはらむ問題であり、仮に期待可能性説に立ったとしても安易にこれを認めることはできない、という問題意識を持つことが重要と考えられるが（Yの訴訟代理人であったとしたらどう考えるか、想起されたい）、そのような発想が見られた答案は少数にとどまり、期待可能性説に言及できていても、期待可能性の欠缺を単純に無過失と同視し、本件セミナー開催の事実を単に知らなかったことをもって主張の期待可能性がなかったと安易に認定するなど、既判力の縮減に関してやや慎重さを欠く答案が少なくなかった。逆に、このような緊張関係をはらむ問題であることを意識して、期待可能性なしとされる場合を厳格に解し、結果として本問では期待可能性がないとはいえないとした答案は、高い評価を得ていた。

用法遵守義務違反の主張が遮断されるとした答案も多かったが、その根拠は弱いものが多かった。その原因は、既判力の制度的効力に関する理解ないし配慮が不十分であったということにあるのではないかと感じられた。また、反対説として期待可能性説を挙げた上、それに対して的確な批判を加えることができた答案は、極めて少数にとどまった。

問題文から読み取れない事実を当てはめに供している答案も散見されたが、意図する結論を導こうとするあまり、合理的根拠のない思い込みで事実関係を憶測することは慎まれたい。

また、本問では、問題文にあるように、いわゆる「基準時後の形成権行使の可否」という点からの検討は求めておらず、既判力の縮減という点からの検討を求めている。それにもかかわらず、前者の検討、具体的には、「請求権に付着する（内在する）瑕疵」という点から検討している答案が多くみられた。問題文をよく読み、的確に分析することを改めて心掛けてほしい。

イ　設問3のまとめ

設問3は、既判力によって基準時前の事由に関する主張が遮断される根拠を踏まえた上で、本件訴えの基準時前の事由である用法遵守義務違反を理由とする解除による建物賃貸借契約の終了に基づき、後訴において建物明渡しを求めることができるかにつき、本件訴えと後訴の訴訟物が同一であることを前提に、その可否に関する理論構成を、反対の立場を踏まえて論じていくことを求めるものである。

既判力によって基準時前の事由に関する主張が遮断される根拠について、多くの答案は、実質的な正当化根拠である手続保障とその結果としての自己責任という点からだけ根拠付けているものが多く、後訴での主張の可否に関する理論構成については、遮断を否定するアプローチとして、期待可能性説を挙げている答案は少数にとどまり、用法遵守義務違反について前訴では手続保障がされておらず自己責任を問うことができないというような表面的な検討に終始しているものが多く、遮断を肯定する答案については、その根拠が弱いものが多かった。必要性と許容性の双方を意識することができたか、既判力の定義や条文等の基本的な概念に立ち返った説明ができたか、遮断を否定する場合には、遮断効の根拠を踏まえて例外要件を定立し、丁寧に当てはめをすることができたか、遮断効の例外を認めない場合には、例外を認める立場を

299

意識して自説の根拠を説得的に論述し、必要な当てはめができたかなどにより、差が付いたように思われる。

「優秀」に該当する答案は、出題趣旨を正しく理解した上で、既判力によって基準時前の事由に関する主張が遮断される根拠を的確に述べた上で、本件訴えと後訴の訴訟物が同一であることを前提に、後訴での主張の可否に関する理論構成を、反対の立場を踏まえて適切に論述するものである。「良好」に該当する答案は、出題趣旨をおおむね正しく理解しているが、後訴での主張の可否に関する理論構成について、表面的な検討にとどまるものなどである。「一応の水準」に該当する答案は、出題趣旨を理解していることが読み取れるものの、遮断効の根拠についての論述が不十分であり、本件訴えと後訴の訴訟物が同一であるといった前提を踏まえずに、後訴での主張の可否に関する理論構成をするものなどである。これに対し、出題趣旨を正しく理解せず、基準事後の形成権行使の可否という点からの検討に終始するような答案は「不良」と評価される。

4 解説

(1) 既判力の遮断効（消極的作用）の正当化根拠（課題①）

まず、既判力の基準時が事実審の口頭弁論終結時であることを、根拠とともに簡潔に説明する。その上で、既判力の作用から理論的説明をする。その際には、手続保障とその結果としての自己責任といったマジックワードだけを示すのではなく、内容について筋道立てて説明することが必要である。

遮断効（消極的作用）については、後訴の裁判所に対する拘束力（積極的作用）を前提として認められるものであること、基準時前に存在した事実については後訴での蒸返し防止の観点から後訴で主張することはできないといった制度的効力を挙げた上、さらに実質的根拠（正当化の根拠）として、前訴において十分な主張立証の機会が与えられていたにもかかわらず、これを行使しなかった場合は後訴においてかかる主張が遮断されてもやむを得ない、といった点を述べていく。

(2) 後訴の可否（課題②）

次に、本件判決の既判力により解除権行使の主張を遮断することが相当か否か検討する。本問では、いわゆる「基準時後の形成権行使の可否」という点からのアプローチは明示的に排除されているため、書かないように注意したい。

ア 遮断効の否定

遮断を否定するアプローチとして、遮断効につき、前記のとおり法的安定性の確保や勝訴者の地位の安定といった制度的効力を基礎としつつも、前訴において十分に主張立証の機会が与えられていたにもかかわらず、これを行使しなかったことに対する自己責任の観点からすれば、前訴における主張立証がおよそ期待できなかった事実については前訴確定判決の既判力による遮断効は生じないと解する説（期待可能性説）を挙げることが期待される。

イ 遮断効の肯定

遮断効の根拠につき、前記制度的効力の点を重視する立場に立った場合は、前記期待可能性説に対する批判を加えつつ、前訴の基準時前に生じていた事由であれば例外なく遮断するという方向で検討することが考えられる。その場合には、問題文の具体的事実関係から遮断するのが相当とされる根拠を丁寧に示していくことが期待される。

300

民事系第3問＜民事訴訟法＞

採点基準表

※本試験の採点基準は公表されません。そこで、「出題趣旨」や「採点実感」等から辰已が独自に作成した採点基準を以下に掲載します。再現答案等とあわせ過去問学修にお役立てください。

	配点	あなたの得点
第1　設問1課題1　【4点】		
1　任意的訴訟担当の意義		
・訴訟担当の定義	1	
・任意的訴訟担当の定義	1	
2　明文なき任意的訴訟担当		
・「弁護士代理の原則及び訴訟信託禁止の趣旨を回避・潜脱するおそれがなく、かつ、これを認める合理的必要がある」場合には明文なき任意的訴訟担当を認めるとの規範を定立する。（最大判昭45.11.11）	2	
第2　設問1課題2　【7点】		
1　課題1に基づく検討		
（1）本件契約終了に基づく明渡請求権の性質	2	
（2）昭和45年判決との差異		
・昭和45年判決は組合規約に基づき管理権、対外的業務執行権とともに訴訟追行権で組合員に付与	2	
・本件は、本件契約の更新、賃料の徴収、受領、本件建物の明渡しに関する業務はX1が自己の名で行うことが取り決められ、X1は、X2とX3からX1単独での訴訟提起を依頼された	2	
2　結論	1	
第3　設問2　【49点】		
1　裁判上の自白の意義及び要件		
（1）裁判上の自白（民事訴訟法179条）の定義		
・「不利益」の意義	2	
・「事実」の意義、根拠	4	
（2）先行自白の定義	2	
2　本件陳述について裁判上の自白が成立すること		
（1）「事実」性		
・本件訴訟の訴訟物	2	
・賃貸借契約の終了原因の性質	2	
・本件陳述が本件訴訟の訴訟物との関係で主要事実に該当すること	2	
（2）「不利益」性		

301

・本件陳述はXらが証明責任を負う事実であって不利益であること	3	
3　裁判上の自白の撤回が許されること		
(1)　裁判上の自白の効果		
・審理排除効、判断拘束効 (弁論主義第2テーゼ)、証明不要効 (民事訴訟法179条)	2	
・撤回制限効の定義及び対象	4	
(2)　本件陳述において撤回が許されること		
・Xらが従前主張したのはYの賃料不払による無催告解除であること	2	
・Yによる目的物の目的外使用にかかる部分は主要事実ではなく、本件陳述をした時点では、自白成立の予測可能性がなかったこと	3	
・第1回弁論準備手続期日の目的	3	
・本件陳述に至る経過に照らすと、Yによる本件陳述を援用することは原告と被告の衡平を著しく害し、本件陳述を撤回しても信義則に反しないこと	2	
★　2本件陳述について裁判上の自白が成立しないこと		
(1)、(2)は「事実」性、「不利益」性について検討		
(3)　弁論準備手続の目的		
・争点に関する当事者間の自由な議論を促進するという弁論準備手続の目的ないし趣旨、本件での第1回弁論準備手続期日でのテーマ設定からすれば、争点整理手続中に自白がされても争点整理作業が完了するまでは、それを自白とは確定的に扱わないなど説得的に論じる。	4	
(4)　第1回口頭弁論期日におけるYの主張		
・第1回弁論準備期日では、賃料不払を前提に、当事者間の信頼関係の破壊を基礎づける事実関係の存否につき、第2回弁論準備期日以降に具体的な争点を確定することとしていること	4	
・Yは、第1回口頭弁論期日において、「未払いとされる賃料は全額支払い済みである。無催告解除が認められるに足りる信頼関係の破壊はない」と主張していること	4	
・上記の事情から両当事者はYの賃料不払を争点とすることを念頭に攻撃防御を行っていること	3	
(5)　結論	1	
★裁判上の自白が成立するかしないかについて説得的な論述ができていれば結論はどちらでもよい。		

第4　設問3　【20点】

1　既判力によって基準時前の事由に関する主張が遮断される根拠		
・既判力 (民事訴訟法114条1項) の定義、趣旨	2	
・既判力の基準時、根拠	2	
2　本件判決の既判力によって解除権行使の主張を遮断することの相当性		
(1)　遮断を認める根拠		

民事系第3問＜民事訴訟法＞

・後訴の訴訟物は賃貸借契約終了に基づく明渡請求権であるから、本件判決の既判力が後訴に及ぶこと	4	
・賃貸借契約の終了原因は攻撃防御方法のひとつであり、本件訴訟における提出の期待可能性が認められ、手続保障が与えられていること	4	
⑵　遮断を認めない反対の見解		
・XらがYによる本件セミナーの開催に気付いたのは本件判決の確定後であって、本件訴訟の基準時までに解除権の行使の主張をすることが期待できないこと	3	
⑶　反対の見解に対する反論		
・期待可能性の判断基準を立てられないこと	2	
・紛争解決について相手方の利益を考慮する必要があること	2	
・既判力による遮断効を制限する再審（民事訴訟法 338 条）事由は限定されていること		
3　結論	1	
★⑵を自説、⑴を反対の見解として論じても、説得的に論じられていれば結論はどちらでもよい。		

303

基本配点分	小計 80 点	
		点

加点評価点	小計 10 点	
添削シート中の【加点評価】を総合的に評価し点数を決めて下さい。目安はAが半数以上であれば 10 点、Bが半数程度であれば 5 点です。		点

基礎力評価点	小計 10 点	
以下の項目は、「司法試験の方式・内容等について」（令和 5 年 11 月 22 日司法試験考査委員会議申合せ事項）第 4 − 2 −(1)−エに掲載されている事項です。		

あなたの得点（0 〜 2 点で評価）		
事例解析能力		
論理的思考力		
法解釈・適用能力		
全体的な論理的構成力		
文書表現力		点

総合得点	合計 100 点	
		点

民事系第3問＜民事訴訟法＞

再現答案

答案① （順位ランクＡ、213.08点、系別33位、論文総合97位）

［設問1］
（課題1）
第1　任意的訴訟担当の意義

　訴訟の当事者適格、すなわち、特定の訴訟物との関係で訴訟を追行し、判決の名宛人となる資格は、本来的に当該訴訟物の権利義務・法律関係の帰属主体に認められる。ただ、一定の場合には、当該帰属主体の者以外に当事者適格が肯定され、任意的訴訟担当は、本来の当事者適格者からの授権を基礎に、それを認めるものである。

第2　要件

　明文の規定のない任意的訴訟担当を肯定する場合、三百代言による訴訟不経済・依頼者の不利益を回避する趣旨である弁護士代理の原則（54条1項本文）、また、訴訟信託禁止（信託法10条1項）に反するおそれがある。

　そのため、最判昭和45年は、上のように㋐授権があることを前提に、㋑弁護士代理の原則・訴訟信託の禁止を潜脱せず、㋒これを認める合理的必要性がある場合を要件として、任意的訴訟担当を認める①。

（課題2）
第1　授権の有無　（㋐）②

　以下、上に照らし、本件を検討する。

　まず、授権の有無につき、Ｘ1がＹへの建物明渡訴訟の提起を検討している旨をＸ2・Ｘ3に相談したところ、提起に賛成するものの、Ｘ1単独で行ってほしい旨述べられている。これ自体は、直接的に授権する文言にみえない。しかし、Ａ死亡後になされた遺産分割協議の中で、ＡＹ間の本件建物の賃貸借契約（本件契約）については、Ｘ1が賃料収受、訴訟上の業務を行うこととする取決めがなされており、上の賛成と併せることで、Ｘ1への授権があるといえる。

　この点に関し、最判昭和45年は、組合契約に係る事案であり、財産所有形態（民法687条）、規約で業務執行者等が定められている（同670条1項）といった点での組合契約の特殊性から、授権を基礎付けたものとみえる。もっとも、遺産共有の場合でも、共有（同249条1項以下）である点に変わらず、取決めも規約に準じて存在するといえる③。

　よって、判例と同様に授権は基礎づけられる。

第2　非潜脱・合理的必要性　（㋑・㋒）

1　Ｘらは、賃料不払により不利益を被っているから、解除して建物明渡を

①昭和45年判例（最大判昭5.11.11、百選12事件）の判旨について、簡潔かつ明瞭に示すことができている。

②授権の有無から検討することができている。

③本問の事案は判例の事案とは違うことに言及しつつ、共通する点を指摘している。

305

求めるという共通の利害を有していること、また、Ｘ１は不適切な訴訟追行をすれば取決めに反したものとして責任追及を受け得ることに照らすと、Ｘ１には適切な訴訟追行が期待でき、弁護士代理・訴訟信託禁止の趣旨に照らしこれを潜脱するものとはいえない。

2　そして、Ｘ２・Ｘ３は、自身らの時間的・経済的負担の大きさを理由に訴訟追行を渋っているため、Ｘ１の訴権を保護するために、任意的訴訟担当の方法によるべき合理的な必要性が存在している。

第3　よって、Ｘ１による明文なき任意的訴訟担当は認められる。

［設問2］

第1　裁判上の自白の意義・要件

　裁判上の自白とは、㋐相手方の主張する事実を認める旨の㋑弁論としての陳述、あるいは陳述が一致する状態で、㋒自己にとって不利益な内容のものをいう④。

　㋐の「事実」の事実の範囲につき、裁判上の自白を認める根拠は、私的自治の訴訟法的反映として、事実の主張・証拠の申出を当事者の責任と権能とする弁論主義にあることから、訴訟物との関係で法律効果の発生・変動・消滅を規律する法律要件に該当する具体的な事実、つまり主要事実の限りで足り、それをさす。また、㋒の「不利益」につき、基準の明確性の観点から、相手方が証明責任を負う事実を内容とするものをさす。

第2　本件についての検討

1　㋐・㋒について

　本件陳述は、Ｙが無償の料理教室を開いたことがあるという内容である。この事実は、Ｘらによる賃貸借契約の終了に基づく本件建物の明渡請求において、原告Ｘらが主張・立証責任を負う（㋒）、用法遵守義務違反による解除の請求原因事実（主要事実となる）となる。Ｙがこの事実を先行して陳述し、Ｘらが援用することをもって、陳述の一致した状態が生じることとなる（㋐）。

2　「弁論としての」（㋑）

　しかし、「弁論としての」という要件は満たされない（㋑不充足）。本件陳述は、弁論準備手続期日で行われたものである。「弁論」とは、口頭弁論期日をさし、以下の点で弁論準備手続は含まれない、と解されるためである。

　すなわち、弁論準備手続（168条）の目的は、争点及び証拠の整理を行うことで、審理の迅速化・効率化を図ることにある。また、同手続は、口頭弁論における諸原則、具体的には公開主義（169条）・直接主義（171条1項）が同様には妥当しないため、手続の結果の陳述（173条）をもって、手続の正当化を行っている。このように口頭弁論と異なる手続で、自白に伴う拘束を認めると、上のような迅速化・効率化といった趣旨が害され、独自の制度として法定した意義を損なうこととなる。

第3　結論

④裁判上の自白の意義について、従来からの通説のように、当事者が、その訴訟の口頭弁論又は弁論準備手続においてする、相手方の主張と一致する自己に不利益な事実の陳述であること、又は有力説のように、相手方の主張する自己に不利益な事実を争わない旨の意思を表明する、弁論としての陳述であることを簡潔に述べることが期待される（採点実感）。

民事系第3問＜民事訴訟法＞

　　本件陳述について自白は成立しないとの立場からは、以上のとおり立論できる。

［設問3］

第1　基準時前の事由に関する主張が遮断される根拠

　　既判力は、前訴確定判決の判断内容が有する拘束力であり、後訴裁判所はその判断を基準に審判し、当事者もその判断に矛盾・抵触する主張はできなくなる。既判力は、当事者への手続保障を根拠として、紛争の蒸し返しを趣旨とする。ここで拘束力が生じる判断は、基準時つまり事実審の口頭弁論終結時のものとされる。その根拠は、同時点まで、当事者は自由に攻撃防御の提出ができ、また、裁判所も同時点までの裁判資料をもとに判決を行う（247条）ことにある[5]。

⑤「既判力の基準時が口頭弁論終結時であることを根拠とともに簡潔に説明」（出題趣旨）している。

第2　本件について

1　自己の立場

　　主張は遮断される、とする立場を採る。

　　本件判決は、XらのYに対する、賃貸借契約終了に基づく明渡請求権を訴訟物とする請求について請求棄却を内容とする。基準時（令和5年4月）において、同請求権が存在しない旨の判断に既判力が生じている（114条1項）。これに対し、Xらが後訴で主張しようとする本件セミナー開催という用法遵守義務違反の事実は、相続（令和3年7月）ないし訴訟提起以前（令和4年1月12日）の令和3年1月から、弁論終結時以前の令和5年1月までに存在した事実である。そのため、基準時前の事由で、上記判断に抵触しており、基本的に主張は遮断されるようにみえる。

2　反対の立場からの検討

　　これに対し、次の2点の反論が考えられる。

　　第1に、上記用法遵守義務違反の事実が判明したのは、判決確定後である。自由に攻撃防御が提出できた、という上の根拠に照らせば、基準時後に判明した事実は、基準時以前に主張することの期待可能性がないため、手続保障もない[6]。

⑥反対の立場として、期待可能性説からの主張を述べている。

　　第2に、前訴の争点は、専ら賃料不払の事実・信頼関係破壊の有無にあって、用法遵守義務は争いにすらならなかった。解除原因は多様であり、その内実も異なるにも拘らず、用法遵守義務に係る主張が遮断されることになれば、Xには酷であり、他方で、Yにおいて用法遵守義務違反の紛争まで解決されたとの認識まではないため、蒸し返しにならず、特段不利益にならないので、遮断されない。

3　批判

　　しかし、上の主張には理由がない。

　　まず、事実判明の経緯は不明であるが、X1は訴訟提起以前の令和3年9月に本件契約の現状を調査している。解除を主張するとき、予備的にでも複数の解除原因を主張することは可能である。このような観点から、調査を含めて、解除事由を網羅的に発見する機会があった以上、事実を主張

307

することの期待可能性がないとまではいえない。

　また、上の解釈には紛争の捉え方に問題がある。既判力は、制度的な効力であり、基本的に訴訟物に対する判断に拘束力が生じるものとして、その限りで紛争は解決されたものと国民一般、こと相手方は信頼する。にも拘らず、賃貸借契約の解除の場面で、解除原因ごとに拘束力が生じない余地を認めれば、相手方の紛争解決に対する期待が害されることとなる。本件でも、Yに明渡を巡る一連の紛争解決の期待が生じており、これを保護する必要がある。他方、制度的な拘束を前提にXに主張可能性があったことを踏まえると、Xに酷な点はない。

以上

(3,184 字)

◆総評◆

　出題趣旨で挙げられている項目について、概ね的確に検討することができている。問題文中の事実が持つ意味について、深く考察を加えることができており、高く評価されたものと考えられる。答案全体の構成も、項目立てて分かりやすくまとめてあり、答案作成の参考になると思われる。

民事系第３問＜民事訴訟法＞

答案② (順位ランクＡ、201.70点、系別89位、論文総合8位)

第１　設問１
1　課題１について
　(1)　任意的訴訟担当とは、特定の訴訟物につき誰が当事者として訴訟追行
　　し、誰に対して本案判決を下すのが紛争解決のために必要かつ有意義か
　　という観点から定められる訴訟要件である当事者適格を有する者が第
　　三者に対して訴訟追行権を授与し、当該第三者が訴訟を追行することを
　　いう。
　(2)　任意的訴訟担当は明文上、民事訴訟法30条（以下法名省略）が規定さ
　　れているところ、同条及び29条の適用の無い場合に明文なき任意的訴
　　訟担当の可否が問題となる①。明文に基づくことなく任意で訴訟担当を
　　許容した場合、非弁活動による依頼人の利益の侵害の防止、手続の円滑
　　迅速化という弁護士代理の原則（54条）、訴訟信託禁止の原則の趣旨を
　　没却する恐れがある。しかし、訴訟経済の観点から、上記趣旨に反しな
　　い場合は許容する必要性がある。そこで昭和45年判例は、①本来の権利
　　主体から訴訟追行権の授与があることを前提として、②弁護士代理の原
　　則（54条）、訴訟信託禁止の原則の趣旨を潜脱する恐れがなく、かつ、
　　③これを認める合理的必要性がある場合には認められるとした②。
　(3)　上記３要件が明文なく任意的訴訟担当が認められるための要件であ
　　る。
2　課題２について
　(1)　Ｘ１による訴訟担当が明文なき任意的訴訟担当として認められるか。
　　ア　ＸらはＡの子である。ＡはＹとの間で本件建物を賃貸する旨の本件
　　　契約を締結したのち、令和３年７月に死亡した。Ｘらは遺産分割協議
　　　をした結果、本件建物についてそれぞれ３分の１の持分で共有し本件
　　　契約について全員が賃貸人となることを取り決めると同時に、本件契
　　　約の更新等や本件建物の明渡に関する訴訟上及び訴訟外の業務につ
　　　いてはＸ１が自己の名で行うことを取り決めた。本件で提起する訴訟
　　　は賃貸借契約終了に基づく本件建物の明渡請求であり、賃貸人はＸら
　　　であるから当事者適格を有する者はＸらである。そして、Ｘ１を除く
　　　Ｘ２及びＸ３は本件契約及び本件建物の明渡に関する業務に関する
　　　取り決めによってＸ１に訴訟追行権を授与している。したがって、①
　　　の要件を満たす。
　　イ　非弁活動による依頼人の利益の侵害の防止、手続の円滑迅速化とい
　　　う法の趣旨を潜脱しないかという点について判例は、組合の代表者は
　　　当該組合の利益が自身の利益と密接に関連し、また組合員の利益を目
　　　的として活動することが想定されること、代表者が一括して訴訟を追
　　　行することが訴訟経済にも資する点から上記趣旨に反しないとした。

①明文なき任意的訴訟
担当が問題となること
を示している。

②昭和45年判例の判
旨について、端的に示
すことができている。

309

本件では、Ｘらがそれぞれ本件建物を３分の１の持分で有しており
それぞれの固有の利益を有している。そのため、Ｘ１が単独でＸ２及
びＸ３の訴訟担当として訴訟追行することで確定判決の効力がＸ２
らに拡張される（115条１項２号）点から、利益侵害の恐れがあると
も考えられる。しかし、上述の通りＸらは、本件建物に関する訴訟上
の業務についてＸ１が自己の名で行う旨の取り決めをしており、さら
に明渡請求をするＸ１の意向に両名とも賛成しつつ時間的経済的負
担を理由に単独での訴訟提起を求めたに過ぎないことから、本件建物
についてＸらに不利益な判決がなされる可能性を受忍する意思であ
ると考えられる③。したがって、本件の訴訟担当は上記趣旨に反さず、
②の要件を満たす。

③Ｘらの意思につい
て、論じることができ
ている。

ウ　代表者である組合員が訴訟担当をすることは、組合員全員が訴訟当
　事者となることの時間的経済的負担を軽減すること、訴訟経済の観
　点、組合及び組合員の利益を第一に代表者が訴訟行為を行う点に鑑み
　て合理的必要性が認められる。他方、本件で当事者適格を有する権利
　者はＸら３名に過ぎず、Ｘ１を除く２名は時間的経済的負担が大きい
　ことのみを理由としていることから必要性に合理性が認められるか
　が問題となる。

　　この点について、Ｘらは３名であるが訴訟当事者として訴訟を追行
　する意思の無いＸ２、Ｘ３の時間的経済的負担を軽減することができ
　る。また、ＸらはＡの子として共同で本件建物を相続しており、組合
　員と同様もしくはそれ以上に共通の利益・利害関係を有するから、Ｘ
　１はＸら全員の利益のために訴訟行為を行うことが予見される。した
　がって、訴訟担当の合理的必要性が認められ、③の要件を満たす。

(2)　以上より、Ｘ１による訴訟担当は明文なき任意的訴訟担当として認め
　られる。

第２　設問２

１　裁判上の自白（179条）の意義及び要件について

(1)　裁判上の自白とは、①口頭弁論期日又は弁論準備手続期日における、
　②相手方の主張と一致する、③自己に不利益な、④事実の陳述をいう④。

(2)　裁判上の自白は、弁論主義を根拠とするものである。弁論主義とは、
　判決の基礎を成す事実の確定に必要な資料の収集・提出を当事者の権
　能・責任とする建前であり、私的自治の原則を訴訟法上にも反映するこ
　とで当事者の意思を尊重し、相手方の不意打ちを防止することをその趣
　旨とする。

ア　①及び②については、期日において相手方の主張と一致する内容を
　陳述することにより、弁論主義の趣旨に符合するからこのような要件
　となる。

イ　③については、「自己に不利益」の意義が問題となる。この点、自白
　の成立によって不要証効（179条）が生じ利益を受けるのは、当該事

④裁判上の自白の意義
について、簡潔に示す
ことができている。

実について証明責任を負う者である。ここで証明責任とは、ある事実が真偽不明である場合にその事実を要件とする法律効果の発生が認められないことになる一方当事者の不利益を言う。自白成立により証明責任を相手方が免れることは、自白者にとって不利益であり、証明責任を基準とすることが明確である。したがって、「自己に不利益」とは、相手方が証明責任を負うことをいう。

ウ ④「事実」の陳述については、「事実」の範囲が問題となる。間接事実及び補助事実は証拠と同様に主要事実を推認、補強する機能を有するから拘束力を認めると不自然な事実認定を強いる恐れがあり自由心証主義（247条）に反する恐れがある。他方、訴訟物について私的自治により自由な処分が認められる以上、主要事実の収集提出についても当事者の事由に委ねるべきである。また、証明責任を基準とする以上は、主要事実を対象とすることが整合的である。したがって、「事実」とは主要事実を指す。

エ 裁判上の自白は以上4要件からなる。

2 本件陳述について裁判上の自白が成立しないとの立場について⑤

(1) 裁判上の自白の要件は上述の通りであるから、本件陳述の要件該当性について以下検討する。

ア 本件陳述は本件訴訟の第1回弁論準備手続期日においてなされたYの発言であり、Xらの請求に対する相手方Yの主張であるから①及び②の要件を満たす。

イ 本件訴訟は本件建物の賃貸借契約である本件契約の終了に基づく本件建物の明渡しを求める訴えである。賃貸借契約の終了に基づく明渡請求が認められるためには終了原因を請求原因事実として明らかにする必要がある。そしてこの終了原因については原告側が証明責任を負う。本件陳述は賃貸借契約に基づく用法遵守義務（民法616条、594条1項）に反する事実に関する陳述であり、請求原因事実に当たるから、証明責任はXらが負っている。したがって、Yにとって「自己に不利益」な陳述である。

ウ 上述の通り、本件陳述は請求原因事実についての陳述であり、法律効果の判断に直接必要な主要事実に関する陳述である。したがって、「事実」の陳述に当たる。

(2) 本件陳述は形式的には裁判上の自白の要件に該当しているものの、相手方の主張しない自己に不利益な事実の陳述である先行自白をXが援用したことで自白の成否が問題となっている。そして、本件のような場合に裁判上の自白の成立を認めることは、弁論準備手続の目的並びに弁論主義に反するから裁判上の自白は成立しない。

ア 本件訴訟は弁論準備手続に付されているところ、弁論準備手続の目的は、充実した本案審理を計画的かつ迅速に行うために争点、証拠を整理することにある。

⑤本件陳述について、裁判上の自白が成立しないとの立場を採っている。

イ　本件訴訟で当初主張されていた賃貸借契約の解除原因は、賃料の不
払いである。第1回弁論準備手続において、賃料不払いによる解除の
可否に関して信頼関係破壊を基礎づける事実関係の存否につき議論
し、結果を踏まえて第2回以降に具体的争点を確定させることとされ
た。第1回における本件陳述はあくまで信頼関係不破壊を基礎づける
ための主張としてなされているにもかかわらず、これを用法遵守義務
違反に関する先行自白ととらえて援用することは当初の弁論準備手
続の目的に合致していない。また、Yは、料理教室にX1夫婦が参加
した際に契約に反するとの指摘を受けたことがなかった。そのため弁
論主義の観点から、信頼関係不破壊を基礎づける事実として主張され
た本件陳述を解除原因の自白ととらえることは、当事者の合理的意思
に反し、また、不意打ちとなる。

ウ　したがって、本件陳述について自白が成立すると解することは手続
の目的並びに弁論主義の観点から妥当でない。

(3)　よって、本件陳述に裁判上の自白は成立しない。

第3　設問3

1　既判力によって基準時前の事由に関する主張が遮断される根拠につい
て

(1)　判決の遮断効とは、判決確定後、当事者は基準時における権利関係を
基準時前の事由に基づいて争うことはできないとする判決の効力であ
る。既判力の根拠は、自己に不利益な判決がなされないようにするため
の訴訟追行という手続保障が与えられたことによる自己責任にある。そ
して、終局判決は事実審口頭弁論終結時までに提出された資料を基礎と
することから、それ以前までは手続保障が与えられたことによる自己責
任という既判力の根拠が妥当する。そのため、既判力の基準時は事実審
の口頭弁論終結時となる⑥。

⑥既判力の時的限界に
ついての原則論を示す
ことができている。

(2)　基準時前の事由については、判決確定前に与えられた手続保障の範囲
内で主張することが可能であったと考えられる。にもかかわらず、それ
を主張せず判決が確定したことで不利益を受けることは自己責任であ
る。

(3)　したがって、既判力によって基準時前の事由に関する主張は遮断され
る。

2　本件判決の既判力によってXらの解除権行使の主張を遮断することは
相当か。

(1)　基準時前の事由を原因とする解除権の行使は認められるか。

ア　上述の通り、既判力の根拠は、手続保障が与えられたことによる自
己責任にある。解除権は、請求訴権と同一の事件から生じた抗弁であ
り、前訴と密接な関係にあるとして、権利に付着する瑕疵である。口
頭弁論終結前に解除権が成立していれば、前訴で行使することが期待
できることから手続保障は与えられていると考えられる。

民事系第3問＜民事訴訟法＞

イ　したがって、基準時前の事由を原因とする解除権の行使は、原則として遮断される。

(2)　Yらが本件セミナーを行っていたことを理由とする解除権の行使を遮断することは相当か。本件セミナーは令和3年1月から令和5年1月までの間に行われており、本件訴訟について口頭弁論が終結したのは令和5年4月であるから、本件セミナーの開催という事情は基準時前の事情である。しかし、本件判決確定後に本件セミナーの開催という事情は判明していることから、遮断の根拠が妥当するかが問題となる。

ア　この点、後訴の請求について前訴で主張立証することが不可能であり、当事者の合理的意思という点から前訴の請求に包含されていない趣旨のものであることが明らかであって、裁判所もそのような趣旨で前訴請求に対する判決をしていると認められる場合には、既判力の根拠である手続保障の観点を考慮して、前訴請求を明示的一部請求と擬制することで後訴請求は前訴既判力に抵触しないとする考え方がある。解除権についても手続保障は重視されるべきであるから、前訴で主張立証することが不可能であり、当事者及び裁判所も解除権を基礎づける事実の審理をしないままに判決を下したと認められる特段の事情が認められる場合には、例外的に遮断されないと解する。

イ　本件セミナーの開催という事情は前訴判決確定後に判明している。そして、本件建物内でセミナーが行われていたことについては実際に本件建物に居住している者でなければ把握することは困難であるから前訴時点でXらが主張立証することは困難である。また、裁判所が前訴において賃貸借契約の解除原因として審理したのは賃料不払いであり、用法遵守義務違反についてはそもそも審理すら行っていない。このような事情から、当事者及び裁判所は解除権を基礎づける事実の審理をしないまま判決を下したと認められる特段の事情が認められる。

ウ　したがって、本件セミナーを行っていたことを理由とする解除権の行使については、手続保障がなされていたとはいえず、既判力による遮断の根拠が妥当しない。

(3)　以上より、本件判決の既判力によってXらの解除権の行使を遮断することは妥当でない。

以上
(5,107字)

◆総評◆

　出題趣旨で挙げられている項目について、概ね言及することができている。必要とされる点を簡潔にまとめられた分かりやすい答案であり、高く評価されたものと考えられる。

313

答案③（順位ランクＡ、195.79点、系別139位、論文総合108位）

第1　設問1課題1

1　当事者適格とは、当該訴訟物について誰が当事者として訴訟を追行し、誰が本案判決を受ける適格を有するのかという問題である。そして本人が他の者に訴訟追行を任せることを任意的訴訟担当といい、明文がある場合が民事訴訟法（以下、略）30条の選定当事者、そして明文ない場合が明文なき任意的訴訟担当である。任意的訴訟担当は本人により訴訟が追行されなくとも訴訟担当により訴訟が追行されることで本人にその効果が帰属する点にその意義がある。

2　明文なき任意的訴訟担当はこれを認めれば訴訟行為の便宜になる反面、弁護士代理の原則の趣旨や訴訟信託の趣旨に反し、三百代言による依頼者の利益の侵害、訴訟の混乱を招くおそれがある。そこでその要件は、弁護士代理の原則の趣旨、訴訟信託禁止の趣旨を潜脱するおそれがなく、必要性合理性が認められることである。

　　最高裁昭和45年の判例では、共同事業体の代表者である組合員があらかじめ訴訟追行の権限を有していたことから真剣な訴訟追行を期待できたことから弁護士代理の原則の趣旨、訴訟信託禁止の趣旨を潜脱するおそれがないといえ、また、組合員全員で訴訟を追行するのが面倒であることや負担が大きいことなどから必要性合理性も認められると判断された①。

第2　設問1課題2

1　本件において、本件建物についてはＸらがそれぞれ3分の1の持分で共有すること、本件契約については、Ｘら全員が賃貸人となることが定められており、Ｘらは本件建物を共有する者である。これは上記判例が組合員が共有関係にあるのと同様である。そして、本件建物の明渡しに関する訴訟上あるいは訴訟外の業務についてはＸ1が自己の名で行うことが取り決められたのだから、判例と同様に訴訟追行についてあらかじめ権限が与えられていた点で同様である。よって、弁護士代理の原則の趣旨、訴訟信託禁止の趣旨を潜脱するおそれがないといえる。

　　また、Ｘ2とＸ3からすると自らが当事者となることは時間的・経済的負担が大きい。この点も判例と同様であり、必要性合理性も認められる。以上から、要件を満たしＸ1による明文なき任意的訴訟担当が認められる。

第3　設問2

1　まず、裁判上の自白の意義は、私的自治の訴訟法的反映である弁論主義にあり、当事者間に争いのない事実はそのまま判決の基礎としなければならないとする弁論主義第2テーゼによるものであるという点にある。そして、その要件は、口頭弁論又は弁論準備手続期日における①、相手方の主張する自己に不利益な事実を②、争わない旨の③、弁論としての陳述④をいう②。

①前記判例においては、団体の目的遂行のための業務上の必要性があったという点や、当該訴訟追行に係る権利が、業務執行組合員を含む構成員共同の利益に関するものであったという点が、任意的訴訟担当の合理的必要性を肯定する一つの根拠になったとの指摘もあることから、本問でもこれに類するような事情が認められるかにつき検討することも考えられる（出題趣旨）。

②裁判上の自白につき、従来からの通説による定義を示している。

314

②について、不利益とは相手方が証明責任を負うことを意味し、事実とは主要事実を意味する。

2　本件陳述は、弁論準備手続期日においてなされているため①を満たす。次に、Yによる本件建物の使用についての事実はY側が主張立証責任を負う主要事実であるから、②も満たす。

　しかし、③④が認められないとすべきである。

　本件陳述は、弁論準備手続期日においてなされている。また、第１回弁論準備手続期日においては、賃料不払による無催告解除の可否に関して当事者間の信頼関係の破壊を基礎付ける事実関係の存否につき、当事者双方が口頭で自由に議論し、その結果を踏まえ、第２回弁論準備手続期日以降に準備書面を提出して具体的な争点を確定することを目的している。とすれば、争わないとの意味合いで本件陳述をしたわけではないし、口頭でなされただけであるから弁論としてこれを認めれば酷である③。以上から、③④が認められない。

　よって、裁判上の自白は本件陳述に成立しない。

③本件陳述がされた第１回弁論準備手続期日の目的や実施方法に着目して、自白該当性や撤回可能性について検討するというアプローチを行っている。

第４　設問３

1　既判力とは、前訴確定判決に与えられた後訴への通用性ないし拘束力をいう。既判力は「主文に包含するもの」（114条１項）、すなわち訴訟物の範囲に発生する。そして基準時は事実審の口頭弁論終結時である（民事執行法35条２項）。既判力とは、前訴事実審口頭弁論終結時における訴訟物の範囲の判断に矛盾抵触する判断、主張を禁止する効力をいう。

　本件訴訟の訴訟物は賃貸借契約終了に基づく明渡請求権であるから、既判力の客観的範囲は上記明渡請求権の不存在となる。本件セミナーの開催は本件訴訟の基準時より前であるから、これを解除原因とする解除権の行使は既判力に反するのが原則である④。

　しかし、既判力の正当化根拠は当事者の手続保障にあり、前訴で主張しておくべきであったといえない自由は手続保障が与えられたとは言えないから、そのような事由については例外的に既判力に抵触せず主張することが許されるとする見解がある。しかし、このような個別的な考慮は法的安定性を害するから認めるべきではないと考える。

　以下、仮にこの見解を採るとして検討する。

④解答に当たっては、本件訴えと後訴の訴訟物が同一であること、本件訴えの確定判決の既判力により、基準時前の用法遵守義務違反の主張が遮断されることが前提とされている（出題趣旨）。

2　解除権は訴訟物それ自体に付着した瑕疵である。また、より重大な無効事由は遮断されることとの均衡を考えるべきである。Xらによれば、XらがYによる本件セミナーの開催に気付いたのは本件判決の確定後であったとのことだが、セミナーの開催自体は基準時前からあったのだからこれは主張しておくべきであったといえる。以上から主張しておくべきでなかった事由にあたらず、解除権の行使の主張は許されない。

3　また他の見解として、訴訟物が異なるとの見解もあり得る、すなわち、本件訴訟は賃料不払いを解除原因としているものであり、後訴は用法順守義務違反を理由とするものであるのだから、訴訟物が別であるとする見解

である、しかし、解除原因は攻撃防御方法の違いであり、訴訟物が異なる
という事はできない。よって、この見解はとり得ない。

4 また、一部請求があったものと同視するとの見解もあり得るが、そのよ
うな見解を採ることができるのは可分な請求においてであり、本件のよう
に解除原因が異なることをもってそのような見解を採ることはできない。

以上

(2,369字)

◆総評◆

出題趣旨で挙げられている項目について、ある程度言及することができ
ている。判例や民事訴訟法上の基本的な概念に対する理解あることがうか
がえる答案である。

民事系第3問＜民事訴訟法＞

答案④（順位ランクＡ、191.66、系別 199 位、論文総合 358 位）

第1　設問1
1　課題1について
(1)　任意的訴訟担当とは実質的利益帰属主体がその意思で第三者に訴訟追行権を付与することをいう。任意的訴訟担当は紛争解決の観点から帰属主体が手続きに加わる必要性が高いが、共同訴訟となるとＸ２、Ｘ３の負担が大きくなることからＸ１が代替することによって紛争解決に資する。
(2)　明文なき任意的訴訟担当の要件は授権があることを前提に弁護士代理の原則（54条1項）、訴訟信託禁止の原則（信託法 10 条）の趣旨を回避・潜脱するおそれがなく、かつこれを認める合理的必要性が認められることである。なぜなら、三百代言による依頼者の利益を保護する必要がある一方で、上述の紛争解決の観点から必要性がある場合に認めるべきだからである①。
2　課題2について
(1)　Ｘ２及びＸ３はＸ１の意向に賛成しており、また本件契約においても本件建物の明渡しに関する訴訟上の業務についてはＸ１自己の名で行うことが合意されているから、Ｘ１に授権があるといえる。
(2)　次に、Ｘ１は自己の名でＹに対し本件建物の明渡しを求めているところ、本件建物はＸらの共有でありＸ１も共有持分を有しており、本件建物の法律関係に利害関係を有するから弁護士代理の原則や訴訟信託禁止の原則の趣旨を回避・潜脱するおそれがあるとはいえない。
(3)　また、Ｘ２及びＸ３はＸ１の意向に賛成しており、自らが当事者となる時間的・経済的負担が大きいことを理由に当事者となることを拒んでいるのであり、Ｘ１が単独で訴訟追行をすることを認めることがＸらとＹ間の紛争解決に資するといえ、任意的訴訟担当を認める合理的必要性が認められるといえる。
(4)　加えて、昭和 45 年は敗訴した場合には組合が有する不動産を処分することとなるのに対し、本問においてはＸ１が敗訴した場合には本件契約が継続するのであり、従来の法律関係が存続するのみであるから、敗訴しても目的物を処分することとはならない。
　　以上からＸ１による任意的訴訟担当が認められる。
第2　設問2
1　Ｙによる本件陳述について裁判上の自白（民事訴訟法（以下略記）179 条）が成立するか。裁判上の自白とは口頭弁論期日又は弁論準備手続きにおける、相手方が主張する自己に不利益な事実の陳述を認めることをいう。
2　本件陳述がされたのは弁論準備手続きである。
　　本件訴訟においてＹは自身が開催した料理教室にＸ１が参加していた

①問題文記載の判例（最大判昭和 45 年 11 月 11 日民集 24 巻 12 号 1854 頁）から、それが明文なくして許容されるための要件、すなわち弁護士代理原則（民事訴訟法第 54 条第 1 項）及び訴訟信託の禁止の潜脱とならず（以下「非潜脱要件」という。）、かつ、訴訟担当を認める合理的必要があること（以下「合理的必要性」という。）を的確に示すことが期待される（出題趣旨）。

317

旨を陳述している。Ｘの訴えは本件契約の終了に基づく本件建物の明渡しであり、その終了原因は賃料の不払いであって、使用目的違反は主張していない。

また、「自己に不利益」とは相手方が証明責任を負うことをいう。債務不履行による賃貸借の終了に対して信頼関係がいまだ破壊されていないとして背信的行為と認めるに足りる特段の事情がないことの主張立証責任は債務者にある。一方で、使用目的違反を債務不履行とする解除の場合、債務不履行の存在の主張立証責任は債権者が負うことになるから、使用目的違反として本件陳述を用いる場合には「自己に不利益」にあたる。

しかし、上述の通りＸは使用目的違反を主張していない。また、弁論準備手続きは争点を整理するために行うものであり（168条）、争点の整理のために当事者は自由に主張を提出することが想定される。そのような場でなされた陳述が、自己が想定する意図と異なる意味で用いられることは不意打ちにあたり妥当でない[2]。

3　以上より本件陳述について裁判上の自白は成立しない。

第3　設問3

1　既判力（114条1項）とは後訴における前訴判決の通用力ないし拘束力をいう。かかる根拠は手続保障が与えられていたことに対する自己責任及び紛争の蒸し返し防止であり、訴訟物が同一・先決・矛盾する場合に作用する。既判力の基準時は口頭弁論終結時であり、なぜならその前までは当事者は自由に主張する機会が与えられており、既判力の根拠が妥当するからである。よって基準時前の事由に関する主張は既判力によって遮断される[3]。

2　本件判決と後訴は同一の訴訟物であり、本件セミナーが開催されたのは口頭弁論終結前である。よって原則としてＸの主張は既判力によって遮断される。もっとも、ＸらがＹの本件セミナーの開催に気づいたのは本件判決の確定後であるから、用法遵守義務違反を理由とする解除の主張は既判力によって遮断されないのではないか。

この点、当事者が知っていたかどうかという主観によって既判力を判断すると、相手方は主観は分からないのであるから、相手方にとっては応訴の煩となるし地位を不安定にさせるものであり、不当であるとも思われる。

しかし、賃貸人は賃借人が賃借物をどのように使用しているかを常に把握することは困難であるし、前訴の時点において知らなかった以上、主張の期待可能性はなかったといえる。そしてかかる事実につき前訴判決で審査されていない以上、かかる主張をしても紛争の蒸し返しにあたるとはいえない。よって上記既判力の根拠が妥当しない。

以上より、Ｘによる用法遵守義務違反による解除権の行使は既判力によって遮断されない。

以上

（2,049字）

②本件陳述がされた第1回弁論準備手続期日の目的や実施方法に着目して、自白該当性や撤回　可能性について検討するというアプローチも求められている（出題趣旨）。

③既判力についての原則論を述べている。

民事系第３問＜民事訴訟法＞

◆総評◆

　基本を押さえてよく書けている。設問３につき、「用法遵守義務違反について前訴では手続保障がされておらず自己責任を問うことができないというような表面的な検討に終始している」（採点実感）になってしまっていたように思われる。

答案⑤（順位ランクA、175.56点、系別498位、論文総合580位）

第1　設問1（以下民事訴訟法につき法名省略）
1　課題1

任意的訴訟担当とは、法律関係の帰属主体からその本人のために訴訟追行する権限を付与された第三者を指す（でっちあげ）。

弁護士代理の原則（54）の趣旨は、本人の利益保護及び三百代言の防止にある。かかる趣旨を踏まえて、判例は組合の代表者である組合員の任意的訴訟担当を肯定している。その理由として、(ｱ)組合員が多数にのぼり法律関係を合一的に確定する必要性が高い一方で、組合それ自体には当事者適格が認められないこと、及び(ｲ)組合代表者はその選任の際に訴訟追行権限も含めて委任されており、他の組合員と利害関係を共通にしていることから権限を濫用し組合員に損害を与える可能性は低いことを示している。

以上を踏まえると、明文なき任意的訴訟担当が認められるには、①弁護士代理の原則の潜脱に当たらないこと（(ｲ)より）かつ②これを認める合理的必要性があること（(ｱ)より）の2要件を満たす必要があると考える①。

①昭和45年判例の判旨を示している。

2　課題2

本件において、X1はX2、X3とともに本件建物を共有（民法249条）している。そうだとすると、X1は本件建物について詳しく知っている上に、利害関係がX2、X3と共通しているといえる。そして、Xらは本件契約において全員が賃貸人となる一方で、本件契約の更新、賃料の徴収及び受領、本件建物の明渡しに関する訴訟上あるいは訴訟外の業務についてはX1が行うことを取り決めている。かかる取り決めにより、組合の共同事業体の代表者に対するのと同様、X1に対して本件訴訟に関する権限についてX2・X3からの授権があったと評価することができる。さらに、X2・X3はYに対して本件建物の明渡を求めるとのX1の意向には賛成している。以上の各事情を踏まえると、X1において弁護士代理の原則の潜脱に当たらないということが可能である。（①充足）。

一方、本件訴訟は賃貸借契約（民法601条）の終了に基づく目的物返還請求権としての明渡請求という債権的請求であるところ、本件建物はXらの共有にあり事実上合一確定が望ましいといえる。しかしながら、明渡請求権は不可分債権であり、また管理行為として個人が提起可能であることから合一確定の要請は実際にはそれほど高くないと言わざるを得ない。さらに、本件建物の共有者はXら3名のみである。そうだとすると、構成員の多数に上る組合の構成員と異なり統一的な意思決定に基づく訴訟追行が困難であるとの事情は認められない。（②不充足）

以上を踏まえると、本件においてX1による訴訟担当を明文なき任意的訴訟担当を認めることはできない。

第2　設問2

民事系第3問＜民事訴訟法＞

1 裁判上の自白の意義

(1) 裁判上の自白とは、口頭弁論期日において一方当事者がする、相手方の主張と一致する、自己に不利益な事実の供述をいう。そして、「自己に不利益」とは、相手方に証明責任が存する事実をいい、公平の見地から、法律効果の発生により利益を得る側が原則として証明責任を負うと考える。そして、「事実」には少なくとも主要事実を含むと考える。また、先行自白の場合には相手方当事者が援用することで「相手方の主張と一致」するものといえると考える。

(2) 無催告解除特約の要件事実は、①債務の発生原因、②無催告解除特約の存在、③特約に該当する具体的事実の発生、④解除の意思表示であり、これらの事実については解除の効果により利益を得るXらが証明責任を負うことになる。本件契約においてXらとYは本件建物を居住用建物として使用し、他の目的での使用はしないことを約しており、かかる使用目的違反が無催告解除原因となる事実になる旨約していた（②）。そして、本件陳述は本件建物を居住用建物以外の目的で使用するものであり、上記特約に該当する具体的事実の発生を示す事実に該当するといえる（③）。そうだとすると本件陳述は「自己に不利益な事実の陳述」にあたる②。

②本件陳述が主要事実に当たることを指摘している。

そして、XはL1を通じて本件陳述を援用する旨準備書面を提出していることから、本件陳述はXら「の主張と一致する」ものであるといえる。

2 しかし、本件陳述は口頭弁論期日ではなく弁論準備手続期日においてなされた「相手方の主張と一致する、自己に不利益な事実の陳述」である。弁論準備手続期日においてなされた場合でも裁判上の自白は成立しうるか。

そもそも、弁論準備手続の趣旨は「争点及び証拠の整理」（168条）を通じて、円滑な審理計画を策定し、争点について集中的に審理することで、訴訟経済及び実効的な紛争解決を図ることにある③。そして、その実効性を担保すべく、当事者間の自由かつ活発な発言・議論を確保する要請は高いものということができる。しかし、裁判上の自白が認められると、自らの発言で不利になる恐れを心配して発言を控えるという萎縮効果が生じることで、自由かつ活発な議論が確保できないおそれが生じる。また、自白の撤回を認めれば足りるとの見解もあり得る。しかし、撤回の負担を自白した当事者に負わせるのは上記趣旨との関係では妥当とは言い難く、かつ自白が一旦成立する以上萎縮効果を除去し切ることはできない。したがって弁論準備手続における陳述には裁判上の自白は成立しないと解するべきである。

③弁論準備手続の趣旨について検討しようとする姿勢がうかがえる。

本件陳述も、弁論準備手続上におけるものである以上裁判上の自白は成立しないというべきである。

第3 設問3

1 そもそも基準時前の形成権行使について、判例は取消権について、法律行為に内在する瑕疵であることから、前訴において提出することが期待可

能であることから、後訴における基準時前の取消し原因に基づく取消権の行使は既判力により遮断されるとしている。解除権についても基本的には同様に考えることができ、解除原因が契約に内在する瑕疵であることから、基準時前に発生した事由に基づく解除権の行使は可能であることをもって後訴における基準時前の解除原因に基づく解除権の行使は既判力により遮断されると考えることができる。もっとも、既判力の根拠は手続保障の充足に基づく自己責任にあり、かかる観点から口頭弁論終結時が既判力の基準時となっている。しかしながら、解除権の行使は履行の請求など様々な選択の1つであるとともに、解除原因も多岐にわたるため、一律に手続保障が及んでいたとはいえない場合が想定される。そこで①当該具体的事実についての手続保障の要請及び②提出の期待可能性を考慮して、基準時前の解除原因に基づく解除権の行使であっても前訴既判力に遮断されない場合があり得ると考える④。

2　本件判決が確定した時点は令和5年4月であり、この時点が基準時となる。これに先立つ令和3年1月から令和5年1月の間にYが本件セミナーを行っていた事実については、用法遵守義務違反として、賃貸借契約における解除原因に当たる。そして、賃貸借契約においては信頼関係が破壊されたと言える特段の事情が認められる必要があるところ、解除原因の有無や種類については請求当初に主張していたものに限らず、主張の機会を確保すべき要請が働くといえる。本件では、前訴における解除原因たる賃料不払いが3ヶ月分であったのに比べ、本件セミナーは2年間もの長期に渡り、月に1・2回の割合で、しかも営利目的で行われており、背信性が高いものであった。そうだとすると、この事実を主張立証する機会を付与すべき要請が高く、それが実効的な解決にもつながるといえる。したがって、主張立証の機会を付与する要請が高いといえる（①）。

　　しかし、本件セミナーに関する事実が判明したのは本件判決の確定後であり、Xらにおいて前訴で当該事実を主張立証する期待可能性は認められない（②）。

　　以上を踏まえると。本件セミナーに関する事実を解除原因とする解除権の主張は、前訴既判力によって遮断することは相当ではなく、これを認めるべきである。

以上

（3,180字）

④遮断を否定するアプローチとして、遮断効につき、前記のとおり法的安定性の確保や勝訴者の地位の安定といった制度的効力を基礎としつつも、前訴において十分に主張立証の機会が与えられていたにもかかわらず、これを行使しなかったことに対する自己責任の観点からすれば、前訴における主張立証がおよそ期待できなかった事実については前訴確定判決の既判力による遮断効は生じないと解する説（期待可能性説）を挙げることが期待される（出題趣旨）。

◆総評◆

　　出題趣旨で挙げられている項目について、概ね言及することができている。問題とされる事柄について、原則を示した上で深い考察を加えることができており、応用力の高さが見て取れる答案である。

民事系第3問＜民事訴訟法＞

答案⑥ (順位ランクB、155.88点、系別1,065位、論文総合1,307位)

第1　設問1

1　課題1

任意的訴訟担当とは、第三者が本来の権利主体から授与された訴訟追行権に基づいて当事者適格を取得する場合のことを意味する。

選定当事者制度を定める30条は、任意的訴訟担当が許容される原則的な場合を示すにとどまる。そこで、弁護士代理の原則（54条1項本文）と訴訟信託禁止（信託法10条）の趣旨が充実した訴訟追行を期待できない者の訴訟担当により被担当者の利益が害されることの防止にあることに照らし、任意的訴訟担当を一般的に許容することはできないが、これらの制限を潜脱するおそれがなく、これを認める合理的必要があることを要件として、明文なき任意的訴訟担当が許容されることになる。

2　課題2

最高裁昭和45年判例は、当該共同事業体の代表者である組合員には、組合契約上他の組合員から委任を受けることによって、組合の業務執行者として組合の業務を決定し、これを行っていたことを理由として（民法670条2項、同条3項）、組合の業務執行者を訴訟担当としても弁護士代理の原則及び訴訟信託禁止の制限を潜脱するおそれはないといえ、明文なき任意的訴訟担当を認めている①。

本件では、Xらは本件建物についてそれぞれ3分の1の持分を共有しているところ、確かに共有権は各共有者に持分権と分割請求権が認められることから、上記の判例で問題となった組合上の権利である合有権とは異なる性質を有する。もっとも、一つの共有物の対外的関係の紛争では、他の共有者の共同した訴訟追行は必ずしも必要とされるものではなく、任意的訴訟担当を認めるべき合理的必要性がある。また、訴訟追行を授与された共有者は、自己も他の共有者と同様に持分権を有することから、他の共有者から個別に委任状を得ることによって被担当者の利益が害するような訴訟追行を防止することが可能となり、弁護士代理の原則及び訴訟信託禁止の制限の潜脱を防ぐことができる②。

したがって、X1による訴訟担当は、X2、X3から訴訟追行について授権を得ることによって、明文なき任意的訴訟担当として認められることになる。

第2　設問2

1　裁判上の自白の意義

裁判上の自白とは、当事者が口頭弁論又は弁論準備手続においてする相手方の主張と一致する自己に不利益な事実を認める旨の陳述をいう。そして、基準の明確性という観点から、自己に不利益な事実とは、相手方が証明責任を負う事実を意味する。また、ここにいう事実に主要事実が含まれ

①昭和45年判例の事案について言及している。

②共有の性質から、弁護士代理の原則及び訴訟信託禁止の制限を潜脱しないことを述べている。

③裁判上の自白について、通説の定義を述べている。

323

ることには争いはない③。

2　裁判上の自白が成立しないとする立場

(1)　弁論準備手続の目的は、争点及び証拠の整理にある（168 条、170 条）ことからすれば、当事者は各期日の目的との関係で陳述を行っているにすぎず、各期日の目的と無関係な場面で当該陳述に裁判上の自白が成立するとすれば、当事者に予期せぬ不利益が生じ、弁論準備手続における訴訟行為が委縮しかねない。そこで、弁論準備手続の目的との関係で行われた陳述は、その目的と異なる場面においては、自己に不利益な事実を認める旨の陳述にあたらないことになるから、裁判上の自白は成立しない。

(2)　本件では、第 1 回弁論準備手続期日において、賃料不払いによる無催告解除の可否に関して当事者の信頼関係の破壊を基礎づける事実関係の存否について当事者双方が口頭で自由に議論することを目的とされていた。そして、Yは同期日にて、本件陳述をしているところ、これは信頼関係不破壊を基礎付ける事実の陳述としておこなわれたものであり、用法順守義務違反を基礎づける事実の陳述として行われたものではない。そうであるにもかかわらず、本件陳述の一部を切り取って裁判上の自白が成立するとすれば、当事者は相手方から上げ足を取られることをおそれて訴訟行為を行うことについて委縮しかねず、弁論準備手続の目的である争点及び証拠の整理を達成することができなくなる。

(3)　したがって、本件陳述は用法順守義務違反との関係では、自己に不利益な事実を認める旨の陳述にあたらないから、裁判上の自白は成立しない。

3　裁判上の自白が成立するとしても撤回が許されるとする立場

(1)　用法順守義務違反を基礎づける主要事実とは、個別具体的な評価根拠事実それ自体を意味するところ、本件陳述のうち、「令和 3 年 10 月以降、自分の妻が、本件建物において何回か料理教室を無償で開いたことがあった。」との部分は、用法順守義務違反を基礎づける評価根拠事実に当たるから、Yにとって不利益な事実を認める旨の陳述に当たる。そして、第 2 回弁論準備手続期日の前に、L 1 は本件陳述の同部分についてXらは自白を援用するとしていることから、裁判上の自白が成立する。

(2)　自白事実には撤回禁止効が生じるから、訴訟行為撤回自由の原則に対する例外として、自白の撤回は許されない。もっとも、相手方の同意がある場合、刑事上罰すべき他人の行為による自白の惹起、錯誤がある場合には自白の撤回が例外的に認められる。

　　本件では、Yにおいていずれの場合にも当たらないから、自白の撤回は認められないとも思える。

　　もっとも、裁判上の自白が成立する根拠は、当事者の訴訟行為が積み上げられていくことにより訴訟が進行していくことから、訴訟行為に対する相手方の信頼の保護及び自ら損得をよく考慮したうえで訴訟行為

民事系第3問＜民事訴訟法＞

を行ったという意味の自己責任にある。そうだとすれば、当事者に上記
の意味における自己責任を問うことができないような場合には、裁判上
の自白が成立する根拠が妥当しないから、例外的に自白の撤回が認めら
れることになる。

　本件では、Ｙは第1回弁論準備手続期日にて当事者間の信頼関係の破
壊を基礎づける事実関係の存否との関係で本件陳述をしていることか
らすれば、本件陳述は、用法順守義務違反との関係でされた陳述とはい
えない。そうだとすれば、Ｙは用法順守義務違反との関係で吟味したう
えで本件陳述を行ったとはいえないから、Ｙに対して自己責任を問うこ
とはできない。また、本件陳述の一部を切り取り、揚げ足をとるような
かたちで裁判上の自白が成立するというＸらの信頼は、正当なものとは
いえないから保護に値しない。

(3)　したがって、Ｙにおいて裁判上の自白が成立する根拠が妥当しないか
ら、Ｙは例外的に自白の撤回をすることができる。

第3　設問3

1　既判力とは、確定判決主文中に対する判断に与えられる拘束力をいう
（114条1項）。既判力の正当化根拠は、前訴での手続保障を前提とする自
己責任にある。そして、事実審口頭弁論終結時までの事由であれば当事者
に主張する機会が与えられていたといえるから、これを基礎とした判決に
ついて自己責任を問うことができる。そこで、既判力の基準時は事実審口
頭弁論終結時となる（民事執行法35条2項）。

2　では、後訴でＸらの用法順守義務違反の主張は遮断されるか。

(1)　本件判決によって、ＸらのＹに対する賃貸借契約終了に基づく本件建
物明渡請求権の不存在について既判力が生じている。

　確かに、Ｙが本件セミナーを開催していたのは令和3年1月から、令
和5年1月までの間であり、本件訴訟が令和5年4月に口頭弁論を終結
していることからすれば、かかる事情は、本件訴訟の基準時前の事由に
当たるから、Ｘらは本件訴訟において主張することが可能だったとい
え、同事情を後訴で主張することは本件訴訟の既判力により遮断される
とも思える。

　もっとも、既判力の正当化根拠が、前訴の手続保障を前提とする自己
責任にあることからすれば、基準時前の事由でも、前訴で提出すること
に期待可能性がなかったものについては、正当化根拠が妥当しないた
め、既判力により遮断されないことになる④。

④期待可能性説からの
アプローチを採ってい
る。

(2)　本件セミナーは、本件建物において有料で月に1、2回の割合で開催
されており、本件建物を外形的に変更するような態様のものではないた
め、Ｘらが本件建物を一見することにより知ることができないようなも
のといえる。また、本件セミナーは月に1、2回とさほど多くない頻度
で開催されていることからすれば、Ｘらは本件セミナーの開催を容易に
知ることはできないといえる。

325

(3) したがって、本件セミナーが開催されていたとの事情は、Xらが前訴で提出することについて期待可能性がなかったといえるから、既判力の正当化根拠が妥当しないため、後訴において遮断されない。

　　よって、Xらは後訴で用法順守義務違反の主張を提出することができる。

以上

(3,386字)

◆総評◆

　出題趣旨で挙げられている項目について、ある程度言及することができている。設問2において、いずれかの立場を選択して論じるべきとする問題文の指示に反してしまったのが残念であった。

民事系第3問＜民事訴訟法＞

答案⑦（順位ランクC、147.15点、系別1,312位、論文総合1,035位）

第1　設問1
1　課題1
(1)　任意的訴訟担当とは、本来の当事者がその意思で、第三者に訴訟追行権を付与するものである。

　　選定当事者（民事訴訟法（以下、法名省略）30条）等明文の規定で認められている任意的訴訟担当はあるが、任意的訴訟担当に関する一般規定は存しない。

　　そこで、明文なき任意的当事者担当が認められるか問題となる。

(2)　この点、判例は、民法上の組合契約に基づいて結成された共同事業体を契約当事者とする訴訟について、①当該共同事業体の代表者である組合員が、単に訴訟追行権のみならず、実体法上の管理権、対外的業務執行権とともに訴訟追行権が授与されていることを前提に、②弁護士代理の原則（54条）および訴訟信託の禁止（信託法10条）を回避、潜脱するおそれがなく、③任意的訴訟担当を認める合理的必要性があることを要件として、任意的訴訟担当を認めている。

2　課題2

　　上記要件を本件について検討する。

①　X1、X2、X3は、本件賃貸借契約について、本件契約の更新、賃料の徴収及び受領、本件建物の明渡しに関する訴訟上あるいは訴訟外の業務についてX1が自己の名で行うことが取り決められた。とすれば、実体法上の管理権、対外的業執行権とともに訴訟追行権がX1に授与されていたといえる①。

②　X1自身が賃貸物件の共有持分権者であるから、弁護士代理の原則、訴訟信託の禁止を潜脱するものではない。

③　X2、X3にとって、自らが当事者となることは時間的経済的負担が大きいことを理由に、X1単独で訴訟追行を求めるものであり、任意的訴訟担当を認める合理的必要性が認められる。

④　以上より、X1による訴訟担当は、明文なき任意的訴訟担当として認められると解する。

第2　設問2
1　裁判上の自白は成立するか
(1)　裁判上の自白の意義と要件

　　裁判上の自白とは、当事者が、口頭弁論又は弁論準備手続きの期日において、自己に不利益な事実につき相手方の主張を認める陳述のことである。

　　ここで、「自己に不利益な」事実とは、基準の明確性の観点から、相手方が証明責任を負う事実をいうと解する。

①X1に対する授権があったことを指摘できている。

327

裁判上の自白の対象となる事実は主要事実（権利の発生、変更、消滅
という法律効果を判断するに直接必要な事実）に限られる。なぜなら、
弁論主義の第1テーゼの趣旨である当事者意思の尊重からは主要事実
に限られるべきであるし、主要事実に限ることで基準が明確になるの
で、当事者の不意打ち防止にも役立つからである。
　　これに対して間接事実（主要証拠の存否を推認するのに役立つ事実）
や補助事実（証拠の信用性や証拠能力に関わる事実）は証拠と同様の機
能を果たすから、これらについて自白の成立を認めると自由心証主義
（247条）に抵触するおそれがあるからであるから、裁判上の自白の対
象にはならない。
(2)　本件へのあてはめ
　　本件陳述は、第1回弁論準備手続期日おける陳述であり、信頼関係の
破壊は相手方が証明責任を負う事項である。また、信頼関係破壊の評価
根拠事実の存在を認めるものであり、自己に不利益なものである。
　　しかし、評価根拠事実は自白の対象である事実にあたるか問題とな
る。
　　信頼関係の破壊は規範的要件であるが、規範的要件は具体的事実をあ
てはめて得られる法的判断であるから、規範的要件自体を主要事実と捉
えるべきではない。また、規範的事実自体を主要事実ととらえると、裁
判所が当事者が主張していない評価根拠事実を認定することが可能で
あり、当事者にとって不意打ちの危険が生じ、防御の機会が保障されな
い可能性がある。したがって、規範的要件における主要事実は、規範的
要件を基礎づける具体的事実（評価根拠事実）である。
　　したがって、本件陳述は信頼関係破壊の評価根拠事実に関する陳述で
あるが、自白の対象となる事実に対する陳述である。
　　以上より、本件陳述により裁判上の自白が成立する。
2　撤回が許されるとする立場
(1)　裁判上の自白の効力
　　裁判上の自白が成立すると、①証明責任を負う相手方に不要証効（179
条）が生じる。②裁判所には弁論主義の第2テーゼから審判排除効が生
じる。それゆえ、③自白者には信義則（2条）に基づき、不可撤回効が
生じる。
　　もっとも、①相手方の同意があった場合、②反真実、かつ、錯誤によ
る自白の場合、③刑事上罰すべき他人の行為による自白の場合には、例
外的に撤回が許される。
(2)　本件へのあてはめ
　　まず、本件の場合には、①撤回に関する相手方の同意はない。また、
②料理教室の開催は真実であるから、反真実、かつ、錯誤ではない。③
刑事上罰すべき他人の行為が介在していない。
　　しかし、本件の場合に、撤回することが信義則上許されない場合にあ

民事系第3問＜民事訴訟法＞

たるだろうか。

本件陳述は、賃貸人と会った際に、賃貸人から賃料の催告を受けた事実がないという事実を陳述したものであり、賃料の払込みを推認する事実の存在として行われたものである。Xにとってもそのような目的、経緯の中で本件陳述がされたことは承知しているはずである。

とすれば、その中で何回か料理教室を開いたという言葉のみを捉えて、不可撤回効が信義則上生じると考えることは当事者（Y）の意思に反し適当でない。そこに不可撤回効を認めないことがXにとって不意打ちともならないはずである②。

むしろ、陳述の目的、意義、経緯を無視して、言葉の一部分だけを切り取って、自白による不可撤回効を求めるのであれば、却って、真実発見、裁判所の自由心証主義に反する結果となる。

以上より、Yにより撤回は許される。

第3　設問3

1　既判力の意義と時的限界

既判力とは、前訴における確定判決の内容についての後訴に対する通用力及び拘束力のことである。

既判力の正当化根拠は当事者に対する手続保障である。そして、既判力の目的は紛争解決の法的安定化を図ることである。

既判力は訴訟物の存否について生じ、同一関係、矛盾関係、先後関係がある場合に作用する。

既判力の基準時は口頭弁論終結時である（民事執行法35条2項）。なぜなら、事実審の口頭弁論終結時点に存在していた事由については、当事者に前訴で手続保障の機会が与えられていた。また、それ以降に発生した事由については、口頭弁論では主張できない事実であるから、これを当事者が後訴で主張できないというのは不公平だからである。

2　本件について

本件では、前訴も後訴も、訴訟物は賃貸借契約に基づく明渡請求権なので、同一関係にあるので、既判力が作用する③。

セミナーの開催という信頼関係の破壊の評価根拠事実は前訴の事実審口頭弁論前に存在していた事実である。とすれば、既判力の時的限界（遮断効）によって、当該事実を後訴で主張することは許されないのが原則である。

しかし、既判力の時的限界（遮断効）が認められるのは、当該事実を主張する機会、手続保障の機会が与えられていたにもかかわらず、これを主張しなかったことが根拠である。とすれば、前訴において主張することができない場合にまで、時的限界（遮断効）を認めることはできない。すなわち、前訴において主張する可能性がない場合には、手続保障が実質的はなされていなかったのだから、例外的に時的限界は認められないと考える。

②「自白の撤回が制限される根拠（信義則・禁反言）を挙げた上、本問ではかかる禁反言に該当する事情はないという流れで検討する答案」（採点実感）に当たる。

③前訴と後訴の訴訟物が同一であることを指摘できている。

本件では、確かに本件建物において月2、3回の割合でセミナーが開催されていた。しかし、賃貸人に対して賃貸建物を四六時中用法違反の有無の確認のための監視義務を負わせることは現実的でないし、それは賃貸人に対して不可能を強いることとなる。

　とすれば、実質的には本件セミナーの事実を主張する手続保障はXには及んでいない。したがって、例外的に既判力の時的限界（遮断効）は生じない。よって、Yの用法違反による解除権行使の主張をすることができる。

以上

（3,101字）

◆総評◆

　原則論に従い、丁寧に書いていこうという姿勢の見られる答案である。ところどころで、出題趣旨の求める論述の流れから、外れてしまった部分があったのが残念であった。

民事系第3問＜民事訴訟法＞

答案⑧ (順位ランクD、133.00点、系別1,779位、論文総合1,158)

設問1　課題1

1　任意的訴訟担当の意義

　　任意的訴訟担当は法律上訴訟担当者が規定されていない場合で、選定されていない（民事訴訟法30条）で自己の名で選定当事者と同様の行為をすることができる制度をいう。

2　明文なくして認められるための要件

　　①目的物につき管理処分権を有しており、共同の利益を有していること、②他の管理処分権者の意思に反していないことを満たす場合に明文なき任意的訴訟担当が認められる①。

①昭和45年判例（最大判昭5.11.11、百選12事件）の判旨を挙げるべきであった。

設問1　課題2

1　X1は任意的訴訟担当者にあたるのか

⑴　XらはAを相続（民法882条・887条1項、896条）しているため、本件建物を共有しており（249条・252条）、管理処分権が認められる。

　　そして、Xらがそれぞれ3分の1の持分で共有すること、本件契約についてはXら全員が賃貸人となること、本件契約の更新、賃料の徴収及び受領、本件建物の明渡に関する訴訟上あるいは訴訟外の業務についてはX1が自己の名で行うことが取り決められているため、本件建物につき共同の利益を有しているといえる（①）。

⑵　また、X2およびX3は、Yに対して本件建物の明渡を求めるとのX1の意向には賛成している。そして、自らが当事者となることは時間的・経済的負担が大きいことを理由に、X1単独で訴訟を提起してほしいと述べていることから、他の管理処分権者の意思に反しないといえる（②）。

2　よって、X1は任意的訴訟担当に当たる。

設問2

1　裁判上の自白（179条）意義・要件

⑴　裁判上の自白とは、口頭弁論期日においてする相手方の主張する自己に不利益な事実を認めることをいう。

　　そして、自己に不利益な事実とは、相手方が証明責任を負う事実をいう。ここにいう事実には少なくとも主要事実が含まれる②。

②自白の対象となる事実が、主要事実に限られることを示している。

⑵　裁判上の自白は、証明不要効と、主要事実については審判排除効をもたらす。

⑶　裁判上の自白は手続保障に基づく自己責任・審判排除効に対する相手方の信頼保護等があるため、原則として撤回が禁止される。

　　撤回禁止原則の根拠から、裁判上の自白は、自己の発言が自白となることを認識した上でなされていることを要する。

2　本件陳述について裁判上の自白が成立するか。

331

本件陳述は第1回弁論準備手続においてなされている。第1回弁論準備手続期日の手続きの目的は、賃料不払いによる無催告解除の可否に関して当事者間の信頼関係の破壊を基礎付ける事実関係の存否につき、当事者双方が口頭で事由に議論することにある。

そして、本件陳述は、Xらとの間の信頼関係が破壊されていないことを裏付ける事実として述べたにすぎない。そのため、Yは賃料不払いとは別の解除原因を構成するものとして、自己の発言が自白となることを認識した上で発言したとはいえない[3]。

③第1回弁論準備手続において本件陳述が述べられた目的から、自白とはいえないとしている。

したがって、Yに自己責任を問えず、XらもYによる本件陳述がYが自白を成立させるために行なったものでないと理解しているといえるため、信頼保護もない。

よって、Yの本件陳述に裁判上の自白は成立しない。

設問3

1 既判力によって基準時前の事由に関する主張が遮断される根拠

既判力は主文に包含するものに生じる（114条1項）。

そして、既判力により主文に抵触する主張が遮断される。その根拠は、手続保障に基づく自己責任・矛盾判決の危険・紛争の蒸し返し防止・既得の地位保障にある。

2 本件判決の既判力によって解除権行使の主張を遮断することが相当か。

(1) 本件判決により、令和5年4月時点でのXのYに対する賃貸借契約終了に基づく明渡請求権の不存在について既判力が生じている。

既判力は前訴の訴訟物と後訴の訴訟物が同一・先決・矛盾である場合に作用する。

本件で、後訴も賃貸借契約終了に基づく明渡請求を訴訟物としているため、本件判決の既判力が後訴に作用する[4]。

④訴訟物が同一である点を指摘できている。

したがって、確定判決と矛盾する基準時前の主張は既判力により遮断されるのが原則である。

Xらの、Yが令和3年1月から令和5年1月までの間、本件建物において、本件セミナーを有料で月1、2回の割合で開催していたことが用法遵守義務違反に該当するとの主張は、基準時前の解除原因を構成する主張であるため、賃貸借契約終了に基づく明渡請求権の不存在という本件判決の既判力により遮断されるのが原則である。

(2) 例外的に既判力により主張が遮断されない場合が認められないか。

既判力の根拠は上述した通りである。手続保障に基づく自己責任という観点と既得の地位保障という観点から、①前訴において主張することが期待できない事由が認められる場合で、②相手方に受け入れるべき事情がある主張である場合には、例外的に既判力による主張が遮断されないと解する。

XらがYによる本件セミナーの開催に気づいたのは、本件判決の確定後であったため、Xらが前訴において用法遵守義務違反を主張すること

民事系第3問＜民事訴訟法＞

は期待できなかったといえる（①）。

　また、Yらは本件契約を締結する際に用法遵守義務について認識していると考えられるため、本件セミナーを何度も開催していたことが用法遵守義務に違反していると理解しているといえる。にもかかわらず。本件セミナーを開催しているため、Yが受け入れる事情であるといえる。

(3)　よって、本件判決の既判力によりXらの主張は遮断されないといえ、Xらの解除権行使の主張を遮断することは相当でない。

以上

（2,126 字）

◆総評◆

　全体的に丁寧に検討できているものの、設問1において昭和45年判例に基づいた検討ができないなど、出題趣旨の求める流れから外れる部分が散見された。

刑事系 第1問

刑 法

監 修 辰已専任講師・弁護士 本多 諭

刑 法	刑事系の点数	系別順位	科目別評価	論文総合順位
答案①	157.45	2	A	8
答案②	155.56	4	A	197
答案③	130.60	127	A	442
答案④	125.23	214	A	51
答案⑤	116.86	535	A	850
答案⑥	111.07	755	B	622
答案⑦	99.36	1,355	C	697
答案⑧	97.50	1,473	D	1,557

概　説

　令和6年の民事系科目第1問（刑法）は、令和5年同様、論じる点が多岐にわたり分量が多いため、メリハリを意識して論述することを要する問題であった。

　設問1は、甲及び乙の罪責を論じるオーソドックスな出題であった。事後的奪取意思やキャッシュカードの「財産上不法の利益」性、未遂罪と不能犯の区別など、典型論点を漏らさず論述することが求められていた。一方で、傷害罪の成否や監禁罪の成否は簡潔に記載する必要があり、学習の際には論点の重要度の見極めにも意識する必要があると思われる。

　設問2は、平成30年から出題されている学説の理解を問う出題である。正犯に正当防衛が成立して違法性が阻却される場合に、幇助犯や共同正犯が成立するかについて、自説とは反対の考え方を意識しつつ自説の論拠を明らかにして規範を定立し、①と②の説明相互の整合性に触れながら論述することが求められる。刑法総論の理解が求められている出題であり、例年通りの出題傾向であると考えられる。

　このような近年の出題傾向に対応するためには、一般的に重要と考えられる論点を学習する際に、犯罪成立要件との関係でその点が問題となっている理由を明確に意識しつつ、複数の見解の根拠や難点等に踏み込んで検討することなどを通じて、当該論点の理解を一層深めることが必要であると思われる。

刑事系第１問＜刑法＞

問　題　文

〔第１問〕（配点：１００）
　以下の【事例１】及び【事例２】を読んで、後記〔設問１〕及び〔設問２〕について、答えなさい。

【事例１】
1　特殊詐欺グループを率いる甲（２８歳、男性）は、同じグループの配下のＡ（２５歳、男性）が資産家名簿を別の特殊詐欺グループに無断で渡したと考え、某月１日午後８時頃、人のいないＢ公園にＡを呼び出し、Ａに「名簿を他のグループに流しただろう。相手は誰だ。」と言って追及したが、Ａはこれを否定した。甲は、Ａがうそを言っていると思い腹を立て、Ａの頭部を拳で殴り、その場に転倒したＡに「殺されたいのか。」と言いながらＡの腹部を繰り返し蹴って、Ａに肋骨骨折等の傷害を負わせた①。
　　甲は、Ａの所持品の中に資産家名簿の流出先に関する手掛かりがあるだろうと考え、Ａの所持品を奪うつもりはなかったが、甲から１メートル離れた場所で倒れたままのＡに「持っているものを見せろ。」と言った。Ａは、既に抵抗する気力を失っていたので、Ａ所有の財布１個（以下「本件財布」という。）を上着ポケットから取り出してＡの手元に置いた。甲は、本件財布を拾って中身を見たところ、本件財布内に資産家名簿の流出先を示すものはなかったが、現金６万円が入っているのが分かり、その現金がにわかに欲しくなった。甲は、Ａが恐怖で抵抗できないことを知りながら、Ａに「この財布はもらっておくよ。」と言った。Ａは、本件財布を甲に渡したくなかったが、抵抗する気力を失っていたので何も答えられずにいた。そこで、甲は、本件財布を自分のズボンのポケットに入れた②。

2　甲は、Ａの追及には時間が掛かると考え、同じグループの配下の乙（２５歳、男性）に見張りを頼むこととし、電話で乙を呼び出した。同日午後８時３０分頃、乙がＢ公園に到着すると、甲は、一旦、食事に出掛けることにして、乙に「小遣いをやるから、Ａを見張っておけ。」と言った。乙は、おびえているＡの様子から、甲がＡに暴力を振るったことを理解し、「分かりました。」と答えた。甲は、本件財布から現金３万円を抜き取った後、「お前が自由に使っていい。」と言って、本件財布を乙に手渡した。
　　甲がその場を立ち去ると、乙は、本件財布内の運転免許証を見て、本件財布がＡのものだと理解するとともに、Ａ名義のキャッシュカード（以下「本件カード」という。）が入っていることに気付き、Ａの預金を引き出して奪おうと考えた。乙は、本件カードを本件財布から取り出して、倒れたままのＡに見せつつ、持っていたバタフライナイフの刃先をＡの眼前に示しながら、「死にたくなければ、このカードの暗証番号を言え。」と言った③。

①Ａに対する傷害罪の成立については、簡潔に認定すれば足りる。

②強盗罪が成立するためには、財物奪取に向けられた相手方の反抗を抑圧するに足りる程度の暴行・脅迫が必要であるところ、甲が上記暴行に及んだ時点では甲に財物奪取の意思はなく、他方で甲がＡに上記文言を申し向ける行為は、それのみを単体で評価すると、相手方の反抗を抑圧するに足りる程度の脅迫であるとは認められないが、このような場合でも強盗罪が成立するかが問題となる（出題趣旨）。

③乙が、Ａにナイフの刃先を示しながら暗証番号を聞き出そうとした行為に、如何なる罪が成立するのかが問題となる。

337

Ａは、預金を奪われたくなかったものの、拒否すれば殺されると思い、仕方なく４桁の数字から成る暗証番号を答えようとしたが、暗がりで本件カードを自宅に保管中の別のキャッシュカードと見誤っていたため、本件カードの暗証番号と異なる４桁の数字を答えた④。

3　乙は、Ａが逃げ出す様子もなかったので、本件カードを使ってＡの預金を引き出そうと思い、Ａをその場に残して、付近のコンビニエンスストアに向かった。

　　乙は、同日午後８時４５分頃、上記コンビニエンスストアに設置された現金自動預払機（以下「ＡＴＭ」という。）に本件カードを挿入し、Ａが答えた４桁の数字を入力して預金を引き出そうとしたが、暗証番号が間違っている旨の表示が出たため、ボタンを押し間違えたと思い、続けて同じ４桁の数字を２回入力したところ、ＡＴＭに不正な操作と認識されて取引が停止された。

〔設問１〕　【事例１】における甲及び乙の罪責を論じなさい（盗品等に関する罪（刑法第２５６条）、建造物侵入罪（刑法第１３０条）及び特別法違反の点は除く。）。なお、乙の罪責を論じるに際しては、乙がＡから暗証番号を聞き出す行為が財産犯における「財産上不法の利益」を得ようとする行為に当たるかという点にも触れること⑤。

【事例２】（【事例１】の事実に続けて、以下の事実があったものとする。）

4　甲は、資産家名簿の流出先が以前仲間割れしたＣ（３０歳、男性）であるとのうわさを聞き付け、同月１０日午後５時頃、Ｃに電話をして「お前がうちの名簿を受け取っているだろう。」と言ったところ、Ｃから「お前が無能で管理できていないだけだ。」と罵倒されたことに激高し、Ｃ方に出向き、直接文句を言おうと決めた。その際、甲は、粗暴な性格のＣから殴られるかもしれないと考え、そうなった場合には、むしろその機会を利用してＣに暴力を振るい、痛め付けようと考えた。そこで、甲は、粗暴な性格の丙（２６歳、男性）を連れて行けば、Ｃから暴力を振るわれた際に、丙がＣにやり返してＣを痛め付けるだろうと考えて、丙を呼び出し、丙に「この後、Ｃとの話合いに行くから、一緒に付いて来てほしい。」と言って頼んだ⑥。丙は、Ｃと面識はなく、甲がＣに文句を言うつもりであることやＣから暴力を振るわれる可能性があることを何も聞かされていなかったため、甲に付いて行くだけだと思い、甲の頼みを丁承した。

5　甲及び丙は、同日午後９時頃、Ｃ方前に行くと、甲がＣに電話で「今、家の前まで来ているから出て来い。」と言って呼び出した。Ｃは、Ｃ方の窓から甲が丙と一緒にいるのを確認し、甲が手下を連れて来たものと思い腹を立て、「ふざけるな。」と怒鳴りながら、玄関から出た。

　　その様子を見た甲は、事前に予想していたとおりＣが殴ってくると思い、後方に下がったが、丙は、暴力を振るわれると考えていなかったため、

④Ａが乙に教えた暗証番号が本件カードの暗証番号と異なることから、乙がコンビニエンスストアのＡＴＭから現金を引き出そうとした行為について、不能犯の成否が問題になり得る。

⑤これがなぜ問題になるのかについてまで踏み込んで問題の所在を的確に示している答案は少なかった（採点実感）。

⑥これらの事情から、甲は、単に予期された侵害を避けなかったというにとどまらず、その機会を利用し積極的に相手に対して加害行為をする意思で侵害に臨んだといえる。

その場にとどまったところ、Cから顔面を拳で1回殴られた。丙は、Cに「やめろよ。」と言い、甲に「こいつ何だよ。どうにかしろよ。」と言ったが、興奮したCから一方的に顔面を拳で数回殴られて、その場に転倒した。

6　甲は、丙らから2メートル離れてその様子を見ていたが、丙にCを痛め付けさせようと考え、丙に「俺がCを押さえるから、Cを殴れ。」と言った。それを聞いて丙は、身を守るためには、甲の言うとおり、Cを殴るのもやむを得ないと思った。ちょうどその時、Cが丙に対して続けて殴りかかってきたことから、丙は、甲が来る前に立ち上がり、Cの胸倉をつかんで、Cの顔面を拳で1回殴った（以下「1回目殴打」という。）。すると、Cは、一層興奮し「ふざけるな。」と大声を上げた⑦。

7　その頃、丙の友人丁（28歳、男性）は、偶然、普通自動二輪車（以下「本件バイク」という。）を運転してC方前を通り掛かり、丙がCの胸倉をつかんでいる様子を見て、Cが先に丙を殴った事実を知らないまま、一方的に丙がCを殴ろうとしていると思った。けんか好きの丁は、面白がり、丙がCを殴り倒した後、丙がその場から逃走するのを手助けしようと思い、丙に「頑張れ。ここで待っているから終わったらこっちに来い。」と声を掛けた⑧。反撃しようとしていた丙は、それを聞いて発奮し、なおもCが丙に殴りかかってきたことから、身を守るために、Cの顔面を拳で1回殴った（以下「2回目殴打」という。）。丙は、Cがひるんだ隙に、本件バイクの後部座席に座り、丁が本件バイクを発進させて走り去った。

8　丙による暴行（1回目殴打及び2回目殴打）によりCに傷害は生じなかった。

〔設問2〕　【事例2】における甲、丙及び丁の罪責に関し、以下の(1)及び(2)について、答えなさい。

(1)　丙による暴行（1回目殴打及び2回目殴打）について、丙に正当防衛が成立することを論じなさい⑨。

(2)　丙に正当防衛が成立することを前提に、甲及び丁の罪責を論じなさい。その際
　　①　丙による2回目殴打について丁に暴行罪（刑法第208条）の幇助犯が成立するか
　　②　甲に暴行罪の共同正犯が成立するか
　について言及しなさい。なお、これらの論述に当たっては
　ア　誰を基準として正当防衛の成立要件を判断するか
　イ　違法性の判断が共犯者間で異なることがあるか
　についても、その結論及び論拠に言及し、①及び②における説明相互の整合性にも触れること⑩。

---

⑦丙による1回目殴打には正当防衛が成立するとして、甲にも正当防衛が成立するかどうかが問題になる。

⑧Cが先に丙を殴った事実を知らないまま、一方的に丙がCを殴ろうとしているものと誤信して声を掛けた丁に、丙による2回目殴打についての暴行罪（208条）の幇助犯が成立するかどうかが問題になる。

⑨丙による1回目殴打及び2回目殴打について、本問における具体的な事実関係を指摘して、暴行罪の各構成要件要素及び正当防衛の成立要件をそれぞれ充足することについて簡潔に示せば足りる（出題趣旨）。

⑩本問において言及すべき点が指定されているため、これらの指定に従って論じることになる。

339

事 実 整 理 表

＜主な登場人物＞

甲	特殊詐欺グループを率いる者。28歳男性。
Ａ	甲の配下にある者。25歳男性。
乙	甲の配下にある者。25歳男性。
Ｃ	以前甲と仲間割れした者。30歳男性。
丙	粗暴な性格の者。26歳男性。
丁	丙の友人。28歳男性。

＜時系列＞

【事例１】

甲	甲は、Ａが資産家名簿を別の特殊詐欺グループに無断で渡したと考え、某月１日午後８時頃、人のいないＢ公園にＡを呼び出し、追及。甲は、Ａが否定したため、Ａの頭部を拳で殴り、転倒したＡに「殺されたいのか。」と言いながらＡの腹部を繰り返し蹴って、Ａに肋骨骨折等の傷害を負わせる。
甲	甲は、Ａの所持品の中に資産家名簿の流出先に関する手掛かりがあるだろうと考え、所持品を奪うつもりはなかったが、「持っているものを見せろ。」と言う。
Ａ	Ａは抵抗する気力を失っていたので、Ａ所有の財布１個（「本件財布」）を上着ポケットから取り出して、Ａの手元に置く。
甲	甲は、本件財布を拾って中身を見たところ、本件財布内に資産家名簿の流出先を示すものはなかったが、財布の中に現金６万円が入っているのが分かり、その現金がにわかに欲しくなる。Ａが抵抗できないことを知りながら、Ａに「この財布はもらっておくよ。」と言い、自分のズボンのポケットに入れる。
甲	甲は、配下の乙に「小遣いをやるからＡを見張っておけ。」と言う。甲は、本件財布から現金３万円を抜き取った後、「お前が自由に使っていい。」と言って、本件財布を乙に手渡す。
乙	乙は、本件財布内にＡ名義のキャッシュカード（「本件カード」）が入っていることに気づき、Ａの預金を引き出して奪おうと考える。乙は、バタフライナイフをＡに示しながら、「死にたくなければ、このカードの暗証番号を言え。」と言う。
Ａ	Ａは拒否すれば殺されると思い、仕方なく暗証番号を答えようとしたが、暗がりで別のキャッシュカードと見誤り、本件カードの暗証番号と異なる４桁の数字を答える。

刑事系第１問＜刑法＞

| 乙 | 乙は、Aをその場に残して、同日午後８時45分頃、ATMでAの預金を引き出そうとしたが、不正な操作と認識されて取引が停止される。 |

【事例２】

甲	甲は、同月10日午後５時頃、Cに電話をして「お前がうちの名簿を受け取っているだろう。」と言ったところ、Cから「お前が無能で管理できていないだけだ。」と罵倒されたことに激高し、C方に出向き、文句を言おうと決める。
甲	甲は、粗暴な性格のCから殴られるかもしれないと考え、そうなった場合には、その機会を利用してCに暴力を振るい、痛めつけようと考える。
甲	甲は、丙を連れて行けば、Cから暴力を振るわれた際に、丙がCにやり返してCを痛めつけるだろうと考え、丙に「この後、Cとの話合いに行くから、一緒に付いて来てほしい。」と言って頼む。
丙	丙は、Cと面識はなく、何も聞かされていなかったため、甲の頼みを了承。
甲・丙	甲及び丙は、同日午後９時頃、C方前に行く。甲がCに電話で「今、家の前まで来ているから出て来い。」と言って呼び出す。
C	Cは、甲が丙と一緒にいるのを確認し、甲が手下を連れて来たものと思い腹を立て、「ふざけるな。」と怒鳴りながら、玄関から出る。
甲・丙	甲は、後方に下がったが、丙は、その場にとどまったところ、Cから顔面を拳で１回殴られる。丙は、Cに「やめろよ。」と言い、甲に「こいつ何だよ。どうにかしろよ。」と言ったが、興奮したCから一方的に顔面を拳で数回殴られて、その場に転倒。
甲	甲は、丙にCを痛めつけさせようと考え、丙に「俺がCを押さえるから、Cを殴れ。」と言う。
丙	丙は、身を守るためには、甲の言うとおり、Cを殴るのもやむを得ないと思ったその時、Cが丙に対して続けて殴りかかってきたことから、丙は、甲が来る前に立ち上がり、Cの顔面を拳で１回殴る（１回目殴打）。
C	Cは、一層興奮し「ふざけるな。」と大声を上げる。
丁	丁は、偶然、普通自動二輪車（「本件バイク」）を運転していたところ、丙がCの胸倉をつかんでいる様子を見て、丙に「頑張れ。ここで待っているから終わったらこっちに来い。」と声を掛ける。
丙	丙は、なおもCが殴りかかってきたことから、身を守るためにCの顔面を拳で１回殴る（２回目殴打）。丙は、Cがひるんだ隙に、本件バイクの後部座席に座る。
丁	丁は、本件バイクを発進させて走り去る。

341

答案構成例 ～出題趣旨と採点実感等をもとに

第1　設問1の甲の罪責について

1　甲がAに対して、頭部を拳で殴り腹部を繰り返し蹴った行為につき、傷害罪（刑法（以下略）204条）が成立しないか。なお、当該行為の時点で甲にはAの所持品を奪う意思はなかったことから、強盗罪（236条1項）が成立する余地はない。

　↓

甲の当該行為は、Aの身体に対する不法な有形力の行使であり「暴行」（208条）にあたる。そして、当該行為によりAは肋骨骨折等の生理的機能障害を負っており「傷害」結果が発生したといえる。甲には基本犯たる暴行罪の故意（38条1項本文）があるため、結果的加重犯たる傷害罪の故意についても肯定できる。したがって、甲の当該行為につき傷害罪が成立する①。

2　甲が「この財布はもらっておくよ。」と言って、本件財布をポケットに入れた行為につき、Aに対する強盗罪が成立しないか。甲は上記暴行に及んだ時点では財物奪取の意思がなく、Aの財布に現金6万円が入っていたのを見て財布を盗もうと考えたところ、いわゆる事後的奪取意思の発生後の新たな暴行・脅迫の要否が問題となる②。

　↓

(1)　「暴行又は脅迫」とは、財物奪取行為に向けられた相手方の反抗を抑圧するに足りる程度の不法な有形力の行使又は害悪の告知をいうところ、財物奪取意思を有しない時点の行為については同要件を満たさず、事後的奪取意思を形成した後の新たな暴行・脅迫が必要である。もっとも、既に被害者が犯行抑圧状態にある場合については、事後的奪取意思を形成した後の暴行脅迫はそれ単独で相手方の反抗を抑圧するものでなくとも、当該状態を継続する程度のもので足りると解するべきである③。

　↓

ア　甲はAに対して肋骨骨折という重傷を負わせる強度の暴行を加えた後、「持っているものを見せろ。」と言って所持品の開示を求めている。この時点でAは既に公園に倒れこんだ状態であり、重傷を負っており逃亡や反抗が困難なことも踏まえれば、物理的な抑圧状態といえる。加えて、甲は特殊詐欺グループの長でAはその配下という明確な上下関係があると共に、午後8時頃という夜のB公園は人通りがなく助けを呼べる状況にないことを踏まえれば、心理的な抑圧状態でもあり、Aは完全に反抗抑圧状態に陥り、抵抗する気力を失っていたと評価できる④。

　↓

こうした中で、甲はAに対して、「この財布はもらっておくよ。」と発言している。確かに言葉自体を捉えれば、害悪の告知とは言い難いようにも思われる。もっとも、この発言に至るまでの状況を踏まえれば、この発言は、財布を渡さなければより強度の暴行を加える旨を実質的に予

①甲は、Aの頭部を拳で殴り、その場に転倒したAの腹部を蹴る暴行を加え、Aに肋骨骨折等の傷害を負わせており、甲に傷害罪が成立する。この点については、傷害罪の各構成要件要素を充足することを簡潔に示せば足りる（出題趣旨）。

②事後的奪取意思の発生後の暴行・脅迫が問題となることを示す。

③新たな暴行・脅迫の内容・程度につき、反抗抑圧状態を維持・継続させるものであれば足りるとする考え方（大阪高判平元.3.3）で書いている。

④問題文中の事実を具体的に摘示して、反抗抑圧状態にあることを認定する。

刑事系第１問＜刑法＞

告するものであり、害悪の告知と評価できる。加えて、当該発言は、こ
れまでは身体に対する侵害のみであったのが、財産的な侵害の意図も有
することを告知するものであり、Ａに対するさらなる法益侵害が予期さ
れるところ、従前のＡの反抗抑圧状態を継続するには十分な程度の害悪
の告知といえる。
　　　　↓
　イ　以上より、本件では「脅迫」が認められる。
　　　　↓
⑵　そして、このような「脅迫を用いて」甲はＡの所有物で「他人の財物」
たるＡの財布を自己の占有下に移転させているから、「強取」も認められ
る。
　　　　↓
⑶　故意及び不法領得の意思についても問題なく認められる。
　　　　↓
⑷　したがって、甲の当該行為につきＡに対する強盗罪が成立する。
　　　　↓
３　以上より、甲の一連の行為につき傷害罪と強盗罪が成立し、併合罪（45
条前段）として甲はその罪責を負う。
第２　設問１の乙の罪責について
１　乙がＡにバタフライナイフを示し「死にたくなければ、このカードの暗証
番号を言え。」と発言した行為につき、Ａに対する強盗未遂罪（243条、236
条２項）が成立しないか。まず、暗証番号を聞き出すということが「財産上
不法の利益」として同罪の客体になるかが問題となる⑤。なお、乙は既に本
件カードの占有を取得しているから236条１項の強盗罪が成立する余地は
ない。
　　　　↓
⑴　現代社会においては、キャッシュカードの現物とその口座に対応する暗
証番号を併せ持っていれば、あたかも正当な預貯金債権者のごとく振る舞
うことができる。そのため、既に他人名義のキャッシュカードを占有して
いる者については、新たに暗証番号を取得することで預金の払い戻しを受
けられる法的地位を取得できるといえる。したがって、暗証番号を用いて、
事実上、ＡＴＭを通して当該預貯金口座から預貯金の払戻しを受け得る地
位を、財産上の利益と解すべきである⑥。
　　　　↓
　　また、確かに、暗証番号を聞き出したとしても、被害者も暗証番号を知っ
ている以上、被害者から行為者に現実に財産上の地位が移動しないように
も思える。しかし、本来であれば名義人である自分以外は預金の払い戻し
を受けることができない状態が通常であるところ、被害者は自らの預金が
他者に払い戻しされる可能性が生じ、預金に対する支配が弱まるという財
産上の不利益を被る。そうだとすれば、行為者が利益を得れば被害者が財
産的に不利益を受けるという関係性がある以上、財産上の地位が現実に移
動するといえる。
　　　　↓

⑤本件カードの暗証番
号を聞き出す行為が、
「財産上不法の利益」
を得たとして強盗罪に
当たるのかが問題とな
ることを示す。

⑥「キャッシュカード
とその暗証番号を併せ
持つことにより、事実
上、ＡＴＭを通して預
金口座から預貯金の払
戻しを受け得る地位と
いう財物の取得と同視
できる程度に具体的か
つ現実的な財産的利益
を得たとみて強盗罪の
成立を肯定する考え方
（東京高判平成21年
11 月 16 日判時
2103 号 158 頁）」
（出題趣旨）で書いて
いる。

343

以上のことを踏まえれば、本件カードを所持している乙が、Aから暗証番号を聞き出すということは、「財産上の不法の利益」として同罪の客体となる[7]。

↓

(2) 「暴行又は脅迫」の意義については、第1の2の(1)と同様に考える。本件で乙はAの暗証番号という財産上の地位を得るために、死にたくなければ暗証番号を教えるように発言している。そして、バタフライナイフという十分に殺傷能力を有する凶器をAの眼前に示しながら同発言をしているところ、暗証番号を教えなければ殺される可能性が十分に現実に認められるといえ、反抗を抑圧するに足りる程度の害悪の告知ないし不法な有形力の行使と評価できる。したがって、「実行に着手」（43条本文）したといえる。

↓

(3) もっとも、現実にはAが別のキャッシュカードの暗証番号を伝えたため、乙は本件カードにかかる預金の払い戻しを受けられる法的地位を「得」た（236条2項）とはいえず、「これを遂げなかった」といえる[8]。

↓

(4) 以上より、故意に欠けることもないから、乙の当該行為につき強盗未遂罪が成立する。なお、甲は本件財布に本件カードが入っていることを知らず、乙が暗証番号を聞き出す行為に及ぶと予測しているわけでもないから、何ら罪責を負わない。

↓

2 乙が本件キャッシュカードをATMに挿入した行為につき、コンビニエンスストアの支店長に対する窃盗未遂罪（243条、235条）が成立しないか。乙は、本件カードの口座に対応する暗証番号を知らなかったところ、そもそも乙はAの口座から預金の払い戻しを受ける地位になく、結果発生の現実的危険性は存在しなかったため、不能犯として不可罰にならないかが問題となる[9]。

↓

(1) 未遂犯の処罰根拠は、結果発生を惹起する具体的危険性を生じさせた点にあるところ、そのような具体的危険性が存在しない場合は不能犯として不可罰とするべきである。そして、危険性の判断については、一般人の危機感を基準にすれば科学的に不当になる一方で、事後的・科学的に判断すれば結果不発生のすべてが不能犯となってしまう。そこで、結果不発生の原因から結果発生に必要であった仮定的事実を特定し、その仮定的事実が存在した可能性が一般人の立場から十分に認められれば、そのような仮定的な危険性を根拠に結果発生への具体的危険性が肯定できる[10]。

↓

(2) 本件においては、Aは乙に対して正しい暗証番号を渋々ながら伝える意思を有していたところ、本件カードと自宅に保管しているカードを見誤らなければ、本件カードに対応する暗証番号を伝えていたといえる[11]。したがって、結果発生に必要な仮定的事実は、乙が所持するカードを本件カードと認識することである。

---

[7] 当てはめについては、乙がAから聞き出そうとしている暗証番号に係る本件カードを既に所持していることに着目した上で「財産上不法の利益」を得ようとする行為に当たるかを検討している答案が比較的多く見られ、こうした答案は高い評価となった（採点実感）。

[8] 乙に強盗未遂罪が成立するにとどまることを指摘する必要がある。

[9] このように事後的・客観的には乙が預金を引き出すことができない状況にあった場合であっても、預金を引き出して窃取する危険性があったとして未遂犯が成立するか、それとも不能犯として不可罰となるかが問題となる（出題趣旨）。

[10] 自説とは反対の考え方にも言及した上で、修正された客観的危険説の立場で書いている。

[11] 本件において結果が発生しなかった原因を指摘する。

↓

そして、本件財布には本件カードしか入っておらず、Aが見誤ったカードはA宅に保管されているのであるから、たとえ暗がりで乙が所持するカードが見えづらくとも通常は乙が所持するカードは本件カードだとAが認識する可能性は、一般人の立場から見て十分に高いといえる。

↓

以上のことを踏まえれば、本件においてもAの口座から預金の払い戻しがなされる具体的危険性は存在するといえるから、不能犯とはならず未遂犯成立の余地があるといえる。

(3)　本件において、乙は「他人の物」たるＡＴＭ内の現金を「窃取」するために本件カードをＡＴＭに挿入しているところ、「実行に着手」（43条本文）したといえる。そして、現実に乙は現金の占有を取得していないところ、「これを遂げなかった」といえる⑫。

⑫窃盗未遂罪のその他の要件を端的に認定する。

↓

(4)　以上より、乙の当該行為につき窃盗未遂罪が成立する。

↓

3　以上より、乙の一連の行為につき、Aに対する強盗未遂罪と支店長に対する窃盗未遂罪が成立し、両者は併合罪となって乙はその罪責を負う。

第3　設問2(1)について

1(1)　丙がCの顔面を拳で殴打した行為（1回目殴打及び2回目殴打）は、Cの身体に対する有形力の行使であり、暴行罪（208条）の構成要件を満たす⑬。

⑬丙による1回目殴打及び2回目殴打が暴行罪の各構成要件要素を充足することについて、簡潔に示す。

↓

(2)　もっとも、いずれも丙は、Cが丙に対して殴りかかろうとしてきたのに対して当該行為に及んでいるところ、正当防衛（36条1項）が成立し、違法性が阻却されないか。

ア　正当防衛とは、「急迫不正の侵害」に対し、「自己又は他人の権利を防衛するため」に、「やむを得ずにした行為」であり、不正の侵害とは当該侵害が違法であることをいう。「急迫」とは、法益の侵害が現に存在するか間近に押し迫っていることをいう。急迫性は、行為者と相手方との従前の関係、予期された侵害の内容・予期の程度、侵害回避の容易性、侵害場所に出向く必要性、対抗行為の準備状況、行為者が侵害に臨んだ際の意思内容等を総合して判断すべきである。

↓

イ　1回目殴打の際は、丙は殴りかかってくることを予期しておらず、Cからいきなり顔面を拳で殴られて転倒し、さらに甲から「Cを殴れ」と言われた後、Cが丙に対して続けて殴りかかってきたのに対して行われたのであるから、Cの行為は急迫不正の侵害である。
2回目殴打の際も、丁に声を掛けられた後、なおもCが丙に殴りかかってきたことから、身を守るために、Cの顔面を拳で1回殴ったというのであるから急迫不正の侵害といえる。

⑭1回目殴打及び2回目殴打が正当防衛の成立要件をそれぞれ充足することについて、簡潔に示す。

345

1回目殴打も2回目殴打も、素手による殴打であり、Cの攻撃に対して、必要最小限度の相当な反撃行為といえ、権利を防衛するためにやむを得ずにした行為といえる[14]。

↓

ウ　よって、丙に正当防衛が成立する。

↓

2　以上より、丙の1回目殴打及び2回目殴打について正当防衛が成立し、暴行罪は不成立となり、丙は何ら罪責を負わない。

第4　設問2⑵の丁の罪責について

1　丁が丙の逃走を手助けすることを示唆した行為につき、丙の2回目殴打との関係で丁に暴行罪の幇助犯（62条1項、208条）は成立するか（①）。なお、暴行罪の共同正犯（60条、208条）については丁に自己の犯罪として2回目殴打を行う意思がないのと、現場助勢罪（206条）については傷害罪の成立が必要であることから、両罪の成立の余地もない。1回目殴打についても同様である。

↓

⑴　丁の当該行為によって丙は発奮し2回目殴打に及んでいるところ、丁の当該行為が実行行為を心理的に促進したという関係が認められるから、「幇助」があったといえる[15]。そして、正犯たる丙により構成要件も充足するといえる。

↓

⑵　丁は丙がCを殴打することについて認識しているところ、故意についても認められる。

↓

2　もっとも、正犯たる丙の2回目殴打については正当防衛が成立し違法性が阻却されるところ、丁についても同様に違法性が阻却されないか[16]。

↓

⑴　従犯の成立の前提として、正犯は構成要件該当性及び違法性を備える必要があると考えるべきである。なぜなら、従犯は正犯を媒介として違法性を惹起した点に可罰性が認められるところ、正犯の違法性が阻却される場合には、従犯に違法性が認められる余地はないからである[17]。したがって、丁につき正当防衛が成立するかも正犯である丙を基準として判断するべきであり、違法性は共犯者で連動することになるといえる。

↓

⑵　本件でも、丙に正当防衛が成立する以上、従犯たる丁にも正当防衛が成立し、違法性が阻却される。

↓

⑶　以上より、丁の当該行為につき暴行罪の幇助犯は成立せず、丁は何ら罪責を負わない。

第5　設問2⑵の甲の罪責について

1　それでは、丙の1回目殴打及び2回目殴打につき、甲に暴行罪の共同正犯（60条、208条）は成立しないか（②）。甲は現実に殴打行為をしていないところ、共謀共同正犯の成立が問題となる。

[15] 丁の行為は、Cに反撃しようとしていた丙に対して心理的な働き掛けを行って丙を発奮させ、丙による2回目殴打を容易にしており、これが幇助行為に該当することを簡潔に指摘する必要がある（出題趣旨）。

[16] 丙による2回目殴打について正当防衛が成立するところ、このように正犯に正当防衛が成立して違法性が阻却される場合であっても幇助犯が成立するかが問題となる（出題趣旨）。

[17] 「幇助犯による対抗行為を観念することは困難であるとして、正犯を基準として正当防衛の成立要件を判断した上で、共犯が成立するためには正犯の行為が構成要件該当性及び違法性を備える必要があるとする考え方」（出題趣旨）を採っている。

刑事系第1問＜刑法＞

(1) 「共同して犯罪を実行した」とは、ⓐ意思連絡および正犯性に基づく共謀と、ⓑ共謀に基づく実行行為を意味する。

　本件では、甲の「俺がCを押さえるから、Cを殴れ。」という発言に呼応する形で、丙が1回目殴打に及んでいるところ、暴行罪に関する意思連絡があるといえる。加えて、そもそもC方に赴いたのは資産家名簿の件で甲とCがもめていることを原因とするものであり、甲は因縁のあるCを懲らしめたいという思いで粗暴な性格の丙をわざわざC方に連れて行ったという事情がある。これらのことを踏まえれば、本件殴打行為につき、甲は自己の犯罪として完遂する正犯性を有するといえる⑱。

　したがって、甲と丙には暴行罪の共謀が成立する（ⓐ）。そして、Cからの侵害行為は継続しているところ、1回目殴打だけでなく2回目殴打についても共謀との因果関係が認められるから、ⓑについても満たす。

(2) 故意についても満たす。

2　正当防衛の成立の件についてはどのように考えるべきか。

(1) 共同正犯は60条の「すべて正犯とする。」という文言からも分かるように、構成要件を共同して充足したといえる全ての者を処罰する規定であるところ、あくまで構成要件の充足のみ共犯者間で連動し、違法性については連動しないと考えるべきである⑲。

　したがって、甲の正当防衛の成立については、丙ではなく甲を基準とするべきであり、違法性の判断が共犯者間で異なることもあり得るといえる。この点は、判例が、過剰防衛の事案ではあるものの、共犯者各人について違法性阻却事由の要件を検討していることからも肯定できる。

(2) 形式的には、甲との関係でも「急迫不正の侵害」が認められる。もっとも、甲はCから暴行を受ける可能性があることを認識しながら、C宅にわざわざ赴いているところ、急迫性の要件が否定されないか⑳。

ア　36条1項の趣旨は、急迫不正の侵害という緊急状況下で公的機関による法的保護が期待できない場合に、例外的に私人による対抗行為を許容した点にある。そうだとすれば、侵害の予期に加えて対抗行為に先行するすべての事情を加味して、36条1項の趣旨に反するといえるような場合には急迫性を否定するべきである㉑。

イ　本件において、甲は、自己と因縁のあるCに文句を言いにC方に赴けばCから殴られる可能性があることを、十分に認識している。その上で、Cが殴りかかってきた際にはむしろその機会を利用してCを痛めつけ

⑱甲は、丙にCを痛めつけさせようと考え、丙に「俺がCを押さえるから、Cを殴れ。」と言い、それを聞いた丙がCに対する1回目殴打に及んでおり、甲が丙との間で暴行の共謀を遂げた上で、丙が暴行の実行行為に及んだことを簡潔に指摘する必要がある（出題趣旨）。

⑲「共同正犯は、一方が他方に従属する関係にないとして、共同正犯者それぞれを基準として正当防衛の成立要件を個別に判断するとの考え方」（出題趣旨）を採っている。

⑳甲に積極的加害意思があったとして、侵害の急迫性が否定されるのではないかが問題になる。

㉑最決平29.4.26（百選Ⅰ23事件）に基づいている。

㉒「事案を具体的に分析し、甲に積極的加害意思があったことを示す具体的事実を認定して侵害の急迫性を否定し、甲に正当防衛は成立せず、暴行罪の共同正犯が成立……との結論を導」（採点実感）く。

347

ようと、わざわざ粗暴な性格の丙を連れて来ており、Cに対して積極的に加害する意図があったといえる。さらに、甲にはC方に赴かなければならない必然性はないところ、あえてCの侵害行為を誘発したといえる[22]。

↓

ウ　以上のことを踏まえれば、あえてCの侵害を誘発し、その機会を利用してCに加害を加えようとした甲につき、急迫性は否定されると考えるべきである。

↓

(3)　以上より、甲には正当防衛は成立しない。

↓

3　したがって、甲について丙との間での暴行罪の共同正犯が成立し、甲はその罪責を負う。

以上

刑事系第１問＜刑法＞

解　説

第１　全体について

1　専任講師コメント

　本年の問題文は、それほど長くはなく、登場人物の関係もそれほど複雑ではなかったので、問題文自体の難易度はそれほど高くなかったかと思います。ただ、設問２が新しい聞き方をしておりましたので、戸惑った方も多かったかと思います。

　次に、設問１ですが、甲の罪責は、傷害罪と強盗罪で、乙の罪責は強盗罪でございますので、よく出題される罪名でした。論点も典型論点が３点ほどでしたので、設問１はそれほど難しい問題ではなかったかと思います。もっとも、典型論点ですと他の受験生も書けてきますので、ミスのないようにしなければなりません。

　設問２ですが、これは新しい出題形式でしたので、やや難易度が高かったかもしれません。ただ、設問２は、「①丙による２回目殴打について丁に暴行罪の幇助犯が成立するか」の部分は、「ア誰を基準として正当防衛の成立要件を判断するか」が問題の所在になり、「②甲に暴行罪の共同正犯が成立するか」の部分は、「イ違法性の判断が共犯者間で異なることがあるか」が問題の所在となるという形でしたので、よく読めば誘導が入っていただけということが分かるかと思います。誘導をうまく利用して答案構成が出来れば、他の受験生と差が付けられた問題でした。新しい形式で聞かれた時こそ、慌てないでいつもの書き方で書けるように勉強してください。

2　出題趣旨

　本問は、設問１において
(1)　甲がＡに暴行を加えて傷害を負わせた後、Ａ所有の財布（以下「本件財布」という。）に入っていた現金６万円が欲しくなり、Ａが恐怖で抵抗できないことを知りながら、Ａに「この財布はもらっておくよ。」と言って本件財布を自己のポケットに入れた行為（以下「設問１(1)の行為」という。）
(2)　乙が本件財布内に入っていたＡ名義のキャッシュカード（以下「本件カード」という。）を使用してＡの預金を引き出して奪おうと考え、Ａに脅迫を加えてＡから本件カードの暗証番号を聞き出そうとした行為（以下「設問１(2)の行為」という。）
(3)　乙が現金自動預払機（以下「ＡＴＭ」という。）に本件カードを挿入し、Ａから聞き出した本件カードの暗証番号とは異なる４桁の数字を入力してＡの預金を引き出そうとした行為（以下「設問１(3)の行為」という。）
について、甲及び乙の罪責の検討を求め、設問２において
(1)　丙が甲からＣを殴るように言われてＣの顔面を拳で１回殴った行為（以下「１回目殴打」という。）及び丁からの言葉を聞いて発奮してＣの顔面を拳で１回殴った行為（以下「２回目殴打」という。）について、丙に正当防衛が成立することを論じることを求め、
(2)　丙に正当防衛が成立することを前提に

349

① 丙による２回目殴打について丁に暴行罪の幇助犯が成立するか
② 甲に暴行罪の共同正犯が成立するか
について言及し、これらの論述に当たって
ア　誰を基準として正当防衛の成立要件を判断するか
イ　違法性の判断が共犯者間で異なることがあるか
についても、その結論及び論拠に言及し、①及び②における説明相互の整合性についても触れることを求めている。
　これらにより、刑事実体法の知識と理解を問うとともに、具体的な事実関係を分析し、その事実に法規範を適用する能力及び論理的思考力を問うものである。

3　採点実感等

　本問では、具体的事例について、甲、乙、丙及び丁の罪責を問うことにより、刑法の基本的な知識と問題点についての理解、事実関係を的確に分析・評価して具体的事実に法規範を適用する能力及び結論の妥当性とその導出過程の論理性・論述力等を総合的に評価することを基本方針として採点に当たった。
　いずれの設問の論述においても、各設問の内容に応じ、各事例の事実関係を法的に分析し、事案の解決に必要な範囲で法解釈論を展開して規範を定立した上で、これを具体的な事実関係に当てはめて妥当な結論を導くこと、その導出過程が論理性を保持していることが求められる。

第2　設問1について

1　専任講師コメント

　まず、甲の傷害罪の論点ですが、「暴行を加えた後に財物奪取の意思を生じたが、財物奪取の意思後の脅迫は相手方の反抗を抑圧するに足りる程度の脅迫でなかった。このような場合でも強盗罪が成立するか。」といういわゆる事後的奪取意思が問題となります。この論点は、判例も割れているところですし、学説もございますので、問題の所在と自説の論拠を正確に出すことが必要となります。特に、自説の論拠を正確に出していない答案をよく見かけます。出題の趣旨でも、採点実感でも「問題の所在を的確に示した上で、自説とは反対の考え方を意識しつつ自説の論拠を明らかにして規範を定立し、その規範を具体的な事実関係に当てはめて結論を導く必要がある」と記載されておりますので、問題の所在、反対説を意識した自説の論拠を正確に記載するようにしてください。
　次に、乙の罪責ですが、「財産上府府の利益」を得たと言えるかとの論点がありまして、ここも判例がございますので、問題の所在、自説の論拠を正確に出せると良かったです。採点実感には、「問題文にこの論点に触れるよう明記されていたため、これをそのまま問題提起として引用し、強盗罪の成否を検討する答案が多く、これがなぜ問題になるのかについてまで踏み込んで問題の所在を的確に示している答案は少なかった。」との記載がございました。問題文に誘導があっても、キャッシュカードと暗証番号はそれ自体は財産的価値が低いという問題の所在を必ず書くようにしてください。
　また、乙の罪責で未遂犯と不能犯の区別の基準も論点となっておりますが、これも典型論点です。問題の所在と反対説を意識した自説の論拠を正確に記載するようにしてください。

350

刑事系第１問＜刑法＞

2 　出題趣旨

(1)　設問１(1)の行為について

ア　甲は、Aの頭部を拳で殴り、その場に転倒したAの腹部を蹴る暴行を加え、Aに肋骨骨折等の傷害を負わせており、甲に傷害罪が成立する。この点については、傷害罪の各構成要件要素を充足することを簡潔に示せば足りる。

イ　甲は、上記暴行に及んだ後、既に抵抗する気力を失っていたAに対し、所持品を提示するよう求め、Aが手元に置いた本件財布の中身を見たところ、その中に入っていた現金６万円が欲しくなり、Aが恐怖で抵抗できないことを知りながら、Aに「この財布はもらっておくよ。」と言って、本件財布を自己のズボンのポケットに入れている。ここで甲は、財物奪取の意思なく暴行を加えて相手方の反抗を抑圧した後、財物奪取の意思が生じ、財物を奪取している。強盗罪が成立するためには、財物奪取に向けられた相手方の反抗を抑圧するに足りる程度の暴行・脅迫が必要であるところ、甲が上記暴行に及んだ時点では甲に財物奪取の意思はなく、他方で甲がAに上記文言を申し向ける行為は、それのみを単体で評価すると、相手方の反抗を抑圧するに足りる程度の脅迫であるとは認められないが、このような場合でも強盗罪が成立するかが問題となる。

この点につき、自ら作出した反抗抑圧状態を利用して財物を奪取した場合にも、強盗の手段としての新たな暴行・脅迫を必要とする考え方（東京高判昭和４８年３月２６日高刑集２６巻１号８５頁等、以下「新たな暴行・脅迫必要説」という。）があり得る。新たな暴行・脅迫必要説に立つ場合には、さらに、新たな暴行・脅迫の内容・程度につき、反抗抑圧状態を維持・継続させるものであれば足りるとする考え方（大阪高判平成元年３月３日判タ７１２号２４８頁等、以下「維持継続説」という。）、行為者が現場に存在すること自体を脅迫とする考え方（以下「現場存在説」という。）などがあり得る。これに対し、自ら作出した反抗抑圧状態を利用して財物を奪取した場合には、強盗の手段としての新たな暴行・脅迫を必要としないとする考え方（以下「新たな暴行・脅迫不要説」という。）もあり得る。

維持継続説に立つ場合、甲は、Aの反抗を抑圧した後、Aが恐怖で抵抗できないことを知りながら、Aに「この財布はもらっておくよ。」と言って本件財布の占有を取得しており、かかる行為は既に存在する反抗抑圧状態を維持する程度の脅迫であると認めることも可能であろう。現場存在説に立つ場合には、甲が現場に存在したこと自体を強盗の手段としての新たな脅迫と捉えることになる。このように新たな脅迫があったと認めた場合又は新たな暴行・脅迫不要説に立つ場合には、強盗罪のその他の各構成要件要素を充足することを簡潔に示した上で、強盗罪の成立を肯定する結論に至ることになろう。これに対し、維持継続説に立つ場合であっても、甲がAに上記文言を申し向けた行為は、反抗抑圧状態を維持・継続するに足りる程度の脅迫であるとは認められないとして強盗罪の成立を否定し、窃盗罪又は恐喝罪が成立するにとどまるとの結論に至る余地もあろう。

いずれの考え方に立って論じるとしても、事案を具体的に分析して問題の所在を的確に示した上で、自説とは反対の考え方を意識しつつ自説の論拠を明らかにして規範を定立し、その規範を具体的な事実関係に当てはめて結論を導く必要がある。

(2)　設問１(2)の行為について

乙は、甲から手渡された本件財布内に入っていた本件カードを使用してAの預金を引き出して奪おうと考え、本件カードを本件財布から取り出して、倒れたままのAに見せつつ、持っていたバタフライナイフの刃先をAの眼前に示しながら「死にたくなければ、このカードの

351

暗証番号を言え。」と言って本件カードの暗証番号を聞き出そうとしているところ、かかる行為が「財産上不法の利益」を得たとして強盗罪に当たるのか問題となる。

この点につき、キャッシュカードとその暗証番号を併せ持つことにより、事実上、ATMを通して預金口座から預貯金の払戻しを受け得る地位という財物の取得と同視できる程度に具体的かつ現実的な財産的利益を得たとみて強盗罪の成立を肯定する考え方（東京高判平成21年11月16日判時2103号158頁）があり得る。この考え方に立つ場合、乙は、バタフライナイフの刃先をAの眼前に示しながら要求に応じなければAの生命に危害を加える旨を告知しており、Aの反抗を抑圧するに足りる程度の脅迫を加えたと認められるが、Aが誤って本件カードの暗証番号とは異なる4桁の数字を答えており、乙が財産上不法の利益を得たとはいえないことから、乙に強盗未遂罪が成立するにとどまることを指摘する必要がある。

これに対し、暗証番号を聞き出したとしても財物の取得と同視できる程度に具体的かつ現実的な財産的利益を得たとは認められない、暗証番号は移転性のある利益ではない等として強盗罪の成立を否定する考え方（前掲東京高判平成21年11月16日の原判決はこのような考え方を採った。）もあり得る。この考え方に立つ場合、この行為について、強盗罪は成立し得ないが、乙は、上記のとおりAを脅迫し、Aに暗証番号を答えさせて義務のないことを行わせたといえることから、強要罪の各構成要件要素を充足することを簡潔に示して同罪が成立することを指摘する必要がある。いずれの考え方に立って論じるとしても、事案を具体的に分析して問題の所在を的確に示した上で、自説とは反対の考え方を意識しつつ自説の論拠を明らかにして、結論を導く必要がある。

(3) 設問1(3)の行為について

乙は、ATMに本件カードを挿入して預金を引き出そうとしたものの、乙がAから聞き出して入力した数字が本件カードの暗証番号とは異なるものであったため、不正な操作と認識されて取引が停止され、預金を引き出すことはできなかった。このように事後的・客観的には乙が預金を引き出すことができない状況にあった場合であっても、預金を引き出して窃取する危険性があったとして未遂犯が成立するか、それとも不能犯として不可罰となるかが問題となる。

この点につき、行為時に一般人が認識し得た事情及び行為者が特に認識していた事情を判断の基礎とし、一般人の立場から危険性があると判断する場合に未遂犯が成立するとする考え方があり得る。この考え方に立った場合、乙がAから聞き出した4桁の数字が本件カードの暗証番号とは異なるものであったとの事情につき、一般人が認識し得たとは認められず、乙も認識していなかったため、同事情は判断の基礎から除外されることになる。そうすると、乙が他人であるAのキャッシュカードを使用してATMから預金を引き出そうとしている以上、一般人の立場からは、ATMの現金の占有者の意思に反して同現金の占有が乙に移転する危険性があると判断するとの結論に至ると考えられる。その場合、窃盗罪の各構成要件要素を充足することを簡潔に示した上で、窃盗未遂罪の成立を肯定することになろう。

これに対し、結果が発生しなかった原因を解明し、事実がいかなるものであったなら結果の発生があり得たかを科学的に明らかにした上で、こうした結果惹起をもたらす仮定的事実が存在し得たかを一般人の立場から事後的に判断し、仮定的事実が存在し得たと一般人が判断する場合には危険性が認められて未遂犯が成立するとする考え方もあり得る。この考え方に立った場合、結果が発生しなかった原因は、乙がAから聞き出した数字が本件カードの暗証番号と異なるものであったからであり、これが本件カードの正しい暗証番号であったなら結果の発生があり得たところ、Aは暗がりで本件カードを別のキャッシュカードと見間違えて意図せず別の暗証番号を答えたにすぎず、一般人の立場からは、乙がAから本件カードの正しい暗証番号を

聞き出すことは十分にあり得たといえ、窃盗の危険性が認められるとの結論に至ると考えられる。その場合、上記と同様に窃盗未遂罪の成立を肯定することになろう。

このほかにも様々な考え方があり得るが、いずれの考え方に立って論じるとしても、事案を具体的に分析して問題の所在を的確に示した上で、自説とは反対の考え方を意識しつつ自説の論拠を明らかにして規範を定立し、その規範を具体的な事実関係に当てはめて結論を導く必要がある。

3 採点実感等

ア 甲がAに肋骨骨折等の傷害を負わせた行為について

本問において、甲は、Aの頭部を拳で殴り、その場に転倒したAの腹部を蹴る暴行を加え、Aに肋骨骨折等の傷害を負わせており、甲に傷害罪が成立する。この点については、傷害罪の各構成要件要素を充足することを簡潔に示せば足りるところ、これを簡潔に示した答案が比較的多く見られたが、これを長々と論じている答案も散見された。

イ 甲がA所有の財布を領得した行為について

本問において、甲は、上記暴行に及んだ後、既に抵抗する気力を失っていたAに対し、所持品を提示するよう求め、Aが手元に置いたA所有の財布（以下「本件財布」という。）の中身を見て、その中に入っていた現金6万円が欲しくなり、Aが恐怖で抵抗できないことを知りながら、Aに「この財布はもらっておくよ。」と言って、本件財布を自己のズボンのポケットに入れているところ、比較的多くの答案において、本問の事案を具体的に分析し、甲が同暴行に及んだ時点では財物奪取の意思がなかったこと及び甲がAに同文言を申し向ける行為それのみを単体で評価すると相手方の反抗を抑圧するに足りる程度の脅迫であるとは認められないことをそれぞれ指摘した上で、自ら作出した反抗抑圧状態を利用して財物を奪取した場合における強盗罪の成否が問題となる旨を的確に示しており、こうした答案は高い評価となった。これに対し、事案を具体的に分析することなく、甲が上記文言を申し向けた行為が強盗の手段としての暴行・脅迫に当たるかについてのみを問題とするにとどまる答案や、いわゆる事後的奪取意思を生じて財物を奪取した場合の処理が問題となる等として論点を指摘するにとどまる答案が散見され、こうした答案は低い評価となった。

自ら作出した反抗抑圧状態を利用して財物を奪取した場合の強盗罪の成立については、強盗の手段としての新たな暴行・脅迫を必要としつつ（東京高判昭和48年3月26日高刑集26巻1号85頁等）、新たな暴行・脅迫の内容・程度につき、反抗抑圧状態を維持・継続させるものであれば足りるとする考え方（大阪高判平成元年3月3日判タ712号248頁等）、行為者が現場に存在すること自体を脅迫とする考え方、自ら作出した反抗抑圧状態を利用する場合には新たな暴行・脅迫を必要としないとする考え方があり得るところ、自説とは反対の考え方を意識したり、自説の論拠を明らかにしたりすることなく、直ちに規範を定立している答案が多く見られ、こうした答案は低い評価となった。これに対し、自説とは反対の考え方を意識しつつ自説の論拠を明らかにして規範を定立している答案は少なかったが、こうした答案は高い評価となった。

当てはめについては、特殊詐欺グループを率いる甲とその配下のAという関係性、甲が財物奪取の意思を生じる前にAに加えた暴行・脅迫の程度が相当強度であったこと、現場であるB公園に人気がなく午後8時頃という時間帯であったことなど、事案の具体的な事実関係に着目して充実した当てはめを行った上で結論を導く答案が少なからず見られ、こうした答案は高い

評価となった。これに対し、特に理由を示すことなく、甲がAに申し向けた上記文言は自ら定立した規範に当てはまるとするだけで結論を導く答案も散見され、こうした答案は低い評価となった。また、反抗抑圧状態を維持・継続させる程度の新たな暴行・脅迫を必要とする考え方に立った場合、甲がAに上記文言を申し向けた行為が同脅迫に該当するかについて検討すべきであるのに、甲が財物奪取の意思を生じる前にAに対して「持っているものを見せろ。」と言った行為について検討している答案が散見され、こうした答案は著しく低い評価となった。

さらに、本問では、上記のいずれの考え方に立って論じるとしても甲に強盗罪が成立する余地がある以上、まずは強盗罪の成否を検討し、これを否定する場合に窃盗罪又は恐喝罪の成否を検討すべきであるところ、甲に強盗罪が成立するかを検討することなく、直ちに窃盗罪又は恐喝罪の成否を検討する答案が散見され、こうした答案は低い評価となった。

このほかにも、甲に強盗罪が成立するとした上で、強盗の機会にAを負傷させたとして甲に強盗致傷罪が成立するとした答案も散見されたが、強盗の機会説は、強盗に着手した者が強盗の機会に致死傷結果を生じさせた場合にも強盗致傷罪の成立を認めるものであり、甲がAに暴行を加えて負傷させた時点では強盗に着手していない以上、甲に強盗致傷罪が成立する余地はない。したがって、強盗致傷罪が成立するとした答案は低い評価となった。

また、甲がB公園に到着した乙にAを見張っておくよう指示し、これを乙が了承した点について、監禁罪の共同正犯の成否を検討する答案が散見されたが、監禁罪は屋外の囲われていない場所であっても成立し得るとはいえ、本問については、囲われた場所から脱出を不能にさせる等、監禁罪が成立する典型的な場面ではない上、乙がAを取り囲んだり監視したりするなどしてその場からAの脱出を不能にさせる具体的な監禁行為に及んだと認めるに足りる事情も存しないため、必ずしも監禁罪の共同正犯の成否について検討する必要はなかった。

ウ　乙がAから暗証番号を聞き出そうとした行為について

本問において、乙は、甲から手渡された本件財布内に入っていたA名義のキャッシュカード（以下「本件カード」という。）を使用してAの預金を引き出して奪おうと考え、本件カードを本件財布から取り出して、倒れたままのAに見せつつ、持っていたバタフライナイフの刃先をAの眼前に示しながら「死にたくなければ、このカードの暗証番号を言え。」と言って本件カードの暗証番号を聞き出そうとしているところ、乙の行為が強盗罪における脅迫に該当し得ることを認定した上で、問題文に乙が本件カードの暗証番号についてAから聞き出す行為が財産犯における「財産上不法の利益」を得ようとする行為に当たるかという点にも触れるよう明記していたため、これをそのまま問題提起として引用し、強盗罪の成否を検討する答案が多く見られた。ただ、これがなぜ問題になるのかについてまで踏み込んで問題の所在を的確に示している答案は少なかった。なお、乙がAから暗証番号を聞き出そうとした行為に及んだ時点において、乙は、甲から手渡されて既に本件カードを所持しており、本件カードを客体とする奪取罪が成立する余地はないにもかかわらず、これを検討する答案が散見されたが、こうした答案は著しく低い評価となった。

相手方の反抗を抑圧するに足りる暴行・脅迫を用いて暗証番号を聞き出す行為については、キャッシュカードとその暗証番号を併せ持つことにより、事実上、ATMを通して預金口座から預貯金の払戻しを受け得る地位という財物の取得と同視できる程度に具体的かつ現実的な財産的利益を得たとみて強盗罪の成立を肯定する考え方（東京高判平成２１年１１月１６日判時２１０３号１５８頁）や、暗証番号を聞き出したとしても財物の取得と同視できる程度に具体的かつ現実的な財産的利益を得たとは認められない、暗証番号は移転性のある利益ではない等として強盗罪の成立を否定する考え方（前掲東京高判平成２１年１１月１６日の原判決はこのような考え方を採った。）があり得るところ、自説とは反対の考え方を意識したり、自説の論

拠を明らかにしたりすることなく、直ちに結論を示している答案が少なからず見られ、こうした答案は低い評価となった。これに対し、自説とは反対の考え方を意識しつつ自説の論拠を明らかにして規範を定立している答案も比較的多く見られ、こうした答案は高い評価となった。

当てはめについては、乙がAから聞き出そうとしている暗証番号に係る本件カードを既に所持していることに着目した上で「財産上不法の利益」を得ようとする行為に当たるかを検討している答案が比較的多く見られ、こうした答案は高い評価となった。これに対し、特に理由を示すことなく、乙がAから本件カードの暗証番号を聞き出そうとした行為は自ら定立した規範に当てはまるとするだけで結論を導く答案も少なからず見られ、こうした答案は低い評価となった。

なお、乙の行為は「財産上不法の利益」を得ようとする行為に当たるとしても、Aが誤って本件カードの暗証番号とは異なる数字を答えており、乙が財産上不法の利益を得たとはいえないため、乙に強盗未遂罪が成立するにとどまることを指摘する必要があるところ、比較的多くの答案が乙に強盗未遂罪が成立するにとどまることを指摘していた。

また、乙がAから暗証番号を聞き出そうとした行為について、不能犯の問題として検討している答案が散見されたが、事後的・客観的にみても、乙が同行為に及んだ時点で、Aから本件カードの暗証番号を聞き出す危険性があったことは明らかであるから、同行為について不能犯の問題として検討する必要はなかった。

このほかにも、乙が甲から本件財布を受領した行為について、甲に強盗罪が成立することを前提に承継的共同正犯の成否を検討する答案が散見されたが、乙は、甲がAから本件財布を強取した後、その事情を知らずに甲から本件財布を受領したにすぎず、甲が本件財布の強取に至るまでの間に乙が関与したと評価する余地はないから、承継的共同正犯の成否が問題となる場面ではなく、これを検討する必要はなかった。

エ　乙がATMに本件カードを挿入して預金を引き出そうとした行為について

本問において、乙は、ATMに本件カードを挿入して預金を引き出そうとしたものの、不正な操作と認識されて取引が停止されたため、預金を引き出すことはできなかったところ、比較的多くの答案において、本問の事案を具体的に分析し、乙がAから聞き出して入力した数字が本件カードの暗証番号とは異なるものであったため、事後的・客観的には乙が預金を引き出すことができない状況にあった旨を指摘した上で、こうした場合であっても預金を引き出して窃取する危険性があったとして未遂犯が成立するのか、それとも不能犯として不可罰となるかが問題となる旨を的確に示しており、こうした答案は高い評価となった。これに対し、事案を具体的に分析することなく、いわゆる不能犯が問題となる等として論点を示すにとどまる答案が散見され、こうした答案は低い評価となった。

未遂犯と不能犯の区別については、行為時に一般人が認識し得た事情及び行為者が特に認識していた事情を判断の基礎とし、一般人の立場から危険性があると判断する場合に未遂犯が成立するとする考え方や、結果が発生しなかった原因を解明し、事実がいかなるものであったなら結果の発生があり得たかを科学的に明らかにした上で、こうした結果惹起をもたらす仮定的事実が存在し得たかを一般人の立場から事後的に判断し、仮定的事実が存在し得たと一般人が判断する場合には危険性が認められて未遂犯が成立するとする考え方などがあり得るところ、自説とは反対の考え方を意識したり、自説の論拠を明らかにしたりすることなく、直ちに規範を定立している答案が多く見られ、こうした答案は低い評価となった。これに対し、自説とは反対の考え方を意識しつつ自説の論拠を明らかにして規範を定立している答案はごく少数であったが、こうした答案は高い評価となった。

当てはめについては、自ら定立した規範を本問の具体的な事実関係に適切に当てはめて結論を導く答案が比較的多く見られたが、自ら定立した規範をなぞるだけの答案や、規範定立に至るまでの論述と当てはめ部分を明確に区別することなく混在させて記載する答案が少なからず散見された。また、他人名義のキャッシュカードを使用してATMから現金を引き出そうとする場合、同現金を管理する金融機関の占有を侵害するものとして窃盗未遂が成立し得るところ、誰の占有を侵害するものかが不明瞭な答案や、本件カードの名義人であるAの占有を侵害するものとした答案が散見された。

このほかにも、本問について、未遂犯と不能犯の区別の問題としてではなく、犯行がどの段階まで進んだかという実行の着手の問題として窃盗未遂の現実的危険性の有無について検討を加える答案が散見されたが、こうした答案は不能犯の問題として検討している答案よりも低い評価となった。また、上記問題の所在に触れることなく窃盗未遂罪が成立する旨を指摘するにとどまる答案も散見されたが、こうした答案は著しく低い評価となった。

4 解説

(1) 甲の罪責について

ア 甲がAに殴る蹴るの暴行を加えて傷害を負わせた行為

甲はAの頭部を拳で殴り、その場に転倒したAの腹部を蹴る暴行を加えてAに肋骨骨折等の傷害を負わせており、傷害罪が成立することを簡潔に示す。

イ 甲がA所有の財布（以下「本件財布」という。）を自己のポケットに入れた行為

(ア) 事後的奪取意思の問題

甲は、財物奪取の意思なく暴行を加えてAの反抗を抑圧した後、財物奪取の意思が生じて本件財布を奪取している。強盗罪の成立には、財物奪取に向けられた相手方の反抗を抑圧するに足りる程度の暴行・脅迫が必要であるところ、甲が上記暴行に及んだ時点では甲に財物奪取の意思はない。他方で、甲がAに「この財布はもらっておくよ。」と言った行為は、それのみを単体で評価すると、相手方の反抗を抑圧するに足りる程度の脅迫であるとは認められない。このような場合にも強盗罪が成立するかが問題となる。

(イ) 新たな暴行・脅迫必要説

この点について、自ら作出した反抗抑圧状態を利用して財物を奪取した場合にも、強盗の手段としての新たな暴行・脅迫を必要とする考え方（東京高判昭48.3.26。「新たな暴行・脅迫必要説」という。）があり得る。

新たな暴行・脅迫必要説に立つ場合には、さらに、新たな暴行・脅迫の内容・程度につき、反抗抑圧状態を維持・継続させるものであれば足りるとする考え方（大阪高判平元3.3。「維持継続説」という。）、行為者が現場に存在すること自体を脅迫とする考え方（「現場存在説」という。）などがあり得る。

(ウ) 新たな暴行・脅迫不要説

これに対し、自ら作出した反抗抑圧状態を利用して財物を奪取した場合には、強盗の手段としての新たな暴行・脅迫を必要としないとする考え方（「新たな暴行・脅迫不要説」という。）もあり得る。

(2) 乙の罪責について

ア 乙がAに脅迫を加えてAからA名義のキャッシュカード（以下「本件カード」という。）の暗証番号を聞き出そうとした行為

(ア) 「財産上不法の利益」

ここでは、乙がAに暗証番号を聞き出す行為が「財産上不法の利益」を得たとして、強盗罪に当たるのかが問題となる。

(イ) 肯定説

キャッシュカードとその暗証番号を併せ持つことにより、事実上、ATMを通して預金口座から預貯金の払戻しを受け得る地位という財物の取得と同視できる程度に具体的かつ現実的な財産的利益を得たとみて、強盗罪の成立を肯定する考え方（東京高判平21.11.16、百選Ⅱ41事件）があり得る。

(ウ) 否定説

暗証番号を聞き出したとしても財物の取得と同視できる程度に具体的かつ現実的な財産的利益を得たとは認められない、暗証番号は移転性のある利益ではない等として、強盗罪の成立を否定する考え方（前掲東京高判平21.11.16の原判決）もあり得る。

イ 乙がATMに本件カードを挿入し、Aの預金を引き出そうとした行為

(ア) 未遂犯と不能犯の区別

乙がAから聞き出してATMに入力した数字が本件カードの暗証番号とは異なるものであったため、不正な操作と認識されて取引が停止され、預金を引き出すことはできなかった。このように事後的・客観的には乙が預金を引き出すことができない状況にあった場合に、預金を引き出して窃取する危険性があったとして未遂犯が成立するか、不能犯として不可罰となるかが問題となる。

(イ) 具体的危険説

行為時に一般人が認識し得た事情及び行為者が特に認識していた事情を判断の基礎とし、一般人の立場から危険性があると判断する場合に未遂犯が成立するとする考え方があり得る（具体的危険説）。

この考え方に立った場合、乙がAから聞き出した4桁の数字が本件カードの暗証番号とは異なるものであったとの事情につき、行為時に一般人が認識し得たとは認められず、乙も認識していなかったため、同事情は判断の基礎から除外されることになる。そうすると、乙が他人であるAのキャッシュカードを使用してATMから預金を引き出そうとしている以上、一般人の立場からは、ATMの現金の占有者の意思に反して同現金の占有が乙に移転する危険性があると判断するとの結論に至ると考えられる。

(ウ) 修正された客観的危険説

結果が発生しなかった原因を解明し、事実がいかなるものであったなら結果の発生があり得たかを科学的に明らかにした上で、こうした結果惹起をもたらす仮定的事実が存在し得たかを一般人の立場から事後的に判断し、仮定的事実が存在し得たと一般人が判断する場合には危険性が認められて未遂犯が成立するとする考え方もあり得る（修正された客観的危険説）。

この考え方に立った場合、結果が発生しなかった原因は、乙がAから聞き出した数字が本件カードの暗証番号と異なるものであったからであり、これが本件カードの正しい暗証番号であったなら結果の発生があり得たところ、Aは暗がりで本件カードを別のキャッシュカードと見間違えて意図せず別の暗証番号を答えたにすぎない。したがって、一般人の立場からは、乙がAから本件カードの正しい暗証番号を聞き出すことは十分にあり得たといえ、窃盗の危険性が認められるとの結論に至ると考えられる。

第3 設問2について

1 専任講師コメント

設問2は、聞かれ方が特殊でしたが、「①丙による2回目殴打について丁に暴行罪の幇助犯が成立するか」との部分は、「ア誰を基準として正当防衛の成立要件を判断するか」が問題の所在となります。この問題は、論証例などを用意している方は少ないかと思いますので、現場で考えることになります。正当防衛の趣旨や共犯の処罰根拠などから自分なりの見解を導けると良かったです。令和4年の過去問で、被侵害者と、防衛者が異なる場合、いずれを基準に正当防衛の要件を検討すべきかといった問題が出題されておりましたので、それを参考にして回答を作成しても良かったかと思います。過去問の復習は重要です。

次に、「②甲に暴行罪の共同正犯が成立するか」の部分ですが、これは「イ違法性の判断が共犯者間で異なることがあるか」が問題の所在となります。これも現場で考える問題ですので、正当防衛の趣旨や共犯の処罰根拠などから自分なりの見解を導き出せると良かったです。

いずれの論点も、採点実感には、「自説とは反対の考え方を意識しつつ自説の論拠を明らかにして規範を定立している答案はごく僅かであったが、こうした答案は高い評価となった。」との記載がありますので、反対の考え方を意識して自説の論拠を出せるように普段から勉強していくといいかと思います。

また、採点実感で、「問題文に誰を基準として正当防衛の成立要件を判断するか及び違法性の判断が共犯者間で異なることがあるかについても、その結論及び論拠に言及するよう明記していたにもかかわらず、これらに正面から答えていない答案が多く見られ、こうした答案は低い評価となった。」との記載もありました。誘導が難しいとそれに応えていない答案はよく見ますが、それだとかなり低い評価となってしまいますので、必ず誘導に答えるようにしてください。

2 出題趣旨

(1) 丙に正当防衛が成立することについて

丙による1回目殴打及び2回目殴打について、本問における具体的な事実関係を指摘して、暴行罪の各構成要件要素及び正当防衛の成立要件をそれぞれ充足することについて簡潔に示せば足りる。

(2) 丙による2回目殴打について丁に暴行罪の幇助犯が成立するか

丁は、丙がCの胸倉をつかんでいる様子を見て、Cが先に丙を殴った事実を知らないまま、一方的に丙がCを殴ろうとしているものと誤信し、面白がって、丙がCを殴り倒した後、丙がその場から逃走するのを手助けしようと思い、丙に「頑張れ。ここで待っているから終わったらこっちに来い。」と声を掛け、反撃しようとしていた丙は、丁の言葉を聞いて発奮し、2回目殴打に及んでいる。丁の行為は、Cに反撃しようとしていた丙に対して心理的な働き掛けを行って丙を発奮させ、丙による2回目殴打を容易にしており、これが幇助行為に該当することを簡潔に指摘する必要がある。

もっとも、丙による2回目殴打について正当防衛が成立するところ、このように正犯に正当防衛が成立して違法性が阻却される場合であっても幇助犯が成立するかが問題となる。

この点につき、幇助犯による対抗行為を観念することは困難であるとして、正犯を基準として正当防衛の成立要件を判断した上で、共犯が成立するためには正犯の行為が構成要件該当性及び違法性を備える必要があるとする考え方があり得る。この考え方に立った場合、正犯の行

為に正当防衛が成立して違法性が阻却されるのであれば、その違法評価は連帯的に作用し、あるいは、正犯の違法性に基づく共犯不法が欠け、幇助犯は成立しないことになる。

これに対し、同じく正犯を基準として正当防衛の成立要件を判断し、正犯の行為に正当防衛が成立して違法性が阻却される場合であっても、背後者が不必要に緊急状況を作出したなど一定の場合には、違法性阻却の効果を援用できないとして共犯の成立を認める考え方もあり得る。この考え方によれば、違法性の判断が正犯と共犯との間で異なることがあることになるが、この考え方は、共犯が成立するためには正犯に構成要件該当性が認められれば足りるとする立場を前提としている。本問では、正犯である丙に正当防衛が成立して違法性が阻却されるところ、丁が不必要に緊急状況を作出したとまでは認められず、違法性阻却の効果を援用できない事情は存しないとして丁の行為にも違法性阻却の効果が及び、丁に暴行罪の幇助犯は成立しないとの結論に至ると考えられる。

このほかにも様々な考え方があり得るが、いずれの考え方に立って論じるとしても、事案を具体的に分析して問題の所在を的確に示した上で、自説とは反対の考え方を意識しつつ、誰を基準として正当防衛の成立要件を判断するか及び違法性の判断が共犯者間で異なることがあるかについて、それぞれの論拠に言及した上で結論を導く必要がある。

(3) 甲に暴行罪の共同正犯が成立するか

甲は、丙にCを痛めつけさせようと考え、丙に「俺がCを押さえるから、Cを殴れ。」と言い、それを聞いた丙がCに対する1回目殴打に及んでおり、甲が丙との間で暴行の共謀を遂げた上で、丙が暴行の実行行為に及んだことを簡潔に指摘する必要がある。

もっとも、丙による1回目殴打について正当防衛が成立するところ、このように実行行為者に正当防衛が成立する場合、背後者である共謀共同正犯の正当防衛の成否について、どのように判断すべきかが問題となる。

この点につき、共謀共同正犯における実行行為者の暴行は、実行行為者及び背後者にとって共同した暴行と評価されるとみて、背後者である共謀共同正犯者についても正当防衛の成否を検討し得ると考えた上、行為の違法性は、法益侵害に加えて各行為者に固有の人的違法要素も加味して判断されるものであり、人的違法要素を有する者とこれを欠く者とで違法性の評価に違いが生じるとみれば、共同正犯者間で、正当防衛の成否につき結論が異なることが生じ得る。また、共同正犯は、一方が他方に従属する関係にないとして、共同正犯者それぞれを基準として正当防衛の成立要件を個別に判断するとの考え方からも、個別に判断した結果、共同正犯者間で、正当防衛の成否につき結論が異なることが生じ得る。これらの考え方に立った場合、本問では、丙及び甲それぞれを基準として正当防衛の成立要件を判断することになる。本問において、甲は、粗暴な性格のCからの侵害を予期した上で、その機会を利用してCを痛めつけようと考え、丙と共にC方に出向いており、単に予期された侵害を避けなかったというにとどまらず、その機会を利用し積極的に相手に対して加害行為をする意思で侵害に臨んだといえ、侵害の急迫性の要件を充たさず（最決昭和52年7月21日刑集31巻4号747頁、最決平成29年4月26日刑集71巻4号275頁参照）、甲に正当防衛は成立しないとの結論に至ると考えられる。その場合、甲に暴行罪の共同正犯が成立することになる。

これに対し、共謀者による対抗行為を観念することは困難であるとして、現実に対抗行為を行った実行行為者を基準として正当防衛の成立要件を判断するとの考え方に立った上で、実行行為者に成立する正当防衛による違法性阻却の効果が背後者にも連帯的に及ぶことを原則としつつ、背後者が自ら不必要に緊急状況を作出した場合には、違法性阻却の効果を背後者が援用することはできないとする考え方があり得る。この考え方に立った場合、本問では、甲が喧嘩闘争目的で丙をCのもとに赴かせて、丙とCとの間の利益衝突状況を不必要に作出したと認め

られるため、甲が正当防衛による違法性阻却の効果を援用することはできないとの結論に至ると考えられる。その場合、甲に暴行罪の共同正犯が成立することになる。

このほかにも様々な考え方があり得るが、いずれの考え方に立って論じるとしても、事案を具体的に分析して問題の所在を的確に示した上で、自説とは反対の考え方を意識しつつ、誰を基準として正当防衛の成立要件を判断するか及び違法性の判断が共犯者間で異なることがあるかについて、それぞれの論拠に言及するとともに、丁についての説明と甲についての説明の整合性にも触れた上で、結論を導く必要がある。

なお、判例（最決平成４年６月５日刑集４６巻４号２４５頁）は、実行行為者に過剰防衛が成立するとした事案において、「共同正犯が成立する場合における過剰防衛の成否は、共同正犯者の各人につきそれぞれその要件を満たすかどうかを検討して決するべきであって、共同正犯者の一人について過剰防衛が成立したとしても、その結果当然に他の共同正犯者についても過剰防衛が成立することになるものではない。」と判示しているところ、同判例は過剰防衛の成否に限って判断を示したものではあるが、共同正犯者それぞれで違法性の評価が相対化し、適法行為と違法行為との間の共同正犯も認める余地を残していることも参考となろう。

3　採点実感等

ア　丙に正当防衛が成立することについて

丙による１回目殴打及び２回目殴打について、本問における具体的な事実関係を指摘して、暴行罪の各構成要件要素及び正当防衛の成立要件をそれぞれ充足することについて簡潔に示せば足りるところ、これを長々と論じる答案が多く見られた。

イ　丙による２回目殴打について丁に暴行罪の幇助犯が成立するかについて

本問において、丁は、丙がＣの胸倉をつかんでいる様子を見て、Ｃが先に丙を殴った事実を知らないまま、一方的に丙がＣを殴ろうとしているものと誤信し、面白がって、丙がＣを殴り倒した後、丙がその場から逃走するのを手助けしようと思い、丙に「頑張れ。ここで待っているから終わったらこっちに来い。」と声を掛け、反撃しようとしていた丙は、丁の言葉を聞いて発奮し、２回目殴打に及んでいる。丁の行為は、Ｃに反撃しようとしていた丙に対して心理的な働きかけを行って丙を発奮させ、丙による２回目殴打を容易にしているため、これが幇助行為に該当することを簡潔に指摘すれば足りるところ、これを長々と論じる答案が散見された。

丙による２回目殴打については正当防衛が成立するところ、正犯に正当防衛が成立して違法性が阻却される場合であっても幇助犯が成立するかが問題となる旨を的確に示している答案が比較的多く見られ、こうした答案は高い評価となった。これに対し、単に「丁に暴行罪の幇助犯が成立するか。」とするだけで問題の所在を的確に示すことができていない答案も散見されたが、こうした答案は低い評価となった。

正犯に正当防衛が成立して違法性が阻却される場合における幇助犯の成否については、幇助犯による対抗行為を観念することは困難であるとして、正犯を基準として正当防衛の成立要件を判断した上で、共犯が成立するためには正犯の行為が構成要件該当性及び違法性を備える必要があるとする考え方や、同じく正犯を基準として正当防衛の成立要件を判断し、正犯の行為に正当防衛が成立して違法性が阻却される場合であっても、背後者が不必要に緊急状況を作出したなど一定の場合には、違法性阻却の効果を援用できないとして共犯の成立を認める考え方などがあり得るところ、自説とは反対の考え方を意識したり、自説の論拠を明らかにしたりすることなく、直ちに単に結論を示すにとどまる答案が多く見られ、こうした答案は低い評価と

なった。これに対し、自説とは反対の考え方を意識しつつ自説の論拠を明らかにして規範を定立している答案はごく僅かであったが、こうした答案は高い評価となった。

また、問題文に誰を基準として正当防衛の成立要件を判断するか及び違法性の判断が共犯者間で異なることがあるかについても、その結論及び論拠に言及するよう明記していたにもかかわらず、これらに正面から答えていない答案が多く見られ、こうした答案は低い評価となった。

ウ　甲に暴行罪の共同正犯が成立するかについて

本問において、甲は、丙にCを痛めつけさせようと考え、丙に「俺がCを押さえるから、Cを殴れ。」と言い、それを聞いた丙がCに対する1回目殴打に及んでおり、甲が丙との間で暴行の共謀を遂げた上で、丙が暴行の実行行為に及んだことを簡潔に指摘すれば足りるところ、これを長々と論じる答案が散見された。

丙による1回目殴打についても正当防衛が成立するところ、実行行為者に正当防衛が成立する場合、背後者である共謀共同正犯の正当防衛の成否について、どのように判断すべきかが問題となる旨を的確に示している答案が多く見られ、こうした答案は高い評価となった。これに対し、単に「甲に暴行罪の共同正犯が成立するか。」とするだけで問題の所在を的確に示すことができていない答案も散見されたが、こうした答案は低い評価となった。

実行行為者に正当防衛が成立する場合における背後者である共謀共同正犯の正当防衛の成否については、共謀共同正犯における実行行為者の暴行は、実行行為者及び背後者にとって共同した暴行と評価されるとみて、背後者である共謀共同正犯者についても正当防衛の成否を検討し得ると考えた上、行為の違法性は、法益侵害に加えて各行為者に固有の人的違法要素も加味して判断されるものであり、人的違法要素を有する者とこれを欠く者とで違法性の評価に違いが生じるとみる考え方や、共同正犯は、一方が他方に従属する関係にないとして、共同正犯者それぞれを基準として正当防衛の成立要件を個別に判断するとの考え方、共謀者による対抗行為を観念することは困難であるとして、現実に対抗行為を行った実行行為者を基準として正当防衛の成立要件を判断するとの考え方に立った上で、実行行為者に成立する正当防衛による違法性阻却の効果が背後者にも連帯的に及ぶことを原則としつつ、背後者が自ら不必要に緊急状況を作出した場合には、違法性阻却の効果を背後者が援用することはできないとする考え方などがあり得るところ、自説とは反対の考え方を意識したり、自説の論拠を明らかにしたりすることなく、直ちに単に結論を示すにとどまる答案が多く見られ、こうした答案は低い評価となった。これに対し、自説とは反対の考え方を意識しつつ自説の論拠を明らかにして規範を定立している答案はごく僅かであったが、こうした答案は高い評価となった。

当てはめについては、比較的多くの答案において、事案を具体的に分析し、甲に積極的加害意思があったことを示す具体的事実を認定して侵害の急迫性を否定し、甲に正当防衛は成立せず、暴行罪の共同正犯が成立する、あるいは、甲が喧嘩闘争目的で丙をCのもとに赴かせて、丙とCとの間の利益衝突状況を不必要に作出したことを示す具体的事実を認定して、甲が正当防衛による違法性阻却の効果を援用することはできないとの結論を導いており、こうした答案は高い評価となった。これに対し、事案を具体的に分析することなく、甲に積極的加害意思があった等と認定して結論を導く答案も散見されたが、こうした答案は低い評価となった。

また、問題文に誰を基準として正当防衛の成立要件を判断するか及び違法性の判断が共犯者間で異なることがあるかについても、その結論及び論拠に言及し、幇助犯と共謀共同正犯における説明相互の整合性にも触れるよう明記していたにもかかわらず、これらに正面から答えていない答案が多く見られた。

361

4 解説

(1) 小問(1)について

　丙による1回目殴打及び2回目殴打については、本問における具体的な要素を抽出して、丙の行為に正当防衛が成立することを簡潔に示すことが求められていた。

(2) 小問(2)について

ア　丁の罪責について

(ア)　幇助犯の認定

　ここでは、①丙による2回目殴打について丁に暴行罪（208条）の幇助犯が成立するか否かについて、言及する必要がある。丁の行為は丙による2回目殴打を容易にしており、これが幇助行為に該当することを簡潔に指摘すれば足りる。

(イ)　正当防衛の成否

　次に、丙による2回目殴打には正当防衛が成立していることから、正犯に正当防衛が成立して違法性が阻却される場合であっても幇助犯が成立するかが問題となる。

　ここでは、㋐誰を基準として正当防衛の成立要件を判断するか、及び㋑違法性の判断が共犯者間で異なることがあるかについて、言及する必要がある。

　もっとも、丙による2回目殴打について正当防衛が成立するところ、正犯に正当防衛が成立して違法性が阻却される場合であっても幇助犯が成立するかが問題となる。

　この点につき、ⓐ幇助犯による対抗行為を観念することは困難であるとして、正犯を基準として正当防衛の成立要件を判断した上で、共犯が成立するためには正犯の行為が構成要件該当性及び違法性を備える必要があるとする考え方があり得る（制限従属性説）。この考え方に立った場合、正犯の行為に正当防衛が成立して違法性が阻却されるのであれば、その違法評価は連帯的に作用し、あるいは、正犯の違法性に基づく共犯不法が欠け、幇助犯は成立しないことになる。すなわち、正犯を基準として正当防衛の成立要件を判断した上で（㋐）、違法性の判断は正犯と共犯との間で異ならないことになる（㋑）。

　これに対し、ⓑ同じく正犯を基準として正当防衛の成立要件を判断し、正犯の行為に正当防衛が成立して違法性が阻却される場合であっても、背後者が不必要に緊急状況を作出したなど一定の場合には、違法性阻却の効果を援用できないとして共犯の成立を認める考え方もあり得る。この考え方は、共犯が成立するためには正犯に構成要件該当性が認められれば足りるとする立場（最小限従属性説）を前提としている。この考え方によれば、正犯を判断基準とした上で（㋐）、違法性の判断が正犯と共犯との間で異なることがあることになるが（㋑）。本問では、正犯である丙に正当防衛が成立して違法性が阻却されるところ、丁が不必要に緊急状況を作出したとまでは認められず、違法性阻却の効果を援用できない事情は存しないとして丁の行為にも違法性阻却の効果が及び、丁に暴行罪の幇助犯は成立しないとの結論に至ると考えられる。

　このほかにも様々な考え方があり得る。

ア　甲の罪責について

(ア)　共謀共同正犯の認定

　ここでは、②甲に暴行罪の共同正犯が成立するかについて、言及する必要がある。甲が丙にCを痛めつけさせようと考えたこと、甲が丙との間で暴行の共謀を遂げた上で、丙が暴行の実行行為に及んだことを、簡潔に指摘する。

刑事系第1問＜刑法＞

(イ) 正当防衛の成否

　もっとも、丙による1回目殴打には正当防衛が成立するところ、甲にも正当防衛が成立するのではないか。実行行為者に正当防衛が成立する場合、背後者である共謀共同正犯の正当防衛の成否について、どのように判断すべきかが問題となる。

　ここでは、㋐誰を基準として正当防衛の成立要件を判断するか、及び㋑違法性の判断が共犯者間で異なることがあるかについて、言及する必要がある。

　この点につき、ⓐ共謀共同正犯における実行行為者の暴行は、実行行為者及び背後者にとって共同した暴行と評価されるとみて、背後者である共謀共同正犯者についても正当防衛の成否を検討し得ると考えた上、行為の違法性は、法益侵害に加えて各行為者に固有の人的違法要素も加味して判断されるものであり、人的違法要素を有する者とこれを欠く者とで違法性の評価に違いが生じるとみる考え方がある。この考え方によれば、違法性の判断が共犯者間で異なることがある（㋑）。

　また、ⓑ共同正犯は、一方が他方に従属する関係にないとして、共同正犯者それぞれを基準として正当防衛の成立要件を個別に判断するとの考え方もある。この考え方によれば、個別に判断した結果、違法性の判断が共犯者間で異なることがある（㋑）。

　ⓐ及びⓑの考え方に立った場合、本問では、丙及び甲それぞれを基準として正当防衛の成立要件を判断することになる（㋐）。本問において、甲は、粗暴な性格のCからの侵害を予期した上で、その機会を利用してCを痛めつけようと考え、丙と共にC方に出向いており、単に予期された侵害を避けなかったというにとどまらず、その機会を利用し積極的に相手に対して加害行為をする意思で侵害に臨んだといえる。したがって、侵害の急迫性の要件を充たさず（最決昭52.7.21。最決平29.4.26、百選Ⅰ23事件）、甲に正当防衛は成立しないとの結論に至ると考えられる。その場合、甲に暴行罪の共同正犯が成立することになる。

　一方で、ⓒ共謀者による対抗行為を観念することは困難であるとして、現実に対抗行為を行った実行行為者を基準として正当防衛の成立要件を判断するとの考え方もある。この考え方に立って実行行為者を判断基準とした上で（㋐）、実行行為者に成立する正当防衛による違法性阻却の効果が背後者にも連帯的に及ぶことを原則としつつ、背後者が自ら不必要に緊急状況を作出した場合には、違法性阻却の効果を背後者が援用することはできないとして、違法性の判断が共犯者間で異なることがある（㋑）とする考え方があり得る。

　ⓒの考え方に立った場合、本問では、甲が喧嘩闘争目的で丙をCのもとに赴かせて、丙とCとの間の利益衝突状況を不必要に作出したと認められるため、甲が正当防衛による違法性阻却の効果を援用することはできないとの結論に至ると考えられる。その場合、甲に暴行罪の共同正犯が成立することになる。

　このほかにも様々な考え方があり得る。

　なお、判例（最決平4.6.5、百選Ⅰ90事件）は、実行行為者に過剰防衛が成立するとした事案において、「共同正犯が成立する場合における過剰防衛の成否は、共同正犯者の各人につきそれぞれその要件を満たすかどうかを検討して決するべきである」と判示している。

363

採点基準表

※本試験の採点基準は公表されません。そこで、「出題趣旨」や「採点実感」等から辰已が独自に作成した採点基準を以下に掲載します。再現答案等とあわせ過去問学修にお役立てください。

	配点	あなたの得点
第1　設問1　【43点】		
1　甲の罪責		
（1）　傷害罪の成否		
「暴行」にあたるかの検討	1	
「傷害」にあたるかの検討	1	
故意の認定	1	
結論	1	
（2）　強盗罪の成否		
ア　「他人の財物」にあたるかの検討	1	
イ　「強取」にあたるかの検討		
(ｱ)　規範定立		
・暴行・脅迫後に財物奪取の意思が生じた場合に、「強取」したといえるのはどういう場合であるかの指摘	1	
・被害者の反抗が抑圧されている状態に乗じて財物を取得したような場合には、強盗罪が成立する余地があることの指摘	1	
(ｲ)　あてはめ		
・甲がAに対して「この財布はもらっておくよ。」と言ったという事実の指摘と評価	2	
・甲は、Aが恐怖で抵抗できないことを知りながら、抵抗する気力を失っていたAから財布を得てポケットに入れたという事実の指摘と評価	2	
【加点事項】	加点評価	
※より充実したあてはめがされていれば、加点する…加点評価　A・B・C	A・B・C	
(ｳ)　「強取」にあたるかの結論	1	
ウ　甲に強盗罪が成立するかの結論	1	
（3）　窃盗罪の成否		
ア　「他人の財物」の意義とあてはめ	1	
イ　「窃取」及び占有の意義とあてはめ	2	
ウ　故意の認定	1	
エ　不法領得の意思の意義とあてはめ	1	
オ　窃盗罪が成立するかの結論	1	

364

⑷　罪数	1	
2　乙の罪責		
⑴　2項強盗未遂罪の成否		
ア　問題提起	1	
イ　規範定立		
・2項強盗の罪が成立するためには、財産上の利益がAから行為者にそのまま直接移転することが必ずしも必要ではないことの指摘	1	
・財産上の利益とは何を指すか	1	
【加点事項】	加点評価	
※反対説に言及していれば加点	A・B・C	
ウ　あてはめ		
・乙がバタフライナイフをAに示して「カードの暗証番号を言え。」と申し向けたことの指摘と評価	2	
・乙の行為が未遂に留まることの指摘	1	
エ　故意及び不法領得の意思	1	
オ　結論	1	
⑵　窃盗未遂罪の成否		
ア　問題提起	1	
イ　「他人の財物」にあたるか	1	
ウ　「窃取」の意義	1	
あてはめ	1	
結論	1	
エ　不能犯		
㋐　問題提起	1	
㋑　規範定立	2	
㋒　Aが別のキャッシュカードの暗証番号を答えたことの指摘と評価	2	
㋓　結論	1	
オ　故意	1	
カ　不法領得の意思の意義とあてはめ	1	
キ　結論	1	
ク　罪数	1	

第2　設問2　【37点】		
1　小問(1)		
(1)　暴行罪の構成要件該当性	1	
(2)　正当防衛の成否		
ア　「急迫不正の侵害」		
(ｱ)　規範定立		
・正当防衛の定義	1	
・「急迫」の定義	1	
・いかなる場合に急迫性があったと認められるか	1	
(ｲ)　あてはめ		
・1回目殴打は、丙は殴りかかってくることを予期しておらず、Cからいきなり顔面を拳で殴られて転倒し、さらに甲から「Cを殴れ」と言われた後、Cが丙に対して続けて殴りかかってきたのに対して行われたことの指摘と評価	2	
・2回目殴打は、丁に声を掛けられた後、なおもCが丙に殴りかかってきたことから、身を守るために、Cの顔面を拳で1回殴ったことの指摘と評価	2	
(ｳ)　結論	1	
イ　「やむを得ずにした行為」の意義とあてはめ	1	
ウ　正当防衛が成立するかの結論	1	
2　小問(2)		
(1)　丁の罪責		
ア　暴行罪の幇助犯の成否		
(ｱ)　「幇助」の意義	1	
(ｲ)　あてはめ		
・丁が丙に「頑張れ。」と声を掛け、丙がそれを聞いて発奮したことの指摘と評価	1	
(ｳ)　結論	1	
イ　問題提起	1	
(ｱ)　規範定立	2	
(ｲ)　あてはめ	2	
(ｳ)　結論	1	
ウ　犯人隠避の成否		
(ｱ)　隠避の意義	1	
(ｲ)　丁が丙を本件バイクの後部座席に座らせて走り去った事実の指摘とあてはめ	1	
(ｳ)　故意	1	
(ｴ)　結論	1	

366

刑事系第１問＜刑法＞

（2） 甲の罪責		
ア 問題提起		
・丙には正当防衛が成立するので、共同正犯者甲にも正当防衛が成立するかが問題になるとの指摘	1	
イ 規範定立		
・共同正犯の場合にも、関与者相互の従属性を強調し、正当防衛の成立要件を全体として判断すべきであり、違法は連帯して評価されるべきだとする考え方の指摘	1	
・共同正犯の場合、各関与者を基準として正当防衛の成否を判断する必要があるとの指摘	1	
・急迫性の基準	1	
ウ あてはめ		
・甲がＣから罵倒されたことに激高して、Ｃ方に出向き、Ｃから殴られた場合は、その機会を利用してＣに暴力を振るい、痛め付けようと考え、Ｃ方前で、電話で「出てこい。」と言って呼び出したのも甲であり、丙は、甲から「俺がＣを押さえるから、Ｃを殴れ。」と言われて「やむを得ない」と思って殴打したという事情の指摘と評価	2	
・甲がＣとの従前の関係から、侵害の予期の程度は相当に高く、侵害回避が容易だったことの指摘と評価	2	
・侵害場所に出向かざるをえない事情が無かったことの指摘と評価	1	
・甲は、Ｃから殴られた場合には、むしろその機会を利用してＣに暴力を振るおうとしていたことの指摘と評価	2	
【加点事項】	加点評価	
※より充実したあてはめがされていれば、加点する…加点評価　Ａ・Ｂ・Ｃ	Ａ・Ｂ・Ｃ	
エ 侵害の急迫性が認められるかの結論	1	
オ 暴行罪の共同正犯の成否の結論	1	
第３【その他確認事項】	加点評価	
※上記【加点事項】以外でも、本問事案解決につき特記すべきものがある場合には、加点する…加点評価Ａ・Ｂ・Ｃ	Ａ・Ｂ・Ｃ	

367

基本配点分	小計 80 点	
		点

加点評価点	小計 10 点	
添削シート中の【加点評価】を総合的に評価し点数を決めて下さい。目安はＡが半数以上であれば 10 点、Ｂが半数程度であれば５点です。		点

基礎力評価点　　　　　　　　　　　　　　　　　　　小計 10 点

以下の項目は、「司法試験の方式・内容等について」（令和５年 11 月 22 日司法試験考査委員会議申合せ事項）第４－２－⑴－エに掲載されている事項です。

<table>
<tr><td colspan="3" align="center">あなたの得点（０～２点で評価）</td></tr>
<tr><td>事例解析能力</td><td></td><td rowspan="5"></td></tr>
<tr><td>論理的思考力</td><td></td></tr>
<tr><td>法解釈・適用能力</td><td></td></tr>
<tr><td>全体的な論理的構成力</td><td></td></tr>
<tr><td>文書表現力</td><td></td><td align="right">点</td></tr>
</table>

総合得点	合計 100 点	
		点

刑事系第１問＜刑法＞

再 現 答 案

答案① （順位ランクＡ、157.45点、系別２位、論文総合８位）

第１　設問１の甲の罪責について

1　甲がＡに対して、頭部を拳で殴り腹部を繰り返し蹴った行為につき、傷害罪（刑法（以下略）204条）が成立しないか。なお、当該行為時点で甲にはＡの所持品を奪う意思はないから強盗罪（236条１項）が成立する余地はない①。

　⑴　甲の当該行為は、Ａの身体に対する不法な有形力の行使であり「暴行」（208条）にあたる。そして、当該行為によりＡは肋骨骨折等の生理的機能障害を負っており「傷害」結果が発生したといえる。

　⑵　甲には基本犯たる暴行罪の故意（38条１項本文）があるため、結果的加重犯たる傷害罪の故意についても肯定できる。

　⑶　以上より、甲の当該行為につき傷害罪が成立する。

2　甲が「この財布をもらっておくよ。」といって、本件財布をポケットに入れた行為につきＡに対する強盗罪が成立しないか。甲はＡの財布に現金６万円が入っていたのをみて財布を盗もうと考えたところ、いわゆる事後的奪取意思が問題となる②。

　⑴　「暴行又は脅迫」とは、財物奪取行為に向けられた相手方の反抗を抑圧するに足りる程度の不法な有形力の行使又は害悪の告知をいうところ、財物奪取意思を有しない時点の行為については同要件を満たさず、事後的奪取意思を形成した後の新たな暴行・脅迫が必要である。もっとも、すでに被害者が犯行抑圧状態にある場合については、事後的奪取意思を形成した後の暴行脅迫はそれ単独で相手方の反抗を抑圧するものでなくとも、当該状態を継続する程度のもので足りると解するべきである。

　ア　甲はＡに対して肋骨骨折という重傷を負わせる強度の暴行を加えた後、「持っているものを見せろ。」といって所持品の開示を求めている。この時点でＡはすでに公園に倒れこんだ状態であり、重傷を負っており逃亡や反抗が困難なことも踏まえれば物理的な抑圧状態といえる。加えて、甲は特殊詐欺グループの長でＡはその配下という明確な上下関係があると共に、夜のＢ公園は人通りがなく助けを呼べる状況にないことを踏まえれば、心理的な抑圧状態でもあり、Ａは反抗抑圧状態に完全に陥り、抵抗する気力を失っていたと評価できる③。

　　こうした中で、甲はＡに対して「この財布はもらっておくよ。」と発言している。確かに言葉尻自体をとらえれば、害悪の告知とも言い難

①甲がＡに暴行を加えて負傷させた時点では強盗に着手していないことに言及している。

②事後的奪取意思が問題となる点を指摘している。

③反抗抑圧状態について、物理的な抑圧状態と心理的な抑圧状態に分けて検討している。

369

いといえる。もっとも、この発言に至るまでの状況を踏まえれば、この発言は財布を渡さなければより強度の暴行を加える旨実質的に予告するものであり害悪の告知と評価できる。加えて、当該発言は、これまでは身体への侵害のみであったのが、財産的な侵害の意図も有することを告知するものであり、さらなるAに対する法益侵害が予期されるところ、従前のAの反抗抑圧状態を継続するには十分な程度の害悪の告知といえる。

　イ　以上より、本件では「脅迫」が認められる。

⑵　そして、このような「脅迫を用いて」甲はAの所有物で「他人の財物」たるAの財布を自己の占有下に移転させているから、「強取」も認められる。

⑶　故意及び不法領得の意思についても問題なく認められる。

⑷　したがって、甲の当該行為につきAに対する強盗罪が成立する。

3　以上より、甲の一連の行為につき傷害罪と強盗罪が成立し、併合罪（45条前段）として甲はその罪責を負う。

第2　設問1の乙の罪責について

1　乙が甲より現金3万円の入った本件財布を受け取った行為については、すでに本件財布の占有は甲に移転し強盗罪は既遂となっているから、承継的共同正犯の余地もなく乙は何ら罪責を負わない。

2　乙がAにバタフライナイフを示し「死にたくなければ、このカードの暗証番号を言え。」と発言した行為につき、Aに対する強盗未遂罪（243条、236条2項）が成立しないか。まず、暗証番号を聞き出すということが「財産上不法の利益」として同罪の客体になるかが問題となる。なお、乙はすでに本件カードの占有を取得しているから236条1項の強盗罪が成立する余地はない。

⑴　現代社会においては、キャッシュカードの現物とその口座に対応する暗証番号を併せ持っていれば、あたかも正当な預貯金債権者としてふるまうことができる。したがって、すでに他人名義のキャッシュカードを占有している者については、新たに暗証番号を取得することで預金の払い戻しを受けられる法的地位を取得できるといえ、このような地位は具体的な財産上の地位といえる④。

　　また、確かに暗証番号を聞き出したとしても、被害者も暗証番号を知っている以上、被害者から行為者に現実に財産上の地位が移動しないようにも思える。しかし、本来であれば名義人である自分以外は預金の払い戻しを受けることができない状態が通常であるところ、被害者は自らの預金が他者に払い戻しされる可能性が生じ、預金に対する支配が弱まるという財産上の不利益を被る。そうだとすれば、行為者が利益を得れば被害者が財産的に不利益を受けるという関係性がある以上、財産上の地位が現実に移動するといえる。

　　以上のことを踏まえれば、暗証番号を聞き出すということは、「財産上

④キャッシュカードと暗証番号を併せ持つ者の地位について、的確な分析をして評価を加えている。

刑事系第１問＜刑法＞

の不法の利益」として同罪の客体となる。

(2)　「暴行又は脅迫」の意義については、第１　２(1)と同様に考える。本件で乙はＡの暗証番号という財産上の地位を得るために、死にたくなければ暗証番号を教えるように発言している。そして、バタフライナイフという十分に殺傷能力を有する凶器をＡの眼前に示しながら同発言をしているところ、暗証番号を教えなければ殺される可能性が十分に現実に認められるといえ、反抗を抑圧するに足りる程度の害悪の告知ないし不法な有形力の行使と評価できる。したがって、「実行に着手」（43条本文）したといえる。

(3)　もっとも、現実にはＡが別のキャッシュカードの暗証番号を伝えたため、乙は本件カードにかかる預金の払い戻しを受けられる法的地位を「得」た（236条２項）とはいえず、「これを遂げなかった」といえる。

(4)　以上より、故意に欠けることもないから、乙の当該行為につき強盗未遂罪が成立する。なお、甲は本件財布に本件カードが入っていることを知らず、乙が暗証番号を聞き出す行為に及ぶと予測しているわけでもないから、何ら罪責を負わない。

3　乙が本件キャッシュカードをＡＴＭに挿入した行為につき、コンビニエンスストアの支店長に対する窃盗未遂罪（243条、235条）が成立しないか。乙は、本件カードの口座に対応する暗証番号を知らなかったところ、そもそも乙はＡの口座から預金の払い戻しを受ける地位になく結果発生の現実的危険性は存在しなかったため、不能犯として不可罰にならないか問題となる⑤。

⑤不能犯として不可罰になるのではないかという点について、問題提起を行っている。

(1)　未遂犯の処罰根拠は、結果発生を惹起する具体的危険性を生じさせた点にあるところ、そのような具体的危険性が存在しない場合は不能犯として不可罰とするべきである。そして、危険性の判断については、一般人の危機感を基準にすれば科学的に不当になる一方で、事後的・科学的に判断すれば結果不発生のすべてが不能犯となってしまう。そこで、結果不発生の原因から結果発生に必要であった仮定的事実を特定し、その仮定的事実が存在した可能性が十分に認められれば、そのような仮定的な危険性を根拠に結果発生への具体的危険性が肯定できる⑥。

⑥修正された客観的危険説の立場から書いていると思われる。

(2)　本件においては、Ａは乙に対して正しい暗証番号を渋々ながら伝える意思を有していたところ、本件カードと自宅に保管しているカードを見誤らなければ本件カードに対応する暗証番号を伝えていたといえる。したがって、結果発生に必要な仮定的事実は、乙が所持するカードを本件カードと認識することである。

　　そして、本件財布には本件カードしか入っておらずＡが見誤ったカードはＡ宅に保管されているのであるから、たとえ暗がりで乙が所持するカードが見えづらくとも通常は乙が所持するカードは本件カードだとＡが認識する可能性は十分に高いといえる⑦。

⑦本問の問題文中の事実に対する分析が的確である。

　　以上のことを踏まえれば、本件においてもＡの口座から預金の払い戻

371

しがなされる具体的危険性は存在するといえるから、不能犯とはならず未遂犯成立の余地があるといえる。

(3) 本件において、乙は「他人の物」たるＡＴＭ内の現金を「窃取」するために本件カードをＡＴＭに挿入しているところ、「実行に着手」（43条本文）したといえる。そして、現実に乙は現金の占有を取得していないところ、「これを遂げなかった」といえる。

(4) 以上より、乙の当該行為につき窃盗未遂罪が成立する。

4　以上より、乙の一連の行為につき、Ａに対する強盗未遂罪と支店長に対する窃盗未遂罪が成立し、両者は併合罪となって乙はその罪責を負う。

第3　設問2(1)について

1　丙がＣの顔面を拳で殴打した行為（1回目殴打）は、暴行罪（208条）の構成要件を満たす。もっとも、Ｃが丙に対して殴りかかろうとしてきたのに対して丙は当該行為に及んでいるところ、正当防衛（36条1項）が成立、違法性が阻却されないか[8]。

(1) 「急迫不正の侵害」とは、不法な法益侵害が現に存在するか又は間近に押し迫っていることをいう。本件ではＣが丙に対して一方的に顔面を殴りつけ、いまだＣは丙に対して殴りかかろうとする状況であったところ、丙の身体生命という法益に対しての侵害が現に存在するといえ、「急迫不正の侵害」が肯定できる。なお、丙はＣとは話し合いをするつもりで、Ｃから暴力を振るわれる可能性があることを予期していなかったところ、後述のような急迫性要件は問題にならない。

(2) 「防衛するため」とは防衛の意思を意味する。そして、丙はＣによる急迫不正の侵害を認識しつつ、これを避けるという心理状態で当該行為に及んでいるから防衛の意思も認められる。

(3) 「やむを得ずにした行為」とは、当該行為が防衛手段として必要かつ最小限度なものをいう。本件では、Ｃが興奮状態で説得しただけでは殴打行為を止める気配がないところ、当該行為によりＣを止める必要性があるといえる。そして、丙とＣは年齢も特に変わらず同じ成人男性であると共に、素手で殴打行為を続けるＣに対して、丙も素手で対抗している。加えて、Ｃは複数回の殴打行為を繰り返すような興奮状態にあるのに対して、丙は転倒した状態である。このような状態を踏まえると、確かに丙は身体の枢要部たるＣの顔面に強い衝撃をあたえてはいるものの、同様にＣも丙の顔面に殴打行為をしていた以上、防衛手段として最小限度なものといえる。この点は、丙が粗暴な性格であったとしても異ならない。

(4) 以上より、丙の1回目殴打につき正当防衛が成立し暴行罪は成立しない。

2　同様に丙がＣの顔面を拳で殴打した行為（2回目殴打）についてはどうか。

(1) 1回目殴打の後も、Ｃはより一層の興奮状態であり「急迫不正の侵害」

[8]丙による1回目殴打及び2回目殴打について、本問における具体的な事実関係を指摘して、暴行罪の各構成要件要素及び正当防衛の成立要件をそれぞれ充足することについて簡潔に示せば足りる（出題趣旨）。

はある。また、確かに丁の発言を受けて丙も反撃を加えようと発奮しているものの、これはあくまで防衛行為を行うにあたり付随する興奮状態であって、専ら攻撃の意思を有するに至ったとまでは言えないから防衛の意思は否定されず、「防衛するため」といえる。

そして、このようなCの興奮状態が継続していることと、丙の2回目殴打が1回目殴打と態様の変わらないものであることを踏まえれば、2回目殴打についても「やむを得ずにした行為」といえる。

(2) 以上より、丙の2回目殴打についても正当防衛が成立し暴行罪は不成立となり、丙は何ら罪責を負わない。

第4 設問2(2)、丁の罪責について

1 丁が丙の逃走を手助けすることを示唆した行為につき、丙の2回目殴打との関係で丁に暴行罪の幇助犯（62条1項、208条）は成立するか（①）[9]。なお、暴行罪の共同正犯（60条、208条）については丁に自己の犯罪として2回目殴打を行う意思がないのと、現場助勢罪（206条）については傷害罪の成立が必要であることから、両罪の成立の余地もない。1回目殴打についても同様である。

(1) 丁の当該行為によって丙は発奮し2回目殴打に及んでいるところ、丁の当該行為が実行行為を心理的に促進したという関係が認められるから「幇助」があったといえる。そして、正犯たる丙により構成要件も充足するといえる。

(2) 丁は丙がCを殴打することについて認識しているところ、故意についても認められる。

2 もっとも、正犯たる丙の2回目殴打については正当防衛が成立し違法性が阻却されるところ、丁についても同様に違法性が阻却されないか。

(1) 従犯の成立の前提として正犯は構成要件該当性及び違法性を備える必要があると考えるべきである。なぜなら、従犯は正犯を媒介として違法性を惹起した点に可罰性が認められるところ、正犯の違法性が阻却される場合に従犯に違法性が認められる余地はないからである。したがって、丁につき正当防衛が成立するかも正犯である丙を基準として判断するべきであり、違法性は共犯者で連動することになるといえる。

(2) 本件でも、丙に正当防衛が成立する以上、従犯たる丁にも正当防衛が成立し、違法性が阻却される。

(3) 以上より、丁の当該行為につき暴行罪の幇助犯は成立せず、丁は何ら罪責を負わない。

第5 設問2(2)、甲の罪責について

1 それでは、丙の1回目殴打及び2回目殴打につき、甲に暴行罪の共同正犯（60条、208条）は成立しないか（②）。甲は現実に殴打行為をしていないところ、共謀共同正犯の成立が問題となる[10]。

(1) 「共同して犯罪を実行した」とは、①意思連絡および正犯性に基づく共謀と、②共謀に基づく実行行為を意味する。

⑨丁の行為は、Cに反撃しようとしていた丙に対して心理的な働き掛けを行って丙を発奮させ、丙による2回目殴打を容易にしており、これが幇助行為に該当することを簡潔に指摘する必要がある（出題趣旨）。

⑩甲は、丙にCを痛めつけさせようと考え、丙に「俺がCを押さえるから、Cを殴れ。」と言い、それを聞いた丙がCに対する1回目殴打に及んでおり、甲が丙との間で暴行の共謀を遂げた上で、丙が暴行の実行行為に及んだことを簡潔に指摘する必要がある（出題趣旨）。

本件では、甲の「俺がCを押さえるから、Cを殴れ」という発言に呼応する形で、丙は1回目殴打に及んでいるところ、暴行罪に関する意思連絡があるといえる。加えて、そもそもC方に赴いたのは資産家名簿の件で甲とCがもめていることを原因とするものであるし、甲は因縁のあるCを懲らしめたいという思いで粗暴な性格の丙をわざわざC方に連れて行ったという事情がある。これらのことを踏まえれば、本件殴打行為につき、甲は自己の犯罪として完遂する正犯性を有するといえる。

　　したがって、甲と丙には暴行罪の共謀が成立する。そして、Cからの侵害行為は継続しているところ、1回目殴打だけでなく2回目殴打についても共謀との因果関係が認められるから、②についても満たす。

(2)　故意についても満たす。

2　正当防衛の成立の件についてはどのように考えるべきか。

(1)　共同正犯は60条の文言からもわかるように、構成要件を共同して充足したといえる全ての者を処罰する規定であるところ、あくまで構成要件の充足のみ共犯者間で連動し、違法性については連動しないと考えるべきである。

　　したがって、甲の正当防衛の成立については丙ではなく甲を基準とするべきであり、違法性の判断が共犯者間で異なることもありえるといえる。この点は、判例が、過剰防衛の事案ではあるものの、共犯者各人について違法性阻却事由の要件を検討していることからも肯定できる[11]。

(2)　形式的には「急迫不正の侵害」が甲との関係でも認められる。もっとも、甲はCから暴行を受ける可能性があることを認識しながら、C宅にわざわざ赴いているところ急迫性の要件が否定されないか。

　　ア　36条1項の趣旨は、急迫不正の侵害という緊急状況下で公的機関による法的保護が期待できない場合に、例外的に私人による対抗行為を許容した点にある。そうだとすれば、侵害の予期に加えて対抗行為に先行するすべての事情を加味して、36条1項の趣旨に反するといえるような場合には急迫性を否定するべきである。

　　イ　本件において、自己と因縁のあるCに文句を言いにC方に赴けば、Cから殴られる可能性があることを十分に認識している。その上で、Cが殴りかかってきた際にはむしろその機会を利用してCを痛めつけようと、わざわざ粗暴な性格の丙を連れてきており、Cに対して積極的に加害する意図があったといえる。さらに、甲にC方に赴かなければならない必然性はないところ、あえてCの侵害行為を誘発したといえる。

　　　以上のことを踏まえれば、あえてCの侵害を誘発し、その機会を利用してCに加害を加えようとした甲につき、急迫性は否定されると考えるべきである。

(3)　以上より、甲には正当防衛は成立しない。

3　したがって、甲について丙との間での暴行罪の共同正犯が成立し、甲は

[11]ここで言う判例は、最決平4.6.5（百選Ⅰ90事件）であると考えられる。

その罪責を負う。

以上
（6,517 字）

◆総評◆

　主要な論点のみならず、補足を含めて余すところなく書き込んだ、大変ハイレベルな答案である。事実関係に対する考察も深く、論理的思考力の高さをうかがわせる。安易に見習おうとすると時間不足による途中答案になってしまいかねないため、参考にする際には出題趣旨と採点実感と照らし合わせた上で、現実的に作成可能な答案の在り方を探るべきであろう。

答案② （順位ランクA、155.56点、系別4位、論文総合197位）

第1　設問1

1　甲の罪責

(1)　甲が、Aの頭部を拳で殴り、転倒したAの腹部を繰り返し蹴った行為について、Aは肋骨骨折等の「傷害」を負っており、甲はこれを認識認容していたから、「罪を犯す意思」（刑法（以下略）38条1項）もある。よって、甲に傷害罪（204条）が成立する。

(2)　甲が本件財布を自分のポケットに入れた行為について、強盗罪（236条1項）が成立するか。

　　強盗罪は、①暴行または脅迫を用いて②他人の財物を③奪取したこと、④不法領得の意思、⑤故意がある場合に成立する。

ア　①について、財物交付に向けて相手方の反抗抑圧に足りる程度の暴行脅迫が必要である。暴行脅迫後に財物奪取意思を生じた場合には新たな暴行脅迫が必要であり、すでに反抗抑圧状態にある者に対してはその状態を維持する程度で足りる①。

　　本件では、甲の暴行は財物奪取に向けられたものではない。また、現金がにわかに欲しくなり「この財布はもらっておくよ。」と言った行為は、反抗抑圧に足りる程度とはいえない。もっとも、Aは既に抵抗する気力を失っており恐怖で抵抗できなかったため反抗抑圧状態にあったといえる②。甲はそのような状態のAに対して、「この財布はもらっておくよ。」といったのであるから反抗抑圧状態を維持するに足りる程度の脅迫といえる。現にAは何も答えられずにいた。よって、①を充足する。

イ　②について、本件財布は他人の所有物であるから充足する。

ウ　③について、本件財布を甲のポケットに入れたことから、Aの意思に反してAの占有を排し自己の占有に移したといえ充足する。

エ　④⑤について、不法領得の意思、故意に欠ける事情はない。

　　以上より、強盗罪が成立する。

2　乙の罪責

(1)　乙が、バタフライナイフの刃先をAの眼前に示しながら、「暗証番号を言え。」と言った行為について、2項強盗未遂罪（243条、43条、236条2項）が成立するか。

ア　二項強盗罪の暴行脅迫は、財産上の利益の移転に向けられていなければならないところ、暗証番号を聞き出す行為が「財産上不法の利益」を得ようとする行為に当たるかが問題となる。

　　この点について、すでにキャッシュカードを手に入れている者は、暗証番号を併せ持つことで、いつでも預金を引き出すことのできる地位を獲得することができるため、「財産上不法の利益」を得るものとい

①事後的奪取意思が生じた場合についての規範を定立している。

②甲とAとの関係性についても触れられると、なお良かった。

③「財産上不法の利益」を得ようとする行為に当たるかどうかについて、論じている。

える。したがって、すでにキャッシュカードを有している者が暴行脅迫を用いて暗証番号を聞き出す行為は、「財産上不法の利益」を得ようとする行為に当たるといえる[3]。

　　本件では、乙は本件財布からA名義のキャッシュカードである本件カードを取り出したうえで、バタフライナイフをAに示して「暗証番号を言え。」と言っており、Aは拒否すれば殺されると思っているから、反抗抑圧に足りる程度の脅迫を行ったといえ、「財産上不法の利益」を得ようとする行為に当たるといえる。

イ　もっとも、Aが答えた4桁の数字は、実際には暗証番号とは異なる数字であったため、この数字と本件カードを併せ持ったとしても、預金を引き出すことはできない。したがって、いつでも預金を引き出すことのできる地位を獲得するに至らなかったことから、「これを遂げなかった」（43条）といえる。

ウ　よって、乙に強盗未遂罪が成立する。

(2)　乙が、ATMに本件カードを挿入し、4桁の数字を入力した行為について、窃盗未遂罪（243条、43条、235条）が成立するか。

ア　未遂罪の成立には、結果発生に至る現実的危険性が必要であるところ、本件の4桁の数字は暗証番号と異なっていたことから、そもそも預金を引き出すことは不可能であった。そのため、不能犯として、未遂罪が成立しないのではないか。

イ　未遂犯と不能犯の区別について、刑法の一般予防機能及び行為者の主観的事情が違法性判断に影響を及ぼすとの考えから、行為時に一般人が認識し得た事情及び行為者が特に認識していた事情を基礎として、行為時点に立って、一般人が行為から具体的結果発生の危険を感じるかどうかによって判断する[4]。

④具体的危険説の立場を採っている。

ウ　Aが答えたのは4桁の数字であり、暗証番号と同じ桁数であるし、「0000」といった明らかに暗証番号ではない数字であるとの事情もない。そうすると、一般人はAが答えた数字が暗証番号ではないとは認識し得なかった。また、甲はAが答えた数字が暗証番号でないとは認識していなかった。そうすると、行為時点に立って、一般人は本件カードを4桁の数字を使ってATMからAの預金を引き出すことができるという具体的な結果発生の危険性を感じるといえる。

エ　したがって、乙に窃盗未遂罪が成立する。

第2　設問2(1)

1　1回目殴打について

(1)　正当防衛（36条1項）は、㋐急迫不正の侵害に対し、㋑自己または第三者の権利を防衛するため、㋒やむを得ずにした場合に成立する。

(2)　㋐について、侵害が現に存在しているか、又は間近に押し迫っていることをいう。

　　Cが丙に対して続けて殴りかかってきたことから、侵害が現に存在し

377

ているといえる。よって、㋐を充足する。

(3) ㋑について、丙は身を守るためには殴るのもやむを得ないと思い、C
を殴っているから、自己の権利を防衛するためといえる。

(4) ㋒について、急迫不正の侵害に対する反撃行為が、自己または第三者
の権利を防衛するための手段として必要最小限度のものをいう。

丙（26歳、男性）とC（30歳、男性）は、年齢、体格に差異はなく、
Cが拳で殴ってきたのに対して丙も拳で反撃してきていることから、防
衛のための必要最小限度にとどまっている。

(5) よって、1回目殴打に正当防衛が成立する。

2　2回目殴打について

(1) 上述の㋐ないし㋒から判断する。

(2) ㋐について、Cが丙に殴りかかってきているから、侵害が現に存在す
るため、充足する。

(3) ㋑について、丙は身を守るために殴ったことから、自己の権利を防衛
するためといえる。

(4) ㋒について、上述の通り、年齢、体格に差異のないCが拳で殴ってき
たのに対して、丙は拳で殴り返していることから、必要最小限度の反撃
行為といえる。

(5) よって、2回目殴打に正当防衛が成立する。

第3　設問2(2)　甲の罪責

1　丙による暴行につき、甲に暴行罪の共同正犯が成立するか（60条、208
条）（②について）。

2　共同正犯は、ⅰ共謀、ⅱ基づく実行行為によって成立するところ、甲は、
丙に「Cを殴れ。」と言い、丙はやむを得ないと思い、殴打行為を行ってい
ることから、申込みと承諾が認められ、現場共謀があったといえる（ⅰ）。
丙はこれに基づきCを殴打していることから、基づく実行行為も認められ
る（ⅱ）⑤。

⑤甲丙間の共謀共同正
犯の成立について、端
的に認定している。

3　上述のとおり、丙には1回目殴打及び2回目殴打に正当防衛が成立する
ところ、共同正犯である甲にも成立するか。誰を基準として正当防衛の成
立要件を判断するか（アの観点）が問題となる。

4　この点、急迫不正の侵害を受けた者を基準として判断すべきであると解
する。なぜなら、正当防衛の根拠は、本来なら許されない構成要件該当行
為であっても急迫不正の状況にある者に限って例外的に違法性を阻却し
て救済することにあるためである。そして、違法性の判断は共犯者間で異
なるかが問題となるが（イの観点）、異なることはないと解する。なぜなら、
責任の判断のように一身専属的なもの（41条）ではないから、連動すると
考えられるからである⑥。

⑥違法性の判断につい
て、共犯者間で異なる
ことはないとする立場
を採っている。

5　そうすると、たしかに、甲はCが殴ってくる機会を利用して暴力を振る
い、痛め付けようと考えていたことから、急迫不正の侵害を確実に予期し、
その機会を利用して積極的な攻撃をする意思が認められ、急迫性が否定さ

刑事系第1問＜刑法＞

れる。しかし、丙を基準にすると急迫不正の侵害状況が存在することから、丙に正当防衛が成立する以上、甲の違法性判断に連動し、甲にも正当防衛が成立する。

6　よって、甲に暴行罪の共同正犯は成立しない。

第4　設問2(2)　丁の罪責

1　丙による2回目殴打について、丁に暴行罪の幇助犯（62条1項、208条）が成立するか（①について）。

2　幇助とは、実行行為以外の方法で、正犯の行為を物理的、心理的に助ける行為をいう。

　丁は、一方的に丙がCに殴ろうとしていると認識したうえで、丙がBを殴り倒した後、丙がその場から逃走するのを手助けしようと思い、丙に「頑張れ。」と声をかけたことから、暴行行為を幇助する認識があり、幇助犯が成立するようにも思える。

3　しかし、アの観点、イの観点については、上述の通り考えるべきである。なぜなら、共同正犯であっても幇助犯であっても、36条1項は、急迫不正の侵害を受けた者を救済するための規定であるし、幇助犯であっても違法性は責任のように一身専属的なものではないからである。

4　したがって、2回目殴打について丙に正当防衛が成立する以上、丁の行為についても違法性が阻却され、丁に暴行罪の幇助犯は成立しない。

以上

(3,524字)

◆総評◆

　出題趣旨で挙げられている項目について、概ね的確に検討することができている。甲、乙、丙及び丁のそれぞれの罪の成否について、簡潔で分かりやすくまとめられており、現実的な優秀答案であるといえる。

答案③ （順位ランクA、130.60点、系別127位、論文総合442位）

第1　設問1　甲の罪責

1　甲がAの腹部を繰り返し蹴った行為に傷害罪（204条）が成立するか。

(1)　上記行為は、Aの身体の枢要部である腹部を複数回蹴るものであり同罪の実行行為に当たる。かかる行為によりAに肋骨骨折等という生理的機能障害を負わせているから、「傷害した」といえる。

(2)　甲は上記構成要件該当事実の認識認容があり故意（38条1項）が認められる。

(3)　よって、同罪が成立する。

2　甲がAの財布を自分のポケットに入れた行為に強盗罪（236条1項）が成立するか。

(1)　甲がAに対し「この財布はもらっておくよ。」と言った行為が「脅迫」に当たるか。

ア　同罪は暴行・脅迫を手段として財物を奪取する犯罪であるため、「暴行又は脅迫」は、財物奪取に向けられている必要がある。そこで、新たな暴行・脅迫が行われない限り、「暴行又は脅迫」は認められない。もっとも、その程度は、自己の先行行為によって作出した反抗抑圧状態を継続させるものであれば足りる。

イ　前述の通り、甲はAの枢要部である腹部を執拗に蹴っている。まず、前提として、これは財物奪取に向けられてないところ、「暴行」たり得ない。もっとも、かかる行為は午後8時という暗い時間帯に、人のいないB公園で行われており、Aは人の助けを求めることができない状況である。また、Aは甲の配下であるから、Aは甲に服従する関係にある。したがって、甲は上記行為によりAの犯行抑圧状態を作出したといえる①。

そして、「この財布はもらっておくよ。」という言葉は、これに反抗した場合更なる暴行に及ぶことを暗示しているところ、反抗抑圧状態を継続させるものであるといえる。

ウ　したがって、「脅迫」にあたる。

(2)　甲はかかる行為により、Aが所有し占有している財産的価値を有する有体物たる「財物」である本件財布を、Aの意思に反して自己の占有に移転させているから「強取した」といえる。

(3)　甲には故意があり、不法領得の意思も認められる。

(4)　よって、同罪が成立する。

3　以上より、①傷害罪、③強盗罪が成立し、これらは別個の行為によるから併合罪（45条前段）となり、甲はかかる罪責を負う。

第2　設問1　乙の罪責

1　乙のバタフライナイフをAに示して本件カードの暗証番号を聞き出し

①甲が行った先行行為や時間と場所、甲とAとの関係等の事情から、Aが反抗抑圧状態にあったことを認定している。

刑事系第 1 問 ＜刑法＞

た行為に強盗利得未遂罪（243 条・236 条 2 項）が成立しないか。

(1)　まず、「財産上不法の利益」があるか。

　　一般に暗証番号のみでは利益内容として不確実性があるものであり、これにあたらない。もっとも、キャッシュカードを有する者にとっては暗証番号を得ることは預金を引き出しうる地位に直結するものである[2]。預金は範囲が限定されている。そのため、かかる者にとっては「財産上不法の利益」といえる。

　　乙はキャッシュカードを有するところ、乙にとっては暗証番号は「財産上不法の利益」といえる。

(2)　「脅迫」は相手方の反抗抑圧に足る程度であり、処分行為に向けられている必要はないが、確実かつ具体的な利益移転に向けられている必要がある。

　　上記行為は、バタフライナイフという殺傷能力の高い凶器をＡの眼前に示す行為であり、「死にたくなければ」とＡの生命侵害を暗示する言葉も伴っているので、Ａの反抗を抑圧するに足る「脅迫」と言いうる。

　　ＡＴＭにカードを挿入し、正しい暗証番号を入力すれば、それにより自動的に預金を引き出すことができる。そのため、キャッシュカードを有する者がその正しい暗証番号を知っている場合には、あたかも預金を引き出す正当な権利を有する者のように振る舞える。乙は、本件カードを有しているので、Ａからその暗証番号を聞き出すことができれば、Ａの預金を自由に引き出すことのできる地位を取得する。かかる地位は、具体的な財産上の利益といえる[3]。また、乙はＡから暗証番号を聞き出すだけで上記地位を取得するから利益移転も確実である。

　　したがって、上記行為は確実かつ具体的な利益移転に向けられた、「財産上不法の利益」を得ようとする行為にあたり、「脅迫」といえる。

(3)　しかし、Ａは、本件カードの暗証番号と異なる 4 桁の数字を答えているので、乙は上記地位を取得せず、「財産上不法の利益」を得ていない。

(4)　したがって、上記行為に強盗利得未遂罪が成立する。

2　乙がＡＴＭから預金を引き出そうとした行為に窃盗未遂罪（243 条、235 条）が成立するか。

(1)　上記行為に実行行為性が認められるか。いわゆる不能犯と未遂犯の区別が問題となる。

　ア　実行行為性は行為者が認識していた事情及び一般人が認識し得た事情を基礎として、一般人の立場から構成要件的結果発生の現実的危険があったかといえるかにより判断すべきと解する。

　イ　乙は 4 桁の番号を正しい暗証番号だと思い込んでいた。また、一般人は当該番号が間違った番号であると認識し得なかった。したがって、一般人の立場から、乙の行為は預金を引き出し窃取する現実的危険があったといえる。

　ウ　したがって、実行行為性が認められる。

②キャッシュカードを有する者に暗証番号を教えることの持つ意味を認定できている。

③当てはめについては、乙がＡから聞き出そうとしている暗証番号に係る本件カードを既に所持していることに着目した上で「財産上不法の利益」を得ようとする行為に当たるかを検討している答案が比較的多く見られ、こうした答案は高い評価となった（採点実感）。

381

(2) もっとも、取引が停止され、乙は預金を引き出せなかったから「未遂」に終わっている。

(3) 乙には故意があり、不法領得の意思も認められる。

(4) よって、同罪が成立する。

3 以上より、強盗未遂罪と窃盗未遂罪が成立し、両者は併合罪となる。

第3 設問2(1)

1 1回目殴打に正当防衛が成立するか。

(1) 「急迫不正の侵害」とは、法益侵害が現に存在しているか間近に迫っていることをいう。Cは丙に対して殴りかかっており、丙の身体の安全という法益への侵害が間近に迫っているから「急迫不正の侵害」が認められる。

(2) 「防衛するため」といえるか。防衛の意思の要否及び内容が問題となる。

ア 違法性の実質は、社会的相当性を逸脱した法益侵害の危険性にあり、行為者の主観は、社会的相当性の有無に影響を与える。そこで、防衛の意思が必要であり、その内容は、急迫不正の侵害を認識しつつ、これを避けようとする単純な心理状態で足りる。

イ 丙は上記急迫不正の侵害を認識しつつ身を守るために殴打行為をしている。

ウ したがって、身体の安全という「自己の権利」を「防衛するため」といえる。

(3) 「やむを得ずにした」とは、防衛行為として必要かつ相当であることをいう。丙は素手であるCに対し、同じく素手で1回のみ殴ったに過ぎない。そのため、「やむを得ずにした」といえる。

(4) よって、1回目殴打に正当防衛が成立する。

2 2回目殴打に正当防衛が成立するか。

(1) Cが殴りかかってきているから、「急迫不正の侵害」が認められる。丙は身を守るために殴打行為をしており、身体の安全という「自己の権利」を「防衛するため」といえる。1回目殴打と同様に「やむを得ずにした」といえる。

(2) よって、2回目殴打に正当防衛が成立する。

第4 設問2(2)

1 丙の上記行為に甲につき暴行罪の共同正犯（60条、208条）が成立するか。

(1) 甲は実行行為を行っていないが同罪が成立するか。共謀共同正犯の成否が問題となる。

ア 60条が「すべて正犯とする」として一部実行全部責任を定めるのは、他の共犯者によって引き起こされた法益侵害と因果性を有するためである。そこで、他の共犯者による法益侵害と因果性を有する場合には、共同正犯が成立する。具体的には、ⅰ正犯意思に基づく共謀、ⅱ

刑事系第1問＜刑法＞

　　共謀に基づく他の共犯者の実行行為が必要である。

　イ　甲は、丙に「この後、Cとの話合いに行くから、一緒に付いて来て
　　ほしい。」と言っている。そして、元々甲とCの間のトラブルを解決す
　　るためC方に赴いているのだから、甲は首謀者的地位にあったといえ
　　る。そのため、甲は自己の犯罪としてCを痛めつけるという正犯意思
　　を有していた。かかる意思に基づき、甲は丙に対し「俺がCを押さえ
　　るから、Cを殴れ。」と言い、丙は甲の言うとおりCを殴るのもやむを
　　得ないと考えているから、ここに暴行罪の共謀が成立したといえる
　　（ⅰ）。

　　　そして、丙はかかる共謀に基づきCを殴打している（ⅱ）。

　ウ　したがって、共謀共同正犯が成立し得る。

(2)　もっとも、正当防衛が成立し、違法性が阻却されないか。この点、丙
　には正当防衛が成立しているところ、その効果は甲には及ばない。共同
　正犯には狭義の共犯とは異なり従属性が妥当しないからである。そのた
　め、各人を基準として正当防衛の要件を判断し、その結果として違法性
　の判断が共犯者間で異なることはあり得る④。

　ア　「急迫不正の侵害」が認められるか。

　　(ア)　同項は、緊急状況の下で公的機関による法的保護を求めることが
　　　期待できない場合に、私人による対抗行為を自力救済禁止の例外と
　　　して許容したものである。そこで、行為者が侵害を予期した上で対
　　　抗行為に及んだ場合に、直ちに急迫性が失われるわけではないが、
　　　その機会を利用し積極的に相手方に対して加害する意思で侵害に
　　　臨んだときなど、同項の趣旨に照らし許容されないときは急迫性が
　　　認められないと解する。

　　(イ)　甲は、粗暴な性格のCから殴られるかもしれないと考えているか
　　　ら、侵害を予期している。また、そうなった場合には、むしろその
　　　機会を利用してCに暴力を振るい、痛め付けようと考えているか
　　　ら、積極的に加害する意思を有している。

　　(ウ)　したがって、「急迫不正の侵害」は認められない。

　イ　したがって、正当防衛は成立せず、違法性は阻却されない。

(3)　よって、暴行罪の共同正犯が成立し、甲はかかる罪責を負う。

2　丁が丙に対し「頑張れ。ここで待っているから終わったらこっちに来
　い。」と言った行為に暴行罪の幇助犯（62条1項、208条）が成立するか。

(1)　「幇助」とは、実行行為以外の方法で正犯の実行行為を容易にするこ
　とをいう。丁の上記行為は、丙による暴行を容易にするものだから、「幇
　助」に当たる。

(2)　幇助犯が成立するためには、幇助行為と正犯の実行行為の間に因果関
　係が必要であるところ、促進的因果関係で足りる。丁の言葉を聞いた丙
　は発奮しCを殴っているから、丁の行為は丙の行為を心理的に促進した
　といえ、因果関係が認められる⑤。

④共同正犯では従属性
が妥当しないとして、
違法性の判断が共犯者
間で異なることはあり
得るとの立場を採って
いる。

⑤丁の行為に幇助犯が
成立することについ
て、端的に認定してい
る。

383

(3) 丁は丙がCを殴り倒した後その場から逃走するのを手助けしようと
　　思っているから、幇助意思も認められる。

(4) もっとも、正犯に正当防衛が成立することから違法性が連帯し、違法
　　性が阻却されないか。

　ア　幇助犯の処罰根拠は、正犯を介した法益侵害の惹起にあるところ、
　　　前述の共同正犯と異なり、狭義の共犯には従属性が妥当する。そのた
　　　め、違法は連帯、責任は個別の原則により正犯の違法性が連帯すると
　　　考える。

　イ　本件では丙には正当防衛が成立するが、甲には正当防衛が成立しな
　　　い。

　ウ　したがって、甲との関係では違法性が認められる。

(5) よって、上記行為に、甲との関係で同罪が成立する。

以上

(4,258字)

◆総評◆

　　出題趣旨で挙げられている項目について、概ね言及することができてい
る。問題点を指摘して規範を定立した上で、問題文中の具体的な事実をあて
はめて評価するという基本を押さえており、よくできた答案であるといえ
る。

刑事系第１問＜刑法＞

答案④（順位ランクＡ、125.23点、系別214位、論文総合51位）

第1　設問1
1　甲の罪責
(1)　甲の、Aに肋骨骨折などの傷害を負わせた行為につき、傷害罪（204条）が成立するか。

　　　かかる行為は、人の生理的機能を侵害するものであるから、「人」Aの「身体」の「傷害」に当たり、また、甲は、かかる行為をすることについて、認識・認容があるから、傷害罪が成立する。

(2)　甲の、本件財布を自分の占有下に移転させたことにつき、1項強盗罪（236条1項）が成立するか。

　ア　一般に、「脅迫」とは、反抗を抑圧するに足りる害悪の告知をいう。本件では、財物奪取意思を生じた後にされた行為は、暴行ではなく、「持っているものを見せろ」と申し向け、その後、「財布をもらっておくよ」というにとどまっており、反抗を抑圧するに足りるものとは評価しがたい。

　　　しかし、すでに反抗を抑圧するに足りる程度の暴行・脅迫が行われた後については、反抗抑圧状態を維持・継続させるに足りる暴行・脅迫があれば、反抗抑圧状態が継続するから、そのような暴行・脅迫を、1項強盗罪の「暴行」「脅迫」と言ってよいと解する。

　　　そうだとしても、本件では、上記のように、直接的にAの身体などに害悪を加える旨の告知がされておらず、反抗抑圧状態を維持継続させるものではないとも考えうる。しかし、かかる発言がされたのは、Aに対し(1)掲記の暴行が加えられた後であり、また、発言も命令口調であるから、持っているものを見せることや、本件財布を奪われることに同意しなければ、(1)同様の暴行が加えられることは明らかであったといえる。そうすると、黙示に害悪の告知がされていたといえ、その程度は、反抗抑圧状態を維持継続するに足りるものであったと評価できる。

　　　したがって、「脅迫」を用いたといえる。

　イ　本件財布は「他人の財物」であり、意に反して占有が移転しているから「強取」したといえる。

　ウ　以上の行為について、甲には認識・認容がある。不可罰である使用窃盗および毀棄罪との区別の観点から、権利者排除意思および利用処分意思からなる不法領得の意思が必要と解されるところ、甲は、本件財布を持続的に、その経済的用法に従い利用する意思があるのであるから、不法領得の意思も認められる。

　エ　以上より、1項強盗罪が成立する。

(3)　後述のように、乙との間に、監禁罪の共同正犯（220条後段・60条）

が成立する。

(4) 以上より、甲には、1項強盗罪、および、監禁罪が成立し、併合罪（45条）となる。

2 乙の罪責

(1) まず、乙の、本件カードを奪う行為について、バタフライナイフの刃先をAの眼前に示しながら、これを渡すよう求める行為は、反抗を抑圧するに足りる害悪の告知であるといえ、「脅迫」に当たる。そして、「他人の財物」である本件カードを、Aの意に反して「強取」しており、以上の行為について、故意・不法領得の意思も認められるから、1項強盗罪が成立する。

(2) 次に、本件カードに対応する預金口座を引き出すことのできる地位を奪ったとして、2項強盗罪が成立するか。

ア 先述のように、バタフライナイフを見せる行為は「脅迫」に当たる。

イ 「財産上の利益」について、処罰範囲限定の観点から、利益の具体性を要すると解する。

そして、他人のキャッシュカードを占有する者は、暗証番号を聞き出せば、ATMにキャッシュカードを挿入し暗証番号を入力することにより、迅速かつ確実に預金の払い戻しを受けることができるので、他人のキャッシュカードを占有する者が、暗証番号を聞きだすことで、特段の事情のない限り、預貯金口座から預貯金の払い戻しを受けうる地位という具体的な利益を取得したと評価できる。

本件についてこれを見るに、確かに、Aは暗証番号を答えているが、それは本件カードの暗証番号と異なるものである。本件カードの暗証番号でない限り、預貯金口座から払い戻しを受けることはできないから、特段の事情があるといえ、具体的な利益を取得したとは言えない。

ウ したがって、2項強盗未遂罪のみが成立する。

(3) さらに、ATMから預金を引き出そうとした行為につき、窃盗未遂罪（235条・243条）が成立するか。

ア 本件では、暗証番号が間違っていたのであるから、ATMから預金を引き出すことはできず、不能犯として不可罰となるのではないか。

刑法の目的は（法益に対する一般人の安心感ではなく）法益の保護にあるから、未遂犯と不能犯の区別は客観的な危険性によるべきである。しかし、事後的・客観的な危険性判断を徹底すると、結果の不発生には必ず原因があり、客観的危険性に欠けていたといえることから、結果不発生の場合はすべて不能犯となり、未遂犯の処罰を前提とする43条に反する。そこで、①結果が発生しなかった原因を究明し、どのような事実が存在すれば結果が発生したかを仮定し、②仮定的事実が起こりうる可能性があったかを、一般人の立場から事後的に判断し、③可能性が認められる場合には不能犯は成立しないと解する①。

本件についてこれを見るに、結果が発生しなかったのは、伝えられ

①修正された客観的危険説の立場を採っている。

た暗証番号が本件カードのものではなかったからである（①）。そして、Aは、誤った暗証番号を伝えて乙を妨害する意図はなく、単に暗闇で見間違えたのであるところ、見間違えが起こらない可能性は、事後的に見れば存在したといえる（②）。したがって、不能犯ではなく、未遂犯が成立すると解するべきである（③）。

イ　本件では、ＡＴＭにキャッシュカードを差し込んだ時点で、実行への着手（43条本文）が認められる。

ウ　したがって、窃盗未遂罪が成立する。

(4)　最後に、乙は、Aを見張ることで、AがB公園という一定の区域から脱出できないようにしており、「監禁」に当たる。以上の行為に際して本件財布を受け取っており、正犯意思も認められるから、監禁罪の共同正犯が成立する。

(5)　したがって、乙には、1項強盗罪、2項強盗未遂罪、窃盗未遂罪、監禁罪が成立し、前者2つは包括一罪、これと窃盗、監禁罪は併合罪となる。

第2　設問2

1　問(1)[②]

(1)　行為の一体性は、①客観的関連性、②主観的関連性が認められる場合に肯定できる。

　　本件で、1回目殴打と2回目殴打は、どちらもCの身体という同一の法益侵害に向けられており、また、時間的・場所的にも近接しているから、客観的関連性が認められる（①充足）。さらに、丙は、ともに、自己の身を守る意思において共通しているから、②も充足する。

　　したがって、1回目殴打と2回目殴打（以下「本件行為」とする）は、一体の行為として検討することができる。

(2)　本件行為は、不法な有形力の行使であり、「暴行」（刑法208条、以下法文名省略）に当たる。かかる行為をするについて認識・認容があるから、故意も認められる。したがって、客観的構成要件を充足する。

(3)　では、正当防衛（36条1項）が成立するか。

ア　まず、「急迫」性とは、法益侵害が行われている、または、間近に迫っていることを、「不正」性とは、違法な侵害であることをいう。本件では丙は、Cから殴り掛かられており、違法な侵害が間近に迫っているといえる。

イ　「ため」の文言から、防衛の意思が必要と解される。本件では、Cは、1回目殴打・2回目殴打ともに、身を守る、すなわち、「自己」の生命ないし身体という「権利」を防衛する意思で行為に出ている。

ウ　「やむを得ずした」とは、必要性・相当性が認められることをいう。

　　まず、Cから殴られるのを防ぐために、Cを先んじて殴るという行為は、侵害行為を避けるための1つの合理的な手段であるから、必要性は肯定できる。

②丙による1回目殴打及び2回目殴打について、本問における具体的な事実関係を指摘して、暴行罪の各構成要件要素及び正当防衛の成立要件をそれぞれ充足することについて簡潔に示せば足りる（出題趣旨）。

次に、相当性が認められるのは、必要最小限度の手段である場合である。具体的には、実質的な武器対等を念頭に、侵害行為者と防衛行為者の年齢や性別、行為の態様などを考慮して決する。

本件についてこれを見るに、侵害行為は、30歳と若い男性Cが、人体の枢要部である顔面を殴りつけようとするものであるのに対し、防衛行為は、26歳と、Cと同等の年齢である男性丙が、同じく顔面を殴りつけたというもので、危険性は同等であると評価できる。したがって、必要最小限度性を肯定できる。

エ　以上より、「やむを得ずにした行為」といえるから、正当防衛が成立する。

2　問(2)

(1)　丁の罪責

ア　丁の、丙に声をかけ、丙を発奮させた行為につき、暴行罪の幇助犯（208条、62条1項）が成立するか。

イ　まず、「幇助した」とは、物理的または心理的に犯行を容易にすることをいうところ、本件では、丁は丙に「頑張れ」などと声をかけており、丙を発奮させて、心理的に犯行を容易にしたといえるから、「幇助」行為性が認められる。さらに、正犯丙による暴行結果が生じている。

幇助行為と正犯の結果との因果関係は、条件関係までは必要でなく、促進的因果関係があれば足りるところ、本件では、幇助行為により、丙は発奮したのであるから、犯行を促進したといえ、因果関係も認められる。

以上の行為につき、丁には認識・認容がある。以上より、客観的構成要件を充足する。

ウ　もっとも、丙には正当防衛が成立することから、丁についても、違法性が阻却されないか。

ここで、問題文イの点につき、幇助犯は従犯であり、正犯が構成要件に該当し、違法な法益侵害結果を引き起こしたこと（因果性）に処罰根拠があるのであるから、正犯の違法性が阻却される場合には、従犯についても、連帯して違法性が阻却されると解するべきである（違法性の判断は、共犯者間で異なることはない）。そして、そのように解すべきことから、同アの点について、正犯者を基準に、正当防衛の成立要件を判断すべきである③。

そうすると、正犯である丙に正当防衛が成立するから、丁についても、連帯して違法性が阻却される。この点は、丁に積極的加害意思がある本件においても、変わることはない。

エ　したがって、問題文①について、幇助犯は成立せず、他の罪も成立しないから、丁は不可罰である。

(2)　甲の罪責

ア　甲に、暴行罪の共同正犯（208条・60条）が成立するか④。

③幇助犯について、違法性の判断が共犯者間で異なることがないという立場を採っている。

④甲は、丙にCを痛めつけさせようと考え、丙に「俺がCを押さえるから、Cを殴れ。」と言い、それを聞いた丙がCに対する1回目殴打に及んでおり、甲が丙との間で暴行の共謀を遂げた上で、丙が暴行の実行行為に及んだことを簡潔に指摘する必要がある（出題趣旨）。

刑事系第1問＜刑法＞

イ　まず、甲は、Cに対する暴行の実行行為を分担していないことから、共謀共同正犯の肯否が問題となる。共同正犯の処罰根拠は、実行者を通じて結果に因果性を及ぼしたこと、および、自己の犯罪を行う意思をもって行為をしたこと（正犯性）に求められるところ、自ら実行行為を分担せずとも、重大な寄与を通じて、自己の犯罪を行う意思をもって結果に因果性を及ぼすことが可能である。また、60条は、「共同して」、そのうち1人以上が「犯罪を実行した」と読むことができる（文理上も、全員が実行行為を分担することは求められていない）。したがって、共謀共同正犯は認められる。

ウ　その成立要件は、①共謀、②共謀に基づく実行行為と同視しうる重大な寄与である。

　　本件では、甲が、丙に対し、「俺がCを抑えるから、Cを殴れ」と言い、丙はCを殴ったから、Cを殴ることについて共通した故意が認められ、また、自分もCを殴るために重要な行為をしているのであるから、自己の犯罪を行う意思（正犯意思）も認められる。そして、丙が甲の指示通りに行動したことから、黙示の相互的意思連絡があったということができる。以上より、共謀があったといえる（①充足）。そして、実際には、甲はCを抑えつけていないとしても、Cを殴ろうと思っていなかった丙に対して、Cを殴れと指示をすることで、丙を実行行為に向かわせており、実行行為をしたのと同視しうる、重大な寄与があったと評価できる（②充足）。

エ　もっとも、甲についても、丙に正当防衛が成立することで、違法性が阻却されないかが問題となる。

　　まず、共同正犯は、従犯とは異なり、各人は対等な関係にあるから、狭義の共犯（従犯）における共犯従属性の議論は妥当せず、①（丁）と結論が異なっても整合性は失われない。

　　そして、違法性の実質は、社会倫理規範に違反した法益侵害またはその危険であるから、違法性の人的相対化の余地がある（問題文イの点について、違法性の判断が、共犯者間で異なりうる）。

　　そして、同アの点について、共同正犯者における違法性阻却事由の存否は、共同正犯者の各自について正当防衛などの要件を充足するかで判断すべきである。もっとも、一部実行全部責任の原則から、他の共犯者の行為についても、因果性が認められることから、相当性などの客観的違法要素については連帯すると解する（主観的違法要素は連帯しない）⑤。

　　本件についてこれを見るに、不正性や相当性については、丁と連帯するから、充足する。しかし、刑法36条の趣旨は、急迫不正の侵害という緊急状況の下で、公的機関による法的保護を求めることが期待できないときに、侵害を排除するための私人による対抗行為を例外的に許容したものである。そこで、侵害の予期があることのみをもって急

⑤共同正犯については、違法性の判断が共犯者間で異なることがあるとする立場を採っている。

389

迫性が否定されると解するのは相当ではないが、刑法 36 条の趣旨に照らし許容されるものとは言えないとき、すなわち、侵害を回避しないことに合理的な理由がないときは、侵害の急迫性の要件を満たさないと解するべきである。本件では、甲は、Cが殴ってくるのに乗じて、Cに暴力をふるおうと考えているのであるから、積極的加害意思があるといえ、侵害を回避しないことに合理的な理由がない。したがって、刑法 36 条の趣旨に照らし相当でなく、急迫性が否定される。

オ　したがって、甲については、正当防衛の成立が否定される。すなわち、甲には、暴行罪が成立する（問題文②）。

以上

(5,404 字)

◆総評◆

出題趣旨で挙げられている項目について、ある程度言及することができている。もっとも、設問 1 で甲乙間に監禁罪の共同正犯を成立させるなど、評価に疑問がある部分も散見された。

刑事系第1問＜刑法＞

答案⑤ （順位ランクA、116.86点、系別535位、論文総合850位）

第1　設問1、甲の罪責

1　まず、Aを殴り、繰り返し蹴った行為について、Aに肋骨骨折等の傷害を負わせ、生理的機能を害していることから、傷害罪（刑法（以下、略）204条）が成立する。

2　その後、甲がAの財布を取った行為について、強盗罪（236条1項）が成立しないか。

⑴　まず、「暴行」（236条1項）は財物奪取に向けられた犯行抑圧程度の暴行であることが必要であるが、本件では、Aに暴行を加えた際には財物奪取の意思を有していなかった。したがって、Aを殴り繰り返し蹴った行為については「暴行」には当たらない。

⑵ア　では、甲がAに対し持っているものを見せろといい、この財布はもらっていくなどと述べた行為について「脅迫」にあたらないか。

　イ　すでに反抗抑圧状態に陥っている者に対しては、通常の場合よりも軽微な暴行脅迫であってもその状態を継続させるようなものであれば、「暴行又は脅迫」にあたるといえる。すでに反抗を抑圧されている状態の者にとっては、その状態が継続する程度の暴行脅迫であれば、十分犯行抑圧程度の暴行脅迫といえるからである。

　ウ　本件では、Aはすでに甲の暴行により傷害を負っており、犯行抑圧状態となっていたといえる。そして、傷害を負わされた相手に財布をもらっていくなどと発言されれば、抵抗すればどうなるかわからないという恐怖心を継続させることとなるから、犯行抑圧状態を継続させる程度の脅迫であるといえる。現に、Aは持っているものを見せるよう言われた際にはすでに抵抗する気力を失っており、甲がこの財布はもらっていくといった際も抵抗する気力を失っていた。

　　　したがって、甲の上記行為は財布を取るという財物奪取に向けられた犯行抑圧程度の脅迫であるから「脅迫」にあたる。

⑶　そしてかかる「脅迫」により、「他人の財物」たるAの財布を「強取」している。

⑷　また、甲はAが恐怖で抵抗できないことを知りながら財布をもらうと声をかけていることから、強盗の認識・認容があり、故意も認められる。

⑸　以上より、甲の上記行為について強盗罪が成立する。

3　そして、後述のように乙と監禁罪の共同正犯が成立する。

4　以上より、甲には①傷害罪、②強盗罪、③監禁罪の乙との共同正犯が成立し、これらは併合罪（45条）となる。

第2　設問1、乙の罪責

1⑴　まず、乙にはおびえているAを見張ることについて、Aの可能的な行動の自由を奪っていることから監禁罪（220条）が成立する。そして、

391

甲とも共同正犯が成立しないか。

(2) 共同正犯の一部実行全部責任の根拠は、相互利用補充関係のもと、結果に対して物理的・心理的因果性を及ぼした点にある。そして、実行行為以外でもかかる関係と因果性は認められるから、①共謀の事実と②共謀者の中の一部の者による実行行為と③共謀者の正犯意思があれば、共謀共同正犯が認められる。

(3) 本件では、甲がAを見張るよう指示し、乙はおびえているAの様子を見て甲がAに暴力をふるったことを理解してわかりましたと答えていることから、おびえたAを見張ることで身動きを取れないようにすることについて共謀があるといえる（①充足）。そして、乙が実際に見張っていることから、乙による実行行為が認められる（②充足）。

また、指示をした甲には自身の犯罪として遂行する意思たる正犯意思が認められる。そして、乙も立場が上の甲から指示を受けたとはいえ、見返りとしてAの財布をもらっていることから、やはり正犯意思が認められる（③充足）。

以上より、甲と乙に監禁罪の共謀共同正犯が成立する。

2 そして、カードの暗証番号を聞き出すべくナイフを示しながら脅した行為について2項強盗罪が成立しないか。

(1) まず、「暴行又は脅迫」は、財物奪取に向けた犯行抑圧程度の行為をいうところ、本件ではすでに傷害を負っているAに対してナイフの刃先を眼前に示しながら、「死にたくなければ、このカードの暗証番号を言え。」と脅しており、犯行抑圧程度の脅迫ということができるため、「脅迫」にあたる。

(2) そして、カードの暗証番号は「財産上不法な利益」ということができるか。

「財産上不法な利益」とは、1項強盗との均衡から、利益の取得が財物の占有移転と同視できるだけのものでなければならず、具体的・直接的な利益を現実に取得したといえる必要がある。

本件では、すでに乙は本件カードを有していた。カードの暗証番号さえわかれば確実に口座から金銭を引き出すことができ、口座から払戻しを受ける地位を得たということができるから、カードの暗証番号は「財産上不法な利益」ということができる①。

(3) もっとも、本件では、Aは誤った暗証番号を教えていることから、「財産上不法な利益」を得たということはできない。すでに、暗証番号を聞き出そうとすることで、構成要件的結果発生の現実的危険性を有する、すなわち実行行為が行われたということができるから、未遂にとどまるといえる。

(4) そして、乙はナイフで脅してカード番号を得て、本件カードを使ってAの預金を引き出そうとしていることから、脅迫により財産上不法の利益を得ることを認識・認容しているため、2項強盗罪の故意も認められ

①既にキャッシュカードを持っている者が暗証番号を聞き出すことの意味を認定できている。

る。

(5) また、乙のかかる行為について、甲は単にAの見張りを命じただけであり、上述の甲と乙の共謀との因果性がないといえるから、共謀の射程外であり、甲との共同正犯は成立しない。

3　以上より、乙には①監禁罪の甲との共同正犯②強盗罪が成立し、これらは併合罪（45条）となる。

第3　設問2小問(1)

1　丙にはまず、Cに対する1回目殴打と2回目殴打について暴行罪（208条）が成立する[②]。

そこで、丙による一回目殴打について正当防衛（36条1項）が成立するか。

(1) 急迫不正の侵害とは、法益の侵害が現に存するか間近に迫っていることであり、Cが丙に対して殴りかかってきているため、法益の侵害が間近に迫っており、急迫不正の侵害は認められる。

(2) 防衛の意思とは、急迫不正の侵害を避けようとする単純な心理状態をいう。丙は自身の身を守るためにCを殴るのもやむをえないと思っていることから、単に避けようとしており、認められる。

(3) そして、反撃行為が防衛手段として相当性があれば「やむを得ずにした行為」（36条1項）にあたる。本件では、丙もCも同年代の男性であり、武器を持たず素手である。Cが素手で殴りかかってくるのに対し、丙はCの顔面を殴り返しているに過ぎないから、相当性が認められる。したがって、丙の1回目殴打は「やむを得ずにした行為」といえる。

(4) 以上より、丙の1回目殴打について正当防衛が成立する。

2　次に2回目殴打について正当防衛が成立するか。上述と同様に判断する。

(1) まず、1回目殴打の後もなおCが丙に殴りかかってきていることから、法益の侵害が間近に迫っており、急迫不正の侵害は認められる。

(2) そして、丙は自身の身を守るためにCからの攻撃を避けようと2回目幸田を行っていることから、防衛の意思も認められる。

(3) また、素手で殴りかかってくるCに、丙が素手でCの顔面を1回殴っていることから、反撃として相当性があり、「やむを得ずにした行為」といえる。

(4) 以上より、丙の2回目殴打について正当防衛が成立する。

第4　設問2小問(2)

1　甲の罪責について

(1)ア　まず、甲と丙の共同正犯が成立しないか。丙がCを殴る実行行為を行っており、甲は実行行為を行っていないから、共謀共同正犯の成立より、丙に暴行行為を帰責できないか。

イ　共謀共同正犯の成立は上述の基準により判断する。

ウ　丙が甲に呼び出された時点では、甲はCとの話合いにいくと話して

②丙の1回目殴打及び2回目殴打については、端的に検討すればよかった。

おり、丙はCと面識はなく、甲がCに文句を言うつもりであることやCから暴力を振るわれる可能性があることについて何も聞かされていなかったため、甲についていくだけだと思っていた。したがって、その時点では暴行についての共謀は成立していない。

しかし丙がCに殴られた後、甲が丙に「俺がCを押さえるから、Cを殴れ。」といったことで、甲と丙の間でCに対し暴行をすることについて現場共謀が成立したといえる（①充足）。

そして、丙が実際にCを殴っているため、丙による実行行為が認められる（②充足）。

次に、甲も丙もCに対し殴ることで有形力の行使を行うことを認識しており、自身の犯罪として遂行する意思があるから、正犯意思も認められる（③充足）。

したがって、甲と丙は共謀共同正犯関係にあり、甲には暴行罪の構成要件該当性は認められる。

(2)ア　もっとも、丙には上述のように正当防衛が成立するところ、甲についても正当防衛が成立し違法性が阻却されないか。

イ　違法性の判断については原則的に連帯して判断し、責任については個別に判断する。もっとも、正当防衛については個別に判断すべきである。正当防衛では、急迫不正の侵害は、公的危難による法的保護が期待できない場合に侵害を排除するために私人による犯行行為を例外的に許容したものであり、侵害を予期し、積極的加害意思を有してこれを機に復讐をしよう等の意思を有している場合には、かかる趣旨にあてはまらないから、正当防衛を認めることでその者を保護する必要がなく正当防衛は成立しない。これは個人の主観により判断すべきである③。

③正当防衛について、その趣旨を根拠にして、個別に判断すべきとの立場を採っている。

また、防衛の意思についても単に侵害を避けようとする個人の心理状態のより判断されるのであり、個人の主観により判断される。

したがって、正当防衛については行為者を基準として判断すべきである。

ウ　本件では、甲は粗暴な性格のCから殴られるかもしれないと考えており、通常ならばC元に出向かないことで侵害を回避することができる。しかし、Cから殴られたら、むしろその機会を利用してCに暴力をふるい、痛めつけようと考えていた。そして、丙が殴っている際も丙にCを痛めつけさせようと考えていた。

そうだとすると、侵害を予期した上で、それの機会を利用してCに反撃しようと考えており、36条の趣旨に反するから、急迫不正の侵害があるとはいえず、正当防衛は成立しない。

エ　甲には正当防衛が成立しないから、違法性も阻却されない。

(3)　したがって、甲には暴行罪の共同正犯は成立する。

2　丁の罪責について

刑事系第１問＜刑法＞

丁は、丙の２回目暴行について、丙をあおるような言葉をかけ、丙の暴行を精神的に容易にしていることから、丙による２回目殴打について暴行罪の幇助犯（62条１項）が成立するとも思える。

もっとも、幇助犯の処罰根拠は、正犯の実行行為を介して間接的に法益侵害をすることにある。そうだとすると正犯の実行行為に違法性をも具備をしている必要がある④。

本件では、丙による２回目殴打については正当防衛が成立し違法性が阻却されている。したがって、正犯が違法性を具備していないから、丁には暴行罪の幇助犯は成立しない。

以上

（4,337字）

④共同正犯との違いについても言及できると良かった。

◆総評◆

設問１において、乙がＡＴＭに本件カードを挿入して預金を引き出そうとした行為についての検討が抜けてしまっている。そのため不能犯について論じることができず、残念であった。

答案⑥（順位ランクB、111.07点、系別755位、論文総合622位）

第1　設問1

1　甲の罪責

(1)　甲がAの頭部を拳で殴り、転倒したAの腹部を繰り返し蹴った行為に、Aに対する傷害致傷罪（204条）が成立するか。

　ア　上記行為は、人の生理的機能を侵害する行為であり、同罪の実行行為にあたる。

　イ　Aは肋骨骨折等の「傷害」を負っており、これと上記行為との間に因果関係も認められる。

　ウ　甲は同罪の構成要件的事実の認識・認容があり、故意（38条1項）も認められる。

　エ　よって、甲の上記行為に強盗致傷罪が成立する。

(2)　甲が「この財布はもらっておくよ」と申し伝え、自分のポケットに入れた行為に、Aに対する強盗罪（236条1項）が成立する。

　ア　強盗罪の実行行為たる暴行・脅迫は財物奪取に向けられた不法な有形力の行使及び害悪の告知を言い、反抗抑圧に足る程度であることを要する。甲の上記行為は反抗抑圧に足る程度ではないとして、同罪の実行行為にあたらないとも思える。しかし、先行する暴行・脅迫によりすでに反抗抑圧状態にある者との関係では、その反抗抑圧状態を継続するに足る程度の暴行・脅迫であっても、同罪の実行行為たりうると考える①。

　　　本件では、上記傷害罪の実行行為により、Aは既に抵抗する気力を失っており、反抗抑圧状態にある。このようなAに対し、「財布はもらっておく」と申し伝えることは、その反抗抑圧状態を継続するに足る脅迫と言え、同罪の「脅迫」にあたる。

　イ　そして、Aは本件財布を甲に渡したくなかったものの、抵抗する気力を失って何も答えられずにおり、反抗抑圧状態が継続している。そして甲はその間に、「他人の財物」たる本件財布を自分のポケットに入れて「強取」している。

　ウ　甲はAが恐怖で抵抗できないことを知りながら上記行為に及んでおり、故意も認められる。また、不法領得の意思も認められる。

　エ　よって、甲の上記行為に強盗罪が成立する。

(3)　甲が乙をB公園に呼び出し、乙に「Aを見張っておけよ」と言った行為に、Aに対する監禁罪の共同正犯（220条、60条）が成立するか②。

　ア　甲は監禁罪の実行行為を行っていないため、そもそも共同正犯たりうるか。

　　　この点につき、共同正犯が一部実行全部責任を認める趣旨は、複数の者が相互利用補充関係の下、結果に対し物理的心理的因果性を及ぼ

①事後的奪取意思の問題であることを、先に指摘できた方が良かった。

②甲がB公園に到着した乙にAを見張っておくよう指示し、これを乙が了承した点について、監禁罪の共同正犯の成否を検討する答案が散見されたが、監禁罪は屋外の囲われていない場所であっても成立し得るとはいえ、本問については、囲われた場所から脱出を不能にさせる等、監禁罪が成立する典型的な場面ではない上、乙がAを取り囲んだり監視したりするなどしてその場からAの脱出を不能にさせる具体的な監禁行為に及んだと認めるに足りる事情も存しないため、必ずしも監禁罪の共同正犯の成否について検討する必要はなかった（採点実感）。

す点にある。そして、実行行為に関与しない者も結果に対し物理的、心理的因果性を及ぼすことができるため、共同正犯たりうる。そして、共謀共同正犯が成立するには、㋐共謀、㋑共謀に基づく一部の者の実行行為、㋒正犯意思が要件となる。

本件では、甲は乙に「Aを見張っておけよ」と申し伝え、BはおびえているAの様子から甲がAに暴力をふるったことを理解したうえで「わかりました」と答えており、Aを監禁することにつき共謀が成立している（㋐充足）。「監禁」とは、相手方の可能的な移動の自由を制約する行為をいうところ、Aは甲の上記暴行により反抗抑圧状態にあり、この状態のAを乙が見張ることでAは公園外へ移動できなくなっているため、共謀に基づく実行行為がある（㋑充足）。そして、甲は特殊詐欺グループを率いており、配下のAが資産家名簿を他のグループに無断で渡したのではないか追及するために、その解明に時間がかかると考え乙に見張りを頼んでいる。乙は甲の配下であるとの関係からも、甲に正犯意思が認められる（㋒充足）。よってAに対する監禁罪につき、甲に乙との共同正犯が成立する。

(4) 以上より、甲の上記各行為に、(ア)Aに対する傷害致傷罪、(イ)強盗罪、(ウ)監禁罪が成立する。監禁罪は乙との共同正犯が成立し、(ア)～(ウ)は併合罪（45条前段）となり、甲はその罪責を負う。

2　乙の罪責

(1) Aに対する監禁罪につき甲との共同正犯が成立する。

上記の通り、甲乙間で共謀があり、かつ共謀に基づく乙の実行行為が認められる。そして、乙は見張りを継続するという重要な役割を担うとともに、「小遣いをやる」として報酬を約され、「お前が自由に使っていい」と本件財布を手渡されており、正犯意思も認められる（㋒充足）。よって、甲乙間でAに対する監禁罪の共同正犯が成立する。

(2) 上記強盗によって甲がAから強取した本件財布を乙が受け取った行為に、盗品等無償譲受罪（256条1項）が成立する。(村田注：余事記載)

(3) 乙がバタフライナイフの刃先をAの眼前に示しながら、「死にたくなければ、このカードの暗証番号を言え」と言った行為に、2項強盗未遂罪（236条2項、243条）が成立するか。

ア　まず、乙がAから暗証番号を聞き出す行為は、財産犯における「財産上不法の利益」を得ようとする行為にあたる。

暗証番号は単なる数字情報であり、何らの財産的価値を有さないとも思える。しかし、キャッシュカード等を所有する者は、暗証番号を使って口座内の金員を自由に引き出すことができる。暗証番号はキャッシュカード等と結びつくことで、口座内の金員を自由に引き出せる地位を得られるという効果を有し、この意味において、財産的価値を有する。よって暗証番号を聞き出す行為は、財産上不法の利益を得ようとする行為にあたる。

イ　上記行為はAの反抗抑圧に足る程度の「脅迫」であり、かつ、暗証番号という財産上不法の利益を得ることに向けられている。よって、同罪の実行行為にあたり、乙は実行に着手している。

ウ　乙はAの預金を引き出して奪おうと考えており、故意及び不法領得の意思も認められる。

エ　Aは拒否されれば殺されると思い、暗証番号を答えようとしたものの、別のカードと見誤り、本件カードの暗証番号と誤った暗証番号を答えており、乙は本件カードの口座内の金員を自由に引き出せる地位を得ておらず、財産上の不法の利益の移転はない。

オ　よって、乙の上記行為は2項強盗罪の未遂にとどまる。

(4)　乙がＡＴＭに本件カードを挿入し、Aが答えた4桁の数字を入力した行為に、窃盗未遂罪（235条、243条）が成立する。

ア　上記行為はＡＴＭ内の金という「他人の財物」を窃取する現実的危険を有する行為にあたり、同罪の実行行為にあたり、乙はこれに着手している。しかし、暗証番号が間違っていたため、ＡＴＭに不正な操作と認識され取引が停止されたため、乙は口座内の金の占有を取得できていない。

イ　よって、乙の上記行為は窃盗罪の未遂にとどまる。

(5)　以上より、乙の上記各行為に（あ）Aに対する監禁罪、（い）盗品等無償譲受罪、（う）2項強盗未遂罪、（え）窃盗未遂罪が成立し、監禁罪は甲との共同正犯が成立し、（あ）～（え）は併合罪となり、乙はこの罪責を負う。

第2　設問2

1(1)　正当防衛の成立要件は客観面、主観面の検討を要し、具体的状況下でこれらの要件を満たすかは行為者ごとに異なりうる。よって、成立要件の判断は、行為者ごとに個別に検討すべきである③。

(2)　違法性の判断が共犯者間で異なることがあると考える。

共犯の成立につき、共犯者間では違法性は連帯し、責任は個別とする制限従属説が通説であり、違法性の判断は通常共犯者間で共通する。しかし、違法性は社会的相当性を欠く危険、またはその恐れを生じさせたことを言い、内実に社会的相当性という規範評価を含む。また、責任は反規範的人格態度に対する道義的非難を言い、これも規範評価を含み、両者は重なり合いがある。個別的にみるべき規範評価を伴うため、違法性の判断において共犯者間で異なることがある、と考える。

そして、違法性阻却事由である正当防衛は、上記の通り客観面、主観面双方からの検討を要し、個別に検討するため、その判断が共犯者間で異なることがある。また、違法性と責任の意味から考えると、不正の侵害に対して防衛のために反撃する行為は、社会的相当性を欠くものではない、という違法性に関する規範評価を含み、防衛のために反撃することは道義的にみて非難しえない、という責任を阻却する規範評価も含

③この点については小問(2)で論じればよく、丙の罪責を問う小問(1)においては不要である。

む。個別的にみるべき規範評価を伴う点からも、正当防衛という違法性の判断が共犯者間で異なる。

2　(1)について

(1)　1回目殴打について

ア　丙による1回目殴打は、人の身体に対する不当な有形力の行使であり、丙は自己の行為を認識して行為しており、暴行罪（208条）の構成要件を満たす。

イ　しかし、この1回目殴打に正当防衛（36条1項）が成立する。

「急迫不正の侵害」とは、法益侵害の危険が現在する、または間近に差し迫っていることをいう。

まず、丙はC宅前に自ら赴いているものの、後述の甲と異なり、丙はCと面識はなく、甲がCに文句を言うつもりであることやCから暴力を振るわれる可能性があることを何も聞かされておらず、甲に付いて行くだけだと思っており、C方前に赴いたことをもって「急迫性」は否定されない。

そして、丙は家から出てきたCから顔面を拳で数回殴られ、その場に転倒した後、さらにCに殴りかかられており、法益侵害の危険が現在しており、急迫不正の侵害がある。

次に「防衛するため」というには、防衛の意思があること、反撃行為が防衛のための行為であることを要する。そして防衛の意思は、侵害を認識し、これを避けようとする単純な心理状態をいう。丙はCから身を守るためにはCを殴るのもやむを得ないと思っており、また、Cがさらに殴り掛かったことを認識しており、防衛の意思が認められる。

そして丙は身を守るために、Cの胸倉をつかんで、Cの顔面を一回殴っており、これは防衛するための行為にあたる。

「やむを得ずにした」というには、いわゆる武器対等の原則を言い、防衛のための必要最小限度の反撃行為であることを要する。拳で殴りかかってきたCの顔面を1回殴る行為は必要最小限度の行為といえ、「やむを得ずにした行為」にあたる。

(2)　2回目殴打

ア　1回目殴打の後、Cは一層興奮し、なおも丙に殴りかかってきており、急迫不正の侵害がある。

イ　2回目殴打においては、丙は反撃する意思を有し、丁が「頑張れ」等と声をかけたことで発奮しているため、防衛の意思に欠けるとも思える。しかし、もっぱら積極的に攻撃を加える意思で行為に及んだ場合は防衛の意思が否定されるが、防衛の意思と攻撃の意思が併存している場合はなお防衛の意思は否定されない。よって丙は発奮しているものの、身を守るために行為しており、防衛の意思が認められる。そして、丙は防衛するためにCの顔面を拳で一回殴っており、これは防

衛のための行為である。また、殴りかかってきたＣの行為に対し必要
最小限度の行為といえ、「やむを得ずした行為」にあたる。

ウ　よって、２回目殴打に正当防衛が成立する。

3　(2)について

(1)　丁の罪責

①丙による２回目殴打につき、丁に暴行罪の幇助（62条１項）が成立
する。

ア　「幇助」とは実行行為以外の方法で正犯の行為を物理的心理的に容
易にすることを言う。丁は、丙がＣを殴ろうとしていると思い、「頑張
れ。ここで待っているから」などと申し伝えており、丙を心理的に支
援し、丙の行為を心理的に容易にする行為といえる。

そして、丙はこれを聞いて発奮しており、丙への反撃が心理的に容
易になったといえる。

よって、丁の行為は暴行罪の幇助の構成要件を満たす。

イ　丙の２回目殴打に正当防衛が成立するが、上記のように正当防衛の
要件は個別的に判断する。丁自らはＣから急迫不正の侵害をうけてい
るわけではない。また、客観的には２回目殴打は丙の正当防衛が成立
するが、丁はＣが先に丙を殴った事実を知らないまま、一方的に丙が
Ｃを殴ろうとしていると考えて、それを面白がって励ましているので
あり、主観面をみると、丙が正当防衛状況にあることを認識しておら
ず、丙が身を守ることを幇助する意思はない。主観面において、丁に
丙の正当防衛を幇助する意思はない以上、丁の上記幇助行為の違法性
は阻却されない。

ウ　よって丁の上記行為に丙の暴行罪の幇助が成立し、丁はその罪責を
負う。

(2)　甲の罪責

②甲に丙の暴行罪の共同正犯が成立する。

ア　甲はＣに対する暴行の実行行為に関与していないため、上記３要件
に従い、共謀共同正犯の成立を検討する。

⑦甲はＣに殴られて転倒した丙に対し、「俺がＣを押さえるから、Ｃ
を殴れ」と申し伝え、これを聞いた丙は、甲の言う通りＣを殴るのも
やむを得ない、と考えており、黙示の現場共謀が成立している。④丙
はこの共謀に基づき、Ｃを殴っている。⑦甲は資産家名簿の流出に関
してＣに罵倒され激高し、Ｃ方に出向いて文句を言おうと決め、Ｃか
ら暴力を振るわれた際には丙にやり返させようと思って丙を呼び出
している。Ｃへの暴行につき、甲がもっぱら主体的立場にあり、正犯
意思が認められる。

よって⑦④⑦を満たし、丙の暴行罪の共謀共同正犯の要件を満た
す。

イ　しかし、丙と異なり、甲に正当防衛は成立しない。

そもそも甲は、自らC方に出向き直接文句を言おうと決め、その際、粗暴な性格のCから殴られるかもしれないと考え、その場合は、むしろその機会を利用してCに暴力を振るい、痛め付けようと考えている。そして、粗暴な性格の丙を連れて行けば、丙がCにやり返してCを痛め付けるだろうと考えて、丙を呼び出している。甲が危険を予期しながら、この機会にCを痛めつけようと考え、粗暴な丙を連れてC宅に赴いていることを鑑みると、自ら不正な侵害が生じる状況を招いたといえ、甲には正当防衛状況と認めるに足る社会的相当性を欠く。

ウ　よって甲に正当防衛は成立せず、甲に丙の暴行罪の共同正犯が成立する。

以上

(5,391字)

◆総評◆

設問1において監禁罪の成否について長く論じるなど、出題趣旨の求める答案から、外れてしまっている部分が多く見られた。

答案⑦ （順位ランクC、99.36点、系別1,355位、論文総合697位）

第1　甲の罪責

1　甲がAの腹部を繰り返し蹴った行為については、かかる行為はAの身体に対する不正の行為であり、Aは肋骨骨折という「傷害」を負ているから、傷害罪（204条）が成立する。

2　甲が本件財布を自己のズボンのポケットに入れた行為に強盗罪（236条1項）が成立しないか。

(1)　まず、本件財布はAの所有物であるから、「他人の財物」に当たる。

(2)　次に「暴行または脅迫」に当たることが必要であるが、同罪が暴行等を用いて財物を奪取する犯罪であることから、暴行または脅迫が財産奪取に向けられている必要がある。本問では、前述の通り、甲の行為によりAは傷害を負っており、すでに犯行抑圧状態にあったのであるから、暴行または脅迫に当たらないのではないか。いわゆる事後的奪取意思が問題となる。

　　　この点、確かに上記の通り、暴行または脅迫は財物奪取に向けられている必要があるため、暴行脅迫後に財物奪取意思を生じた場合は、新たな暴行脅迫が行われない限り、「暴行又は脅迫」に当たらないのが原則である。もっとも、同罪の上記のような性質から、先行行為により犯行抑圧状態に陥った場合でも、それを継続させるものである場合は、事後的奪取意思が生じた場合でも「暴行または脅迫」に当たると解する。

　　　本問では、前述の通り、甲の傷害行為によって、Aは反抗抑圧状態に陥っているといえる①。この場合、甲の存在がその場にある限りAにとっての脅威は消滅しないはずであり、甲の存在それこそが「暴行又は脅迫」に当たるといえる。

①甲とAの関係等にも言及できるとなお良かった。

(3)　そして、「奪取」とは、相手の意思に反して他人の財物を自己の占有下に置くことをいうが、これは相手が財物奪取を黙認していても満たされる。本問でも甲の「この財布はもらっていくよ」という発言に対し、Aは何も答えられておらず、黙認せざるを得なかったといえる。したがって、奪取にあたる。

(4)　そして、金銭目当てに本件財布を奪っているところ、この場合は不法領得の意思が肯定される。また、Aの財物を奪うことに対しての認識認容は当然あったといえるのだから、故意（38条1項）も認められる。

(5)　よって、上記行為に強盗罪が成立する。

3　以上より、甲の各行為に傷害罪、強盗罪が成立し、併合罪（45条1項）となり、甲はかかる罪責を負う。

第2　乙の罪責

1　乙がAから暗証番号を聞き出した行為に、強盗罪（236条2項）が成立しないか。

⑴　まず、乙は、バタフライナイフという殺傷能力の高いものをAの目の前にしめしているが、これは甲の行為による威迫行為と相まって、Aの犯行を抑圧するに足りる行為であるといえるから、「暴行又は脅迫」に当たる。

⑵　次に、「財産上不法の利益を得」たことが必要である。これは、確実な財産移転といえることが必要である。本問では、確かに暗証番号のみではただの番号であり、確実な財産移転に向けられたものとはいえない。しかし、乙はAのキャッシュカードを自己の占有下においているところ、キャッシュカードと暗証番号が揃えば、ほぼ確実に金銭を下すことが可能であり、乙は暗証番号を入手することによって、現金を引き出す地位を得たということができる。したがって、財産上不法の利益を得たといえる。

⑶　そして、不法領得の意思と故意も認められる。

⑷　よって、上記行為に強盗利得罪が認められる②。

2　乙がATMから現金を引き出そうとした行為に窃盗未遂罪（243条、235条）が成立しないか。

②Aは乙に対して本件カードの暗証番号と異なる4桁の数字を答えたため、強盗利得罪は未遂とある。

⑴　まず、窃盗未遂罪が認められるには窃盗罪の実効の着手（43条）が必要であるが、乙はATMに本件カードを挿入し、暗証番号を入力しているのであり、現金の窃取という構成要件的結果発生の現実的危険が明らかに高まっているから、これが認められるとも思える。

⑵　しかし、Aが教えた暗証番号は別のカードのものであり、暗証番号が一致する可能性は低いといえ、結果発生の危険性がないといえないか、すなわち、不能犯にあたり、未遂にも当たらないのではないかが問題となる。

　　この点の判断につき、一般人の判断を基準とするいわゆる具体的危険説があるが、これは仮に一般人が無知であった場合、不能犯の範囲が広がり過ぎてしまうため、妥当ではない。そのため43条の文言から、事実の抽象化は避けられず、かかる事実がどの程度発生する可能性があったかという観点から判断すべきである。そこで、どのような事実があれば結果が発生しえたか、その事実がどの程度あり得たかという観点から判断し、結果発生の危険性が相当程度認められるのであれば不能犯とはならないと解する。（修正された客観的具体説）

　　本問では、暗証番号がカードと一致していれば、窃盗罪の結果発生が生じるが、4桁の番号の組み合わせであれば、1万分の1の確率で一致する可能性がある。これは、偶然入力した番号が一致する可能性は十分あり得るし、財布自体に生年月日等が記載されていたのであれば、なおさらである。そのため、暗証番号が一致する可能性は相当程度認められる。

　　したがって、不能犯とはならず、実行の着手が肯定される。

⑶　また、他人の財物性も満たすし、不法領得の意思、故意も認められる。

(4) そして、現金は窃取されずに終わっている。

(5) よって、上記行為に窃盗未遂罪が認められる。

3 よって、乙の各行為に、強盗利得罪、窃盗未遂罪が成立し、これらは法益をことにするから、併合罪となり、乙はかかる罪責を負う。

設問2 (1)

1 まず、一回目殴打であるが、確かに、丙はCを殴っているのであるから、暴行罪が成立し得る。以下36条1項について検討する。

(1) Cが丙に続けて殴りかかってきたのであるから、急迫不正の侵害が認められる。丙は身を守るために上記行為をしたのであるから、自己の権利を防衛するためにあたる。やむをえずにした行為とは、必要最小限の行為を判例上いうが、素手にたいし素手で反撃していることから、これも満たす。

(2) したがって、正当防衛が成立する。

2 次に、2回目殴打について検討する。

(1) 2回目は1回目と異なり、丙は奮発している。これから、丙には一定の加害意思があったといえるから、「防衛するため」に当たるかが問題となる③。

この点、違法性の実質は社会的相当性を逸脱した法益侵害をいうのであり、行為者の主観は行為の相当性に影響を与える。そこで、防衛の意思は必要であり、その内容としては、急迫不正の侵害を認識しつつそれを避けようとする単純な心理状態であれば、防衛の意思が肯定されると解する。

本問では、確かに丙は発奮しているが、身を守るために上記行為を行なっている。そのため、防衛の意思が認められる。急迫不正の侵害ややむを得ずにしたという点については、1回目殴打と同様である。

(2) よって、正当防衛が成立する。

③丙については、1回目殴打と2回目殴打のどちらについても、防衛の意思は問題なく認めらえると考えられる。

設問2(2)

第1 ①

1 まず、幇助とは、実行行為以外の方法で正犯の実行行為を容易にすることをいい、これには心理的因果性と物理的因果性から判断される。

(1) 本問では、丁は丙に声をかけたところ、それにより丙は発奮して2回目殴打におよんでいるから、心理的因果性が及んでいるといえる。また、丁は丙がその場から逃走するのを手助けするつもりであったのだから、故意もある。

(2) もっとも、丙に正当防衛が成立することから、丁の幇助行為も違法性を欠くため、幇助犯は成立しないのではないか。

この点、後述の通り、違法性の判断に当たっては共犯間でも個別に判断すべきであるから、幇助者に違法性が認められる以上、正犯に違法性阻却事由が認められるからといって、幇助者にもその効果が及ぶことにはならない④。

④幇助犯につき、共同正犯と同じように個別に違法性を判断することについての説明が不足している。

404

刑事系第１問＜刑法＞

(3) したがって、丁には暴行罪の幇助犯が成立する。

第2　②

1　まず、事実6の段階で甲は丙に、俺がCをおさえるからCを殴れと発言しており、丙はこれを聞いていたのであるから、この時点で甲と丙の間に暴行についての黙示の共謀（60条）が成立していたといえる。そして、前述の通り丙がCを殴っているため、丙の行為は暴行罪の構成要件に該当する。もっとも、丙の行為は正当防衛が成立することにより、違法性が阻却される。このことから、甲の違法性についても何らかの影響を与えないか。

(1) 36条の趣旨は、急迫不正の侵害があるという緊急状態において、公的期間による法的保護を受けることができない場合に、例外的に私人による自救行為を許容したところにある。そこで、正当防衛の判断を誰を基準とするかについては、実際に不正の侵害を受けている者を基準とすると解する（アの点）。

　　本問では、実際に殴られかかっているのは丙であるから、丙に対してのみ急迫不正の侵害が認められ、甲自身には急迫不正の侵害が認められず、甲には正当防衛は成立しない。

(2) もっとも、共犯は連帯作用があるため、丙の違法性阻却の効果が甲に影響しないか。

　　この点、共犯者間では違法性は個別に検討されるべきである。そうすると本問では、丙の正当防衛の効果は甲に影響せず、共犯者間でも違法性の判断が異なることになる（イの点）。

2　したがって、甲に暴行罪の共同正犯が成立する。

第3　①②の整合性について

　上述の通り、丙に違法性阻却事由が認められても、結果としては幇助犯たる丁にも、共犯者である甲にも犯罪が成立すると考える。

　よって、このように考えることによって、整合性がとれていると考えられる。

以上

(3,728 字)

◆総評◆

　全体的な方向性は掴めているものの、設問１で乙のＡに対する強盗利得罪を既遂としてしまうなど、不適切な部分が目立った。もう少し問題文を丁寧に読み込めば、なお良かったと考えられる。

405

答案⑧ (順位ランクD、97.50点、系別 1,473 位、論文総合 1,557 位)

第1　設問1

1　甲が、Aの頭部を拳で殴り、その場に転倒したAに「殺されたいのか。」と言いながらAの腹部を繰り返し蹴った行為（以下「行為①」とする。）に傷害罪（刑法（以下「法」とする。）204条）が成立する。

⑴　「傷害」行為とは、人の生理的機能に障害を生じさせる行為をいう。行為①は頭部や腹部への複数回の有形力行使であるので、脳や臓器の生理的機能を害し得る行為といえる。よって、行為①は「傷害」行為にあたる。

⑵　Aは行為①により肋骨骨折等の「傷害」を負っているので、同罪の結果と、因果関係が認められる。

⑶　甲は、上記事実を認識認容しているので、同罪の故意（法38条1項ただし書）が認められる。

⑷　なお、甲は「殺されたいのか。」と言いながら行為①に及んでいるので、行為①に殺人未遂罪（法203条、199条）が成立するとも思える。しかし、行為①に殺人罪は成立しない。なぜならば、甲は拳で殴っているにすぎず、傷害結果も頭部には生じていないことから、頭部への有形力行使は軽微であり、人の死亡結果を惹起する行為とまでは評価できず殺人罪の実行行為にあたらない。また、甲はAから名簿を流出させたことについて白状させるために行っているので、甲に殺意はないと考えるべきであるからである。

2　甲が、甲から1メートル離れた場所で倒れたままのAに「持っているものを見せろ。」と言った行為（以下「行為②」とする。）には、強盗罪（236条1項）も恐喝罪（249条1項）も成立しない。以下で理由を述べる。

⑴　「脅迫」（法236条1項）とは、財物奪取に向けられた相手方の反抗を抑圧するに足りる程度の害悪の告知をいう。行為②のとき、甲は、Aの所持品の中に資産家名簿の流出先に関する手掛かりがあるだろうと考え、Aの所持品を奪うつもりはなかったのであるから、行為②は財物奪取に向けられていない。したがって、行為②は「脅迫」にあたらない。

⑵　「恐喝」（法249条1項）とは、財物交付に向けられた相手方の反抗を抑圧するに至らない程度の害悪の告知をいう。上述のとおり、行為②は財物交付に向けられていない。よって、行為②は「恐喝」にもあたらない。

3　甲が、Aに「この財布はもらっておくよ。」と言った行為（以下「行為③」とする。）に強盗罪（法236条1項）が成立する①。

⑴　「脅迫」の定義は上述のとおりである。もっとも、行為単体では客観的には反抗抑圧に至らない程度の害悪の告知であっても、当該行為以前に行為者により被害者が反抗抑圧状態に陥れられている場合には、これ

①設問1の甲の行為について、主に論じるべきはこの強盗罪の成否である。

406

を維持・継続する程度の害悪の告知であっても「脅迫」にあたると解する。なぜならば、同罪が重く処罰される根拠は、被害者を反抗抑圧状態にさせたことに乗じて財物の占有を移転させる点に著しい財産法秩序侵害がある点にあるところ、自ら作出した被害者の反抗抑圧状態を維持・継続し、これに乗じて財物の占有を移転させる場合にも同罪の処罰根拠が及ぶからである。

　まず、行為③以前に行われた行為①②により、Aは、既に抵抗する気力を失っていた。したがって、甲は行為③以前に自らAの反抗抑圧状態を作出している。

　次に、「この財布はもらっておくよ。」という発言だけでは、客観的には相手方の反抗抑圧状態を維持継続するとはないとも思える。しかし、甲は28歳と若い男性で、Aよりも数歳年上であり、甲とAは甲が特殊詐欺グループを率いるリーダーであるのに対し、Aは同グループの配下であるという上下関係にある。加えて、甲はAに行為①により相当程度の傷害を与えており、場所は午後8時頃、人のいないB公園であるので、Aは周囲に手助けを求めることはできない状況であったことからも、Aが甲に反抗することはほとんど不可能であったといえる②。このような状況下で、甲がAに「この財布はもらっておくよ。」と発言することは、Aが反対の意を示せば甲により更なる暴行を加えられることをAに強く意識させる行為である。このことから、行為③は甲が作出したAの反抗抑圧状態を維持・継続させる害悪の告知であると評価できる。

②具体的な検討の部分はよく書けている。

(2) 甲は、本件財布内に資産家名簿の流出先を示すものはなかったが、現金6万円が入っているのが分かり、その現金がにわかに欲しくなった上で行為③に及んでいる。したがって、行為③は財物奪取に向けられているといえる。したがって、行為③は「脅迫」にあたる。

(3) Aは、本件財布を甲に渡したくなかったが、抵抗する気力を失っていたので何も答えられずにいたところ、甲は、本件財布を自分のズボンのポケットに入れたのであるから、行為③によるAの反抗抑圧状態に乗じてAの「財物」を「強取した」にあたる。

(4) 甲は上記事実を認識認容しているので、同罪の故意を有する。また、甲は現金がにわかに欲しくなり行為③に及んでいるので、被害金現金6万円につき権利者排除意思と利用処分意思が認められるので不法領得の意思も認められる。

4　乙がAに対して、持っていたバタフライナイフの刃先をAの眼前に示しながら、「死にたくなければ、このカードの暗証番号を言え。」と言った行為（以下「行為④」とする。）に強盗未遂罪（法243条、236条2項）が成立する。

(1) 法236条2項が強盗罪の保護法益を財産上の不法の利益にも拡張していることから、「脅迫」には、財産上の不法な利益を強取することに向けられた相手方の反抗を抑圧するに足りる害悪の告知も含む。行為④中の

407

発言は、本件カードの暗証番号を聞き出すために行われているところ、当該暗証番号それ自体は単なる数字の組み合わせに過ぎず、「財産上不法の利益」にあたらないとも思える。あたらなければ、行為④は、財産上不法の利益の強取に向けられた行為とは言えず強盗罪は成立しない。そこで、本件カードの暗証番号を得る行為が「財産上の不法の利益」を得ようとする行為にあたるかが問題となる③。

　この点、キャッシュカードと暗証番号があれば、ＡＴＭなどにより現金を即座に引き出すことが可能である。そして、現代においては、ＡＴＭはコンビニなどに設置されていることから、24時間、どこにいても短時間で現金を引き出すことができる。このことから、他人のキャッシュカードを持つものが、当該カードの暗証番号を取得すれば、その時点で適法ではないが預金の払戻を受け得る地位を取得することができる。したがって、他人のキャッシュカードを持っている場合には、当該カードの暗証番号を聞き出す行為は「財産上不法の利益」を得ようとする行為にあたると解する。

　行為④のとき、乙は本件カードを持っていた。そして、本件カードはＡ名義のカードである。したがって、本件カードの暗証番号をＡから聞き出す行為は、「財産上の不法の利益」を得ようとする行為にあたる。

(2)　行為④は、バタフライナイフの刃先をＡの眼前に示しながら、「死にたくなければ、このカードの暗証番号を言え。」と発言する行為であるところ、かかる行為は、要求に反抗すれば殺害されることを強くうかがわせる行為であるので、客観的に反抗抑圧に足りる害悪の告知である。そして、上述のとおり、行為④は、財産上の不法の利益取得に向けられた行為である。

　よって、行為④は「脅迫」にあたる。

(3)　Ａは、暗がりで本件カードを自宅に保管中の別のキャッシュカードと見誤っていたため、本件カードの暗証番号と異なる4桁の数字を答えたのであるから、乙は本件カードの暗証番号を取得できていない。ゆえに、乙は本件カードについて、預金等を引きだす地位を取得していない。よって、「財産上不法の利益を得…た」とは言えない。したがって、同罪の結果は発生していない。

(4)　乙は、上記事実を認識認容しているので同罪の故意を有する。また、乙は、Ａの預金を引き出して奪おうと考えて行為④に及んでいるので、不法領得の意思も有する。

第2　設問2小問(1)

1　1回目殴打は有形力行使にあたるので、「暴行」（法208条）にあたり、丙はこれを認識認容しているの、同罪の故意を有するが、正当防衛（法36条1項）が成立し、違法性が阻却されないか④。

(1)　「急迫不正の侵害」とは、違法な権利利益侵害が現に存在するか、差し迫っている場合をいう。1回目殴打行為の直前に丙はＣに顔面を殴打

③乙がＡから暗証番号を聞き出す行為が財産犯における「財産上不法の利益」を得ようとする行為に当たるかという点に触れている。

④丙による1回目殴打及び2回目殴打について、本問における具体的な事実関係を指摘して、暴行罪の各構成要件要素及び正当防衛の成立要件をそれぞれ充足することについて簡潔に示せば足りる（出題趣旨）。

されており、Cが丙に対して続けて殴りかかってきたのであるから、丙の身体の安全に対して現に違法な侵害が存在している。よって、「急迫不正の侵害」にあたる。

(2)　「自己…の権利を防衛するため」とは、自身の権利利益を不正の侵害から回避させる意思をいう。丙は、身を守るためには、甲の言うとおり、Cを殴るのもやむを得ないと思い1回目殴打行為に及んでいるので、丙の身体の安全という自身の権利利益をCによる不正の侵害から回避させる意思でかかる行為に及んでいるといえる。したがって、「自己…の権利を防衛するため」にあたる。

(3)　「やむを得ずにした行為」とは、防衛行為が侵害に対する防衛手段として相当性を有する行為をいう。1回目殴打行為は、Cの丙に対する複数回の殴打行為に対して、丙がCの顔面を手拳で1回殴打したに過ぎないので、1回目殴打行為は防衛行為としての相当性を有する。したがって、1回目殴打行為は「やむを得ずにした行為」にあたる。

(4)　以上より、1回目殴打行為には正当防衛が成立し、その違法性が阻却される。

2　2回目殴打は有形力行使にあたるので、「暴行」（法208条）にあたり、丙はこれを認識認容しているの、同罪の故意を有するが、正当防衛（法36条1項）が成立し、違法性が阻却されないか。

(1)　2回目殴打行為は、なおもCが丙に殴りかかってきたことから、丙が身を守るためにCの顔面を拳で1回殴る行為であるので、「急迫不正の侵害」から「自己…の権利を防衛」する行為として「やむを得ずにした行為」にあたる。

(2)　もっとも、2回目殴打行為は丙が、Cに対して反撃するために興奮して行った行為であるので、「防衛するため」に対応する防衛意思を欠くのではないかが問題となる。

この点、有形力行使による防衛行為は、防衛行為であっても有形力行使には違いないので、行為者に攻撃的意思と防衛意思が併存することが通常である。また、正当防衛の違法性阻却効果の趣旨は、法は不正に譲歩しないという法確証の原理にあるので、防衛行為者が専ら積極的加害意思に基づき当該行為に及ぶという例外的場合を除いて、攻撃的意思と防衛意思が併存する場合にも同趣旨が当てはまる。そこで、防衛行為時の行為者に、防衛意思と攻撃的意思が併存していたとしても、「防衛するため」にあたると解する。

2回目殴打行為は丙があくまでも、身を守るために行っているので、防衛意思が認められる。そして、丙は、Cがひるんだ隙に、Cを追撃することなく、本件バイクの後部座席に座り、丁が本件バイクを発進させて走り去ったのであるから、丙が正当防衛状況に乗じてCを積極的に加害する意図はなかったといえる。

したがって、2回目殴打行為は「防衛するため」にあたる。

(3) 以上より、2回目殴打行為に正当防衛が成立し、その違法性が阻却される。

第3 設問2小問(2)

1 丁が、丙に「頑張れ。ここで待っているから終わったらこっちに来い。」と声を掛けた行為（以下「行為⑤」という。）に、行為④についての暴行罪の幇助犯（法62条1項、208条）が成立しない。

 (1) まず、丁は丙の逃走を手助けするために行為⑤に及んでいるので、丁にCに対する暴行罪の正犯意思はない。したがって丙との暴行罪の共同正犯（法60条、208条）は成立しない。

 (2) 次に、行為⑤には、丙のCに対する暴行罪の教唆犯（法61条1項、208条）は成立しない。なぜならば、「教唆」（法61条1項）とは、犯罪実行意思のない者に対して、特定の犯罪の実行を決意させる行為をいうところ、行為⑤以前に丙はCに対して暴行の意思を有していたので、行為⑤により、丙がCに対する暴行罪の実行を決意したとは評価できず、「教唆」にあたらないからである。

 (3) 「幇助」とは、正犯行為以外の方法で、正犯の実行を物理的、もしくは心理的に容易にすることをいう。

   丁は、丙の友人であり、行為⑤は丙の逃走を援助する行為である。暴行後の逃走手段を確保できることは、相手方からの報復や、警察等による逮捕を回避できるようになる可能性が高くなるので、暴行行為に及ぶことを心理的に容易すると評価できる。したがって行為⑤は「幇助」にあたる。

   そして、行為⑤を聞いて丙は発奮し、行為⑤に及んでいるので、行為⑤と丙による正犯行為には因果関係がある。加えて、丁はこれらを認識認容しているので、故意も有する。

 (4) もっとも、幇助犯は、幇助対象の正犯が違法な場合にのみ違法性が認められる。2回目殴打行為には正当防衛が成立し、違法性が阻却されるので、行為⑤は違法性が阻却され、暴行罪の幇助犯は成立しない。

   幇助犯は、幇助対象の正犯が違法な場合にのみ違法性が認められ、正当防衛が成立要件は正犯者を基準に判断し、違法性の判断が共犯者間で異なることはない。理由は以下のとおりである。

   幇助犯は従犯であるところ（法62条1項）、従犯は正犯なくして成立し得ない。また、従犯たる幇助犯が処罰される根拠は、違法な正犯による法益侵害に対して幇助行為により、正犯行為を介して因果性を有する点にある。このことから、正犯の違法性が阻却される場合には、幇助犯は違法性を有さず、成立しない。また、従犯は正犯の存在を前提とするので、正当防衛の成立要件は正犯者を基準に判断せざるを得ず、また、その判断が共犯者間で異なることはない。

2 甲が、丙に「俺がCを押さえるから、Cを殴れ。」と言った行為（以下「行為⑥」とする。）丙との暴行罪の共同正犯（法60条、208条）が成立す

刑事系第1問＜刑法＞

る。

(1) 共同正犯（法60条）の成立要件は、共謀と共同実行である。

(2) 共謀とは、犯罪の共同遂行に関する合意をいう。行為⑥は、甲が丙に「俺がCを押さえるから、Cを殴れ。」と言ったことを内容とするもので、それを聞いて丙は、甲の言うとおり、Cを殴るのもやむを得ないと思ったのであるから、甲丙間にCに対する暴行罪の共同遂行に関する合意が成立している。よって、共謀要件を満たす。

(3) 丙は1回目殴打行為に及んでいるので、共同実行要件を満たす。

(4) 1回目殴打行為には正当防衛が成立するが、共同正犯では正当防衛の成立要件は各共犯者ごとに判断され、違法性の判断が共犯者間で異なるので、正当防衛の要件を満たさない行為⑥には正当防衛が成立せず、違法性は阻却されない。理由は以下のとおりである。

共同正犯では、各共犯者がそれぞれ正犯者として法益侵害に因果性を独自に有することで各行為の違法性が基礎づけられる。ゆえに、違法性阻却事由についても各共犯者ごとに個別に判断すべきである。また、共同正犯では、各共犯者は各々正犯者である（法60条参照）ので、各共犯者は他の共犯者に違法性につき従属する関係にはない。ゆえに、違法性の判断が共犯者間で異なると解するべきである⑤。

(5) ①及び②における説明相互の整合性について

①と②で結論が異なるのは、従犯という幇助犯の上記性質と、正犯である共同正犯の上記性質の違いによるものであるから、論理として整合性はとれている。

以上
(6,141字)

⑤「共同正犯は、一方が他方に従属する関係にないとして、共同正犯者それぞれを基準として正当防衛の成立要件を個別に判断するとの考え方からも、個別に判断した結果、共同正犯者間で、正当防衛の成否につき結論が異なることが生じ得る」（出題趣旨）とする立場を採っている。

◆総評◆

文章量は多いものの、設問1で甲の殺人未遂罪の成否を論じる、設問2で丙の罪責を丁寧に検討するなど、冗長な記述が見られたのが残念である。筆力は十分にあるので今後も頑張ってほしいところである。

刑事系　第２問

刑事訴訟法

監 修　辰已専任講師・弁護士　本多 諭

刑　訴	刑事系の 点数	系別順位	科目別 評価	論文 総合順位
答案①	157.45	2	A	8
答案②	155.56	4	A	197
答案③	130.60	127	A	442
答案④	125.23	214	A	51
答案⑤	116.86	535	A	850
答案⑥	111.06	755	B	319
答案⑦	105.23	1,059	C	1,158
答案⑧	103.30	1,162	D	1,035

概　説

　令和6年の民事系科目第2問（刑事訴訟法）は、設問1に証拠法の出題、設問2に捜査法の出題がなされており、出題形式・難易度において例年通りの出題がなされたと考えられる。

　設問1においては、違法収集証拠及び派生証拠の証拠能力に関する出題がなされている。検討に当たっては、所持品検査に関する判例（最判昭53.6.20、百選4事件）に基づきPの行為の違法性を評価した上で、違法収集証拠排除法則（最判昭53.9.7、百選88事件）を踏まえて、違法収集証拠排除法則の根拠・排除の要件・考慮要素及び派生証拠の証拠能力に関する自説（違法性の承継論若しくは毒樹の果実論）を示した上、事例中に現れた具体的事情を的確に抽出、分析する必要があった。

　設問2では、各ビデオ撮影の強制処分性に関する出題がなされている。検討に当たっては、強制処分の意義を示した判例（最決昭51.4.16、百選1事件）を踏まえた上で、写真・ビデオ撮影の強制処分該当性に関する判例（最決平20.4.15、百選9事件）を意識した論述をすることが求められていた。

　全体的な印象としては、百選に掲載されている重要な判例を踏まえて論じる問題であって、解答しやすかったように思われる。また、設問1の派生証拠については平成27年司法試験で出題があり、設問2については平成30年司法試験に出題された問題に酷似した出題となっている。過去問学習が重要であることは言を俟たないが、類似問題の出題に備えて過去問演習に力を入れる必要があるだろう。

刑事系第2問＜刑事訴訟法＞

問 題 文

〔第2問〕（配点：100）

次の【事例】を読んで、後記〔設問1〕及び〔設問2〕に答えなさい。

【事 例】

1 Ｈ県警察Ｉ警察署の司法警察員Ｐは、同県Ｉ市内のアパート（以下「本件アパート」という。）2階の201号室を拠点として覚醒剤の密売が行われているとの情報を得たことから、令和5年9月16日午後8時頃、本件アパートに赴いたところ、本件アパート201号室から出てくる人物を目撃したため、同人を尾行した。すると、同人は、Ｉ市内の路上において、左手に手提げかばん（以下「本件かばん」という。）を持っていた男性（後に甲と判明した。以下「甲」という。）と接触し、封筒（以下「本件封筒」という。）を甲に手渡し、甲は、本件封筒を本件かばんに入れた①。これを目撃したＰは、本件封筒の中には覚醒剤が入っているのではないかと疑い、甲が本件アパートから出てきた人物と別れた後、甲に対する職務質問を開始した②。

2 Ｐが「ちょっといいですか。名前を教えていただけますか。」と尋ねたところ、甲が氏名を名のったことから、Ｐは無線で甲の前科を照会した。その結果、甲には覚醒剤取締法違反（使用）の前科があることが判明した。引き続き、Ｐが「先ほど封筒を受け取ってかばんに入れましたよね。封筒の中身は何ですか。」と尋ねたところ、甲は、「貸していたお金を返してもらっただけです。」と答えた。しかし、甲が異常に汗をかき、目をきょろきょろさせ、落ち着きがないなど、覚醒剤常用者の特徴を示していたため、Ｐは、本件封筒の中に覚醒剤が入っているとの疑いを更に強め、甲に対し、「封筒の中を見せてもらえませんか。」と言った。

すると、甲がいきなりその場から走って逃げ出したので、Ｐは、これを追い掛け、すぐに追い付いて甲の前方に回り込んだ。甲は、立ち止まって、「何で追い掛けてくるんですか。任意じゃないんですか。」と言ったが、Ｐは、「何で逃げたんだ。そのかばんの中を見せろ。」と言いながら、いきなり本件かばんのチャックを開け、その中に手を差し入れ、その中をのぞき込みながらその在中物を手で探った。そして、Ｐが本件かばんの中に入っていた書類を手で持ち上げたところ、その下から注射器が発見された③。Ｐが同注射器を取り出し、甲に対し、「これは何だ。一緒に署まで来てもらおうか。」と言ったところ、甲は警察署への同行に応じた。そこで、Ｐは、同注射器を本件かばんに戻した上、同日午後8時30分頃、甲をＩ警察署まで任意同行した。

3 Ｉ警察署への任意同行後、甲が本件かばんやその在中物の任意提出に応じなかったことから、Ｐは、捜索差押許可状を取得して、本件かばんやその在中物を差し押さえる必要があると考えた。そこで、Ｐは、甲に職務質問を実施した経緯に関する捜査報告書（以下「捜査報告書①」という。）及び注射器発見の経緯に関する捜査報告書（以下「捜査報告書②」という。）を作成した。

捜査報告書①には、覚醒剤の密売拠点と疑われる本件アパートから出てきた人物から甲が本件封筒を受け取って本件かばんに入れたこと、甲には

①覚醒剤の密売が行われているとの情報があった部屋から出てきた人物が、封筒を甲に手渡したという事実は、甲が覚醒剤の密売に関わっているのではないかということを推認させる。

②警察官職務執行法2条1項が定める職務質問である。

③Ｐが注射器を発見した手続については、その法的性質は警察官職務執行法（以下「警職法」という。）上の職務質問及びそれに付随する所持品検査であると考えられることから、所持品検査の限界が問題となるところ、所持品検査の適法性が争われた事案に関する最高裁判所の判例（最判昭和53年6月20日）や関連する警職法の条文の解釈などを意識しつつ、具体的事情を挙げて、これに適切な法的評価を加えて論じる必要がある（出題趣旨）。

415

覚醒剤取締法違反（使用）の前科があること、甲が覚醒剤常用者の特徴を示していたこと及び甲は本件封筒の中を見せるように言われると逃げ出したことが記載されていた。これに対して、捜査報告書②には、本件かばんのチャックを開けたところ注射器が入っていた旨記載されていたが、Pが本件かばんの中に手を入れて探り、書類の下から同注射器を発見して取り出したことは記載されていなかった④。

4　Pは、同日午後９時３０分頃、捜査報告書①及び捜査報告書②等を疎明資料として、H地方裁判所裁判官に対し、「捜索すべき場所、身体又は物」を甲の身体及び所持品、「差し押さえるべき物」を本件かばん及びその在中物並びに覚醒剤等とする捜索差押許可状の発付を請求し、その旨の捜索差押許可状の発付を受けた。

　　同日午後１０時３０分頃、Pが同許可状に基づき捜索を実施したところ、本件かばん内側のサイドポケットから本件封筒が発見された。Pがこれを取り出して中身を確認すると、覚醒剤様の白色結晶入りのチャック付きポリ袋が入っていたことから、Pは、同結晶の簡易検査を実施した。その結果、同結晶から覚醒剤の陽性反応が出たことから、Pは、同日午後１１時頃、覚醒剤取締法違反（所持）の事実で甲を現行犯逮捕するとともに、同許可状に基づき、同結晶入りのチャック付きポリ袋を差し押さえた。

　　その後、同結晶の鑑定が実施され、同結晶が覚醒剤である旨の【鑑定書】が作成された⑤。同月２７日、甲は、覚醒剤取締法違反（所持）の事実で、H地方裁判所に起訴された。

　　検察官は、第１回公判期日において、前記【鑑定書】の証拠調べを請求したが、甲の弁護人は、前記【鑑定書】の取調べに異議がある旨の意見を述べた。

5　他方、Pが本件アパート２０１号室に関する捜査を実施したところ、同室の賃貸借契約の名義人が乙であること、乙には覚醒剤取締法違反（所持）の前科があり、その前科に係る事件記録の捜査報告書によれば、乙の首右側に小さな蛇のタトゥーがあることが判明した。

　　Pは、同年９月２７日午後１１時３０分頃、本件アパート２０１号室の玄関ドアが見える公道上において、本件アパートの張り込みを開始した。Pは、同月２８日午前１時３０分頃に男性１名が、同日午前２時頃に別の男性２名がそれぞれ本件アパート２０１号室に入る様子を目撃した。Pは、これらの男性のうち、同日午前１時３０分頃に本件アパート２０１号室に入った男性の顔が乙の顔と極めて酷似していたことから、同男性の首右側にタトゥーが入っているか否か及びその形状を確認できれば、同男性が乙であると特定できると考えた⑥。

　　同日午前８時頃、Pが本件アパート２０１号室から出てきた同男性を尾行したところ、同男性は本件アパート付近の喫茶店に入店した。そこで、Pは、同男性が乙であることを特定する目的で、同喫茶店において、同店店長の承諾を得た上で、店内に着席していた同男性から少し離れた席から、ビデオカメラを用いて、同男性を撮影した【捜査①】。Pが撮影した映像は、全体で約２０秒間のものであり、そこには、小さな蛇のタトゥーが入った同男性の首右側や同男性が椅子に座って飲食する様子のほか、その後方の客の様子が映っていた。

④この事実は、【鑑定書】の証拠能力を考える上でどのような位置づけとなるのか、よく考えて丁寧に検討することが求められる。

⑤本件封筒の中に入っていたポリ袋の中から発見された結晶に対して鑑定を実施し、作成されたのが【鑑定書】である。

⑥９月２８日午前１時３０分頃に本件アパート２０１号室に入った男性と乙との同一性を確認するために、同男性を撮影する必要性があることを基礎づける事情である。

刑事系第２問＜刑事訴訟法＞

Ｐが同映像に映る男性の容貌及び首右側の小さな蛇のタトゥーの形状を乙のそれと突き合わせたところ、その特徴が一致したことから、同日午前１時３０分頃に本件アパート２０１号室に入った男性は乙であると特定することができた。

6　さらに、Ｐは、乙とその他の男性らとの共犯関係、覚醒剤の搬入状況などの組織的な覚醒剤密売の実態を明らかにするため、本件アパート２０１号室への人の出入りの様子を監視する必要があると考えた。しかし、同室の玄関ドアは幅員約５メートルの公道側に向かって設置されていた上、同ドア横には公道上を見渡せる位置に腰高窓が設置されていたことから、同室に出入りする人物に気付かれることなく、同室の玄関ドアが見える公道上で張り込んで同室の様子を間断なく監視することは困難であった。

一方、その公道の反対側には３階建てのビルが建っており、同ビル２階の部屋の公道側の窓からは、本件アパート２０１号室の玄関ドアが見通せた。そこで、Ｐは、同年１０月３日、同ビルの所有者及び管理会社の承諾を得て、同ビル２階の前記窓のそばにビデオカメラを設置し、同日から同年１２月３日までの間、毎日２４時間、本件アパート２０１号室の玄関ドアやその付近の共用通路を撮影し続けた【捜査②】。

撮影された映像には、同室玄関ドアが開けられるたびに、玄関内側や奥の部屋に通じる廊下が映り込んでいた[⑦]。

7　その後、Ｐは、乙及び２名の男性が毎日おおむね決まった時間に同室に出入りする様子が記録されていた前記ビデオカメラの映像等を疎明資料として、本件アパート２０１号室の捜索差押許可状を取得し、同室の捜索を実施したところ、同室内から大量の覚醒剤等が発見されたことから、乙らを覚醒剤取締法違反（営利目的所持）の事実で現行犯逮捕した。

〔設問１〕

【鑑定書】の証拠能力について、具体的事実を摘示しつつ論じなさい[⑧]。

〔設問２〕

下線部の【捜査①】及び【捜査②】のビデオ撮影の適法性について、具体的事実を摘示しつつ論じなさい。

（参照条文）　覚醒剤取締法

第１９条　次に掲げる場合のほかは、何人も、覚醒剤を使用してはならない。

一　（以下略）

第４１条の２　覚醒剤を、みだりに、所持し、譲り渡し、又は譲り受けた者（略）は、１０年以下の懲役に処する。

2　営利の目的で前項の罪を犯した者は、１年以上の有期懲役に処し、又は情状により１年以上の有期懲役及び５００万円以下の罰金に処する。

3　（略）

第４１条の３　次の各号の一に該当する者は、１０年以下の懲役に処する。

一　第１９条（使用の禁止）の規定に違反した者

二　（以下略）

⑦【捜査②】について、【捜査①】において制約を受ける権利・利益の内容や性質との相違、捜査目的の相違、ビデオ撮影の期間や態様の相違を意識しつつ、適法性を論じることが求められる。

⑧違法収集証拠排除法則に関する最高裁判所の判例（最判昭和53年9月7日）を踏まえて、違法収集証拠が排除される根拠（適正手続の保障、司法の廉潔性の保持、将来の違法捜査の抑止）、排除の判断基準、その際に考慮される要素等を論じる必要がある（出題趣旨）。

事 実 整 理 表

＜主な登場人物＞

P	H県警察I警察署の司法警察員。
同人	本件アパート201号室から出てきて、本件封筒を甲に手渡した人物。
甲	覚醒剤取締法違反（所持）の被疑者、被告人。
乙	覚醒剤取締法違反（営利目的所持）の被疑者。本件アパート201号室の賃貸借契約の名義人。
2名の男性	覚醒剤取締法違反（営利目的所持）の被疑者。毎日おおむね決まった時間に本件アパート201号室に出入りする。

＜時系列＞

設問1

令和5年9月16日 午後8時頃	Pは、H県I市内のアパート（「本件アパート」。）201号室から出てくる人物を目撃したため、同人を尾行。同人が手提げかばん（「本件かばん」）を持っていた甲と接触し、封筒（「本件封筒」）を甲に手渡し、甲が本件封筒を本件かばんに入れたのを目撃。 Pは、本件封筒に覚醒剤が入っているのではないかと疑い、甲に対する職務質問を開始。
甲に対する職務質問	Pが、無線で甲の前科を照会したところ、甲には覚醒剤取締法違反（使用）の前科があることが判明。甲が覚醒剤常用者の特徴を示していたため、本件封筒の中を見せるように言う。甲はいきなりその場から走って逃げだす。 Pは、甲に追い付き、本件かばんのチャックを開け、中に手を入れて探り、書類の下から注射器を発見。
令和5年9月16日 午後8時30分頃	Pは、甲をI警察署まで任意同行。
I警察署への任意同行後	Pは、甲が本件かばんやその在中物の任意提出に応じなかったことから、捜索差押許可状の取得が必要と考え、甲に職務質問を実施した経緯に関する捜査報告書（「捜査報告書①」）及び注射器発見の経緯に関する捜査報告書（「捜査報告書②」）を作成。捜査報告書②には、本件かばんのチャックを開け、中に手を入れて探り、注射器を発見して取り出したことは記載されず。
令和5年9月16日 午後9時30分頃	Pは、捜査報告書①②を疎明資料として、H地方裁判所裁判官に対し、捜索差押許可状の発付を請求し、発付を受ける。

令和5年9月16日 午後10時30分頃	Pが、捜索差押許可状に基づき捜索を実施したところ、本件かばんの内側のサイドポケットから本件封筒を発見。本件封筒の中には、覚醒剤様の白色結晶入りのチャック付きポリ袋が入っていた。簡易検査の結果、同結晶から覚醒剤の陽性反応が出る。
令和5年9月16日 午後11時頃	Pは、覚醒剤取締法違反（所持）の事実で甲を現行犯逮捕。同許可状に基づき、同結晶入りのチャック付きポリ袋を差し押さえ。
その後	同結晶の鑑定が実施され、同結晶が覚醒剤である旨の【鑑定書】が作成。
令和5年9月27日	甲は、覚醒剤取締法違反（所持）の事実で、H地方裁判所に起訴される。
第1回公判期日	検察官は、第1回公判期日において、前記【鑑定書】の証拠調べを請求。甲の弁護人は【鑑定書】の取調べに異議がある旨の意見を述べる。

設問2

本件アパート201号室に関する捜査の実施	Pが、捜査を実施したところ、乙について、本件アパート201号室の賃貸借契約の名義人であること、覚醒剤取締法違反（所持）の前科があること、首右側に小さな蛇のタトゥーがあることが判明。
令和5年9月27日 午後11時30分頃	Pは、本件アパート201号室の玄関ドアが見える公道上において、本件アパートの張り込みを開始。
令和5年9月28日 午前1時30分頃	Pは、男性1名が、同日午前2時頃に別の男性2名がそれぞれ本件アパート201号室に入る様子を目撃。 午前1時30分頃に入った男性の顔が乙の顔と酷似。
令和5年9月28日 午前8時頃	Pが、本件アパート201号室から出てきた男性を尾行し、同男性が乙であることを特定する目的で、入店した喫茶店において、同店店長の承諾を得た上で、店内に着席していた同男性から少し離れた席から、ビデオカメラを用いて、同男性を撮影【捜査①】。 撮影した映像に映る男性の容貌及び首右側の小さな蛇のタトゥーの形状から、同日午前1時30分ごろに本件アパート201号室に入った男性は乙であると特定。
その後	Pは、乙とその他の男性らとの共犯関係、覚醒剤の搬入状況などの組織的な覚醒剤密売の実態を明らかにするため、本件アパート201号室への人の出入りの様子を監視する必要があると考える。
令和5年10月3日から 同年12月3日までの間	Pは、ビルの所有者及び管理会社の承諾を得て、同ビル2階の前記窓のそばにビデオカメラを設置。同日から同年12月3日までの間、毎日24時間、本件アパート201号室の玄関ドアやその付近の共用通路を撮影し続ける【捜査②】。

答案構成例 ～出題趣旨と採点実感等をもとに

第1 設問1

1 【鑑定書】（以下「本件鑑定書」という。）の証拠能力は認められるか。

(1) 本件鑑定書は、違法な疑いのある所持品検査に基づいて発見された注射器などの存在を理由に発付された捜索差押許可状によって発見された覚醒剤についての鑑定書であることから、違法収集証拠として排除されないかが問題となる①。

　　↓

(2) ここで、違法収集証拠排除法則の趣旨は、司法の廉潔性保持と将来の違法捜査抑止にある。そこで、令状主義の精神を没却するほどの重大な違法があり、その証拠を採用することが将来の違法捜査抑止の見地から相当でないとされるときは、証拠能力が否定される。

　　↓

(3) 本件鑑定書は、所持品検査からの一連の手続の中で押収された覚醒剤についての鑑定書である。そこで、まずは所持品検査の適法性を検討し、次に押収された覚醒剤の証拠能力を判断した上で、その後に本件鑑定書の証拠能力を判断する。

　　↓

2 所持品検査の適法性

本件で、Pが、甲の承諾なく本件かばんの中に手を入れ、注射器を発見した行為（以下「本件所持品検査」という。）は、所持品検査として適法か②。

　　↓

(1) まず、Pは、甲が覚醒剤の密売が行われているとされる本件アパートから出てきた人物から本件封筒を受け取り、それを本件かばんに入れる様子を目撃していること、また、甲には覚醒剤取締法違反（使用）の前科があり、かつ、Pの質問に対し甲が異常に汗をかき、目をきょろきょろさせ、落ち着きがないなど、覚醒剤常用者の特徴を示している。したがって、甲が「何らかの犯罪を犯し、若しくは犯そうとしていると疑うに足りる相当な理由のある者」（警職法2条1項）に当たるといえるので、職務質問の開始要件は満たす。

　　↓

(2) そして、所持品検査は、口頭による質問と密接に関連し、職務質問の効果をあげる上で必要性、有効性の認められる行為であるから、職務質問（警職法2条1項）に付随する行為として行うことができる。また、職務質問は任意手段（警職法2条3項）であることから、所持品検査を行う際には原則として、所持人の承諾が必要である③。

①鑑定の対象となった覚醒剤は、……これに先行する手続において、Pは甲の承諾を得ることなく、甲所持のかばん（以下「本件かばん」という。）のチャックを開けた上、いきなり本件かばんの中に手を差し入れて探り、注射器を取り上げていることから、この点の違法性が覚醒剤の鑑定書の証拠能力に与える影響が問題となることを適切に把握した上で、その証拠能力の有無について論じる必要がある（出題趣旨）。

②Pが注射器を発見した手続については、その法的性質は警察官職務執行法（以下「警職法」という。）上の職務質問及びそれに付随する所持品検査であると考えられることから、所持品検査の限界が問題となるところ、所持品検査の適法性が争われた事案に関する最高裁判所の判例（最判昭和53年6月20日刑集32巻4号670頁）や関連する警職法の条文の解釈などを意識しつつ、具体的事情を挙げて、これに適切な法的評価を加えて論じる必要がある（出題趣旨）。

③所持品検査は所持人の承諾を得て行うのが原則であることを示す。

420

刑事系第2問＜刑事訴訟法＞

　　　　↓

　　もっとも、行政警察は流動する事象に対応して迅速適正にこれを処理すべき責務があることを踏まえると、所持人の承諾がない場合に常に所持品検査ができないとするのは妥当でなく、捜索に至らない程度の行為は、強制にわたらない限り、許容される。具体的には、所持品検査の必要性、緊急性、これによって害される個人の法益と保護されるべき公共の利益との権衡等を考慮し、具体的状況のもとで相当と認められる場合には、所持人の承諾がなくても所持品検査を行えると考えるべきである。

　　　　↓

(3)　本件で、上記の職務質問を開始した経緯からすれば、甲が本件かばんに覚醒剤を所持している可能性が高く、所持品検査をする必要性があるといえる。また、Ｐが甲に対し、「封筒の中を見せてもらえませんか。」と言うと、甲がいきなりその場から走って逃げ出したことから、上記必要性を踏まえると、早急に所持品検査をすべき緊急性もあるといえる。

　　　　↓

(4)　もっとも、本件で、Ｐは、「何で逃げたんだ。そのかばんの中を見せろ。」と言いながら、いきなり本件かばんのチャックを開け、その中に手を差し入れ、その中をのぞき込みながらその在中物を手で探り、本件かばんの中に入っていた書類の下から注射器を発見している。また、Ｐは甲に対して任意で本件かばんを開扉させて中身を提示させるように説得すらせずに、いきなり本件かばんのチャックを開け④、一瞥だけにとどまらず、中に手を差し入れて探って、その結果在中の書類の下にあった注射器を発見して取り出したものである。

④Ｐの行為が相当性を欠くものであったことを指摘する。

　　　　↓

　　したがって、その手段は相当性を欠くどころか、「強制の処分」（刑事訴訟法（以下省略する。）197条1項但書）である「捜索」（218条1項）に当たるというべきであるから、所持人の承諾のない所持品検査として令状主義の精神を没却する重大な違法である。

　　　　↓

3　捜索差押許可状によって押収した覚醒剤の証拠能力⑤

(1)　覚醒剤を押収するために発付された捜索差押許可状は、職務質問を開始した経緯を示す捜査報告書①とその際の所持品検査で注射器を発見した経緯を示す捜査報告書②を疎明資料としている。しかし、捜査報告書②には、違法な所持品検査であったことを示す経緯について敢えて省いており、裁判官が所持品検査の適法性を的確に判断できない状態で許可状を発付するに到ったと認められる。このような経緯で発付された許可状に基づいて発見押収した覚醒剤は違法な所持品検査から一連の手続下で押収された証拠品であり、令状主義の精神を没却する重大な違法に基づくものである。

⑤次に、Ｐが注射器を発見した手続が違法であるとした場合には、かかる手続の違法性が覚醒剤の鑑定書の証拠能力にどのような影響を及ぼすのかという点が問題となることから、違法収集証拠排除法則についての基本的な理解及び鑑定書という派生証拠の証拠能力に関する自説を示した上、本件事例の具体的事実を適切に評価して結論を出すことが求められる（出題趣旨）。

421

(2) そして、捜査報告書②で敢えて所持品検査の違法性を明らかにする経過をあえて省いた捜査官の姿勢は、違法性を十分認識しており、隠蔽しようとしたと評価されるべきである⑥。そのため、将来の違法捜査の抑制の見地からもこの所持品検査の違法は無視できず、押収した覚醒剤は違法収集証拠として証拠能力を否定すべきである。

4 本件鑑定書の証拠能力

本件鑑定書は、違法な所持品検査を利用して発付された捜索差押許可状によって発見された覚醒剤について作成されたもので、証拠能力を否定されるべき覚醒剤と関連性を有する証拠といえる。証拠能力のない覚醒剤の本件鑑定書は、司法審査を経た令状によってなされていることからすれば、当該証拠採取手続自体は適法である。

もっとも、本件で、捜索差押許可状は、違法な所持品検査であることを隠蔽した状態で発付されたものであり、本来であれば捜索差押許可状は発付されず、結果として覚醒剤は差し押さえられなかったといえることを踏まえると、本件鑑定書は、証拠能力のない証拠と密接関連性を有する証拠といえるので、排除されるべきである⑦。

よって、本件鑑定書の証拠能力は、認められない。

第2 設問2

1 撮影①について

(1) Pが201号室から出てきた男性を喫茶店内でビデオカメラで撮影した行為（捜査①）は、強制の処分（197条1項）にあたるか⑧。捜査①は捜査機関が五官の作用により対象の形状等を認識する検証としての性質を有するところ、撮影①が「強制の処分」に当たる場合は、検証令状（218条1項）を欠くものとして、令状主義（憲法35条）違反となることから問題となる。

ア 「強制の処分」について、判例は、①個人の意思を制圧し、②身体・住居・財産等に制約を加える行為としている。もっとも、強制処分法定主義の趣旨は、強制処分の内容及び手続要件を国会の民主的授権に基づくものに限定することで捜査機関の権限濫用を防ぎ、国民の権利利益を保護する点にある。とすれば、処分に伴う国民の被侵害利益の重要性こそが強制処分該当性の分水嶺である。そして、重要性については、厳格な手続規制である令状主義や、他の法定されている強制処分により保護される被侵害利益の重要性に見合うだけのものが必要である。もっとも、相手方の意思に即した処分であれば権利利益の侵害は観念し得ない。

⑥所持品検査の違法性を明らかにする経過をあえて省いた捜査官の意図を指摘する。

⑦捜査報告書②との間に密接関連性があることを指摘する。

⑧まず、【捜査①】及び【捜査②】が強制処分か否かを検討することになる（出題趣旨）。

刑事系第2問＜刑事訴訟法＞

↓

そこで、強制の処分とは、合理的に推認される個人の意思に反して、相手方の重要な権利利益を実質的に侵害する行為を指すと考えるべきである。

↓

イ　「強制の処分」については、第1.1(2)イ(ア)の規範を用いる。通常、自らの容貌等を無断で撮影されたくないという意思を有するといえるから、同男性についてもそのような合理的意思が推認される。そして、捜査①はそのような意思に反する行為であるというべきである。

↓

ウ　捜査①は確かに同男性の容貌等をみだりに撮影されない自由という憲法13条によって保障される権利を制約している。もっとも、喫茶店は室内ではあるが、公道に準じる公的な空間であり他者から容貌等を視認されることを受忍するべき場所である。

↓

エ　そうだとすれば、そのような自由については、憲法35条1項の保障に準じるような重要な権利・利益とはいえず、「強制の処分」とはいえない。

↓

(2)　もっとも、任意処分として適法といえるか。

ア　容貌等をみだりに撮影されない自由という法益を制約している以上、捜査比例の原則のもと「目的を達するため必要」（197条1項本文）といえなければならず、必要性・緊急性を考慮して具体的状況下で相当といえなければ違法となる⑨。

↓

イ　確かに、憲法上の保障を受ける容貌等をみだりに撮影されない自由が制約されてはいるものの、前述のように同自由はあくまで35条1項の保障に準じるような重要な法益ではない。加えて、撮影時間も20秒と比較的短時間であり、制約の程度は小さいといえる。

↓

ウ　これに対して、201号室で覚醒剤の密売が行われているという嫌疑は非常に高く、201号室賃貸借契約の名義人であり覚醒剤事犯の前科もある乙が最重要参考人である。さらに、201号室に出入りする者のうち顔が極めて酷似する同男性が乙かということを判断する必要があるといえるところ、乙の特徴として唯一判明しており偶然の一致の可能性が極めて低い、首右側の小さな蛇のタトゥーがあるかを確認することは合理的である。

↓

そして、タトゥーの一致の有無を確認するにあたり、確実にタトゥー

⑨他方、任意処分にとどまると評価する場合であっても、各捜査活動により何らかの権利・利益を侵害し又は侵害するおそれがあるため、無制約に許容されるものではなく、任意捜査において許容される限界内のものか否かを検討することになる（出題趣旨）。

423

の一致を判断するためには写真ではなく、動画の状でタトゥーの全貌を正確に撮影する必要が高いといえる[10]。加えて、201号室では継続的に覚醒剤の密売がなされていると推認できるところ、最重要参考人たる乙の動向を迅速に把握する緊急性も高いといえる。

　　　↓

エ　以上のような事情を踏まえれば、捜査①は具体的状況下で相当といえ、任意処分としても適法である。

2　撮影②について

(1)　Pが201号室の玄関ドアやその付近の共用通路を24時間2か月にわたり撮影し続けた行為（捜査②）は適法か。「強制の処分」にあたるかが問題となる。

　　　↓

ア　「強制の処分」（197条1項但書）に当たるかは、前述と同様に判断する。

　　　↓

イ　本件で、Pは、乙及び本件アパート201号室に出入りする男性たち（以下「乙ら」という。）に気づかれることなく、乙らを撮影している。通常、他人に承諾なく容ぼうを撮影されることは、想定されていないといえるので、捜査②は乙らの黙示の意思に反しているといえる。そして、Pの撮影は、乙らのみだりに容ぼう等を撮影されない自由を制約しているとも思える。

　　　↓

　　　もっとも、本件アパート201号室の玄関ドアやその付近の共用通路は、公道に面しているため、玄関ドアや付近の共用通路はもちろん、玄関ドアを開けた際に公道から見える玄関内側や奥の部屋に通じる廊下は、人が他人から容ぼう等を観察されること自体は受忍せざるを得ない場所であるといえる。そうすると、本件での乙らのみだりに容ぼう等を撮影されない自由は、重要な権利とはいえない。

　　　↓

ウ　よって、捜査②は、乙らの黙示の意思に反しているものの、乙らの重要な権利を制約したといえないので、「強制の処分」（197条1項但書）に当たらない。

　　　↓

(2)　では、捜査②は、任意処分として許容されるか。任意処分であっても、比例原則が妥当するから、必要性・相当性がなければ許容されない。

　　　↓

ア　上述のとおり、覚醒剤取締法違反の罪は重大犯罪であることに加え、共犯者が判明すれば、組織的犯罪の実態を解明できることから、乙とその共犯者につき早急に捜査する必要性が高い。また、本件アパート201

[10]【捜査①】については、喫茶店における当該ビデオ撮影により制約を受ける権利・利益の内容や性質、その制約の程度がいかなるものであるのかを明示し、アパートに出入りする人物と乙の同一性を明らかにするという捜査目的を達成するための手段として、目視や写真撮影ではなくビデオ撮影という方法を用いることの意味を踏まえた論述が求められることになる（出題趣旨）。

刑事系第2問＜刑事訴訟法＞

号室は覚醒剤密売の拠点という情報があること、Pは、9月28日午前2時頃に、乙とは別の男性2名が本件アパート201号室に入る様子を目撃したことからすれば、乙以外の男性2名が乙の共犯者である可能性が高く、乙以外の男性2名が本件犯罪にかかわっていることを明らかにするために、乙らが定期的に本件アパート201号室に出入りする様子を撮影する必要性がある。よって、必要性は認められる。

↓

イ　そして、上述のとおり、乙らのみだりに容ぼう等を撮影されない自由は重要な権利とはいえないこと、本件アパート201号室の玄関ドアの位置やその横に腰高窓があることから、同室に出入りする人物に気付かれることなく、同室の玄関ドアが見える公道上で張り込んで同室の様子を間断なく監視することは困難であったこと、公道の反対側のビル2階の部屋の公道側の窓のそばにビデオカメラを設置しての撮影に際しPは同ビルの所有者及び管理会社の承諾を得ていることを踏まえれば、相当性は認められるとも思える。

↓

しかし、撮影は2か月間、毎日24時間撮影するというもので、乙らが定期的に本件アパート201号室に出入りする様子を撮影するのであれば、乙らが帰ってくる時間のみ、撮影すればよいこと、また、2か月もの長期にわたって撮影しなくても乙らが定期的に出入りする様子は撮影できることを踏まえると、明らかに必要最小限の手段とはいえない。よって、捜査②は上記目的のための必要最小限の手段とはいえず、相当性は認められない[11]。

↓

ウ　以上より、捜査②は、任意処分として、許容されない。

以上

[11]捜査目的を達成するための手段として、約2か月間にわたって24時間継続撮影するという方法を用いることの意味や、その際に玄関内部や奥の部屋に通じる廊下が映り込んでいたことの意味などを踏まえた論述が求められることになる（出題趣旨）。

425

解　説

第1　全体について

1　専任講師コメント

　本年の問題はそれほど長くはなく、登場人物もそれほど複雑ではなく、設問も2つだけでしたので、問題文自体は、やや難易度は低かったかと思います。

　論点は、設問1で、違法収集証拠廃除法則と派生証拠の証拠能力が出題されており、これは受験生が弱いところなので、やや難易度が高かったかと思います。違法収集証拠廃除法則と派生証拠の証拠能力の論点は、平成27年の過去問で出ておりますので、この過去問を勉強して自説を固めていた方は有利であったかと思います。過去問の復習は、重要です。

　設問2は、強制処分と任意処分の区別と任意処分の限界という、過去問でもよく聞かれる典型論点でした。そのため、難易度は若干低めかと思います。ただ、難易度が低いと他の受験生も書けてきますので、書き負けないように丁寧に事実を拾っていく必要がありました。

2　出題趣旨

　　本問は、覚醒剤取締法違反を素材として、捜査及び公判に関する具体的事例を示し、各局面で生じる刑事手続上の問題点、その解決に必要な法解釈、法適用に当たって重要な具体的事実の分析及び評価並びに具体的結論に至る思考過程を論述させることにより、刑事訴訟法（以下「刑訴法」という。）に関する基本的学識、法適用能力及び論理的思考力を試すものである。

3　採点実感等

　　本年の問題も、昨年までと同様、比較的長文の事例を設定し、その捜査及び公判において生じる刑事手続上の問題につき、問題の所在を的確に把握し、その法的解決に必要な法解釈・法適用に当たって重要な具体的事実を抽出して分析した上、これに的確な法解釈により導かれた法解釈を適用して、一定の結論を論理的かつ説得的に論述することが求められており、法律実務家になるために必要な刑事訴訟法（以下「刑訴法」という。）に関する基本的学識、事案分析能力、法解釈適用能力、論理的思考力及び論述能力等を試すものである。

426

刑事系第2問＜刑事訴訟法＞

第2　設問1について

1　専任講師コメント

　　設問1は、職務質問における所持品検査が許されるかという典型論点を書いて、その後、重要な違法収集証拠廃除法則と派生証拠の論点を書くことになります。

　　まず、違法収集証拠廃除法則でございますが、出題の趣旨に「違法収集証拠が排除される根拠（適正手続の保障、司法の廉潔性の保持、将来の違法捜査の抑止）、排除の判断基準、その際に考慮される要素等を論じる必要がある」と記載がありますので、これを意識した回答ができるように準備しておく必要があります。

　　次に、派生証拠ですが、出題の趣旨には「派生証拠の証拠能力については、違法性の承継論、毒樹の果実論、派生証拠にも端的に違法収集証拠排除法則を適用する考え方など、様々な立場があるが、いずれの立場に立つにせよ、自説及びその論拠を説得的に論じる必要があろう」との記載がありますので、どの説に立つのかあらかじめ準備しておく必要があります。私は、派生証拠にも端的に違法収集証拠廃除法則を適用するとの立場が、論証が短くていいかと思います。

　　採点実感には、違法性の承継について「違法な先行手続の結果が後行手続に利用されていることを根拠に、後行手続に違法性が承継されたと考えて、違法収集証拠排除法則の適用の有無を検討することになるのに、違法が証拠に承継されるといった説明をしたり、先行手続の違法の重大性のみを検討したりするなど、違法性の承継論の論理が示されていない答案」、毒樹の果実論については、「第1次証拠と第2次証拠の間の関連性の程度が基準となるはずなのに、違法な『手続』と『証拠』の間の関連性の程度を基準としている答案などが相当数見受けられた。」との記載があります。受験生の答案を見ておりますと派生証拠の論証は、やや不明確な答案が多いため差がつきやすいので、この機会にしっかりと自説を理解して固めて下さい。

2　出題趣旨

　　　〔設問1〕は、甲から押収した覚醒剤の鑑定書の証拠能力を論じさせることにより、所持品検査の限界及び違法収集証拠排除法則に対する理解と具体的事案への適用能力を試すものである。

　　　本問では、鑑定の対象となった覚醒剤は、裁判官が発付した捜索差押許可状により差し押さえられたものであり、差押手続それ自体には違法性が認められないものの、これに先行する手続において、Pは甲の承諾を得ることなく、甲所持のかばん（以下「本件かばん」という。）のチャックを開けた上、いきなり本件かばんの中に手を差し入れて探り、注射器を取り上げていることから、この点の違法性が覚醒剤の鑑定書の証拠能力に与える影響が問題となることを適切に把握した上で、その証拠能力の有無について論じる必要がある。

　　　まず、Pが注射器を発見した手続については、その法的性質は警察官職務執行法（以下「警職法」という。）上の職務質問及びそれに付随する所持品検査であると考えられることから、所持品検査の限界が問題となるところ、所持品検査の適法性が争われた事案に関する最高裁判所の判例（最判昭和53年6月20日刑集32巻4号670頁）や関連する警職法の条文の解釈などを意識しつつ、具体的事情を挙げて、これに適切な法的評価を加えて論じる必要がある。

　　　次に、Pが注射器を発見した手続が違法であるとした場合には、かかる手続の違法性が覚醒剤の鑑定書の証拠能力にどのような影響を及ぼすのかという点が問題となることから、違法収集証拠排

427

除法則についての基本的な理解及び鑑定書という派生証拠の証拠能力に関する自説を示した上、本件事例の具体的事実を適切に評価して結論を出すことが求められる。

この点については、違法収集証拠排除法則に関する最高裁判所の判例（最判昭和５３年９月７日刑集３２巻６号１６７２頁）を踏まえて、違法収集証拠が排除される根拠（適正手続の保障、司法の廉潔性の保持、将来の違法捜査の抑止）、排除の判断基準、その際に考慮される要素等を論じる必要がある。また、派生証拠の証拠能力については、違法性の承継論、毒樹の果実論、派生証拠にも端的に違法収集証拠排除法則を適用する考え方など、様々な立場があるが、いずれの立場に立つにせよ、自説及びその論拠を説得的に論じる必要があろう。

そして、こうした解釈の枠組みの下で、所持品検査の違法性の判断から覚醒剤の鑑定書の証拠能力の判断に至る過程を論じることになるが、その際には、事例中に現れた具体的事実を的確に抽出し、分析して結論を導く必要がある。そして、証拠能力を認めるか、それとも認めないかという結論はともかく、具体的事実を事例中からただ書き写して羅列するのではなく、それぞれの事実が持つ意味を的確に評価して論じなければならない。例えば、本問では、捜索差押許可状の請求に当たって、捜査報告書①及び同②が疎明資料として提出されているところ、同①には、覚醒剤の密売拠点であると疑われるアパートから出てきた人物から甲が封筒を受け取っているなど、覚醒剤を所持している可能性が高いことをうかがわせる事情が記載されている一方で、同②には、Ｐが本件かばんの中に手を入れて探り、書類の下から注射器を発見したことが記載されていない点につき、これらの事実がどのような意味を有するのかを丁寧に検討することが求められる。また、派生証拠の証拠能力については、自説との論理的整合性が求められており、例えば、毒樹の果実論に立つ場合には、どの証拠が一次証拠と考えられるのかに留意しながら論述する必要がある。

3 採点実感等

〔設問１〕は、甲から押収した覚醒剤の鑑定書の証拠能力を論じさせることにより、所持品検査の限界及び違法収集証拠排除法則に対する理解と具体的事案への適用能力を試すものである。ここでは、鑑定の対象となった覚醒剤が裁判官発付の捜索差押許可状により差し押さえられたものであり、差押手続それ自体には違法性が認められないものの、これに先行する手続において、Ｐは甲の承諾を得ることなく、甲所持の手提げかばん（以下「本件かばん」という。）のチャックを開けた上、いきなり本件かばんの中に手を差し入れて探り、注射器を取り出していることから、この点の違法性が覚醒剤の鑑定書の証拠能力に与える影響が問題となることを適切に把握した上で、Ｐが注射器を発見した手続の適法性につき、具体的事情を挙げながら、これに適切な法的評価を加えて論じる必要がある。そして、この点に関する自己の結論をもとに、違法収集証拠排除法則に対する基本的な理解及び鑑定書という派生証拠の証拠能力に関する自説を示した上、本件事例の具体的事実を適切に評価して結論を出すことが求められる。
……

(1) おおむね出題の意図に沿った論述をしていると評価できる答案としては、次のようなものがあった。

　　〔設問１〕では、覚醒剤の差押手続に先行する手続において、Ｐは甲の承諾を得ることなく、本件かばんのチャックを開けた上、いきなり本件かばんの中に手を差し入れて探り、注射器を取り出していることから、この点の違法性が覚醒剤の鑑定書の証拠能力に与える影響が問題となることを明確に論じ、Ｐが注射器を発見した行為の性質を所持品検査と捉え、最高裁判所の判例（最判昭和５３年６月２０日刑集３２巻４号６７０頁等）や関連する警察官

職務執行法の条文の解釈などを意識した法解釈を示し、具体的事情を挙げて、これに適切な法的評価を加える答案が見受けられた。また、Ｐが注射器を発見した手続が違法であると結論付け、その違法性が覚醒剤の鑑定書の証拠能力にどのような影響を及ぼすのかという点につき、最高裁判所の判例（最判昭和５３年９月７日刑集３２巻６号１６７２頁。以下「昭和５３年判決」という。）を踏まえて、違法収集証拠排除法則の根拠・排除の要件・考慮要素及び派生証拠の証拠能力に関する自説を示した上、事例中に現れた具体的事情を的確に抽出、分析して結論を導いている答案が見受けられた。

......

(2)　他方、そもそも、法原則・法概念の意義や関連する判例の判断基準等についての記述が不十分・不正確で、当該項目についての理解が不足していると見ざるを得ない答案や、法原則や法概念の意義や関連する判例の判断基準等として記述された内容自体には問題がないものの、これらを機械的に暗記して記述するのみで、具体的事実に対してそれらの法原則・法概念や判断基準等を的確に適用することができていない答案、具体的事実に対する洞察が表面的で、その抽出自体が不十分、抽出した事実の持つ意味の分析が不十分・不適切な答案が見受けられた。

　　例えば、〔設問１〕では、そもそも、Ｐが注射器を発見した行為の違法性が覚醒剤の鑑定書という派生証拠の証拠能力にどのような影響を与えるのかという点が問題となるところ、このような問題の所在を十分に把握できていない答案が見受けられたほか、Ｐが注射器を発見した行為の性質を行政警察活動と司法警察活動のいずれと捉えているのかが不明確なまま、漫然と刑訴法第１９７条第１項但し書の「強制の処分」の意義を論じる答案などが見受けられた。次に、違法収集証拠排除法則については、覚醒剤の鑑定書という派生証拠の証拠能力が問題となっていることから、違法収集証拠排除法則のみならず、派生証拠の証拠能力に関する判断枠組みを示すことが求められていたところ、そもそも、派生証拠の証拠能力が問題となっていることに気付いていない答案、派生証拠の証拠能力に関する判断枠組みを示すことなく、漫然と違法収集証拠排除法則を当てはめる答案、違法収集証拠排除法則や派生証拠の証拠能力に関する判断枠組みを示すことはできているものの、昭和５３年判決が証拠物に関する判示であることや手続的価値の重要性を説いているにもかかわらず、こうした議論を踏まえない論述に終始する答案が少なからず見受けられた。さらに、覚醒剤の鑑定書の証拠能力に関する結論を導く際には、派生証拠の証拠能力に関する自説と論理的に整合する当てはめが求められていたところ、例えば、派生証拠の証拠能力に関して、違法性の承継論を採るのであれば、本件は、Ｐが本件かばんのチャックを開けて手を差し入れてその在中品を探った上、注射器を取り出したという違法な先行手続が行われ、引き続いて、捜査報告書①及び同②を疎明資料とする捜索差押許可状に基づき、覚醒剤（及びその鑑定書）という証拠が獲得（後行手続）された事案であると捉え、違法な先行手続の結果が後行手続に利用されていることを根拠に、後行手続に違法性が承継されたと考えて、違法収集証拠排除法則の適用の有無を検討することになるのに、違法が証拠に承継されるといった説明をしたり、先行手続の違法の重大性のみを検討したりするなど、違法性の承継論の論理が示されていない答案、毒樹の果実論を採るのであれば、第１次証拠と第２次証拠の間の関連性の程度が基準となるはずなのに、違法な「手続」と「証拠」の間の関連性の程度を基準としている答案などが相当数見受けられた。加えて、派生証拠の証拠能力の当てはめにおいては、Ｐの行為ないし注射器との密接関連性を議論するに当たって、どの立場に立つにせよ、疎明資料として用いられた捜査報告書①には、覚醒剤の密売拠点であると疑われるアパートから出てきた人物から甲が封筒を受け取っているなど、覚醒剤を所持している可能性が高いことをうかがわ

せる事情が記載されている一方で、捜査報告書②には、Ｐが本件かばんの中に手を入れて探り、書類の下から注射器を発見したことが記載されていない点につき、これらの事実がどのような意味を有するのかを丁寧に検討する必要があるところ、これらの事実に触れずに、Ｐが注射器を発見した行為は令状主義に反するから重大な違法があるなどと安易に結論付ける答案が少なからず見受けられた。

4　解説

(1)　所持品検査の限界

まず、Ｐが注射器を発見した手続の法的性質は、警察官職務執行法（以下「警職法」という。）２条１項の職務質問及びそれに付随する所持品検査であると考えられる。そこで、所持品検査の限界が問題となる。

所持品検査の適法性に関する最高裁判所の判例（最判昭53.6.20、百選４事件）は、「職務質問に附随して行う所持品検査は所持人の承諾を得てその限度でこれを行うのが原則であるが、捜索に至らない程度の行為は、強制にわたらない限り、たとえ所持人の承諾がなくても、所持品検査の必要性、緊急性、これによって侵害される個人の法益と保護されるべき公共の利益との権衡などを考慮し、具体的状況のもとで相当と認められる限度において許容される場合がある」としている。必要性・緊急性の具体的な考慮要素としては、犯罪の性質、対象者に対する嫌疑の程度、対象者の態度、証拠の性質等が挙げられる。

ア　職務質問

甲が本件封筒を受け取ったこと、甲には覚醒剤取締法違反（使用）の前科があり、かつ、Ｐの質問に対し覚醒剤常用者の特徴を示していたこと等から、甲が「何らかの犯罪を犯し、若しくは犯そうとしていると疑うに足りる相当な理由のある者」（警職法２条１項）に当たることが認定できる。したがって、適法な職務質問が開始されているといえる。

イ　所持品検査

上記判例の判断枠組みや、関連する警職法の条文の解釈などを意識しつつ、上記の職務質問を開始した経緯、甲がいきなりその場から走って逃げ出したこと、本件かばんのチャックを開けた上で手を差し入れて中をのぞき込みながらその在中物を手で探るという方法等の具体的な事情を考慮して、所持品検査の適法性を判断する。

(2)　違法収集証拠排除法則

次に、上記手続の違法性が、【鑑定書】の証拠能力にどのような影響を及ぼすのかという点が問題となる。そこで、違法収集証拠排除法則の適用を検討する。

ア　昭和53年判決

(ア)　違法収集証拠が排除される根拠

最高裁判所の判例（最判昭53.9.7、百選88事件。以下「昭和53年判決」という。）は、違法収集証拠が排除される根拠として、適正手続の保障、司法の廉潔性の保持、将来の違法捜査の抑止を挙げている。

(イ)　排除の判断基準

昭和53年判決は、違法収集証拠が排除される判断基準として、ⓐ証拠物の押収等の手続に令状主義の精神を没却するような重大な違法があり（違法の重大性）、ⓑこれを証拠として許容することが将来における違法な捜査の抑制の見地からして相当でない（排除相当性）と認められる場合を挙げている。

430

刑事系第2問＜刑事訴訟法＞

(ウ) 考慮される要素

排除を検討する際の考慮要素として、ⓐ違法の重大性については、違法行為の客観的側面（法規からの逸脱の度合い、違法行為により侵害された利益の性質・程度、違法行為がなされた緊急性等の状況、他の適法な押収の可能性の有無）と主観的側面（令状主義潜脱の意識の有無、違法行為を糊塗する意図の有無）が挙げられる。

また、ⓑ排除相当性については、違法行為と証拠獲得との因果性、手続違反がどの程度頻発しているか、事件・証拠の性質（事件の性質・重大性、証拠の重要性）が考慮要素となる。

イ 派生証拠の証拠能力

本問の【鑑定書】は、違法な手続によって直接得られた証拠ではなく、派生証拠である。派生証拠の証拠能力については、違法性の承継論、毒樹の果実論、派生証拠にも端的に違法収集証拠排除法則を適用する考え方など、様々な立場がある。いずれの立場に立つにせよ、自説及びその論拠を説得的に論じる必要がある。

(ア) 違法性の承継論

違法性の承継論は、証拠を獲得した直接の手続自体には違法がないが、その先行手続の違法性を加味し、証拠能力を判断できるかという論理をいう。先行手続が違法な場合において、先行手続と直接の収集証拠の間に強い因果関係があるときは、先行手続の違法の程度を十分考慮し、直接の証拠収集手続の違法性を判断する。そして、直接の証拠収集手続が違法性を帯びると判断したときには、直接の証拠収集手続について、ⓐ違法の重大性とⓑ排除相当性を検討する。

違法性の承継論は、違法な先行手続と最終的に得られた証拠との関係を問題としている。

(イ) 毒樹の果実論

毒樹の果実論は、違法捜査によって収集された証拠に基づいて発見された証拠（派生証拠）も排除されるとする。排除の基準としては、違法捜査の違法の程度と、違法収集証拠と派生証拠との関連性の程度から判断する。関連性の程度の考慮事情としては、証拠物押収の手続自体の違法の程度、違法な手続と証拠収集手続との間に介在する事情がある。

毒樹の果実論は、違法な先行手続によって得られた証拠とそれに基づいて得られた派生証拠との関係を問題としている（派生証拠の収集手続の違法性を問題としない）。

ウ 具体的事案への適用

派生証拠である【鑑定書】の証拠能力に関して、違法性の承継論を採った場合を考える。

本問では、【鑑定書】を作成した直接の手続自体に違法はない。もっとも、Pの所持品検査という違法な先行手続が行われ、引き続き、捜査報告書①及び同②を疎明資料とする捜索差押許可状に基づき、覚醒剤及びその【鑑定書】という証拠が獲得（後行手続）されている。違法な先行手続の結果が後行手続に利用されていることを根拠に、後行手続に違法性が承継されたと考えて、違法収集証拠排除法則の適用の有無を検討することになる。

本問では、捜索差押許可状の請求に際し、捜査報告書①及び同②が疎明資料として提出されている。その請求により発付された捜索差押許可状によって、本件かばんに対する捜索差押えが行われ、覚醒剤が押収された。そして、押収された覚せい剤についての【鑑定書】が作成されている。そのため、先行手続と直接の収集証拠の間には、強い因果関係があるといえる。さらに、捜査報告書①には、甲が覚醒剤を所持している可能性が高いことを推認させる事情が記載されている一方で、同②には、Pが本件かばんの中に手を入れて探り、書類の下から注射器を発見したことが記載されていない。すなわち、Pは、同②については、注射器発見の経緯に違法な所持品検査があったことを省いているといえる。したがって、ⓐ違法の重大性の客観的側面として法規からの逸脱の度合いを、主観的側面として、Pに違法行為を糊塗する意図があったことをうかがわせる。その上で、ⓑ排除相当性についても検討することになる。

431

一方で、毒樹の果実論を採った場合には、どの証拠が一次証拠と考えられるのかに留意しながら論述する必要がある。

第3　設問2について

1　専任講師コメント

設問2は、強制処分と任意処分の区別と任意処分の限界という典型論点を書かせるものですので、論点自体を間違うことはあまりないかと思います。

ただ、採点実感には、「強制処分性や任意処分としての限界が問題となる理由が示されていない答案が少なからず見受けられたほか、強制処分か否かについては、自説の根拠が説得的に論じられていない答案」があったと苦言を呈しているので、自説の根拠を正確に理解するようにして下さい。

また、上記の論点はあてはめで差が出ることも多々あります。任意処分の限界のあてはめとしては、①事案の重大性、②嫌疑が濃厚か、③証拠の必要性、④手段の相当性などを考慮要素として書くことが多いですので、考慮要素を何にするかあらかじめ準備しておいてください。

採点実感には、【捜査②】のあてはめで、「ビデオ撮影によって侵害されている権利・利益につき、撮影されているのが玄関ドアの開閉に伴って不可避的に見えてしまう部分であることなどの事情を捨象し、単に『私的領域への侵入』という言葉や撮影期間の長さだけをもって強制処分と結論付ける答案、逆に、玄関ドアの開閉に伴って住居の内部が見えてしまっている点に全く配慮されていない答案、捜査の必要性やビデオ撮影という方法を採る必要性について十分検討せず、撮影期間の長さだけに着目して違法と結論付ける答案」が問題のある答案だと指摘しているので、注意してください。

2　出題趣旨

〔設問2〕は、いずれもビデオ撮影の適法性を問うものである。すなわち、【捜査①】では、覚醒剤の密売所の疑いのあるアパートの一室に出入りする人物と乙の同一性を確認するために、同アパートから出てきた人物が入った喫茶店において、同人の容ぼうをビデオカメラで撮影しており、【捜査②】では、乙と同アパートに出入りする人物との共犯関係、覚醒剤の搬入状況などの組織的な覚醒剤密売の実態を明らかにするために、近隣のマンションの一室から同アパートの一室の玄関ドアやその周辺を継続撮影しているところ、こうした撮影行為の適法性を問うことにより、強制処分と任意処分を区別する基準、強制捜査又は任意捜査の適否の判断方法についての理解と、その具体的事実への適用能力を試すものである。

この点に関し、写真撮影やビデオカメラによる撮影の適否が問題となった事案に関する最高裁判所の判例は、それらの撮影が強制処分に該当するか否かを明示的に判断することなく、当該事案においては令状によらずに適法にこれらを実施することが許されるとしている（最大判昭和44年12月24日刑集23巻12号1625頁、最決平成20年4月15日刑集62巻5号1398頁）。他方、最高裁判所は、「強制手段とは、有形力の行使を伴う手段を意味するものではなく、個人の意思を制圧し、身体、住居、財産等に制約を加えて強制的に捜査目的を実現する行為など、特別の根拠規定がなければ許容することが相当でない手段を意味する」と判示している（最決昭和51年3月16日刑集30巻2号187頁、以下「昭和51年決定」という。）。本問においても、これらの判例や関連する刑訴法の条文の解釈などを意識しつつ、強制処分に対する規律の趣旨・根拠を踏まえながら、強制処分と任意処分とを区別する基準を論述することが求められる。

刑事系第2問＜刑事訴訟法＞

　その上で、まず、【捜査①】及び【捜査②】が強制処分か否かを検討することになるが、その際には、各ビデオ撮影により侵害される権利・利益の性質を踏まえた論述が求められる。そして、これらの捜査が強制処分に至っていると評価する場合には、法定された強制処分の類型に該当するか否か等を検討する必要があろう。

　他方、任意処分にとどまると評価する場合であっても、各捜査活動により何らかの権利・利益を侵害し又は侵害するおそれがあるため、無制約に許容されるものではなく、任意捜査において許容される限界内のものか否かを検討することになる。この許容性については、昭和51年決定を踏まえれば、具体的事案において、特定の捜査手段により対象者に生じ得る権利・利益の侵害の内容・程度と、同目的を達成するために当該手段を採る必要性とを比較衡量し、具体的状況の下で相当と認められるか否かを検討することになる。

　本問では、こうした解釈の枠組みを適切に示した上で、本件事例の具体的状況下におけるビデオ撮影の適法性を論述することになるが、その際には、〔設問1〕と同様、事例中に現れた具体的事実を的確に抽出し、分析して結論を導く必要がある。すなわち、各ビデオ撮影の適否の結論はともかく、具体的事実を事例中からただ書き写して羅列すればよいというものではなく、それぞれの事実が持つ意味を的確に評価して論じなければならない。

　【捜査①】については、喫茶店における当該ビデオ撮影により制約を受ける権利・利益の内容や性質、その制約の程度がいかなるものであるのかを明示し、アパートに出入りする人物と乙の同一性を明らかにするという捜査目的を達成するための手段として、目視や写真撮影ではなくビデオ撮影という方法を用いることの意味を踏まえた論述が求められることになる。また、【捜査②】については、【捜査①】において制約を受ける権利・利益の内容や性質との相違、捜査目的の相違、ビデオ撮影の期間や態様の相違を意識しつつ、【捜査①】の場合と同様、制約を受ける権利・利益の内容や性質、その制約の程度がいかなるものであるのかを明示し、アパートに出入りする人物と乙との共犯関係、覚醒剤の搬入状況などの組織的な覚醒剤密売の実態を明らかにするという捜査目的を達成するための手段として、約2か月間にわたって24時間継続撮影するという方法を用いることの意味や、その際に玄関内部や奥の部屋に通じる廊下が映り込んでいたことの意味などを踏まえた論述が求められることになる。

3　採点実感等

　〔設問2〕は、【捜査①】では、覚醒剤の密売所の疑いのあるアパートの一室に出入りする人物と乙の同一性を確認するために、同アパートから出てきた人物が入った喫茶店において、同人の容ぼうをビデオカメラで撮影した行為【捜査①】、乙及び同アパートに出入りする人物との共犯関係、覚醒剤の搬入状況などの組織的な覚醒剤密売の実態を明らかにするために、近隣のマンションの一室から同アパートの一室の玄関ドアやその周辺を継続撮影した行為【捜査②】について、各撮影行為の適法性を問うものである。ここでは、写真撮影やビデオカメラによる撮影の適否が問題となった事案に関する最高裁の判例に留意しつつ、強制処分に対する規律の趣旨・根拠を踏まえながら、強制処分と任意処分とを区別する基準及び任意処分の限界を論述することが求められる。
……
　(1)　おおむね出題の意図に沿った論述をしていると評価できる答案としては、次のようなものがあった。
……

433

〔設問2〕では、各ビデオ撮影が検証類似の性質を有すること、無令状での検証は刑訴法第218条第3項及び同法第220条に規定されているだけであることを踏まえ、これらの条文に該当しない各ビデオ撮影が同法第197条第1項但し書の「強制の処分」に該当するなら、無令状で実施されている【捜査①】及び【捜査②】は令状主義に違反して違法となるため、強制処分の意義、任意処分としての適法性の限界が問題となることを明確に論じた上で、これらの論点につき、刑訴法の条文の解釈や関連する最高裁判所の判例（最決昭和51年3月16日刑集30巻2号187頁（以下「昭和51年決定」という。）、最決平成20年4月15日刑集62巻5号1398頁（以下「平成20年決定」という。）等）を意識した法解釈を示し、事例中に現れた具体的事情を的確に抽出、分析して結論を導いている答案が見受けられた。

(2) 他方、そもそも、法原則・法概念の意義や関連する判例の判断基準等についての記述が不十分・不正確で、当該項目についての理解が不足していると見ざるを得ない答案や、法原則や法概念の意義や関連する判例の判断基準等として記述された内容自体には問題がないものの、これらを機械的に暗記して記述するのみで、具体的事実に対してそれらの法原則・法概念や判断基準等を的確に適用することができていない答案、具体的事実に対する洞察が表面的で、その抽出自体が不十分、抽出した事実の持つ意味の分析が不十分・不適切な答案が見受けられた。

……

次に、〔設問2〕では、多くの答案が強制処分の意義に言及し、各ビデオ撮影につき、強制処分か否か、任意処分であるとしたらその適法性の限界を超えているか否かを論じることができていたものの、例えば、〔設問2〕において強制処分性や任意処分としての限界が問題となる理由が示されていない答案が少なからず見受けられたほか、強制処分か否かについては、自説の根拠が説得的に論じられていない答案や、各ビデオ撮影によって侵害されている権利・利益を単に「プライバシー」と論述するのみでその内実に対する理解が示されていない答案が相当数見受けられた。また、任意処分としての適法性の限界については、刑訴法の条文、比例原則、昭和51年決定や平成20年決定などを踏まえて、特定の捜査手段により対象者に生じ得る権利・利益の侵害の内容・程度と、捜査目的を達成するために当該手段を採る必要性とを比較衡量し、具体的状況のもとで相当と認められるか否かを検討することになるところ、昭和51年決定をあらゆる任意処分の適法性を判断する一般原則であるかのように、漫然と、必要性、緊急性及び相当性を列挙する答案が数多く見受けられた。さらに、各ビデオ撮影の適法性に関する当てはめでは、【捜査①】については、捜査の必要性や、目視や写真撮影ではなくビデオ撮影という方法を採る必要性について十分検討せず、主に喫茶店という場所の公共性のみをもって相当性を認めるにとどまっている答案、【捜査②】においては、ビデオ撮影によって侵害されている権利・利益につき、撮影されているのが玄関ドアの開閉に伴って不可避的に見えてしまう部分であることなどの事情を捨象し、単に「私的領域への侵入」という言葉や撮影期間の長さだけをもって強制処分と結論付ける答案、逆に、玄関ドアの開閉に伴って住居の内部が見えてしまっている点に全く配慮されていない答案、捜査の必要性やビデオ撮影という方法を採る必要性について十分検討せず、撮影期間の長さだけに着目して違法と結論付ける答案、単純に強制処分に該当するから違法、あるいは、強制処分に該当するのに令状を取得していないから違法として、なぜ違法なのか、なぜ令状が必要なのかについての説明がない答案など、具体的事実の抽出、分析が不十分な答案が相当数見受けられた。

刑事系第2問＜刑事訴訟法＞

4　解説

(1)　基準の定立

ア　強制処分と任意処分を区別する基準

　　写真撮影やビデオカメラによる撮影の適否が問題となった事案に関する最高裁判所の判例は、それらの撮影が強制処分に該当するか否かを明示的に判断することなく、当該事案においては令状によらずに適法にこれらを実施することが許されるとしている（最大判昭44.12.24。最決平20.4.15、百選9事件）。

　　もっとも、最高裁判所は、強制処分について、「強制手段とは、有形力の行使を伴う手段を意味するものではなく、個人の意思を制圧し、身体、住居、財産等に制約を加えて強制的に捜査目的を実現する行為など、特別の根拠規定がなければ許容することが相当でない手段を意味する」としている（最決昭51.3.16、百選1事件。以下「昭和51年決定」という。）。

　　これらの判例や関連する刑訴法の条文の解釈などを意識しつつ、強制処分に対する規律の趣旨・根拠を踏まえながら、強制処分と任意処分とを区別する基準を論述する。

イ　任意処分の限界

　　任意処分にとどまると評価する場合であっても、任意処分にも限界があるため、任意捜査において許容される限界内のものか否かを検討することになる。この許容性について、昭和51年決定は「必要性、緊急性などをも考慮したうえ、具体的状況のもとで相当と認められる限度において許容されるものと解すべきである。」としている。これを踏まえれば、具体的事案において、特定の捜査手段により対象者に生じ得る権利・利益の侵害の内容・程度と、同目的を達成するために当該手段を採る必要性とを比較衡量し、具体的状況の下で相当と認められるか否かを検討することになる。

(2)　具体的事案への適用

ア　【捜査①】について

(ア)　強制処分該当性

　　まず、【捜査①】が強制処分か否かを検討する。その際には、【捜査①】のビデオ撮影により侵害される権利・利益の性質を踏まえた論述が求められる。プライバシー権について検討することが考えられるが、喫茶店という場所の性質を考慮しつつ検討したい。

　　なお、強制処分に至っていると評価する場合には、法定された強制処分の類型に該当するか否か等を検討する必要がある。ビデオ撮影は検証類似の性質を有し、無令状での検証は刑訴法218条3項及び同法220条に規定されているだけである。

(イ)　任意処分の限界

　　強制処分に該当しないとした場合、任意処分の限界について検討する。その際には、漫然と、必要性、緊急性及び相当性を列挙することは望ましくない。必要性、緊急性の事実を摘示し、捜査の態様等を示し、それによって対象に生じる法益侵害の内容・程度を具体的に明示した上で、それに対し「相当」といえるか否かを検討することが求められる。

　　必要性、緊急性の根拠としては、被疑事実である覚醒剤取締法違反（営利目的所持）の重大性や、乙に対し早急に捜査する必要性があること等が挙げられる。具体的状況の下で相当と認められるか否かについては、喫茶店における当該ビデオ撮影により制約を受ける権利・利益の内容や性質、その制約の程度がいかなるものであるのかを明示し、アパートに出入りする人物と乙の同一性を明らかにするという捜査目的を達成するための手段として、目視や写真撮影ではなく、ビデオ撮影という方法を用いることの意味を踏まえて論述する。

435

イ 【捜査②】について
(ア) 強制処分該当性
　　ビデオ撮影によって侵害されている権利・利益につき、検討する。【撮影②】での撮影対象は、公道に面した本件アパート 201 号室の玄関ドアやその付近の共用通路である。撮影された映像には、玄関内側や奥の部屋に通じる廊下が映り込んでいたものの、撮影されているのが玄関ドアの開閉に伴って不可避的に見えてしまう部分であることを考慮して論述したい。
(イ) 任意処分の限界
　　強制処分に該当しないとした場合、任意処分の限界について検討する。検討の際には、【捜査①】との捜査目的の相違、ビデオ撮影の期間や態様の相違を意識することが望ましい。

刑事系第2問＜刑事訴訟法＞

採点基準表

※本試験の採点基準は公表されません。そこで、「出題趣旨」や「採点実感」等から辰已が独自に作成した採点基準を以下に掲載します。再現答案等とあわせ過去問学修にお役立てください。

	配点	あなたの得点
第1　設問1　【40点】		
1　問題提起		
・Pが甲の承諾を得ることなく、甲所持の手提げかばん（以下「本件かばん」という。）のチャックを開けた上、いきなり本件かばんの中に手を差し入れて探り、注射器を取り出した手続の違法性が覚醒剤の鑑定書の証拠能力に与える影響が問題となることの指摘	2	
2　所持品検査の適法性の検討		
（1）職務質問該当性について		
ア　警察官職務執行法（以下「警職法」という。）2条1項の摘示・	1	
イ　Pは、甲が覚せい剤の密売が行われているとされる本件アパートから出てきた人物から本件封筒を受け取り、それを本件かばんに入れる様子を目撃していることの指摘	1	
ウ　上記イの事実等から、甲が「何らかの犯罪を犯し、若しくは犯そうとしていると疑うに足りる相当な理由のある者」に当たることの指摘	1	
（2）所持品検査について		
ア　所持品検査の根拠条文の指摘		
・所持品検査は、口頭による質問と密接に関連し、職務質問の効果をあげる上で必要性、有効性の認められる行為であるから、職務質問（警職法2条1項）に付随する行為として行うことができることの指摘	2	
イ　所持品検査の限界について		
(ｱ)　職務質問は任意手段（警職法2条3項）であるから、所持品検査を行う際には、原則として、所持人の承諾が必要であることの指摘	1	
(ｲ)　所持品検査は、行政警察上の作用であって、流動する各般の警察事象に対応して迅速適正にこれを処理すべき行政警察の責務にかんがみると、所持人の承諾のない限り所持品検査は一切許容されないと解するのは相当ではなく、捜索に至らない程度の行為は、強制にわたらない限り、許容されることの指摘	2	
(ｳ)　具体的には、限定的な場合において、所持品検査の必要性、緊急性、これによって害される個人の法益と保護されるべき公共の利益との権衡などを考慮し、具体的状況のもとで相当と認められる限度においてのみ、許容されることの指摘	2	

437

ウ　あてはめ		
(ア)　甲には覚醒剤取締法違反（使用）の前科があり、かつ甲が異常に汗をかき、目をきょろきょろさせ、落ち着きがないなど、覚醒剤常用者の特徴を示していたことの指摘及び評価	2	
(イ)　Ｐが甲に対し、「封筒の中身を見せてもらえませんか」と言うと、甲がいきなりその場から走って逃げ出したことの指摘及び評価	1	
(ウ)　Ｐが、いきなり本件かばんのチャックを開け、その中に手を差し入れ、その中をのぞき込みながらその在中物を手で探ったこと、及びＰが本件かばんの中に入っていた書類を手で持ち上げたところ、その下から注射器が発見されたことの指摘及び評価	3	
【加点事項】	加点評価	
※判例（最判昭 53.6.20）や関連する警職法の条文の解釈などを意識しつつ、具体的事情を挙げて、これに丁寧な評価を加えながら結論を出している場合には、加点する。	A・B・C	
(3)　所持品検査の適法性についての結論	1	
3　鑑定書の証拠能力に関する検討		
(1)　違法収集証拠排除法則について		
ア　違法収集証拠が排除される根拠（適正手続の保障、司法の廉潔性の保持、将来の違法捜査の抑止）の指摘	2	
イ　排除の判断基準の指摘	2	
ウ　排除の判断の際に考慮される要素の指摘	2	
(2)　派生証拠の証拠能力についての解釈枠組みについて		
ア　鑑定書が派生証拠に当たることの指摘	1	
イ　派生証拠の証拠能力に関する自説（違法性の承継論、毒樹の果実論、派生証拠にも端的に違法収集証拠排除法則を適用する考え方など）及びその論拠の説明	4	
【加点事項】	加点評価	
※派生証拠の証拠能力についての自説及びその論拠について説得的に論じている場合には、加点する。	A・B・C	
(3)　派生証拠の証拠能力についての具体的検討（違法性の承継論を採用した場合）		
ア　先行手続と後行手続との間の密接関連性の検討		
・捜査報告書①及び同②が疎明資料として提出されていることの指摘	1	
・捜査報告書①には、甲が覚醒剤を所持している可能性が高いことをうかがわせる事情が記載されていることの指摘及び評価	1	
・捜査報告書②には、Ｐが本件かばんの中に手を入れて探り、書類の下から注射器を発見したことが記載されていないことの指摘及び評価	3	

刑事系第２問＜刑事訴訟法＞

イ　違法の重大性の検討	2	
※客観的な手続違反の程度、手続違反がなされた状況、手続違反がなされた際の捜査機関の主観面等、上記で示した考慮要素に沿って具体的事実を抽出し、各事実が持つ意味を的確に評価して論じているかを評価する。		
ウ　排除相当性の検討	2	
※客観的な手続違反の程度、手続き違反がなされた状況、手続違反がなされた際の捜査機関の主観面、手続違反の頻発性、手続違反と当該証拠獲得との因果性の程度、事件の重大性、証拠の重要性の程度等、上記で示した考慮要素に沿って具体的事実を抽出し、各事実が持つ意味を的確に評価して論じているかを評価する。		
★毒樹の果実論、派生証拠にも端的に違法収集証拠排除法則を適用する考え方などを自説としていた場合にも、あてはめについては９点を上限に配点する。		
【加点事項】	加点評価	
※あてはめにおいて、自説との論理的整合性に注意しながら、抽出した事実が持つ意味を的確に評価して丁寧に論じている場合には、加点する。	A・B・C	
(4)　鑑定書の証拠能力についての結論	1	

第2　設問2【40点】

1　問題提起		
ア　各ビデオ撮影が検証類似の性質を有することの指摘	1	
イ　無令状での検証は刑訴法 218 条３項及び 220 条に規定されているだけであることの指摘	1	
ウ　ア、イを踏まえ、これらの条文に該当しない各ビデオ撮影が同法 197 条１項但書の「強制の処分」に該当するならば、無令状で行われている【捜査①】及び【捜査②】は令状主義に違反して違法となるため、強制処分の意義、任意処分としての適法性の限界が問題となることの指摘	2	
2　捜査①について		
(1)　強制処分該当性		
ア　強制処分と任意処分を区別する基準及びその論拠の指摘	3	
イ　強制処分該当性のあてはめ		
(ア)　相手方の意思に反するか否かの検討	2	
(イ)　相手方の重要な権利を制約するか否かの検討		
・喫茶店は、通常、人が他人から容ぼう等を観察されること自体は受忍せざるを得ない場所であることの指摘	2	
・喫茶店でみだりに容ぼう等を撮影されない自由は、重要な権利とはいえないことの指摘	1	

439

【加点事項】	加点評価
※判例（最決昭52.3.16）や関連する刑訴法の条文の解釈などに意識しつつ、強制処分に対する規律の趣旨・根拠を踏まえながら、強制処分と任意処分とを区別する基準を丁寧に論述している場合には、加点する。	A・B・C

(2) 任意処分の限界		
ア　任意処分であっても、無制約に許容されるものではなく、対象者に生じうる権利・利益の侵害の内容・程度と当該手段を採る必要性とを比較衡量し、具体的状況の下で相当と認められるものでなければならないことの指摘	3	
イ　あてはめ		
(ｱ) 当該手段を採る必要性について		
・覚せい剤取締法（所持）の罪は、10年以下の懲役刑を科される犯罪であることの指摘及び評価	1	
・本件アパート201号室の賃貸借契約の名義人が乙であることの指摘及び評価	1	
・乙には覚醒剤取締法違反（所持）の前科があることの指摘及び評価	1	
・乙の首右側に小さな蛇のタトゥーがあることの指摘及び評価	2	
・本件アパート201号室に入った男性の顔が乙の顔と極めて酷似していたことの指摘及び評価	2	
(ｲ) 対象者に生じうる権利・利益の侵害の内容・程度について		
・Pが撮影した映像は、全体で約20秒間のものであり、そこには小さな蛇のタトゥーが入った同男性の首右側や同男性が椅子に座って飲食する様子のほか、その後方の客の様子が映っていたことの指摘及び評価	3	

【加点事項】	加点評価
※あてはめにおいて、事例中に現れた具体的事実を的確に抽出し、各事実が持つ意味を的確に評価して丁寧に検討を加えている場合、特にビデオ撮影という方法を用いることの意味を踏まえた論述がなされている場合には、加点する。	A・B・C

(3) 結論	1	
2　捜査②について		
(1) 強制処分該当性		
ア　相手方の意思に反するか否かの検討	2	
イ　相手方の重要な権利を制約するか否かの検討		
・2ヶ月間、毎日24時間、本件アパート201号室の玄関ドアやその付近の共用通路を撮影し続けたことの指摘及び評価	4	
・撮影された映像には、本件アパート201号室の玄関ドアが開けられるたびに、玄関内側や奥の部屋に通じる廊下が映り込んでいたことの指摘及び評価	4	
・その他の事実の指摘及び評価	3	

刑事系第２問＜刑事訴訟法＞

【加点事項】	加点評価
※強制処分該当性を否定し、任意処分の限界を検討していた場合であっても、丁寧な検討がなされている場合には、加点する。	Ａ・Ｂ・Ｃ

【加点事項】	加点評価
※あてはめにおいて、事例中に現れた具体的事実を的確に抽出し、各事実が持つ意味を的確に評価して丁寧に検討を加えている場合には、加点する。	Ａ・Ｂ・Ｃ

(2)　結論		
・強制処分に至っていると結論付けた場合には、法定された強制処分の類型に該当するか否か等を検討し、なぜ違法となるのかの論拠を示していること	1	

第３【その他加点事項】	加点評価
※上記【加点事項】以外でも、本問事案解決につき特記すべきものがある場合には、加点する。	Ａ・Ｂ・Ｃ

基本配点分	小計80点	点

加点評価点	小計10点	
添削シート中の【加点評価】を総合的に評価し点数を決めて下さい。目安はＡが半数以上であれば10点、Ｂが半数程度であれば5点です。		点

基礎力評価点　　　　　　　　　　　　　　　　　　　小計10点

以下の項目は、「司法試験の方式・内容等について」（令和5年11月22日司法試験考査委員会議申合せ事項）第４－２－(1)－エに掲載されている事項です。

あなたの得点（0～2点で評価）

事例解析能力		
論理的思考力		
法解釈・適用能力		
全体的な論理的構成力		
文書表現力		点

総合得点	合計100点	点

再現答案

答案① (順位ランクA、157.45点、系別2位、論文総合8位)

第1　設問1

1　鑑定書に証拠能力は認められるか。鑑定書を作成するに至った手続において違法性があれば、違法収集証拠排除法則との関係で証拠能力が否定される余地があるところ、まず同手続に違法性があるかが問題となる。

(1)　Pが甲に対して職務質問（警察官職執行法2条1項）をした行為について①

ア　本件アパート201号室で覚醒剤の密売が行われているという情報が存在していたところ、201号室については覚醒剤の密売について何らかの情報を知っている可能性が非常に高いといえる。そして、甲は201号室から出てきた人物より本件封筒を受け取っているところ、甲が本件封筒の中身を媒介として覚醒剤の密売にかかわっている可能性も大いに認められる。

そうだとすれば、甲は「既に行われた犯罪について…知っていると認められる者」に当たるといえる。

イ　以上より、Pの同行為については適法である。

(2)　Pがいきなり甲の本件かばんを開け、その中に手を差し入れた行為について②

ア　まず、同行為が行われた時点で、前述の密売に甲が何らかの関与をしているという嫌疑に加えて、甲が覚醒剤使用の前科があり、覚醒剤常用者特有の異常な汗などの特徴を示したという事情があるところ、捜査官Pとしては本件封筒の中身が覚醒剤であるという疑いを強めている。

これらの事情を踏まえると、同行為時点で、覚醒剤使用（覚醒剤取締法19条柱書、41条の3第1号）ないし所持（同法41条の2第1項）の構成要件に該当する具体的事実があると思料するに至ったといえ、「犯罪があると思料するとき」（刑事訴訟法（以下略）189条2項）として司法警察活動に移転したといえる。

イ　それでは、本件行為は「強制の処分」（197条1項但書）にあたるか。まず、強制処分法定主義との関係で問題となる。

(ア)　「強制の処分」の意義について、判例は①個人の意思を制圧し、②身体・住居・財産等に制約を加える行為としている。もっとも、強制処分法定主義の趣旨は、処分の要件手続について国民の代表たる国会の民主的授権を必要とすることで捜査機関の権限濫用を防

①まずは警察官職執行法2条1項の条文を示している。

②Pのこの行為が、職務質問に基づく所持品検査である点を指摘できるとなお良かった。

③強制処分の意義について、判例の立場を示した上で、自己の採る立場を述べている。

止し、国民の権利利益を保護する点にある。そのような趣旨を踏まえれば、被侵害利益の重要性こそが強制処分該当性の分水嶺であって、意思制圧の程度は法益侵害の程度を基礎づけるものにすぎない。そして、重要性については、実際に法定された令状主義の厳格さや②の例示物が憲法33条及び35条により保障される極めて重要な価値を有するものであることから、それに見合うものが必要である③。

　　したがって、①の意思制圧には、現実に表明された相手方の反対意思を制圧する場合の他、これと価値的に異ならない合理的に推認される意思に反する場合も含まれる一方で、②については身体・住居・財産等の重要な権利・利益を実質的に制約する行為に限定するべきである。

(イ)　Pが本件かばんの開披を求めたところ、任意であることを理由に甲は逃げ出している。したがって、甲は本件かばんを開かれその中に手を差し入れる行為について拒絶する意思を有しているといえ、Pの当該行為は対象者たる甲の意思を制圧するものである。

(ウ)　本件かばんは「所持品」（憲法35条1項）であり、その中身についても通常外から視認されるものではなく憲法35条1項の保護を受けるものであるから、Pの当該行為は重要な権利利益を制約するものである。さらに、Pは在中物を探すため本件かばん内を手で探り書類を手で持ち上げることにより注射器を発見したところ、いわば私的領域の中でも秘匿されている場所を探索する性質のもので、実質的な権利制約ともいえる④。

④本件かばんの中が、私的領域の中でも秘匿されている場所に当たるとの評価を加えて、Pの行為について丁寧に検討している。

(エ)　以上のことを踏まえると、Pの当該行為は「強制の処分」にあたる。

ウ　そして、Pの当該行為は本件かばんの中から覚せい剤という特定の物品を探し当てるもので、性質上「捜索」（憲法35条1項、218条1項前段）にあたる。そして、本件では捜索許可状の発付を受けていないところ、令状主義に反し違法である。

(3)　以上より、鑑定書を取得する手続きには違法な行為があるといえる。

2　それでは、鑑定書の証拠能力は否定されるか。本件では、鑑定書を取得する手続きである覚醒剤の捜索・差押えについては、適法な令状（憲法35条1項、218条1項前段）が発付されているところ、まず令状請求の疎明資料となった捜査報告書①と捜査報告書②の証拠能力が問題となる⑤。

(1)　憲法および刑訴法は明文で違法収集証拠についての証拠能力を規定していないところ、刑訴法1条の解釈により解決されるべきである。そして、たとえ収集手続きが違法であっても証拠物それ自体の性質・状態に変化はない以上、そのような証拠の証拠能力を否定することは真相究明（1条）の観点から相当ではない。

　　もっとも、真相究明も「基本的人権の保障」が適正手続きのもとでな

⑤違法収集証拠排除法則に関する最高裁判所の判例（最判昭和53年9月7日刑集32巻6号1672頁）を踏まえて、違法収集証拠が排除される根拠（適正手続の保障、司法の廉潔性の保持、将来の違法捜査の抑止）、排除の判断基準、その際に考慮される要素等を論じる必要がある（出題趣旨）。

される必要があり、一切証拠能力は否定されないというのも相当ではない。

そこで、司法の廉潔性及び将来の違法捜査抑止の観点から、①令状主義の精神を没却するような重大な違法があり、かつ②これを証拠として採用すれば将来における違法捜査抑止の観点からして相当でないときには、例外的に証拠能力を否定するべきである。

(2) 捜査報告書①については、職務質問を実施した経緯について記載されているところ、前述のように職務質問自体については違法性がないし、記載内容たる事実についてもすべてPの捜索行為以前の情報であるしたがって、適法な捜査活動である以上、そもそも前提を欠き、証拠能力も否定されない。

(3) 次に、捜査報告書②については注射器発見の経緯に関して記載されているところ、注射器発見の経緯については前述のような令状主義違反という違法がある。そして、当該行為は、「所持品」を「捜索」する典型的な行為であり、令状を当然に必要とする行為であると評価できるところ、このような捜査行為が許容されることは令状主義が無に帰することになるから、令状主義の精神を没却するような重大な違法といえる。

さらに、Pは捜査報告書②の作成にあたり、当該違法行為に関する記載をしていない。このことは、同行為が違法であることを認識しながら同行為に及び、警察官Pが令状主義を潜脱する意図を有していたことを強く推認させるものである。そうだとすれば、このような違法捜査が横行することを防ぐべきであって、将来の違法捜査抑止の観点からも相当でないといえる[6]。

(4) 以上より、捜査報告書②については証拠能力が否定される。

3 それでは、そのような捜査報告書②を疎明資料とした令状に基づき取得された鑑定書について、証拠能力を否定するべきか。

(1) この点、証拠能力が否定される捜査報告書②と鑑定書の関連性を分析し、やはり鑑定書についても前述のような排除法則の要件が妥当するといえる場合には、鑑定書の証拠能力が否定される。

(2) 本件では捜査報告書①と②を疎明資料として適法な令状発付がなされている。そして、覚醒剤事犯においてはやはり物証の存在が重要であるところ、状況証拠にすぎない捜査報告書①の記載内容のみでは「正当な理由」(憲法35条1項)の認定は困難であり、認定の中心は捜査報告書②であると評価できる。仮に、捜査報告書②がなければ、注射器という物証の存在がない以上、令状発付は困難であり、その結果覚醒剤の発見及び鑑定書の取得もなかったといえる。

そうだとすれば、両者の関連性は密接なものといえる。そして、そのような密接な関連性を前提として、捜査報告書②の違法性が重大で、排除相当性も高いことを踏まえれば鑑定書についても証拠能力を否定するべきといえる。なお、令状審査を媒介としているためそれまでの違法

[6]捜索差押許可状の請求に当たって、捜査報告書①及び同②が疎明資料として提出されているところ、同①には、覚醒剤の密売拠点であると疑われるアパートから出てきた人物から甲が封筒を受け取っているなど、覚醒剤を所持している可能性が高いことをうかがわせる事情が記載されている一方で、同②には、Pが本件かばんの中に手を入れて探り、書類の下から注射器を発見したことが記載されていない点につき、これらの事実がどのような意味を有するのかを丁寧に検討することが求められる（出題趣旨）。

444

性は治癒されたとする見解もあるが、本件のように疎明資料が改ざんされ厳格な適法性審査がなされていない可能性もある以上、同見解は採用できない。

4　以上より、鑑定書の証拠能力は否定される。

第2　設問2

1　Pが201号室から出てきた男性を喫茶店内でビデオカメラで撮影した行為（捜査①）は、「強制の処分」にあたるか。

⑴　「強制の処分」については、第11⑵イ(ｱ)の規範を用いる。通常、自らの容貌等を無断で撮影されたくないという意思を有するといえるから、同男性についてもそのような合理的意思が推認される。そして、捜査①はそのような意思に反する行為として対象者の意思を制圧するといえる。

⑵　捜査①は確かに同男性の容貌等をみだりに撮影されない自由という憲法13条によって保障される権利を制約している。もっとも、喫茶店は室内ではあるが、公道に準じる公的な空間であり他者から容貌等を視認されることを受忍するべき場所である。そうだとすれば、そのような自由については、憲法35条1項の保障に準じるような重要な権利・利益とはいえず、「強制の処分」とはいえない⑦。

⑦喫茶店という場所の持つ性質について言及している。

2　もっとも、容貌等をみだりに撮影されない自由という法益を制約している以上、捜査比例の原則のもと「目的を達するため必要」（197条1項本文）といえなければならず、必要性・緊急性を考慮して具体的状況下で相当といえなければ違法となる。

⑴　確かに憲法上の保障を受ける容貌等をみだりに撮影されない自由が制約されてはいるものの、前述のように同自由はあくまで35条1項の保障に準じるような重要な法益ではない加えて、撮影時間も20秒と比較的短時間であり、制約の程度は小さいといえる。

　これに対して、201号室で覚醒剤の密売が行われているという嫌疑は非常に高く、201号室賃貸借契約の名義人であり覚醒剤事犯の前科もある乙が最重要参考人である。そして、201号室に出入りする者のうち顔が極めて酷似する同男性が乙かということを判断する必要があるといえるところ、乙の特徴として唯一判明しており偶然の一致の可能性が極めて低い、首右側の小さな蛇のタトゥーがあるかを確認することは合理的である⑧。

⑧首右側の小さな蛇のタトゥーの存在について、的確な分析を行っている。

　そして、タトゥーの一致の有無を確認するにあたり、確実にタトゥーの一致を判断するためには写真ではなく、動画の状でタトゥーの全貌を正確に撮影する必要が高いといえる。加えて、201号室では継続的に覚醒剤の密売がなされていると推認できるところ、最重要参考人たる乙の動向を迅速に把握する緊急性も高いといえる。

⑵　以上のような事情を踏まえれば、捜査①は具体的状況下で相当といえ、任意処分としても適法である。

3　Pが201号室の玄関ドアやその付近の共用通路を24時間2か月にわた
り撮影し続けた行為（捜査②）は適法か。「強制の処分」にあたるかが問題
となる。
(1)　「「強制の処分」については、第11(2)イ(7)の規範を用いる。乙の合理
的意思には反しているといえる。
　　そして、捜査②により玄関の内側や奥の部屋に通じる廊下も撮影され
ている。これらの領域は「住居」内の領域であり、私的領域として憲法
35条1項の保障を受ける場所である。したがって、捜査②はこれらの領
域に「侵入」しているといえ、同条の保障を受ける重要な権利利益を制
約しているといえる。なお、通常それらの領域が201号室を出入りする
場合に公道上から視認される場所ではあるとしても、正確にその領域を
視認できることは困難であることを踏まえれば、機械的に記録する捜査
②との関係では制約があるといえる[9]。
　　そして、捜査②の期間も2か月間24時間という長時間かつ継続的な
ものであり制約の程度としても強度であることを踏まえれば、実質的な
制約と評価できる。
(2)　以上より、捜査②は「強制の処分」と評価できる。そして、捜査②は
五感の作用によって対象物の性質・状態を記録する捜査手法であり「検
証」（憲法35条1項、218条1項前段）にあたるところ、本件では令状
に基づきなされているわけではないから、令状主義に反し違法となる。

以上

(4,723字)

[9]「その際に玄関内部
や奥の部屋に通じる廊
下 が映り込んでいた
ことの意味」（出題趣
旨）を論じている。

◆総評◆

　　出題趣旨で挙げられている項目について、概ね言及することができて
いる。判例についての知識と理解も深く、問題文中の事実に対する分析
も鋭い。合格に必要とされる水準を超えた、大変ハイレベルな答案であ
るといえる。

刑事系第2問＜刑事訴訟法＞

答案② （順位ランクＡ、155.56点、系別4位、論文総合 197 位）

第1　設問1
1　鑑定書は、違法収集証拠として排除されるのではないか。
　　適正手続（憲法31条）、司法の廉潔性、将来の違法捜査抑止の見地から、違法な手続きで収集された証拠は排除されうる。もっとも、手続きに違法があるかどうかにかかわらず、証拠価値に変わりはないのであるから、証拠価値は十分であるのに収集手続きに軽微な違法があったに過ぎない場合にまで一律に証拠能力を否定することは真実発見の要請（1条）に反する。そこで、手続きに令状主義の精神を没却するような重大な違法があり、これを証拠として採用することが将来の違法捜査抑止の見地から相当でない場合に限って、証拠能力が認められないと解する。そして、直接の証拠収集手続き単体で見れば違法がなくとも、先行手続に重大な違法があり、後行手続が先行手続と密接に関連する場合には、先行手続の重大違法が後行手続に承継される①。そのため、このような一連の手続きを経て得られた証拠は排除される。

①捜査の適法性の検討よりも先に、違法性の承継論を提示している。

2　本件では、職務質問とそれに伴う所持品検査によって、捜査報告書①、②（以下、それぞれ「①」「②」という。）が作成され、それに基づいて作成された捜索差押許可状の発付を受けて行われた捜索差押によって覚醒剤が差し押さえられ、鑑定書が作成されたという一連の捜査が行われている。捜索差押許可状に基づく差押は適法に行われているところ、先行手続である職務質問とそれに伴う所持品検査に重大違法がないか、重大違法が後行手続に承継されていないかが問題となる②。

②問題の所在を具体的に示している。

3　職務質問は、不審事由のある者にすることができる（警職法2条1項）。甲は、覚醒剤の密売の疑いがある本件アパートから出てきた人物から本件封筒を受け取っていることから、覚醒剤を受け取った疑いがあるため、不審事由があるといえる。したがって、Ｐが甲に職務質問を開始したことは適法である。

4　所持品検査は、職務質問との間で密接関連性及び必要性・有効性を有するから、職務質問に付随して所持人の承諾を得て行うことができると解する（米子強盗事件判例）。承諾がない場合であっても、捜索に至らない程度の行為は、強制にわたらない限り、所持品検査の必要性・緊急性を考慮して具体的状況のもとで相当と認められる限度で許容されると解する③。

③最判昭53.6.20（百選4事件）の規範を示すことができている。

5　Ｐが「封筒の中を見せてもらえませんか。」と言った時点において、甲は覚醒剤常用者の特徴を示していたため、不審事由が継続しているといえる。そのため、職務質問に付随して所持品検査を行うことは可能である。しかし、いきなり本件かばんのチャックを開け、その中に手を差し入れ、その中をのぞきこみながら、その在中物を手で探り、注射器を発見した行為について、チャックの閉まったかばんには甲の高度のプライバシーが及

④Ｐの行為を具体的に指摘した上で、それに対する評価を加えることができている。

447

んでおり、これを甲の許可なく開け、中身を探る行為は捜索に至る程度の
プライバシー侵害が認められる④。また、甲が持っている本件かばんをいき
なり開けたのであるから、有形力を行使しており、強制にわたっていると
いえる。したがって、所持品検査は強制処分にいたっており、令状主義（憲
法35条、刑事訴訟法（以下略）218条1項）に反し、違法である。

6　では、重大違法といえるか。

　　判例は、公判廷において捜査官が虚偽の供述をした事件につき、違法を
糊塗するような捜査官は初めから令状主義潜脱の意図を持っていたと認
め、令状主義を没却するような重大違法があるとした。

　　本件において、Pは捜査報告書②において、本件かばんの中に手を入れ
て探り、注射器を発見して取り出したにもかかわらず、それを記載してい
なかったのであるから、違法を糊塗したといえ、判例と同様に考えること
ができる。したがって、Pは初めから令状主義を潜脱する意図を持ってい
たと認められるから、先行手続に重大違法が認められる。

7　では、先行手続の重大違法が後行手続に承継されたといえるか⑤。

　　違法な手続きがあっても、適法な手続きによって不可避的に証拠を発見
することができたといえる場合には、違法性が希釈されて、重大違法が承
継されないと解する（不可避的発見の法理）。

　　本件では、①は適法な職務質問に基づき作成されているが、②は違法な
所持品検査に基づき作成されている。捜索差押許可状は、①②を疎明資料
として発付されているが、①には、覚醒剤の密売拠点と疑われる本件ア
パートから出てきた人物から甲が本件封筒を受け取って本件かばんに入
れたこと、甲に覚醒剤の前科があること、甲が覚醒剤常用者の特徴を示し
ていたこと及び甲は本件封筒の中を見せるように言われると逃げ出した
ことが記載されていたことから、甲には覚醒剤取締法違反の嫌疑が十分に
認められるといえる。そうすると、仮に②がなくとも、①のみから捜索差
押許可状の発付を受けることは可能であったといえる。したがって、適法
な手続きから不可避的に証拠を発見することが可能であったと認められ
るから、先行手続の重大違法は後行手続に承継されない。

8　よって、鑑定書は違法収集証拠とはいえず、証拠能力が認められる。

第2　設問2　捜査①について

1　捜査①は、捜査官の五官の作用によって物の形状、性質を把握する性質
のものであるから、検証（218条1項）として強制処分（197条1項ただし
書）にあたり⑥、令状なしに行っている点で令状主義（憲法33条、35条、
218条1項）に反し、違法ではないか。

2　強制処分（197条1項ただし書）とは、相手方の意思に反し、重要な権
利利益を実質的に侵害する処分をいう。

⑴　捜査①は、乙を思われる男性の許可をととることなく行っているか
ら、明示の承諾はない。また、喫茶店という開放性のある場所において
は、他人から一瞥されることは許容していることは通常であるが、撮影

⑤違法の重大性と、後
行手続への承継とを、
分けて検討している。

⑥捜査①のビデオカメ
ラ撮影が、検証の性質
を有することを指摘で
きている。

刑事系第2問＜刑事訴訟法＞

されることまでは許容していないと通常考えられるから、黙示の承諾も
ない。したがって、相手方の意思に反する。

(2)　捜査①は、乙とみられる男性のみだりに容貌、姿態を撮影されない権
利を制約するが、撮影は店長の承諾を得たうえで、男性から少し離れた
席から、約20秒程度行われたに過ぎず、「住居、書類及び所持品」（憲法
35条1項）に準ずる私的領域に侵入されない権利が侵害されたとまでは
いえない。したがって重要な権利利益を実質的に侵害したと認められな
い。

(3)　したがって、捜査①は強制処分にあたらない。

3　任意処分（197条1項）であっても、捜査比例の原則から、捜査の必要
性、緊急性を考慮し、具体的状況のもとで相当性が認められる場合に適法
といえる。

(1)　捜査①は、乙とみられる男性の首にタトゥーがあるかを確認する目的
で行われている。乙の首右側には小さな蛇のタトゥーがあることから、
タトゥーが入っているか否か及びその形状を確認できれば、男性が乙で
あると特定することができることから、目的は正当である。そして、本
件アパート201号室の玄関ドアが見える行動上において張り込みを行っ
たが、タトゥーは小さいため確認することができなかったと考えられる
からビデオカメラを用いる必要があったといえる⑦。したがって、捜査の
必要性が認められる。

(2)　捜査①は、喫茶店という誰もが出入りする場所において、同店店長の
承諾を得た上で行っているし、男性から離れた席から約20秒間という
わずかな時間飲食する様子を撮影したに過ぎないから、捜査の必要性に
照らして、侵害される男性のプライバシーの権利は小さいといえる。し
たがって、具体的状況のもとで相当性が認められる。

(3)　よって、捜査①は、任意処分（197条1項）として適法である。

第3　設問2　捜査②

1　捜査②は、強制処分である検証（218条1項）として、令状なしに行っ
ている点で令状主義（憲法33条、35条、218条1項）に反し、違法ではな
いか。強制処分にあたるかは上述の判断基準に従う。

2(1)　捜査②は、乙とその他の男性らの明示の承諾を得ることなく行われて
いる。そして、公道から見られることは想定しているが撮影されること
までは通常承諾しないと考えられるから、黙示の承諾もない。したがっ
て、乙とその他の男性らの意思に反する。

(2)　捜査②は、たしかに反対側のビルの部屋の公道側の窓から見通せる本
件アパート201号室の玄関ドアや共用通路を撮影しただけであるから、
プライバシー侵害の程度は小さいようにも思える。しかし、映像には玄
関内側や奥の部屋に通じる廊下が映り込んでいたのであるから、「住居、
書類及び所持品」（憲法35条1項）に準ずる私的領域に侵入している
といえる。さらに、撮影期間は10月3日から12月3日という2か月に及

⑦首右側の小さな蛇の
タトゥーの有無を確認
するため、ビデオカメ
ラ撮影を行う必要があ
ることを論じている。

449

び、毎日24時間撮影が継続されていたのであるから、乙らの行動が常に把握されている状態であったといえるため⑧、私的領域に侵入されない権利が侵害されていると認められる。

3　よって、捜査②は強制処分に至っており、令状なしに行っている点で、令状主義（憲法33条、35条、218条1項）に反し違法である。

以上

（3,581字）

⑧撮影②が乙らに与える影響について、説得的な評価を加えることができている。

◆総評◆

　出題趣旨で挙げられている項目について、概ね的確に検討することができている。問題文の所在を示した上で具体的な検討に入るという方法を採っており、構成が把握しやすい答案になっている。

刑事系第2問＜刑事訴訟法＞

答案③（順位ランクA、130.60点、系別127位、論文総合442位）

第1　設問1
1　所持品検査は適法であるか。
　(1)　所持品検査は、口頭による質問の効果をあげる上で有効性の認められる行為であるから、職務質問に付随して行う場合がある。そして、任意手段である職務質問の付随行為として許容されるものであるから、所持人の承諾を得て行うのが原則である①。

　　　もっとも、行政警察上の作用であって、流動する各般の警察事象に対応して迅速適正にこれを処理すべき行政警察の責務に鑑みるときは、捜索に至らない程度の行為は、強制にわたらない限り許される場合がある。この場合でも、警察比例の原則から、必要性、緊急性、これによって害される個人の法益と保護されるべき公共の利益との権衡などを考慮し、具体的状況の下で相当と認められる限度においてのみ許容される。

　(2)　Pはいきなり本件かばんのチャックを開け、その中に手を差し入れ、その中をのぞき込みながら在中物を手で探っており、プライバシーを大きく侵害するものであるところ捜索に至るものである。

　(3)　よって、所持品検査は違法である。

2　上記違法により、鑑定書の証拠能力が否定されるか。

　(1)　証拠収集手続の先行手続に違法がある場合、司法の廉潔性維持、適正手続の保障（憲法31条）、将来における違法捜査の抑止の観点から証拠能力を否定すべきである。しかし、かかる場合もその証拠価値自体は変わらない。そこで、①証拠収集手続の先行手続に令状主義の精神を没却するような重大な違法があり、かつ、②それを証拠として許容することが将来における違法捜査抑止の観点から相当でない場合には、証拠能力が否定される。

　(2)　Pの行った所持品検査について上記違法がある。確かに、同所持品検査は、捜索差押許可状を得て行うべき捜索には至っておらず、任意の手段としての相当性を欠いたにとどまる。しかし、上述の通り、同所持品検査による甲のプライバシー制約の程度は、捜索に類するまでに達していた。そして、Pは何らの令状なく同所持品検査を行った。そうすると、上記違法は令状主義の精神を没却するような重大な違法といえる（①）②。

　　　また、確かに、被疑事実は覚醒剤所持という密行性の高く、証拠確保の困難な犯罪であるから、鑑定書の証拠価値は高い。さらに、Pは、上記所持品検査を経て作成された捜査報告書①、②を疎明資料として本件かばん等に対する捜索差押許可状を取得し、その捜索差押えを実行した結果、本件封筒及びそれに入った覚醒剤の結晶入りのポリ袋を発見し、その鑑定にかかる鑑定書を取得している。本件かばんにかかる捜索差押えは捜索差押許可状に基づき行われており、その発付に際し裁判官によ

①職務質問を規定した警職法2条1項の条文を挙げることができれば、なお良かった。

②Pの行為に重大な違法があったことを認定している。

451

る令状審査を経ているから、上記所持品検査の違法性は希釈化されているとも思える。しかし、疎明資料となった注射器発見の経緯に関する捜査報告書②には、Pが本件かばんの中に手を入れて探り、書類の下から同注射器を発見して取り出したという上記違法な事実が記載されていなかった。そのため、令状裁判官は十分な資料のもと令状審査を行えておらず、上記違法性の希釈化は認められない。そして、上記違法な所持品検査が行われたからこそ、注射器が発見され、上記捜索差押えが実現し、鑑定書が作成されることとなったから、上記所持品検査と鑑定書は密接に関連している③。以上からすれば、鑑定書を証拠として許容することは相当でない（②）。

③**違法性の希釈化が認められないことについて、説得的に論じている。**

(3) よって、鑑定書の証拠能力は認められない。

第2　設問2

1　捜査①

(1) 捜査①は強制処分（197条1項但書）にあたり、令状なく行われている点で令状主義（憲法35条1項、法218条1項）に反し違法ではないか。

ア　強制処分とは、①相手方の明示又は黙示の意思に反して行われ、②その重要な権利利益の制約を伴う処分をいう。

イ　捜査①は、喫茶店店長の承諾を得て行われているから同店長の意思には反しないが、乙はこれを拒むと考えられるから。乙の黙示の意思に反する（①）。

　捜査①は、喫茶店において、乙の首右側やその椅子に座って飲食する姿を撮影するものである。喫茶店は、誰でも自由に出入りすることのできる場であって、喫茶店における姿は何人からも観察されうるものである。確かに、単に姿を他者に見られるよりも撮影される方がそのプライバシー制約の程度は大きい。しかし、上記の性格を有する喫茶店においては、自己の姿を他者に撮影されないというプライバシーの利益に対する期待は相当程度減少している。また、撮影対象となった乙の身体の部位も、首右側という、着衣によって隠されることのない、外部から容易に観察しうる箇所である④。そうすると、捜査①によって制約される乙の自己の姿を他者に撮影されないというプライバシーの利益は重要な権利利益とはいえない（②不充足）。

④**撮影対象となった乙の身体の部位に着目し、検討を加えている。**

ウ　したがって、捜査①は強制処分にあたらず、令状主義に反しない。

(2) もっとも、捜査①は任意捜査の限界を越え違法ではないか。

ア　捜査比例の原則（197条1項本文）から、任意捜査は、必要性、緊急性等を考慮して具体的状況のもと相当といえる場合に許容される。

イ　201号室は覚醒剤密売の拠点である疑いがあるところ、同室の賃貸借契約の名義人は乙であった。さらに、乙には覚醒剤所持罪の前科があり、その再犯可能性もある。そうすると、乙が201号室での覚醒剤密売に関与している疑いが強い。また、上述の通り、同室での覚醒剤密売は重大犯罪である上、組織的に大規模に行われているおそれもあ

り、真相解明の必要性が高度に認められる。そのため、乙が誰である
か特定する捜査上の要請が強い。そして、Pが本件アパートの張り込
みにおいて確認した、201号室に入って行った3名の男性のうち1名
の顔が乙の顔と極めて酷似していた。乙の首右側には小さな蛇のタ
トゥーという特徴的なタトゥーが入っていることが判明していたか
ら、同男性の首右側にタトゥーが入っているか否か及びその形状を確
認できれば、同男性が乙であると確認することができた。そのため、
乙の首右側を撮影する必要性が高かった。

捜査①は喫茶店の店長の承諾の上行われている。撮影時間も約20秒
間と短時間であって、乙の首右側を撮影するための必要最小限度にと
どめられている。また、確かに、捜査①の映像には、乙の後方の客と
いう本事件とは無関係の者の姿も映っているが、Pがかかる者をあえ
て撮影したものではなく、乙を撮影する上で不可避的に映像に入り込
んだにすぎない。そして、上述の通り、乙の喫茶店において姿態を撮
影されない利益に対する期待は相当程度減少している。

ウ　よって、捜査①は相当といえ、任意捜査として適法である。

2　捜査②

(1)　捜査②は強制処分にあたり、令状なく行われている点で令状主義に反
し違法ではないか。

ア　強制処分該当性は上述の基準で判断する。

イ　捜査②はビルの所有者及び管理会社の承諾を得て行われているか
ら、これらの者の意思には反しない。しかし、乙らは捜査②を拒むと
考えられるから、捜査②は乙らの黙示の意思に反する（①）。

捜査②の撮影対象は、201号室の玄関ドアやその付近の共用通路で
ある。同室の玄関ドアは公道側に向かって設置されていたから、上記
撮影対象は公道から容易に観察しうるものである。そのため、これを
撮影されないプライバシーの利益に対する期待は減少しており、重要
な権利利益の制約はないとも思える。

もっとも、捜査②で撮影された映像には、同室玄関ドアが開けられ
るたびに玄関内側や奥の部屋に通じる廊下（以下「内側」と総称する）
が映り込んでいた。確かに、内側が一度映像に写り込んだとしても、
それだけでは、内側の様子にかかる詳細な情報が取得されることはな
い。しかし、捜査②は、令和5年10月3日から同年12月3日までの
2ヶ月もの長期間の間、毎日24時間にわたって201号室の玄関ドア
を撮影し続けるものである。乙らは捜査②の撮影中に幾度となく201
号室を出入りし同玄関ドアを開けるのである。そうすると、捜査②に
よって、その出入りのたびに、反復継続的に内側が撮影され、内側の
様子に関する情報が累積する。これにより、Pは内側の様子に関し相
当具体的に認識することが可能になる⑤。内側は、外部からは観察され
ることのない場であって、乙らは内側の様子を他者により認識されな

⑤約2か月間にわたって24時間継続撮影するという方法を用いることの意味について、論理的かつ丁寧に分析することができている。

いことを期待しうる地位に立つ。そうだとすれば、捜査②は乙らの私的領域の相当深い部分にまで侵入するものといえる。そのため、捜査②は、乙らの内側の様子を他者に認識されないプライバシーの利益という重要な権利利益の制約を伴う（②）といえる。

ウ　したがって、捜査②は強制処分にあたる。

(2)　捜査②は、捜査員の五感の作用を通じて物、場所、人の性状を認識する処分として検証の性質を有するから、強制処分法定主義（197 条 1 項但書）には反しない。しかし、検証令状なく行われているので、令状主義（憲法 35 条 1 項、法 218 条 1 項）に反し違法である。

以上

(3,578 字)

◆総評◆

　　出題趣旨で挙げられている項目について、概ね言及することができている。問題文中の事実に対する分析が的確であり、文章も論理的で分かりやすく書けている。設問 1 について、所持品検査の適法性をもう少し丁寧に検討できればなお良かったと思われる。

刑事系第２問＜刑事訴訟法＞

答案④（順位ランクＡ、125.23点、系別214位、論文総合51位）

第１　設問１

1　鑑定書の証拠能力を論ずる前提として、事例２掲記の所持品検査の適法性を論じる。

(1)　警察官職務執行法（以下「警職法」とする）には、所持品検査の定めがないが、所持品検査は、職務質問（警職法２条１項）と密接に関連し、かつ、職務質問の効果をあげるうえで必要性、有効性の認められる行為であるから、職務質問に付随して行うことのできる場合がある①。

　　なお、本件では、甲は、覚せい剤の密売が行われているとの情報が寄せられている本件アパート201号室から出てきた人物から、本件封筒を受け取ったという「周囲の事情から」、「合理的に判断」して、現在覚せい剤を所持している可能性がある（覚醒剤取締法41条の２第１項違反）から、「何らかの犯罪を犯し」たと疑うに足りる「相当の理由」があり、職務質問の要件を充足するから、職務質問は適法である。

(2)　もっとも、所持品検査は任意手段である職務質問の付随行為として許容されるのであるから、所持人の承諾を得て行うのが原則であるが、所持人の承諾がない場合も、ⓐ捜索に至らない程度の行為は、ⓑ強制にわたらない限り、許容される場合がある。

(3)　本件で、甲の承諾はない。そこで、ⓐについて検討する。

　　警職法上の強制処分は、刑事訴訟法上の強制処分を基準とする（警職法２条３項）から、刑訴法上の捜索に当たるかで判断する。捜索とは、被処分者の意思に反して、対象物を網羅的に探索する行為をいう。そして、施錠されているものにつき、これを外して探索した場合、プライバシーの期待を大きく害し、施錠により示された拒絶の意思に反することとなるから、捜索に当たると解する。

　　本件では、本件かばんはチャックが閉められることにより施錠されていたところ、Ｐは、チャックを開けており、これに加え、かばんの中に入っていた書類を持ち上げて、その下にある注射器を発見している。そうすると、施錠を外しており、また、本件かばんを下まで網羅的に探索しているといえ、捜索に当たると評価できる（ⓐ不充足）②。

(4)　もっとも、所持品検査が、緊急逮捕と時間的に密接して行われており、実質的に緊急逮捕に伴って行われた捜索と同視しうる場合は、逮捕する場合の捜索（220条１項２号）として適法と解しうる（判例）。しかし、本件では、所持品検査後に、緊急逮捕が行われたとの事情は見受けられないから、例外的場合に当たらず、適法となりえない。

(5)　したがって、本件の所持品検査は、許容されるものとは言えず、違法である。

2(1)　もっとも、当該証拠を収集する手続に違法があっても、証拠自体の価

①警職法２条１項の条文に言及した上で、所持品検査が許される理由を述べている。

②捜索に当たるとの評価をしている。

455

値に変化はないから、証拠能力は否定されないとも思われる。しかし、適正手続の要請（日本国憲法（以下「憲法」とする）31条）、司法の廉潔性の維持、将来の違法捜査抑止の要請から、違法に収集された証拠を排除すべき場合が認められると解すべきである。

　そこで、①証拠収集手続に、令状主義の精神を没却するような重大な違法が存在し、②将来の違法捜査抑制の見地から証拠の許容が相当でない場合には、違法収集証拠の証拠能力が否定されると解する。

　具体的には、①違法の重大性については、ⓐ手続違反の程度、ⓑ違反時の状況、ⓒ捜査機関の令状主義の潜脱の意図を考慮する。②排除相当性については、（違法な）先行手続と証拠との密接関連性（因果性）などを考慮する。なお、ここで、鑑定書は、違法な所持品検査により作成された捜査報告書①・②を疎明資料として許可された捜索により得られた本件封筒在中の結晶についてのものであり、いわゆる二次証拠であるところ、二次証拠については、事件の重大性を考慮するものとする見解がある。しかし、事件が重大であっても、違法の程度が重大であり、将来の違法捜査抑制などの観点から排除しないことが相当でないのであれば、排除すべきであるから、これを考慮すべきではない。

(2)　本件について検討する。

　ア　①について検討する。

　　たしかに、甲は、異常に汗をかき、目をきょろきょろさせ、落ち着きがないなど、覚せい剤常用者の挙動を見せており、所持品検査の必要性と緊急性が認められる状況であった（ⓑ）。そして、ⓐについて、チャックは、施錠としては不十分で、捜索に至っているとしても、その違法の程度は大きくないとも思われる。

　　しかし、判例が、違法な所持品検査について、違法の程度が小さいと評価したのは、承諾なくポケットの内側に手を突っ込んで在中物を取り出した事案であるところ、本件では、本件書類を持ち上げるなどして、本件かばんの下まで網羅的に探索行為が行われており、判例の事案とは態様が大きく異なり、違法の程度は大きいと評価せざるを得ない（ⓐ）。

　　また、捜査報告書①は、真実がありのままに書かれているのに対し、捜査報告書②には、Ｐが本件かばんの中に手を入れて探り、注射器を発見したという、所持品検査の違法性を基礎づける点が記載されていない。そうすると、Ｐは、かかる行為が違法であることを、捜査報告書②を作成したときに認識しており、これが令状裁判官に発覚しないよう、記載しなかったものと考えられるから、所持品検査を行った時点でも、かかる所持品検査が令状主義に反する違法なものであることを知ったうえで、あえて検査を行ったものと推認される（ⓒ）。

　　したがって、違法の重大性が肯定できる（①充足）。

　イ　②について検討する。

刑事系第2問＜刑事訴訟法＞

たしかに、所持品検査の後、本件かばんの捜索について令状審査を経ており、先行手続と証拠の因果性が希釈されているとも考えうる。しかし、限られた疎明資料のみから判断しなくてはならない令状審査によって、先行手続の違法を発見するのは困難であり、疎明資料に虚偽がある場合はなおさらである。そうすると、令状審査を経たからと言って、先行手続の違法性が洗い流されたと考えることは困難であるから、司法審査を経たことを、因果性を希釈化する事情として考慮することはできない[3]。

そして、本件では、所持品検査によって作成された捜査報告書①・②によって、本件かばんの捜索差押許可状が発布され、それに基づく捜索により、本件封筒、および、その中の結晶が発見され、その鑑定により、鑑定書が作成されている。そうすると、鑑定書の作成には、違法な所持品検査以外の証拠が介在しておらず、因果性を希釈すべき事情は存しないといえる。

したがって、先行手続と証拠との間の密接関連性が肯定でき、排除相当性が認められる（②充足）。

3　したがって、鑑定書は違法収集証拠として排除されるべきであり、証拠能力は認められない。

第2　設問2

1　捜査①について

(1)　捜査①は、「強制の処分」（刑事訴訟法197条1項但書、以下法文名省略）に当たるか。当たる場合、捜査①は、五官で対象物の性質を認識するという点で検証の性質を有するところ、検証許可状の発付を受けていないから、令状主義（憲法35条）に反し、違法である。

ア　「強制の処分」とは、強制処分法定主義と令状主義の両方の厳格な規制に服させる必要のあるものに限定されるべきであるから、①個人の明示または黙示の意思に反し、②重要な権利を実質的に制約する手段をいうと解する。

イ　捜査①について検討する。

捜査①は、ビデオカメラによって、乙を撮影するというもので、明示の承諾はなく、もし乙がそのことを知っていれば拒否したであろうと考えられるから、黙示の意思に反する（①充足）。

もっとも、撮影が行われたのは、喫茶店という、他人が自由に出入りできる場所である。判例は、パチンコ店における撮影について、通常、人から容貌を観察されることを受忍せざるを得ない場所であり、人から容貌を観察されないというプライバシーの要保護性は低いと解しているところ、喫茶店も、人から見られることを受忍せざるを得ない場所である点で同じであるから、プライバシーの要保護性は低いと解するべきである。そうすると、重要な権利を実質的に制約するものとはいえないと評価できる（②不充足）。

③因果性が希釈化されないことについて論じている。

457

したがって、捜査①は、強制の処分に当たらない。

(2)ア　捜査①が強制の処分ではないとしても、任意処分として、「必要」な
　　　範囲でなければならない（197条1項本文）。具体的には、①撮影する
　　　合理的な理由の存在、②証拠保全の必要性・緊急性があること、③撮
　　　影方法が、一般的に許容される限度を超えないことを満たす場合に
　　　は、必要性が認められると解する。なお、①について、現行犯または
　　　準現行犯的状況であることを要求する見解があるが、かかる場合は、
　　　撮影する合理的な理由のある場合の一例にすぎず、常に現行犯的状況
　　　にあることまでは要求されないと解する。

　イ　本件について検討する。

　　　まず、乙とされる人物は、覚醒剤の密売が行われているという情報
　　のある本件アパート201号室に出入りしており、同室の名義人である
　　乙は、覚せい剤取締法違反の前科があることから、乙とされる人物が
　　乙であれば、覚せい剤取締法違反の嫌疑が存在するといえる。同法違
　　反は重大な犯罪である。そして、捜査①の段階では、201号室の名義
　　人である乙と、部屋に出入りする人間の同一性が確認できていないの
　　であるから、タトゥーを確認することで、同一性を確認するという撮
　　影の理由があるといえる。特に、首元のタトゥーは、角度によっては
　　見えにくいことから、一瞬を切り取った写真ではなく、動画によって
　　継続的に撮影することで、よく見えるようにすべき点で、動画によっ
　　て撮影する理由も認められる（①）④。

　　　次に、次に乙とされる人物が現れるのはいつか分からず、また、喫
　　茶店に座っているという、動きの少ない場面に遭遇することができる
　　かは不明であることから、証拠保全の必要性・緊急性が認められる
　　（②）。

　　　最後に、③について、撮影は、少し離れた場所から、20秒という短
　　い時間のみ撮影を行うものであり、乙とされる人物のプライバシー侵
　　害の程度は小さいから、一般的に相当といえる限度といえる。なお、
　　喫茶店（の店主）のプライバシーおよび、後方に移りこんだ客のプラ
　　イバシーを侵害しており、許容されないとも思われるが、喫茶店の店
　　主については、同意が得られており、プライバシー侵害が観念できな
　　いし、後方の客については、乙とされる人物以上に距離が離れている
　　ことに加え、喫茶店は、一般に人から容貌を観察されることを受忍せ
　　ざるを得ない場面であるから、なお相当といえる限度といえる。

　　　以上より、捜査①は、任意捜査としても必要性が認められ、適法で
　　ある。

2　捜査②について

(1)　捜査①同様、「強制の処分」でないかが問題となる。

　ア　本件でも、乙らがこのことを知れば拒否したであろうと考えられる
　　から、黙示の意思に反する（①充足）。

④写真ではなくビデオ
カメラ撮影を行うこと
の必要性を論じること
ができている。

刑事系第2問＜刑事訴訟法＞

イ　では、重要な権利を実質的に制約するといえるか。

　　　この点について、撮影の対象は、玄関ドアやその付近の共用通路であり、捜査①と同様、他人から観察されることを受忍せざるを得ない場所であるから、プライバシーの要保護性は低いとも思われる。

　　　しかし、第1に、本件の撮影では、ドアが開けられるたびに、玄関の内側や、奥の部屋に通じる廊下が映りこんでおり、これらは私的領域に属する空間であるから、捜査①とは異質のプライバシー侵害が生じている。もっとも、これらの空間は、ドアが開けられるたびに、外部からみられることをある程度は受忍せざるを得ない場所であるから、私的領域に属するとは言え、その要保護性は、外から全く見ることのできない空間と比べ低いといえ、これのみで重要な権利性を認めることはできない。

　　　第2に、本件では、10月3日から12月3日まで、2か月という長期にわたって撮影が行われている。そうすると、乙らの行動が、長期間にわたって網羅的に把握できるから、得られた行動などの情報を総合することで、行動習慣や、行動から推知できる思想・信条など、個人の内面を推認することが可能となる。そうすると、個人のプライバシーをより一層侵害するものといえそうである。しかし、本件で撮影されているのは、ドア付近にすぎず、乙らの行動のごく一部を把握するに過ぎないから、上記のおそれは大きくなく、重要な権利を実質的に制約するとまでは言えない。

　　　したがって、②を充足しない。すなわち、「強制の処分」には当たらない。

(2)　では、任意処分として「必要」性が認められるか。

ア　覚醒剤取締法違反の嫌疑があること、それが重大犯罪であることは、捜査①と同様である。そして、覚醒剤取締法違反は組織的に行われることが多いから、乙とその他の男性らの共犯関係や覚せい剤の搬入状況を把握する必要があり、共謀や覚せい剤の搬入は、人目を避けて行われることが予想されるから、一日中撮影をすることで、そのような場面を確認する必要がある。したがって、撮影する合理的な理由があるといえる（①）。

イ　次に、共謀や覚せい剤の搬入や、乙らの犯罪を立証する証拠となるから、証拠保全の必要性・緊急性も肯定できる（②）。

ウ　最後に、撮影方法が、一般的に許容される相当な限度を超えていないといえるか。

　　　たしかに、上述のように、毎日24時間の撮影をする必要があり、また、撮影場所は、ドア及び共用部分、さらに、ドアを開けた際に見える玄関内部や奥の部屋に通じる廊下であり、プライバシーの要保護性は低いとも言える。しかし、玄関ドアの前には公道があり、また、公道が見通せる位置に腰高窓が設置されていたことから、公道上で張り

⑤玄関ドアの開閉に伴って住居の内部が見えてしまっている点について、その意味を分析することができている。

459

込んで、部屋の様子を観察することは難しかったのであるから、部屋に出入りする者にとっては、玄関付近や玄関内部を観察されないという期待が強かったといえる⑤。それにもかかわらず、捜査②では、向かいの建物の２階から撮影することで、玄関などの撮影を行っており、かかる期待を害している程度は大きい。

　また、ビデオ撮影は、24時間間断なく行われており、先述のように、モザイク的に情報を収集することで、プライバシーを侵害する可能性があるところ、２か月のうち、乙らの行動が一定程度把握できた段階などで、捜査を継続するか検討したとの事情は見受けられず、さらなるプライバシー侵害を回避しようとはされていない。

　以上を総合すると、撮影方法は、被処分者の期待やプライバシーを害し、一般に許容される相当な限度を超えたものと評価すべきである（③）。

エ　以上より、捜査②は必要なものといえず、違法である。

以上
（5,792字）

◆総評◆

　出題趣旨で挙げられている項目について、ある程度言及することができている。問題文中の事案に対する独自の分析ができており、思考力の高さをうかがわせる。

刑事系第2問＜刑事訴訟法＞

答案⑤（順位ランクA、116.86点、系別535位、論文総合850位）

第1　まず、手探りで本件カバンの中身を探った行為について、職務質問に
　　伴う所持品検査として適法といえるか。
1　　甲は、覚せい剤の密売が行われているとの情報がある本件アパートの
　201号室から出てきて、不審な封筒のやり取りを行っていることから、覚
　せい剤取締法違反についての相当な嫌疑があり、「犯罪を…犯そうとして
　いると疑うに足りる相当な理由のある者」（警察職務執行法2条1項）とい
　え職務質問自体は適法である①。
2　では、職務質問に付随して行われた所持品検査は適法か。
　(1)　所持品検査は、職務質問の効果を上げる上で職務質問の付随的行為と
　　して許されうる。
　　　そして、所持品検査は、任意手段である職務質問の付随行為として許
　　容されるのであるから、原則として、所持者の承諾を得て行うべきであ
　　る②。
　　　しかし行政警察目的の観点から、承諾のない所持品検査は一切許され
　　ないとするのは妥当ではない。
　　　そこで、捜索に至らない程度の行為は、強制にわたらない限り許容さ
　　れうるのであり、所持品検査の必要性、緊急性、これによって害される
　　個人の法益と保護されるべき公共の利益との権衡などを考慮し、具体的
　　状況のもとで相当と認められる限度において許容される。
　　　そして、強制にわたるか否かは、強制処分（刑事訴訟法197条1項但
　　し書き）と同様に解すべきであり、相手方の明示または黙示の意思に反
　　して相手方の重要な権利利益を実質的に侵害する行為をいう。
　(2)　本件では、甲の許可なくかばんのチャックを開け、手を差し入れ、中
　　身を探っている。甲は明示的に拒否をしているわけではない。しかし鞄
　　の中身を許可なく他人に見られ、加えて中身を探られることは、通常鞄
　　の持ち主の意思に反する行為であるといえる。したがって、合理的に推
　　認できる甲の意思に反するため、黙示の意思に反するといえる。
　　　そして、甲は鞄の中身をみだりに探られない自由、すなわちプライバ
　　シー権を有しているといえる。かかる自由は重大であり、本件ではPは
　　逃げる甲を追いかけながら、突然本件カバンのチャックを開け、許可な
　　くその中に手を差し入れ、その中をのぞきこみながら在中物を手で探っ
　　ているため、かかる自由を実質的に侵害しているといえる。
　　　したがって強制処分である捜索にあたる。任意的な荷物検査にとどま
　　らず、令状なく捜索をしていることから、違法な捜索といえる。
3　では、違法収集証拠排除により、証拠能力が否定されないか。
　(1)　適正手続（憲法31条）、将来の違法捜査の抑止、司法の廉潔性の観点
　　から、違法に収集された証拠の証拠能力は否定されうる。

①職務質問（警職法2
条1項）として適法で
あることを、簡潔に述
べている。

②所持品検査の原則論
を述べている。

461

ただし、軽微な違法があった場合にまで証拠能力を否定すると、あまりに真実発見の要請（1条）に反する。

　そこで①証拠物の押収等の手続に令状主義の精神を没却するような重大な違法があり、②証拠として許容することが将来における違法捜査抑止の見地からして相当でないと認められる場合に証拠能力が否定される。

(2)ア　捜査報告書①について検討する。

　捜査報告書①は、Ｐが甲に職務質問を実施した経緯に関するものであり、違法な捜索について記載されたものではないから、違法性があるとは言えない（①不充足）。

イ　捜査報告書②について検討する。

　捜査報告書②は、注射器発見の経緯について記載されたものであるが、Ｐによる違法な捜索があったことで注射器が発見されたのであり、かかる捜索と捜査報告書②は密接な関連性がある。そして、本来は令状を必要とする強制処分について、令状なく行われていることから、令状主義を没却するような重大な違法があったといえる。したがって、報告書②についてもかかる重大な違法があるといえる（①充足）。

　そして、捜査報告書②について、Ｐが本件カバンの中に手を入れて探り、書類の下から同注射器を発見して取り出したことは記載されておらず、違法な捜索の隠蔽がなされている。かかる隠蔽を証拠として許容することは将来における違法捜査抑止の見地から相当ではない（②充足）。

　以上より、捜査報告書②については証拠能力が認められない。

4　では、捜査報告書②を疎明資料として捜索が行われ、その結果として覚せい剤が差し押さえられ、その覚せい剤の鑑定書が作成されたが、かかる鑑定書にも違法性があるのではないか。いわゆる毒樹の果実が問題となる③。

(1)　派生的証拠の証拠能力の有無は、両証拠間の関連性の程度、証拠の重要性、事件の重大性等諸般の事情を総合的に考慮して判断する。

(2)ア　まず、両証拠間の関連性について、確かに本件覚せい剤が発見されるに至った捜索は捜査報告書①②を疎明資料として発布された令状により行われた。

　しかし、上述より違法である捜査報告書②だけが疎明資料として使われたわけではない。そして、捜査報告書①の内容だけでも、甲が密売拠点と疑われる本件アパートから出てきた人物から封筒を受け取ったことや、甲に覚せい剤取締法違反の前科があること、甲が覚醒剤常用者の特徴を示していたこと等が記載されており、これだけでも、甲を覚せい剤所持の嫌疑があるとして令状を発布することは可能である。

　したがって、捜査報告書②が無ければ令状の発布がなされなかった

③毒樹の果実論から検討する立場を採っている。

刑事系第２問＜刑事訴訟法＞

とはいえないから、②を疎明資料にしたことと、本件鑑定書の関連性
は薄いといえる。
イ　次に、覚せい剤の鑑定書は、甲の覚醒剤売買・所持を確定づける決
定的な証拠であり、重要性が高い。甲の覚せい剤使用が確定すれば芋
づる的に覚せい剤使用の罪について捜査をすることができる点につ
いても重要性が高いといえる。
ウ　また、覚醒剤についての犯罪は、密行性、組織性が高い。そして、
覚せい剤使用による懲役 10 年以下が課せられることから、重大な事
件といえる。
　　以上より、関連性が薄く、事件の重大性、証拠としての必要性が大
きいことから、本件鑑定書は違法な証拠として排除されず、証拠能力
は認められるといえる。
第２　捜査①について
１(1)　捜査①が強制処分にあたる場合、令状主義（憲法）、強制処分法定主義
の観点から問題になりうる。捜査①は強制処分にあたるか。
(2)　強制処分は要件・手続が極めて厳格に定められていることに照らし、
それに見合う処分であることを要し、相手方の明示又は黙示の意思に反
して重要な権利利益を実質的に侵害する処分をいう。
(3)　まず、捜査①における撮影は乙に無断で行われており、通常自身の姿
を無断で撮影する、その人の意思に反する行為といえるから、本件撮影
は合理的に推認される乙の意思に反する。したがって、乙の黙示の意思
に反するといえる。
　　そして、乙は自身の姿をみだりに撮影されない自由、すなわちプライ
バシー権を有しているといえる。しかし、誰からも見られることが想定
されているような喫茶店では、プライバシーの権利の要保護性が低いと
いえる。プライバシー権保護に対する期待が減少しているからである。
　　したがって、捜査①により、乙の重要な権利利益を実質的に侵害して
いるということはできないから、強制処分にはあたらない。
２　では、任意処分として適法か。
(1)　任意処分といえども、捜査比例の原則（197 条１項本文）からの制約
に服する。具体的には、必要性、緊急性などを考慮した上で、具体的状
況のもとで相当と認められる限度でのみ適法といえる。
(2)ア　まず、本件事件は覚せい剤取引法違反に関するものであり、密行性、
組織性が高い。加えて、10 年以下の懲役にあたりうることから、重大
な事件といえる。
　　そして、覚せい剤取引の情報がある本件アパート 201 号室の賃貸借
人が乙の名義であり、乙には覚せい剤取締法違反の前科があることか
ら、乙が覚せい剤の違法取引等を行っている嫌疑は高いといえる④。
　　また本件アパートに出入りしていた男も、情報があるアパートに出
入りしている以上事件に関連している嫌疑があり、そしてかかる男と

④乙の嫌疑が高い理由
について、説明できて
いる。

463

乙の顔と極めて酷似している。乙の特徴である首右側の小さな蛇のタトゥーがあれば、かかる男が乙であると特定することができることから、特定した証拠として、同男性の首を撮影して映像として残す必要性は高いといえる。

イ　そして、上述のように公の場である喫茶店で撮影しているにすぎず、乙もプライバシー権を有しているとしても、その要保護性は低い。また、撮影した映像は 20 秒間と短時間であり、利益の侵害の程度も重大ではない。

ウ　以上より、捜査の必要性が、捜査による被侵害利益の程度を上回っていることから、相当性が認められる。したがって、捜査①は任意捜査として適法である。

第3　捜査②について

1　捜査②は強制処分に当たらないか。上述と同様の基準で判断する。

　　まず、本件アパート 201 号室の出入り口付近を撮影することについて、通常自身が出入りする家の出入り口を監視されることは意思に反するといえるから、合理的に推認される乙の意思に反する。したがって、乙の黙示の意思に反するといえる。

　　そして、乙は本件アパート 201 号室に出入りする様子をみだりに見られない自由、すなわちプライバシーの権利を有しているといえる。もっとも、201 号室の玄関ドアは公道側に向かって設置されており、かかるドアから出入りする様子は公道側に公開されているといえる。したがって、やはり公道から見られることが想定される以上、プライバシー保護への期待が低く、プライバシーの要保護性は低いといえる。

　　以上より、捜査②は乙の重要な権利利益を実質的に侵害するものではないから、強制処分にはあたらない。

2　では、任意処分として適法ではないか。上述と同様の基準で判断する。

(1)　上述の通り、本件事件は重大であり、乙とその他の男性らとの共犯関係、覚せい剤の搬入状況などの組織的な覚せい剤密売の実態を明らかにするために、覚せい剤の密売が行われているとのうわさがある本件アパート 201 号室の出入り状況を監視する必要性があるといえる。そして、公道上から監視すると同室に出入りする人物に気が付かれてしまうことから、向いのビルの部屋から監視をする必要性もあるといえる。

(2)　もっとも、公道上であれば、同室に出入りする人物が気が付くこともあり、同室の出入り状況を常時監視することはできない。公道上から見られることに比べ、向いの部屋から常時監視される方が被侵害利益は大きいといえる。公道上から見られるとしても、公道を通行する者が通りすがりに見るに過ぎないからである。

　　そして監視の形態としても 3 か月間、毎日 24 時間、継続的に撮影し続けていることから、侵害態様として侵害の程度が大きいといえる[5]。

(3)　以上より、捜査②の必要性に照らしても、被侵害利益の程度が大きく、

[5]期間の長さだけでなく、そのことが乙らに与えうる具体的な影響についても論じられるとなお良かった。

刑事系第２問＜刑事訴訟法＞

相当性に欠けるから、捜査②は任意処分として適法とはいえない。

以上

（4,288 字）

◆総評◆

出題趣旨で挙げられている項目について、一定程度言及することができている。本問ならでは具体的な分析ではなく一般論にとどまっていた部分が多く、その点を改善すればより点数が伸びたものと考えられる。

答案⑥ (順位ランクB、111.06点、系別755位、論文総合319位)

第1　設問1

1　本件かばんの所持品検査により注射器が発見され、それを内容とする捜査報告書を疎明資料として捜索差押許可状が発付され、本件かばんから白色結晶入りのチャック付きポリ袋が発見され、これが覚醒剤である旨の鑑定書が作成されている。よって、鑑定書の証拠能力を検討するためには、まず所持品検査の適法性から検討する必要がある。

2　Pは本件かばんの所持品検査をしている。

　　所持品検査は口頭による質問と密接に関連し、かつその効果を高めるために必要かつ合理的なものであるから、職務質問に付随する行為として許容される。

　　よって、まず職務質問の要件（警察官職務執行法2条1項）を満たす必要がある。

⑴　甲は覚醒剤の密売が行われているとの情報があった本件アパート201号室から出てきた人物と接触し、本件封筒を手渡されこれを本件かばんに入れて持ち歩いているから、本件封筒の中には覚醒剤が入っているのではないかという疑いがある。また、甲は覚せい剤取締法違反（使用）の前科があることが判明していること、甲が以上に汗をかき目をきょろきょろさせ落ち着きがないなど、覚醒剤常用者の特徴を示していたことからすると、「異常な挙動その他周囲の事情から合理的に判断して何らかの犯罪を犯していると疑うに足りる相当な理由」があるといえる。

　　よって、要件を満たしPは甲を「停止させて質問することができる」。

⑵　所持品検査は相手方の任意の協力により可能となるものだから（同1条2項参照）、その承諾を得て行うのが原則である。

　　甲はPが封筒の中を見せるよう言うといきなりその場から走って逃げ出したこと、Pが追いついた時にも「何で追いかけてくるんですか。任意じゃないんですか。」と言っているから、Pが本件かばんの中を検査することを承諾していない①。

> ①甲の同意がないことの認定は、もう少し簡潔で良かったものと考えられる。

⑶　もっとも、承諾がなくても、捜索に至らず、強制にわたらない行為は、許容されると解する（2条3項）。

　　捜索とは、証拠物の発見を目的とする強制処分である。

　　Pはいきなり本件かばんのチャックを開け、その中に手を差し入れ、その中を覗き込みながらその在中物を手で探っている（以下、「本件所持品検査」という。）が、中身が見えないようにしたいという甲の意思を尊重すべき対象物を開け、その中を覗き込むほか手で探る行為は覚醒剤の発見を目的としており、捜索にあたる。

　　よって、Pの上記行為は同法2条3項に反し違法である。

3　そして、本件所持品検査により注射器を発見したことを内容とする捜査

刑事系第2問＜刑事訴訟法＞

報告書①②を疎明資料として、捜索差押許可状を得て、捜索差押を行った。

(1) 違法な先行手続がある場合、先行手続と後行手続が同一の目的を有し、かつ後行手続が先行手続を直接利用しているときは、後行手続に違法性が承継されると解する②。

②違法性の承継論に言及していると思われる。

(2) 捜索差押自体は令状発付を受けて行なっており適法である。もっとも、所持品検査の違法性を承継しないか。

本件所持品検査も捜索差押も甲を覚醒剤取締法違反の事実で逮捕するためのものであり、同一の目的を有する。

また、捜索差押の令状は捜査報告書①②を疎明資料として発付されている。捜査報告書①には、覚醒剤の密売拠点と疑われる本件アパートから出てきた人物から甲が本件封筒を受け取って本件かばんに入れたこと、甲には覚醒剤取締法違反（使用）の前科があること、甲が覚醒剤常用者の特徴を示していたこと及び甲は本件封筒の中を見せるように言われると逃げ出したことが記載されていた。また、捜査報告書②には、本件かばんのチャックを開けたところ注射器が入っていた旨記載されていたが、Pが本件かばんの中に手を入れて探り書類の下から同注射器を発見して取り出したことは記載されていなかった。とすると、令状裁判官は本件所持品検査の違法性を知ることができず令状を発布したといえるから、本件所持品検査を直接利用して捜索差押がされたといえる。

以上から、捜索差押は違法である。

4 もっとも、証拠の収集手続が違法であるとしても、証拠物の証明力には影響を及ぼさないから、全ての証拠の証拠能力を否定することは真実発見の要請（刑事訴訟法1条、以下法文名は省略する。）に反する。

一方で、全ての証拠を採用することは、適正手続の要請（憲法31条）、司法の廉潔性、将来の違法捜査抑止の観点から妥当ではない。

よって、①証拠の収集手続に令状主義の精神を没却するような重大な違法があり、②それを証拠として採用することが将来の違法捜査抑制の見地から相当でないといえる場合に、証拠の証拠能力を否定すべきである③。

③違法収集排除法則についての判例（最判昭53.9.7、百選88事件）の規範を挙げている。

(1) 捜索差押により白色結晶入りのチャック付きポリ袋（証拠）が発見された。

(2) ①は、捜査官の主観的意図から判断する。

Pは、本件所持品検査が違法であることを認識しながらあえて捜査報告書②にはその事実を記載しなかったから、捜査官の法遵守の態度がなく、法潜脱の意図すら見られ悪質である。よって、①を満たす。

(3) ②は、違法の重大性、証拠の必要性から判断する。

確かに、本件かばんから覚醒剤が発見されれば、甲を覚醒剤取締法違反（所持）で現行犯逮捕できるから、証拠は極めて重要である。

もっとも、Pの主観的意図は悪質で、手続の違法性の程度は高いと言わざるを得ない。よって、②も満たす。

以上から、白色結晶入りチャック付きポリ袋の証拠能力は否定すべき

467

である。

(4) 鑑定書は白色結晶を覚醒剤である旨を内容とするものであって、白色結晶の証拠能力があることを前提とするものだから、鑑定書の証拠能力は認められない。

第2 設問2

1 捜査①の適法性

(1) 捜査①は「強制の処分」(197条1項但書)にあたらないか。これにあたれば「この法律に特別の定」がなく違法とならないか。

「強制の処分」は、強制処分法定主義と令状主義の両面にわたる厳格な法的制約に服させる必要のあるものに限定すべきである。よって、「強制の処分」とは、個人の意思を制圧し、身体・住居・財産等の重要な権利利益を侵害する処分をいう。相手方の承諾がなくその意思に反することは強制処分である以上、当然の前提である。また、身体(憲法33条)、住居・財産(憲法35条)等が保障する重要な法的利益を保護すべきであるからである。

ア 対象者の知らない間に処分を行う場合も、対象者が処分の存在を知れば当然に拒否すると考えられる場合には、明示的に反対の意思を表明した場合と価値的に何ら異なるところがないから、合理的推認される個人の意思に反する場合も「個人の意思を制圧」するといえる。

乙はビデオカメラによって自分が撮影されていることを知らないが、知れば当然に拒否すると考えられ、捜査①は合理的に推認される乙の意思に反するといえ、「個人の意思を制圧」している。

イ 捜査①は、みだりに自分の容貌・姿態を撮影されない自由を侵害する。もっとも、捜査①は喫茶店という自分の容貌等を不特定多数の他人から見られることを受忍すべき場所において、乙の様子をビデオカメラで撮影するものであるから、憲法13条の保障するプライバシー権の侵害にすぎない。よって、憲法33条、35条等が保障する重要な利益にはあたらない。

ウ よって、捜査①は「強制の処分」にあたらない。

(2) 「強制の処分」にあたらないとはいっても、何らかの権利侵害はあるから、「必要な」(197条1項本文)範囲において捜査をすることができる。具体的には、捜査の必要性、緊急性と被処分者の受ける不利益との均衡等を考慮し、具体的状況のもとで相当と認められる場合において許される。

乙は覚醒剤の密売拠点と疑われる本件アパート201号室の賃貸借契約の名義人であること、覚醒剤取締法違反(所持)の前科があることから、覚醒剤取締法違反の疑いがある。覚醒剤取締法違反は量刑が重く重大な犯罪であり、本件アパート202号室を拠点とする組織的な犯罪である可能性もある。

また、Pは本件アパート201号室に出入りする男性のうちの一人が乙

と酷似していることが判明しており、乙が覚醒剤密売に関与している嫌
疑が強い。

　そして、乙の首右側に小さな蛇のタトゥーがあるから、間違いなくそ
の出入りする男性が乙であると特定するために男性の首右側のタ
トゥーの有無や形状を確認する必要がある。加えて、首右側は服によっ
ても隠れてしまう部分であるから、写真などでは首右側が見えた瞬間に
シャッターをうまく押す必要があり困難であるから、ビデオカメラに
よってある程度幅のある時間撮影することが必要である。上記犯罪の悪
性から考えて、捜査の緊急性もある④。

　また、乙の被侵害利益は上記のとおりであり、さほど重要とはいえない。

　Pが撮影した映像は 20 秒間にすぎず必要最小限の時間といえるし、
他の客が写っていることはその性質上やむを得ないといえる。

　よって、捜査①は相当といえる。

(3)　以上から、捜査①は適法である。

2　捜査②の適法性

(1)　捜査①と同様に、「強制の処分」にあたらないか。

　乙は自室の玄関ドアやその付近の共用通路をビデオカメラで撮影さ
れていることを知らないが、これを知れば当然に拒否すると考えられる
から、捜査②は合理的に推認される乙の意思に反するといえ、「個人の意
思を制圧」するといえる。

　また、撮影された映像には同室玄関ドアが開けられるたびに、玄関内
側や奥の部屋に通じる廊下が映り込んでいるから、乙はみだりに自分の
部屋を撮影されない自由を侵害されている。

　憲法 35 条は「住居、書類及び所持品」に限らずこれに準ずる私的領域
に侵入されない権利をも保障しているところ、自分の部屋は私的領域と
してそのプライバシーに対する合理的期待が強く尊重されるべき場所
である。よって、乙は憲法 35 条の保障する重要な法的利益を侵害されて
いるといえる。

　よって、捜査②は「強制の処分」にあたる。

(2)　捜査②は、視覚・聴覚という五感の作用によって、本件アパート 201
号室の玄関ドア及びその付近の共用通路という対象物の性質・内容等を
認識・保全する処分だから「検証」(218 条 1 項)にあたり、法定されて
いる。

(3)　しかし、「令状」(218 条 1 項)を得ていないから、令状主義に反する。

(4)　以上から、捜査②は違法である。なお、乙の玄関ドアを網羅的継続的
にビデオカメラで撮影し続けているという点で捜索にあたるのではと
問題になりうるが、乙にGPSをつけてその位置を把握したものではな
いから、捜索にはあたらず、「検証」として法定されていると解する⑤。

以上

(4,189 字)

④写真撮影ではなく、ビデオカメラ撮影を行うことの必要性について、説得的に論じている。

⑤ここで GPS に言及する必然性は薄いように思われる。

◆総評◆

　出題趣旨で挙げられている項目に言及できているのか否か、分かりにくい部分があった。問題文に関する分析には鋭い部分もある。文章量の配分を考え、メリハリを付ければ、より高く評価されたものと考えられる。

刑事系第2問＜刑事訴訟法＞

答案⑦ （順位ランクC、105.23 点、系別 1,059 位、論文総合 1,158 位）

設問1

1 鑑定書（刑事訴訟法 165 条）に証拠能力が認められるか。

　鑑定書は、捜査報告書①・②により捜索差押許可状を発布して検査を実施し得られたものである。

2 捜査報告書①は、甲に職務質問を実施した経緯を記載したものである。捜査報告書①に違法性が認められるか。

⑴ 職務質問は適法といえるか。

　職務質問は、行政警察目的を達成する必要性から、①強制に渡らない限り、②相手方の承諾を得て行ったこと、必要性、緊急性、利益の権衡を考慮して相当といえるか判断する①。

⑵ 本件で、Pが尋ねたところ甲が氏名を名乗っており、強制に渡ると言えず、相手方の承諾もあるといえる（①）。

　また、本件アパートの 201 号室を拠点として覚醒剤の密売が行われているとの情報があり、本件アパート 201 号室から出てきた甲が本件封筒を本件鞄に入れたため、本件封筒の中には覚醒剤が入っている疑いがある。覚醒剤は容易に証拠隠滅が可能であるため、必要性、緊急性が認められ、有形力の行使等も見られないため相当といえる（②）。

　よって、本件における職務質問は適法である。

⑶ よって、捜査報告書①は適法な職務質問についての記載であるため違法性がない。

3 捜査報告書②は所持品検査を実施することで発見した注射器発見の経緯について記載したものである。捜査報告書②に違法性が認められるか。

⑴ 所持品検査は適法といえるか。

　所持品検査は職務質問に密接関連するものとして、職務質問に付随して行うことができる。

　行政警察目的を達成する必要性から、①捜索に渡らない限り、②相手方の承諾を得て行ったこと、必要性、緊急性、利益の権衡を衡量して相当といえるか判断する②。

⑵ Pが封筒の中身について尋ねたところ、甲は以上に汗をかき、目をきょろきょろさせ、落ち着きないなど、覚醒剤常用者の特徴を示していたため、本封筒の中に覚醒剤が入っているとの疑いは更に強いといえる。Pもその認識を有していたため、特定の犯罪についての捜査に移行しているといえ、捜索にあたる（①）。

　また、甲は、Pが封筒の中身を見せるよう言ったところいきなりその場から走って逃げ出しているため、相手方の承諾はない。

　覚醒剤は証拠隠滅が容易であるため、必要性、緊急性等はある③。しかし、いきなり本件鞄のチャックを開け、その中に手を差し入れ、在中物

①職務質問については、警職法2条1項に言及すべきであった。

②最判昭53.6.20（百選4事件）の規範を示すことができている。

③覚醒剤についての一般論のみではなく、本問の事案についての検討もあると良かった。

471

を探るという態様は、甲に対するプライバシーの侵害が大きいといえる。したがって、相当といえない（②）。

よって、所持品検査は違法である。

(3) 違法な捜査報告書に基づいて作成された捜査報告書②の提出は違法といえるか。

違法性の承継は、先行行為と後行行為が一連一体といえる場合に認められる。

捜査報告書②は、注射器の発見は違法な所持品検査により発見に至ったといえるため、注射器発見について記載している捜査報告書②の提出は所持品検査と一連一体といえる。したがって、捜査報告書②の提出は違法である。

(4) 捜査報告書②は違法収集証拠といえるか。

違法収集証拠といえるためには、手続きに令状主義の趣旨を没却するといえるような重大な違法があり、排除が相当といえる場合、認められる。

本件では、所持品検査により得られた注射器は発見後すぐに本件カバンに戻されているため、排除が相当とまではいえない。

したがって、捜査報告書②は違法収集証拠といえない。

4 違法な所持品検査により得られた捜査報告書②から派生して行われた検査により得られた鑑定書に証拠能力が認められるか。

(1) 司法の廉潔性、将来の違法捜査抑止の見地から、違法手続きとの密接関連性、証拠の重要性を衡量して派生証拠に証拠能力が認められるか判断する。

(2) 本件では捜査報告書②だけでなく、捜査報告書①の提出もある。裁判官による令状発布の際に、適法な手続によって得られた捜査報告書①も考慮して令状を発布するか否か判断されているため、密接に関連しているとはいえない。

また、密行性の高い覚醒剤法違反の犯罪は、目撃証言等の供述を得られないため、覚醒剤であることを認定する鑑定書は証拠として重要である。

(3) よって、鑑定書に証拠能力が認められる。

設問2

1 捜査①は適法か。

(1) 強制処分に当たるか。

ア 強制処分（197条1項）は、令状主義（憲法35条）、強制処分法定主義（197条1項）により保護されるべき重要な権利侵害に限られるべきである。したがって、個人の意思に反し（㋐）、相手方の重要な権利利益を侵害する（㋑）といえる場合に強制処分に当たると解する。

イ 通常、喫茶店内でビデオカメラを用いて撮影されることは許容していないと解されるため、乙の意思に反するといえる（㋐）。

喫茶店内は、他者から観察される可能性もあるため、乙の容姿に関するプライバシーの要保護性が減少しているといえる。したがって、

刑事系第2問＜刑事訴訟法＞

重要な権利利益が侵害されたとまではいえない（④不充足）。

　よって、強制処分に当たらない。

(2)　任意処分として適法といえるか。

　ア　任意処分は、捜査比例の原則（197条1項ただし書）から、必要性、緊急性を考慮して具体的状況のもとで相当といえる場合適法と解する。

　イ　覚醒剤法違反の犯罪は重大事件であるため、捜査の必要性が認められる。

　　乙は、覚醒剤取締法違反の前科がある。本件アパート201号室に入った男性の顔が乙の顔と極めて酷似しており、同男性の首右側にタトゥーが入っているか否か及びその形状を確認できれば、同男性が乙であることが特定できるため、ビデオカメラで撮影し、タトゥーの形状等を正確に認識する必要性がある。したがって、ビデオカメラで乙を撮影する必要性が認められる。

　　捜査①は全体で20秒間にとどまる撮影であり、乙のタトゥーの確認において必要である範囲の撮影に限られている。また、後方の客の様子が写っているが、撮影する限り致し方ない範囲といえ、相当性も認められる。

(3)　よって、捜査①は任意処分として適法である。

2　捜査②は適法か。

(1)　捜査②は強制処分に当たるか。

　　本件アパート201号室の玄関ドア横には公道上を見渡せる位置に腰高窓が設置されていたことから、捜査②の撮影は、乙の意思に反するといえる（⑦）。

　　公道の反対側のビルからは本件アパート201号室の玄関ドアが見通せるため、プライバシーの要保護性は低いとも思える。

　　しかし、玄関ドアから出入りする様子を2ヶ月もの間毎日24時間継続的に撮影されると、個人の生活状況や、行動の予測が容易になるといえ、住居、書類等に準ずる私的領域の侵害があるといえる④。

　　したがって、重要な権利を制約する（④）といえる。

　　よって、強制処分に当たる。

(2)　にもかかわらず、令状発布を経ずに行われている捜査②は違法である。

以上

（2,681字）

④捜査②の撮影によって個人の生活状況や、行動の予測が容易になるという分析ができている。

◆総評◆

　設問1において捜査報告書①と②に係る手続を分けて検討しているため、構成が分かりにくい。また、問題文の具体的な事実についての検討が不足し、一般論で終止している部分が目立つ。

答案⑧（順位ランクD、103.30点、系別1,162位、論文総合1,035位）

刑事系・第2問

第1　設問1

1　鑑定書は、違法収集証拠として排除されるのではないか。

　適正手続（憲法31条）、司法の廉潔性、将来の違法捜査抑止の見地から、違法な手続で収集された証拠は排除されうる。もっとも、手続に違法があるかどうかにかかわらず、証拠価値に変わりはないのであるから、証拠価値は十分であるのに収集手続に軽微な違法があったに過ぎない場合にまで一律に証拠能力を否定することは真実発見の要請（1条）に反する。そこで、手続に令状主義の精神を没却するような重大な違法があり、これを証拠として採用することが将来の違法捜査抑止の見地から相当でない場合に限って、証拠能力が認められないと解する①。そして、直接の証拠収集手続単体で見れば違法がなくとも、先行手続に重大な違法があり、後行手続が先行手続と密接に関連する場合には、先行手続の重大違法が後行手続に承継される。そのため、このような一連の手続を経て得られた証拠は排除される。

①違法収集排除法則の原則論を述べている。

2　本件では、職務質問とそれに伴う所持品検査によって、捜査報告書①、②（以下、それぞれ「①」「②」という。）が作成され、それに基づいて作成された捜索差押許可状の発付を受けて行われた捜索差押によって覚醒剤が差し押さえられ、鑑定書が作成されたという一連の捜査が行われている。捜索差押許可状に基づく差押は適法に行われているところ、先行手続である職務質問とそれに伴う所持品検査に重大違法がないか、重大違法が後行手続に承継されていないかが問題となる。

3　職務質問は、不審事由のある者にすることができる（警職法2条1項）。甲は、覚醒剤の密売の疑いがある本件アパートから出てきた人物から本件封筒を受け取っていることから、覚醒剤を受け取った疑いがあるため、不審事由があるといえる。したがって、Pが甲に職務質問を開始したことは適法である。

4　所持品検査は、職務質問との間で密接関連性及び必要性・有効性を有するから、職務質問に付随して所持人の承諾を得て行うことができると解する（米子強盗事件判例）。承諾がない場合であっても、捜索に至らない程度の行為は、強制にわたらない限り、所持品検査の必要性・緊急性を考慮して具体的状況のもとで相当と認められる限度で許容されると解する②。

②最判昭53.6.20（百選4事件）の規範を示すことができている。

5　Pが「封筒の中を見せてもらえませんか。」と言った時点において、甲は覚醒剤常用者の特徴を示していたため、不審事由が継続しているといえる。そのため、職務質問に付随して所持品検査を行うことは可能である。しかし、いきなり本件かばんのチャックを開け、その中に手を差し入れ、その中をのぞきこみながら、その在中物を手で探り、注射器を発見した行

474

為について、チャックの閉まったかばんには甲の高度のプライバシーが及んでおり、これを甲の許可なく開け、中身を探る行為は捜索に至る程度のプライバシー侵害が認められる。また、甲が持っている本件かばんをいきなり開けたのであるから、有形力を行使しており、強制にわたっているといえる。したがって、所持品検査は強制処分にいたっており、令状主義（憲法35条、刑事訴訟法（以下略）218条1項）に反し、違法である。

6　では、重大違法といえるか。

　判例は、公判廷において捜査官が虚偽の供述をした事件につき、違法を糊塗するような捜査官は初めから令状主義潜脱の意図を持っていたと認め、令状主義を没却するような重大違法があるとした。

　本件において、Pは捜査報告書②において、本件かばんの中に手を入れて探り、注射器を発見して取り出したにもかかわらず、それを記載していなかったのであるから、違法を糊塗したといえ、判例と同様に考えることができる③。したがって、Pは初めから令状主義を潜脱する意図を持っていたと認められるから、先行手続に重大違法が認められる。

③Pの意図について、もう少し具体的に書けるとなお良かった。

7　では、先行手続の重大違法が後行手続に承継されたといえるか。

　違法な手続があっても、適法な手続によって不可避的に証拠を発見することができたといえる場合には、違法性が希釈されて、重大違法が承継されないと解する（不可避的発見の法理）。

　本件では、①は適法な職務質問に基づき作成されているが、②は違法な所持品検査に基づき作成されている。捜索差押許可状は、①②を疎明資料として発付されているが、①には、覚醒剤の密売拠点と疑われる本件アパートから出てきた人物から甲が本件封筒を受け取って本件かばんに入れたこと、甲に覚醒剤の前科があること、甲が覚醒剤常用者の特徴を示していたこと及び甲は本件封筒の中を見せるように言われると逃げ出したことが記載されていたことから、甲には覚醒剤取締法違反の嫌疑が十分に認められるといえる。そうすると、仮に②がなくとも、①のみから捜索差押許可状の発付を受けることは可能であったといえる。したがって、適法な手続から不可避的に証拠を発見することが可能であったと認められるから、先行手続の重大違法は後行手続に承継されない。

8　よって、鑑定書は違法収集証拠とはいえず、証拠能力が認められる。

第2　設問2　捜査①について

1　捜査①は、捜査官の五官の作用によって物の形状、性質を把握する性質のものであるから、検証（218条1項）として強制処分（197条1項ただし書）にあたり、令状なしに行っている点で令状主義（憲法33条、35条、218条1項）に反し、違法ではないか。

2　強制処分（197条1項ただし書）とは、相手方の意思に反し、重要な権利利益を実質的に侵害する処分をいう。

（1）捜査①は、乙を思われる男性の許可をととることなく行っているから、明示の承諾はない。また、喫茶店という開放性のある場所において

475

は、他人から一瞥されることは許容していることは通常であるが、撮影されることまでは許容していないと通常考えられるから、黙示の承諾もない。したがって、相手方の意思に反する。

(2) 捜査①は、乙とみられる男性のみだりに容貌、姿態を撮影されない権利を制約するが、撮影は店長の承諾を得たうえで、男性から少し離れた席から、約20秒程度行われたに過ぎず、「住居、書類及び所持品」（憲法35条1項）に準ずる私的領域に侵入されない権利が侵害されたとまではいえない。したがって重要な権利利益を実質的に侵害したと認められない。

(3) したがって、捜査①は強制処分にあたらない。

3　任意処分（197条1項）であっても、捜査比例の原則から、捜査の必要性、緊急性を考慮し、具体的状況のもとで相当性が認められる場合に適法といえる。

(1) 捜査①は、乙とみられる男性の首にタトゥーがあるかを確認する目的で行われている。乙の首右側には小さな蛇のタトゥーがあることから、タトゥーが入っているか否か及びその形状を確認できれば、男性が乙であると特定することができることから、目的は正当である。そして、本件アパート201号室の玄関ドアが見える行動上において張り込みを行ったが、タトゥーは小さいため確認することができなかったと考えられるからビデオカメラを用いる必要があったといえる④。したがって、捜査の必要性が認められる。

④写真ではなく、ビデオカメラを用いて動画を撮ったことの意味についても言及したいところであった。

(2) 捜査①は、喫茶店という誰もが出入りする場所において、同店店長の承諾を得た上で行っているし、男性から離れた席から約20秒間というわずかな時間飲食する様子を撮影したに過ぎないから、捜査の必要性に照らして、侵害される男性のプライバシーの権利は小さいといえる。したがって、具体的状況のもとで相当性が認められる。

(3) よって、捜査①は、任意処分（197条1項）として適法である。

第3　設問2　捜査②

1　捜査②は、強制処分である検証（218条1項）として、令状なしに行っている点で令状主義（憲法33条、35条、218条1項）に反し、違法ではないか。強制処分にあたるかは上述の判断基準に従う。

2(1) 捜査②は、乙とその他の男性らの明示の承諾を得ることなく行われている。そして、公道から見られることは想定しているが撮影されることまでは通常承諾しないと考えられるから、黙示の承諾もない。したがって、乙とその他の男性らの意思に反する。

(2) 捜査②は、たしかに反対側のビルの部屋の公道側の窓から見通せる本件アパート201号室の玄関ドアや共用通路を撮影しただけであるから、プライバシー侵害の程度は小さいようにも思える。しかし、映像には玄関内側や奥の部屋に通じる廊下が映り込んでいたのであるから、「住居、書類及び所持品」（憲法35条1項）に準ずる私的領域に侵入しているといえる⑤。さらに、撮影期間は10月3日から12月3日という2か月に

⑤玄関内側や奥の部屋に通じる廊下が映り込んでいたことにつき、憲法の条文を引用して指摘している。

及び、毎日24時間撮影が継続されていたのであるから、乙らの行動が常に把握されている状態であったといえるため、私的領域に侵入されない権利が侵害されていると認められる。

3　よって、捜査②は強制処分に至っており、令状なしに行っている点で、令状主義（憲法33条、35条、218条1項）に反し違法である。

以上
（3,572字）

◆総評◆

　出題趣旨で挙げられている項目について、ある程度言及することができている。問題文中の具体的な事実について、もう少し丁寧に分析できていれば、より評価されたものと考えられる。

辰已法律研究所（たつみほうりつけんきゅうじょ）
https://service.tatsumi.co.jp/

　司法試験、司法試験予備試験、ロースクール入試、司法書士試験、社会保険労務士試験、行政書士試験の受験指導機関。1973年に誕生して以来、数え切れない司法試験合格者を法曹界に送り出している。モットーは、「あなたの熱意、辰已の誠意」。司法試験対策における受験生からの信頼は厚く、コロナ禍前（2006年〜2020年）の辰已全国模試には実に累計41,438名の参加を得ている。「スタンダード短答オープン」「スタンダード論文答練」などの講座群、「肢別本」「短答過去問パーフェクト」「Newえんしゅう本」「趣旨・規範ハンドブック」などの書籍群は、司法試験受験生、予備試験受験生から、合格のための必須アイテムとして圧倒的支持を受けている。

令和6年（2024年）司法試験　論文過去問答案パーフェクト　ぶんせき本

令和7年4月20日　　　　　　　　　　　　初　版　第1刷発行

発行者　後藤　守男
発行所　辰已法律研究所
〒169-0075
東京都新宿区高田馬場4-3-6
Tel. 03-3360-3371（代表）

印刷・製本　壮光舎印刷㈱

ⓒ Tatsumi 2025 Printed in JAPAN
ISBN978-4-86466-663-3

【講座案内】

本試験直前の模試。
ただ受けるだけでは終わらせない。

司法試験 全国公開模試

通学部／通信部 好評受付中

模試の前も後も、2社でタッグを組み、サポートします。

模試前から模試後まで、実力向上システムで受験生を完全サポート！

全国模試前
一問一答テストで短答の底力をアップ。
短答プロパーも短時間で見直し。

全国模試
絶対に見ておきたい！的中実績 No.1 の問題。
返却が早い&詳細な採点基準だから実力を伸ばせます

全国模試後
誰もが不安な直前期。最後までサポートします。
勉強計画・直前予想・メンタルケアまで。

■時間割：全ての会場・GW日程を除くすべての日程共通

日目	着席時間	試験時間	試験科目
第1日目	9:00	9:30～12:30	論文試験/選択科目/3時間
	13:30	13:45～15:45	論文試験/公法系第1問/2時間
	16:15	16:30～18:30	論文試験/公法系第2問/2時間
第2日目	9:30	10:00～12:00	論文試験/民事系第1問/2時間
	13:00	13:15～15:15	論文試験/民事系第2問/2時間
	15:45	16:00～18:00	論文試験/民事系第3問/2時間
第3日目	9:00	9:30～11:30	論文試験/刑事系第1問/2時間
	12:30	12:45～14:45	論文試験/刑事系第2問/2時間
第4日目	9:30	10:00～11:15	短答試験/民法/1時間15分
	11:45	12:00～12:50	短答試験/憲法/50分
	14:00	14:15～15:05	短答試験/刑法/50分

辰已全国模試の受験形態は3つ

① 通学部会場受験 定員制
② 通信部受験 自宅等で受験
③ オンライン同時中継受験 東京会場 GW日程&B日程をライブ配信 自由参加

＊オンライン同時中継申込という申込形態は〔な〕く、通学部か通信部のいずれかに所属してい〔た〕だきます。
＊答案提出はご自身の所属クラスの締切日に従〔っ〕てください。

■会場：東京・仙台・名古屋・大阪・福岡
■通信部（オンライン受験含）

スケジュール・受講料等の詳細は
右記より資料をご請求ください。 https://service.tatsumi.co.jp/pamphlet/

【 司法試験 全国公開模試 】

| **短答** 弱点発見と短答プロパーケア。

| **論文** 辰已 & bexa で全力指導します。

選択科目も全科目解説！

| **サポート** 不安な直前期までしっかりと。

まだ間に合う！
全国模試の
申込はこちら

Last 30日　実力向上サポート
・主要考査委員名簿からみる危ない論点予想講義
・毎年当たる！当たるとでかいゾ！刑訴出題大予想

合格者の声

I・Dさん
2024年司法試験合格
筑波大学法科大学院　受験歴：2回目

全国模試は「実現可能な合格答案」作成に重きを置いている

　辰已の模試は他と比べて開催時期が遅いため、受けるか迷う人も多いと思いますし、実際私の周りでも受けなかった人の方が多い印象です。ただ個人的にはなるべく受けた方がいいと感じました。というのも辰已の模試自体が司法試験での出題可能性の高い問題を扱っていますし、模試の問題とは別に予想論点講義（科目によっては的中率もかなり高い）もついてきます。直前期に何をやるのか迷ったときにこういった予想論点が一つの指標になりますし、他の受験生に差をつけられないようにするという観点からも知っておいて損はない情報だと思います。したがって時期が遅くても受ける価値は十分にあると感じました。

　また他の模試は再現答案のレベルが高すぎて参考にならないと感じましたが、辰已の模試では等身大の答案が再現答案になっていて中には途中答案もあったので、途中答案の多い私には特に参考になりました。レベルの高い答案は模範解答だけで十分なので、再現可能性のある答案を見られるのはとてもありがたかったです。解説講義も再現答案に対して「ここは書いておいて欲しいよね」と突っ込みを入れたり、逆に「模範解答よりもこちらの方が現実的だね」というようなお話をするなど、「実現可能な合格答案」の作成に重きを置いた内容で非常にためになりました。

【講座案内】　　　　　　　　　　　　　　　　　　　　　　【ファイナル予想答練】

直前1か月。筆力とメンタルが整うラスト答練。

司法試験
ファイナル予想答練
福田クラス ／ 西口クラス

WEBで簡単申込

- ●東京通学（水曜クラス）　**6/4(水)開講**
- ●大阪通学（水曜クラス）　**6/5(木)開講**
- ●通信Web　**5/26(月)教材発送**

● 全国模試後の演習不足を解消します
● 的中実績多数。解く価値のある問題を提供します

東京：担当講師 福田 俊彦先生　　大阪：担当講師 西口 竜司先生

講座コンセプト

直前1か月の勉強ペースをしっかりつかむ。
試験1週間前まで福田先生＆西口先生が伴走します。

① ペースメーカー：論文＋短答フルスケール。直前1か月の勉強ペースを掴みましょう。
② 最後の予想：辰已を代表する講師、福田先生＆西口先生が最後に予想する答練です。
③ 解説講義の特徴：「どうすれば合格点になるか」を重視します。
④ 受験生答案を配布：相場観を知り、どこまで書くかをクリアに掴めます。
⑤ 合同壮行会：試験1週間前に不安を解消し、気合いを入れ直しましょう。

講座仕様

◇実施期間
　2025年6月開講予定
◇受講形態
　通学部／通信部Web
◇科目
　公法系
　民事系
　刑事系
◇回数／時間
　全5回
◇配布資料
　【講師セレクトの辰已精選過去問】
　・解説冊子＆答案例
　・答練受講者答案

●ファイナル予想答練　福田クラス

回	科目	日程 水クラス	日程 土クラス	答練 水・土共通	講義 水のみ
1	公法系	6/4(水)	6/7(土)	9:30-13:45	14:30-18:45
2	民事系	6/11(水)	6/14(土)	9:30-16:30	17:00-21:15
3	刑事系	6/18(水)	6/21(土)	9:30-13:45	14:30-18:45
4	短答＋講評	6/25(水)	6/28(土)	10:00-13:20	14:30-18:45
5	合同壮行会	7/2(水)		Zoomで実施します	15:00-16:00

●ファイナル予想答練　西口クラス

回	科目	日程	答練	講義
1	公法系	6/5(木)	9:30-13:45	14:30-17:45
2	民事系	6/12(木)	9:30-16:30	17:00-21:15
3	刑事系	6/19(木)	9:30-13:45	14:30-17:45
4	短答＋講評	6/26(木)	10:00-13:25	14:30-17:45
5	合同壮行会	7/2(水)	×××	15:00-16:00

■受講料（税込）

●ファイナル予想答練　福田クラス

	講座コード	辰已価格	代理店価格
東京通学	A5035H	¥57,400	×××
答練割引	A5036＊	¥48,800	×××
全国模試割	A5037＊	¥51,700	×××
通信Web	A5035E	¥57,400	¥54,530

●ファイナル予想答練　西口クラス

	講座コード	辰已価格	代理店価格
大阪通学	A5038K	¥57,400	×××
答練割引	A5039＊	¥48,800	×××
全国模試割	A5040＊	¥51,700	×××
通信Web	A5038E	¥57,400	¥54,530

※講座コードの「＊」には、お選びいただく受講形態の次のアルファベットを入れてください。
通学東京：H　通学大阪：K　通信Web：E

スケジュール・受講料等の詳細は右記より資料をご請求ください。https://service.tatsumi.co.jp/pamphlet/

【講座案内】　　　　　　　　　　　　　　　　　　【直前ラスト早まくり講義】

あと1か月『も』ある。最後まで戦う。合格へのエネルギーチャージ。
司法試験 直前ラスト早まくり講義

WEBで簡単申込

● 通信Web（短答）　**5/6（火・祝）開講**
● 通信Web（論文）　**5/20（火）開講**

※担当講師は決まり次第、HP上で発表いたします。

● 短答早まくり：プロパーを制覇し、10点上げる
● 論文早まくり：頻出重要論点・予想論点を復習し、10点上げる

講座仕様

◇実施期間
　2025年5月～7月
◇受講形態
　通信部Web
◇科目
　短答：憲法・民法・刑法
　論文：公法・民事・刑事
◇回数／時間
　短答：2回／5時間
　論文：3回／10.5時間
◇配布資料
　①短答：早まくりレジュメ
　②論文：早まくりレジュメ
◇Webサービス
　Webスクールで配布資料を閲覧できます。
　受講者マイページは使用しません。
　資料は現物を送付いたします。

直近の出題傾向・学会テーマ・判例動向を踏まえて狙う。短時間で危ない論文基本論点を総チェック。

本講座はずばりヤマ当て講座です。辰已が答練や模試で出題しきれなかった、あるいは見送ったテーマや論点を本講座で公開します。
もちろん、本試験直前期であることも踏まえ、取り上げるテーマや論点は基本的なものに限定します。的中を狙いつつも、重要基本論点の確認にもなる講義です。

やりたくても後回しにしがちな、短答でしか出ない「プロパー分野」。たった5時間で、あなたの代わりにまとめます。

本講座は手薄になりがちな短答プロパー（論文では聞かれにくい短答固有の分野）を一気に押さえて、短答を10点底上げする講座です。
昨年の司法試験合格者の大半は1回目受験生でした。
1回目受験生にとっては、何とか今年で決めたい。
リベンジ受験生にとっては、少ない席をもぎ取りたい。
そのためには、短答の1問は極めて重要になります。
本講座であと10点もぎ取って、合格への切符を勝ち取ってください。

■受講料（税込）

● 直前ラスト早まくり講義－短答+論文編一括

	講座コード	辰已価格	代理店価格
通信Web	A5032E	¥47,100	¥44,745

2025.5/6開始
● 直前ラスト早まくり講義－短答であと10点取る講義

	講座コード	辰已価格	代理店価格
通信Web	A5033E	¥19,800	¥18,810

2025.5/20開始
● 直前ラスト早まくり講義－論文であと10点取る講義

	講座コード	辰已価格	代理店価格
通信Web	A5034E	¥29,800	¥28,310

スケジュール・受講料等の詳細は
右記より資料をご請求ください。https://service.tatsumi.co.jp/pamphlet/

【講座案内】

選択科目攻略の最短ルートはケーススタディ。

予備試験 / 司法試験
短期完成 ケーススタディ選択科目

選択科目を短期集中で仕上げたい方

● 通信Web
好評受付中

選択科目の短期集中学習に最適！「1冊本」と「典型事例」で仕上げます。
重要論点を問題形式で一網打尽に。

講座仕様

◇ 実施期間
開講中～ 2025年9月
◇ 受講形態
通信部 Web
◇ 科目
労働法・倒産法・知的財産法・経済法・租税法・
国際私法・国際公法・環境法
◇ 回数 / 時間
全5回・15時間
◇ 配布資料
①講座レジュメ（問題 / 解説 / 解答例 / 採点基準）

②参考教材「選択科目1冊だけでシリーズ」（辰已）
※各自ご準備ください。
◇ 添削・採点
添削なし・成績表なし
◇ 答案提出
なし
◇ Webサービス
受講者マイページで以下のサービスをご利用頂けます
①資料閲覧
・問題
・解説 / 解答例 / 採点基準
※講義はWebスクールで受講ください

■受講料（税込）

通信Web	担当講師	講座コード	辰已価格	代理店価格
労働法	原孝至	E5042E	¥87,000	¥82,650
経済法	西山晴基	E5043E	¥87,000	¥82,650
知的財産法	西口竜司	E5044E	¥87,000	¥82,650
倒産法	本多諭	E5045E	¥87,000	¥82,650
租税法	小川徹	E5046E	¥87,000	¥82,650
国際私法	松永健一	E5047E	¥87,000	¥82,650
国際公法	池内満	E5048E	¥87,000	¥82,650
環境法	宍戸博幸	E5049E	¥87,000	¥82,650

WEBで
簡単申込

≪予告≫

短答本試験終了後、7月実施予定
『選択科目予想答練』
選択科目、最後の仕上げに。書いて仕上げる「選択科目」。
「ケーススタディ選択科目」の選りすぐりの2問を出題します。

【特別割引実施】
「選択科目予想答練」は「ケーススタディ選択科目」で扱う
問題の中から、最も出そうな2問をセレクトし、出題します。
そのため、「ケーススタディ選択科目」を受講いただいてい
る方には、特別価格で当講座をご提供します。

【受講料（予定）】
辰已価格　¥19,800
特別価格※¥4,000
※ケーススタディ選択科目受講者

スケジュール・受講料等の詳細は
右記より資料をご請求ください。https://service.tatsumi.co.jp/pamphlet/

【 短期完成 ケーススタディ選択科目 】

短期完成 / ケーススタディ選択科目　　　講義

★こんな方におススメ
01 選択科目に不安のある方
02 選択科目の重要論点を学習したい方
03 選択科目を事例形式で学習したい方

★講座コンセプト
01 重要論点をケーススタディで一網打尽に
02 1問90分・全10問をスピーディに仕上げる
03 採点基準付なので自己採点も可能

■スケジュール

#	時間	講義	
		配信開始	配信終了
1	3	配信中	2025年 9/30(火)
2	3		
3	3		
4	3		
5	3		

■参考教材※各自ご準備ください

司法試験・予備試験
選択科目「1冊だけで」シリーズ

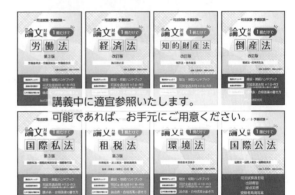

講義中に適宜参照いたします。
可能であれば、お手元にご用意ください。

全10問の典型問題を素材に、1問ごとに1冊本を使った周辺論点まで含めた論点講義と、答案の書き方解説を90分で提供。全10問で万全の選択科目対策を行います。

◆昨年も労働法で的中しました！

※R5司法試験論文式試験出題趣旨より抜粋

[労働法]〔第1問〕
　本問は、私傷病（業務に起因する傷病以外の傷病）を理由に就業規則に定められた休職制度により休職命令を〔…〕同制度上の休職期間を経ても十分には回〔…〕、直ちに原職に復帰することは困難と判断した会社が復職命令をせず、就業規則の規定により当該労働者を自然退職したものとしたという〔…〕、これに関連する法律上の論点を挙げて〔…〕述べることを求めるものであり、当該雇用関係の終了に適用され得る規律及びそれに関連する判例・裁判例等の正確な理解と、それらから導き出される労働法規範に対し、本件の具体的な事実から関係する事実を的確に拾い上げて当てはめ、評価する能力を問うものである。

司法試験出題
ズバリ的中！

選択科目集中答練 第2回 労働法 第1問
【論点】
1 私傷病による病気休職の期間満了に伴う退職扱いの適法性
2 賃金支払請求の可否
3 起訴休職命令の適法性

【出題のねらい】
　本問は、大阪地判平11.10.4（労判東海事件・百選[第9版]75事件）、東京地判平〔…〕判854-30、山九（起訴休職）事件）を参考としたものである。本問では、休職制度の基本的知識を問うことを目的としている。
　〔…〕については、実務上、重要な問題を含んでいる。〔…〕としたJR東海事件はケースブックに掲載〔…〕JR東海事件が基準として用いた片山組事件は判例百選に掲載されている重要判例であることからも、今後出題の可能性が高いと考えられ、この論点を正面から当設問で出題することとした。
　平成18年度のヒアリングにおいて、「労働法の分野について基本的な制度の理解ができているか、概念の理解ができているかということを問い、そして、それを実際に具体的な事案に対して適用できるのかということを問うている。」とある。本問は、理論的に難解な論点を問うものではなく、就業規則に定める休職制度について、当該制度がいかなる趣旨のものであるのか、労働契約法の規定との関係はどうかをきちんと捉え、その上で、具体的な事案を、当該制度の趣旨に即して解釈していくという基本的な作業を着実にこなすことが求められる設問である。本問を手がかりとして、上記のヒアリングが示している、設問に向かう際の基本的な心構えを再確認してほしい。

辰已出題

受講者の声
・詳細な採点基準で復習もしやすく、とても良かったです。
・論点ごとに解説があって読みやすかった。

詳細な採点基準付なので答案を書いて自己採点することも可能です！

【講座案内】

「判例の核心」。あなたの代わりにまとめました。

短答に効く。論文にも効く。
『コスパ最強!重要判例キーワード』

判例に不安のある方

●通信Web
好評配信中

- ●初級者から中上級者まで。ゼロから判例知識の『幹』を確立できる。
- ●判例のキーワードをマスター。短答・論文両方に効く。
- ●下4法はキーワードチェックアプリ付。

講座仕様

◇実施期間
開講中〜2025年9月

◇受講形態
●通信部Web

◇科目
憲法・民法・刑法・商法・民訴法・刑訴法・行政法

◇回数／問数
全72時間

◇配布資料
①講師作成 重要判例キーワード
②＜下4法のみ＞キーワード Q&Aレジュメ
③＜下4法のみ＞キーワード チェックアプリ
※③は全科目一括の方のみ対象

◇添削・採点
添削・採点
添削なし・成績表なし

◇添答案提出
なし

◇Webサービス
受講者特典マイページで以下のサービスをご利用頂けます
①資料閲覧
・レジュメ
※講義はWebスクールで受講

★こんな方におススメ
- ●判例知識、判例理解を深めたい方
- ●短答の得点を伸ばしたい方
- ●論文を解く際、ベース判例が思い浮かばない方 判例の規範の使い方がよくわからない方

■スケジュール （下4法はキーワードチェックアプリ付）

#	科目	講師	時間数	通信Web 配信開始
1	憲法	宍戸博幸	10	配信中
2	刑法		10	
3	民法		12	
4	民訴		10	
5	刑訴		10	
6	行政		10	
7	商法		10	

■受講料 （税込）

通信Web		時間	講座コード	辰巳価格	代理店価格
全科目一括		72	E5060E	¥172,300	¥163,685
科目別	憲法	10	E5061E	¥25,200	¥23,940
	刑法	10	E5062E	¥25,200	¥23,940
	民法	12	E5063E	¥30,200	¥28,690
	商法	10	E5064E	¥25,200	¥23,940
	民事訴訟法	10	E5065E	¥25,200	¥23,940
	刑事訴訟法	10	E5066E	¥25,200	¥23,940
	行政法	10	E5067E	¥25,200	¥23,940

スケジュール・受講料等の詳細は
右記より資料をご請求ください。 https://service.tatsumi.co.jp/pamphlet/

【 コスパ最強！重要判例キーワード 】

■担当講師

■担当講師：辰已専任講師・弁護士
宍戸　博幸先生

Profile：早稲田大学法学部卒業・上智大学法科大学院既修者コース出身。受験生時代から判例百選を素材に一問一答ゼミなど工夫を凝らした判例学習を強く意識してきた。その経験を基にした判例学習講義やゼミで受講生から高い評価を博する。人に教えることが本当に好きで塾講師・家庭教師の経験豊富。勉強方法の的確なアドバイスで支持を広げている。

WEBで簡単申込

★講座コンセプト★

＜初学者から上級者まで＞
『アウトプットに即つながる』判例"インプット"講座

ゼロから学ぶ初学者には『知識の幹』を確立してもらえるようにします！
短答式の得点を伸ばしたい、論文式を解く際にベースとなる判例が浮かばない・判例の規範をどう使ったらよいか悩んでいる、といった中上級者には、短答式を正確かつ効率よく処理する知識や論文式の得点を伸ばすための正確な知識を身につけてもらえるようにします！

タイパ・コスパ重視の判例講義

予備試験、司法試験受験生は学ぶべきことが多く、圧倒的に学習時間が不足しています。そのため短い時間で効率よく学習することが必須です。
本講座を受講することで、判例百選で紹介されている重要な判例のキーワードを押さえることができ、短答式や論文式で、迷いなく正確に解けるようになることを目的としています。
本講座を担当されている宍戸講師は、現役の受験生と直接触れ合う機会が多く、受験生が押さえ切れていないポイントなどを熟知されています。
その宍戸講師がタイムパフォーマンス、コストパフォーマンス重視し、試験との関係で重要度の高い判例を厳選し、『合格するために必要なポイント』が何かを明確に受講生に伝えることを目的とした解説を行います。

■使用教材（講師作成レジュメ）

＜重要度高＞
色文字は、択一でそのまま出題されやすい、かつ、論文において自分で書けるようにしておきたい箇所です。

＜重要度中＞
下線は、色文字ほどではないが、択一で出題されるので頭に入れておいてほしい、あるいは、論文であてはめを考える時の参考になる内容、というものです。

※当レジュメの他、下４法には「キーワードQ&Aレジュメ」が付属。更に全科目一括の方に

【講座案内】　　　　　　　　　　　　　　　　　　　　【理解が伝わる論証講義】

予備試験論文3位・司法試験総合10位の清武講師が直伝！

司法試験／予備試験
重要判例＆採点実感準拠 理解が伝わる論証講義

WEBで簡単申込

中級応用学習

● 通信Web **好評配信中**　｜　● 通信DVD **受付次第随時発送**

出典の不明瞭な論証パターンを曖昧な理解で切り貼りした答案からの脱却。
重要判例と採点実感に基づいた論理的な表現で、採点者に「書き手の理解が伝わる」答案を！
予備試験3位、司法試験10位の清武講師が自らの思考過程を明らかにした論証を公開します。

講座仕様

◇ **実施期間**
開講中～2025年8月

◇ **受講形態**
● 通信部

◇ **時間数**
● 全89時間
憲法　10時間
民法　20時間
刑法　15時間
商法　12時間
民訴法　12時間
刑訴法　12時間
行政法　8時間

◇ **教材**
論証集（冊子版・PDF版）
※科目別編集

◇ **担当講師**

2022年司法試験合格
清武 宗一郎 講師
東京大学法学部卒業
2021年予備試験合格
（短答6位・論文3位・口述4位）、
2022年司法試験合格
（総合10位）

理解が伝わる論証講義のコンセプト

重要判例と司法試験の採点実感を踏まえた論証

本講義で提供される論証集は、清武講師が予備試験及び司法試験の受験の際に作成したノートをベースに作成されています。
論証集では、まず司法試験の採点実感などから得た論文答案作成における「方針」が科目ごとに示されています。これは合格答案作成に必要な知見を抽出したもので、学習の際に常に立ち返ることで、出題意図を外さない答案を心がけることができます。
取り上げる論証は、重要基本論点を網羅し、受験生であれば誰でも用意しておくべき論点を取り上げています。論証表現は、判例、採点実感、基本書など裏付けの確かな記述を参考に作成されていますので、安心して学習することができます。

予備試験3位、司法試験10位の清武宗一郎講師が直伝

講師の清武宗一郎氏は、今回の論証集の元となったノートを繰り返し検討、改訂、記憶することで、予備試験論文試験3位、司法試験10位の成績を修められました。講義では、論証の組み立て方や使い方にも言及し、講師の思考そのものを理解していただけるように解説します。まずは、論証を覚えることよりも理解することに重点をおいて視聴してください。

■ 受講料（税込）

		講座コード	通信部WEB 辰已価格	通信部DVD 辰已価格	代理店価格
7科目一括		E5071*	¥211,400	¥243,100	¥230,945
科目別	憲民刑一括	E5072*	¥106,900	¥122,900	¥116,755
	商訴行政一括	E5073*	¥104,500	¥120,200	¥114,190
	憲法	E5074*	¥25,000	¥28,800	¥27,360
	民法	E5075*	¥50,000	¥57,500	¥54,625
	刑法	E5076*	¥37,500	¥43,100	¥40,945
	商法	E5077*	¥30,000	¥34,500	¥32,775
	民訴法	E5078*	¥30,000	¥34,500	¥32,775
	刑訴法	E5079*	¥30,000	¥34,500	¥32,775
	行政法	E5080*	¥20,000	¥23,000	¥21,850

■ お申込みの際は、受講形態等の選択と注意事項を必読の上で、申込書へご記入をお願いします。
（1）受講形態をお選びいただきます。講座コードの「*」部分に下記の媒体コードをあてはめてください。

通信WEBはE／通信DVDはR

スケジュール・受講料等の詳細は
右記より資料をご請求ください。https://service.tatsumi.co.jp/pamphlet/

【講座案内】　　　　　　　　　　　　　　　　　【答案構成と当てはめの方法論】

予備試験論文3位＆司法試験総合10位が伝授する合格答案作成方法！

再現答案分析からみる
答案構成と当てはめの方法論

中級応用学習

WEBで簡単申込

●通信Web	●通信DVD
好評配信中	**受付次第随時発送**

本講座は、予備試験論文3位＆司法試験総合10位の清武宗一郎講師が、受験生が苦手としがちな答案構成や当てはめの方法を中心に、規範定立や未知の問題に対する現場思考の方法に至るまで、講師作成レジュメと講師再現答案集などを素材として、総論から憲法、民法、刑法の主要3科目を中心に、具体的な合格答案の作成方法を7時間で伝授します。司法試験や予備試験の受験生で、これから答案練習会で答案を書き始めようと思っているものの答案の書き方がよく分からない、何度か受験したものの本試験での評価が伸びないという方に最適です。

講座仕様

◇実施期間
　開講中～2025年9月
◇受講形態
　●通信部
◇時間数
　●全7時間
　総論1時間／憲法2時間
　民法2時間／刑法2時間
◇教材
・講師作成レジュメ（冊子配布）
・令和3年予備試験再現答案集（冊子配布）
・令和3年予備試験論文式試験問題と出題趣旨（冊子配布）
・令和4年司法試験講師再現答案集（冊子配布）
　上記の他、令和4年司法試験論文式試験問題集、出題趣旨、採点実感も使用しますが、各自法務省HPで閲覧願います。
・問題集
　https://www.moj.go.jp/jinji/shihoushiken/jinji08_00104.html
・出題趣旨、採点実感
　https://www.moj.go.jp/jinji/shihoushiken/jinji08_00092.html

◇担当講師

2022年司法試験合格
清武 宗一郎 講師
東京大学法学部卒業
2021年予備試験合格
（短答6位・論文3位・口述4位）、
2022年司法試験合格
（総合10位）

講義収録時モニター生の感想

慶應義塾大学法科大学院修了　Aさん

今回の講義を受けようと思ったきっかけは、司法試験受験に向けて勉強するなかで、どのような方針で勉強を進めていけばよいのか悩んでいたからです。その点、本講座は令和3年予備試験及び令和4年司法試験を基に、憲法、民法、刑法を素材として、どのような思考で答案を構成していくかを丁寧に解説してくれます。
本講座は、清武宗一郎講師作成のレジュメを基に、解説を受ける形になります。解説の順番として、まず全科目に共通する「あてはめの方法論」としての、総論的な思考方法の解説があり、次に憲法、民法、刑法の順番で「あてはめの方法論」を用いた具体的な答案構成方法の解説が行われます。レジュメを読めば、清武講師の説明が分かるというものではなく、あくまで本講義を聞き、レジュメに説明を書き加えることで、本講座の内容を理解するという形です。
まず、清武講師は、図を用いて分かりやすく説明してくださるので、メモもしやすいと思います。教材として、レジュメの他に令和3年予備試験再現答案集、令和3年予備試験論文式試験問題と出題趣旨、令和4年司法試験講師再現答案集が配布されますが、採点実感を参照しつつ「あてはめの方法論」を確立していく点や成績評価の高い答案を用いて、あてはめの具体的な工夫を示してくださる点において、本講義は客観的な信用性が高いといえ、非常に充実した内容となっております。私は、本講義を受けるまでは、評価が高い再現答案を、鵜呑みにして、参照していました。しかし本講義では、評価が高い答案であっても、一部の論述箇所の悪い点を指摘し、またその中でどうして高い評価になったのか、評価が低くなってしまった答案と比較しながら解説していただけますので、評価が高い答案を鵜呑みにする勉強方法では力がつきにくいことを学ぶことが出来ました。
また、司法試験の難しい点は、典型的な論点だけを知っているのでは対処しきれない現場思考の問題が問われる点にあると思います。本講義は、「あてはめの方法論」として、答案構成の思考方法を教えてくださいますので、現場思考の問題にどう対処すればよいのか悩んでいる方、その他司法試験関係なく、法律をどのような観点から学んでいけばよいか悩んでいる方にもお勧めしたいです。

	通信部WEB		通信部DVD		
	講座コード	辰已価格	講座コード	辰已価格	代理店価格
一括（一般価格）	E5081E	¥21,000	E5081R	¥22,100	¥20,995

★辰已答練受講者価格の対象者（お申込みは辰已法律研究所のみ）
　2024年対象の司法試験スタンダード論文答練 or 予備試験スタンダード論文答練（科目別申込を除く）をお申込みの方
■お申込みの際は、受講形態等の選択と注意事項を熟読の上、申込書へご記入をお願いします。
　受講形態をお選びいただきます。講座コードの「＊」部分に下記の会場コードをあてはめてください。

　　通信WEBはE／通信DVDはR

**スケジュール・受講料等の詳細は
右記より資料をご請求ください。** https://service.tatsumi.co.jp/pamphlet/

【講座案内】

法律知識ゼロからGOALを狙う

基礎集中講義

予備試験合格
法律基礎講座

辰已・予備試験合格プロデューサー
原 孝至先生

早稲田大学法学部卒・早稲田大学法科大学院(未修者コース)修了。
司法試験合格直後から辰已法律研究所の教壇に立ち、辰已のスタンダード論文答練、全国公開模試を通じて1,000通以上の答案を採点・添削。
2012年以降は辰已法律研究所で毎年基幹講座を担当している。

受講料（税込）
基礎集中講義[WEB] ¥408,300

お申込みは
辰已Web School

基礎集中講義 312Unit

| オリエンテーション＋基本7科目 | 憲法 30unit | 民法 66unit |

基礎集中講義はこんな講座です！

インプット偏重の旧来の入門講座ではなく、予備試験の傾向に合わせ、短期合格者の勉強法を取り入れた最新の法律入門講座です。

Teacher 講師は基礎講座担当歴10年以上のプロ講師・原孝至先生が担当します。原先生の講義は「法律の講義なのに授業が面白いのは初めて」と評判で、「1時間の講義があっという間」と評判です。ぜひYouTubeの無料体験講義を受講してみて下さい。他校の基礎講座とは違うと思って頂けるはずです。

Teaching Materials レジュメは法律資格専門予備校として50年の歴史を持つ辰已法律研究所が作った「予備試験合格これ1冊」のスタンダードテキストと初学者でも勉強しやすい論文問題を全科目で100セレクトしたアウトプット教材「基本事例問題100」をご用意しました。予備試験合格に必要な知識の9割が網羅されています。

Tools 次に学習フォローとして講座専用アプリをご提供します。移動時間、待ち時間を勉強時間に代えて頂けるよう、短答・論文それぞれのアプリをご用意。さらに毎回の講義は音声データでご提供。スマホに落とせば、移動中も講義を聴くことができます。

スケジュール・受講料等の詳細は
右記より資料をご請求ください。 https://service.tatsumi.co.jp/pamphlet/

【基礎集中講義】

インプットではなく、アウトプットで勝負する。

●通信Web
好評受付中

これが辰已の新しい提案です。

予備試験合格に向けて勉強をこれから始める方のための**「基礎集中講義」**。
基礎集中講義や他校の入門を終えて、論文対策を本格的に始める方のための
「論文答案力養成講義」。
ぜひYouTubeの無料体験講義を受講してみて下さい。
他校の法律基礎講座とは違う！と思って頂けるはずです。

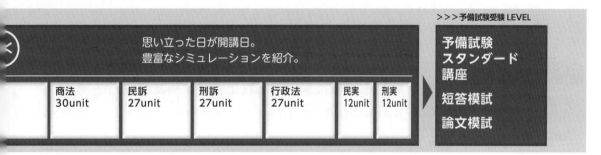

スタンダードテキスト

「これ1冊」で基礎知識を網羅できるよう工夫されたスタンダードテキストは、重要判例を重視し、該当する論点に関連するものを適宜掲載しています。重要な基本書、学説等の紹介も十分に配し、勉強中に他の文献に当たらなければならないということはありません。「これ1冊」とはそういう意味です。

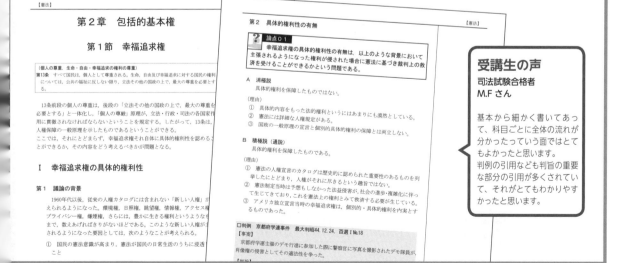

【講座案内】　　　　　　　　　　　　　　　【絶対にすべらない答案の書き方】

福田先生と直近過去問で実践する。合格者の平均的な答案を書く方法。

司法試験
絶対にすべらない答案の書き方
令和5年度版

●通信Web
好評配信中

多数の受験生を合格に導いた福田先生の答案の書き方「すべらない答案の書き方」を、馴染みのある直近過去問で実践する講座です。
令和5年過去問を徹底的に分析したい方にもおすすめです。

講座仕様

◇実施期間
　開講中〜2025年7月
◇受講形態
　通信部Web
◇科目
　公法系・民事系・刑事系
◇回数/時間
　全3回/全7問
◇配布資料
　①総論レジュメ
　②問題文・採点実感・出題趣旨
　③再現答案
　④その他、補助資料
◇添削・採点
　なし
◇Webサービス
　Webスクールで配布資料を閲覧できます。
　受講者マイページは使用しません。
　資料は現物を送付いたします。

WEBで簡単申込

答案の書き方次第で論文の評価は劇的に変わる。
経験と実績に裏付けられた確かな答案作成方法論。

短答で同じ点数の人が、同じ枚数の答案を書いても、片や合格、片や不合格ということはよくあります。
論文式試験は、「書いたつもり」でも、採点官に伝わらなければ、一切評価されない試験です。だから、論文式試験では、「何を」「どのように書くか」が重要です。
いいかえれば、答案の書き方次第で論文の評価は劇的に変わります。
この講座では、答案作成に至る過程を分かりやすくシステム化し、効率的に答案をアピールする方法論を講義します。
自分では、何を書いたらいいのかが分からない、何を書くのかは分かったがどのように書いたらいいのかが分からない、論点は全部書いたのに得点が伸びない、そんな悩みをもたれている方にお勧めです。

●合格者の声
・もっと早くこの総論レジュメに出会いたかったと思うほど、中身の濃いレジュメです。非常に勉強になります。
・参考答案を見つつポイントを教えてもらえるところ、受験相場をつかめるところが良いです。

■受講料（税込）

通信部Web	収録日	講義時間	講座コード	辰已価格	代理店価格
令和3〜5年度（2021〜2023年）		31.5	A5043E	¥71,300	¥67,735
令和5年度（2023年）	2024年9月	10.5	A5044E	¥25,000	¥23,750
令和4年度（2022年）	2023年7月	10.5	A5045E	¥25,000	¥23,750
令和3年度（2021年）	2022年4月	10.5	A5046E	¥25,000	¥23,750

スケジュール・受講料等の詳細は
右記より資料をご請求ください。　https://service.tatsumi.co.jp/pamphlet/